H 하이클래스군무원

군무원 정보직 9급/7급 시험대비 요약집

이동훈

국가정보학 이기론

이(理) 핵심 이(理)론
기(基) 기(基)본 개념
론(論) 최신 논(論)문

요해

H 하이클래스군무원

이동훈

국가정보학
이기론
요해

1판 1쇄 2025년 4월 10일

편저자_ 이동훈
발행인_ 원석주
발행처_ 하이앤북
주소_ 서울시 영등포구 영등포로 347 베스트타워 11층
고객센터_ 02-6332-6700
팩스_ 02-841-6897
출판등록_ 2018년 4월 30일 제2018-000066호
홈페이지_ army.daebanggosi.com

ISBN_ 979-11-6533-561-8

정가_ 26,000원

「이동훈 국가정보학 이기론(理基論) 요해」를 출간하며 가장 중요하게 고려한 것은 기본서의 내용을 충실히 반영하고, 체계적으로 정리하여 수험생이 한눈에 국가정보학의 핵심을 파악할 수 있도록 하는 것이었다. 국가정보학 시험은 세부적인 내용까지 출제되는 만큼, 핵심 개념과 주요 학자, 연도 등 반드시 숙지해야 할 내용을 빠짐없이 정리하는 데 중점을 두었다. 물론 모든 내용을 완벽하게 담아내는 것은 어려운 일이지만, 철저한 검토와 분석을 거쳐 일정한 성과를 거두었다고 자부한다.

시험 준비에서 내용이 빈약한 요약서는 결코 고득점을 보장할 수 없다. 단순한 요행을 바라는 학습으로는 합격의 문을 열 수 없으며, 기본서의 모든 내용을 아우르는 체계적인 학습서만이 실력 향상에 실질적으로 기여할 수 있다. 이 교재는 단순한 요약서를 넘어, 시험에서 반드시 익혀야 할 개념과 이론을 충실하게 정리한 체계적인 학습서로서, 국가정보학 시험의 본질과 출제 원리를 면밀히 분석하였다.

「이동훈 국가정보학 이기론(理基論) 요해」는 기존 국가정보학 기본서들과 비교해도 내용의 깊이와 논리적 흐름에서 우수성을 갖춘 교재이다. 학계 저명 교수들의 문장을 원문에 충실하게 요약하여 개념과 이론을 정확하고 깊이 있게 전달하며, 출제 가능성이 높은 주제를 빠짐없이 수록하였다. 특히, 전웅, 한희원, 문정인, 국가정보학회에서 출간한 교과서들의 핵심 내용을 단권화하여 학습 효과를 극대화하였다. 이미 「이동훈 국가정보학 이기론(理基論)」 시리즈가 시험에 가장 적합한 수험서임은 최근 정보직 합격생들의 국가정보학 중위 점수가 20점 이상 상승한 사실로 입증되고 있다.

본 교재의 특징 및 장점

1. 국가정보학 시험 문제의 본질과 출제 원리를 분석하는 요약서
   ① 이기론(理氣論)은 자연·인간·사회의 존재와 운동을 설명하는 성리학적 사유 체계로, 이를 토대로 국가정보학의 핵심 이론을 체계적으로 정리하였다.
   ② 「이동훈 국가정보학 이기론(理基論) 요해」는 기본서의 세부 내용을 충실히 반영하면서도 시험 출제 원리를 분석하는 데 초점을 맞추었다.

2. 학계 저명 교수들의 연구 성과를 반영
   ① 핵심 개념과 이론을 정확하고 깊이 있게 설명하였다.
   ② 학술 논문 및 연구 결과를 반영하여, 시험에서 제시문이나 선지로 활용될 가능성이 높은 내용을 포함하였다.

3. 테마별 정리 방식 채택
   ① 인위적인 단원 구분이 아닌 연관 개념을 중심으로 테마를 구성하여 학습의 연속성을 높였다.
   ② 주제별 정리를 통해 관련 개념을 효과적으로 습득할 수 있도록 하였다.

4. 가독성 강화
   ① 불필요한 군더더기를 제거하여 읽기 쉽도록 편집하였다.
   ② 방대한 국가정보학 내용을 체계적으로 정리하여 빠른 이해와 학습이 가능하도록 구성하였다.

5. 출제 가능성이 높은 모든 주제 수록
   ① 국가정보학 시험의 난이도와 관계없이 철저한 대비가 가능하도록 구성하였다.
   ② 요약서라는 한계를 넘어, 기본서의 세부 사항까지 충실히 반영하여 심도 있는 학습이 가능하도록 하였다.

마무리하며

시험 준비 과정은 쉽지 않지만, 꾸준한 노력과 반복 학습이 반드시 실력으로 이어진다. 이 교재가 수험생 여러분의 든든한 길잡이가 되어 목표한 바를 이루는 데 도움이 되기를 바란다. 끝까지 포기하지 않고 최선을 다해 주시기를 진심으로 응원한다.

감사의 말

책을 출간하는 과정에서 많은 분들의 조언과 도움이 있었다. 이 자리를 빌려 진심으로 감사를 전하고자 한다. 특히, 한국교육학술정보원의 최윤정 선임 연구원이 바쁜 일정 속에서도 꼼꼼하게 교정을 봐주신 덕분에 교재의 완성도를 높일 수 있었다. 최윤정 선임 연구원은 필자의 아내이지만, 학문적 엄격함을 잃지 않고 세심한 지원을 아끼지 않았다.

또한, 책의 기획과 편집 과정에서 헌신적으로 도움을 주신 하이앤북 편집팀과 변함없는 지원과 격려를 보내주신 하이클래스군무원의 원석주 대표님께 깊은 감사를 드린다.

이 동 훈

Contents

I 정보(Intelligence)

1. 'information'과 'intelligence'

(1) 의의

정보는 분야에 따라 다양한 의미를 내포하며, 'information'과 'intelligence'를 구분 없이 사용하는 경우 혼란을 초래함. 이에 따라 두 개념을 명확히 정의할 필요가 있음.

(2) Information

정보학에서 'information'은 포괄적 개념으로, 자료(data), 첩보(information), 지식(knowledge)을 포함함.

(3) Intelligence

① 가공된 지식으로, 분석 및 평가를 거쳐 타당성이 검증된 지식(knowledge)을 의미함.
② 국가정책 및 국가안보와 관련하여 정부기관이나 군대에서 한정적으로 사용되는 특수 용어임.
③ 비밀성을 포함하는 지식으로, 일반적인 정보(information)와 구별됨.

2. 학설

(1) 웹스터 사전

'intelligence'를 군사적 목적을 위한 '비밀첩보(secret information)' 수집으로 정의함.

(2) 로웬탈(Lowenthal)

① 국가안보와 관련하여 필요성이 제기되고 수집 및 분석을 거쳐 국가안보정책에 반영될 수 있는 투입변수로 설명함.
② 정보활동은 방첩 및 공작활동을 포함함.
③ 첩보 수집, 분석, 배포 및 관련 조직을 포괄하는 개념으로 정의함.

(3) 리첼슨(Jeffrey T. Richelson)

정보는 현재 또는 잠재적으로 국가안보에 영향을 미칠 수 있는 국가나 작전지역에 대한 첩보자료를 수집, 평가, 분석, 종합, 판단하는 과정에서 생산된 결과물로 정의함.

(4) 심스(Jennifer Sims)

정보는 정책결정자를 위해 수집, 정리, 분석된 첩보로 정의하며, 공개적이든 비밀적이든 정책결정자의 요구에 맞춰 수집된 자료라면 모두 intelligence가 될 수 있다고 주장함.

(5) 슐스키(Shulsky)

① 국가안보이익 증진 및 실제 또는 잠재적인 적의 위협 대응을 위한 정부정책 관련 지식으로 정의함.
② 심스의 정의가 지나치게 광의적이라 비판하며, 비밀성이 포함된 개념으로 제한해야 한다고 주장함.
③ 정보를 외부 집단이 숨기려는 첩보자료에 접근하는 것이라고 설명함.

(6) Murphy 위원회(US Murphy Commission)

정보를 일상에서 쉽게 접할 수 없는 자료로 제한하여 정의함.

(7) 데이비스(Jack Davis)

정보는 다른 첩보나 조언보다 질적으로 우수해야 관심을 받는다고 설명함.

(8) 허만(Michael Heiman)

정보는 은폐와 기만이 가득한 환경에서 첩보자료를 활용해 이를 꿰뚫고자 하는 노력으로 정의함.

(9) 로버트슨(Robertson)

① 정보 정의에는 위협, 국가, 비밀, 수집, 분석, 의도 등이 포함되어야 함.
② 위협이 없다면 정보기관이 존재할 이유가 없음.
③ 정보는 비밀성을 내포하며, 타인의 비밀을 비밀리에 수집하는 것임.

(10) 정리

대부분의 학자는 intelligence 개념을 국제관계, 국방, 국가안보, 비밀성과 관련하여 제한적으로 정의함.

3. 정보(intelligence)와 첩보(information) 구분

(1) 의의

정보학에서는 정보(intelligence)를 일반적 정보(information)와 구별하여 정의하며, 자료(data), 첩보(information), 정보(intelligence)로 나누어 사용함.

(2) 자료(data)

생자료(raw data)로 평가되지 않은 단순한 사실이나 기호를 의미함. 예 언론자료, 인터넷자료, 기상관측 통계 등.

(3) 첩보(information)

① 특정 목적을 가지고 수집된 자료로, 분석 및 평가를 거쳐야 의미를 가질 수 있음.
② 정보기관에서 정제되지 않은 상태로 존재하며, 타당성이 검증되지 않음.
③ 사회에서 통용되는 정보라도 정보기관에서 검증되지 않으면 첩보로 간주함.

(4) 정보(intelligence)

① 특정 목적을 달성하기 위해 첩보를 평가, 분석하여 타당성을 검증한 것임.
② 정책결정자의 수요에 맞춰 요약 및 검증된 내용이어야 함.

11

③ 전문가에 의해 정제된 정보만이 신뢰성을 확보할 수 있음.

(5) 구분

구분	내용
생자료	• 생데이터(raw data) 또는 원시자료(源始資料) • 가공되지 않고 처리나 집계하기 전의 자료
첩보 (information)	• 어떻게 알게 되었는지를 불문하고 획득되어 알려진 사실 그 자체 • 생자료(raw material) 자체 또는 생자료의 단순한 집적
정보 (intelligence)	• 수요자의 의도와 목적에 맞추어 좁혀진 분석생산물 • 다양한 첩보를 바탕으로 수요자의 요청에 의해서 생산된 결과물 • 최종수요자인 정책담당자를 위하여 생산된 지적 산출물(knowledge)
정보성 첩보 (intelligence information)	• 생자료 자체가 정보(intelligence)인 자료 • 별다른 분석 없이 정보로 사용될 수 있는 수준의 첩보정보 • 생생한 영상첩보(IMINT)는 분석 없이 그 자체가 정제된 정보임
첩보와 정보의 관계	로웬탈은 모든 정보는 첩보이지만 모든 첩보가 정보인 것은 아니라고 보았다.

(6) 첩보와 정보의 관계

로웬탈은 "모든 정보는 첩보이지만, 모든 첩보가 정보인 것은 아니다"라고 설명함.

심층 연계 내용 미국 「국가안보법」(National Security Act of 1947)과 「국가정보원법」

1. 미국 「국가안보법」 제3조
   ① 정보는 해외정보와 방첩정보를 포함함.
   ② 해외정보는 외국정부, 외국조직, 외국인 개인, 국제테러조직과 관련된 첩보임.
   ③ 방첩정보는 국가 보호를 위해 해외세력의 간첩활동, 사보타주, 암살활동 등에 대응하여 수행되는 정보활동임.
   ④ 국가안보와 관련된 국내정보도 미국 「국가안보법」의 정보 개념에 포함됨.
2. 「국가정보원법」
   '정보' 개념을 명시적으로 정의하지 않음.

---

4. 정보(Intelligence)와 국가정보(National Intelligence)

(1) 의의
   ① 정보(intelligence)는 개인, 집단, 정부 기관 등 다양한 사용자를 포괄하는 개념으로 활용됨.
   ② 국가정보(national intelligence)는 국가 차원에서 활용되며, 주로 최고정책결정권자가 사용한다는 점에서 구별됨.

(2) Sherman Kent의 견해
   ① 켄트(Sherman Kent)는 국가정보는 전략정보(strategic intelligence)여야 하며, 작전 또는 전술정보(operational or tactical intelligence)와 구분해야 한다고 주장함.
   ② 단순한 외교정보가 아니라 국가안보를 위한 필수적인 정보만이 국가정보가 될 수 있다고 강조함.

(3) 정리
   ① 국가정보는 단순한 부처 수준이 아닌 국가 차원에서 생산·활용되는 지식을 의미함.
   ② 국가안보 및 국익 실현을 위한 활동을 포함함.

Ⅱ 국가정보(National Intelligence)

1. 의의
   ① 정보(intelligence)는 일반적으로 지식 또는 활동에 국한되지만, 국가정보는 조직까지 포함하는 개념임.
   ② 켄트는 정보란 지식, 활동, 조직을 포함하는 개념이라고 정의했으며, 이는 현재까지 국가정보 개념의 권위 있는 해석으로 인정됨.
   ③ 국가정보는 지식, 정보 획득 활동, 정보 기관을 포괄하는 개념임.

2. 지식으로서의 정보

(1) 첩보(Information)
   ① 슐스키(Abram N. Shulsky)는 정보는 국가안보 이익 증진과 외부 위협 대응을 위한 정부의 정책 입안 및 시행에 관련된 첩보라고 정의함.
   ② 첩보는 비공개 첩보와 공개 첩보로 나뉨.
      ㉠ 비공개 첩보: 군사첩보 및 외교활동 정보 포함.
      ㉡ 공개 첩보: 국내 정치, 경제, 사회, 자원 환경, 인구 통계 등의 정보 포함.
   ③ 수집된 첩보는 생자료(raw data)이며, 분석 및 평가 과정을 거쳐 정보(intelligence)로 변환됨.

(2) 정보순환과정(Intelligence Cycle)
   ① 첩보가 정보로 변환되는 일련의 과정을 정보순환과정(intelligence cycle)이라고 함.
   ② 과정은 정보 요구 설정 → 첩보 수집 → 분석의 단계로 진행됨.
   ③ 최종적으로 정책 입안자가 활용할 수 있는 분석된 정보가 생산되며, 정보기관의 역량은 유용한 정보 생산 능력으로 평가됨.

3. 활동으로서의 정보

(1) 개념

정보 활동에는 첩보 수집, 분석, 비밀공작, 방첩 등이 포함됨.

(2) 첩보수집

① 첩보수집은 인간 또는 기술을 이용한 생자료(raw data) 확보 활동을 의미함.
② 첩보수집 방법은 공개수집(overt collection)과 비밀수집(clandestine collection)으로 구분됨.
③ 공개수집으로 확보된 정보는 공개출처정보(OSINT)로 분류됨.
④ 비밀수집 정보에는 기술정보(TECHINT)와 인간정보(HUMINT)가 있음.
⑤ 기술정보는 영상정보(IMINT)와 신호정보(SIGINT)로 구분됨.
⑥ 인간정보는 공작원, 탈출자, 망명자 등 인간 출처를 통해 수집된 정보를 의미함.

(3) 정보자료의 생산활동

① 수집된 첩보는 단편적이며, 분석 과정을 거쳐야 유용한 정보가 됨.
② 분석에는 사회과학적 방법과 암호판독기술이 활용됨.
③ 분석을 통해 상대방의 능력, 의도, 행동방책에 대한 종합적 평가가 이루어짐.

(4) 비밀공작(Covert Action)

① 비밀공작은 자국의 대외정책을 지원하기 위한 은밀한 개입 활동을 의미함.
② 첩보수집과 목적에서 차이가 있으며, 비밀공작은 국가의 외교정책을 지원하는 목적을 가짐.
③ 일부 국가에서는 국내 정치공작, 흑색선전, 암살 등을 수행하기도 함.
④ 미국에서 활발히 수행되었으며, 유형에는 선전공작, 정치공작, 경제공작, 기만공작, 전복공작, 암살 등이 있음.

(5) 방첩(Counter Intelligence)

① 방첩은 적대국 정보기관의 첩보 활동, 전복, 테러, 파괴행위 등에 대응하는 국가적 노력임.
② 방첩은 보안(Security)과 대간첩활동(Counterespionage)으로 구분됨.
③ 방첩은 올바른 첩보 분석을 가능하게 하고, 적의 기만이나 역정보에 빠질 위험을 줄이는 역할을 수행함.

4. 조직으로서의 정보

① 정보기관은 공개 및 비공개 자료를 수집하고, 이를 분석하여 신뢰성 있는 정보를 생산하는 역할을 수행함.
② 정보생산 외에도 방첩과 비밀공작 등의 활동을 담당함.

③ 주요 정보기관에는 CIA(미국), FSB(러시아), MI6(영국), DGSE(프랑스), BND(독일), Mossad(이스라엘), 국가안전부(중국) 등이 있음.
④ 대한민국의 국가정보기관으로는 국가정보원이 있으며, 각 부처 내 부문정보기관들이 특정 정보 생산을 담당함.
⑤ 국가정보기관은 다양한 부문정보를 통합하여 국가적 차원의 종합 정보를 생산함.

5. 정리

① 국가정보는 단순한 지식이 아니라 활동과 조직을 포함하는 개념임.
② 정보의 궁극적인 목표는 지식 생산이며, 활동과 조직은 이를 위한 수단으로 작용함.

Theme 01-1 국가정보의 범위와 유형

Ⅰ 의의

국가정보는 사용자의 수준, 대상지역, 요소, 분석 형태 등에 따라 다양한 방식으로 분류됨.

Ⅱ 사용자의 수준에 따른 구분

1. 국가정보와 부문정보

① 국가정보: 외교, 국방, 경제 등 국가정책 수립과 집행, 국가 안보 및 이익 보호에 필요한 정보. 최고정책결정권자의 요구에 따라 제공되는 종합적 정보.
② 부문정보: 특정 부처(통일, 외교, 국방, 경제, 환경 등)의 필요에 따라 생산되는 정보.

2. 국가정보기관과 부문정보기관

① 국가정보기관: CIA(미국), SIS(영국), DGSE(프랑스), BND(독일), SVR 및 FSB(러시아), Mossad(이스라엘), 국가안전부(중국) 등.
② 부문정보기관: FBI, DIA, 육·해·공군 정보기관, 국무부 INR(미국) 등.

3. 셔먼 켄트의 사용 수준에 따른 분류

① 장기 정보: 국가 전체 수준에서 필요한 정보.
② 중기 정보: 개별 행정부처 수준에서 필요한 정보.
③ 단기 정보: 담당 공무원 수준에서 현안 해결을 위한 정보.

Ⅲ 대상지역에 따른 구분

1. 국외정보

① 국외보안정보: 간첩, 테러, 선동 활동 관련 정보 및 상대국 정보기관의 조직, 활동 탐지.

② 국외정책정보: 타국의 정치, 경제, 사회, 군사, 과학 관련 정보.

2. 국내정보

① 국내보안정보: 간첩, 반국가 세력의 안보위협 관련 정보.

② 국내정책정보: 국내 경제, 사회, 과학기술 등 정책결정에 필요한 정보.

3. 학자별 견해

① 켄트, 허만, 리첼슨: 국가정보의 활동 범위를 해외에 중점.

② 허만: 정보활동은 외국을 대상으로 수행하는 것이 원칙이며, 국내보안정보도 외국인을 감시하는 활동 중심.

③ 슐스키: 국내와 국외의 밀접한 연계로 인해 국외정보만을 국가정보로 한정하기 어려우며, 국내보안정보 역시 국가정보의 중요한 요소로 고려해야 한다고 주장.

Ⅳ 사용목적에 따른 구분

1. 정책정보

국가이익 증대 및 안전보장을 위한 정책 수립과 집행 지원. 외교, 국방, 경제, 과학, 환경, 보건복지 등 국가 전반의 정책결정과 집행에 활용.

2. 보안정보(방첩정보)

간첩, 반국가 활동 세력 및 추종세력의 행위에 대한 정보. 외국 정보기관의 첩보수집, 전복, 테러, 태업 등 반국가 행위를 방지하는 데 활용.

Ⅴ 요소별 기준에 따른 구분

1. 리첼슨의 요소별 분류

① 정치정보: 정치권력 구조, 국민 태도, 정치 지도자 성향, 선거, 쿠데타, 외교정책 등 포함.

② 경제정보: 경제정책, 전략자원 수급, 국제경쟁력 확보 및 산업보안 포함.

③ 군사정보: 대상국 군사 능력, 동향, 취약점, 군사전략 분석 포함.

④ 과학기술정보: 군사력 영향 요소 중심. 첨단무기체계, 컴퓨터 공학, 생명공학, 원자력, 우주항공 등 포함.

⑤ 사회정보: 사회 구조, 문화, 제도, 사회변동, 집단 활동 분석 포함.

2. 기타 정보 요소

① 네트워크 보안 관련 첩보수집 및 보안 대책 등 사이버정보 포함.

② 환경, 인구, 자원, 식량 등 국가안보 범위 확대에 따른 정보 수집 증가.

③ 테러, 마약, 조직범죄 등 초국가적 안보이슈 부각.

④ 미국은 9 · 11 테러 이후 국제테러리즘을 최우선 정보 목표로 설정하고 예산 및 인력 대폭 증강.

3. 고려사항

① 국가정보는 정치, 경제, 군사 등 요소별로 엄격히 구분하기 어려우며, 위성정보 · 신호정보 등은 여러 요소를 동시에 수집 가능.

② 정치정보는 국내 정치뿐만 아니라 대외관계까지 포함하여 엄격한 분류가 어려움.

③ 1970년대 미국 정보목표: 군사정보 54%, 과학기술정보 15%, 정치정보 3%, 경제정보 3%, 기타 25%.

④ 냉전 종식 이후 경제정보 비중 증가, 군사정보 비중 감소하였으나 여전히 군사정보가 가장 중요한 요소 차지.

Ⅵ 시계열적 특성에 따른 구분

1. 의의

국가정보는 분석대상의 시계열적 특성에 따라 '기본정보', '현용정보', '판단정보'로 구분됨. 이는 켄트(Kent)가 정보분석보고서를 '기본정보(basic−descriptive)', '현용정보(current−reportorial)', '판단정보(speculative−evaluative)'로 분류한 데 기인함.

2. 기본정보

(1) 의의

기본정보는 각국의 인구, 지리, 과학기술, 군사력, 경제력 등 비교적 변화가 적은 고정적인 상황에 관한 내용을 포함함. 대표적인 사례로 CIA의 「세계각국총람(Country Factbook)」이 있음.

(2) 기본정보 구성 원리(BEST MAPS)

B: biographic intelligence(개인신상정보)

E: economic intelligence(경제정보)

S: sociological intelligence(사회문제정보)

T: transportation & telecommunications intelligence (운송 · 통신정보)

M: military geographical intelligence(군사지리정보)

A: armed forces intelligence(군사력정보)

P: political intelligence(정치정보)

S: scientific and technical intelligence(과학 · 기술 정보)

3. 현용정보

(1) 개념

현용정보는 최근 발생한 사건 및 현재 진행 중인 상황을 포함하며, 대부분의 정보분석보고서가 여기에 해당함. '정제된 신문(a quality newspaper)'으로 볼 수 있음.

(2) 특성

① 해외세력과 세계 각 지역의 일일 현상에 대한 정보
② 현재성과 보고성이 기본 요소(current reportorial element)
③ 속성적으로 단기 · 구체성을 지향하는 전술정보와 연결됨
④ 대표적 사례: 대통령 일일 브리핑(PDB), 국가일일정보(NID), 군사정보 다이제스트(MID), 국방 테러 정보요약(DITSUM), 신호정보 다이제스트(SIGINT Digest)

4. 판단정보

(1) 개념

판단정보는 첩보자료의 의미를 평가하고 미래 발생 가능성을 예측하는 내용을 포함함.

(2) 특성

① 평가정보 또는 예측정보(Speculative–estimative intelligence)로 불림
② 사회과학적 예측을 통해 미래에 대한 현재의 판단을 제시함
③ 기본정보나 현용정보보다 적은 양이지만, 국가 안보 및 정책 결정에 핵심적인 역할을 함
④ 대표적 사례: 미국 국가정보장(DNI) 산하 국가정보회의(NIC)의 「Global Trends」

Ⅶ 국가정보 대상(Intelligence Targets)

1. 초국가적 표적(Transnational targets)

① 특정 국가를 초월하는 문제로 세계 평화와 안전 및 인류 인권을 위협함
② 주요 사례: 대량살상무기(WMD) 밀매, 국제테러, 금수무기 거래, 국제조직범죄, 마약밀매, 환경오염 문제, 인구 증가 문제, 치명적 질병 확산(AIDS, 신종플루 등)

2. 지역표적(Regional targets)

① 특정 지역을 대상으로 하며 국가안보에 영향을 미치는 정보대상
② 사례: 발칸반도 전쟁, 중동지역 불안, 한반도 긴장관계

③ 군사적 긴장 외에도 경제적 문제가 포함됨
④ 대표적 사례: 1997년 한국의 IMF 금융위기 및 아시아 금융위기

3. 국가표적(National targets)

① 특정 국가를 대상으로 한 전통적 정보활동
② 현대에도 여전히 가장 중요한 정보 대상
③ 냉전 시대 이후 국가 간 정책 변화의 중요성이 커지며 표적 국가 수 증가
④ 대표적 사례: 미국이 주요 국가표적으로 설정한 러시아, 중국

Theme 01-2 국방정보(national defense intelligence)

Ⅰ 의의

1. 국방(國防)

① 주권국가의 안전을 보장하기 위한 수단과 체제임.
② 외부 위협: 전쟁, 해외세력 테러, 자연재해 등 포함.
③ 내부 위협: 반란, 폭동, 자생테러 등 포함.

2. 국방정보

국방을 위한 정보로서, 전투, 전쟁 준비 및 실행과 관련된 적대세력의 의도와 전략, 군사능력에 대한 정보를 의미함.

Ⅱ 국가정보와 국방정보

① 국방정보는 국가정보의 하위분류에 속하는 (행정)부문정보임.
② 군사안보가 국가안보 자체인 시대에는 국방정보가 국가정보를 의미함.
③ 냉전시대의 국가정보는 국가의 총체적 역량을 의미하는 국방정보였음.

Ⅲ 국방 전략정보(戰略情報)

① 개별 전투가 아닌 전쟁에서 승리를 달성하기 위해 필요한 예측정보임.
② 국방전략정보는 BEST MAPS 방식으로 작성하는 것이 효율적임.

Ⅳ 국방 전술정보(戰術情報)

1. 의의

① 개별 전투에서 승리하는 데 즉시적으로 필요한 정보임.

② 전투정보(戰鬪情報) 또는 작전정보로도 불림.

③ 주요 내용: 전투서열정보와 군사능력분석정보 포함.

2. 전투서열정보

군부대의 구성(composition), 배치(disposition), 병력(strength)에 대한 정보임.

3. 군사능력분석정보

① 전략분석정보: 상대세력의 총체적 전략, 군통수권자의 목표와 실행의지를 분석한 정보임.

② 작전능력분석정보: 상대세력 부대 간의 협조 및 실제 군사전력을 분석한 정보임.

③ 전술능력분석정보: 특정 전장에서의 상대세력 작전전개 및 전투능력을 분석한 정보로, 전장지역 정보 및 C4I 체계 포함.

Theme 01-3 전투정보

Ⅰ 의의

전투정보는 전투서열정보와 군사능력정보를 중심으로 하며, 기후·지형 등 단기 지리정보가 포함됨.

Ⅱ 전투서열정보

1. 의의

전투정보의 핵심은 전투서열과 군사능력정보이며, 전투서열은 다음 세 가지 요소로 구성됨.

2. 구성(Composition)

군 조직에 관한 모든 요소를 의미하며, 군이 보유한 장비 및 무기의 종류 포함. 예 전차, 야포, 함정, 항공기 등.

3. 배치(Disposition)

각 부대가 평시에 배치된 위치에 대한 정보.

4. 병력(Strength)

각 단위부대의 대형(military formation), 장비 배치 현황, 장비 운용 인원 수 포함.

Ⅲ 군사능력분석

1. 의의

군사능력은 전쟁·전투 승리 및 목표물 파괴 등의 목표 달성 능력을 의미하며, 다음 네 가지 요소로 구성됨.

2. 구성

(1) 전력구조(Force Structure)

사단, 여단, 함대, 비행단 등 부대 구성 단위의 병력, 규모, 구성 포함.

(2) 현대화(Modernization)

전반적인 전력, 단위부대, 무기체계 및 장비의 첨단화 수준 포함.

(3) 전비 태세(Readiness)

설정된 목표·결과물을 차질 없이 달성할 수 있는 능력.

(4) 지속성(Sustainability)

일정 수준과 기간 동안 군사 작전을 지속할 수 있는 능력.

3. 분류

(1) 군사전략분석정보

상대세력의 총체적 전략, 군통수권자의 목표 및 실행의지 분석.

(2) 작전능력분석정보

상대세력 부대 간 협조 등 실제 군사전력 분석.

(3) 전술능력분석정보

① 전장에서의 상대세력 작전전개 및 전투능력 분석.

② 전장지역 정보 포함.

③ 상대세력의 C4I(지휘·통제·통신·전산·정보체계) 정보 포함.

Theme 01-4 전술정보와 전략정보

Ⅰ 전술정보(Tactical intelligence)

① 단기적 전술활동 전개를 계획하고 수행하기 위한 정보임.

② 작전정보(Operational Intelligence)로도 불림.

③ 긴박한 상황과 시간의 민감성을 가짐.

④ 주요 내용: 적진 배치, 병력 수, 화력, 예상 공격루트, 패퇴 시 도주루트 등 병력 운용정보 포함.

Ⅱ 전략정보(Strategic intelligence)

1. 의의

① 국가 또는 국제 수준에서 필요한 정보임.
② 장기적인 국가정책이나 군사계획 수립을 위한 정보로서 STRATINT라고도 불림.
③ 구체적인 현안이 없더라도 지속적으로 생산하는 포괄적 정보임.

2. 주의할 점

① 전략정보를 무조건 장기정보로 보는 것은 오해임.
② 전략정보는 반드시 장기전망을 의미하는 것이 아니라, 지속적인 효과를 가지는 전략(strategy) 관련 정보임.
③ 마이클 허만과 셔먼 켄트에 따르면, 전략정보의 대부분은 공개출처정보에서 획득 가능함.

[전술정보와 전략정보의 구분]

구분	현안과 목적	정보출처	정보 가치	기구 성격	상징용어
전술 정보	현재 상황/ 목전의 전투/ 개별 전투 에서의 승리	비밀 첩보	일일신문 (daily newspaper)	현안 해결 태스크포스	특정한 부분/ 목전의 이슈/ 속도/ 현재의 이벤트/ 현안문제/ 단편적 스냅샷
전략 정보	중장기 미래/ 전쟁에서의 궁극적 승리	공개출처 자료/ 전문서적/ 무역잡지/ 통계수치/ 각종 연감/ 사기업체 자료	학술연구서/ 장기청사진 (blueprint)	국책연구소/ 싱크탱크 (Think Tank)	장기보고서/ 질(質)/ 분석적 생산물/ 추론적 생산물/ 셔먼 켄트/ 조사분석실 (R&A)

```
Theme  01-5  국가정보의 순환
              (Intelligence Cycle)
```

Ⅰ 의의

1. 개념

① 국가정보는 일정한 과정을 거쳐 생산·배포되며, 이를 '정보순환(intelligence cycle)'이라 함.
② 정보기관은 정보소비자의 요구에 따라 첩보(information)를 수집하고 분석하여 보고서를 생산·

배포함. 이 과정은 환류(feedback)를 거쳐 지속적으로 순환됨.
③ 정보의 순환과정은 효율적이고 정확한 정보 생산과 밀접하게 관련되므로 중요성이 강조됨.

2. 협의의 정보순환

① 단일한 순환과정으로 이해하며 환류를 제외하는 개념.
② 정보순환을 국가정보기구 내부 과정으로 한정하여, 정보의 수집, 생산, 배포까지의 과정만을 포함함.

Ⅱ 전통적인 정보순환 모델

1. 미국 CIA의 정보순환과정

'기획 및 지시(Planning and Direction)', '수집(Collection)', '처리(Processing)', '분석 및 생산(Analysis and Production)', '배포(Dissemination)'의 5단계로 구성됨.

2. 버코위즈와 굿맨의 정보순환과정

'정보요구(Requirements for Information)', '수집 목표 및 과제설정(Generation of Requirements and Tasking)', '수집(Collection)', '분석(Analysis)', '배포(Dissemination of Production)'의 5단계로 구분됨.

Ⅲ 새로운 정보순환 모델

1. 의의

① 기존 정보순환 모델이 실질적 정보순환 과정을 반영하지 못한다는 지적이 제기됨.
② 전통적 모델은 정보소비자의 요구에 따른 정보 생산·배포 과정만을 묘사하지만, 실제로는 정보기관이 스스로 정보요구 사항을 설정하는 경향이 있음.

2. 처치위원회(The Church Committee)의 견해

① 정보순환과정이 실제와 다르게 운용된다고 평가됨.
② "정보순환(intelligence cycle)은 의미가 없으며, 정보요구사항은 정보생산 책임자가 소비자의 필요를 반영한 것"이라고 주장함.
③ 정보생산 책임자는 소비자의 필요뿐만 아니라 정보기관이 제공할 수 있는 정보를 요구사항에 반영함.
④ 카터 대통령도 정보기관이 정보의 생산자이면서 우선순위를 자체적으로 설정하는 점에 대해 의문을 제기함.

3. 허만(Michael Herman)의 정보순환 모델

① '사용자 반응 고려한 정보수집 목표설정', '수집 및 분석', '배포 및 사용자 반응 탐색', '사용자 수령 및 반응'의 4단계로 구성됨.

② 정보생산자와 소비자 간 긴밀한 교류를 강조하여 현실성을 제고함.

③ 그러나 정보사용자 중심으로 지나치게 단순화되었다는 한계가 있음.

4. 로웬탈(Mark M. Lowenthal)의 정보순환 모델

① 허만 모델의 단순화 문제를 보완하여 복잡한 형태의 모델을 제시함.

② '정보요구', '첩보수집', '처리와 개발', '분석과 생산', '배포와 소비', '환류'의 6단계로 구성됨.

③ CIA 모델과 유사하지만, 정보순환 과정의 어느 단계에서든 이전 단계로 되돌아가는 것이 가능하며 필수적일 수 있음을 강조함.

④ 초기 첩보가 미흡할 경우 추가 첩보 요구가 가능하며, 분석·생산 과정에서도 문제 발생 시 보완이 이루어짐.

⑤ 복잡 다양한 정보과정을 반영한 가장 현실적인 정보순환 모델로 평가됨.

5. 버코위즈와 굿맨의 새로운 정보순환 모델

① 기존 모델이 정보화 시대의 변화된 현실을 반영하지 못한다고 지적하며 대안 모델을 제시함.

② 허만의 모델과 유사하게 정보생산자와 소비자 간 긴밀한 접촉을 강조함.

③ 공개출처 활용을 확대하고, 분석관과 수집관 및 정보소비자 간 직접적 접촉을 빈번하게 함.

④ 공개출처자료 활용 확대, 조직 내부 자료의 원활한 흐름, 분석관과 소비자 간 빈번한 접촉을 통해 정보소비자의 변화된 요구를 적시에 반영할 수 있다는 장점을 가짐.

Ⅳ 결론

① 모든 정보기관이 일정한 패턴의 정보순환 체계를 유지하는 것은 아님.

② 정보기관마다 조직문화 및 운영체계가 다르므로 정보생산 및 배포 과정도 다양함.

③ 전통적 정보순환 모델은 수직적 관료조직 구조와 단선적 정보 생산·순환과정을 묘사함.

④ 단선적이고 획일적인 전통적 정보순환 과정은 정보화 시대의 복잡 다양한 현실을 반영하지 못하므로 보완·수정이 필요함.

⑤ 정보순환 모델은 국가 체제, 문화적 특성, 정보기관 조직구조 및 운영체계 등 다양한 요인을 반영하여 각기 다르게 구축될 수 있음.

Theme 01-6 정보요구 단계와 쟁점

Ⅰ 정보요구

1. 개념
정보요구는 정보수요를 정보기구가 확인하는 과정임.

2. 유형
① 국가정책담당자의 요구
② 정보기구 상호 간 요구
③ 정보생산자의 자체 판단에 의한 요구

3. 정보요구와 정보 민주화
정보 민주화가 된 국가일수록 정책담당자의 정보요구가 많음.

4. 정보요구의 제약
① 국가정보기구의 정보수집 및 분석 능력은 정보자산(고정변수)과 국내외 환경(가변변수)에 의해 제약됨.
② 모든 정보요구를 충족할 수 없으므로 국가정보기구는 정보요구의 우선순위를 획정해야 함.

5. 정보요구 획정의 핵심 쟁점
'누가 정보수요와 우선순위를 획정하고 정보공동체에 전달하는가?'가 가장 중요한 쟁점임.

Ⅱ 정보의 우선순위 결정

1. 개념 및 필요성
정보 우선순위 결정은 정보자원의 한계(인적·물적 자산)로 인해 필수적임.

2. 국가정보기구의 대응
유능한 국가정보기구는 정책담당자의 정보요구와 무관하게 국가정보계획을 기반으로 정보를 통상임무로 수행함.

3. 정보활동 목표의 우선순위 설정
(1) 국가정보목표 우선순위(PNIO)
복수의 국가정보기구가 있는 경우 정보활동 목표의 우선순위를 설정함.
(2) 첩보활동 기본요소(EEI)
부문 정보기관들은 PNIO 아래에서 정보활동의 순위와 방향을 설정함.
(3) 기타정보요청(OIR)
급변하는 정보환경 속에서 정책담당자의 PNIO·EEI 우선 처리 및 새로운 정보요구를 의미함.

(4) 특별 첩보요청(SRI)

OIR이든 정보부서 자체 수요든 PNIO · EEI에 없는 특별한 첩보수집 요구를 의미함.

4. 국가정보목표 우선순위(PNIO)의 작성

① 미국: 국가정보장(DNI)이 작성하여 18개 정보공동체에 배포함.
② 한국: 국가정보원장이 작성함.

Ⅲ 정보 우선순위 변동 요인

1. 선취권 잠식(Priority Creep)

(1) 개념

영향력 있는 정책담당자나 정보분석관이 정보활동의 우선권을 박탈하여 다른 부문이 우선권을 확보하는 현상임.

(2) 문제점

① 국가정보활동의 균형 상실
② 기존에 획정된 정보활동 우선순위가 행사되지 못하는 경우 발생
③ 심한 경우 정보 권력 암투 초래

2. 정보활동의 임시 특별권(ad hocs)

(1) 개념

특정한 특별과제가 발생할 경우, 정보활동의 우선권이 재조정되어 해당 특별과제가 우선순위가 되는 현상임.

(2) 선취권 잠식과의 차이

정당성이 요구되며 법적 성질이 다름.

(3) Lowenthal의 견해

① 임시 특별권이 반복되면 국가정보 운영 체계에 혼란을 초래할 가능성이 있음.
② 이를 '특별권의 독재(tyranny of ad hocs)'라고 표현함.

Ⅰ 의의

1. 정보수집 방법

정보수집은 인간정보(HUMINT), 기술정보(TECHINT), 공개출처정보(OSINT)를 통해 이루어짐.

2. 정보수집의 핵심 쟁점

① 수집량과 정보의 질 간의 관계
② 요구된 정보수요 충족 여부
③ 수집된 정보의 가치 평가

3. 정보수집과 분석

① 정보수집의 양은 정보분석관의 첩보 요구 수준에 따라 결정됨.
② 정보수집은 독립적으로 이루어지는 것이 아니라, 정보분석관의 요구에 기반하여 수행됨.
③ "수집 없이 정보 없지만 분석 없이 정보가 있을 수 없다."는 정보경구가 강조됨.
④ 방대한 첩보 중 중요한 정보와 불필요한 정보를 구분하는 것이 핵심 과제이며, 이를 '밀과 겉겨의 문제(wheat versus chaff problem)' 또는 '진공청소기 쟁점(vacuum cleaner issue)'이라 함.

Ⅱ 정보수집 단계의 주요 쟁점

1. Zero-Sum Game

제한된 수집수단으로 인해 특정 이슈에 집중하면 다른 이슈의 첩보수집이 제한되는 현상.

2. Swarm Ball

여러 정보기관이 본래 임무를 무시하고 정책결정자의 주요 관심 분야에 집중하여 경쟁적으로 첩보를 수집하는 현상.

3. Vacuum Cleaner Issue

① 신호와 잡음을 구별하지 않고 무차별적으로 정보를 수집하는 현상.
② 방대한 자료를 효과적으로 처리할 시스템이나 인력이 부족하여 정보가 사장(死藏)되는 문제 발생.

4. Wheat versus Chaff Problem

① 유용한 정보(밀)와 불필요한 정보(겉겨)를 구분하는 문제.
② 정보분석 과정에서 쓸모없는 첩보를 처리하는 것이 어려운 과제로 작용함.

I 정보가공 및 개발(Processing and Exploitation)

1. 의의

① 정보가공 및 개발은 수집된 방대한 첩보를 최종 생산할 정보로 변환하는 과정.

② 실무적으로 암호해독, 언어번역, 신호 및 영상처리, 데이터 정리 등의 작업 수행.

③ 수집된 정보가 활용되지 못하고 사장되는 사례가 빈번함.

④ 정보 가공 및 개발 절차는 과학기술에 상당히 의존하며, 정보수집 장비뿐만 아니라 가공·개발을 위한 신장비도 필요함.

2. TPED Issues

① TPED(Tasking, Processing, Exploitation & Dissemination)는 미국 국가영상지도국(NIMA)의 정보순환 과정을 나타냄.

② 고성능 정찰위성 등을 통해 방대한 정보를 수집하지만 처리되지 못하고 폐기되는 문제 발생.

II 정보분석 및 생산(Analysis and Production)

1. 의의

첩보 등 기초 자료를 분석하여 최종 정보를 생산하는 과정.

2. 정보분석 및 생산단계의 핵심 쟁점

① 단기정보와 장기정보 간의 균형 문제

② 동일한 자료를 분석하더라도 관점의 차이에 따라 결과가 다르게 나타날 수 있음.

3. 단기정보와 장기정보의 균형

① 장기정보는 중요하지만 당장은 급박하지 않은 정보를 다룸.

② 이상적인 단기정보와 장기정보의 비율은 50 : 50으로 간주됨.

4. 정보분석과 수집의 상호작용

① 정보분석이 정보수집의 우선순위 결정에도 큰 영향을 미침.

② "수집 없이 정보 없지만 분석 없이 정보가 있을 수 없다."는 원칙이 강조됨.

I 정보배포(Dissemination)

1. 의의

① 최종적으로 생산된 정보를 정보수요자에게 전달하는 과정.

② 정보배포는 비교적 정형화된 절차를 따름.

③ "국가정보는 생산 그 자체가 목적이 아니다."는 원칙이 강조됨.

④ 정보가 배포되지 않으면 수집되지 않은 정보와 동일한 의미를 가짐.

⑤ 사례: 1941년 미국이 일본의 진주만 공격 정보를 입수했지만, 신속하게 전달하지 못해 기습을 당한 사례.

2. 정보배포 단계의 5대 쟁점

① 가치성: 어떤 정보가 가장 중요하고 보고할 가치가 있는가?

② 필요성: 어떤 정책담당자에게 배포할 것인가?

③ 시의성: 얼마나 신속히 배포할 것인가?

④ 정밀성: 얼마나 상세한 내용을 담을 것인가?

⑤ 타당성: 적절한 배포 방식은 무엇인가?

3. 구체적인 정보배포 방법

① 보고서: 서류형태의 정보보고

② 브리핑: 구두설명 방식

③ 정기간행물: 주간, 월간, 연간 간행물 형태

④ 연구과제 보고서: 전략정보 분석 및 미래예측 정보 포함

⑤ 메모(Memorandum): 긴급 정보 배포에 활용

⑥ 전문(電文): 해외공관에서 본국으로 정보 전달 시 사용

II 정보소비(Consumption)

① 정보소비자의 요구를 충족하지 못하는 정보는 국가자산의 낭비로 이어짐.

② 정보소비는 구두보고와 서면보고로 이루어짐.

③ 정보소비 비율은 국가자산 관리 측면에서도 중요한 문제임.

III 정보환류(Feedback)

1. 의의

① 정보의 국가정책 종속성을 확인할 수 있는 단계.

② 정보절차는 일방향이 아닌 순환적 과정으로 진행됨.

③ 정보순환의 마지막 단계가 다시 초기 단계로 연결될 수 있음.

④ 정보환류를 통해 정책공동체와 정보공동체 간 대화 및 평가가 이루어짐.

⑤ 정책담당 부서의 정보소비 과정에서 발생한 문제는 정보순환에 영향을 미침.

2. 정보와 정책의 관계에 대한 이론적 관점

(1) 전통주의(Mark M. Lowenthal)

① 정보와 정책의 엄격한 분리 주장

② 정보의 정책 종속성 강조

(2) 행동주의(Roger Hillsman)

① 환류에 따른 요청 강조

② 정보와 정책의 유기적 협조

③ 정보생산자의 정책과정 연구 강조

Theme 01-10 정보순환 과정의 사례: NATO, 미국 정보공동체, ODNI

Ⅰ 북대서양 조약기구(NATO)의 정보순환 모델

1. 4단계 정보순환 과정

① 지시(Direction), 수집(Collection), 가공(Processing), 배포(Dissemination)로 구성됨.

② 가공(Processing) 단계는 5단계로 세분화됨.

2. 가공(Processing) 단계의 5단계

① 대조(Collation): 연관된 첩보를 그룹화하는 과정.

② 평가(Evaluation): 첩보의 신뢰성과 상호 의존성을 평가하는 과정.

③ 분석(Analysis): 첩보의 중요성과 함축성을 파악하는 과정.

④ 종합(Integration): 일정한 패턴과 부가되는 첩보를 인식하는 과정.

⑤ 해석(Interpretation): 첩보의 중요성을 평가하고 사정(査定)하는 과정.

Ⅱ 미국 정보공동체의 정보순환 과정

1. 첩보 요구 및 수집 우선순위 설정

① 정보소비자가 필요한 첩보(information)를 요청함.

② '정보공동체 사무처(Community Management Staff, CMS)'가 요구 사항을 종합하여 첩보수집 우선순위를 설정함.

2. 첩보수집 기관의 역할

① CMS는 영상정보, 신호정보, 인간정보 등의 첩보수집을 기획함.

② 첩보수집 우선순위 목록을 참고하여 NRO, NSA, CIA 공작국 등 각 정보기관에 첩보수집 임무를 부여함.

③ 각 정보기관은 부여된 임무에 따라 첩보를 수집함.

3. 첩보성 정보(intelligence information) 처리

① 수집된 첩보는 처리과정을 거쳐 분석됨.

② 분석관이 단편보고서, 연구보고서, 브리핑 자료 등의 분석보고서를 생산함.

4. 통합 및 검토 과정

① 정보공동체는 각 기관에서 생산된 보고서를 종합하여 통합 보고서를 작성함.

② 보고서 내용에 이의가 있을 경우 각주를 삽입하여 조정함.

5. 정보 배포 및 순환

① 완성된 정보보고서는 정보소비자에게 배포됨.

② 정보소비자가 보고서를 검토한 후 추가 첩보를 요청함으로써 정보순환이 이루어짐.

Ⅲ ODNI의 정보순환과정

1. 의의

(1) 개념

① 국가정보장실(ODNI)은 정보순환과정을 여섯 단계로 구분함. 단계는 계획과 지시, 수집, 처리와 개발, 분석과 생산, 배포, 평가임.

② 미국 정보공동체의 「소비자 가이드(Consumer's Guide)」는 정보순환과정을 "매우 역동적이고, 지속적이며, 끝나지 않는 과정"으로 설명함.

(2) 로웬탈(Mark Lowenthal)의 견해

① 정보의 순환단계를 정보요구, 첩보수집, 처리와 개발, 분석과 생산, 배포와 소비, 환류의 여섯 단계로 분류함.

② 환류는 정보배포 이후 최고정책결정권자의 수정 및 추가 요청 등 소통 과정을 포함함.

(3) 정보순환모델의 한계

① 비밀공작과 방첩을 설명할 수 없음.

② 정보생산 과정이 동시다발적으로 일어남을 반영하지 못함.

③ 정보순환의 연계성을 충분히 묘사하지 못함.

2. 요구단계

(1) 개념
① 정보요구단계는 정책결정권자가 정보기관에 필요한 정보를 요구하는 과정임.
② 첩보수집 부서를 결정하고 정보생산 계획을 수립함.

(2) 정보요구 방식
① 최고정책결정권자, 국내외 정보기관, 정보기관 자체 분석관 등이 요청 가능함.
② 구두(대화, 전화, 브리핑) 및 서면(공문서, 명령, 지시, 메모) 방식이 있음.

(3) 우선순위 결정
① 국가정보기구는 모든 정보요구를 충족할 수 없으므로 우선순위를 설정함.
② 정책 중요성과 긴급성을 고려하여 국가정보목표 우선순위(PNIO)를 작성함.
③ 한국은 국가정보원장이, 미국은 국가정보장(DNI)이 PNIO를 작성함.

(4) 기타 정보요구
① PNIO를 바탕으로 부문정보기관이 연간 첩보수집 계획을 수립하는데 이를 첩보기본요소(EEI)라 함.
② 돌발적인 정보수요는 특별첩보요구(SRI), 정책 수정 등에 따른 정보수요는 기타정보요구(OIR)로 분류됨.

3. 수집단계

(1) 개념
① 보유 정보가 충분하지 않을 경우 새로운 첩보를 수집해야 함.
② 첩보수집단계는 정보생산의 기초자료를 확보하는 과정임.

(2) 수집의 중요성
① 첩보수집은 공개정보뿐만 아니라 비공개 출처 개척 및 비밀공작활동도 포함함.
② 신뢰성, 접근성, 경제성, 신속성, 정확성을 고려하여 출처를 결정해야 함.

(3) 수집방식과 제약
① 시급한 문제를 우선 처리하나, 중요한 사안이 뒤로 밀릴 가능성이 있음.
② 수집방법은 공개출처수집과 비밀출처수집이 있으며, 수집수단은 인적수단(HUMINT)과 기술적 수단(TECHINT)으로 구분됨.

4. 분석 및 생산단계

(1) 개념
① 분석 및 생산단계는 첩보에서 최종 정보를 도출하는 핵심 과정임.
② 기초 자료에서 사실관계를 확인하고 자료를 종합·평가하여 정보를 생산함.

(2) 정보생산의 유형
① 광의의 정보생산: 정책 활용을 위한 방대한 첩보 검토·분석 과정임.
② 협의의 정보생산: 첩보에 정책적 의미를 부여하고 논리적으로 검증하는 과정임.

(3) 요구되는 요건
적시성, 정확성, 완전성, 적합성, 객관성, 결과 지향성을 갖추어야 함.

5. 배포단계

(1) 의의
① 배포단계는 정보요구자에게 정보를 적시에 제공하는 과정임.
② 정책결정자와 정보 분석관 간의 효율적 소통이 중요함.

(2) 배포의 원칙
① 적당성: 정보의 양을 적절히 조절해야 함.
② 적시성: 사용자의 필요 시기에 맞춰 배포해야 함.
③ 필요성: 정보사용자의 능력과 상황에 맞는 정보를 제공해야 함.
④ 보안성: 정보의 유출을 방지하기 위한 조치가 필요함.
⑤ 계속성: 상황 변화에 따라 추가 정보를 지속적으로 배포해야 함.

(3) 배포 방법
구두보고(브리핑), 메모, 일일 정보보고서, 특별 보고서, 정기간행물, 연구과제 보고서, 전문(電文) 등이 있음.

6. 환류단계

(1) 개념
① 정보순환과정은 한 번으로 끝나지 않으며 지속적으로 반복됨.
② 환류단계를 통해 정책공동체와 정보공동체 간 쌍방향 대화가 이루어짐.

(2) 환류의 중요성
① 배포된 정보가 정책결정권자의 요구를 충족하지 못하면 정보순환과정이 다시 시작됨.
② 분석 결과를 배포할 때 구두 브리핑이 정책결정권자의 즉각적 반응을 얻기에 유리함.

③ 비언어적 의사소통을 활용하여 정책결정자의 피드백을 획득할 수 있음.

Theme 02 국방정보

I 의의

① 국방정보는 전통적으로 군사정보를 의미했으나, 제2차 세계대전 이후 개념과 범위가 확대됨.
② 제2차 세계대전 이전 국방정보는 작전정보, 전술정보를 포함하며, 군사작전 수립과 시행에 필요한 정보를 의미함.
③ 클라우제비츠는 작전정보를 '적과 적국에 관한 모든 종류의 정보'로 정의하였으며, 웰링턴 공작은 '언덕 너머에 있는 것을 아는 것'으로 규정함.
④ 전통적 국방정보는 적국의 의도, 전략, 군사력 정보를 포함하며, 군사적 불확실성을 감소시키고 전략적 목표 달성을 지원함.

II 제2차 세계대전 이후 개념의 확대

1. 의의

① 단기적 정보요구에서 장기적, 포괄적 정보 요구로 변화함.
② 국가의 국방정책 수립과 군사력 운용을 위한 장기적이고 차원 높은 정보 필요성이 증가함.

2. 유형

(1) 합동정보

① 전략정보, 작전정보, 전술정보를 통합하여 '합동정보'로 발전함.
② 합동정보는 지휘관이 합동작전을 원활히 수행하도록 지원하는 정보활동을 포함함.

(2) 전략정보와 작전정보

① 전략정보는 국가급 또는 전구 수준의 전략·정책·군사계획 수립에 요구되는 정보임.
② 작전정보는 전구 및 작전지역 범위 내 전략 목표 달성을 위한 군사행동 계획 및 수행 정보임.

(3) 전술정보

① 전술작전 계획 및 수행에 필요한 정보임.
② 작전정보와 전술정보의 구분이 모호하나, 일반적으로 통합하여 전투정보라 함.
③ 해당 정보의 구분은 사용자의 편의에 따라 결정됨.

3. 특징

① 전략정보는 정치·외교, 경제, 사회, 문화 등 비군사 분야까지 포함하며 장기적 기간을 다룸.
② 전략정보의 실패나 오판은 치명적이며, 회복에 많은 시간이 소요됨.
③ 국방정보는 적뿐만 아니라 우방·동맹국 및 자국의 군사력까지 포함하여 총체적이고 포괄적인 정보 체계를 갖춤.
④ 국방정보는 전략·작전·전술 목표 달성에 영향을 미치는 요소에 대한 정보를 포괄함.

III 국방정보와 국가정보

1. 의의

① 전략정보를 고려할 때 국방정보와 국가정보 간의 차이가 모호함.
② 국가정보는 국방정보보다 상위 개념으로, 정치, 군사, 경제, 사회, 문화 등 국가 전반을 포괄하는 정보임.
③ 국방정보는 군사적 차원의 정보를 중심으로 하며, 비군사 분야 정보를 군사적 차원에서 해석하여 생산된 정보임.
④ 국방정보와 국가정보는 일부 중첩되며, 상호 보완적 관계를 가짐.

2. 국방정보의 생산

(1) 의의

① 정책결정자는 필요한 정보나 첩보를 해당 기관에 요구함.
② 평시에는 전략정보가 다른 분야의 정보와 중첩되는 경우가 많음.
③ 국방정보는 적의 군사력, 의도, 방책 분석에 초점을 맞추지만, 비군사 분야의 정보활동도 강화됨.

(2) 위기징후목록

① 평시에 위기징후 감지를 위해 정치, 경제, 군사, 사회 분야에서 이상 징후를 포착하는 목록을 지정하고 첩보를 수집함.
② 전쟁 시에는 전략정보보다 단기적 작전정보 및 전술정보가 중점적으로 요구됨.

(3) 국가정보판단보고서

① 여러 정보기관이 수집한 정보를 종합하여 '국가정보판단'(NIEs)으로 생산함.
② 정치, 경제, 사회 등 다양한 요소를 포함하여 국가 차원의 종합적 정보로 구성됨.
③ 긴급 상황에서는 '특별국가정보판단'(SNIEs)을 통해 특정 문제에 대한 정보를 신속히 제공함.
④ 독립 정보기관 간 협의를 통해 정보를 통합 생산함.

3. 정보순환 절차에서의 국방정보

(1) 의의

① 국가 정보 수집과 분석은 국가이익과 전략에 근거하여 수행됨.

② 국방정보는 국가정보의 일부분으로 포함됨.

(2) 정보요구

① 정보순환 절차는 정보요구 및 징후분석에서 시작됨.

② 정보요구는 우선정보요구(PIR)와 첩보요구(IR)로 구분되며, 이에 따라 첩보수집 계획이 수립됨.

③ 국가중앙정보기관은 PNIO 및 RFI를 기반으로 각 정보기관에 정보수집을 요구함.

④ 평시에는 전략정보가 중심이 되며, 전시에는 작전 및 전술정보가 중점적으로 요구됨.

⑤ 한국의 국방정보본부, 미국의 국방정보국(DIA)이 군사정보 수집을 담당함.

(3) 정보 생산

① 각 정보기관은 첩보수집 계획에 따라 정보를 수집하고 보고함.

② 수집된 첩보는 '기록, 평가, 해석' 단계를 거쳐 정보로 생산됨.

③ 최종적으로 중앙정보기관 및 상부기관으로 전파되어 국가정보로 통합됨.

Ⅳ 전략정보

1. 의의

① 전략정보는 장기적이고 포괄적인 정보를 의미하며, 단순한 군사력 정보 이상의 내용을 포함함.

② 전략정보는 다음 8개 분야로 구분됨(BESTMAPS).

　B: biographic intelligence(개인신상정보)

　E: economic intelligence(경제정보)

　S: sociological intelligence(사회문제정보)

　T: transportation & telecommunications intelligence(운송·통신정보)

　M: military geographical intelligence(군사지리정보)

　A: armed forces intelligence(군사력정보)

　P: political intelligence(정치정보)

　S: scientific and technical intelligence(과학·기술정보)

2. 개인신상정보

① 외국 주요 인사의 개인적 성향과 행동 특성을 분석하여 특정 상황에서의 반응을 예측하는 정보.

② 주로 외국 지도자, 혁명가, 무기 밀매업자, 마약 거래자, 테러 지도자 등을 분석하는 데 활용됨.

3. 경제정보

① 대상국의 자연·인적 자원 사용과 경제 상황, 국가 간 경제관계를 분석하는 정보.

② 중장기 위협 판단을 위해 사용되며, 인적 동원능력과 국방력 증강 가능성을 평가하는 데 활용됨.

③ 전략물자 비축 및 전비태세 격상과 같은 경제활동 변화를 감지하여 적국의 의도를 파악하는 데 이용됨.

④ 경제제재 등 경제전쟁 수행 및 전략물자, 이중용도 기술, 대량살상무기 확산 차단을 위한 정보로 활용됨.

4. 사회정보

① 사회의 구성, 조직, 목적, 습관, 개인과 사회 간 관계를 연구하는 정보.

② 인구조사자료, 사회적 특성, 여론, 교육, 종교, 복지 및 보건 등의 요소를 포함함.

③ 사회적 안정도 평가 및 체제 유지 가능성 예측에 활용되며, 선무작전 및 민사심리전 수행에 중요하게 작용함.

5. 운송·통신정보

① 운송정보: 철도, 도로, 내수로, 원유 및 가스 파이프라인, 항만, 공항 등 운송 관련 시설 및 운영 현황 정보.

② 통신정보: 라디오, 텔레비전, 전보, 해저 케이블 등 민간 및 군용 통신시스템 시설과 운영 정보.

③ 군사작전 시 타격 목표 선정에 중요한 정보로 활용되며, 상대방의 동원능력 및 전쟁 지속능력 저하에 기여함.

6. 군사지리정보

① 군사작전에 영향을 미치는 물리적·문화적 환경에 대한 평가.

② 자연지리(기후, 지형, 강수 등)와 인문지리(시설물 위치, 교통·물류 요충지, 인구분포 등)로 구분됨.

③ 전략목표 설정 및 군사작전 수행 경로 결정에 필수적인 정보.

④ 주요 전략목표(교통요지, 공장지, 광산, 군사시설 등)의 방어 수준 평가에 활용됨.

7. 군사정보

(1) 의의

① 대상국 육·해·공군의 조직, 현재 군사력 및 잠재적 군사력을 분석하는 정보.

② 조직 및 행정, 군 인력, 전투서열, 군수, 전략 및 방어 등의 세부 항목으로 구성됨.

(2) 조직에 관한 정보

① 지휘 및 통제체제 정보, 군 배치 현황 정보 포함.

② 사령관부터 병사까지의 의사결정 체계와 권한 위임 방식 분석.

③ 통신체계, 운영 및 보안절차 포함.

(3) 행정통제 정보

① 재정, 시설물 관리, 충원 및 동원, 군 기강, 사기진작 활동 포함.

② 인적 자원 평가(징집제도, 신체 조건, 복무기간, 예비역 제도 포함).

(4) 전투서열 정보

① 적국 군사태세 평가의 기초 정보.

② 작전계획, 전력 현대화, 정책 결정, 목표 설정 등에 활용됨.

③ 단순 병력·무기 규모 파악뿐만 아니라 조합에 따른 전략적 의미 분석 포함.

(5) 군수 정보

① 병력과 물자의 이동·철수·보급에 관한 정보.

② 적국 군사작전 수행 시 직면할 군수 문제 및 극복 방안 평가.

③ 경제정보, 운송·통신정보, 지리정보와 연계하여 군수 정보 생산.

④ 군사작전 시행을 위한 사전 배치된 물자·인력 확보 여부 분석.

(6) 군수물자 정보

① 군수물자의 질, 내구성, 효과 평가.

② 물자의 유지·운용·지원 방식 분석.

③ 방위산업 동향 파악 및 다국적 부품 사용 여부 분석 포함.

(7) 전략 및 방어 정보

① 적국의 전략적 의도, 목표, 능력 및 방어 대책 평가.

② 국가 차원의 목표 달성을 위한 전략 및 방어 계획 분석.

③ 종합적 정보 분석을 통해 군사적 대응 전략 수립.

8. 정치정보

① 적국의 정치체제 및 정치현황 분석.

② 적국이 전략목표를 달성할 국내·국제적 기반 확보 여부 평가.

③ 정책 방향 예측 및 대응책 수립에 활용됨.

④ 정치정보는 정부 구조, 절차, 대외정책, 정당, 선거절차, 반국가단체 활동 등으로 세분화됨.

9. 과학·기술정보

① 대상국의 과학 및 기술 능력과 활동 평가.

② 무기체계 첨단화 및 대량살상무기 확산 대응을 위한 정보 수집 필요성 증가.

③ 연구개발 기관, 연구 활동, 정부 지원 규모 분석.

④ 과학기술 연구 관련 물자, 장비, 시설, 인력 동향 파악 포함.

10. 결론

① 전략정보는 8개 분야의 정보가 통합된 개념이며, 국가정보 수준과 유사함.

② 중장기 대책 수립에 활용되며, 군 정보기관이 담당하는 분야와 타 기관이 담당하는 분야가 구분됨.

③ 군 정보기관은 타 기관과 협력하여 군사적 관점에서 정보를 재구성하고 평가하는 역할을 수행해야 함.

Ⅴ 전투정보

1. 의의

① 전투정보는 전투서열정보와 군사능력정보가 중심이며, 기후 및 지형과 같은 단기 지리정보가 추가될 수 있음.

② 전투정보의 분류(작전정보 또는 전술정보)는 사용자의 목적에 따라 결정됨.

2. 전투서열정보

(1) 의의

전투정보의 핵심 요소는 전투서열 및 군사능력 정보로, 전투서열은 구성, 배치, 병력으로 구분됨.

(2) 구분

① 구성: 군 조직의 모든 요소로, 전차, 야포, 함정, 항공기 등 군이 보유한 장비 및 무기 종류 포함.

② 배치: 평시 부대의 배치 위치 정보.

③ 병력: 단위 부대에 배치된 장비 및 운용 인원 수.

④ 기타: 훈련, 전술, 군수, 전투 효율성, 부대 역사, 제복, 계급장, 부대 지휘관 개인 정보 포함 가능.

(3) Modernized Integrated Data Base

① 전투서열 정보를 유지 및 생산하기 위해 자료를 축적하고 새로운 자료를 통합하는 데이터베이스로 활용됨.

② 데이터 표준화 작업 수행.

(4) 활용

① 전투서열 정보는 군별로 3개 분야에 따라 추적되며, 국가 차원에서 통합 운영 가능.

② 군별로 지상군, 해군, 공군, 방어 미사일 및 방공, 전략미사일(Strategic Missile Order of Battle, SMOB) 전투서열로 구분됨.

③ 현대화된 무기체계에 따라 전자전투서열, 우주전투서열, 전략미사일전투서열 추가.

④ 각 분야별로 확인, 구성, 배치, 강점, 지휘구조 등 정보 수집.

3. 군사능력분석

(1) 의의

전쟁 및 전투에서 승리하거나 목표물을 파괴할 수 있는 능력을 평가하며, 전력구조, 현대화, 전비태세, 지속성으로 구성됨.

(2) 구성

① **전력구조**: 부대 단위(사단, 여단, 함대, 비행단 등)의 병력, 규모, 구성 포함.

② **현대화**: 전력, 단위부대, 무기체계 및 장비의 첨단화 정도.

③ **전비태세**: 목표를 차질 없이 달성할 수 있는 능력.

④ **지속성**: 군사적 목표를 일정 기간 동안 지속할 수 있는 능력.

(3) 구분

① 군사전략, 작전, 전술로 구분됨.

② **전략적 군사능력분석**: 적국의 군사능력에 따른 징후 및 조기경보 분석, 지도자의 실행의지 파악 중점.

③ **작전능력분석**: 적 단위 부대의 관계, 활동, 능력 분석.

④ **전술능력분석(tactical milcap)**: 현재 위치 및 이동 정보 확보.

⑤ 작전 및 전술능력분석은 기상, 지형, 적 전술 정보와 통합되어 작전 수립 및 시행에 기여함.

4. 전장지역과 작전지역

(1) 전장지역

정보 수준과 범위를 결정하며, 임무, 능력, 부대 가용성, 시간에 따라 작전지역과 관심지역으로 구분됨.

(2) 작전지역

① 현행 작전임무 수행 지역으로 작전계획 및 명령에 명시됨.

② 적지종심 작전지역, 근접 작전지역, 후방 작전지역으로 세분됨.

③ 적지종심 작전지역에서는 적 증원능력 및 기도를 조기에 탐지 및 식별하여 전파하는 것이 주요 목적.

(3) 적 C4I 체계 및 무기체계 정보

적의 C4I(command, control, communication, computer and Intelligence) 체계 및 무기체계를 무력화하거나 방해하며, 자국의 종심작전부대에 대한 정보 제공 역할 수행.

(4) 작전보안 및 기만작전 등의 대정보활동

① 근접 작전지역에서는 적 투입부대의 규모 및 기도를 탐지하여 전파함.

② 후방작전지역에서는 침투부대의 위치 및 활동을 탐지하여 전파하도록 운용됨.

③ 관심지역은 적 부대가 작전지역으로 이동할 가능성이 있는 지역으로, 항공정찰, 영상정보, 통신정보를 활용하여 정보 수집.

④ 전장정보분석은 전장지역 평가, 기상 및 지형 분석, 적 능력 평가, 적 방책 분석의 4단계로 진행됨.

⑤ 전술적 결심수립절차와 연계되어 지휘관 및 정보참모에게 필요한 정보를 제공하며, 첩보수집 요구사항 작성의 기초가 됨.

5. 작전의 형태

(1) 작전지역 및 형태에 따른 운용 차이

전투정보는 군사작전지역 및 작전 형태에 따라 운용이 달라짐.

(2) 작전 형태별 전투정보 운용

① 지상전, 상륙작전, 후방 합동공정작전, 특수전, 방공작전 등 작전 형태에 따라 운용 체계 및 정보 중점이 달라짐.

② 종심지역을 대상으로 하는 공정작전 수행 시 정치단체 및 준군사집단의 지원·저항 강도, 현지 자원 가용성, 지역주민 태도, 적 전자전 운용능력, 방어 및 증원능력, 공중기동작전 수행능력 등의 정보가 중점 요구됨.

③ 특수전 수행 시 적 대비정규전 부대의 편성, 장비, 훈련 정도 및 활동 사항, 지역 주민 태도 및 저항 가능성 정보가 중요함.

④ 방공작전 수행 시 방공망 및 전자전 능력 정보 필요.

⑤ 기존 정보를 작전 특성에 맞게 조합하거나 추가 정보 확보를 통해 작전 수행을 지원하도록 정보 요구가 이루어짐.

Theme 03 정보생산자와 정보수요자

I 의의

1. 국가정보의 가치

① 국가정보는 생산이 목적이 아니라 활용될 때 진정한 가치가 있음.

② 보안 조치만으로는 국가정보의 실질적 효용을 보장할 수 없음.

2. 국가정보 생산자(Intelligence Producer)

① 국가정보의 생산을 담당하는 사람이나 조직을 의미함.
② 원칙적으로 국가정보기구가 해당됨.

3. 국가정보 소비자(Intelligence Consumer)

① 대통령, 의회, 행정부처, 국가안보회의(NSC), 정보공동체가 포함됨.
② 무기 디자이너 및 비밀병기 생산자와 같은 사경제 주체도 정보소비자로 기능할 수 있음.

Ⅱ 정보수요 부재 시의 정보활동

1. 쟁점

정보수요가 없는 경우 정보기관의 활동 방향 설정 문제.

2. 정보와 정책의 레드라인(Red Line)

① 정책은 정보 영역에 개입할 수 있지만 정보는 정책 영역을 침범해서는 안 됨.
② 이를 '반투성 차단의 원칙'이라 함.
③ 정보기구는 자동생산기구(automatic machine)가 아님.

3. 정보요청이 없을 경우의 해결방안

(1) 의의

정보기관이 정보수요가 없는 상황에서 선택할 수 있는 방안.

(2) 정보수요를 자의적으로 전제하고 정보활동 수행

① 정보기관이 정보수요를 임의로 가정하여 활동하는 방식.
② 정책 영역 침범으로 비판받을 가능성이 있음.

(3) 요청 없는 활동은 하지 않음

① 정보요청이 없을 경우 일상 업무만 수행하는 방식.
② 국가운영의 한 축으로서 역할을 포기했다는 비판이 따를 수 있음.

(4) 미국의 사례

미국에서는 국가안보위원회(NSC)가 정책공동체와 정보공동체 간의 가교 역할을 수행하여 정보수요의 괴리를 조정함.

Ⅲ 정보요구가 경합할 때의 해결 방법

1. 최고 정책결정권자의 요구

① 정보공동체가 누구와 긴밀한 관계를 갖는지에 따라 정보우선권이 결정됨.
② 최종적으로 최고 정책결정권자의 요구가 최우선 됨.

2. 국가안보위원회(NSC)와 국가정보장(DNI)

① 미국에서는 국가안보위원회(NSC)가 정보수요의 우선순위를 결정함.
② 정보공동체 내에서 최종 조정권자는 국가정보장(DNI)임.

3. 발생가능성과 중요성

(1) 정보우선순위 결정 기준

① 발생가능성과 중요성이 높은 정책 사안이 최우선 정보대상이 됨.
② 발생가능성과 중요성이 반비례할 경우, '중요성 우선의 원칙'이 적용됨.

(2) 정보우선순위 적용 사례: 냉전 시대

① 소련의 핵공격 가능성은 낮았지만 중요성이 높아 우선 정보대상이 됨.
② 이탈리아 정부 전복 가능성은 높았지만 미국 안보에의 중요성이 낮아 후순위가 됨.
③ 결론적으로 CIA 등 미국 정보기구는 소련 핵무기 운용 정보를 우선적으로 취급함.

Theme 03-1 정보수요자와 정보생산자의 연계 및 지원 체계

Ⅰ 합동배치정보지원시스템(JDISS)

1. 의의

(1) 개념

① 합동배치정보지원시스템(Joint Deployable Intelligence Support System)
② 미국 국방부 개발
③ 군 현장지휘관 등 정보수요자가 컴퓨터 단말기를 통해 필요한 정보 검색 및 추가 정보 요청 가능
④ 정보와 정책의 자동연계 시스템

(2) 특징

① 특정 문제에 대한 맞춤형 정보분석 제공 가능
② 원거리에서도 정보 입력(Input) 및 출력(Output) 가능
③ 정보 활용 방식의 혁신적 전환 평가

2. 기능

① 특정 정보 요구 전달 및 수신
② 작전구역 및 국가정보 데이터베이스 접근
③ 디지털 영상 제공

④ 자동화된 기록 메시지 처리 및 경보 시스템 활용

⑤ 정보수요자의 현장 정보 입력

⑥ 음성·영상 전자정보 산출 및 멀티미디어 기능 실행

Ⅱ 인텔링크(INTELINK)

1. 의의

(1) 개념

① 미국 정보공동체의 내부 인트라넷

② 정보망 연결(INTELligence Link)의 약어

③ 정보생산자와 정보수요자를 연결하는 통합 정보보급망

(2) 구축 배경

① 1994년 인터넷 활용성을 고려하여 구축

② 울시(Woolsey) 국장(1994.8.)이 "모든 정보 공급을 위한 전략적 방향"으로 선언

③ 정보처리·활용·협조 강화 및 배포체계 현대화를 목표

(3) 특징

① 정보공동체, 행정부처, 군부대 등과 연결

② 개별 정보기구 간 정보 공유 및 정책부서와의 협력 강화

③ 마틴(Fredrick Thomas Martin, 1999)이 저술한 「Ⅰ급 비밀 인트라넷」에서 극도의 보안성 강조

2. 종류

① Intelink-U: 공개정보 취급

② Intelink-S: 비밀정보 취급

③ Intelink-TS: 극비정보 취급

④ Intelink-P: CIA가 운용하며 백악관 등 최고위층과 연결

⑤ Intelink-C: 영국, 캐나다, 호주와 연결

3. 평가

① 정보 생산은 국가 역량이 반영된 역동적 활동

② 정보 활용이 정책 반영을 통해 가치를 발휘

③ 기존 정보 제공 방식(독대보고, 면전보고, 서면보고서) 외에 실시간 정보활용 및 공유체계 구축 중요

Theme 04 정보의 효용

Ⅰ 의의

① 정보의 효용(Utility of intelligence)은 최종적으로 생산된 정보가 국가안보 정책결정권자의 정책 수립과 집행에 반영되어 국가안보와 국가이익에 기여하는 실용적 가치임.

② 정보는 그 자체가 목적이 아니며, 활용될 때 의미를 가짐. 이를 통해 국가정보 기구의 역할이 인식되고 저력이 평가됨.

③ 정보의 효용 판단 기준은 정보가 정책에 기여한 방법과 정도임. 이를 충족하지 못하는 정보는 국가정보로서 의미 없음.

Ⅱ 종류

1. 통제효용

① 정보는 필요로 하는 사람에게 적절한 양만큼 제공되어야 함.

② 이는 차단의 원칙과 유사한 개념임.

2. 형식효용

① 정보는 정보사용자의 요구에 맞는 형식으로 제공될 때 효용이 높음.

② 전략정보는 정책결정자를 위해 중요한 요소만을 축약한 형태가 일반적임.

③ 전술정보는 상대적으로 낮은 수준의 정책결정자나 실무자에게 제공되므로 상세하고 구체적인 형태가 바람직함.

3. 소유효용

① 정보는 많이 소유할수록 집적 효과를 발휘함.

② 정보량이 많은 국가는 상대적으로 강한 국가로 인식됨.

③ 정보화 시대에서 소유효용의 중요성이 더욱 강조됨.

4. 접근효용

정보는 정보사용자가 쉽게 접근할 수 있어야 함.

5. 시간효용

① 정보는 정보사용자가 필요로 하는 시점에 제공될 때 효용이 높음.

② 이는 적시성과 유사한 개념임.

III 정책수립 및 집행과정에서의 정보 효용

1. 정보의 역할

① 정책 수립 계획 지원
② 구체적 정책 운용 지원
③ 분쟁 시 협상 및 전쟁 대응 지원
④ 경고기능 수행
⑤ 조약이행 감시

2. 정책수립 단계에서의 정보 효용

(1) 의의

① 록펠러 위원회 보고서: "정보는 정책입안자의 선택 범위를 넓히고 적절한 판단을 돕는 역할을 수행해야 함."
② 정확한 정보 없이 국가안보 정책 수립이 어려움.

(2) 신무기 개발과 배치

① 정보는 신무기 개발과 배치에서 중요한 역할을 함.
② 사례: 1968년 미 해군이 소련 신형 잠수함의 속도를 감지하여, 이를 기반으로 미국 SSN−688 잠수함 개발을 결정함.

(3) 군비 개발과 무기 배치

CIA의 이중스파이(톨카초프, 폴야코브) 활용으로 소련의 군사무기 개발 상황과 병력 배치 정보 획득 → 군비 개발 및 무기 배치 비용 절감.

(4) 핵무기 개발 계획

① 미국 정찰위성 코로나(CORONA) 활용 → 소련 핵미사일 배치 규모 파악 → 국방예산 절감.
② 핵무기 유지비용(2001년 기준): 연간 270억 달러 소요.
③ 소련의 핵무기 배치 정보를 정확히 파악하여 실전 운용 핵무기 감소 및 국방정책 최적화.

(5) 사막의 폭풍 작전(Operation Desert Storm)

① 1991년 이라크 격퇴 작전에서 국가정보가 국방정책 수립에 결정적으로 기여함.
② 미국 정보기관이 이라크의 군사력과 무기 개발 현황을 분석하여 공격망 무력화 지원.

(6) 독수리 발톱 작전(Operation Eagle Claw)

① 1980년 카터 행정부가 이란 내 억류 미국인을 구출하려 했으나, 사막지대 기후정보 오류로 작전 실패.
② 정보 부족과 오판이 정책 수립 실패로 이어짐.

3. 정책 운용 단계에서의 정보 효용

(1) 의의

① 정책 수립 후에도 정보는 지속적으로 정책 운용에 기여함.
② 경제제재 여부 결정, 군사·안보 관련 경제거래 차단 등에 활용됨.

(2) 이란의 핵무기 개발

① 1992년 미국은 이란의 의심스러운 물자 구매를 감지하여 핵무기 개발 진행을 확인.
② 아르헨티나에 우라늄 원석 수출 금지를 요청하여 관철함.

(3) NSA의 도청 정보 활용

① NSA가 이란과 중국 간의 핵물질 거래 관련 통화를 도청하여 중국에 판매 금지를 요청.
② 이란의 1차 핵무기 개발 계획 좌절.

4. 분쟁 대응에서의 정보 효용

① 국가정보는 전쟁 및 분쟁 대응에서 핵심적 역할 수행.
② 전면전 및 부분전에서 전술정보의 중요성 강조됨.
③ 군축협상, 무역협상, 국제회의 개최 관련 정보 확보가 필수적임.

5. 국가 경고기능에서의 정보 효용

(1) 의의

① 정보는 군사작전, 테러, 적대행위 등 위협을 사전에 경고하는 기능 수행.
② 국가적 위기상황 대비를 위한 신속·정확한 정보 확보가 중요함.

(2) 선제공격이론

2003년 부시 행정부의 이라크 침공 시 법적 근거로 활용됨.

(3) 폴란드 침공 저지

1980년 CIA가 소련의 폴란드 침공 계획을 감지하여 카터 대통령이 소련에 경고 → 침공 예방.

(4) 이라크 독가스 사용 저지

1991년 미국 정보당국이 이라크의 반군 독가스 사용 계획을 사전 포착하여 경고 → 독가스 사용 방지.

6. 국제조약 이행 감시에서의 정보 효용

① 국가정보는 국제조약의 준수를 감시하고 평가하는 역할 수행.
② 국제기구·NGO의 한정적 감시를 보완함.
③ 냉전 시대, 미국은 중국과 러시아의 무기 금수조약 준수 여부를 철저히 감시함.
④ 조약 위반 시 국제 제재 조치를 위한 근거 마련 가능.

Ⅳ 정보효용의 극대화를 위한 정보의 일반적인 요건

1. 의의

① 정보는 국가안보 정책계획 및 조약 이행에서 중요한 역할을 수행함.

② 정보 기여도를 단독으로 평가하는 것은 현실적으로 어려움.

2. 정보효용 극대화를 위한 요건

① 적합성(Relevance): 현안과의 관련성이 높아야 함.

② 적시성(Timeliness): 필요한 시점에 제공되어야 함.

③ 정확성(Accuracy): 오류 없이 신뢰할 수 있어야 함.

④ 객관성(Objectivity): 편향되지 않은 정보여야 함.

3. 정책당국자의 정보 활용과 국가안보 강화

정책당국자는 적합하고 적시에 제공된 정보를 바탕으로 사전 경고, 대응책 마련, 국제 제재 요청 등을 수행하여 국가안보를 강화함.

Theme 04-1 국가정보의 기능

Ⅰ 조기경보 기능

1. 잠재 적국의 위협 감지

국가정보는 가상 또는 실질적 적대국의 전략, 전술, 전쟁계획, 전력구조, 군사배치, 무기체계 등의 정보를 사전에 획득하여 대비하는 역할을 수행함.

2. 국가 존립의 위협상황 추적

군사적 동향뿐만 아니라 금융위기, 환경재난, 전염병, 국제범죄 등도 조기경보의 대상이 됨.

Ⅱ 국가정책 지원

1. 정책 환경 진단

(1) 국익 증대를 위한 국내외 여건 진단

① 국익 증대를 위해 정치, 경제, 군사, 과학기술, 사회 등 광범위한 정보 진단을 수행함.

② 정책결정자가 현재 상황을 인식할 수 있도록 지원함.

(2) 자국에 대한 잠재적 위협 평가

잠재적 적대국의 군사적 위협을 평가하여 안보 유지에 필요한 정책 수립을 지원함.

(3) 자국의 국익 및 안보적 취약성 진단

① 산업기술, 외환, 금융, 통상 등 전략적 분야에서의 경쟁력 저하 원인 진단을 수행함.

② 외교·군사적 측면 및 방첩 분야에서의 취약 요소 분석을 통해 보완책 마련에 기여함.

2. 정책의 수립 및 조정

(1) 정책 수립 및 조정에 유용한 지식 제공

① 대상국에 대한 국익 확대 요소와 안보 위협 요소를 분석하여 외교·안보정책 수립을 지원함.

② 정책 성공 여부 및 문제점을 검토하여 정책 조정에 필요한 판단을 제공함.

(2) 정책 추진에 필요한 제약 요인 검토

① 외교, 군사, 경제, 심리, 문화적 요소를 고려한 정책 추진의 제약 요인 분석을 수행함.

② 예산, 인력, 조직 등의 내부 역량과 국제·국내 여론 분석을 통해 정책 추진 가능성을 평가함.

3. 정책 선택

(1) 유용한 정책대안의 범위 획정

① 정책담당자에게 정책 대안의 범위를 제시하고 각 대안의 장단점 및 파급 효과를 분석하여 지원함.

② 정보의 질이 정책 선택의 결과를 보장하지는 않지만, 합리적 정책 결정을 위한 필수 요소임.

(2) 국력의 효과적 사용에 기여

① 국력을 효과적·경제적으로 활용할 수 있도록 필요한 판단을 제공함.

② 국력의 사용이 필요한 시점을 정확히 분석하여 최적의 정책 실행을 가능하게 함.

③ 부정확한 정보는 국력 낭비를 초래할 수 있음.

(3) 미래 상황 예측

① 현재 정책 환경을 기반으로 미래 상황을 예측하여 정책 대응 방안을 마련함.

② 불확실한 미래 정책 환경을 분석하고, 시나리오별 개연성을 검토하여 전략 수립을 지원함.

4. 정책 집행 및 평가

(1) 정책의 집행 시기 판단

① 정책 집행의 적절한 시기를 결정하여 정책 효과 극대화를 도모함.

② 정책 집행이 지연될 경우 효과가 반감되거나 실패할 가능성이 존재함.

(2) 정책 평가 판단 제공

① 정책의 문제점, 효과, 반응을 평가하여 국익 및 안보 기여도를 분석함.

② 정보는 시행 중인 정책의 적절성을 판단하는 데 중요한 역할을 수행함.

Ⅲ 협상 체결 및 국제조약 검증

1. 협상 상대국에 대한 정보 제공

① 협상력은 상대국 정보의 정확성에 의해 좌우됨.
② 군축협상, 무역협상, 국제회의 등에서 상대국의 양보 가능성 및 입장 변화를 분석하여 협상력을 강화함.

2. 분쟁국 개입 및 중재

① 국제 안전 도모를 위한 분쟁 개입 및 중재에 정보가 중요한 역할을 수행함.
② 미국은 이집트와 이스라엘 간 협상에서 U−2기의 영상정보를 제공하여 평화조약 체결을 지원함.

3. 상대국의 조약 이행 감시

① 국제조약 준수 여부를 감시하고 평가하는 역할을 수행함.
② 미국은 군축협정, 핵확산금지조약, 반도체협약 등에 대한 준수 여부를 정보로 검증함.
③ 국제조약의 강제력 부족으로 정보기관의 감시 역할이 중요해짐.
④ 1960년대 동서 간 핵무기 감축 협정에서 정보능력이 핵심적 역할을 수행하였음.

Ⅳ 정책결정과정에서의 정보의 기능

1. 정책 환경의 진단

① 조기경보 기능
② 국익 증대를 위한 국내외 여건 진단
③ 자국에 대한 잠재적국의 위협 평가
④ 자국의 국익 및 안보적 취약성 진단

2. 정책의 수립 및 조정

① 정책 수립 및 조정에 유용한 지식 제공
② 정책 추진에 필요한 제약 요인 검토

3. 정책의 선택

① 유용한 정책대안의 범위 획정에 기여
② 국력의 효과적 사용에 기여
③ 미래에 전개될 새로운 상황 예측

4. 정책의 집행 및 평가

① 정책의 집행시기 판단에 기여
② 협상 상대국에 대한 정보 제공

③ 상대국의 조약 이행 감시
④ 정책 평가에 대한 판단 제공

Theme 05 정보와 정치

Ⅰ 정치정보와 정치정보 활동

1. 정치정보의 개념

① 정치정보는 국가안보와 직결된 정치 관련 정보를 의미함.
② 정보기구의 정보활동에는 정치 영역을 포함하여 제한이 없음.

2. 정치정보의 유형

① 국내정치정보와 해외정치정보를 포함함.
② 정치적 관점에서 분리된 정보는 단순한 나열에 불과함(CIA).
③ 상대세력의 의도와 능력은 정치뿐만 아니라 경제, 군사, 문화, 사회, 종교까지 포함한 총체적 역량으로 평가해야 함.

Ⅱ 합법적 정치정보 활동을 통한 정치안보의 확보

1. 현대적 안보(총체적 안보)

① 정치적 불안은 국가안보의 불안정으로 직결됨.
② 정치인은 국가안보 관점에서 가장 취약한 계층이며, 상대세력의 매수 대상이 될 가능성이 큼.

2. 정치안보의 이념

① 자유민주주의 원리에 따른 국민의 정치참여 보장과 기본권 보호를 통해 정치적 안정이 이루어짐.
② 정치적 안정이 국가안보 수호로 이어진다는 역사적 경험을 기반으로 함.

Ⅲ 정치화된 정보(Politicized Intelligence)와 정보정치(情報政治)

1. 정보기구 정치개입 금지의 본질적 이념

① 정보기구는 다량의 정보를 보유하고 있어 탈법적 정치공작의 위험성이 존재함.
② 정치공작 차단이 정보의 정치화를 방지하는 핵심 요소임.

2. 정치개입 정의론

① 정치개입 금지론이 국가안보 수호 노력을 저해해서는 안 됨.
② FBI는 국회, 정당, 언론, 종교계 출입에 대한 내부 지침을 마련하여 운영함.

3. 국가정보 정치화의 유형

(1) 정보기구 내적 문제로 인한 정치화 위험성

정보기구가 특정 정치 세력을 지원하거나 방해하기 위해 의도적으로 개입하는 경우임.

(2) 정보기구 외적 요인으로 인한 정치화 위험성

정치권의 회유와 유혹, 내부 고발자(whistleblower) 또는 Deep Throat에 의한 정보의 정치적 오염화 발생 가능성 존재함.

IV 정보의 정치화 유형

1. 제1유형: 정보기구의 자발적 협조형

① 정책담당자에게 부응하기 위해 정보를 조작하는 유형임.
② 주요 동기는 경력 관리, 자리보존, 기구팽창, 신임 확보 등임.
③ 정보기구 간 또는 국가기구 간 충성 경쟁으로 정보의 정치화 발생 가능성이 존재함.

2. 제2유형: 정책담당자 주도형

정책담당자가 특정 주제에 대해 관심을 유도하여 그 방향에 맞는 정보를 제공하도록 함.

3. 제3유형: 선거 승리를 위한 국가정보의 직접적 활용

① 독재국가는 정보기구를 통치수단으로 활용함.
② 냉전시대 CIA는 소련과의 군비 불균형을 과장하여 선거에 개입함.

V 결론

1. 정보의 정치화와 정책과의 관계

① 국가정보의 정치화는 경계해야 하지만, 정보가 국가 정책에서 완전히 독립적이어서는 안 됨.
② 리처드 하스(Richard Hass): "정보공동체는 소설을 만들어서는 안 된다. 결과를 도출해야 한다. 이를 위해 정책(정치)과 더 가까워져야 한다."

2. 정보의 정치화 위험과 정책 협조 문제

① 정보의 정치화 자체보다 정책 과정에서 정보와의 협조 부족이 더 큰 문제임.

② 잭 데이비스(Jack Davis): "정보가 어느 정도 정치화의 위험성을 감내하지 않는다면, 정보기구는 자신의 임무를 제대로 수행하고 있지 않은 것이다."

Theme 06 정보활동의 기원과 발전

I 정보활동의 기원

1. 의의

정보활동은 인류의 탄생과 함께 시작됨. 초기 인간은 생존과 안전을 위해 타 집단의 동향을 감시하고 정탐꾼을 활용함. 국가 형성과 함께 대내적으로 권력 유지, 대외적으로 국가 생존을 위해 정보활동이 본격화됨.

2. 부족국가의 정보활동

(1) 고대 이집트

약 4,000년 전 '바눔' 장군이 적정을 탐지한 기록이 히에로글리프(hieroglyph)로 남아 있음. 이는 세계에서 가장 오래된 첩보활동 기록으로 추정됨.

(2) 구약성서

기원전 1,400년경 모세가 가나안 정복을 위해 12명의 정탐꾼을 보냈다는 기록이 있음.

(3) 결론

오래전부터 정보활동이 생존과 번영을 위한 필수적인 수단이었음.

3. 고대의 정보활동

(1) 손자병법

① 기원전 600년경 손자는 적 정보를 아는 것이 전투 승리의 핵심 요인임을 강조함.
② '용간(用間)'편에서 첩자를 향간, 내간, 반간, 사간, 생간의 다섯 가지로 구분하여 첩보활동을 체계화함.

(2) 손자병법의 첩자 유형

① 향간: 적국 거주자를 첩자로 활용함.
② 내간: 적국의 관료를 포섭함.
③ 반간: 적의 첩자를 역이용함.
④ 사간: 허위 정보를 적에게 전달하고 사실이 밝혀지면 희생됨.
⑤ 생간: 적정을 탐지한 후 살아서 돌아와 보고함.

(3) 고대의 암호체계

① 기밀 보호를 위해 암호체계가 발전함.
② 기원전 5세기경 스파르타에서 '스키테일(skytale)'이라는 원시적 암호통신 수단을 사용함.

③ 기원전 4세기경 폴리비우스(Polybius)가 아라비아 숫자와 로마자를 조합한 암호체계를 개발함.

④ 기원전 1세기경 시저(Julius Caesar)가 알파벳 치환 방식으로 암호를 사용함.

4. 중세의 정보활동

(1) 의의

① 중세에도 정탐꾼이 적정을 탐지하고 허위정보를 유포하는 등의 첩보활동이 수행됨.

② 암호체계가 지속적으로 발전하고, 아랍 지역에서 암호 해독술이 연구됨.

③ 국가적 차원의 조직적 정보활동은 아니었으며 필요에 따라 간헐적으로 이루어짐.

(2) 칭기즈칸의 정보활동

① 칭기즈칸의 성공적인 정복 활동은 정보활동에 기인함.

② 첩자를 장사꾼으로 위장시켜 정보 수집과 심리전을 수행함.

③ 이러한 심리전으로 인해 많은 지역이 전투 없이 항복함.

II 르네상스 시대의 정보활동

1. 의의

르네상스 시대부터 유럽에서 정보활동이 활발하게 전개됨. 정보활동은 국가의 시대적 필요에 따라 외교, 국방, 왕권유지(내부치안) 분야와 연계되어 발전함.

2. 외교 분야

(1) 상주대사 제도와 정보활동

① 유럽에서 상주대사 제도가 시행되면서 외교관들이 주재국에서 공식 외교활동과 비공식 정보활동을 수행함.

② 베네치아 공화국이 13세기경부터 상주대사 제도를 시행하였으며, 15세기경 피렌체 등 이탈리아 주요 국가들로 확산됨.

③ 외교활동은 협상뿐만 아니라 정보수집 활동에도 활용됨.

(2) 피렌체와 베네치아의 정보활동

① 피렌체는 금융과 모직 산업이 발전하였으며, 베네치아는 해양국가로 알려짐.

② 두 국가는 상대국에 첩보원을 파견하여 첩보전을 전개함.

(3) 외교와 정보활동의 연계

① 16~17세기 유럽에서 외교와 정보활동이 밀접하게 연계됨.

② 대부분의 대사관에 비밀정보요원이 상주하였으며, 당시 대사는 허가받은 스파이로 여겨짐.

3. 왕권유지(내부치안) 분야

(1) 의의

르네상스 이후 절대주의 국가들은 왕권 보호와 내부 치안을 위해 비밀조직을 설립하고 국내정보활동을 수행함.

(2) 영국

① 16세기 후반 엘리자베스 1세 시기 월싱햄 공작(Fransis Walsingham, 1537~1590)이 비밀조직을 설립함.

② 이 조직은 여왕 암살 음모 적발과 주요국 정보 수집 등의 임무를 수행함.

③ 월싱햄은 1588년 스페인 무적함대 격파에 결정적 역할을 함.

(3) 프랑스

① 1620년경 루이 13세 시기 리슐리외 추기경이 '샹브르 누아(Chambre Noir)'라는 비밀정보기관을 창설함.

② 샹브르 누아는 국외 정보활동뿐만 아니라 국내 귀족 동향 감시와 서신검열을 수행하며 왕권 수호에 집중함.

(4) 러시아

① 1565년 이반 4세(Tsar Ivan IV)가 '오프리치니나(Oprichnina)'라는 비밀경찰조직을 설립함.

② 약 6,000명의 요원으로 구성된 조직으로 무소불위의 권력을 행사하며 반역자 처형 등의 활동을 수행함.

③ 조직적 첩보수집 활동을 수행하였으나 오늘날의 정보기관과 비교하면 초보적 단계였으며, 주로 정권안보 차원의 활동에 집중함.

4. 국방 분야

(1) 르네상스 시대 군사정보활동

① 절대주의 국가 간 전쟁이 빈번하게 발생하며 군사정보활동이 활발히 전개됨.

② 전투에서 적국의 병력 및 무기 배치, 작전계획 정보가 승패에 결정적 요소로 작용함.

(2) 영국과 프로이센의 정보활동

① 16~17세기 영국군은 야전에서 정찰대를 운영하여 첩보활동을 수행함.

② 18세기 말보로(1st Duke of Marlborough, 1650~1722) 장군은 정보 활용을 효과적으로 수행함.

③ 프로이센의 프리드리히 대제는 간첩을 일반 간첩과 이중 간첩으로 분류함.

(3) 나폴레옹 전쟁과 정보활동

① 나폴레옹 전쟁(1789~1815)에서 정보활동이 본격적으로 활용됨.

② 프랑스와 영국군은 정찰대를 운영하여 적정 첩보수집 활동을 활발하게 전개함.

5. 근대적 정보기구의 태동

(1) 정보활동의 필수 요소화

① 르네상스 이후 외교, 국방, 내부치안에서 정보활동이 필수 요소가 됨.

② 이에 따라 근대적 형태의 정보기구가 태동함.

(2) 우편검열과 암호해독

① 18세기 유럽 강대국들은 불법적으로 우편물을 개봉하고 암호를 해독함.

② 해외 우편물과 소포 검열을 위해 특수기관이 필요하였으며, 이 과정에서 보안정보기관이 발전함.

(3) 블랙 캐비닛과 보안정보기관

① 프로이센(1736~1752)에서 '블랙 캐비닛(Black Cabinet)'을 설립하여 우편물 개봉 및 복사, 재봉인을 수행함.

② 영국에서도 우편물을 가로채어 복사하고 암호를 해독하여 왕과 신료들에게 보고하는 기관이 운영됨.

(4) 한계와 변화

① 당시 정보수집 및 처리를 위한 상설기구는 없었으며, 임시기구로 운영됨.

② 정보활동은 해외 정보수집보다는 민중 봉기 및 내란 예방을 위한 내부 통제에 활용됨.

③ 1844년 영국, 1848년 오스트리아와 프랑스에서 우편 검열 기구가 해체됨.

④ 18세기 유럽 국가들은 소규모 비밀조직을 운영하며 첩보활동을 수행하였으나, 독립적인 정보기관을 설립하여 보안정보활동을 본격적으로 수행하지는 않음.

Ⅲ 근대적 정보기관의 등장

1. 최초의 정보기구 설립

(1) 의의

① 근대적 정보기관의 등장은 19세기 후반으로 추정됨.

② 군사기술 발전과 전투 양상의 변화로 군사 정보기구 설립이 필요해짐.

③ 육군에서는 장거리 및 고위력 무기 개발, 철도 활용, 무선통신 도입이 진행됨.

④ 해군에서는 증기기관 장착 군함이 등장하여 대규모 기습작전 증가.

⑤ 전투 지휘 및 통제의 복잡성 증가로 참모 조직 필요성이 대두됨.

⑥ 프로이센 참모 조직(1815년 도입)이 정보수집 역할 수행, 정보기구 발전의 전기가 됨.

(2) 영국

① 크림전쟁 이후 '지형통계국' 창설(활동 미약).

② 1873년 전쟁성 '정보국' 창설로 정보활동 본격화.

③ 1878년 '인도지부', 1882년 해군 '대외정보위원회' 설립.

④ 1887년 최초의 전쟁성 해군정보국장 임명.

(3) 미국

① 1882년 해군 정보국, 1885년 육군 정보국 창설.

② 초기에는 참모기능에 국한, 독립적 정보조직으로 발전하지 못함.

③ 점차 외국 군대 연구 · 분석 증가.

④ 1914년 육 · 해 · 공군에 초보적 정보조직 설립.

2. 국내 정보활동의 필요성 증가

(1) 의의

① 군사정보 필요성이 부각되는 시기에 국내 정보활동도 증가함.

② 유럽 지배세력은 프랑스 혁명과 유사한 사태를 우려하여 비밀경찰 필요성을 인식함.

③ 유럽에서는 내부 감시, 첩보수집, 우편 검색 등을 수행하는 비밀경찰 조직이 등장함.

(2) 비밀경찰 조직

① 1826년 러시아 '제3분과' 설립, 이후 '오흐라나'로 발전.

② 19세기 중엽 이후 공산주의 · 무정부주의가 국가체제에 위협이 됨.

③ 범죄 예방 및 감시 기술이 발전하며 경찰 업무의 전문화가 진행됨.

④ 1870년 프랑스 군대는 60여 명의 정보요원을 해외 파견.

⑤ 1883년 파리에 오흐라나 해외지국 설립.

⑥ 1914년 러시아 오흐라나와 프랑스 수레떼가 상대국 수도에서 비밀정보활동 수행.

⑦ 영국은 1829년까지 국가적 비밀경찰 조직 부재.

⑧ 1883년 '경찰국 특수분과' 창설(아일랜드 결사조직 폭탄테러 사건 계기).

⑨ 1909년 '비밀정보국' 설립, 해외 공작활동 수행.

3. 대간첩활동과 사보타주 대응활동 필요성 증가

(1) 의의

① 제1차 세계대전 발발과 함께 대간첩활동 및 사보타주 대응 필요성 증가.

② 1917년 볼셰비키 혁명 이후 유럽에서 사회주의 체제 전복 위협이 증대됨.

③ 식민지 독립운동과 테러활동 증가로 대응책 필요성이 대두됨.

④ 유럽 국가들은 대간첩활동 및 테러 대응을 위한 국내 보안정보기구를 설립함.

(2) 국내 비밀보안정보기구

① 영국 '보안부(MI5)', 캐나다 'CSIS', 독일 '헌법보호청(BfV)', 프랑스 '국토감시청(DST)', 이스라엘 '신베트' 등이 설립됨.

② 캐나다는 1984년 CSIS 설립 전까지 '경찰청(RCMP)'이 보안정보활동을 담당함.

③ 유럽의 비밀보안정보기구는 군사정보기구와 분리되어 운영됨.

Theme   **07**   현대 정보활동

Ⅰ 기술혁신과 정보활동의 발전

① 20세기 초 유럽에서 기술혁신이 발생하면서 기술정보의 필요성이 증가함.

② 유럽 국가 간 무선을 이용한 외교전문(diplomatic telegrams) 활용 증가로 암호화 및 해독 시도 활성화됨.

③ 1880년경 프랑스에서 암호분석기구가 부활하였으며, 영국은 1914년 이전까지 본토에서 암호해독을 수행하지 않았으나 인도에서 러시아 등 타국의 무선통신을 해독함.

Ⅱ 정보활동의 변화

1. 정보기술의 발전

① 제1차 세계대전 동안 무선감청 기술과 항공사진 기술이 발달함.

② 제2차 세계대전에서 위 기술이 더욱 발전하며, 무선감청 능력이 뛰어난 장군이 유능한 인물로 평가됨.

③ 독일 전역의 정찰사진이 연합군의 전쟁 수행에 핵심 역할을 담당함.

④ 냉전 이후 소련 지역의 공개정보 수집이 어려워지면서 기술을 활용한 정보수집 활동이 더욱 중요해짐.

2. 제1차, 제2차 세계대전

(1) 국가적 차원의 정보기구 등장

유럽 국가들이 국가 차원의 조직적인 군사정보 수집활동 필요성을 인식함.

(2) 주요 국가별 정보기구 설립

① 영국: 1921년 'Secret Intelligence Service(SIS, 일명 MI-6)' 설립

② 프랑스: 1909년 군 첩보기구 '제2부'에서 'French Service de Renseignments(첩보국)' 분리

③ 독일: 1937년 중앙군사정보기구 '압베르(Abwehr)' 설립하고 소련, 프랑스, 미국 등 해외에 공작망을 조직하여 군사정보 수집 및 방첩활동 수행함.

3. 1945년 이후 정보기구의 발전

(1) 의의

미국, 프랑스, 이스라엘, 오스트레일리아 등에서 인간정보 수집과 비밀공작을 전담하는 기관 설립

(2) 프랑스

① 제2차 세계대전 중 드골이 '총특무국(DGSS)' 창설

② 1944년 '연구조사총국(DGER)'으로 개칭 후 '해외정보 및 방첩국(SDECE)'으로 재차 개칭됨

③ 인간정보 수집에 중점을 둠

(3) 미국

① 제2차 세계대전 중 'OSS(Office of Strategic Services)' 설립하여 비밀공작 수행

② 이후 CIA의 '공작국(Operations Directorate)'으로 발전

4. 신호정보기구의 설립

(1) 제1차 세계대전

유럽에서 무선감청이 육군 및 해군에서 수행됨.

(2) 제2차 세계대전

① 무선통신 감청이 주요 정보수집 수단으로 부각됨.

② 영국은 1945년 '영국 신호정보국(British Sigint)'을 계승하여 '정부통신본부(GCHQ)'를 독립 기구로 설립함.

(3) 1952년 이후

① 미국은 1952년 신호정보 임무 전담 기관으로 'NSA' 설립

② 캐나다, 호주 등 영연방 국가들도 유사한 신호정보기구 설립

5. 영상정보기구의 설립

(1) 항공사진의 중요성 증가

제2차 세계대전 동안 항공사진 활용 증가로 영국이 '항공정찰국(JARIC)' 설립

(2) 미국의 영상정보기구

① '국가정찰국(NRO)' 설립하여 위성사진 수집 수행

② '영상판독국(CIO)' 설립하여 항공사진 해석 업무 담당

I 국가정보학 연구의 의의

1. 정보활동의 역사적 배경

① 정보활동은 인류 역사와 함께 시작되었으나 학문적 연구는 50여 년 전부터 시작됨.

② 20세기 세계대전에서 영국과 미국의 정보활동이 전쟁 승리에 결정적 요인으로 작용함.

③ 냉전 종식 후 정부 기록물 공개와 9/11 테러 및 이라크 전쟁으로 인해 국가정보의 중요성이 부각됨.

2. 국가정보학 연구의 한계

(1) 사실적 권력 활동의 영역

① 국가정보활동은 국가권력이 작동하는 영역으로 독립된 학문 분야로 인식되지 않음.

② 정보활동 조직은 법정 형식이 정해지지 않았으며, 통치 스타일과 규모에 따라 다름.

③ 보편성이 결여되어 학문적 연구의 대상이 되기 어려움.

(2) 독립성의 결여

① 국가정보활동은 전쟁에서 승리하기 위한 보조적 행동으로 시작됨.

② 통치권 확립 및 유지의 수단으로 기능하며, 통치 연구의 일부로 간주됨.

③ 국가정보활동 자체를 독립적 학문으로 연구할 필요성이 낮게 인식됨.

3. 국가별 연구 동향

(1) 미국과 영국

① 미국과 영국은 국가정보학을 학문의 한 분야로 발전시킴.

② 미국은 1950년대 이후 국제관계학 중심으로 연구 수행.

③ 영국은 국제관계사 및 외교사 중심으로 연구 진행.

④ 두 국가에서는 대학 강좌를 개설하여 국가정보학을 교육함.

⑤ 미국과 영국을 제외한 대부분의 국가는 연구가 미흡한 실정임.

(2) 한국

① 정보기관과 활동에 대한 언급이 금기시되어 연구가 제한됨.

② 일반인과 학계에서도 정보활동을 음모론적 시각에서 인식하는 경향이 있음.

③ 탈냉전·정보화 시대에 따라 정보활동의 공개성이 확대됨.

④ 국가정보학 연구 활성화로 학문적 완성도 향상 및 정보활동의 필요성 인식 기회 제공됨.

II 국가정보학의 연구범위

1. 의의

① 국가정보를 지식, 활동, 조직의 세 가지 요소로 구분하여 연구 대상으로 설정함.

2. 지식으로서의 정보

① 국가정보학은 첩보 수집과 분석 과정을 연구하며, 정책결정에 미치는 영향을 중점적으로 분석함.

② 적시에 제공된 정확한 정보는 국가안보 유지에 핵심적 역할을 수행함.

③ 진주만 기습과 이라크 대량살상무기 정보 오류 사례에서 정보의 정확성 부족이 치명적 결과를 초래한 사례가 있음.

3. 정보활동

(1) 주요 정보활동

① 첩보수집 및 분석: 정보자료의 생산을 위한 활동 수행.

② 방첩활동: 상대국 정보기관의 첩보 수집 및 공작 활동 대응.

③ 비밀공작: 외국의 정치, 경제, 군사 등에 개입하여 자국에 유리한 여건 조성.

(2) 사례 연구

① 제2차 세계대전 당시 영국의 '울트라 계획(Ultra Project)'이 연합군 승리에 기여하였음.

② 방첩활동 관련 저술인 「슈타지 문서의 비밀」에서 동독 슈타지의 정보활동이 서독에 미친 영향이 상세히 기술됨.

③ 비밀공작은 원칙적으로 외국 대상이나, 독재국가에서는 자국민을 대상으로도 수행됨.

④ 학계에서 비밀공작을 국가정보 개념에 포함하지 않으려는 경향이 있어 연구가 부진함.

4. 정보기관의 조직구조 및 조직문화

① 국가정보학에서는 정보기관의 조직구조 및 조직문화에 대한 연구를 수행함.

② 9/11 이후 미국 정보공동체 조직의 문제점 및 개편 방향에 대한 연구가 활발함.

③ 영국과 미국 정보공동체 조직 문화의 차이가 정보활동 양상에 미치는 영향을 분석하는 연구가 진행됨.

III 국가정보학의 접근방법

1. 토마스(Stafford Thomas)의 접근방법 분류

(1) 의의

토마스는 국가정보 연구의 접근방법을 네 가지로 분류함.

(2) 네 가지 접근방법

① **역사적/전기적 접근(historical/biographical approach):** 특정 시기의 역사적 사례를 연구하며 회고록, 정부 공식문서를 1차 자료로 활용함.

② **기능적 접근(functional approach):** 정보활동과 정보 생산 과정을 심층적으로 다룸.

③ **구조적 접근(structural approach):** 정보기구의 조직 구조와 문화를 분석함.

④ **정치적 접근(political approach):** 정보와 정책 간의 관계를 평가 및 분석함.

2. 토마스와 루드너(Martin Rudner)의 접근방법 비교

(1) 토마스의 네 가지 접근방법

역사적 접근, 기능적 접근, 구조적 접근, 정치적 접근으로 구분함.

(2) 루드너의 접근방법

① 역사적 · 사례 연구적 접근

② 기능적 · 과정적 접근

③ 구조적 · 조직적 접근

④ 정치적 · 정책 결정적 접근

⑤ 루드너는 기능적 · 과정적 접근이 대표적인 연구방법이라고 설명함.

3. 법률적 접근(legal approach)

(1) 의의

국가정보활동은 법적 근거를 통해 합법성이 인정되며, 정보기구의 역할과 통제 메커니즘이 법률에 의해 규정됨.

(2) 주요 내용

① 국가들은 정보활동 관련 법률을 제정하여 정보기구의 합법성을 보장함.

② 정보활동 과정에서 비밀공작 수행 시 합법성 문제와 국민 기본권 제한 가능성이 존재함.

③ 국회의 정보활동 감시 기능이 법에 의해 규정됨.

4. 와크(Wesley Wark)의 여덟 가지 접근방법

① **문헌조사적 연구(research project):** 공식문서 기반 사실관계 입증.

② **역사학적 연구(historical project):** 역사적 사건의 배경과 경위를 기술.

③ **개념화 연구(definitional project):** 정보 개념 정의 및 생산 과정 모델 구축.

④ **방법론적 연구(methodological project):** 사회과학 이론을 적용하여 검증.

⑤ **공공정책적 연구(public policy project):** 책임성, 리더십, 윤리성 논의.

⑥ **기본권 연구(civil liberty project):** 불법 도 · 감청과 사생활 침해 문제 분석.

⑦ **저널리즘적 연구(investigative journalism project):** 정보기관 및 활동을 저널리즘적 시각에서 기술.

⑧ **대중문화적 연구(popular culture project):** 소설, 영화 등에서 스파이 활동 분석.

5. 스캇(Len Scott)과 잭슨(Peter Jackson)의 세 가지 접근방법

① **사례연구 접근:** 문헌조사적 연구, 역사학적 연구, 개념화 연구, 저널리즘적 연구를 포함함.

② **정보순환 과정 접근:** 정보 분석에서 발생하는 오류와 실패 원인 분석.

③ **정보의 국내 정치적 기능 접근:** 정보기관의 정치 및 사회적 역할 연구.

6. 접근방법 비교 및 평가

(1) 토마스의 분류

① 연구 접근방법을 단순화하여 대표적인 네 가지 방법을 제시함.

② 지나친 세분화를 피하고 학계 연구의 대표성을 반영함.

(2) 와크의 분류

① 연구 접근방법을 세분화하여 학문적 기법을 구체적으로 반영함.

② 중첩성이 높아 특정 연구를 단일한 방법으로 분류하기 어려운 단점이 존재함.

(3) 스캇과 잭슨의 분류

① 최근 연구 동향을 반영하였으나 학계의 대표적인 연구 성향을 반영하지 못함.

② 첫 번째 접근방법은 와크의 네 가지 접근방법을 단순화한 것으로 대표성이 부족함.

(4) 종합적 평가

① 토마스의 분류가 가장 적절함.

② 와크의 분류는 지나치게 세분화되어 중첩성이 많음.

③ 스캇과 잭슨의 분류는 대표성이 부족함.

7. 국가정보학의 성격

(1) 연구자 관점에 따른 국가정보학의 성격

연구자의 인식에 따라 국가정보를 '기술(craft)' 또는 '과학(science)'으로 볼 수 있음.

(2) 기술(craft)로서의 국가정보학

① 정보요원들은 국가정보를 정책 결정을 지원하는 실용적 기술로 인식함.

② 정보활동을 실무적으로 수행하는 입장에서 정보는 실용적 도구임.

(3) 과학(science)으로서의 국가정보학

① 1950년대~1960년대 행태주의(behavioralism) 확산으로 정보학의 이론적 기초 구축 필요성이 대두됨.

② 행태주의적 접근방법을 활용하여 정보학을 과학적으로 연구하려는 시도가 등장함.

(4) 전통주의와 행태주의 비교

① 전통주의적 접근방법: 문헌조사적 연구, 역사학적 연구, 저널리즘적 연구, 대중문화적 연구 등이 포함됨.

② 행태주의적 접근방법: 개념화 연구, 방법론적 연구가 포함되며, 정보 분석에 계량화 기법을 도입함.

③ 학계 연구에서는 여전히 전통주의적 접근방법이 주류를 이루고 있음.

④ 정보분석 분야에서 계량화 기법이 도입되었으나, 정보학 연구에서는 행태주의적 접근이 활발하지 않음.

Theme 09 국가정보학 연구의 발전 과정

I 1950년대: 국가정보학 연구의 태동

1. 셔먼 켄트(Sherman Kent)의 기여

① 1949년, 「미국 외교정책을 위한 전략정보(Strategic Intelligence for American World Policy)」 출간

② 정보 관련 최초의 체계적인 저서로 평가됨

2. 주요 연구 및 학술 저널

① 힐스만(Roger Hilsman): 「전략 정보와 정책결정 (Strategic Intelligence and Decision Making, 1956)」

② 덜레스: 「정보의 기술(Craft of Intelligence, 1963)」

③ CIA의 「정보연구(Studies in Intelligence)」 발간 (1955년)

3. 연구의 특징

① 정보기관 내부 연구는 활발하였으나 학계 연구는 저조함

② 냉전기의 영향으로 정보기관 중심 연구가 진행됨

II 1970년대: 국가정보학 연구의 본격화

1. 정보기관에 대한 비판과 개혁 논의

① 정보기관의 불법성과 윤리성 문제 제기

② 국민적 비판과 불신 고조

2. 국가정보연구협의회(Consortium for the Study of Intelligence) 설립(1979년)

① 「1980년대를 위한 정보요구(Intelligence Requirements for the 1980s)」 편찬

② 국가정보학의 학문적 발전 및 정보활동 개선 기여

3. 영국의 정보 연구 활성화

① 마스터맨(J. C. Masterman): 「더블크로스시스템(Double Cross System, 1972)」

② 윈터보담(F. C. Winterbotham): 「울트라 공작의 비밀 (The Ultra Secret, 1974)」

III 1980년대: 국가정보학의 학문적 정착

1. 주요 저서 출간

① 터너(Stansfield Turner): 「비밀과 민주주의(Secret and Democracy, 1985)」

② 버코위즈 & 굿맨(Bruce D. Berkowitz and Allan E. Goodman): 「미국 국가안보를 위한 전략정보 (Strategic Intelligence for American National Security, 1989)」

2. 연구의 확대

① 국가정보에 관한 학술지 「정보와 국가안보 (Intelligence and National Security)」 창간 (1986년, 앤드류 Christopher Andrew)

② 1970년대 정보기관 관련 문서 공개를 바탕으로 연구 활성화

③ 국가정보 연구가 하나의 학문적 영역으로 정착

IV 1990년대: 연구의 다양화

1. 냉전 종식과 연구 활성화

① 냉전기 비밀 자료 대거 공개

② 국가정보 연구의 활성화 및 이론서 출간 증가

2. 주요 저서

① 슐스키(Abraham Shulsky): 「소리없는 전쟁(Silent Warfare, 1993)」

② 홀트(Pat M. Holt): 「비밀정보와 공공정책(Secret Intelligence and Public Policy: A Dilemma of Democracy, 1996)」

③ 로웬탈(Mark Lowenthal): 「국가정보: 비밀에서 정책까지(Intelligence: From Secret to Policy, 2000)」

3. 연구의 주제 확대

① 정보기관의 규모 및 역할

② 테러, 대량살상무기 확산, 산업스파이, 조직범죄 연구

③ 냉전기 첩보활동 및 비밀공작 사례 연구

4. 영국 및 캐나다에서 연구 활성화

① 영국: 1994년 정보 관련 법률 제정으로 정보 연구 증가

② 허만(Michael Herman): 「평화와 전쟁시기의 정보력 (Intelligence Power in Peace and War, 1996)」 출간

③ 캐나다에서도 정보연구 활발히 진행됨

Ⅴ 2000년대 이후: 정보실패와 정보개혁 논의

1. 정보실패 문제 부각

① 9/11 테러 및 이라크 대량살상무기 정보조작 문제

② 터너(Michael Turner): 「정보실패의 원인(Why Secret Intelligence Fails, 2005)」 출간

2. 정보개혁 논의

(1) 스틸(Robert Steele)

① 「국가정보: 개방사회에서의 첩보원과 비밀성(On Intelligence: Spies and Secrecy in an Open World, 2000)」출간

② 공개정보(OSINT) 중요성 강조

(2) 버코위즈 & 굿맨(Bruce Berkowitz and Allen Goodman)

① 「최고의 진실(Truth: Intelligence in the Information Age, 2000)」출간

② 정보기관 조직구조 개혁 필요성 제안(수평적 네트워크 구조)

3. 연구의 세분화 및 전문화

① 도거티(William Daugherty): 「극비활동(Executive Secrets, 2004)」

② 클라크(Robert Clark): 「정보분석: 목표중심 접근방법 (Intelligence Analysis: A Target-Centric Approach, 2004)」

③ 골드만(Jan Goldman): 「첩보의 윤리(Ethics of Spying)」

4. 영국의 정보 공개 및 정책 변화

① 지하철 테러 및 이라크 대량살상무기 정보 조작 사건으로 정보 중요성 증대

② 영국 정부 및 정보기관의 정보공개 태도 변화

Ⅵ 결론

① 국가정보학 연구는 1950년대부터 시작하여 2000년대 이후까지 지속적으로 발전함

② 냉전 및 정보기관의 활동 공개가 연구 활성화의 주요 계기

③ 현대 국가정보학은 정보실패, 정보개혁, 공개정보 활용 등의 주제를 중심으로 세분화되고 전문화됨

Theme 09-1 국가정보학의 학문적 기원과 발전 (고대에서 냉전까지)

Ⅰ 의의

① 정보(intelligence)는 오랫동안 정치철학이나 국제관계 연구에서 별다른 주목을 받지 못함.

② 손자병법을 제외하고 근대 이전까지 정보에 관한 체계적인 연구가 거의 없었던 것으로 평가됨.

Ⅱ 고대에서 근대

1. 손자병법

① 기원전 600년경 손자병법에서 군사정보의 중요성을 기술함.

② 손자: "총명한 군주와 현명한 장수가 승리하는 것은 적정을 먼저 알고 있기 때문"이라고 하여 정보활동의 중요성을 강조함.

③ 현재까지도 많은 학자들이 손자병법의 내용을 인용함.

2. 클라우제비츠(Carl von Clausewitz)

① 정보의 중요성을 인정하였으나 정보의 신뢰성에 대해 부정적 입장을 보임.

② "적대국의 군대와 국가 동향을 파악하는 것은 대응 방향 설정의 기초"라고 주장함.

③ 그러나 "전쟁 중 적에 관한 대부분의 정보보고서는 거짓이거나 신뢰성이 떨어진다."고 하며 정보의 한계를 지적함.

④ 거짓정보가 적의 기만이나 허위정보 유포에서 비롯된다는 점을 언급하였으나, 이에 대한 대응책은 제시하지 않음.

3. 마키아벨리(Niccolò Machiavelli)

① 현실주의적 관점을 견지한 국제정치학자로서 전략적 기만의 중요성을 강조함.

② "기만행위는 혐오스럽지만 전쟁에서는 영광스럽고 칭찬할 만한 일"이라고 언급함.

③ "힘으로 적을 제압하는 것만큼 기만책으로 적을 물리치는 것도 훌륭한 전략"이라고 평가함.

④ 그러나 첩자나 이중첩자의 활용, 정보 판단의 중요성에 대한 언급은 없음.

4. 홉스 (Thomas Hobbes)

어스킨(Toni Erskine)에 따르면 홉스는 17세기 저서에서 첩자의 가치와 중요성을 이해하고 있었음.

5. 정리

① 정보활동은 인류의 역사와 함께 시작되었으나, 학문적 연구는 20세기 말경에 본격적으로 시작됨.

② 20세기 두 차례의 세계대전에서 정보활동이 전쟁의 승패를 좌우할 정도로 중요한 역할을 함.

③ 그러나 학계의 관심은 여전히 부족하였음.

④ 셔먼 켄트(Sherman Kent)가 1949년 「미국 외교정책을 위한 전략정보(Strategic Intelligence for American Foreign Policy)」를 출간하며 국가정보학의 학문적 효시로 인정됨.

Ⅲ 1950년대~1960년대 초반

1. 셔먼 켄트(Sherman Kent)

(1) 의의

① 제2차 세계대전 중 전략정보국(OSS)에서 근무하며 정보업무를 수행함.

② 국가정보를 지식, 활동, 조직을 포괄하는 개념으로 정의함.

③ 그의 정의는 정보학 분야에서 가장 권위 있는 해석으로 인정됨.

(2) 정보학 발전 기여

① 국제정치학계에서 국가정보 연구가 부진한 상황이었음.

② 미국에서 국가정보의 학문적 체계 확립에 기여함.

③ 국가정보의 학문적 발전을 위해 보안 범위를 축소하고 공개성을 확대할 것을 주장함.

④ 그의 노력으로 미국에서 국가정보 연구 전통이 확립됨.

2. Studies in Intelligence

(1) 창간 및 연구 활동

① 1950년대 중반부터 미국에서 국가정보 연구가 지속됨.

② 1955년 CIA가 켄트의 제안을 받아들여 학술지 「Studies in Intelligence」를 창간함.

③ 50년간 1,200편 이상의 글이 게재됨.

④ 정보활동 관련 경험담, 사례연구, 정보분석기법 등의 논문이 포함됨.

(2) 학문적 기여

① 정보활동 기법 발전과 국가정보 연구 체계화에 기여함.

② 정보학 분야 학문적 기반 조성에 중요한 역할을 담당함.

3. 도론도(P.J. Dorondo)

(1) 정보학 강좌 개설 제안

① 1960년대부터 미국 대학에서 국가정보 관련 강좌 개설이 시작됨.

② 도론도가 1960년 「Studies in Intelligence」에 정보학 강의 필요성을 논문으로 발표함.

③ 정부 관료들은 국가정보의 중요성을 인식하지만, 학계와 국민들은 그렇지 않다고 지적함.

④ 대학에서 국가정보를 연구하고 강의해야 한다고 주장함.

(2) 정보학 교육 확대

① 도론도의 논문 발표 후 대학에서 정보학 강좌가 활성화됨.

② 현재 미국 100여 개 대학에서 학부 강좌 개설, 일부 대학에서는 석사과정 운영 중임.

4. 영국

(1) 정보학 연구 부진

① 영국에서는 미국만큼 정보학 연구와 강좌 개설이 활성화되지 못함.

② '공문서 비밀보호법(Official Secrets Act)'으로 인해 정보 공개가 엄격히 제한됨.

③ 정부 비밀자료 공개 시 엄중한 처벌을 받음.

(2) 연구 한계

① 엄격한 비밀주의로 인해 정보학 연구가 미국보다 활발하지 못함.

② 대중소설 및 영화에서 국가정보를 다뤘으나 학문적 연구로는 활용 가치가 낮았음.

Ⅳ 1960년대 중반~1970년대 중반

1. 학문적 가치 평가

① 1960~70년대 영미 학계를 중심으로 정보활동 관련 단행본 출간됨.

② 그러나 대부분 신뢰성 및 논리적 체계가 미흡하여 학술적 가치는 낮았음.

2. 주요 연구

① 월스테터(R. Wohlstetter), 「진주만 기습 경고와 정책 결정」: 진주만 기습의 원인 분석.

② 덜레스(Allen Dulles), 「정보활동 기법」: 정보 생산 및 활용 과정 기술.

③ 커크패트릭(Layman B. Kirkpatrick), 「미국의 정보공동체」: 미국 정보공동체의 활동 분석.

Ⅴ 1970년대 중반

1. 연구 활성화 배경

① 1970년대 중반부터 영미 학계에서 정보학 연구가 활발해짐.

② 영국: '울트라 계획' 공개로 정보활동 연구 증가.

③ 미국: 워터게이트 사건 및 CIA 비밀공작활동 비판으로 정보학 연구 확대됨.

2. 주요 연구

(1) 영국

① 마스터맨(J.C. Masterman), 「더블크로스 작전」: 제2차 세계대전 중 독일 간첩 색출 사례 분석.

② 윈터보담(F.C. Winterbotham), 「울트라 계획의 비밀」: 독일 에니그마 암호 해독 과정 기술.

(2) 미국

① 리피버(Ernest W. Lefever), 갓슨(Roy Godson), 「The CIA and the American Ethic」: CIA 활동의 윤리성 분석.

② 1979년 '국가정보연구협의회(Consortium for the Study of Intelligence)' 설립됨.

③ 정보학 연구를 활성화하고 국가정보 정책 개선에 기여함.

Ⅳ 1980년대

1. 연구 진전

① 1980년대 영미 학계를 중심으로 국가정보 연구가 꾸준히 진전됨.

② 영국: 앤드류(Christopher Andrew)가 다수 논문과 저서 발표.

③ 1985년 「Her Majesty's Secret Service」 발간됨.

2. 주요 연구

① 갓슨(Roy Godson), 웨스트(Nigel West), 리첼슨(Jeffrey T. Richelson) 등의 국가정보 연구.

② 국가 간 정보기관 비교 연구 수행됨.

3. 주요 저서

① 리첼슨, 「The U.S. Intelligence Community」: 미국 정보공동체 연구.

② 존슨(Loch K. Johnson), 「America's Secret Power」: 미국 CIA 연구.

③ 제프리 존스(Rhodri Jeffreys-Jones), 「The CIA and American Democracy」: CIA와 민주주의 관계 분석.

④ 리첼슨, 밸(Desmond Ball), 「The Ties That Bind」: 미·영 신호정보 협력 연구.

Theme 09-2 국가정보학의 학문적 기원과 발전 (탈냉전기)

Ⅰ 의의

① 냉전 종식 후 CIA는 비밀로 분류했던 자료들을 공개함.

② 공개된 자료는 냉전기 정보활동 연구에 유용한 참고 자료로 활용됨.

③ 정보활동 관련 자료의 공개로 학계 연구가 활성화됨.

④ 영미 학계를 중심으로 국가정보학 연구의 필요성과 중요성이 부각됨.

⑤ 버코위즈, 굿맨, 슐스키, 홀트, 허만, 로웬탈 등의 영미 학자들이 교과서 형태의 저술을 통해 국가정보학 발전에 기여함.

Ⅱ 1980년대 주요 학자 및 저서

1. 버코위즈와 굿맨

① 저서: "Strategic Intelligence for American National Security"

② 정치학적 체계이론을 활용하여 정보 수집, 분석, 활용 과정 분석

③ 방법론적으로 정교한 연구로 평가됨.

2. 슐스키

① 저서: "Silent Warfare"

② 정보학 개념, 정보활동, 정보조직 운영 등을 체계적으로 정리함.

③ 미국 대학에서 국가정보학 교과서로 가장 많이 활용됨.

3. 홀트

① 저서: "Secret Intelligence and Public Policy"

② 미국 정보기관 조직과 정보활동을 이해하기 쉽게 서술함.

③ 정보활동에 대한 의회 감독 기능을 잘 정리함.

4. 허만

① 저서: "Intelligence Power in Peace and War"

② 정보 수집, 분석뿐만 아니라 정보기관의 조직구조 및 문화적 특성을 심층 분석함.

③ 국가정보학 연구 수준을 한 단계 발전시켰다는 평가를 받음.

5. 로웬탈

① 저서: "Intelligence: From Secrets to Policy"

② 정보활동을 이해하기 쉽게 서술하여 미국 국가정보학 교과서로 활용됨.

③ 일반 대학 학부생 교육에 많이 사용됨.

④ 2000년 이후 개정판 및 새로운 이론서들이 출간됨.

Ⅲ 1990년대 이후 연구 동향

1. 정보활동의 이론적 체계화 시도

① 전통적인 회고록, 역사적·문헌적 연구 지속

② 미국 정보활동의 기원과 발전과정을 연구한 주요 학자: 오툴, 리첼슨, 앤드류, 노트

2. 오툴

미국 독립전쟁부터 1962년까지 정보공동체 형성과 발전과정을 역사적 접근법으로 기술함.

3. 리첼슨

① 20세기 다양한 인간정보와 기술정보 활동을 백과사전식으로 소개함.

② 스파이 활동이 정치, 외교, 역사에 미친 영향을 분석함.

4. 앤드류

① 저서: "For the President's Eyes Only"

② 미국 대통령이 정보기관을 정책결정에 어떻게 활용했는지를 심층 분석함.

③ CIA가 대통령 지시에 충실했다는 점을 강조함.

5. 노트

① 1776~1882년 미국 대통령이 외교정책에서 비밀공작을 활용한 사례를 분석함.

② 비밀공작이 냉전기 이후 등장한 것이 아니라 건국 초기부터 활용되었다는 점을 주장함.

6. 오웬

① 저서: "Hidden Secrets"

② 고대부터 현대까지 첩보활동의 역사와 기법을 정리함.

7. 키간

① 저서: "Intelligence in War"

② 나폴레옹 전쟁부터 알카에다까지 정보의 역할과 전투사례를 분석함.

③ 정보가 전쟁 승리에 중요하지만 결정적 요인은 아니라고 주장함.

④ 미드웨이 해전에서 미국의 승리는 정보가 아닌 운 때문이라는 견해를 제시함.

8. 냉전기 첩보활동 및 비밀공작 연구

(1) 의의

1990년대 이후 냉전기 정보활동 연구가 활발하게 진행됨.

(2) 주요 연구 자료

① 벤슨의 "VENONA" – 미국과 영국이 소련 암호전문을 감청·해독한 사례 연구

② 스트리의 "Intentions and Capabilities" – CIA의 소련 전략무기 판단 분석

③ CIA 비밀공작 연구 – 과테말라 정치공작, 이란 팔레비 정권 옹립, 피그만 침공, 칠레 아옌데 정권 전복, 이란–콘트라 사건 등

④ 전쟁 및 위기상황 연구 – 한국전쟁, 베트남 전쟁, 수에즈 위기, 쿠바 미사일 위기, 푸에블로 납치사건, 대한항공 폭파사건 등

9. 회고록

정보기관 조직문화 및 운영 실태 연구에 유용한 참고자료로 활용됨.

10. 정보기관 관련 용어사전 및 백과사전 출간

(1) 의의

정보기관 및 정보활동 관련 용어사전, 백과사전, 연감 등이 출판됨.

(2) 대표적인 저서

① 멜톤의 "The Ultimate Spy Book"

② 오툴의 "The Encyclopedia of American Intelligence and Espionage"

③ 포머와 엘렌의 "Spy Book: The Encyclopedia of Espionage"

④ 웨스트의 "Historical Dictionary of British Intelligence" – 영국 정보기관 연구

⑤ 헨더슨의 "Brassey's International Intelligence Yearbook" – 세계 60여 개국 정보기관 연구

I 정보기관의 조직구조 및 운영체계 연구

1. 구조적 접근방법

① 토마스가 제시한 구조적 접근방법은 정보기관의 조직
구조 및 운영체계를 분석하는 연구임.

② 구조적 접근방법을 활용한 연구는 문헌적 · 역사적
접근방법이나 기능적 접근방법과 비교하여 활발히 수
행되지 않음.

2. 연구의 어려움

① 정보기관의 내부 구조 및 운영 실태는 극도의 보안을
유지하고 있어 자료 접근이 거의 불가능함.

② 전직 정보요원들의 회고록에서도 관련 내용이 거의
언급되지 않으며, 이로 인해 학자들의 연구 수행이
어려움.

3. 국가별 연구 현황

① 미국의 경우 비교적 많은 정보자료를 공개하여 CIA
및 미국 정보공동체의 조직구조와 운영에 대한 연구
가 활발함.

② 일부 학자들이 영국, 소련, 이스라엘 등의 정보기관을
연구하였으나, 그 외 국가들에 대한 연구는 극히 제
한적임.

③ 세계 각국 정보기관의 조직구조와 운영체계를 비교하
는 연구는 거의 수행되지 않음.

4. 비교연구의 한계

① 갓슨이 편저한 「Comparing Foreign Intelligence:
The U.S., the USSR, the U.K. & the Third
Worlds」는 주요 국가들의 국가정보 분석체계를 소
개함.

② 그러나 해당 저술은 비교 기준을 명확히 제시하지 않
고 단순히 국가별 정보체계를 소개하는 수준에 그쳐
엄밀한 의미에서 비교연구로 인정되지 않음.

II 정보실패 연구

1. 개념 및 사례

(1) 개념

정보실패는 국가이익이나 안보에 치명적인 영향을 미칠
수 있는 현상을 예측 또는 판단하지 못하여 국가적으로
큰 손실이 발생하는 상황을 의미함.

(2) 역사적 사례

① 1941년 진주만 기습, 1950년 한국전쟁, 1982년 포
클랜드 전쟁, 1990년 이라크의 쿠웨이트 침공 등이
대표적 사례임.

② 1973~1974년 OPEC의 석유 무기화, 19781979년
이란 샤 정권의 몰락 예측 실패, 소련의 전략적 능력
에 대한 오판 등도 정보실패에 해당함.

2. 정보실패 연구 방법

(1) 문헌적 · 역사적 접근방법

대부분의 정보실패 연구는 문헌적 · 역사적 접근방법에
기초하여 수행됨.

(2) 기능적 접근방법

① 일부 학자들은 정보실패 원인을 규명하기 위한 이론
적 분석틀을 구축하고자 함.

② 첩보수집, 분석, 배포, 정책결정권자와의 관계 등 정
보활동의 기능적 측면을 분석하는 연구는 토마스가
제시한 기능적 접근방법에 해당함.

③ 정보실패 연구 중 개념화나 이론 구축에 중점을 둔
기능적 접근방법 연구는 많지 않음.

3. 기능적 접근방법을 활용한 정보실패 원인 연구

(1) 연구 동향

① 1990년대 이후 기능적 접근방법을 기반으로 정보실
패의 원인과 결과에 대한 이론적 틀을 구축하려는 연
구가 증가함.

② 코드빌라의 「Informing Statecraft」, 맥카시의 「The
Function of Intelligence in Crisis Management」
등이 대표적 연구물임.

(2) 맥카시의 연구

① 맥카시는 정보생산자와 사용자 간의 관계를 분석하는
틀을 구축함.

② 이를 세 가지 위기 상황(국제테러사건)에 적용하여
정책결정 과정에서 국가정보의 역할을 검토함.

③ 정보사용자와 생산자 간 대화 부족, 관료주의적 병
폐, 정보의 정치화 등이 정보실패를 초래하는 요인임
을 결론지음.

4. 정보기관 개혁 논의

(1) 개혁 필요성

① 정보실패가 발생할 때마다 정보기관 개혁 필요성이
제기됨.

② 냉전 종식 이후 미국 의회는 정보기관들이 변화된 환
경에 적응하지 못하고 있다고 지적하며 개혁 방안을
논의함.

(2) 9/11 테러 이전 학계 논의

① 9/11 테러 이전 미국 학계에서도 정보공동체 개혁 방안에 대한 다양한 견해가 존재함.

② 아이젠드레드의 「National Insecurity」는 전문가들이 인간정보활동, 기술정보수집, 비밀공작, 조직운영, 감독활동 등에 대해 논의한 저술임.

③ 존슨은 인간정보활동의 중요성을 강조한 반면, 오담은 기술정보를 적절히 활용하지 못하는 것이 정보실패의 주요 요인이라고 지적함.

(3) 9/11 테러 이후 미 의회의 보고서

① 9/11 테러 발생 후 미 의회는 정보공동체 개혁 방향을 제시하는 보고서를 발표함.

② 2001년 상·하원 합동조사위원회는 '9/11 보고서'를 발표하여 정보공동체의 조직, 운영체계, 예산 등에 대해 논의함.

③ 2005년 WMD 위원회는 미국 정보공동체의 정보 능력 평가와 개혁 방향을 담은 보고서를 발표함.

(4) 9/11 테러 이후 학계 연구

① 9/11 테러 이후 학계에서 정보기관의 문제점과 정보실패에 대한 관심이 증가함.

② 거츠는 9/11 테러를 막지 못한 정보기관(DIA, CIA, FBI)의 문제점을 비판함.

③ 터너는 정보순환 과정(수집, 분석 등)에 초점을 두어 정보실패의 원인을 분석함.

④ 제가트는 조직이론을 기반으로 정보기관이 변화된 환경에 적응하지 못한 것이 정보실패의 원인이라고 분석함.

⑤ 테일러와 골드먼은 정보실패에도 불구하고 인력과 예산만 증대하고 효율성을 개선하지 않은 점을 지적함.

Theme 09-4 정보활동의 윤리성과 국가정보학의 학문적 위상

I 정보기관 조직구조 및 활동방향 개혁 논의 활성화

1. 스틸

공개정보활동 강조, 정보활동 비용 절감 가능성 제기(연간 116억 달러 절감).

2. 버코위즈와 굿맨

(1) 정보활동 패러다임 전환 필요성

① 기존 정보활동 기법의 한계 및 정보소비자 수요 충족 불가능성 지적.

② 첩보수집, 분석기법, 비밀공작 등 정보활동 전반 개혁 필요.

(2) 조직구조 개혁

수직적·계층적 조직에서 수평적·네트워크 조직으로 변화 제안.

(3) 민간업체 활용 확대

① 공개정보 활용 증가에 따라 정보수집·분석업무에 민간업체 참여 유도.

② 민간업체의 경영기법 적용 방안 제시.

(4) 비판적 평가

① 정보기관 특성을 고려하지 않은 실행 가능성 문제.

② 정보공동체의 비효율성 개선을 위한 개혁 시도로 평가.

II 정보활동의 불법성과 윤리성

1. 정보활동 윤리성 논의 배경

① 1970년대 워터게이트 사건 및 CIA 비밀공작 논란.

② 갓프레이(E. Drexel Godfrey, Jr.), 1978년 "Ethics and Intelligence" 논문 발표.

③ 2000년대 이후 윤리성 관련 연구 본격화.

2. 거디스(Louise I. Gerdes)

① 「Espionage and Intelligence Gathering」 출간.

② 윤리적 정당성 논의.

③ 첩보수집 활동의 기본권(civil liberty) 침해 여부.

④ 법적 개선 필요성에 대한 찬반 양측 입장 소개.

3. 골드만(Jan Goldman)

① 「Ethics of Spying: A Reader for the Intelligence Professional」 출간.

② 정보분석, 방첩, 비밀공작 등 포괄적 정보활동 윤리성 논의.

③ 학문적 기초자료로서 유용성 강조.

4. 미 의회의 특별위원회

① 1970년대 중반 CIA, FBI 정보활동 불법성 논란.

② 의회 특별위원회 설치, 감독 및 통제 대안 모색.

③ 학계의 본격적인 연구 시작.

5. 리피버(Ernest W. Lefever)와 갓슨(Roy Godson)

① 1979년 「The CIA and the American Ethic: An Unfinished Debate」 출간.

② 정보기관의 윤리성 연구.

③ 정보기관 감독 논의.

6. 해스테드(Glenn Hastedt)

① 저서: 1991년, 「Controlling Intelligence」 출간.

② 1980년대 말 이후 정보기관 민주적 통제 및 감독이 국가정보학 연구에서 주요 이슈로 자리 잡음.

Ⅲ 국가정보학의 학문적 위상과 한계

1. 의의

(1) 국가정보학 연구 경향

① 영국: 역사학자 중심, 문헌적 접근방법 활용.

② 미국: 국제정치학자 중심, 정책결정 과정 연구.

(2) 국제관계학과의 연계 부족

① 현실주의, 자유주의적 제도주의, 구성주의 등의 주요 논쟁에서 제외.

② 학문공동체 형성에도 불구, 국제관계학 주류로 자리 잡지 못함.

③ 영미 학계 편중 현상 심화, 학문적 편협성 우려.

2. '학제 간 연구(interdisciplinary research)' 필요성

(1) 국가정보 연구의 다학문적 연계

정치학, 행정학, 정책학, 역사학, 외교사, 군사학 등과 연계.

(2) 행정학, 정책학, 정치학과의 관련성

① 정보기관의 행정부 소속 조직 특성.

② 정보의 정책결정 과정 및 권력 수단으로서의 역할.

(3) 역사학, 국제정치학과의 관련성

① 정보활동이 전쟁, 외교, 협상에 미치는 영향.

② 제1차 세계대전 '짐머만 전보', 제2차 세계대전 '울트라 계획' 사례.

③ 냉전기 미·소 신호정보(SIGINT) 활동과 외교 협상.

(4) 국제관계학과의 연계 부족

① 데리안(James Der Derian): 국제관계학에서 정보학 연구 부족 지적.

② 칸(David Kahn): 정보 개념 정립 미흡 문제 제기.

(5) 학문적 연구의 한계

① 공식 문서 접근 제한.

② 학자들의 편견과 인식론적 부조화.

3. 정보활동 사례 연구와 한계

(1) 영국의 ULTRA 계획 연구 부족

① 정보기록 공개 제한으로 인해 학계 연구 부진.

② 1973년 공개 이후에도 역사학자들의 관심 부족.

(2) 냉전기의 역사 왜곡

① VENONA 프로젝트: 소련 정보 감청 성공 사례.

② 냉전시대 정보활동의 역사적 중요성 재조명 필요.

(3) 역사연구의 신뢰성 문제

① 공식 문서도 조작 가능성 존재.

② 알드리히(Richard Aldrich): 정보문서의 신뢰성 문제 제기.

③ 스미스(Michael Smith): 정보 공개의 선택적 성격과 신빙성 저하 문제.

④ 연구자의 정보 조작 가능성 고려 필요.

Theme 09-5 국가정보학 연구와 교육

Ⅰ 국가정보학 연구와 정보기관

1. CIA의 정보연구 학술지

① 1955년 9월 셔먼 켄트(Sherman Kent)의 주도하에 「정보연구(Studies in Intelligence)」 창간.

② 「정보연구(Studies in Intelligence)」 창간 후 50여 년간 1,200건 이상의 논문 게재하여 정보활동 기법 발전 및 국가정보 연구의 체계적 기반 마련에 기여함.

③ 1990년대 중반 이후 비밀 해제된 논문을 CIA 홈페이지를 통해 공개하여 학계 연구 촉진 및 대중의 정보 업무 이해 증진에 기여함.

2. 국가정보학연구센터(CSI)

(1) 설립 및 연구 활성화

① 1974년 CIA가 국가정보학연구센터(CSI, Center for the Study of Intelligence)를 설립하여 관·학 교류 협력 촉진 및 국가정보학 연구 활성화 추진함.

② 대학 내 국가정보학 강좌 및 연구 프로젝트 지원, 외부 학자들과 학술세미나 정례 개최함.

(2) 객원교수 파견 프로그램

① 1985년 이후 대학에 객원교수 파견 프로그램 운영하여 매년 8~12명의 CIA 간부 요원을 2년 기한으로 대학에 파견함.

② 파견된 교수는 정보학 강의 및 연구 수행하며, CIA와 학계 간 유대 강화에 기여함.

③ 현재 하버드대, 프린스턴대, 조지타운대, 오레곤대 등 50여 개 대학에 100여 명이 파견됨.

(3) 전직정보관협회(AFIO)와 협력

전직정보관협회(AFIO, Association of Former Intelligence Officers)와 협력하여 대학 학술교류 프로그램 지원함.

3. CIA와 대학의 합동 연구

① CIA는 대학과 합동 연구 수행 및 CIA 요원 교육을 대학에 위탁함.

② 1987년 하버드대 케네디 스쿨(Kennedy School)에 40만 달러 지원하여 3년간 정보분석 연구 및 교육 수행.

③ 연구 결과는 하버드대에서 일반에 공개함.

④ 주요 대학에 정보학 강좌 개설을 권유하고 우수 대학에 기금 지원함.

Ⅱ 국가정보학 교육의 발전

1. 1970년대까지 국가정보학 교육

① 1970년대까지 미국 대학에서 국가정보 관련 교과목 개설이 극소수에 불과함.

② 1970년대 중반 베트남전쟁, 워터게이트 사건으로 정보기관 활동에 대한 관심 증가 및 학계 연구 활성화됨.

2. 2000년대 이후 국가정보학 교육

(1) 정보교육 예산 증액

① 9/11 위원회(National Commission on Terrorist Attacks upon the United States)와 WMD위원회(Commission on the Prevention of Weapons of Mass Destruction)에서 정보교육 예산 증액 건의함.

② CIA 대학에 2005년 정보관련 강좌 300여 개 개설, 군정보교육기관에 1,417개 개설됨.

③ 100여 개 대학에서 840여 개 정보관련 강좌 개설됨.

(2) 미국 내 정보학 교육의 세 가지 유형

① 정보 분야 요원 양성을 위한 정보학과 개설.

② 인터넷 활용 교육 프로그램 개발(원격교육과정 포함).

③ 정보학 교육과정 표준화: 2006년 국가정보장(DNI) 산하 국가정보대학교(National Intelligence University) 창설하여 정보교육 표준화 및 인적 네트워크 형성 추진함.

(3) 임용 전 교육

① 의사·법조인은 임용 전 교육 필수이나, 정보요원은 선택적임.

② 군 정보요원은 임용 전 교육 필수이며, 임용 후 심화교육 이수함.

③ 일반 정보요원은 사회과학·인문학 전공 후 선택적으로 정보학 이수하며, 채용 후 직무교육 받음.

(4) 학문적 수요와 교수요원 부족

① 정보학 관련 학문적 수요는 높으나 교수요원 부족함.

② 정보학 교수요원 대부분이 CIA 등 정보기관, 정부 및 군 기관에서 정보업무 경력을 가진 인물임.

③ 정보학 교육기관은 주로 워싱턴 지역에 집중되었으나, 1985년 CIA의 객원교수 파견 프로그램 운영으로 전국 확산됨.

(5) 정보요원에게 필요한 전문 지식

① 외국의 역사·언어·문화, 심리학적 분석 능력, 과학·기술적 전문지식 필요함.

② 관련 학문 분야는 사회과학, 인문학, 자연과학, 공학 등으로 나뉨.

③ 사회과학·인문학은 일반 정보업무에 필요한 관점 제공, 자연과학·공학은 특수 정보업무에 필요한 지식 제공함.

Ⅲ 미국과 영국의 정보학 연구 접근법

1. 지배적 접근방법

(1) 미국의 접근방법

정치학자들은 정보 실패와 성공, 기습공격 사전 예방의 어려움, 정보의 정치화 등을 설명하기 위한 개념적 모델 구축 시도함.

(2) 영국의 접근방법

① 역사학자들은 전시 및 평시 정책결정자들의 정책 결정에 정보가 미친 영향을 연구함.

② 문헌연구 및 역사적 사례연구 중심으로 연구 수행함.

2. 대표적 학술지

(1) 정보학 관련 학술지

① 로웬탈(Mark Lowenthal)의 「국가정보: 비밀에서 정책까지(Intelligence: From Secret to Policy, 2000)」가 대표적인 교재임.

② 정보학 대표 학술지: 「정보와 방첩(International Journal of Intelligence and Counterintelligence)」, 「정보와 국가안보(Intelligence and National Security)」, CIA 발간 「정보연구(Studies in Intelligence)」.

(2) 대테러 연구 학술지

「테러리즘과 정치적 폭력(Terrorism and Political Violence)」, 「갈등과 테러리즘 연구(Studies in Conflict and Terrorism)」 등이 있음.

(3) 연구 자료 활용

비밀 해제 문서, 정보공개법 승인 문서, 개인 회고록, 주요 인물 인터뷰, 언론보도 등을 연구 자료로 활용함.

Ⅰ 국가정보활동의 4대 분야

1. 의의

① 국가정보활동은 국가 전 영역에서 다양한 방법으로 전개됨.

② 국가정보기구의 주요 임무는 정보수집, 정보분석, 비밀공작, 방첩공작의 4가지로 구분됨.

2. 정보수집(Intelligence Collection)

(1) 의의

국가정보기관은 국가안보와 국가이익을 위한 정보를 인적·물적 정보자산을 활용하여 체계적으로 수집함.

(2) 개별행정부처의 자체 자료수집과의 구별

① 국가정보기구의 정보수집은 지속성과 체계성을 갖추고 있음.

② 개별 행정부처의 자료수집은 업무 수행 중 특정 필요성에 의해 단편적으로 이루어지며, 국가정보기구의 정보수집과 차이가 있음.

(3) 정보수집의 양적 증대와 정보자료의 신뢰성 저하

① 과학·기술 발전으로 정보수집의 양이 획기적으로 증가함.

② 24시간 방송채널, 인터넷, 국제회의, 비정부 기구 등의 정보 원천이 다양해짐.

③ 정보의 양적 증대는 정보자료의 신뢰성 저하라는 부작용을 초래함.

3. 정보분석(Intelligence Analysis)

(1) 의의

국가정보기구는 수집된 첩보(Information)를 체계적으로 종합·검증하여 국가정책 수립과 집행에 필요한 정보를 도출함.

(2) 정보수집과 정보분석의 관계

① 민주적이고 체계화된 국가정보기구의 정보수집 활동은 반드시 정보분석을 전제로 함.

② 정보분석 없이 생자료(raw material)를 활용하는 경우는 이례적이며, 일반적으로 정보의 신뢰성 판단과 체계적 이해를 위해 필수적임.

4. 비밀공작(Covert Action)

(1) 의의

① 정보활동의 극단적인 형태로 비밀준군사활동(Covert Paramilitary Operation)이 포함됨.

② 특정 국가의 개입 여부를 인식할 수 없는 방식으로 군사작전과 유사하게 수행되며, 강력한 영향력을 행사함.

③ 선전공작 등 다양한 형태로 전개되며, 정보활동의 범위와 형태에 대한 논쟁을 유발함.

(2) 정탐·간첩활동(Espionage)과의 구별

① 정탐·간첩활동은 공작관(case officer)이 정보 제공자로부터 정보를 전달받을 때까지 수동적으로 기다리는 방식임.

② 비밀공작은 정보 유입을 기다리지 않고 단기간 내 강력한 영향을 미치는 행동 중심의 방식임.

③ 정탐·간첩활동과 비밀공작은 소극성 대 적극성, 장기 목표 대 단기 목표의 차이를 가짐.

④ 비밀공작이 국가정보기구의 본연의 임무인지에 대한 논란이 존재함.

5. 방첩활동(Counterespionage)

① 방첩활동은 정보를 획득하거나 영향력을 행사하기 위한 것이 아니라 자국 정보체계의 건전성과 순수성을 유지하는 것이 목적임.

② 해외세력의 침투를 방지하고, 내부의 비밀정보 제공자 및 이중간첩 등을 색출하는 역할을 수행함.

③ 방첩활동은 전통적인 스파이활동(espionage)과 구별되며, 일반 정보수집과도 차이가 있음.

Ⅱ 정책과 정보

1. 의의

국가정보기구의 활동을 이해하기 위해 정보, 정책, 국가안보의 문제는 필수적임. 정보와 정책, 그리고 국가안보는 상호 연관성이 높으며, 복잡한 개념을 내포함.

2. 정책

(1) 의의

정책은 정부 또는 정치단체가 취하는 방향을 의미하며, 국가정책은 국책(國策)이라고도 함.

(2) 정책의 주체

국가정책은 국가 권력을 담당하는 정부의 정책이며, 의회정치하에서는 집권정당의 정책이 정부정책으로 반영됨.

(3) 정책 수립과 이행 결과

국가안보 확립과 국가이익 수호는 합리적인 국가정책 수립과 그 이행의 결과임.

3. 정보활동

(1) 의의

① 민주국가에서 국가정보활동의 목표는 국가정책에 반영됨으로써 달성됨.

② 정보활동 자체가 국가의지의 실현이나 국가정책이 될 수 없음.

③ 정보는 국가정책에 반영될 때 비로소 목적을 실현할 수 있음.

(2) 정보활동과 국가정책의 관계

① 국가정보활동이 국가정책 실현을 위한 수단으로 기능할 수도 있음.

② 비밀공작(Covert Action) 및 기타 조항을 근거로 특정 임무를 수행할 경우, 정보활동이 국가정책이거나 정책의 구체적 실현 방법이 될 수 있음.

③ 다만, 이러한 경우는 예외적이며, 법적 근거가 명확해야 함. 특히, 미국 정보공동체는 정보와 정책을 철저히 구별하는 전통을 유지함.

4. 국가정보와 법집행

(1) 전체주의 및 공산국가

정보와 법집행이 결합되며, 국가정보기구가 비밀경찰과 통치수단으로 사용됨.

(2) 민주주의 국가의 원칙

대부분의 민주적 정보기구는 정보와 법집행을 의도적으로 분리함.

(3) 정보와 법집행의 결합 추세

① 국가안보의 다원적 구조, 세계화로 인해 정보와 법집행의 경계가 불명확해지는 경향이 있음.

② 비국가행위자의 등장으로 인해 정보와 법집행의 결합이 점진적으로 증가하는 추세임.

③ 이 경우, 국가정보기구의 수사권 확대보다는 방첩 수사기구 및 국가정보기구 간 정보 공유 강화가 주요 대안으로 제시됨.

5. 정보와 정책의 기능 차이

(1) 의의

정보와 정책은 기능적으로 구별됨. 행정부는 정책에 의해 운용되며, 정보는 정책 지원 기능을 수행하지만, 특정 정책을 옹호하는 방향으로 작동해서는 안 됨.

(2) 정보담당자의 중립성

① 정보담당자는 객관성을 유지해야 하며, 특정 정책에 대한 지지나 선호를 부추겨서는 안 됨.

② 특정 정책에 대한 선호가 개입되면 정보분석이 선입견에 의해 왜곡될 가능성이 높아짐.

(3) 정치화된 정보(politicized intelligence)

① 정보담당자가 특정 정책을 지지할 경우, 정치화된 정보가 될 위험성이 존재함.

② 미국 정보공동체에서는 정치화된 정보를 정보에 대한 가장 치욕스러운 형태로 간주함.

Ⅲ 국가정보활동과 국가안보

1. 의의

① 국가안보는 국가안전보장의 약어이며, 개념 정의가 어렵고 시대 및 국가 상황에 따라 가변적임.

② 따라서 국가안보는 직접적인 개념 정의보다 서술적으로 이해하는 것이 유리함.

2. 국가안보

(1) 국가안전보장의 달성

국가안보 달성이란, 군사 및 비군사 부문에서 국내외 적대세력의 위협을 방지하고 국가 목표 달성을 위한 가치를 안정적으로 유지하는 상태를 의미함.

(2) 국가의 생존과 국가이익 확보

① 국가안보는 국가 생존과 이익 확보를 위한 전략이며, 국가 간 경쟁에서 국가의 지속성을 유지하는 조건을 포함함.

② 국가안보는 경제적, 군사적 방법 또는 외교 활동을 통해 달성됨. 우호국과 동맹 관계 구축, 국방력 강화, 시민방위 체제 구축, 국가기간시설 보호 등을 통해 위협에 대비할 수 있음.

3. 국가정보활동과 국가안보

① 국가정보활동은 국가안보를 직접적으로 확보하는 수단이 됨.

② 국가보안체계를 구축하여 국가 비밀정보를 보호함.

③ 적대세력의 위협과 간첩활동을 적발 및 차단하는 방첩공작을 수행함.

④ 내부 위협세력의 정부 전복 시도를 방지하고 대응하는 등의 총체적 활동을 통해 국가안보를 달성함.

Theme 11 국가정보기구

Ⅰ 의의

국가정보기구는 국가안보를 위한 정부조직으로, 첩보를 수집하고 이를 분석하여 국가정보를 생산하며, 법적 근거에 따라 특별한 활동을 수행함.

Ⅱ 임무

1. 첩보수집

① 간첩활동, 통신감청, 암호해독 등 비밀정보 수집 수행

② 개인·조직·기구와의 협조를 통한 정보획득

③ 공개자료에 대한 체계적인 평가를 통한 정보 활용

2. 정보분석

① 국가정보기구는 전문성과 체계적인 시스템을 바탕으로 국가안보 관련 정보를 분석하고 외부 위협에 대해 조기경고를 수행함.

② 국가적 위기 발생 시, 다른 기관이 파악하기 어려운 판단정보를 제공하여 국가·국제적 위기관리능력 발휘

3. 방첩공작과 비밀공작

① 국가정보기구는 국가의 핵심 비밀을 보호하고, 다양한 비밀공작을 수행함.

② 테러·마약·국제범죄조직과의 전쟁 수행

③ 국가이익을 위해 특정 사태의 진행 방향을 조정하거나 극대화하는 은밀한 활동 수행

④ 암살, 무기 거래, 쿠데타 유도, 정치·경제적 선전공작 등 비정형적 활동을 수행할 수 있도록 체계화된 조직임

Ⅲ 국가정보기구의 기능

1. 의의

① 국가정보기구의 목적은 국가안보 수호와 국가이익 도모에 있음.

② 국가정보기구의 존재 이유로 전략적 충격 방지, 장기적 전문지식 제공, 정책과정 지원, 정보의 비밀성 유지가 있음.

2. 전략적 충격 방지

(1) 의의

① 국가정보기구는 외부세력의 위협과 무력도발을 감시하여 국가안보를 공고히 하는 역할을 수행함.

② 역사적 사례로 1904년 일본의 러시아 공격, 1941년 독일·일본의 공격, 1973년 중동전쟁 등이 있으며, 이는 국가정보기구의 경고 기능 실패를 의미함.

③ 냉전 종식 이후 국가 간 선제공격 위험은 감소했으나, 초국가적 무장조직의 등장으로 불측의 충격 가능성은 증가함.

(2) 전술적 충격과 전략적 충격

① 외부 적대세력으로부터의 충격은 전술적 충격과 전략적 충격으로 구분됨.

② 전술적 충격: 사전에 충격을 인지했으나 예방하지 못한 경우.

③ 전략적 충격: 전혀 예측하지 못한 충격으로, 예방과 대처가 불가능함. 국가정보기구의 최우선 대응 대상임.

[전술적 충격(tactical surprise)과 전략적 충격(strategic surprise)]

구분	기준	내용	국가정보기구의 목표
전술적 충격	사전에 충격 인지	예방하지 못한 것	전략적 충격보다 후순위
전략적 충격	사전에 충격 불인지	전혀 예상하지 못했던 것으로 예방과 대처가 원초적 불가능	가장 중요

(3) Richard Betts가 제시한 사례

① 스미스와 존은 업무 파트너로 고객을 위한 점심접대를 함께 진행함.

② 존은 회사 금고의 돈을 유용하여 식사 비용을 충당함.

③ 어느 날, 스미스가 예상보다 일찍 사무실로 돌아와 존이 금고에서 돈을 훔치는 것을 목격함.

④ 양자는 동시에 "아! 깜짝이야."라고 외침.

⑤ 존은 범죄 행위임을 알고 있었으나, 적발될 것이라고 예상하지 못한 것이기 때문에 전술적(tactical) 충격

⑥ 스미스는 고객 접대에 범죄가 개입될 것이라고 전혀 예상하지 못했기 때문에 전략적(strategic) 충격

(4) 전략적 충격 최소화

① 국가정보기구의 핵심 기능은 예상하지 못한 전략적 충격을 최소화하는 데 있음.

② 반복적인 전략적 충격 발생은 정보체계의 문제를 의미하며 개선이 필요함.

3. 장기 전문지식의 전달

(1) 의의

① 국가정보기구는 장기적 관점에서 국가안보 관련 고도의 전문지식을 축적하여 정책에 기여함.

② 국가안보는 단기적 충격 방지로 해결되지 않으며, 체계적인 전문지식 확보가 필수적임.

(2) 정책담당자의 짧은 임기

① 정책담당자는 단기 임기로 인해 정책을 완전히 이해하고 집행하는 것이 어려움.

② 대통령, 장관, 고위공무원의 임기가 제한적이므로 국가정보기구의 지속적 전문지식 제공이 필수적임.

(3) 국가정보기구의 전문가 장기 근무

① 국가정보기구의 전문가들은 장기 근무하며 안정적으로 지식을 축적하고 활용함.

② 정보기관 책임자는 외교·국방 분야보다 장기적으로 근무하는 경향이 있음.

③ 국가정보기구 운영자는 장기 전문지식의 축적 및 전달 기능을 고려하여 인사와 운영을 신중히 결정해야 함.

4. 정책 과정의 지원

(1) 의의

① 국가정보기구의 본연의 기능 중 하나는 정책지원이며, 이를 "정보의 정책 종속성"이라고 함.

② 정책담당자가 정확한 정보를 바탕으로 정책을 수립하고 위험을 예측할 수 있도록 지원함.

(2) 정보의 정책 종속성

① 정책결정자는 정보의 정책 종속성을 인식하고, 단순한 정보 수령자가 아닌 적극적인 정보 활용자가 되어야 함.

② 정보와 정책의 유기적 관계가 형성된 정부에서는 정보 공동체가 정책담당자를 철저히 지원함.

5. 정보 자체, 정보 방법, 정보 원천의 비밀성 유지

(1) 의의

① 국가정보기구는 최고 수준의 기밀을 유지하며, 정보획득 방법과 원천의 보안을 철저히 관리해야 함.

② 정보 세계는 치열한 경쟁 환경이며, 정보기관들은 지속적으로 상대방의 기밀정보를 획득하려 함.

(2) 정보 획득 방법과 원천 보호 및 방첩

① 정보획득 방법과 원천에 대한 보안을 유지하고, 적대세력의 정보탐지 활동을 방어하는 것이 중요함.

② 정보 보호와 방첩 활동은 국가 존속과 발전을 위한 필수적인 경쟁적 순환 활동임.

③ 국가정보기구는 자국 정보의 기밀성을 보호하는 동시에, 적대세력의 정보탐지 활동을 차단하는 역할을 수행함.

Ⅳ 브라운 보고서(1996)에 제시된 21세기 미국 국가정보의 주요 임무

1. 미국 외교정책 수행 지원

① 패권국으로서의 미국 위상 유지 지원

② 여타 관심 국가의 주요 사태에 대한 조기경보

③ 주요 정보 제공

2. 주요 조약 및 협약 준수 여부 감시

SALT Ⅰ·Ⅱ, 제네바 협약, NPT 등 주요 협약의 이행 여부 감시

3. 군사작전 및 국방기획 지원

① 1991년 걸프전 등 해외 주요 군사행동에 대한 전략·전술 정보 제공

② 주요 국가의 군사력 평가 및 무기체계 관련 정보 제공

4. 경제정보 제공

① 공개출처정보 중요성 증가로 역할 감소

② 주요 무역협상 관련 비밀정보 제공

5. 초국가적 위협 대응

국제테러리즘, 마약사범, 대량살상무기 확산, 국제조직 범죄 등에 대한 색출·감시·대응 정보 제공

6. 환경 관련 정보 수집·분석

방사능 물질의 공해상 처리, 주요 원자로 사고, 산성비, 자원 분쟁 등에 대한 정보 수집·분석

7. 세계 보건문제 관련 정보 수집·분석

AIDS 등 전염병 포함, 미국 국가이익에 위협이 되는 보건 관련 사항 수집·분석

8. 정보전 수행

미 정부 및 민간단체의 정보통신체계 보호를 위한 공세적·방어적 정보전 준비

Theme 12 첩보수집(Collection)

Ⅰ 의의

1. 첩보수집과 그 중요성

① 첩보수집은 정보활동의 핵심 요소로, 정보 생산, 방첩, 비밀공작 등에 필수적인 과정임.

② 정책결정에 필요한 정보를 생산하기 위해 첩보자료 수집이 선행되어야 함.

③ 방첩활동을 효과적으로 수행하기 위해 외국의 간첩행위, 전복, 테러 행위 등에 대한 첩보 수집이 필요함.

④ 비밀공작 성공을 위해 대상 국가의 정치, 경제, 사회 상황에 대한 정보 확보가 필수적임.

2. 첩보의 정확성과 신빙성이 미치는 영향

① 첩보자료의 정확성 및 신빙성이 부족하면 올바른 정보 생산과 방첩, 비밀공작 수행이 어려움.

② 2001년 9/11 테러 발생 시, 사전 첩보가 정확하게 수집되지 않아 방지하지 못함.

③ 2003년 이라크 전쟁 시, 미국은 이라크의 대량살상무기 보유에 대한 왜곡된 첩보를 근거로 잘못된 정책결정을 내림.

④ 1961년 피그만 침공 실패 사례에서도 현지 상황에 대한 부정확한 첩보가 원인으로 지적됨.

⑤ 첩보수집은 정보분석, 방첩, 비밀공작 등의 성패를 좌우하는 필수적인 정보활동임.

Ⅱ 첩보수집 방법

1. 의의

첩보수집 방법은 비밀 첩보수집(clandestine collection)과 공개 첩보수집(open-source collection)으로 구분됨.

2. 비밀 첩보수집

(1) 개념

비밀 첩보수집은 활용되는 수집수단에 따라 인간정보(HUMINT) 수집과 기술정보(TECHINT) 수집으로 나뉨.

(2) 인간정보(HUMINT)

① 일반적으로 '스파이활동(espionage)'과 유사한 개념으로 인식됨.
② 사람을 활용하여 첩보를 수집하는 방법 또는 활동을 의미함.

(3) 기술정보(TECHINT)

다양한 유형의 과학 기술 장비를 활용하여 첩보를 수집하는 방법 또는 활동을 의미함.

3. 공개 첩보수집

공식적인 외교활동, 신문, 라디오, TV, 인터넷 등 공개적인 자료를 통한 수집 방법 또는 활동을 의미함.

Ⅲ 첩보의 출처와 첩보수집방법의 종류

1. 의의

① 첩보의 출처는 공개출처(overt source)와 비밀출처(covert source)로 구분됨.
② 정보작성에 사용되는 정보의 85~90%는 공개출처에서 획득되나, 정보기관은 비밀출처 첩보수집에 집중함.
③ 첩보수집방법은 인간정보(human intelligence, HUMINT)와 기술정보(technical intelligence, TECHINT)로 대별됨.
④ 기술정보는 신호정보(signal intelligence, SIGINT)와 영상정보(imagery intelligence, IMINT) 등으로 세분화됨.

2. 인간정보(HUMINT)

① 인적수단을 활용하여 수집한 첩보를 의미함.
② 정보관(intelligence officer), 주재관(attache), 공작원(agent), 협조자(source), 여행자, 포로, 망명자 등을 통해 첩보가 수집됨.

③ 국가 간 정보협력도 주요 수집 수단으로 활용됨.
④ 정보기관 간 공통관심사 정보 교환이 일상적 업무로 수행됨.
⑤ 연락관(liaison officer)을 파견하여 협력 유지함.

3. 신호정보(SIGINT)

(1) 통신정보(COMINT)

① 음성, 모르스 부호(Morse), 전화회선, 공중파, 팩스밀리, 이메일 등의 감청 및 도청을 통해 수집됨.
② 암호화된 정보는 암호해독(cryptology) 과정을 거쳐 분석됨.
③ 대표적 사례로 1999년 미국의 에셜론(Echelon) 시스템이 있음.

(2) 전자정보(ELINT)

① 레이더 신호 등 비통신용 전파를 탐지하여 수집하는 정보를 의미함.
② 화재 통제용 레이더 신호를 분석하여 무기 체계 파악 가능함.

(3) 외국장비신호정보(FISINT)

① 외국 장비에서 방출되는 신호를 포착하여 수집한 정보를 의미함.
② 항공기, 미사일 원격조정신호를 분석하여 유도장비, 연료소모량, 로켓 스테이징 등 기술정보 획득 가능함.

(4) 레이저 정보(LASINT)

레이저 등 유도에너지 빔 분석을 통해 상대방 무기 및 장비 위치, 운용상태를 파악함.

(5) 레이더 정보(RADINT)

① 레이더를 이용하여 적 항공기 등 장비를 추적하여 수집한 정보를 의미함.
② 항공기 항로 분석 및 물리적 특성 확인 가능함.

(6) 적외선 정보(IRINT)

① 적외선 방사현상을 수집하여 획득한 정보를 의미함.
② 조기경보 위성에서 미사일 발사 감지 등에 활용됨.

(7) 핵정보(NUCINT)

① 방사능 물질, 방사현상, 파편 등을 수집하여 획득한 정보를 의미함.
② 핵무기 설계 및 출력 추정 가능함.

(8) 기타 신호정보

지진계를 활용한 지하 핵실험 감지, 방사능 및 낙진 감지 장치 활용, 수중파 탐지를 통한 잠수함 이동상황 관찰 등이 포함됨.

4. 영상정보(IMINT)

① 항공기, 인공위성 등을 이용하여 촬영한 사진을 의미함.

② 위성전자사진(SATINT), 레이더 영상사진(RADINT), 전통적 항공사진(PHOTINT) 등으로 구분됨.

③ 정찰용 항공기, 인공위성 활용이 대표적이며, 필름 촬영 및 전자영상 시스템 촬영이 포함됨.

④ 영상정보를 통해 곡물 작황 및 생산량 추정 가능함.

[첩보의 출처]

수집방법	출처 및 대상	사례
인간정보 (HUMINT)	공개출처	신문 · 잡지, 방송 · 여행자, 서적 · 지도, 전화번호부, 국제기구보고서, 민간조직보고서
	비밀출처	정보관, 공작원, 협조자
	준비밀출처	주재관 보고, 포로 · 망명자
기술정보 (TECHIINT)	영상정보	SATINT, RADINT, PHOTINT
	신호정보	COMINT, ELINT, FISINT, LASINT, RADINT, IRINT, NUCINT

Theme 13 인간정보(Human Intelligence, HUMINT)

I 의의

① 인간정보(HUMINT)는 비밀리에 첩보활동을 수행하는 사람(스파이)을 의미함.

② 사람을 활용하여 첩보를 수집하는 활동 자체 또는 그 활동을 통해 생산된 지식을 포함하는 개념임.

③ 공개정보 수집은 HUMINT에 포함되지 않으며, 인간을 활용한 비밀 첩보수집활동만을 의미함.

④ HUMINT는 적에게 노출될 위험이 높으며, 첩보원의 생명에 위협을 줄 수 있음.

⑤ 기술정보 또는 공개정보 수집으로 원하는 정보를 얻을 수 없는 경우 최후의 수단으로 활용됨.

II 고전적인 유형의 첩보활동

1. 의의

① 인간정보활동은 인류 역사와 함께 시작된 가장 고전적인 첩보활동임.

② 국가 형성과 함께 타국의 동향을 파악하기 위한 첩보활동이 본격적으로 전개됨.

③ 동서양 모두 4천 년 전부터 첩자를 활용한 첩보활동을 수행한 기록이 존재함.

④ 고대 이집트의 '히에로글리프'와 중국 '좌전'에 첩자 활용 사례가 기록됨.

2. 「손자병법」이 강조한 첩보의 원칙

① 기원전 600년경 저술된 「손자병법」은 역사상 최고의 병법서로 평가됨.

② 손자는 적정을 파악하기 위해 첩자의 활용이 필수적이라고 강조함.

③ 귀신이나 법칙에 의존하지 않고, 반드시 인간 첩자를 통해 정보를 얻어야 함.

3. 스파이(첩자)

(1) 의의

① 정보활동의 핵심 요소로 스파이가 인식됨.

② 손자는 첩자의 활용이 전쟁 승패와 국가 생존에 결정적 영향을 미친다고 주장함.

③ 역사적으로 고구려의 도림, 알렉산더 대왕, 시저, 나폴레옹, 칭기즈칸 등이 첩자를 효과적으로 활용함.

④ 미키아벨리, 다니엘 디포우, 서머싯 몸, 헤밍웨이 등도 첩자로 활동한 경력이 있음.

(2) 첩자의 개념과 용어

① '첩(諜)'은 '몰래 엿본다'는 의미를 가지며, 첩자는 '몰래 엿보는 자'를 뜻함.

② 손자는 첩자를 '틈새(間)'라는 의미로 '간(間)'이라 칭함.

③ '간첩(間諜)'은 '틈새를 엿보는 사람'이라는 의미로 사용됨.

④ 영어권에서는 spy, espionage, agent, source, The Fifth Column, fraktsiya 등의 용어가 사용됨.

⑤ 한국에서는 '발쇠꾼' 또는 '샛꾼'이라 하며, 중국과 한국 역사에서는 간인, 향도, 세작, 행인, 반간, 밀정 등의 용어가 존재함.

I 정보관(intelligence officer, 또는 handler)

1. 의의

① 정보관: 정보기관 소속 요원으로, 첩보원을 관리하고 지령 전달 및 접촉 지원을 담당함.

② 첩보원(source): 정보관에게 첩보를 제공하는 자로, 외국인 관료, 망명객, 이주민, 포로, 여행객, 유학생, 신문기자, 상사 주재원 등 다양한 유형이 포함됨.

2. 정보관의 5단계 첩보 운용 과정

① 물색: 첩보 활동에 적합한 대상자를 탐색하는 단계.

② 평가: 대상자의 신뢰성, 접근성, 동기 등을 분석하는 단계.

③ 모집: 협력하도록 유도하여 첩보원으로 확보하는 단계.

④ 관리: 첩보원의 활동을 통제·지원하며 지속적으로 운용하는 단계.

⑤ 해고: 필요성이 사라지거나 위험 요인이 발생했을 때 관계를 종료하는 단계.

3. 정보관의 유형: 공직 가장과 비공직 가장

(1) 의의

① 정보관은 주재국 정부의 주목을 피하기 위해 신분과 행동을 '가장(cover)'함.

② 가장 유형: 공직 가장(official cover), 비공직 가장(nonofficial cover)

③ 러시아: '합법적 정보관(legal officers)'과 '비합법적 정보관(illegal officers)'로 구분하며, 정보기관 은어로 '백색정보관(White officer)'과 '흑색정보관(Black officer)'이라고도 함.

(2) 공직 가장 정보관

① 외교관 신분을 활용하여 국제법상 면책특권을 가짐.

② 첩보활동이 적발될 경우 국제법에 따라 PNG(페르소나 논 그라타) 지정 또는 국외추방 조치가 이루어짐.

③ 외교 행낭(파우치) 사용을 통해 본부와 연락 유지 가능하며, 급여 이체 등 행정적 편의 제공됨.

④ 단점: 주재국 방첩기관에 의해 신분이 쉽게 노출될 위험이 있으며, 전쟁이나 외교 단절 시 활동 불가.

(3) 비공직 가장 정보관(nonofficial – cover officials, NOCs)

① 사회의 다양한 계층 및 직업으로 가장 가능하며, 폭넓은 첩보원 접촉이 가능함.

② 전쟁이나 외교 단절 시에도 지속적인 활동 가능하며, 주재국 방첩기관의 색출이 어려움.

③ 단점: 기업체나 기관에서 정보관을 채용하도록 설득하는 것이 어렵고, 자체적으로 기업을 설립하는 경우 비용과 시간이 과다 소요됨.

④ 행정적 지원이 부족하며, 신분 노출 방지를 위해 주재국 대사관의 통신수단 활용이 제한됨.

⑤ 외교관 신분이 아니므로 적발 시 법적 보호를 받을 수 없으며, 체포될 경우 재판을 통해 중형 또는 사형에 처해질 위험이 있음.

4. 냉전시대 미국과 소련의 가장 방식 비교

① CIA와 KGB 모두 언론인, 종교단체 관계자, 외교관, 상사 주재원 등의 신분을 가장하여 스파이 활동 수행.

② KGB는 CIA보다 신분가장을 적극적으로 활용함.

③ CIA는 신문기자로 가장한 요원으로 인해 실제 언론인들이 오해받아 살해되거나 불이익을 당하는 문제가 발생함. 이에 따라 미국 언론사에서 CIA에 신문기자 신분가장을 중단할 것을 요청함.

④ KGB는 공직 외교관 외에도 민간기업체(Aeroflot) 및 언론사(TASS 통신) 등을 활용함.

⑤ 기만공작 차이: KGB는 망명객을 가장한 이중간첩을 활용하여 기만정보를 유포하였으나, CIA는 이를 사용하지 않음.

⑥ 대표적 사례: 노센코(Yuri Nosenko, 1960년대), 유첸코(Vitaly Yrachenko, 1980년대).

II 첩보원(source)

1. 의의

정보관에게 정보를 제공하는 사람을 첩보원 또는 출처(source)라고 함. 정보 가치가 높은 외국 관리들이 첩보원으로 많이 활용되지만, 일반인도 첩보원으로 이용될 수 있음.

2. 첩보원의 종류

(1) 협조자와 공작원

① 협조자는 정보수집에 협조하며 필요한 경비를 지원받는 자이며, 공작원은 공식적으로 채용되어 보수를 받고 비밀정보활동을 수행하는 자임.

② 공작원은 정보관의 통제를 받지만, 협조자는 통제 대상이 아님. 유능한 협조자는 공작원보다 양질의 정보를 제공하기도 함. 공작원은 의식적으로 협조하나, 협조자는 무의식적으로 협조할 수도 있음.

(2) 포섭된 첩보원과 자발적 첩보원(walk – ins)

① 포섭된 첩보원은 정보관이 사전 검토 후 채용한 신뢰도가 높은 자이며, 자발적 첩보원은 스스로 협조를 요청한 자임.

② 포섭된 첩보원은 접근성이 우선 고려됨. 포섭 과정에는 많은 시간과 노력이 요구되며 실패할 가능성이 큼.

③ 자발적 첩보원은 신뢰성이 낮으며, 허위 정보를 제공할 가능성이 있음. 그러나 과거 자발적 첩보원이 제공한 정보가 매우 가치 있었던 사례도 존재함.

④ 대표적 자발적 첩보원: 펜코프스키(Olge Penkovskiy), 필라토프(Anatoli Nikolaevich Filatov), 에임즈(Aldrich Ames), 워커(John Anthony Walker, Jr), 한센(Robert P. Hanssen), 폴라드(Jonathan Pollad) 등.

(3) 망명자와 체제 이탈자

① 냉전 시대 동안 구소련 정보수집 활동은 망명자 및 체제 이탈자에 의존하였음.

② 1954년 5명의 소련 정보요원이 귀순하여 KGB의 보안활동, 스파이 기법 등에 관한 중요한 정보를 제공함.

③ 1995년 알 카말(Hussein al-Kamal)이 이라크에서 탈출하며 비밀 생물무기 개발계획을 제공함.

④ 망명자와 체제 이탈자는 자발적 첩보원과 유사한 문제가 있음. 상대국 정보기관이 기만책으로 밀파한 가능성이 존재함.

3. 비정보요원(첩보원과 협조자)

(1) 의의

① 국가정보기구의 공식 직원이 아닌 인적정보원으로 정보대리인(Agent) 또는 첩보원과 협조자(Collaborator, Walk-ins)가 존재함.

② 첩보원과 협조자는 스파이, 간첩, 정보요원, 정보자산, 두더지(Mole), 밀정, 제5열(Fifth Column), 닌자(忍者, 일본의 대가관계 첩자) 등으로 불리기도 함.

③ 이들은 정보관에게 발굴·채용되어 일정한 계약 관계를 맺고 활동하는 인간정보요원임.

(2) 첩보원

정보관과 지속적인 관계를 유지하며 조종관(공작관)의 지휘·통제하에 정보수집 활동을 수행함.

(3) 협조자

이념적 제약 없이 자발적으로 정보수집을 도와주는 자로, 언제든지 협조를 중단할 수 있음.

첩보원과 협조자는 모두 비공식적인 정보요원이며, 대체로 현지인이 많음.

(4) 결론

① 정보관의 정보수집 활동을 지원하기 위해 필요함.

② 정보수집 목표에 접근할 위치와 능력을 가진 자를 선정해야 함.

③ 민간인도 많지만, 주재국 정부의 핵심적 지위에 있는 자라면 중요한 정보원천에 접근 가능하여 훌륭한 인적자산이 될 수 있음.

4. 첩보원이 되는 동기

(1) MICE 요인

① 멜톤(H. Keith Melton)은 첩보원이 되는 동기를 'MICE'로 정리함: Money(돈), Ideology(이념), Compromise(타협), Ego(자존심).

② 금전적 이익, 이념적 신념, 협박, 자존심 부추김을 통해 첩보원이 됨.

(2) 공산주의 이념

① 1930년대까지 공산주의 이념이 영국 및 미국인 첩보원 포섭에 중요한 역할을 함.

② 대표적 사례: '케임브리지 코민테른'(버기스, 맥클린, 필비, 블런트, 카이른크로스).

(3) 시오니즘

폴라드(Jonathan Pollad)는 시오니즘에 의해 이스라엘을 위해 첩보 활동을 수행함.

(4) 애국심

애국심으로 첩보활동을 수행하는 사례 존재.

예 서머싯 몸(Somerset Maugham)은 제1차 세계대전 당시 영국 정보국을 위해 활동함.

(5) 금전적 이익

① 금전적 이익으로 첩보활동을 수행하는 사례 다수 존재.

② 경제적 어려움을 겪는 정치가, 군인, 정보기관 요원을 타겟으로 삼음.

③ 대표적 사례: 에임즈(Aldrich Ames)는 KGB로부터 270만 달러를 받고 CIA 비밀공작 정보를 제공함.

④ 워커(John Anthony Walker, Jr)는 18년간 KGB를 위해 군사정보를 제공함.

⑤ 노리에가(Manuel Antonio Noriega)는 금전적 보상을 받고 CIA, DIA의 첩보원으로 활동함.

(6) 과거 비밀

후보자의 성장 배경, 성품 등을 조사하여 협박 수단으로 활용함.

예 프렌젤(Alfred Frenzel)은 과거 공산당 활동을 이유로 협박받아 체코에 군사기밀을 제공함.

(7) 섹스 스캔들

① 정보기관은 미인계(honey trap)를 활용하여 정보를 수집하거나 협박 수단으로 사용함.

② 대표적 사례: 마타 하리(Mata Hari), 베티 팩(Betty Pack).

③ 냉전 시대 KGB는 '섹스공작(Sexpionage)'을 수행하여 관료나 군인을 함정에 빠뜨려 첩보 제공을 강요함.

④ 대표적 피해자: 그렌로라, 마우리스 데진(Maurice Dejean), 휘립 라롤, 존 밧살(John Vassal).

(8) 포섭 대상자의 자존심(ego)

① 포섭 대상자의 자존심을 자극하여 정보를 제공하도록 유도함.

② 대표적 사례: 휴즈 햄블턴(Hugh Hambleton)은 KGB가 그의 지적 자존심을 부추겨 포섭한 사례임.

(9) 복수심

복수심으로 첩자가 되는 사례 존재.

예 하워드(Edward Lee Howard)는 CIA에 대한 복수심으로 소련에 기밀을 제공함.

Theme 13-2 스파이 기술(Tradecraft)

I 의의

① 초기 스파이들은 눈과 기억력만을 활용하여 정보를 수집함.

② 시간이 지나면서 변장, 암호기술, 감시 등의 기술이 개발됨.

③ 20세기 들어 첩보활동 관련 도구와 기술이 급격히 발전함.

④ 주요 기술로 카메라 사진, 항공 및 위성 감시 장비, 무선 통신, 컴퓨터 등이 등장함.

⑤ 오늘날 스파이 기술(tradecraft)은 암호통신, 비밀연락, 도감청, 미행감시, 위장 및 변장, 은폐, 협조자 관리, 신문, 미인계 등으로 구성됨.

II 첩보활동

1. 의의

① 첩보원은 목표 대상에 접근하여 정보를 확보해야 함.

② 건물, 차량 등에 침입, 변장, 도난 경보기 무력화, 암호 해독 등의 기술이 요구됨.

③ 감시 장비를 활용한 미행감시 활동 수행함.

2. 가장(假裝)

① 첩보원은 신분과 외모를 철저히 위장해야 함.

② 엠마 에드먼즈(Emma Edmonds)는 미국 남북전쟁 당시 흑인 노예로 변장하여 첩보활동을 수행함.

③ 첩보원은 감시 상황에서도 목소리, 몸짓, 태도를 변장하여 목표에 접근함.

④ 존 앤서니 워커(John Anthony Walker, Jr.)는 KGB 첩보원으로 활동하면서 반공주의자로 위장함.

3. 스테가노그라피(steganography)

① 첩보원의 임무는 정보 확보 후 전달까지 포함됨.

② 유무선 통신 이전에는 밀사를 이용하여 정보를 전달함.

③ 메시지 은폐 기술을 스테가노그라피(steganography)라 함.

④ 고대 그리스에서는 밀사의 머리를 밀고 그 위에 메시지를 쓴 후 머리가 자라도록 함.

4. 비밀문서작성(secret writing)과 축소화(microdots)

① 첩보원들은 암호, 은현잉크 등을 활용하여 비밀정보를 전달함.

② 비밀문서작성은 겉으로 보이는 내용과 숨겨진 내용을 분리하여 전달하는 방식임.

③ 은현잉크는 20세기 이후 특수 화학약품을 이용한 방식으로 발전함.

④ 축소화(Microdots)는 메시지를 극소화하여 문서나 일상용품에 숨기는 방식임.

5. 드보크(Dvorak) 또는 dead drops(수수소)

① 첩보원이 직접 접촉하지 않고 정보를 전달하는 방식임.

② 예를 들어 공원 내 속이 빈 나무에 메모를 남기고 이후 회수하는 방식 활용됨.

③ 로버트 한센(Robert P. Hanssen)은 dead drop 방식을 통해 15년간 소련과 정보 교환함.

6. 무선통신

① 오늘날 무선통신이 첩보활동의 핵심 수단임.

② 대부분 암호화된 형태로 활용됨.

7. 직접적인 접선

(1) 의의

① 인터넷과 통신망 발달로 직접적인 접선 없이도 정보 교환 가능함.

② 그러나 중요한 문서나 물건 전달 시 직접 접선이 필요할 수 있음.

③ 방첩기관 감시망을 피하는 특별한 방책이 요구됨.

(2) 공직 가장 정보관의 경우

① 대사관에서 활동하는 정보관은 방첩기관의 감시를 받음.

② 미행 여부를 확인하고 첩보원과의 접선을 철저히 계획해야 함.

③ 주재국 감시망이 강력할 경우 공개적인 방식으로 접선하는 것이 오히려 안전할 수 있음.

④ 펜코프스키(Oleg Penkovsky)는 공식적인 외교 활동을 이용해 비교적 안전하게 접선함.

⑤ 감시망을 피하기 위해 첩보원과 제3국에서 접선하는 전략이 활용됨.

⑥ 존 앤서니 워커(John Anthony Walker)는 미국이 아닌 오스트리아에서 소련과 접선함.

8. 신문(interrogation)

① 첩보원은 전쟁 포로, 망명자, 이주민을 신문하여 정보를 획득함.

② 속임수, 고문, 최면술, 약물 사용 등의 기법 활용됨.

③ 극한 환경을 이용한 심리적 압박 기법도 사용됨.

④ 과도한 강압적 신문은 고문으로 간주될 수 있음.

9. 미인계(honey trap)

① 첩보 대상에게 성적으로 매력적인 인물을 접근시켜 유혹함.

② 유혹된 대상이 자발적으로 정보를 제공하거나 협박을 통해 첩보를 획득함.

③ KGB는 남녀 섹스공작원을 활용하여 다양한 미인계 기법을 사용함.

Ⅲ 첩보원의 비밀문서 수발방식

1. Brush Pass

사람이 붐비는 공공장소에서 스쳐 지나가며 물건을 전달하는 방식.

2. Letter Box

공공장소의 화물보관함을 이용해 정보가 담긴 문서나 물건을 수령하는 방식.

3. Dvoke

Dead Drop의 한 방식으로, 제2차 세계대전 당시 시베리아 지방의 참나무를 표식으로 사용한 사례에서 유래함.

4. Dead Drop

특정 장소에 중요한 서류·물건을 보관해 놓고 후일 수령자가 가져가는 방식.

5. Safe House

비밀스러운 장소에 위치한 은신처로 첩보 전달 목적으로 사용됨.

Ⅰ 냉전시대 미국과 서방국가의 정보관

1. 의의

① 미국과 서방국가는 냉전 기간 동안 소련 지도자의 의도, 군사력 수준, 소련 정보기관의 활동을 파악하기 위해 첩보활동을 전개함.

② 소련 방첩기관의 감시로 인해 공직 가장을 활용한 첩보수집활동이 주를 이룸.

③ 미국은 대사관 내 CIA 요원과 국방부 무관이 공직 가장 정보관으로 활동하고, 육·해·공 첩보부대를 해외에 주둔시켜 첩보원을 모집함.

④ **주요 첩보부대**: 육군정보단(Army Intelligence and Security Command), 168 특수기동대(Task Force 168), 공군정보단(Air Force Special Activities Center) 등.

2. CIA

① 해외에 거점(station)을 두고, 최고책임자를 거점장(Chief of Station, COS)으로 지정함.

② 거점 규모는 국가별로 상이하며, 소규모는 수 명, 대규모는 150명 이상 근무.

③ 주로 공직 가장을 활용하나, 일부 불법적 첩보활동을 수행하다 발각되기도 함.

Ⅱ 소련의 정보관

1. 의의

① 서방세계의 자유로운 생활환경을 이용하여 첩보활동을 전개함.

② 공직 가장뿐만 아니라 비공직 가장 정보관을 적극 활용함.

③ **대표적인 비공직 가장 정보관**: 조르게(Richard Sorge), 라이바 돔(Leiba Domb), 코논 트리퍼모비치 몰로디(Konon Trifimovich Molody).

2. 조르게(Richard Sorge)

① GRU 소속 스파이로 독일 신문의 특파원으로 활동하며 1930년대부터 1941년 일본 경찰에 체포될 때까지 첩보활동 수행.

② 독일 및 일본의 전쟁계획을 소련에 보고하여 전략적 판단에 기여함.

③ **보고 내용**: 일본이 소련이 아닌 태평양 및 동남아시아 지역을 공격할 것이라는 정보 제공.

④ 그의 정보로 인해 소련은 극동 지역 병력을 모스크바 방어에 활용하여 1941~1942년 겨울 독일의 공격을 방어함.

3. 라이바 돔(Leiba Domb)

① 폴란드 출신 유대인으로 소련 GRU 요원이 되어 유령회사를 설립하여 첩보활동 수행.

② 유럽 전역에서 독일군 동향을 파악하며, 바바로사 작전(Operation Barbarossa)에 대한 정보를 소련에 제공함.

③ 스탈린이 그의 정보를 신뢰하지 않았으나, 1941년 독일의 침공 후 그의 정보가 정확했음이 입증됨.

④ 독일 방첩기관 압베르에 의해 체포됨.

4. 코논 트리피모비치 몰로디(Konon Trifimovich Molody)

① 1950년대 KGB의 대표적인 스파이망 '포틀랜드 스파이 링(Portland Spy Ring)'의 지도자.

② 고든 론즈데일(Gordon Lonsdale)이라는 가명으로 활동하며 영국에서 스파이 네트워크 운영.

③ KGB의 지원으로 슬롯머신 임대회사를 운영하며 활동 자금 조달.

④ 1961년 폴란드 UB(보안경찰) 요원의 제보로 영국 MI5에 의해 체포됨.

Ⅲ 이스라엘, 동독, 중국의 정보관

1. 이스라엘: 엘리 코헨(Eli Cohen)

① 이집트 태생 유대인으로 이스라엘 정보기관 모사드 소속.

② 아르헨티나에서 가짜 신분을 설정한 후 시리아에 침투하여 최고위 권력층과 친밀한 관계 구축.

③ 3년간 시리아의 정치·군사·외교 관련 첩보를 수집하다가 1965년 체포되어 교수형 당함.

2. 동독: 귄터 기욤(Gunter Guillaume)

① 슈타지 소속 정보관으로 서독으로 이주하여 사회민주당 내 요직을 차지함.

② 빌리 브란트 서독 수상의 최측근 비서로 활동하며 동독에 중요한 정보 제공.

③ 1974년 서독 정부에 의해 체포됨. 이후 브란트 수상은 충격을 받고 사임함.

3. 중국의 정보관

① 중국은 비공직 가장 방법을 활용하여 미국에서 첩보활동 수행.

② 기업체 주재원, 교환학생, 과학자 파견 등을 통해 첨단 과학기술 정보를 수집함.

③ '잠복공작원(sleeper agents)'을 활용하여 장기간 미국 사회에 정착 후 첩보활동 수행함.

Theme 13-4 냉전 시대 첩보원 사건:
케임브리지 5인방, 로젠버그 부부, 로버트 한센

Ⅰ 케임브리지 5인방(The Cambridge Five) 사건

1. 의의

① 제2차 세계대전부터 1950년대 중반까지 영국 정보요원으로 활동한 소련의 인간정보요원임.

② 독일을 위해 일하는 척하며 소련의 역정보를 독일 나치에 제공하는 역할도 수행함.

③ 구성원: 킴 필비(Kim Philby), 맥클린(Donald Duart Maclean), 가이 버지스(Guy Burgess), 앤서니 블런트(Anthony Blunt), 존 카이른크로스(John Cairncross).

④ 이들은 케임브리지 스파이 링(Cambridge Spy Ring)으로도 불리며, 1930년대 케임브리지 대학 재학 중 KGB에 포섭됨.

⑤ 졸업 후 영국 보안부(MI5) 등 정보기관에 진출하여 성공적인 진급을 보장받음.

2. 맥클린(Donald Duart Maclean) 사례

① 영국 외교관으로 진출 후 MI6 및 MI5 외교라인에서 근무함.

② KGB 요원 월터 크리비츠키(Walter Krivitsky)에게 포섭됨.

③ 영국·미국 정상 간 비밀 대화 감청, 전후 독일 처리 계획을 KGB에 제공하여 스탈린이 전후 전략을 치밀하게 대비하는 데 기여함.

④ 마셜 플랜(Marshall Plan) 정보 제공을 통해 소련이 독일로부터 현물 배상을 확보하는 기반 마련.

⑤ FBI 수사망이 좁혀오자 프랑스로 도주 후 러시아로 망명, KGB의 공로 인정으로 소련군 대령으로 추서됨.

Ⅱ 로젠버그 스파이 사건(Rosenberg Spying)

1. 의의

① 미국 역사상 논란이 많았던 소련의 핵무기 정보 유출 사건.

② 1950년 FBI가 줄리어스 로젠버그(Julius Rosenberg)와 에텔 로젠버그(Ethel Rosenberg)를 간첩 혐의로 체포함.

③ 맨해튼 프로젝트(Manhattan Project)의 핵무기 정보를 소련에 제공한 혐의를 받음.

④ 이들의 활동으로 소련은 1949년 핵무기 개발에 성공, 미국과 영국은 정보 유출을 의심하여 본격적인 수사 착수.

2. 수사 및 처벌

① 1950년 클라우스 푹스(Klaus Fuchs) 체포 → 해리 골드(Harry Gold) 체포 → 데이비드 그린글래스(David Greenglass) 체포로 로젠버그 부부의 연루 사실 확인됨.

② 1951년 「간첩법(Espionage Act)」위반으로 기소 및 사형 선고, 1953년 전기의자로 사형 집행됨.

③ 해당 사건은 미·소 냉전 체제를 심화시키고, 핵전쟁 공포를 고조시킴.

Ⅲ 로버트 한센(Robert Hanssen) 사건

1. 의의

① FBI 요원으로 미국 역사상 최장기간(21년) 이중 스파이 활동을 한 인물.

② 2001년 체포되어 유죄를 인정, 가석방 없는 무기징역형 선고됨.

③ 그의 활동은 미국 정보공동체 역사상 최악의 재앙으로 평가됨.

2. 경력 및 스파이 활동

① 일리노이주 크녹스 대학에서 화학·러시아 전공 후 MBA 취득.

② 1976년 FBI 입사 후 1981년부터 소비에트 공화국을 위해 이중 스파이 활동 시작.

③ CIA 이중 스파이 에임즈(Aldrich Ames)와 활동 기간이 일부 중복됨.

Theme 14 기술정보(Technical Intelligence, TECHINT)

Ⅰ 의의

① 기술정보란 사람이 아닌 기술 장비를 활용하여 첩보를 수집하는 활동 또는 이를 통해 생산된 지식을 의미함.

② 영상정보(IMINT), 신호정보(SIGINT), 징후계측정보(MASINT) 등으로 분류됨.

③ 수집 장비로 광학렌즈, 레이더, 감청장비, 음파탐지기, 지진계 등이 있으며, 활용 기지(platform)로 인공위성, 항공기, 선박, 잠수함, 지상기지 등이 있음.

Ⅱ 영상정보(IMINT)

1. 장점

(1) 혁신적 첩보수집 능력

① 위성을 통한 영상정보는 20세기 첩보사에서 혁신적인 사건으로 평가됨.

② 전문가의 도움 없이 쉽게 이해될 수 있으며, 신호정보와 달리 직접적인 해독 과정이 불필요함.

(2) 광범위한 감시 가능

① 첩보위성은 항공정찰보다 더 넓은 지역을 감시 가능함.

② 정찰위성은 고정궤도를 돌며 적대국 목표를 지속적으로 관찰할 수 있음.

(3) 적의 의도 파악 가능

① 배치된 병력 위치, 이동상황을 통해 적의 의도를 추정 가능함.

② 군사시설 건설, 물자 지원 등 영상자료를 통해 적의 계획을 파악 가능함.

③ 예시: 2006년 북한 핵실험 징후 포착.

2. 단점

(1) 적의 의도 파악의 한계

① 영상정보는 가시적 정보만 제공하여, 은폐된 정보를 탐지할 수 없음.

② 예시: 냉전 시기 소련 미사일 계획 탐지 실패.

③ 군사무기의 소형화, 내부 성능 향상으로 인해 가시적 탐색 방식의 한계가 증대됨.

(2) 전후 상황 변화 동향 파악의 어려움

① 정지된 영상 제공으로 변화 추적이 어려움.

② 분석 기법: 반증기법(negation search), 자동변화추적기법(automatic change extraction) 활용 필요.

③ 저궤도 위성을 활용한 빈번한 촬영이 필요하나, 위성 궤도 제약으로 지속적 감시가 어려움.

(3) 전문 판독관의 해석 필요

① 영상물의 의미 해석에 전문가가 필요하며, 정보 제공이 지연될 가능성이 있음.

② 판독 기준: 5S(size, shape, shadow, shade, surrounding object) 활용.

③ 전문 분석 과정으로 인해 최종 분석까지 시간 소요됨.

④ 정책결정권자가 전문가 의견을 무시하고 독단적 결정을 내릴 가능성이 있음.

(4) 상대의 기만책

① 적국의 위장 및 은폐 전략으로 인해 영상정보의 신뢰성이 저하될 수 있음.

② 예시: 인도의 정찰위성 회피 전략으로 미국이 핵실험을 사전 탐지하지 못함.

③ 북한의 핵실험 징후 조작 사례(2006년 10월 9일) 및 금창리 지하 핵시설 의혹 사례.

④ 최첨단 첩보위성도 감시 한계를 가지며, 상대국의 기만책을 간파하지 못할 경우 국가적 손실 초래 가능.

Ⅲ 신호정보

1. 신호정보의 장점

① 관찰 불가능한 정보 탐지

② 영상정보는 가시적 요소만 확인 가능하나, 신호정보는 군사시설 위치, 무기 성능 및 가동 상태 등 관찰 불가능한 정보 탐지 가능함.

③ 적의 통신 감청을 통해 발언 내용, 계획뿐만 아니라 목소리의 고저, 단어 사용, 액센트 등을 분석하여 추가 정보 확보 가능함.

④ 예시: 액센트로 국적 판별, 단어 사용으로 지식 수준 파악, 목소리로 심리 상태 분석 가능함.

2. 신호정보의 단점

(1) 의의

① 신호정보는 통신정보, 전자정보, 원격측정정보 등 수집 수단에 따라 한계를 가짐.

② 수집 대상 목표에 따른 한계 존재함.

③ 법률적 문제로 인해 정보 수집 활동에 제약 발생 가능함.

(2) 통신정보의 단점

① 목표가 침묵하거나 광케이블 사용 시 감청 불가능함.

② 통신 암호화 시 해독이 어려우며, 허위 정보 유포 가능성 존재함.

③ 통신량이 방대하여 분석 어려움(예 2002년 국제전화 1,800억 분, 메시지 전송 5,300억 건).

④ 외국어 해독 능력이 필수적이나 전문 인력 양성 및 채용에 어려움 있음.

(3) TELINT 및 ELINT의 단점

① 목표가 보안 조치를 강화할 경우 정보 수집 어려움.

② 예: 구소련의 무기 시험 발사 시 통신 암호화 및 캡슐 기록 방식 사용.

③ 감청 방지를 위해 시험 발사 신호를 단일 전송하거나 불규칙 전송하는 방식 활용됨.

(4) 수집 대상 목표에 따른 단점

① SIGINT는 냉전 시기 구소련 정보 수집을 중점적으로 발전하여 테러집단 정보 수집에는 효과적이지 않음.

② 테러집단은 SIGINT 대응 전략을 활용하여 효과적으로 회피함.

③ 테러집단의 신호교신 범위가 협소하여 원거리 감청으로 탐지 어려움.

④ 테러집단 정보 수집을 위해서는 HUMINT와의 결합이 필수적임.

(5) 법률적 문제

① SIGINT 활동 시 법률적 제약이 존재하며, 목표가 미국 내 테러집단일 경우 FBI가 담당함.

② FBI는 미국 내 유선 감청 시 영장 필요하며, 외국인 대상 감청 시 1978년 「해외정보감시법(FISA)」에 따른 법원 승인 필요함.

③ FISA 법원은 대부분 영장을 허가했으나, 절차적 번거로움이 존재하여 신호정보 수집에 부담으로 작용함.

Theme 15 영상정보(Imagery Intelligence, IMINT)

Ⅰ 영상정보의 의의

1. 개념

① 영상정보(IMINT)란 지상 또는 공중에서 영상획득 감지기(센서)를 이용해 획득한 첩보를 분석하여 생산된 정보임.

② 영상정보는 종이에 인쇄된 것(hard-copy)과 모니터에 나타난 것(soft-copy)으로 구분됨.

2. 수집 수단과 특징

① 정찰위성과 항공기가 주요 수집수단으로 활용됨.

② 적 시설, 장비의 위치, 지형의 특징, 적의 활동사항 등 정확한 정보 제공이 가능함.

③ 기상에 따라 수집이 제한되며, 분석에 장시간 소요되는 단점이 있음.

Ⅱ 영상정보의 기원

① 1794년 프랑스 혁명전쟁 중 프랑스군이 열기구를 이용해 플뢰뤼스 전투를 정찰한 것이 최초의 사례로 평가됨.

② 미국 남북전쟁에서도 열기구를 활용한 정찰이 있었으나 성과는 미미함.

③ 19세기 후반 영국에서 영상사진 획득을 위해 열기구를 시험적으로 활용함.

Ⅲ 영상정보의 발전

1. 제1차 세계대전

① 1914년 영국 공군이 항공기로 벨기에 영공을 정찰하며 독일군 공격방향을 탐색함.
② 항공기를 활용한 정찰이 기존 기병대 정찰보다 효과적임이 확인됨.
③ 이후 항공기에 사진기를 장착한 정찰기가 개발됨.

2. 제2차 세계대전

① 항공기술과 사진영상 체계의 발전으로 항공사진이 주요 첩보수집 수단으로 활용됨.
② 미국은 B-17, B-24 정찰기를 개조하여 영상정보를 획득함.
③ 전쟁 후 미국은 소련에 대한 항공정찰을 수행함.

3. 항공정찰 장비의 발전

① 초기에는 광학렌즈 카메라가 사용되었으나, 이후 적외선 정찰 장비와 레이더 영상장비가 개발됨.
② 각 센서의 성능 한계를 보완하기 위해 광학(Optics), 전자광학(EO), 적외선(IR), 합성개구레이더(SAR) 등 다중센서를 활용함.
③ 해상도가 미터 급에서 센티미터 급으로 향상되었으며, 디지털 영상처리 기술과 실시간 영상전송체계가 도입됨.
④ 향후 무인항공기를 활용한 영상정찰 임무 확대 예상됨.

4. 정찰위성의 발전

(1) 의의

① 항공정찰은 상대국 영공 침범 문제로 인해 정치적 부담이 발생함.
② 보다 넓은 지역에서 위험 부담 없이 정확한 영상정보 획득을 위해 정찰위성이 개발됨.
③ 위성정찰은 1957년 소련의 인공위성 '스푸트니크 1호' 발사 이후 본격화됨.

(2) 초창기 정찰위성

① 초기 정찰위성은 수명이 13개월로 짧았으나, 이후 엔진 재시동 기술을 통해 23년으로 연장됨.
② 영상 촬영 후 필름을 지상으로 보내는 방식으로 전송하여 상당한 시간이 소요됨.
③ 고정된 목표 탐색은 가능하나, 이동 목표 추적에 한계가 존재함.

(3) 정찰위성 기술의 발전

① CCD(charge-coupled device) 센서를 활용하여 영상 전송 속도가 획기적으로 향상됨.
② 촬영된 영상은 전자파로 변환되어 실시간 전송이 가능해짐.
③ 야간이나 구름이 많은 날에도 레이더 및 적외선을 활용하여 영상 획득이 가능하게 됨.

Ⅳ 항공정찰

1. 전시와 평시의 차이

① 항공정찰은 전시에 유용하게 활용됨. 이는 군사적으로 높은 활용도를 가지면서도 정치적 문제를 야기하지 않기 때문임.
② 전시에는 언론 통제, 국경 폐쇄, 여행 제한 등이 시행되므로 신문기자, 여행자, 외교관, 무관 등이 제공하는 정보로는 불충분함. 이에 따라 항공정찰이 적대국 동향 관찰에 효과적으로 활용됨.
③ 평시에는 국제법상 타국 영토 위 정찰이 금지되며 정치적 논란을 초래할 수 있으나, 전시에는 문제가 되지 않음.

2. 미국의 소련에 대한 항공정찰

(1) 의의

① 미국은 제2차 세계대전 직후 소련 동향을 관찰할 효과적인 수단이 없어 평시에도 항공정찰을 수행함.
② 1950년 한국전쟁 경험을 통해 소련의 서유럽 기습침공 가능성에 대한 우려가 커짐.
③ 인간정보 수집 역량이 부족하여 소련의 기습침공 조기 탐지가 필요했으며, 군사력 규모 및 군사비 지출 파악이 어려운 상태였음.

(2) 모비 딕(Moby Dick)

① 미국은 서유럽에서 '모비 딕' 작전으로 카메라 장착 풍선을 띄워 소련 영공을 정찰하는 시도를 함.
② 풍선은 서풍을 타고 소련 영공을 넘어 일본과 태평양을 떠다니도록 설계되었으며, 특정 지점에서 무선 신호로 카메라 회수가 가능할 것으로 기대됨.
③ 그러나 대부분의 풍선이 소련 영토에 떨어지면서 미국이 의도한 정보 수집에 실패하였고, 오히려 소련이 미국의 카메라 기술을 습득하는 결과를 초래함.

3. RB-29

① 미국은 소련 지도 제작을 위해 항공정찰이 필요했으며, 소련·제작 지도는 왜곡된 정보가 많아 전략폭격 임무 수행에 한계가 있었음.
② 이에 따라 제2차 세계대전 중 사용한 B-17과 B-29 폭격기를 개조한 RB-29를 개발하여 활용함.

4. RB-36

① 미국은 항공정찰 수단 개선을 위해 RB-36을 개발하여 1950년대 전략정찰기의 주력으로 활용함.

② 이후 1959년부터 전술정찰기로 사용됨.

5. U-2기

(1) 의의

① 1955년 신형 항공정찰기 U-2기 등장. 최초 항속거리 3,500km에서 6,000km 이상으로 증가함.

② 소련 지대공 미사일과 전투기 공격 범위를 벗어난 22,000m 고도에서 정찰활동을 수행할 수 있었음.

③ 1956년 아이젠하워 대통령이 소련 영공 침범 정찰활동을 승인하였으며, 이후 4년간 소련 군사시설 및 기지 정보를 수집함.

④ 소련은 U-2기의 불법 침범을 인지하였으나 당시 대공 미사일로 격추할 수 없어 효과적인 대응이 불가능했음.

(2) U-2기 격추 사건

① 1960년 5월 1일, 소련 영공에서 불법 정찰 중이던 U-2기가 소련 미사일에 의해 격추되고 조종사 게리 파워즈가 체포됨.

② 이 사건으로 소련 흐루시초프는 아이젠하워 대통령과의 정상회담을 결렬시키고 미국의 스파이 활동을 공개함.

③ 미 국무부는 U-2기 불법 정찰을 시인하면서도 소련의 비밀주의 정책을 문제의 원인으로 지적함.

④ 사건 이후 미국의 U-2기 소련 영공 정찰이 중단됨.

(3) 쿠바 미사일 위기

① 1962년 8월 29일, U-2기가 쿠바 지대공 미사일 기지 건설 사진 촬영.

② 10월 14일, CIA 소속 U-2기가 쿠바 상공을 비행하며 928장의 사진을 촬영함.

③ 분석 결과 소련이 쿠바에 핵탄두 장착 SS-4 미사일을 배치한 것이 확인됨. 이를 근거로 미국은 쿠바 미사일 위기에 대응함.

(4) 걸프전과 코소보 사태

① 1990~1991년 걸프전 및 1990년대 코소보 사태에서 나토 연합군의 군사작전을 지원함.

② 1955년 이후 정찰 시스템이 지속적으로 향상됨.

6. SR-71

(1) 의의

① 1965년 개발된 SR-71은 U-2기의 후속기로 RB-36의 임무를 계승한 전략정찰기임.

② 마하 3(시속 3,360km) 속력, 24,000m 이상의 고공 비행 능력, 5,500km 이상의 항속거리를 보유함.

③ 최고 비행고도에서 1시간에 259,000㎢ 지역 촬영 가능.

(2) 1973년 제4차 중동전쟁

① 중동전쟁에서 이스라엘이 핵탄두 장착 미사일을 준비 중이었음을 미국 정찰위성이 포착함.

② 플로리다에서 발진한 SR-71이 정찰을 수행하여 이 사실을 확인함.

③ 미국이 소련에 정보를 제공하여 전쟁 확산을 방지함.

7. 무인정찰기

(1) 의의

① SR-71은 1990년 전략무기감축협정에 따라 폐기되었으나, U-2기는 성능 저하로 인해 유지됨.

② 정찰위성 발달 및 무인정찰기 글로벌 호크 개발로 인해 U-2기의 역할이 축소됨.

③ 미 국방부 계획에 따라 2007~2011년까지 U-2기의 점진적 퇴역이 결정됨.

(2) 무인정찰기의 장점

① 위성 대비 목표지역 근접 정찰 가능.

② 유인항공기 대비 조종사 생명 위험이 없음.

③ 실시간 고화질 영상 제공으로 전투 활용도가 높음.

④ 미국, 이스라엘, 남아공 등 여러 국가에서 개발 및 운용 중임.

(3) 프레데터

① 시속 134224km, 고도 7,600m 이상, 전투반경 720km, 비행시간 1624시간 유지 가능.

② 실시간 영상 제공 및 공대지 미사일 장착으로 즉각적인 공격 수행 가능.

③ 헬파이어 미사일 장착으로 대테러 작전에 효과적으로 활용됨.

(4) 글로벌 호크

① U-2기를 대체할 가능성이 높은 무인 정찰기임.

② 시속 640km, 고도 19.8km 이상, 전투반경 4,800km, 24시간 비행 가능.

③ 합성개구레이더(SAR) 장착으로 기상 조건에 관계없이 영상정보 수집 가능.

④ 신호정보(ELINT, COMINT) 수집 장비 탑재로 정찰 능력 강화됨.

V 위성정찰

1. 의의

① 1957년 10월 4일 소련이 최초의 인공위성 '스푸트니크 1호' 발사함.
② 미국은 이에 위협을 느끼고 '미사일 갭(missile gap)' 논쟁 발생함.
③ 미국도 위성 발사를 추진하였으나, 1957년 12월 6일 첫 시도 실패함.

2. 미국

(1) 익스플로러 1호 및 NASA 설립
① 미국은 1958년 1월 31일 '익스플로러 1호' 발사 성공함.
② 같은 해 '미항공우주국(NASA)' 설립하고 우주탐사 본격 추진함.

(2) 코로나/디스커버러(KH-1)
① 1958년 2월 아이젠하워 대통령이 CIA에 정찰위성 개발 지시함.
② 1960년 5월 1일 U-2기가 구소련에 의해 격추됨.
③ 1960년 8월 31일 CIA 주도로 최초 정찰위성 '코로나/디스커버러(KH-1)' 발사함.
④ 1962년 초까지 총 30회 발사하며 영상 정찰 수행함.

(3) 위성 기술 발전
① 코로나(KH-4): 1972년까지 구소련의 탄도미사일 기지 영상 확보함.
② KH-9(빅버드): 1971~1986년 운용되며 미사일 기지 변화 감시함.
③ KH-11(켄난/크리스털): CCD 전자광학 카메라 도입하여 필름 회수 필요 없음.
④ KH-12(아이콘/개량 크리스털): 1989년 발사, 수명 연장 및 궤도변환 능력 향상됨.

(4) 래크로스(Lacrosse)
① 1988년 발사된 레이더 영상위성으로 악천후 및 야간 촬영 가능함.
② 합성개구레이더(SAR) 사용하여 고해상도 영상 확보 가능함.

(5) 극소형 위성 및 다분광/초분광 영상
① 미국은 극소형 위성(microsatellites) 개발 추진함.
② 다분광영상: 여러 파장 대역의 단색 영상 조합하여 추가 정보 추출함.
③ 초분광영상: 분광을 통해 연속적이고 좁은 파장역의 정보 취득하여 물질 분석 가능함.

3. 러시아

(1) 의의
① 1957년, 러시아(구소련)는 세계 최초 인공위성 '스푸트니크 1호' 발사로 우주시대 개척.
② 1996년 말까지 804회 영상정찰위성 발사(34회 실패).

(2) 정찰위성 발전
① 제니트(Zenit) 정찰위성: 1962년 4월 코스모스 4호로 시작.
② 얀타르(Yantar) 위성: 1974년 12월 첫 발사, 두 개의 필름 캡슐 송출, 수명 68주.
③ 코메타(Kometa) 위성: 1981년 2월 발사 시작, 지도제작 임무 수행.
④ 5세대 위성: 1995년 디지털 영상시스템 탑재 모델 공개 후 9월 발사, 1년간 운용.
⑤ 기타 프로그램: 67세대 위성, 해군시설 탐지 '로사트(RORSAT)' 프로그램 존재.

(3) 영상사진 취득 방식
① 위성이 촬영한 필름 캡슐을 지상으로 낙하시켜 회수 후 디지털화.
② 현재 운용 중인 위성 해상도 최대 20cm.
③ 필름 방식은 해상도가 높고 생산가격이 저렴하나 실시간 확인 불가.
④ 실시간 영상 전송을 위해 아락스(Araks) 위성 운용(해상도 2~5m급).

4. 중국, 독일, 이스라엘, 프랑스 등

① 과거 위성정찰은 미국 · 소련이 독점하였으나, 기술 발전과 경제력 증가로 다양한 국가들이 개발 참여.
② 중국: 연간 6~8기 소형 위성 제작, 2020년까지 100기 발사 계획.
③ 독일: 독자적 위성 보유 계획.
④ 이스라엘: 인도 · 대만 · 터키와 협력.
⑤ 프랑스: 벨기에 · 이탈리아 · 스페인과 협력, 브라질 · 중국과도 협력 관계 구축.

5. 상업용 위성

(1) 군사 · 민간 위성 활용 확대
① 냉전 해체와 기술 민간화로 상업용 위성 발전 가속화.
② 구소련 붕괴 이후 첩보위성 고해상도 영상자료 상용화.
③ 1m 이하 지구관측 기술은 제한적이었으나 점차 확산.

(2) 주요국의 상업용 위성 운영
① 프랑스: 1986년 SPOT 위성 발사, 10m급 해상도 사진 판매.
② 미국: 1994년 대통령령 제23호로 1m급 위성기술 상용화 허용.

③ CIA: 1960~1972년 수집한 80만 장 영상 공개
(1995년).
④ 스페이스 이미징(Space Imaging Company): 1999년
'이코노스(Ikonos)' 위성 운영, 1m급 영상 판매.
⑤ 2006~2007년: 미국, 해상도 50cm · 40cm급 상업
용 위성 발사 허용.
⑥ 기타 국가: 러시아, 남아공, 캐나다, 인도, 호주, 이스
라엘, 중국, 브라질, 한국 등 상업용 위성사진 제공
또는 계획 중.

(3) 상업용 위성 활용 첩보수집
① 2001년 10월: 미국 NGA, 이코노스 위성 아프가니스
탄 영상 독점 사용권 구매.
② 2002년 6월: 조지 테닛 CIA 국장, 상업용 위성 활용
확대 지시.
③ 2003년 4월: 부시 대통령, 군사 · 첩보 · 외교 · 본토
안보 등에서 상업용 영상 활용 확대 지시.

(4) 상업용 영상 배포 제한
① 국가안보 보호를 위해 미국 정부는 상업용 영상 배포
통제.
② 적대국이나 전쟁 관련 영상은 대중매체 제공 금지.
③ 인권단체 · 언론의 반발 속 헌법 위배 여부 소송 진
행 중.

6. 한국

(1) 위성 개발 성과
① 1999년 아리랑 1호 발사.
② 2006년 7월 28일, 다목적 실용위성 아리랑 2호 발사
성공.

(2) 아리랑 2호
① 세계 7번째 1m급 해상도 관측 위성 보유국 진입.
② 685km 상공에서 하루 14.5회 지구 회전, 1회당 20
분간 촬영.
③ 광학카메라만 장착, 야간 · 구름 많을 시 촬영 불가.

(3) 아리랑 3호
70cm 해상도 관측 위성으로 아리랑 2호(1m급)보다
2배 정밀 관측 가능.

(4) 아리랑 5호
① 2013년 8월 22일 발사 성공.
② 국산 최초 합성영상레이더(SAR) 장착, 밤 · 악천후에
도 1m급 물체 구분 가능.
③ 아리랑 5호 발사로 2013년 기준 한국 운용 위성 7기
로 증가.

(5) 아리랑 3A호
2014년 발사 예정, 적외선 카메라 탑재, 야간 적외선 관
측 가능.

(6) 위성 발사 계획 등
① 2015년까지 과학위성 5회, 다목적 실용위성 4회, 예
비발사 26회 등 총 35회 발사 계획.
② 2005년 7월, 국내 · 미국 · 중동 영상 한국항공우주산
업, 기타 지역 프랑스 스팟 이미지와 판매 대행 계약.

[세계 각국의 초정밀 민간관측위성]

위성 이름	국가	해상도(m)	발사시기
에로스-B (EROS-B)	이스라엘	0.87	2003년
지오아이 (GeoEye-1)	미국	0.41	2008년
월드뷰 (World View-2)	미국	0.46	2009년
플레이아데스 (Pleiades)	유럽	0.5	2011년

Theme 16 신호정보(Signals Intelligence, SIGINT)의 기원과 발전

Ⅰ 신호정보의 의의

① 신호정보는 각종 통신 및 전자장비에서 방출되는 전
자기파(신호)를 감청하여 획득되는 지식 또는 이를
생산하기 위한 수집, 처리, 분석 등의 제반 활동을 포
함함.
② 신호정보는 전자기파의 종류에 따라 통신정보
(COMINT), 전자정보(ELINT), 원격측정정보
(TELINT)로 분류됨.
③ 20세기 이후 가장 널리 활용되는 정보 수집 수단이
며, 제2차 세계대전 이래 암호해독과 결합하여 상대
방 정보를 획득하는 주요 방법으로 활용됨.

Ⅱ 19세기 신호정보

① 19세기 말부터 전화선에 몰래 접속하여 외교 전문
(telegram)을 감청하는 행위가 성행함.
② 미국 남북전쟁 중 상대편의 전화선을 감청(line-
tapping)하는 활동이 수행됨.

Ⅲ 제1차 세계대전

① 무선통신이 군에 도입되면서 신호정보 수집활동이 본격적으로 시작됨.

② 영국 해군은 독일의 해저 케이블을 절단하여 무선통신을 강제하였으며, 이를 통해 독일의 통신을 손쉽게 감청할 수 있었음.

Ⅳ 제2차 세계대전

1. 신호정보 활용 증가

① 무선통신의 활발한 활용으로 신호정보 수집의 중요성이 더욱 증가함.

② 영국과 미국은 각각 '울트라(Ultra)'와 '매직(Magic)' 작전을 통해 독일과 일본의 무선통신을 감청하고 암호를 해독하여 전쟁에 결정적 영향을 미침.

2. 대서양 해전과 암호해독

① 제2차 세계대전 당시 대서양 해전은 암호해독이 승패를 결정짓는 요소로 작용함.

② 힌슬리(E.H. Hinsley)는 연합군의 암호해독이 전쟁을 3~4년 앞당겼다고 주장함.

③ 레윈(R. Lewin)은 연합군이 태평양 전쟁에서도 암호해독에 성공하여 조기 종전을 가능하게 했다고 주장함.

3. 미드웨이 해전

① 미국 해군은 신호정보를 활용하여 미드웨이 해전에서 일본을 상대로 결정적 승리를 거둠.

② 일본은 미드웨이를 장악하여 미국 해군을 격파하려 했으나, 미군 암호해독가들이 일본 해군의 암호통신을 감청하여 사전에 공격을 예측함.

③ 니밋츠(Chester Nimitz) 제독은 1942년 6월 4일 미드웨이 섬 북쪽에서 일본 함대를 매복 공격하여 4척의 전투함을 격파함.

④ 이로써 일본의 대규모 공격작전 수행 능력이 제거되었으며, 미드웨이 해전은 태평양 전쟁의 전환점이 됨.

Ⅴ 냉전시대

1. 신호정보의 중요성 증가

① 1945년 냉전이 시작되면서 전자장비 발전과 함께 신호정보 수집의 중요성이 더욱 증가함.

② 미국과 소련은 상대방의 통신을 감청하기 위해 대규모 기지를 설치함.

2. 코드명 'VENONA'

① 미국과 영국은 1942∼1945년 소련의 암호화된 전문약 3,000여 개를 감청하고, 1946∼1980년까지 암호해독 작업을 수행함.

② VENONA 프로젝트를 통해 미국은 미 · 소 관계 및 미국 정치사에 중요한 정보를 획득함.

③ VENONA 자료는 히스(Alger Hiss)와 로젠버그(Rosenberg) 부부가 냉전의 희생양이 아닌 실제 유죄임을 입증하는 증거를 제공함.

④ 루즈벨트 행정부 시기 소련 첩보원들이 미국 정부기관에 광범위하게 침투했음을 확인함.

3. 소련의 신호정보 수집활동

① 볼(D. Ball)의 연구에 따르면 소련은 냉전 기간 동안 대규모 신호정보 수집활동을 수행함.

② 소련은 본토 및 해외에 약 500개의 신호정보 수집 기지를 운영하였으며, 이는 미국의 5배 규모에 해당함.

③ 소련은 외교관계를 맺은 62개국에서 신호정보 수집활동을 전개함.

④ 신호정보 수집을 위해 63기의 수집용 선박, 20기의 유 · 무인 항공기, 신호정보 수집용 위성, 개조된 차량 등을 운영함.

⑤ 이는 소련이 인간 정보에만 의존했다는 기존 주장과 상반됨을 보여줌.

Theme 16-1 통신감청과 암호해독

Ⅰ 짐머만 통신감청 사건

1. 개요

(1) 신호정보 활동의 대표 사례

① 영국 당국이 독일군의 신호정보를 감청하여 미국에 제공한 사건

② 짐머만 전신 · 전보(Zimmermann Telegram)를 대상으로 한 통신감청 사건

③ 미국이 제1차 세계대전에 참전하는 계기가 됨

(2) 배경

① 1917년 1월 16일, 독일 외무부가 멕시코 주재 독일 대사관에 전송한 암호 전신문

② 당시 독일 외무상: 아서 짐머만(Arthur Zimmermann, 1864~1940)

2. 전신 감청 및 해독 - 감청 및 해독 과정

① 영국 정보당국이 감청 및 해독 후 미국에 전달
② 내용: 독일이 멕시코와 군사동맹 체결을 제안
③ 멕시코가 미국 남서부 지역을 공격할 경우 독일이 지원
④ 미국을 국내 전쟁에 묶어두고 제1차 세계대전 개입 방지 목적
⑤ 일본의 개입 가능성 암시
⑥ 독일의 지원 조건: 멕시코가 미국에 빼앗긴 영토(텍사스, 뉴멕시코, 애리조나 등) 회복 지원 및 재정 지원

3. 멕시코의 대응 및 미국의 반응

(1) 멕시코의 대응

① 멕시코 대통령 카랜자(Carranza)가 독일의 제안을 검토
② 미국과의 전면전 및 독일의 군사 지원 부족으로 실현 불가능 판단
③ 영어 사용 지역의 통제 불가능성 인식
④ 1917년 4월 14일 공식적으로 거절

(2) 미국의 반응

① 영국이 감청 정보를 제공한 후 미국의 격앙된 반응
② 독일에 선전포고 후 제1차 세계대전에 참전
③ 독일 및 동맹국의 패망으로 이어짐

Ⅱ 울트라(Ultra) 프로젝트

1. 개요

① 제2차 세계대전 중 영국 정보당국이 독일군의 암호체계 에니그마(Enigma) 해독
② 연합군 기술정보(TECHINT)의 대표적 성공 사례
③ 미국의 매직(Magic) 작전과 함께 연합군의 주요 암호해독작전

2. 에니그마 해독 과정

(1) 독일의 암호체계 에니그마

① 육군, 공군, 해군용으로 구분된 복잡한 암호 체계
② 독일군은 절대로 해독 불가능하다고 확신

(2) 영국의 해독 과정

① 영국 해군이 U보트에서 에니그마 암호기 획득
② 블리칠리 파크에서 수학자들이 암호 해독 수행
③ 주요 인물: 앨런 튜링(Alan Mathison Turing)
④ 해독 도구 개발: 암호해독기 '폭탄(Bomb)'
⑤ 에니그마의 암호화 과정을 자동 역추적하는 고성능 계산기

3. 해독 결과 및 영향

① 독일 최고사령부는 끝까지 해독 사실을 의심하지 않음
② 연합군의 작전 수행에 결정적 기여
③ 1980년대 비밀 해제 후 공개

Ⅲ 매직(Magic) 암호해독 작전

1. 의의

① 제2차 세계대전 중 미국이 일본의 퍼플(Purple) 암호체계를 해독한 작전
② 루스벨트 대통령이 '마술(magic)'이라며 감탄하여 명명됨

2. 프로젝트의 시작과 종료

① 1930년대 말에 기초 연구가 시작되어, 1940년에 본격적으로 퍼플 암호 체계를 해독하기 위한 작업이 개시됨
② 전쟁 종료 후인 1945년 매직 작전도 공식적으로 종료됨

3. 진주만 공격 대응 실패

① 1941년 12월 7일 진주만 공격 당시, 일본의 암호가 이미 해독되고 있었음
② 그러나 그 정보가 군사 작전에서 실질적인 대응으로 연결되지 못함
③ 이로 인해 진주만 공격을 미연에 방지할 수 없었음

4. 퍼플 암호 해독 과정

① 일본이 1940년부터 사용한 주요 암호 체계를 대상으로 해독 작업을 진행
② 일본의 외국 정보 전달 및 본국의 군사적 지시와 관련된 암호를 해독하는 데 주력

5. 주요 성과

(1) 미드웨이 해전(1942년 6월 5일~7일)

① 일본군의 공격 계획을 사전에 파악하여 승리
② 일본의 항공모함 4척과 중순양함 1척을 침몰시키고 항공기를 전멸시키는 성과를 올림
③ 태평양 전쟁에서 미국이 주도권을 확보

(2) 야마모토 이소로쿠 암살(1943년)

① 매직 작전을 통해 야마모토 제독의 비행 일정과 위치가 사전에 파악됨
② 미군의 전략적 공중작전을 통해 야마모토 제독이 탑승한 비행기를 성공적으로 격추시킴

Ⅳ 베노나(VENONA) 프로젝트

1. 개요

(1) 정의

① 1940~1950년대 미국과 영국 정보당국이 소련 정보 기구의 암호문을 체계적으로 해독한 장기 비밀사업임.

② 소련 정보에 대해 가장 중요한 가치를 지닌 것으로 평가됨.

(2) 기밀 유지

기밀성을 유지하기 위해 루스벨트 대통령과 트루먼 대통령에게도 프로젝트의 존재가 보고되지 않음.

2. 주요 성과

(1) 기술정보 성공 사례

① 로젠버그 사건: 핵무기 정보를 소련으로 누설한 로젠버그(Rosenberg) 스파이 사건 적발.

② 케임브리지 5인방: 맥클린(Maclean)과 가이 버기스(Guy Burgess) 사건의 전모 파악.

(2) 해독 작업

① 1941~1945년 사이 수집된 방대한 첩보 자료 중 약 3,000여 개만이 전부 또는 부분적으로 해독됨.

② 해독률 변화: 1942년 1.8%, 1943년 15.0%, 1944년 49.0%, 1945년 1.5%.

③ 기술정보수집의 방대성과 정보분석의 불균형을 보여주는 사례임.

④ 소련 암호체계의 지독한 복잡성을 입증하는 단면임.

3. 해독 작업의 지속성

① 1942~1945년 사이 획득된 정보의 방대함으로 인해 베노나 프로젝트 종료 후에도 해독 작업이 계속됨.

② 1980년까지 해독 작업이 지속됨.

Theme **16-2** 신호정보의 유형

Ⅰ 통신정보(COMINT)

1. 의의

① 통신정보(COMINT)는 각종 통신장비를 통해 송수신되는 내용 중 의미 있는 문구를 수집, 분석, 처리하여 생산된 정보임.

② 통신수단으로는 음성, 모스 부호, 무선텔렉스, 팩스 등 다양한 방식이 활용됨.

③ 민감한 통화내용은 암호화하는 것이 일반적이나, 비용 및 기술적 한계로 인해 평문 통화도 존재함.
예 항공기와 지상 관제소 간의 통화.

2. COMINT의 수집 목표

(1) 의의

외교통신과 군사통신이 주요 감청 목표임.

(2) 미국의 사례

① 1956년 수에즈 운하 위기 시 영국 외교통신 감청

② 1985년 서베를린 나이트클럽 폭파사건 전 리비아－동베를린 통화 감청

③ 1970년 일본 주재 이라크 대사관 통신 감청

(3) '울트라 작전'

제2차 세계대전 당시 영국은 '울트라 작전'을 통해 독일군의 암호화된 전문을 감청 및 해독하여 전쟁 승리에 기여함.

3. 무선 통신과 유선 통신의 감청

(1) 무선 및 유선 감청 방식

① COMINT는 주로 무선 통신 감청을 수행하나, 필요에 따라 유선 감청도 시도됨.

② 유선 감청은 직접 접속이 필요하여 발각 위험이 높음.

(2) 주요 사례

① 1950년대 영국과 미국의 정보기관은 비엔나·베를린 지역에서 소련의 유선전화 감청 성공.

② 미국은 1971년 오호츠크해 소련 군용 해저 케이블 감청, 1979~1992년 베링해 무르만스크 연안 감청.

③ 냉전 이후에도 미국은 중동, 지중해, 동아시아, 남미 등의 해저 케이블 도청을 수행한 것으로 추정됨.

4. 에셜론(ECHELON)

(1) 개념 및 운영

① 미국 NSA 주도로 영국, 캐나다, 호주, 뉴질랜드와 함께 결성한 비밀 감청 조직.

② 무선 통신, 위성 통신, 전화, 팩스, 이메일 등을 감청하며, 하루 120만 건 감청 가능하다는 주장 존재.

③ 1945~1975년 미국은 '샴록(SHAMROCK)' 작전을 통해 주요 케이블 회사 사무실에서 조직적인 감청 수행.

④ 1975년 NSA 국장 엘렌(Lew Allen)이 하원 파이크 위원회에서 국제통신 감청을 시인함.

(2) 스노든의 폭로

① NSA는 지속적으로 비밀 감청 활동을 수행함.

② 2013년 스노든(Edward Snowden)이 가디언, 워싱턴 포스트를 통해 NSA가 전 세계의 통화기록 및 인터넷 사용정보를 무차별 수집·사찰했다고 폭로함.

③ NSA는 첩보위성, 지상 기지, 신호인식 컴퓨터를 활용하여 하루 30억 건의 통신 감청 가능.

④ '프리즘(PRISM)' 프로그램을 통해 인터넷과 통신회사의 중앙 서버에 접근하여 사용자 정보를 수집함.

⑤ NSA가 미국 주재 38개국 대사관 및 EU 본부, 외국 정상 35명의 전화를 감청한 사실이 폭로됨.

⑥ 미국 정부는 에셜론의 실체를 직접 인정하지 않았으나 도청 사실은 인정함. 제임스 클래퍼 DNI는 외국 지도자 감시는 일반적인 첩보활동이라고 주장함.

⑦ 도청 논란이 커지자 오바마 대통령은 NSA 첩보수집 활동 재검토를 선언함.

5. 프렌첼론(Frenchelon)

① 프랑스의 독자적인 신호정보 감청 체계로, 에셜론에 대응하기 위해 운영됨.

② 주무부서는 프랑스 국방부 산하 해외안보총국(DGSE)이며, 실제 운용은 DGSE 기술국이 담당함.

③ 외교, 군사, 산업통신을 감청하며, 데이터베이스를 구축함.

④ 공식적으로 인정된 바는 없으나, 군사정보 및 언론 보도를 통해 감지됨.

6. 통신기술 발전에 따른 COMINT 수집의 어려움

① 과거에는 무선통신 감청이 용이했으며, 유선 통신은 직접 장치를 설치하여 감청 가능했음.

② 광케이블(optical fiber cable) 등장으로 도청 난이도가 상승함.

③ 2006년 기준, 장거리 전화 및 데이터 송수신의 99%가 광케이블을 통해 이루어짐.

④ 위성을 활용한 국제통신 비율이 감소하여 에셜론 감청의 효율성이 저하됨.

⑤ 과거에는 대부분의 인터넷 통신이 영국과 미국을 거쳤으나, 현재는 그렇지 않아 감청이 어려워짐.

⑥ 휴대폰은 공중파를 이용한 통신수단이지만 복잡한 연산으로 인해 도청이 어려운 것으로 알려짐.

Ⅱ 전자정보(Electronics Intelligence, ELINT)

1. 의의

① 전자정보는 적의 군사장비에서 방출되는 전자파를 추적·분석하여 획득하는 정보임.

② 방공 레이더, 지휘통제센터 등 적대국 주요 군사시설 감시 및 추적에 활용됨.

③ 스텔스 작전 지원에 유용하며, 노출 위험 지역을 식별하는 데 기여함.

④ 수집 기지는 지상 기지, 선박, 항공기, 위성 등이 활용됨.

2. 초기 ELINT의 주요 대상 목표

(1) 제2차 세계대전에서의 활용

제2차 세계대전부터 시작되었으며, 초기 주요 목표는 적국 방공 레이더 기지였음.

(2) 1950년대 미국의 ELINT 목표와 소련의 대응

① 1950년대 초 미국의 ELINT 체계는 중국 및 소련 사회주의 국가들의 레이더 기지를 주요 목표로 설정함.

② 대표적인 체계: 구소련 및 현 러시아의 EORSAT(전자정보 수집용 해양정찰위성)

③ 러시아는 EORSAT를 활용하여 해양에서 방출되는 전자신호를 추적하고 미국 전투함의 위치를 감시함.

(3) ELINT의 신호 분석과 전략적 활용

① ELINT 수집활동은 단순 탐지를 넘어 레이더 신호의 특성을 분석하여 성능과 제원을 파악하는 데 활용됨.

② 예: 무선파 진동수 분석을 통해 레이더의 범위 추정 가능.

(4) 제2차 세계대전에서의 ELINT 사례: 독일 프레야 레이더 분석

제2차 세계대전 중 영국 과학정보국(British Scientific Intelligence)은 독일 프레야(Freya) 방공 레이더의 진동 주파수를 분석하여 최대 운용 범위를 300km로 추정함.

3. ELINT의 활용

(1) 통화량 분석(traffic analysis)

① ELINT는 통화량 분석에 활용되어 교신 패턴을 분석하여 유용한 정보를 생성함.

② 암호 해독 없이도 교신 패턴을 분석하여 작전 상황을 추정하는 기법임.

③ 예: 지휘본부와 예하 부대 간 통화량 증가 시 중요한 작전이 진행 중일 가능성이 있음.

(2) 무선신호발신지 추적기법

① 무선신호를 활용하여 군사 장비 및 부대의 위치를 탐지하는 기법임.

② 제2차 세계대전 중 독일 U보트 잠수함의 교신을 추적하여 연합군이 위치를 탐지함.

③ 독일 해군의 '잠수함대(wolfpacks)' 작전 수행 시, 지휘본부와 잠수함 간 교신 증가를 이용하여 위치를 파악함.

④ 연합군은 암호 해독과 결합하여 독일 잠수함대의 공격을 회피하고 격파하는 데 활용함.

(3) 방첩활동에의 활용

① 통화량 분석은 방첩활동에서도 유용하게 활용됨.

② MI5 요원 피터 라이트(Peter Wright)의 증언에 따르면, 소련 정보기관은 영국 정보기관의 미행감시활동을 통화량 분석을 통해 무력화함.

③ 소련은 런던 주재 소련 대사관에서 영국 보안기관의 암호화된 교신을 감청하고, 통화량 증가를 감지하여 감시활동이 강화되고 있음을 인지함.

④ 라이트는 러시아 정보기관이 통신 내용보다 통화량 분석을 통해 정보를 취득했다고 회고함.

Ⅲ 원격측정정보(Telemetry Intelligence, TELINT)

1. 의의

① TELINT는 외국장비신호정보(FISINT)의 일종이며, FISINT는 외국 장비에서 방출되는 신호를 포착하여 수집하는 정보임.

② Telemetry는 '원격측정'을 의미하며, 시험 발사된 미사일이나 항공기에서 지상 기지로 보내오는 신호들을 포함함.

③ TELINT는 COMINT와 유사하나, 감청 대상이 사람 간의 대화가 아니라 미사일 등 무기체계와 지상 통제소 간의 교신이라는 점에서 차이점이 있음.

④ TELINT의 주된 임무는 감지장치(센서)와 기타 무기체계 내장 장비에 관한 정보를 읽는 것임.

2. TELINT의 주요 목적 – 무기체계 분석

① 추진속도, 내부 장치 온도, 연료소모량, 유도장치 성능 등을 분석하여 시험 발사된 무기의 상태를 파악할 수 있음.

② 시험국가는 TELINT 분석을 통해 무기체계의 결함을 파악하고 성능 개선에 활용 가능함.

③ TELINT 감청을 통해 적국의 신무기 개발 진행 상황을 파악할 수 있음.

3. TELINT 자료 분석의 어려움

① 냉전시대 미국은 소련의 대륙간탄도미사일 관련 TELINT를 지속적으로 수집함.

② TELINT 자료 분석은 암호해독만큼 어려운 과정이며, 시험국가는 교신을 암호화하여 정보 유출을 방지함.

③ 시험 발사된 미사일의 성능 정보 노출을 방지하기 위해 Telemetry 교신자료를 무기 내 장치에 기록 후 나중에 분석하는 방법을 활용하기도 함.

Theme 16-3 신호정보 수집 플랫폼

Ⅰ 위성

1. 그랩(GRAB)

① 미국은 1960년과 1961년 두 기의 그랩(GRAB) 위성을 발사하여 첫 신호정보 위성 시리즈를 시작함.

② 표면적으로는 솔래드(SOLRAD)라는 태양 관측 장비를 탑재한 과학 실험 위성이었으나, 실제로는 구소련 대공 레이더 탐지를 위한 장비도 함께 탑재함.

2. 팝피(POPPY)

① 2005년 9월 NRO가 비밀 해제한 보고서에 따르면, 미국은 1962년부터 1971년까지 총 7기의 전자정보(ELINT) 위성을 '팝피(POPPY)'라는 암호명으로 발사함.

② 소련 지역의 레이더를 대상으로 전자정보 수집활동을 수행했으나, 상세 내용은 비밀로 분류됨.

3. 캐년(CANYON)

① 1968년 8월 미국은 최초의 통신정보(COMINT) 수집 위성인 '캐년(CANYON)'을 발사함. 독일 바드 아이블링(Bad Aibling) 지상 통제소에서 운영됨.

② 정지궤도에서 소련 지역 감청활동을 수행했으며, 1977년까지 총 7기 발사됨.

③ 소련 시베리아 지역의 지하 케이블 매설이 어려워 무선통신이 주로 사용되었으며, 이를 감청 가능했음.

4. 샬레(Chalet)

① 캐년 위성의 감청 성공 이후, 미국은 1978년과 1979년 2기의 '샬레(Chalet)' 위성을 발사함.

② NSA 주도로 운영되었으며, 영국 멘위드 힐(Menwith Hill)에 지상 통제소를 둠.

③ 샬레 위성의 명칭이 신문에 공개되면서 '보텍스(Vortex)'로 개명, 이후 1987년 다시 '머큐리(MERCURY)'로 변경됨.

④ 1985년 이후 감청 범위를 중동까지 확대하였으며, 1991년 걸프전 당시 '사막의 폭풍' 및 '사막의 방패' 작전을 지원함.

5. 리욜리트(Rhyolite)

① 1970년대 동안 미국은 암호명 '리욜리트(Rhyolite)'로 불리는 5기의 원격측정정보(TELINT) 수집 위성을 운용함.

② 주요 목표는 소련의 미사일 시험발사 감시였으나, 유럽, 아시아, 중동 등에서도 원격측정정보 및 통신정보(COMINT) 수집활동을 수행함.

③ VHF, UHF 및 단파 주파수를 이용한 전화와 무선통신 감청을 수행하며, 베트남, 인도네시아, 파키스탄, 레바논 지역도 포함됨.

④ 1975년 리욜리트 위성 관련 기밀이 KGB에 노출되면서 NRO는 암호명을 '아쿠아케이드(AQUACADE)'로 변경함.

6. 매그넘(MAGNUM)

① 신호정보 위성의 성능은 안테나 크기에 좌우됨. 리욜리트 위성은 10m 길이의 안테나를 운용함.

② 1985년 1월 25일 미국은 '매그넘(MAGNUM)' 위성을 디스커버리 우주선에서 발사함. 이후 암호명을 '오리온(ORION)'으로 변경함.

③ 직경 100m까지 확장 가능한 안테나로 원격측정신호, VHF, 휴대폰 호출신호, 무선자료송신 등을 감청함.

④ 스텔스 및 전파 교란 대응 장치를 갖춰 소련의 탐지 및 방해가 어려움.

7. 점프싯(JUMPSEAT)

① 1985년과 1987년 미국은 '점프싯(JUMPSEAT)' 위성을 발사하고 이후 '트럼펫(TRUMPET)'으로 개명하여 운용함.

② 타원형 고궤도를 돌며 소련 북쪽 지역을 감청하고, 러시아 통신 위성이 송신하는 신호도 감청함.

8. 1990년 이후 미국의 신호정보 위성

① 1990년 이후 신호정보 위성 발사 현황은 정확히 공개되지 않았으나, 활동은 지속적으로 확대됨.

② 지상통제소는 콜로라도 버클리 필드, 호주 파인 갭, 영국 멘위드 힐, 독일 바드 아이블링에 위치함.

③ 1998년 NRO는 비용 절감 및 신호정보 수집 효과 향상을 위해 3가지 유형의 신호정보 위성을 통합한 새로운 통합형 신호정보 위성 개발 계획을 발표함.

9. 구소련과 유럽의 신호정보 위성

① 미국이 세계에서 가장 성공적으로 신호정보 감청활동을 수행한 반면, 구소련과 유럽은 효과적으로 운영하지 못함.

② 구소련은 1967년 '코스모스(Cosmos) 189호' 전자정보 위성을 발사하며 신호정보 위성 프로그램을 시작함.

③ 24년 동안 200기의 신호정보 위성을 운용하였으며, 1994년과 1995년 각각 48기, 45기의 위성을 발사함. 이 중 50%는 군사용으로 추정됨.

④ 러시아는 GRU가 전자정보 위성을 운용하나, 통신정보 위성의 존재 여부 및 운용 주체는 불확실함.

⑤ 영국의 '지르콘(ZIRCON)' 계획과 프랑스의 '제논(ZENON)' 계획은 독자적인 신호정보 수집을 목표로 했으나 지속되지 못함.

⑥ 1988년 이후 영국은 미국 '보텍스(현 머큐리)' 위성의 지원을 받아 신호정보 수집활동을 수행함.

Ⅱ 정찰기

1. RC-135

(1) 개요

① RC-135는 미국의 대표적인 신호정보(SIGINT) 수집 정찰기로서 1963~1964년 최초 발주 이후 12개 기종이 개발됨.

② 40여 년간 활용되며 베트남 전쟁, 그라나다 침공, 파나마 침공, 걸프전 등에서 활약함.

③ RC-135V/W(리벳 조인트)는 고도 12,375m, 항속 시속 736km, 최대 10시간 비행 가능하며 신호정보 수집 임무 수행함.

④ 알래스카, 파나마, 영국, 그리스, 일본 등에 배치되어 서부 유럽과 극동지역에서 월평균 70회, 중앙아메리카 지역에서 월평균 12회의 정찰비행 수행함.

⑤ 현재 14기 운용 중이며 일부 기종은 전자정보 및 영상정보 수집 능력도 보유함.

(2) 특수 기종

① RC-135U(컴뱃 센트): 적외선 영상장비를 갖춘 전자정보 수집 정찰기임.

② RC-135S(코브라 볼): 소련 ICBM 정보 수집 전용기로서 원격측정신호 수집 및 탄두 재돌입 관측 수행함.

2. EC-135N

① 미국 NSA와 공군이 소련 미사일 시험발사 감시 목적으로 운용함.

② 1985년까지 운영 후 EC-18B로 임무 계승됨.

③ SR-71, U-2, TR-1 등의 영상정보 수집 정찰기도 신호정보 수집 기능을 보유함.

④ 글로벌 호크 등 최신 무인 정찰기는 신호정보와 영상정보 동시 수집 가능함.

3. 러시아와 중국의 정찰기

① 러시아, 중국, 일본, 대만, 싱가포르, 한국, 태국, 호주 등 아시아 각국이 정찰기를 운용하여 신호정보 수집활동을 수행함.

② 러시아 GRU 제6국은 20여 종의 항공기를 활용하여 신호정보를 수집함.

③ 중국은 러시아제 An-12, PS-5s, HZ-5s, Tu-154Ms 등 다수의 신호정보 수집 항공기를 보유하고 있으며, 지상기지, 선박, 잠수함, 위성을 활용하여 신호정보를 수집함.

4. 군사작전 외 활용

(1) 테러 및 마약 단속

① 신호정보 수집 정찰기는 테러 및 마약 단속에 활용됨.

② 미군 P-3 정찰기는 1990년대 초 콜롬비아 마약 조직 두목 파블로 에스코바 추적에 활용됨.

③ 미국 관세청(Customs Service)은 마약 단속을 위해 P-3 정찰기 4기를 운용함.

(2) 정찰기의 장점

① 위성이나 지상기지보다 기동성이 뛰어나 첩보 수집에 유리함.

② 선박보다 원거리에서 광범위한 지역의 고주파 신호를 수집 가능함.

③ 위성보다 특정 지역에 대한 긴급 정찰 수행에 유리함.

Ⅲ 지상기지

1. 의의

① 1940년대 말부터 미국은 소련 및 동유럽 지역을 대상으로 신호정보 감청활동을 수행함.

② 1980년대 말까지 미국 NSA는 20개국에 약 60개의 지상기지를 운용함.

③ 냉전 종식 후 일부 해외 기지가 폐쇄되었으나, 현재 알래스카, 일본, 영국, 독일, 태국, 한국 등에 여전히 지상기지를 운영 중임.

2. 미국의 지상기지

① 알래스카 세미야(Shemya) 섬의 '코브라 데인' 레이더 시스템은 1977년 배치되어 소련 ICBM 및 SLBM 감시 수행함.

② 일본 미자와 기지는 1980년대 말 기준 미 육·해·공군 암호해독 요원 1,880명이 배치됨.

③ 미국은 유럽, 중남미, 아프리카, 아시아 전역에 신호정보 수집용 지상기지를 운용함.

3. 러시아의 지상기지

① CIS 영토 내 지상기지를 운영하며, 베트남 캄 랭크 베이, 쿠바 로우르데스 등에 대규모 기지를 보유함.

② 쿠바 로우르데스 기지는 세계 최대 규모의 신호정보 수집 기지로, GRU, FAPSI, 쿠바 정보부가 합동 운영함.

③ 해당 기지는 미국 플로리다와 가까워 미국 및 유럽 국가 간 통신 감청이 가능함.

4. 기타 신호정보 수집 방법

(1) 대사관 및 영사관 활용

① 냉전 시기 구소련은 60여 개국 대사관과 영사관에서 신호정보를 수집함.

② 미국 CIA와 NSA는 45개국의 미국 대사관 및 영사관에서 통신정보 수집활동을 수행함.

③ 1960~70년대 모스크바 주재 미국 대사관에서 소련 정치국 지도부의 무선통화를 감청함.

(2) 선박 활용

① 신호정보 수집용으로 구축함을 개조한 AGTR, AGER 선박이 운용됨.

② 냉전 시기 미국은 다수의 선박을 활용하여 구소련의 미사일 시험발사 시 원격측정정보(TELINT)를 수집함.

(3) 잠수함 활용

① 미국 홀리스톤 잠수함(암호명 PENNACLR, BOLLARD, BARNACLE)은 1959년부터 전자 및 영상정보 수집 수행함.

② 1975년까지 소련 잠수함의 성능, 소음, 미사일 발사 능력 등을 분석하고 영상정보 획득 수행함.

③ 1981년까지 NSA와 해군이 '아이비 벨(IVY BELLS)' 계획을 통해 해저 케이블 도청 수행함.

(4) 차량 활용

① 밴이나 트럭을 이용하여 적국 군사, 외교, 과학 장비의 신호 또는 통화 감청 가능함.

② 냉전 시기 구소련은 NATO 국가에서 연간 7,000건 이상의 신호정보 수집활동을 수행함.

Theme 16-4 징후계측정보(MASINT)

Ⅰ 의의

1. 개념

① 징후계측정보(Measurement and Signature Intelligence, MASINT)는 기술정보의 한 유형으로, 신호정보(SIGNT)나 영상정보(IMINT)와 구별됨.

② 감지장치로부터 수집된 자료를 양적·질적으로 분석하여 획득하는 정보이며, 적국 무기체계 탐지, 특징 및 성능 분석에 활용됨.

2. 발전 과정

① 초기에는 탐지·분류·추적 기능이 미흡하여 활용이 제한적이었음.

② 현재는 적 공격징후 감시, 전략미사일 조기 경보, 핵 폭발 실험 감시 등 다양한 분야에서 활용됨.

3. 주요 정보 수집 유형

① 레이더정보(Radar Intelligence, RADINT)

② 해저정보(Acoustic Intelligence, ACOUSTINT)

③ 핵정보(Nuclear Intelligence, NUCINT)

④ 레이저정보(Laser Intelligence, LASINT)

⑤ 적외선정보(Infrared Intelligence, IRINT)

4. 미국의 MASINT 주도 기관

DIA(Defense Intelligence Agency)가 MASINT 분야에서 활동을 주도함.

Ⅱ 주요 MASINT 유형

1. 레이저정보(LASINT)

① 레이저 및 유도에너지 빔(directed-energy beams)을 분석하여 획득하는 정보임.

② 구체적인 수집 및 활용 사례는 알려지지 않았음.

③ 레이저 통신체계 감시 및 우주 레이저 무기 배치 금지 조약 위반 여부 검증에 활용될 것으로 추정됨.

2. 레이더정보(RADINT)

① 레이더를 이용하여 적국 항공기를 추적하고 정보를 획득함.

② 반사된 레이더 신호를 분석하여 차량의 종류 및 특성을 식별하고, 항공기의 비행 경로를 추적하여 성능을 평가함.

③ 미국 코브라 데인(Cobra Dane) 레이더가 캄차카 반도에서 시험 발사되는 소련 미사일의 종류 및 성능을 분석하는 데 활용됨.

3. 적외선정보(IRINT)

① 적외선(Infrared)은 가시광선보다 긴 전자기파이며, 이를 이용하여 정보 수집이 이루어짐.

② 야간 영상정보(IMINT)와는 차이가 있음.

③ 미국은 조기경보위성을 이용해 소련의 대륙간탄도미사일(ICBM) 발사를 탐지함.

④ 미사일이 대기권을 통과할 때 발생하는 적외선 신호(버섯구름)를 감지하여 활용함.

4. 핵정보(NUCINT)

(1) 의의

① 핵폭발 시 방출되는 방사선 및 낙진을 수집하여 획득하는 정보임.

② 1949년 미국의 핵폭발 감시기구가 소련의 첫 핵실험을 탐지함.

③ 핵폭발 잔여물 분석을 통해 핵무기의 특성과 파괴력을 추정 가능함.

④ 베라(Vela) 감시 장비는 핵폭발 시 발산되는 섬광 분석을 통해 핵확산금지조약(NPT) 및 부분핵실험금지조약 준수 여부를 감시함.

(2) WC-135 '불멸의 불사조(Constant Phoenix)'

① 대기 표본 수집을 통해 핵실험 여부를 확인할 수 있는 유일한 항공기임.

② 미 공군에서 단 2대만을 보유하고 있으며, 플로리다 패트릭 공군기지에 배치됨.

③ 2006년 10월 북한의 핵실험 발표 후, 동해 상공에서 북한 핵실험 감시 활동을 수행함.

④ 최대 33명의 승무원과 전문 분석 요원이 탑승하며, 방사능 보호를 위한 특수여과장치가 장착됨.

⑤ 1963년 제한핵실험금지조약 이행 감시를 위해 C-135 수송기를 개조하여 제작됨.

⑥ 체르노빌 원전 사고 당시 방사능 유출 추적 및 감시 활동 수행함.

Ⅲ MASINT 구성 정보 유형

① 레이더정보(RADINT)

② 음향정보(Acoustic Intelligence, ACOUSTINT)

③ 핵정보(Nuclear Intelligence, NUCINT)

④ 라디오주파/전자기파 정보(Radio Frequency/Electromagnetic Pulse Intelligence, RF/EMPINT)

⑤ 전기광학정보(Electro-optical Intelligence, ELECTRO-OPTINT)

⑥ 레이저정보(Laser Intelligence, LASINT)

⑦ 우연한 방사정보(Unintentional Radiation Intelligence, RINT)

⑧ 화학 및 생체정보(Chemical and Biological Intelligence, CBINT)

⑨ 스펙트럼 분석정보(Spectroscopic Intelligence, SPINT)

⑩ 적외선 정보(Infrared Intelligence, IRINT)

Theme 17 인간정보와 기술정보의 비교

Ⅰ 인간정보와 기술정보: 역사적 발전과 중요성 논쟁

1. 인간정보(HUMINT)와 기술정보(TECHINT)의 논쟁

① 미국에서는 인간정보와 기술정보의 상대적 중요성에 대한 논쟁이 지속됨.

② 초기 정보활동은 인간정보 중심으로 이루어짐.

2. 기술정보 활용의 본격화

① 20세기 이후 기술정보가 본격적으로 활용되기 시작함.

② 제1차 세계대전: 군에서 무선 통신을 사용하면서 신호정보활동이 전개됨.

③ 제2차 세계대전: 신호정보를 활용하여 적의 병력 배치, 작전계획, 무기체계 등의 정보를 획득함.

④ 암호 해독과 신호정보의 결합이 상대방 정보를 취득하는 중요한 수단으로 활용됨.

3. 냉전 시대와 기술정보의 중요성 부각

① 냉전시대에는 구소련 및 사회주의 체제에 대한 인간정보활동이 어려워짐.

② 이에 따라 기술정보의 중요성이 더욱 강조됨.

Ⅱ 인간정보와 기술정보의 상호보완적 활용 필요성

1. 인간정보와 기술정보의 상대적 중요성 논쟁

(1) 의의

① 미국에서는 인간정보와 기술정보의 상대적 중요성을 두고 오랜 논쟁이 지속됨.

② 기술정보 강조 측: 기술 발전과 함께 기술정보의 중요성이 증가하고 있다고 주장함.

③ 인간정보 강조 측: 기술정보 능력이 과장되었으며, 인간정보의 역할이 여전히 중요하다고 강조함.

(2) 정보실패의 사례

① 1979년 이란 사하 정권 붕괴

② 1998년 인도 핵실험

③ 2001년 9/11 테러

2. 인간정보와 기술정보의 한계

(1) 터너 제독의 주장 반박

터너 제독(카터 대통령 당시 DCI)은 최첨단 기술정보로 지구상 모든 일을 파악할 수 있다고 주장했으나, 이는 불가능함.

(2) 구소련의 인간정보 활용과 한계

냉전 시기 구소련과 러시아는 인간정보활동을 성공적으로 수행함.

3. 주요 사례

① 워커(John Walker), 에임즈(Aldrich Ames), 한센(Robert Hanssen) 등 미국 정보기관 요원들을 KGB 첩자로 활용하여 미국의 첩보 역량 및 군사 전략 정보를 수집함.

② 그러나 소련은 냉전에서 패배하고 붕괴함.

③ 인간정보의 성공이 국가 체제 유지와 직결되지 않음을 보여주는 사례로 평가됨.

4. 상호보완적 활용 필요성

① 냉전 시기 사회주의 체제에 대한 인간정보가 어려운 상황에서 기술정보는 효과적인 수단이었음.

② 그러나 냉전 종식 이후 기술정보의 필요성이 감소함.

③ 그럼에도 불구하고 비밀리에 대량살상무기(WMD)를 개발하는 국가들이 존재하여, 이를 감시하는 데 기술정보는 여전히 유용함.

5. 인간정보의 보완적 역할

① 적의 전략적 의도 및 계획 파악

② 기술정보로 탐지하기 어려운 목표 선별

③ 기술정보로 수집된 자료 해석 지원

④ 테러 · 마약 · 국제범죄 조직 등의 정보 수집

6. 결론

인간정보와 기술정보 중 하나의 수단만을 고집할 것이 아니라, 수집 목표의 특성에 따라 상호 보완적으로 활용하는 것이 중요함.

Theme 17-1 기술정보의 강점과 한계

Ⅰ 기술정보의 강점

1. 원거리 임무 수행

(1) 의의

① 기술정보는 목표에 근접할 필요 없이 원거리에서 임무 수행이 가능하여 인간정보보다 위험부담이 적음.

② 유인 항공기 정찰의 경우 적 영공 침범 시 정치적 문제 발생 및 조종사 생명 위협 가능성이 존재하나, 무인 항공기로 대체되면서 이러한 위험이 사라짐.

(2) 1999년 코소보 사태

① NATO가 무인 정찰기를 활용한 정찰활동을 성공적으로 수행함.

② 당시 미국 국방장관 윌리엄 코헨(William Cohen)과 합참의장 헨리 셸톤(Henry H. Shelton)은 상원 국방위원회에 제출한 공동 진술서에서 "무인 정찰기는 조종사의 생명 위험 없이 적의 위험지역에서 자유롭게 첩보수집활동을 수행할 수 있었다."라고 회고함.

(3) 위성정보의 합법화

① 1972년 ABM 조약: '국가기술수단(National Technical Means, NTM)' 개념을 통해 위성정보활동이 공식적으로 인정됨.

② 현재 첩보위성은 지구 상공에서 고해상도 영상 및 신호를 수집하며, 무기 실험 발사 및 핵실험 징후 포착 가능.

2. 인간정보 수집이 어려운 상황에서 효과적인 첩보수집 수단

(1) 의의

상대국의 방첩 및 보안 강화로 인간정보 수집이 어려운 상황에서 기술정보가 효과적인 첩보수집수단으로 활용됨.

(2) 냉전 시대

① 적대국 영공 침범이 불가능하여 국경 부근 정찰 및 영상·신호정보 수집이 주요 정보활동 수단이었으나, 위성 도입 이후 첩보수집이 용이해짐.

② 1967년, 미국 존슨 대통령: "위성사진이 없을 때 우리의 추측이 빗나갔지만, 위성이 도입되면서 적의 미사일 보유량을 정확히 알게 되었다."라고 회고함.

③ 냉전 시기 미국의 구소련 첩보수집에서 기술정보는 필수불가결한 수단이었으며, 일부 정보는 공개정보를 통해서도 취득 가능했음.

(3) 구소련과 철저한 보안 체제

① 대부분 국가에서는 신무기 체계 개발 현황과 군대 규모·구성 정보가 예산처나 의회 문서를 통해 공개됨.

② 그러나 구소련처럼 철저한 비밀보안을 유지하는 국가에 대해서는 정찰위성·항공기 등 첨단 과학기술 장비 활용이 필수적이었음.

③ 기술정보는 적의 철통 같은 보안 속에서도 효과적인 첩보수집이 가능함.

3. 광범위한 지역에 대한 정보 수집

(1) 의의

① 기술정보는 인간정보에 비해 광범위한 지역을 대상으로 다량의 정보를 수집할 수 있음.

② 인간정보는 활동범위와 목표가 제한적이지만, 정찰위성·항공기 등의 첨단 장비 활용 시 다양한 목표에 대한 영상·신호·징후계측 정보 수집이 가능함.

(2) 글로벌 호크(Global Hawk) 정찰기

① 4,800km 범위 비행 가능.

② 합성개구레이더(SAR), 지상이동목표 탐지기(GMTI), 전자광학·적외선 감지기 탑재.

③ 영상정보(IMINT), 전자정보(ELINT), 통신정보(COMINT) 등 신호정보(SIGINT) 동시 수집 가능.

(3) 첩보위성의 활용

① 국경을 넘어 세계 어느 지역이든 자유롭게 감시 가능.

② 항공 정찰보다 광범위한 지역과 목표에 대한 첩보수집 가능.

③ 광학렌즈, 적외선 감지기, 열 감지기, 레이더 등 첨단 장비 탑재로 영상·신호정보 동시 수집 가능.

Ⅱ 기술정보의 한계

1. 의의

① 1970년대 기술정보가 지나치게 강조되었으나 최근 인간정보의 중요성이 부각됨.

② 소련 및 동구권 사회주의 체제 붕괴로 인해 경성목표(hard target) 감소, 기술정보의 필요성도 축소됨. 그러나 북한과 같은 폐쇄적 사회에서는 여전히 필요함.

③ 기술정보 편중 시 9/11 테러, 이라크 대량살상무기 정보판단 오류 등 정보실패 가능성 존재함.

④ 인간정보와 비교할 때 기술정보의 단점 및 문제점이 존재함.

2. 정보의 홍수(Embarrassment of riches)

① 기술정보는 광범위한 지역에서 방대한 양의 첩보 수집이 가능하나, 정보의 과다로 인해 문제가 발생함.

② 목표 선별이 어려워 중요한 첩보를 분류하는 과정이 복잡함.

③ 수집된 첩보의 처리 및 분석 과정(분류, 요약, 번역, 암호해독 등)이 필요하며, 과다한 자료로 인해 적시에 정보 생산이 어려워질 수 있음.

3. 기술정보만으로 수집하기 어려운 목표

① 터너 제독은 기술정보로 모든 정보를 수집할 수 있다고 주장했으나, 실제로는 한계가 존재함.

② 테러집단은 고정 시설 없이 이동하며 활동하므로 첩보 위성으로 탐지하기 어려움.

③ 신호 감청 범위가 협소하여 원거리 감청만으로는 존재 및 활동을 탐지하기 어려움.

④ 무기체계의 소형화 및 이동성 증가로 기술정보만으로 첩보 수집이 어려워지고 있음.

⑤ 통신정보(COMINT)는 무선에서 광케이블로 대체되면서 감청이 어려워지고, 암호화 기술 발전으로 해독 시간이 길어지거나 불가능해질 수 있음.

4. 상대의 기만책

① 상대가 기만책을 활용하거나 보안 대책을 강화할 경우 기술정보가 무력화되거나 오판 위험이 증가함.

② 통신정보의 경우 상대가 감청을 인지하고 허위정보를 유포할 가능성이 있음.

③ 원격측정정보(TELINT)의 경우 상대가 교신을 암호화하거나 기록 후 회수하는 방식으로 기술정보 수집을 방해할 수 있음.

④ 영상정보의 경우 감시 시간을 회피하거나 위장, 은폐를 통해 첩보 수집을 어렵게 만들 수 있음.

5. 과다한 예산과 시간의 소요

① 기술정보는 인간정보보다 훨씬 많은 예산과 시간이 소요됨.

② 1970년대 미국 정보예산의 90%가 수집활동에 사용되었으며, 그중 87%가 기술정보에 투입됨.

③ 기술정보는 첨단 과학기술이 요구되며, 높은 개발 및 운용 비용으로 인해 경제력이 뒷받침되지 않으면 운용이 어려움. 미국과 러시아가 독점적 운영하며, 중국, 일본, 이스라엘, EU 등이 첩보위성을 운용하나 미국, 러시아에 비해 기술적 격차가 존재함.

Theme 17-2 인간정보의 강점과 한계

I 인간정보의 강점

1. 의의

① 인간정보는 인류의 탄생과 함께 시작된 고전적인 첩보활동이며, 현재까지도 유용한 수단으로 활용됨.

② 기술정보의 단점을 보완할 수 있다는 점에서 중요성이 강조됨.

2. 적의 의도나 계획 파악에 유용

(1) 의의

① 인간정보는 영상정보나 신호정보에 비해 수집량이 적으나, 적의 의도나 계획을 파악하는 데 효과적임.

② 국가들은 정치·군사적 의도나 계획을 엄격히 비밀로 유지하며, 적대국 지도자의 정치적 행동·전략적 방향 등은 인간정보 수집이 필수적임.

(2) 암호화와 광케이블 환경에서의 감청 한계와 인간정보의 역할

① 신호정보 감청으로 유사한 정보를 얻을 수 있으나, 민감한 대화는 암호화되어 내용 파악이 어려움.

② 광케이블 사용으로 감청이 어려운 현대 환경에서, 인간정보는 신호·영상정보로 접근하기 어려운 적의 전략과 상황 인식에 활용됨.

3. 수집목표 설정에서의 중요성

① 인간정보는 첩보활동에서 수집목표를 설정하는 데 중요한 역할을 수행함.

기술정보는 '정보의 홍수'로 인해 수집 대상을 결정하는 데 어려움이 있음.

② 인간정보는 목표 대상을 선별하고, 집중 관찰이 필요한 지역을 지정하는 데 결정적 역할을 수행함.

③ 예: 쿠크린스키 대령이 미국의 위성 관측 목표 중 가짜 정보를 식별하고 실제 군사시설을 지정함.

4. 기술정보 해석의 결정적 단서 제공

(1) 의의

인간정보는 기술정보 수집 자료를 해석하는 데 필수적인 단서를 제공함.

(2) 기술정보의 한계와 인간정보의 필요성

① 영상정보만으로는 건물의 용도를 알기 어려우나, 인간정보를 통해 의미를 해석할 수 있음.

② 예: 1962년 쿠바 미사일 위기 당시 펜코프스키 대령의 정보 덕분에 쿠바에 배치된 미사일이 소련제 MRBM임을 확신할 수 있었음.

(3) 적의 기만전략과 인간정보의 필요성

① 적은 군사시설을 산업시설로 위장하거나 증거를 제거하는 기만책을 사용함.

② 인간정보는 핵심 관련자 접근을 통해 정확한 정보 수집 가능.

5. 기술적 추적이 어려운 집단 정보 수집 가능

① 인간정보는 테러, 마약, 국제범죄 조직과 같이 기술적 추적이 어려운 집단의 정보를 수집하는 유일한 수단임.

② 이러한 집단은 점조직 형태로 활동하며, 고정된 시설이나 통신수단이 없어 기술정보로 탐지하기 어려움.

③ 인간정보는 내부 침투 및 협조자 포섭을 통해 효과적으로 정보 수집 가능.

6. 기만책으로 활용 가능

(1) 의의

인간정보는 첩보 수집뿐만 아니라, 공작원을 침투시켜 허위정보를 유포하는 기만책으로도 활용됨.

(2) 더블크로스 작전(Double Cross System)

① 제2차 세계대전 당시 영국 보안부(MI5)는 독일 간첩을 체포 후 일부를 이중간첩으로 활용하여 독일에 허위정보를 제공함.

② 이를 통해 독일을 기만하여 노르망디 상륙작전의 성공을 도모함.

7. 기술정보 대비 인간정보의 비용 효율성

(1) 의의

인간정보는 기술정보보다 비용이 저렴함.

(2) 기술정보와 인간정보의 예산 비교

① 1970년대 미국에서 기술정보에 87%, 인간정보에 13%의 예산이 할당됨.

② 일부 선진국을 제외한 대부분의 국가는 기술정보 운용이 어려움.

(3) 비용 대비 효과성과 인간정보의 활용성

① 특정 목표에 기술정보를 활용하는 것은 비효율적일 수 있음.

② 테러·마약·조직범죄 집단과 같은 목표에는 위험부담이 적고, 인간정보가 효과적임.

③ 인간정보는 저렴한 비용으로 최대 효과를 거둘 수 있는 첩보수집 수단임.

Ⅱ 인간정보의 한계

1. 의의

인간정보는 기술정보에 비해 위험 부담이 크며, 첩보원의 신뢰성 문제 및 수집 목표에 대한 침투 어려움 등의 단점이 존재함.

2. 높은 위험 부담

(1) 의의

① 인간정보는 원거리에서 합법적으로 수집이 가능한 기술정보와 달리 목표에 근접해야 하므로 위험 부담이 큼.

② 첩보원의 신분이 발각될 경우 정치적 문제 발생 및 생명 위협 가능성이 존재함.

(2) 테러집단·국제범죄 조직 침투의 어려움

① 침투 자체가 어려울 뿐만 아니라, 첩보원이 내부 밀고자로 지목될 경우 생명을 잃을 가능성 존재.

② 정보기관이 첩보원의 정보로 경계조치를 강화하거나 테러 계획이 실패하면, 첩보원의 정체가 드러날 위험 증가.

3. 첩보의 신뢰성 저하

(1) 출처의 신뢰성 문제

① 첩보원의 동기(금전, 이념, 복수심 등)가 명확하지 않아 제공된 정보의 신뢰성을 검증하기 어려움.

② 첩보원의 진의를 지나치게 의심하면 중요한 정보를 놓칠 수도 있음.

(2) 펜코프스키(Oleg Penkovsky)

① 펜코프스키는 구소련 GRU 대령으로 미국 측에 중요한 첩보를 제공했으나, 미국 정보기관이 이를 의심하여 수용하지 않음.

② 이후 영국에 첩보를 제공하였고, 영국이 이를 활용함.

③ 미국은 나중에서야 펜코프스키의 정보 가치가 높았음을 인지함.

(3) 콜비(Fritz Kolbe)

영국은 콜비의 정보를 수용하지 않았으나, 미국이 적극 활용하여 제2차 세계대전 승리에 기여함.

4. 정보위조(paper mill) 문제

① 첩보원이 금전적 동기로 정보를 조작하거나, 일반적으로 공개된 정보를 극비자료처럼 위장하여 제공하는 사례 발생.

② 1940~50년대 서방 정보기관이 동구권에서 첩보활동을 수행하기 어려웠던 점을 악용한 사례가 많았음.

5. 이중간첩(double agent) 문제

(1) 의의

이중간첩은 체포된 후 상대국 정보기관에 협조하거나, 처음부터 상대국 정보기관에서 파견된 자일 가능성이 존재함.

(2) 제2차 세계대전 영국 '더블크로스 작전(Double Cross System)' 사례

① 영국 보안국(MI5)이 체포한 40명의 독일군 첩자를 이중간첩으로 활용하여 독일에 허위정보 제공.

② 독일이 속아 노르망디 상륙작전에 제대로 대응하지 못함.

(3) CIA '피그만 공작' 실패 사례

① 쿠바 침투 공작 중 CIA가 포섭한 쿠바 첩보원들이 카스트로의 정보기관에 소속된 이중첩자였음.

② 작전 실패로 이어짐.

6. 출처 보호와 신뢰성의 딜레마

(1) 의의

① 스파이 활동이 드러나면 정보관과 첩보원뿐만 아니라 가족까지도 생명 위협을 받을 수 있음.

② 정보관은 첩보원의 신원을 보호하기 위해 출처를 분석관에게 구체적으로 제공하지 않음.

③ 출처가 명확하지 않으면 분석관이 첩보를 신뢰하지 않아 무시할 가능성이 높음.

(2) 이라크 WMD 정보 왜곡 사례

① 이라크 망명객들이 미국의 이라크 공격을 유도하기 위해 대량살상무기(WMD) 존재를 허위로 보고.

② 분석관들이 출처를 신뢰하여 그대로 수용하면서 정보 판단이 왜곡됨.

③ 출처 보호와 신뢰성 확보 간의 상충 문제 발생.

7. 상대국의 방첩활동 강화 시 수집 어려움

(1) 의의

① 상대국이 이동 · 교류 · 경제활동 · 해외여행을 엄격히 통제할 경우 첩보활동이 어려워짐.

② 공직 가장을 이용한 첩보활동 시 상대국 정보기관의 집중 감시를 받아 활동 제한이 커짐.

(2) '경성목표(hard target)' 또는 '거부 지역(denied area)'

① 테러집단 및 조직범죄집단은 규모가 작고 보안이 철저하여 침투가 어려움.

② 첩보원이 침투하려면 장기간 친분을 유지하거나, 친족 관계 또는 범죄 경력이 있어야 함.

③ 조직 내 강한 충성심과 엄격한 규율로 인해 배신 유도가 거의 불가능함.

8. 윤리적 문제 야기

(1) 의의

① 인간정보 수집 과정에서 윤리적 문제가 발생할 가능성 존재.

② 테러 · 국제범죄 조직에 첩보원이 침투할 경우, 조직 내 신뢰를 얻기 위해 불법 행위에 가담해야 할 수도 있음.

(2) 도이치 규칙(Deutch rules)과 9/11 테러

① 1995년 CIA 국장 존 도이치(John M. Deutch)의 규정

② 과거 중대 범죄 및 반인륜적 행위 연루 공작원의 해고 명령.

③ 본부 승인 없이는 해당 인물 포섭 금지.

④ 도이치 규칙으로 인해 테러집단 침투 공작이 위축됨.

⑤ 테러 관련 정보를 사전에 수집하지 못함.

⑥ 2002년 7월, 도이치 규칙 공식 폐기

⑦ 윤리성과 첩보활동의 효율성이 상충됨.

9. 불법적인 스파이 행위 노출 시 국가적 손실 초래

(1) 의의

① 스파이 활동이 발각될 경우, 국가적으로 큰 손실 발생 가능.

② 스파이 활동을 통해 얻는 이익보다, 발각으로 인한 정치 · 경제적 피해가 클 가능성 존재.

(2) 서독 기욤(Gunter Guillaume) 사건(1974년)

① 서독 총리 빌리 브란트(Willy Brandt)의 비서였던 기욤이 동독 스파이로 활동하다 체포됨.

② 사건으로 인해 브란트 총리 사임 및 동방정책 (Ostpolitik) 중단.

③ 동독이 수년간 얻은 첩보 이득보다 정치 · 경제적 손실이 더 컸을 것으로 추정됨.

(3) 폴라드(Jonathan Pollard) 사건

① 폴라드가 미국 기밀정보를 이스라엘에 제공하다 발각됨.

② 이로 인해 미국과 이스라엘 간 외교 관계가 악화됨.

(4) 스파이 행위의 필요성과 가치 재고 필요

① 스파이 활동으로 인해 발생할 국가적 손실과 기대되는 이익을 정확히 분석해야 함.

② 발각 가능성을 최소화하고, 충분한 국가적 이득이 보장되는 상황에서만 수행해야 함.

Theme 18 공개출처정보(Open Source Intelligence, OSINT)

I 의의

1. 정보활동과 공개출처정보

(1) 정보활동의 비밀성과 개방성

① 모든 정보활동이 비밀리에 수행되는 것은 아님.

② 첩보수집 방법은 비밀첩보수집과 공개첩보수집으로 구분됨.

(2) 첩보수집 방법의 구분

① 비밀첩보수집: 사람 또는 기술 장비를 활용하여 비밀리에 정보를 수집하는 방법.

② 공개첩보수집: 공식 외교활동, 신문, 라디오, TV, 인터넷 등 공개된 자료를 활용하는 방법.

(3) 공개출처정보(OSINT)의 개념

공개첩보수집을 통해 획득된 자료를 공개출처정보 (OSINT)라 함.

2. OSINT의 비중 증가

(1) OSINT의 중요성

OSINT는 정보기관이 생산하는 정보의 35~90%를 차지할 정도로 중요성이 높음.

(2) 냉전 종식 이후 OSINT의 활용 증가

① 냉전 종식 후 공개출처 자료가 증가함.

② 러시아의 경우, 냉전 시절 공개자료 대 비밀자료 비율이 20 : 80이었으나 현재는 역전됨.

③ 폐쇄적 사회 또는 '거부지역(denied areas)'이 감소
하여 OSINT의 활용성이 증대됨.

(3) OSINT 활용 시 유의점

① 국가안보와 관련된 중요한 사안은 여전히 비밀 유지
가 필요함.

② 공개출처자료 증가에 따라 이를 효과적으로 활용하는
방안이 필요함.

▣ Ⅱ 공개출처정보(OSINT)의 유형

1. 공개출처정보(OSINT)의 개념

(1) 정의

공개출처정보는 공개적이고 합법적인 방법으로 수집된
자료로, 외국의 정치, 경제, 군사 활동에 대한 공개적 관
찰을 포함함.

(2) 수집 방식

비밀수집수단을 활용하지 않고 저작권료 지불 또는 상거
래를 통해 취득됨.

(3) 공개출처 유형

① 대중 매체: 신문, 잡지, 라디오, TV, 인터넷 등.

② 공개자료: 정부보고서, 예산 및 인구 관련 공식 자료,
청문회 자료, 기자회견, 연설 등.

③ 전문 학술자료: 학술회의 및 심포지엄 자료, 전문가
협회 발간 자료, 연구논문 등.

2. '정보(Intelligence)'와 공개출처정보(OSINT)

(1) 의의

① '정보(Intelligence)'는 타당성이 검증되고 비밀성이
내포된 지식을 의미함.

② 공개출처정보(OSINT)는 비밀성이 없으므로 엄밀한
의미에서 정보(Intelligence)로 인정되기 어려움.

③ 일부에서는 '공개출처첩보(open source information)'
또는 '공개출처자료(open source material)'라는 용
어가 OSINT를 더 정확히 표현한다고 주장함.

(2) 로웬탈의 견해

로웬탈은 공개출처정보(OSINT)를 공개출처자료 중에서
선별된 것으로, 정책결정권자에게 제공될 때 유용성과
타당성이 검토된 지식을 의미한다고 해석함.

(3) 비판

① OSINT를 정책결정권자에게만 제공되는 정보로 해석
하는 것은 협소한 접근이며, 누구에게나 접근 가능한
자료로 이해해야 함.

② 공개출처자료는 비밀첩보자료와 비교하여 검증하는
과정에서 비밀출처정보와 융합될 수 있으며, 순수한
공개출처자료라고 볼 수 없음.

③ 따라서 공개출처정보(OSINT)를 공개출처자료와 엄
격히 구분하는 것은 부적절함.

④ 공개출처정보(OSINT)는 비밀첩보활동 수단을 통해
입수된 자료와 대비되는 개념으로, 공개적이고 합법적
인 수단을 통해 획득된 모든 자료를 포괄하는 개념으
로 정의할 수 있음.

▣ Ⅲ 공개출처정보(OSINT) 수집

1. 개방화된 사회

① 개방화된 사회에서는 신문, 잡지, 학술지, 정부 간행
물 등을 통해 정치, 군사, 경제 등의 자료 수집이 가
능함.

② 구소련과 같이 비밀 유지가 철저한 국가를 제외하면,
대부분의 국가에서 도로망, 철도 노선, 경제 및 통계
보고서, 여행 안내책자 등의 자료를 공개함.

③ 힐렌쾨터(Roscoe Hillenkoeter, 1948년 DCI 재직)
는 외국의 단행본, 잡지, 과학기술 연구, 사진, 민간
연구소 분석, 신문, 라디오, 전문가 인터뷰 등을 통해
80%의 정보를 획득할 수 있다고 주장함.

2. 폐쇄적인 사회

① 폐쇄적인 사회에서도 합법적으로 취득 가능한 자료가
존재함. 냉전 시기 구소련은 「Communist of the
Armed Forces」, 「Military-Historical Journal」, 「
Soviet Military Review」 등 11개의 군사 잡지와
신문을 발간하였으며, 매년 500권의 군사 단행본을
출판함. 「Krasnaya Zvezda(Red Star)」는 소련 육
군 및 공군 정치국(MPA)에서 발간된 가장 유용한 자
료로 평가됨.

② 민간 신문 및 연설문 분석을 통해 정보 획득 가능함.
콜러(F.D. Kolhler)는 소련 정치체제의 특징인 획일
성(uniformity)으로 인해 지도층이 동일한 입장을
견지한다고 지적하며, 공식 발언을 분석하면 전략적
의도를 파악할 수 있다고 주장함.

③ 공식 보고서 분석을 통해 정치 엘리트의 권력 서열 파
악 가능함. 예를 들어, 안드로포프(Yuri Andropov)가
브레즈네프(Leonid Brezhnev) 장례식 주관자로 임
명된 발표를 통해 그가 차기 공산당 서기장으로 취임
할 것을 예측할 수 있었음.

④ 단순한 관찰을 통해서도 정보 획득 가능함. 1984년 2
월 9일 안드로포프 사망을 추정할 수 있었던 징후로
는 국영 라디오·TV 프로그램이 클래식 음악으로 변
경, KGB 본부·소련 내각·국방부 건물 내 불빛 증
가, KGB 건물 특정 층의 불빛 변화, 국방부 특정 층
의 불빛 증가, KGB 차량 이동 증가 등이 있었음.

Ⅳ 공개출처정보의 효용성

1. 전통적 시각과 한계
① 정보기관은 전통적으로 공개출처정보의 가치를 낮게 평가함. 일부 정보공동체 관료 및 정보사용자들은 수집 난이도가 높을수록 정보 가치가 크다는 편견을 가짐.
② 비밀출처정보(암호체계, 첨단무기 개발 계획 등)는 수집이 어렵지만 확보 시 높은 정보적 가치를 지님.

2. 공개출처정보의 가치
① 정보 수집 난이도와 정보 가치 간의 등식은 성립하지 않음. 공개출처자료를 활용하면 저렴한 비용으로 가치 있는 정보 생산이 가능함.
② 스틸(Robert David Steele)은 "학생이 갈 수 있는 곳에 스파이를 보내지 말라(Do not send a spy where a school boy can go)."고 강조하며, 불필요한 비밀 첩보 활동을 줄이고 공개출처정보를 적극 활용할 것을 주장함.

Ⅴ 탈냉전, 정보화 그리고 공개출처정보

1. 탈냉전과 안보위협의 변화
① 탈냉전기에는 안보위협이 국내외 구분 없이 경제, 자원, 환경 등 다차원적 요소를 포함함.
② 테러, 마약, 국제조직범죄 등 초국가적 집단에 의한 안보위협이 증가함.
③ 기존의 비밀 첩보 수집활동만으로는 복합적이고 다차원적인 안보위협에 대응하기 어려움.
④ 아스핀-브라운 위원회(Aspin-Brown Commission) 보고서에서는 정보공동체 외부 전문가의 활용과 공개출처정보(OSINT) 활용을 권고함.

2. 공개출처자료 범위의 확대
(1) 의의
탈냉전 및 정보화시대의 도래로 공개출처자료 범위가 획기적으로 확대됨.

(2) 사회주의 국가들의 개방
탈냉전으로 인해 폐쇄적이었던 사회주의 국가들이 개방되면서 냉전 시기에 비밀이었던 자료들이 공개됨.

(3) 정보통신혁명과 공개출처자료의 접근성 향상
① 컴퓨터 및 통신 네트워크의 혁명적 발전으로 정보 접근성과 신속성이 증대됨.
② 정보 저장, 전달, 획득 및 배포 속도와 규모가 폭발적으로 증가함.
③ 인터넷 도입으로 정보 유통량과 속도가 비약적으로 발전함(Joseph S. Nye, Jr.).

④ 1993년 웹사이트 50개에서 21세기 초 500만 개 이상으로 증가함.
⑤ 1980년대 말 전화 기반 전송 속도와 비교해 오늘날 광섬유 기반 정보 전송 속도가 비약적으로 발전함.
⑥ 인터넷은 방대한 정보를 보유한 가장 저렴하고 편리한 정보 접근 수단으로 자리잡음.
⑦ 폐쇄적 국가들도 인터넷을 활용하여 정보를 공개하기 시작함(예 러시아 정부, 북한 조선 인포뱅크).

(4) 민간 방송매체의 영상 전송시스템 발전
① 과거 외교관이나 정보관을 통해서만 가능했던 영상 정보 획득이 방송매체의 발전으로 실시간으로 가능해짐.
② 민간 영상매체를 활용한 공개출처정보가 비밀정보보다 더 효과적인 역할을 수행할 수 있음.

(5) 상업용 위성의 활용
① 비밀첩보위성이 국가정보기관의 전유물이 아니게 됨.
② 구소련 붕괴 이후 고해상도 영상자료의 상용화가 진행됨.
③ 1999년 미국 스페이스 이미징(Space Imaging Company)의 '이코노스(Ikonos)' 위성이 1m급 해상도 영상사진을 일반에 판매함.
④ 미국 정부는 2006~2007년 해상도 50cm 및 40cm급 상업용 위성 발사를 허용함.
⑤ 러시아, 남아공, 캐나다, 인도, 호주, 이스라엘, 중국, 브라질, 한국 등도 상업용 위성사진 제공을 추진함.
⑥ 상업용 위성의 성능 개선과 활동 증가로 정보기관의 첩보수집에 적극 활용됨.

(6) 정보분석분야에서의 민간 부문 발전
① 과거에는 CIA 및 일부 연구기관이 세계 경제 분석을 수행함.
② 현재는 다우 존스(Dow Jones), 맥그로 힐(McGraw-Hill), 던 엔드 브레드스트리트(Dun & Bradstreet) 등 민간 기관이 경제 분석을 수행하며 전문성을 강화함.
③ 일부 민간 기관들의 경제정보분석 수준이 CIA를 능가함.
④ 인터넷 기반 상업용 정보분석 서비스도 등장함.

(7) 정보소비자의 행태와 문화 변화
① 정보혁명은 정보기술 발전뿐만 아니라 정보소비자의 행태 및 문화 변화도 초래함.
② 과거에는 정부 기관을 통해 정보 획득이 가능했으며, 비용이 높았음.
③ 현재는 인터넷과 미디어를 통해 다양한 출처에서 정보를 획득할 수 있음.

④ 정보 획득 비용이 감소함에 따라 정보의 신뢰성 평가를 개인이 수행하는 경향이 증가함.

⑤ 정책결정권자가 첩보를 직접 분석하는 경향이 나타남.

⑥ 민간 상업부문이 정부부문보다 정보 기술에서 앞서며, 고급정보를 보유하는 경우도 있음.

⑦ 정보 관료들은 변화된 환경에 맞춰 상업 부문의 발전을 따라가기 위한 노력이 필요함.

⑧ 기존의 전통적 정보수집 및 분석 방식만을 고집하면 변화된 환경에 적절히 대응할 수 없음.

⑨ 비밀첩보 수집방식은 윤리적 문제, 고비용, 출처 개발의 어려움, 위험 부담 등의 한계를 가짐.

⑩ 정보소비자의 요구에 부응하기 위해 신속하고 정확한 정보를 제공해야 하며, 이를 위해 공개출처정보의 효과적 활용이 필수적임.

(8) 결론

① 정보화 시대에는 공개출처정보 활용이 필수적임.

② 변화하는 정보환경에 적응하고 보다 효과적인 정보 활용 방안을 모색해야 함.

③ 전통적 정보수집 방법에만 의존할 경우 새로운 안보 위협에 대응하기 어려움.

④ 공개출처정보의 중요성을 인식하고 이를 적극 활용하는 전략이 필요함.

Theme 19 공개출처정보(OSINT)와 비밀출처 정보의 관계

Ⅰ 의의

① 공개출처정보의 중요성에 대해 상반된 주장 존재함.

② 켄트(Sherman Kent)는 외교 관련 정보도 공개적 관찰과 연구를 통해 획득 가능하다고 주장함.

③ 반면, 다수 학자들은 공개적으로 획득 가능한 첩보(information)가 정보(intelligence)로 전환될 수 있는지 의문을 제기함.

④ 공개출처정보로 적의 행동이나 동향을 추적할 수 있으나, 적의 의도를 파악하기 위해서는 HUNINT, TECHINT 등 비밀출처정보가 필요하다고 주장함.

Ⅱ 공개정보와 비밀정보

1. 공개와 비밀의 경계

① 정보에서 공개와 비밀의 명확한 구분은 불가능함.

② 비밀과 공개는 구분이 없거나 복잡하게 얽혀 있음.

③ 비밀 보고서가 언론 보도 자료를 종합한 것일 수 있으며, 신문 사설 내용이 비밀 자료에서 유래한 경우도 존재함.

2. 제2차 세계대전 당시 B-29 폭격기 정보 사례

① 제2차 세계대전 당시 B-29 폭격기 정보는 비밀로 분류되었으나, 이미 공개된 정보였음.

② OSS 장교였던 헬펀(Samuel Halpem)이 해군 제독에게 B-29 폭격기 관련 내용을 브리핑하자, 제독이 해당 정보가 일급비밀임에도 불구하고 어떻게 알았는지 질문함.

③ 헬펀이 일본 라디오 방송을 통해 정보를 얻었다고 답변함.

④ 일부 사람에게는 비밀이지만, 다른 사람에게는 공개된 정보가 될 수 있음.

⑤ 외국인들이 자국 방송을 통해 미국의 비밀공작을 알지만, 미국 정보공동체는 이를 인지하지 못하는 사례 발생 가능함.

⑥ 이러한 정보는 '반쪽 비밀(unilateral secret)'로 표현하는 것이 정확함.

3. 외교관과 무관의 보고서

① 비밀출처정보와 공개출처정보가 결합된 사례로 외교관과 무관의 보고서가 있음.

② 외교관과 정보관의 역할이 명확히 구분되지 않음.

③ 외교사는 대사가 합법적·비합법적 수단을 넘나들며 첩보를 수집한다고 분석함.

④ 무관은 주재국 군 수뇌부와 접촉하며, 군대 요직 인사들의 성격, 능력, 민간 지도자와의 관계, 군사전략 등에 대한 정보를 수집함.

⑤ 무관은 새로운 무기체계 시연, 군사훈련 등에 합법적으로 참관 가능하며, 공군기지, 항만, 군사·민간 시설을 자유롭게 관찰하여 정보 획득 가능함.

⑥ 대부분의 경우 공식적·합법적 방법으로 정보를 수집하나, 필요 시 첩자나 불법적 방법을 활용하기도 함.

Ⅲ 공개출처정보(OSINT)의 가치

1. 의의

(1) 공개와 비밀의 경계

① 정책결정권자 및 정보관들은 비밀 첩보가 공개출처정보보다 우월하다고 인식하는 경향이 있음.

② 이에 따라 비밀 첩보수집활동에 집중하며 공개출처정보에는 제한된 인력과 예산이 투입됨.

(2) 미국 정보공동체의 정보수집 기구

① 미국 정보공동체는 신호정보(SIGINT), 영상정보
(IMINT), 인간정보(HUMINT) 활동을 수행하는 기관
으로 구성됨.

② 정보공동체 예산의 대부분이 첩보위성 개발 및 신호
정보 수집 등에 지출됨.

2. 미국 정보공동체의 OSINT 기구

(1) OSINT 기구의 부재

① 과거 미국 정보공동체에는 OSINT 전담 기구가 존재
하지 않았음.

② '외국방송정보서비스(FBIS)'가 CIA 소속으로 OSINT
업무를 수행하는 주요 기구였음.

③ 기타 OSINT 조직은 국방부, 국무부 등 여러 부처에 분
산되어 있었으며, 인력과 예산이 거의 배정되지 않음.

(2) OSINT의 기여도

① 연구에 따르면 OSINT는 미국 정부의 정보활동에서
35~95%를 차지함.

② 그러나 OSINT에 투입되는 예산은 정보공동체 예산
의 1%에도 미치지 않았음.

3. OSINT의 효율성

(1) 비용 대비 효과

① OSINT는 적은 비용으로 효과를 극대화할 수 있으며,
비밀첩보보다 유용한 정보를 제공할 수도 있음.

② 버긴(Anthony Bergin)은 OSINT 예산을 1% 증가시
키면 정보활동의 효율이 10% 이상 향상된다고 주장함.

(2) 인터넷과 정보 수집

① 유즈넷, 네이버 '지식 iN'과 같은 온라인 플랫폼을 통
해 전 세계 전문가로부터 신속한 정보 수집이 가능함.

② 예를 들어, 한 정보기관이 뉴스 그룹에서 '스텔스 전
투기 은폐기술' 관련 질문을 요청하자, 다수의 전문가
가 상세한 정보를 제공하였으며, 이는 정보기관이 기
대했던 것보다 더 가치 있는 정보로 평가됨.

4. 공개출처정보와 정보기관의 관계

(1) 정보기관의 역할

① 공개출처정보만으로 국가안보를 유지할 수 있다면 정
보기관이 필요하지 않음.

② 정보기관의 존재 이유는 비밀첩보 수집활동이며, 따라
서 공개출처정보와 양립하기 어려운 측면이 있음.

(2) 정보기관과 공개출처정보의 보완 관계

① 정보기관은 민간에서 제공하지 않거나 제공할 수 없는
정보를 수집하고 해석하는 역할을 수행함.

② 비밀첩보 수집을 통해 민간 부문에서 다루지 않는 주
제, 기술적으로 어려운 정보, 법적 제약이 있는 정보
를 획득할 수 있음.

③ 국가안보를 위해 정보기관의 비밀첩보 수집은 필수적
이며, 공개출처정보로 대체될 수 없음.

5. "21세기를 위한 준비 – 미국 정보활동 평가"

(1) 보고서 내용

① 미국 대통령과 상하원 의장에게 보고된 자료에서 공
개출처정보와 비밀첩보를 비교 평가함.

② 공개출처정보가 현실적이며, 일부 측면에서는 비밀첩
보보다 구체적이었다고 평가됨.

(2) 공개출처정보의 한계

① 사실 여부 확인이 필요하며, 분석관이나 정보사용자
가 필요로 하는 정보를 포함하지 못할 수 있음.

② 그러나 저렴한 비용으로 획득 가능하며, 비밀첩보를
보완할 수 있음.

(3) 공개출처정보의 역할

① 비밀수집으로 획득할 수 없는 정보를 보충하고 의미
를 명확하게 함.

② 비밀첩보 수집활동의 목표와 방향을 설정하는 데 기
여함.

③ 비용과 위험 부담이 높은 비밀수집 활동을 줄이고,
예산을 효율적으로 사용할 수 있도록 함.

④ 나이(Joseph Nye)는 공개출처정보를 퍼즐 조각의
외곽 부분에 비유하며, 종합판단정보 작성에 필수적
요소라고 평가함.

Ⅳ 공개출처정보부(Open Source Enterprise, OSE)

1. OSINT의 중요성 확대

(1) 세계 각국의 활용 노력

OSINT의 장점과 효용성이 인정됨에 따라 각국 정보기
관이 적극적으로 활용하기 시작함.

(2) 미국의 대응

① 1992년 DCI 산하에 '공개출처정보담당처
(Community Open Source Program Office)'를 설
립했으나 활동이 미미했음.

② 9/11 테러 이후 OSINT의 역할이 재조명됨.

③ 2004년 7월 9/11 진상조사위원회가 '공개출처정보
국' 설립을 권고함.

2. 공개정보센터의 설립과 발전

(1) 설립 과정

① 2005년 3월 WMD 진상조사위원회(WMD Commission)는 CIA에 '공개정보국(Open Source Center)' 설립을 제안함.

② 같은 해 11월 DNI 산하에 '공개정보센터(Open Source Center)'가 설립됨.

(2) 명칭 변경

① 2015년 공개정보센터(Open Source Center)는 CIA 디지털혁신국(DDI)에 통합됨.

② 이후 '공개출처정보부(Open Source Enterprise, OSE)'으로 명칭이 변경됨.

Ⅴ 공개출처정보(OSINT)의 장점

1. 의의

① 공개출처정보는 비밀정보 수집활동과 비교하여 여러 장점을 가짐.

② 공개출처정보의 가치는 신속성, 분량(quantity), 명료성, 편이성(ease of use), 비용부담, 윤리성 등의 기준에 따라 평가됨.

2. 자료 접근의 신속성

① 공개출처정보는 신속한 획득이 가능함.

② 위기 발생 시 첩보원이 부재한 지역에서는 정보분석관이나 정책결정권자가 TV 방송, 인터넷 등을 통해 공개출처정보에 의존함.

③ 이라크 주재 UN 사찰반의 미국인 담당자가 비밀정보 대신 몬터레이 국제문제연구소 연구원의 도움을 받아 몇 시간 만에 필요한 정보를 확보하여 신문(interrogation)에 활용한 사례가 있음.

3. 충분한 분량의 자료 확보 용이성

① 공개출처정보는 비밀첩보보다 방대한 분량의 자료를 확보할 수 있음.

② 정보관(수집관)의 수는 한정적이지만, 인터넷 블로거, 신문기자, TV 리포터, 연구자, 학자 등 수많은 정보원이 존재함.

③ 제한된 비밀자료에 의존하면 정보 판단의 오류가 발생할 위험이 있음.

④ 사례: 1998년 미국이 수단의 알 시파 제약공장을 폭격한 것은 공개출처자료를 활용하지 않고 제한된 비밀첩보만을 근거로 판단했기 때문임.

4. 출처의 명료성

① 공개출처정보는 출처의 명확성이 보장됨.

② 비밀정보는 출처와 수집방법이 철저히 비밀로 유지되므로 신뢰성에 대한 의문이 제기될 수 있음.

③ 2002~2003년 이라크 WMD 정보판단의 왜곡은 불명확한 출처로 인해 발생한 사례임.

④ CIA 공작국은 동일한 출처를 여러 방식으로 표현하여 분석관들이 잘못된 판단을 내릴 가능성이 높음.

5. 비밀 자료의 출처 보호

① 공개출처정보는 합법적인 방법으로 수집되므로 출처 보호가 가능함.

② 비밀정보 공개가 필요한 경우, 공개출처정보를 활용하여 출처를 보호할 수 있음.

③ 미국이 구소련, 이란, 이라크 관련 정보를 공개할 때 비밀출처 대신 공개출처를 활용하여 임무를 수행한 사례가 다수 존재함.

6. 편이성

① 공개출처정보는 누구나 쉽게 접근하고 활용할 수 있음.

② 비밀자료는 분류 및 차단으로 인해 접근이 제한되며, 필요한 정보 생산이 어려움.

③ 제2차 세계대전 당시 미국이 일본 암호를 해독하고도 진주만 기습을 예방하지 못한 이유는 암호해독 정보의 제한된 접근성 때문임.

④ 9/11 테러 당시 FBI가 테러 용의자의 신상정보 열람을 요청했으나 CIA가 거부하여 기회를 놓친 사례가 있음.

7. 저렴한 비용

① 공개출처정보는 상대적으로 저렴한 비용으로 획득 가능함.

② 첩보위성 개발, 발사, 유지에는 수십억 달러가 소요됨.

③ 10억 달러의 KH-12가 수집한 영상정보보다 연 100달러로 잡지를 구독하는 것이 더 세부적인 정보를 확보할 수도 있음.

8. 위험부담 및 윤리적 문제 없음

① 공개출처정보는 합법적으로 수집되므로 위험부담과 윤리적 문제가 없음.

② 비밀첩보활동은 높은 위험을 수반함.

③ 1970년대 미국 CIA 비밀공작활동은 워터게이트 사건과 함께 비윤리성이 논란이 되었음.

④ 에셜론(ECHELON) 계획을 통해 타국의 통신을 감청하는 활동은 국제적 비판을 초래함.

Ⅵ 공개출처정보(OSINT)의 단점

1. 의의

OSINT는 장점뿐만 아니라 효과적인 활용을 저해하는 요소도 존재함. 주요 문제점으로 지나치게 많은 자료량, 정보기관의 조직문화적 편견, 보안문제 및 기술적 제약 등이 있음.

2. 지나치게 많은 자료량

① 정보의 양이 지나치게 많아 신뢰성 있는 정보를 선별하는 것이 어려움. 정보혁명으로 인해 유통되는 정보량이 급증하였으며, 이에 따라 가치 있는 정보를 골라내는 일이 더욱 어려워짐.

② '메아리 효과(echo effect)'로 인해 한 매체에서 생성된 정보가 사실 여부를 확인하지 않은 채 다른 매체에서 확대 재생산됨. 이 과정에서 허위정보가 포함되거나 변형될 가능성이 존재함.

③ 허위정보를 색출하고 신뢰성 있는 정보를 선별하는 데 많은 시간과 노력이 소요됨. 비전문가는 적시에 필요한 자료를 효과적으로 분류하는 것이 어려움.

④ 대부분의 자료가 정보분석관이나 정책결정권자의 요구와 무관하게 작성됨. 따라서 출처 확인, 생산 배경 검토, 자료의 선별·분류·요약·정리·번역 등에 많은 시간이 소요됨.

3. 정보기관의 조직문화적 편견

① 정보기관의 조직문화적 편견이 OSINT의 효과적인 활용을 저해하는 요소로 작용함. 정보기관은 공개출처정보의 가치를 낮게 평가하는 경향이 있으며, 이에 따라 정보 수집요원 및 분석관이 OSINT를 불신하는 태도를 보임.

② 누구나 접근할 수 있는 정보라는 이유로 정보분석관들에게 매력적이지 않다고 평가됨. 그러나 이로 인해 미국은 1998년 인도 핵실험을 예측하지 못하는 치명적인 정보실패를 초래함.

③ 인도 바라티야 자나타당(Bharatiya Janata)은 선거운동 중 핵무기 개발을 공약했으며, 선거에서 승리했음에도 불구하고 미국 정보공동체는 관련 첩보수집 활동을 수행하지 않음.

④ 메타(Ved Mehta)는 일반 관광객조차 인도의 핵정책을 인지하고 있었다고 지적함. 또한 파키스탄 총리 샤리프(Mohammed Nawaz Sharif)는 클린턴 대통령에게 인도의 핵실험 계획을 경고했으나 미국 정보공동체는 이를 무시함.

⑤ 미국 정보공동체가 공개출처정보에 조금이라도 주의를 기울였더라면 냉전 이후 가장 심각한 정보실패를 방지할 수 있었을 가능성이 있음.

4. 보안문제 및 기술적 제약

① 보안문제 및 기술적 제약으로 인해 정보기관에서 OSINT의 활용이 제한됨. 정보기관들은 보안문제로 인해 내부 전산망(인트라넷)을 사용하며, 일반 상용망과 분리됨. 이에 따라 인터넷을 통한 공개출처정보의 활용이 어려움.

② 인터넷에서 유용한 자료를 발견하더라도 이를 직접 내부 시스템에 저장하여 활용할 수 없음. 이로 인해 정보분석관들이 OSINT 활용에 소극적 태도를 보임.

③ 미국 정보공동체는 한때 '비밀창구(sneaker net)'라는 프로그램을 통해 인터넷 활용을 시도했으나, 내부 전산망과 외부망 간 차단벽으로 인해 제한적으로 운영됨.

④ 1999년 리(Wen Ho Lee) 사건 이후 내부 전산망에서 외부로의 기밀문서 유출 문제가 발생하면서 '비밀창구' 활용이 중단됨. 따라서 기술적 제약이 해결되지 않는 한 정보기관의 OSINT 활용 수준은 일반인보다 낮을 것으로 예상됨.

5. 정리

(1) 공개출처정보의 장점

① 접근이 용이하며 출처가 다양하여 기만과 조작이 어려움.

② 인간정보 및 기술정보 수집 방향을 제시함.

③ 비밀첩보의 해석 및 평가에 유용함.

(2) 공개출처정보의 단점

정보의 양이 지나치게 많아 유용한 정보를 선별하는 데 과다한 시간과 비용이 소요됨.

Ⅶ 공개출처정보와 비밀첩보자료의 관계

1. 공개출처정보의 의의

① 정보화 시대에는 정보의 양이 방대하며 빠르게 변화함. 정보분석 기술의 발전으로 분석관들이 보다 효율적으로 업무를 수행할 수 있게 됨.

② 정보사용자들의 요구가 증가하면서 신속하고 정확한 정보 제공이 필요해짐. 정보기관은 공개출처정보를 효과적으로 활용하는 방안을 모색해야 함.

③ 단순히 비용 절감이나 위험 회피의 이유가 아닌, 필수적인 요소로서 공개출처정보의 중요성이 증대됨. 공개출처정보 없이 정보화 시대의 요구에 부응할 수 없음.

2. 공개출처정보와 비밀첩보자료의 상호 보완

(1) 의의

공개출처정보와 비밀첩보자료는 대립적인 관계가 아니라 상호 보완적 관계를 가짐. 두 정보를 융합하면 보다 신뢰성 높은 정보가 생산될 수 있음.

(2) 파이프스(Richard Pipes)의 견해

① 공개출처정보는 방대한 양 때문에 다루기 어려울 수 있으나, 숙련된 분석관은 신속하게 필요한 정보를 선별할 수 있음.

② 정치 분야 관련 공개출처정보를 활용하면 국가의 의도를 분석할 수 있으며, 이를 비밀첩보자료와 결합하면 보다 명확한 추정이 가능함.

3. 공개출처정보와 비밀첩보자료 간 상호 보완이 이루어지지 않는 경우

(1) 불필요한 비용과 시간의 낭비

① 두 정보의 장단점을 적절히 활용하지 않으면 정보 생산 과정에서 불필요한 비용과 시간이 낭비될 수 있음.

② 공개출처정보로 충분히 확보 가능한 정보를 분석관이 인지하지 못하면 불필요한 비밀첩보 수집이 이루어질 수 있음.

③ 비밀첩보 수집 전에 공개출처자료를 우선적으로 검토해야 하며, 대체 가능할 경우 굳이 위험을 감수하며 비밀첩보를 수집할 필요가 없음.

④ 비밀 스파이나 첩보위성은 공개출처정보로 해결할 수 없는 경성목표(hard targets)에 집중해야 하며, 이를 통해 첩보수집 예산과 노력을 효율적으로 운용할 수 있음.

(2) 정보의 홍수

① 지나치게 많은 정보 속에서 유의미한 정보를 선별하는 것이 어려운 문제로 작용함.

② 정보기관은 신속한 검색, 분석, 평가가 가능한 도구를 개발해야 하며, 정보 선별 및 분석을 수행할 수 있는 전문 인력을 양성해야 함.

③ 전문 인력은 주제별 공개출처자료의 위치를 파악하고, 적절한 검색 도구를 활용하여 신속하게 정보를 수집할 수 있어야 함.

④ 학술지 논문을 지속적으로 추적하면 특정 국가의 첨단 군사 무기 개발 동향을 파악할 수 있음.

4. 정보기관의 변화 방향

① 정보기관은 산업화 시대의 수직적 계층구조에서 정보 보안을 중시하는 형태로 운영되어 왔음.

② 정보화 시대에는 보다 수평적인 네트워크 구조로 변화가 요구됨.

③ 공개출처정보를 효과적으로 활용할 수 있는 기술 개발 및 전문 인력 양성이 필수적임.

④ 정보기관은 비밀보안을 유지하면서도 정보화 시대의 요구에 맞춰 조직구조를 유연하게 개편해야 함.

Theme 20 기능별 정보수집 활동 및 법적 문제점

I Project MK-ULTRA

1. 의의

① MK-ULTRA 계획은 1960년대 미국 중앙정보국(CIA)이 민간인을 대상으로 진행한 불법 세뇌 실험임.

② MK-NAOMI 및 MK-DELTA의 후속 계획이며, 'ULTRA'는 제2차 세계 대전 당시 최고 기밀 정보를 의미하는 코드명이었음.

2. 인간에 대한 세뇌·조종 실험

① 냉전기 미국에서는 CIA가 인간의 정신을 조종하는 실험을 극비리에 진행하고 있다는 소문이 존재했음.

② LSD를 이용한 실험이 포함되었으며, 연구원 프랭크 올슨(Frank Olson)이 투신자살을 강요받았다는 소문이 있었음.

③ 1974년 뉴욕 타임스의 폭로와 1975년 미 의회의 조사를 통해 실험의 실체가 확인됨.

④ 1990년대 빌 클린턴 대통령의 대국민 사과와 함께 의회 청문회가 열렸음.

II 전자감시 활동

1. 의의

감시는 특정인의 행동을 모니터링하는 활동으로, 국가 안보 및 사회 치안 유지 목적의 국가 감시체계도 포함됨.

2. 종류

① 정찰위성과 정찰항공을 통한 감시, 폐쇄회로 TV(CCTV), 도청·감청, GPS 추적, 인터넷 검색 등이 포함됨.

② 펜-레지스터 사용 및 데이터 마이닝도 감시 활동에 속함.

③ 전자적 감시 활동은 도청·감청, 인터넷 역추적, GPS 추적 등이 대표적이며, 특히 통신감청이 정보기관에서 자주 사용됨.

3. 물리적 수색과의 구별

(1) 쟁점

① 미국 국가안보국(NSA)은 해외와 연결되는 수십억 통화를 자동 감청함.

② 법관의 영장 없는 전자감시는 미국 제4차 수정헌법의 기본권 보장과 대통령의 국가안보 책임 간 조화를 둘러싼 논쟁의 대상임.

(2) 전자감시의 무정형적 광범위성

① 물리적 감시는 개별적 사안에 한정되나, 전자감시는 대상물의 시각·청각적 요소를 제한 없이 총괄적으로 파악함.

② 미국은 해외정보수집 활동을 위한 해외정보감시법(FISA)을 제정했으나, 대부분의 국가는 전자감시에 대한 별도 법률을 두고 있지 않음.

Ⅲ 펜-레지스터(Pen Registers & Trap and Trace)

1. 의의

① 펜-레지스터는 통화 내용을 파악하지 않고, 통화의 외형적·형식적 정보를 감지하는 장치임.

② '번호확인 장치(Trap and Trace Devices)'도 유사한 기능을 수행하며, 통상적으로 펜-레지스터와 함께 지칭됨.

2. 전자감시와의 구별

① 미국 연방법에서 펜-레지스터는 신호정보에서 내용을 제외하고 방출 사실만을 확인하는 장치로 정의됨.

② 통화횟수, 통화시간, 송·수신자의 전화번호, 위치 등의 외형적 정보를 인식하나, 실제 통화 여부는 파악하지 못함.

Ⅳ 데이터 마이닝의 한계와 법률 문제

1. 의의

① 데이터 마이닝은 방대한 데이터를 슈퍼컴퓨터 등을 이용하여 자동 분석하는 기법임.

② 충분한 양적 데이터 확보가 필수적이며, 자료가 현실을 충분히 반영해야 신뢰성이 확보됨.

2. 쟁점

① 당사자의 동의 없는 데이터 수집이 헌법상 사생활 보호 규정을 위반하는지에 대한 논란이 존재함.

② 오류자료 확보, 악의적 데이터 조작, 분석정보 남용 등의 문제가 제기됨.

3. 시너지 효과(synergic effect)

① 데이터 제공자는 자신의 정보가 데이터 마이닝을 통해 예상치 못한 방식으로 활용될 가능성을 인식하지 못함.

② 파편화된 데이터가 결합되면 개별 정보의 단순 합산을 넘어 새로운 의미를 형성할 수 있음.

③ 데이터 분석을 통해 의도치 않은 방식으로 개인의 정체성이 왜곡될 위험이 존재함.

4. 위양성(僞陽性, false positives)

① 데이터 마이닝의 기계적 한계로 인해 거짓양성(false positives) 문제가 발생함.

② 반복적 거래를 위험하지 않은 거래로 인식하는 오류 등이 발생할 수 있음.

Ⅴ 물리적 수색(Physical searches)

1. 의의

① 물리적 수색은 정보활동에서 필요한 정보수집을 위해 주거, 물건, 기타 장소를 조사하는 행위임.

② 미국 「해외정보감시법(FISA)」은 해외세력이 사용하는 것으로 추정되는 미국 내 건물, 물체, 재산 등에 대한 수색을 특별법원의 허가하에 광범위하게 허용함.

2. 특징

① 테러범들의 점조직적 특성에 맞춰 장기간 끈질긴 감시 및 수색이 필요함.

② 형사법상의 압수수색 절차와 달리 사전 통지 없이 비밀리에 출입·수색이 가능하며, 대상 특정 및 목록 작성이 필요 없음.

③ 수색의 은밀성이 성패를 결정하는 요인이며, 대상자가 감지할 경우 역공조치로 정보가 무력화될 위험이 있음.

④ 정보기관을 위한 별도의 수색기법 필요성이 인정되며, 사법적 심사도 일반 법집행기관과 구분하여 특별법원 필요성이 제기됨.

Ⅵ 제3자 거래기록(Third party records)

1. 의의

① 제3자 거래기록은 은행, 보험회사 등이 보유한 특정인의 거래내용 및 사실이 표시된 서류·장부 등을 의미함.

② 거래정보는 실질적인 내용이 배제되었더라도 재정적·통신적 거래상황을 광범위하게 나타냄.

2. 종류

① 은행, 전화회사, 인터넷 서비스 공급자, 신용카드회사, 보험회사, 여행사, 도서관 등은 고객의 신상정보 및 이용기록을 보유함.

② 그러나 개별 자료만으로는 행위의 동기나 배경을 파악하기 어려움.

3. 점의 연결(connecting the dots)의 실패

① 정보학에서 개별적으로는 가치 없는 요소들을 '점(dot)'이라 하며, 이를 활용하면 테러 활동 파악에 유용함.

② 그러나 방대한 자료에서 정확한 패턴을 분석하는 것은 어려우며, 9/11 테러 당시 미국 정보당국이 이를 막지 못한 원인 중 하나가 '점의 연결 실패'임.

4. 국가안보서신(National Security Letters, NSLs)

① 제3자 거래기록 확보는 정보활동에서 중요한 의미를 가짐.
② 정보기관은 범죄수사 목적이 아니며, 비밀유지가 필수적이므로 적법한 압수·수색 절차를 따르기 어려움.
③ 이에 미국 FBI는 국가안보서신(NSLs)을 활용하여 거래기록을 확보함.

5. 학문의 자유와 사상의 자유 침해 가능성

① 제3자 거래기록은 프라이버시와 관련된 문제로 법률적 논쟁이 있음.
② 특히 미국 사회는 도서관 기록을 중요하게 여기며, 특정 도서 이용 정보가 개인의 관심 분야와 사상을 추정하는 자료로 활용될 가능성이 있음.
③ 거래기록에 대한 정부 개입은 민주사회에서 사생활 및 자유를 침해하는 행위로 간주될 수 있음.

Ⅶ 검문검색

1. 의의

① 각국은 국가안보시설에서 검문검색을 실시하며, 이를 위해 검문검색소를 운영함.
② 국경 검문검색소는 영장 없이 실시되며, 이는 국가 자위권의 일환으로 인정됨.
③ 범죄인 적발을 위한 검문검색의 적법성에 대한 논란이 있으며, 이는 법치행정과 적법절차 준수 문제와 연결됨.

2. 합리성의 균형이론

① 검문검색 대상자가 초래할 위험성을 고려하여 선별적으로 검문검색을 수행하는 것이 합리적인 균형임.
② 승객 안전을 위한 검문검색이 불편을 최소화하는 방식으로 이루어진다면 정당성이 인정됨.
③ 그러나 1973년 이후 모든 탑승객에 대한 금속검색 및 X-ray 검색이 도입되면서 기존 법리가 유지될 수 없었음.

3. 행정·규제목적 이론

① 법원은 모든 탑승객을 대상으로 한 검문검색을 '행정·규제목적 이론'으로 설명함.
② 영상검색 등은 일반적인 규제계획(regulatory scheme)의 일환으로 인정됨.

4. 평가

① 대량적 검문검색의 법리는 행정규제목적 이론이 적절하다고 평가됨.
② 법원은 검문검색이 범죄 적발이 아니라 위험물 소지자의 탑승을 제지하는 목적임을 명확히 함.
③ 검문검색이 범죄 적발 목적이라면 승객을 잠재적 용의자로 간주하는 것으로, 민주국가에서는 용납될 수 없음.
④ 뉴욕 경찰은 지하철 탑승객을 무작위로 선정하여 수색했으며, 이에 대한 사전 고지 및 수색 거부 권한을 인정함.

Theme 21 정보분석(Intelligence Analysis)

Ⅰ 정보분석의 개념과 의미

1. 개념

① 첩보활동을 통해 수집된 자료는 단편적이며 신뢰성을 확신할 수 없음. 따라서 전문가의 평가와 분석이 필요함.
② 미국 정보공동체의 정의에 따르면, 정보분석은 정보 생산과정(intelligence cycle)의 일부로서, 수집된 첩보에서 의미 있는 사실이나 결론을 도출하기 위한 체계적인 검토 과정임.
③ 정보분석은 국가 위협 및 이익과 관련된 문제를 이해하고 대응하는 데 활용되며, 정책결정과정을 지원함.

2. 학설

① 슐스키와 슈미트(Schulsky & Schmitt): 단편첩보를 처리하여 정책결정권자와 군 지휘관이 활용할 수 있도록 가공하는 과정으로 설명함.
② 스틸(Robert Steele): 문서 또는 구두로 된 판단(assessments)을 생산하는 과정으로 정의함.

3. 중요성

(1) 의의

① 헬름스(Richard Helms, 1966~1973): 정보활동에서 분석의 중요성을 강조함.
② 정보기관의 최종 산출물은 정보분석보고서이며, 정책결정권자는 이를 기반으로 의사결정을 수행함. 또한 첩보수집의 오류에도 불구하고 최종적인 책임은 분석관에게 부과되는 경향이 있음.

(2) 정보실패 사례: 이라크 대량살상무기(WMD)

① 포커(Robert Folker): 정보실패의 주요 원인은 분석의 실패라고 지적함.

② 이라크 망명객의 진술에 의존한 부정확한 첩보보고서가 정보판단 오류를 초래함. 최종 판단을 내리는 과정에서 분석 실패가 결정적 요인으로 작용함.

③ 미국은 이라크 WMD에 대한 잘못된 정보판단으로 불필요한 전쟁에 개입하여 인명 피해 및 경제적 손실을 초래함.

Ⅱ 정보분석의 목적

1. 의의

① 정보분석의 목적은 국가안보 위협 및 이익과 관련된 문제를 정보소비자가 이해하고 대응하도록 지원하는 것임.

② 정보소비자는 대통령, 총리 등 최고정책결정권자에서 정부 부처, 국회의원, 언론, 기업, 일반 국민까지 확대됨.

③ 정보기관의 주요 고객은 여전히 최고정책결정권자이며, 정보분석은 이들의 정책결정을 지원하는 역할을 함.

2. 정보분석의 대상

(1) 의의

① 정보기관은 정보생산자이나 분석 대상을 임의로 설정할 수 없음.

② 대상은 정책결정권자의 정보요구(intelligence requirements)에 기초하여 설정됨.

③ 분석관이 국가안보 및 이익에 영향을 미치는 문제를 자체적으로 설정하기도 함.

(2) 정보분석 목표와 대상

① 정보소비자와 생산자가 설정한 분석 대상이 상이할 수 있으며, 중요도와 우선순위도 다를 수 있음.

② 부시 행정부 초기, 미국 정보공동체는 알카에다의 위협을 경고했으나, 미사일 방어체제(MD)에 집중한 부시 대통령이 이를 경시함.

③ 정보분석 목표의 우선순위는 국가별·시기별로 다르게 설정됨. 냉전 시기에는 소련 군사동향이 주요 목표였으나, 냉전 종식 후 러시아의 중요도가 감소함.

④ 정보분석 대상에 따라 시의성이 다름. 일부 대상은 즉각적인 분석이 필요하나, 일부는 장기적 관찰과 분석이 요구됨.

3. 정보분석 대상의 분류 기준

① 대상 지역에 따라 국내정보와 국외정보로 구분하며, 각각 보안정보와 정책정보로 세분됨.

② 요소별 기준으로 정치정보, 경제정보, 사회정보, 군사정보, 과학기술정보로 분류됨.

③ 시계열적 특성에 따라 기본정보, 현용정보, 판단정보로 나뉨.

4. 사이버정보, 신안보위협, 초국가적 안보위협

(1) 사이버정보(Cyber Intelligence)

컴퓨터와 네트워크 관련 첩보 수집 및 보안대책을 다루며, 정보화 시대의 새로운 분석 대상으로 주목받음.

(2) 신안보위협

환경, 자원, 에너지, 전염병 확산 등이 신안보위협으로 부각되며, 이에 대한 정보분석이 활발히 이루어짐.

(3) 초국가적 안보위협

① 테러리즘, 마약, 국제조직범죄 등은 행위자가 국가가 아닌 집단이며, 국경을 초월한 활동을 수행함.

② 미국은 9/11 테러 이후 국제테러리즘을 심각한 안보위협으로 간주하고, 국토안보부 신설 및 반테러센터(NCTC)를 설립하여 분석 역량을 강화함.

Theme 21-1 정보분석 대상의 범위

Ⅰ 정보분석 대상의 확대

1. 의의

정보분석 대상의 범위는 시기와 상황에 따라 달라지며, 냉전 종식 이후 더욱 확대됨.

2. 게이츠(Robert Gates, 1987)

① 전 CIA 국장으로, Foreign Affairs 기고에서 정보기관의 분석 대상이 광범위함을 지적함.

② 전략적 문제(전략무기 개발, 화학 및 생물 무기 확산, 소련의 레이저 무기 개발, 우주 활용, 제3세계 정치 불안정)에서 경제 및 환경 이슈(수자원, 광물자원, 식량, 에너지 안보)로 확대됨.

③ 전염병, 기후, 미개 부족의 인구통계, 생필품 공급 등 지엽적 문제까지 포함됨.

Ⅱ 우호국이나 동맹국에 대한 정보

1. 카버(G.A. Carver, 1990)

① 미국 정보활동이 서유럽 지역에 초점을 맞춰야 한다고 주장함.

② 경제정보의 중요성을 강조함.

2. 터너(Stansfield M. Turner, 1977~1981)

① 과거에는 적대국 군사정보가 중시되었으나, 현재는 우방국(일본, 유럽 등)에 대한 경제정보 활동이 강조됨.

② 이후 미국 정보공동체의 분석 대상이 기술정보와 경제정보를 넘어 더욱 광범위한 주제로 확대됨.

3. 문제점

(1) 권위 있는 정보분석보고서 생산의 어려움

① 미국의 국제무역 및 금융 정책 결정 시 정보기관보다 재무성, 중앙은행, 대통령 경제보좌관 등의 판단이 우선됨.

② 정보기관의 경제분석 신뢰도가 낮아 정책 결정에서 활용되지 않음.

(2) 정보기관 분석의 신뢰성 차이

① 정보기관은 우방국보다 잠재적 적국이나 분쟁지역에 대한 분석 신뢰성이 높음.

② 주요 목표가 우호국이 아니므로 이에 대한 권위 있는 보고서 생산이 어려움.

(3) CIA의 영국 정보분석 한계

① CIA의 영국 관련 정보분석보고서는 미국의 영국 정책 결정에 거의 활용되지 않음.

② 영국 전문가가 많아 정보기관 분석이 불필요하며, 군사정보도 상호 대화로 충분히 확보 가능함.

(4) 정보기관의 전문성 차이

① 정보기관은 군사 및 분쟁지역 분석에서 강점을 가짐.

② 경제, 사회문화, 외교 분야에서는 정부 일반 부처보다 전문성이 낮음.

Ⅲ 부처 간 의견을 조정하는 역할

1. 의의

영국과 미국에서는 국가정보판단보고서(NIE)가 부처를 초월하여 의견을 조율하는 데 핵심적인 역할을 수행함

2. 영국

장관들은 부처 이기주의를 초월한 정보기관의 의견을 신뢰함

3. 미국

정보기관은 국무부와 백악관과의 의견을 조율하는 역할을 수행함

Ⅰ 정보분석의 개념

1. 의의

① 정보분석은 정보기관이 수집한 방대한 첩보를 검토·정선하여 국가안보정책에 활용할 수 있도록 하는 작업임.

② 정보와 정책이 만나는 지점으로, 정책결정자가 변화하는 상황을 숙지하고 문제 해결 및 정책 선택을 명확히 할 수 있도록 지원함.

③ 수집된 첩보는 단편적이며 검증이 필요하므로, 전문가의 통합·평가·분석 과정을 거쳐 국가안보에 활용할 수 있는 정보로 변환됨.

2. 정보분석의 단계

① 분류 및 기록(collation): 수집된 첩보를 분류하고 기록하는 단계임.

② 평가(evaluation): 첩보원의 신빙성과 첩보의 신뢰성을 평가하는 단계임.

③ 분석(analysis): 첩보에 의미를 부여하고 기존 정보와 대조하여 결론을 도출하는 단계임.

④ 통합(integration): 분석된 첩보를 하나의 큰 그림으로 통합하는 단계임.

⑤ 해석(interpretation): 통합된 정보를 바탕으로 미래를 예측하는 단계임.

3. 정보생산물의 구분

① 기초서술정보(basic descriptive): 대상 국가·조직의 역사, 지리, 경제력, 군사력 등의 기초적 사실을 기록한 정보임.

② 현용정보(current-reportorial): 최근 또는 현재 발생한 상황을 보고하는 정보임.

③ 경보정보(warning and indication): 주요 적국의 군사 동향을 탐지하여 기습공격을 예방하는 정보임.

④ 평가·판단정보(speculative evaluative): 미래 발생 가능성을 예측·판단하는 정보임.

4. 정보의 질 판단 기준

① 적실성(relevancy): 국가안보정책 수립에 적실성이 있어야 함.

② 적시성(timeliness): 정책 수립 시기에 맞춰 정보가 제공되어야 함.

③ 정보소비자의 요구 부합성(tailored): 정책 수립에 유용한 정보여야 하며, 분석의 객관성을 유지해야 함.

④ 간결성(digestible)과 명료성(clarity): 복잡한 현상을 왜곡 없이 단순화하고, 정보보고의 한계를 명확히 해야 함.

5. 저비스(Robert Jervis)의 정보의 세 가지 조건

(1) 의의
① 정보 분석의 질적 우수성을 확보하기 위해 충족해야 할 세 가지 조건을 제시함.
② 조건이 생략될 경우, 분석의 질적 수준이 저하될 가능성이 높음.

(2) 세 가지 조건
① 분석관은 주어진 상황에서 각기 다른 설명들을 제시해야 함.
② 각각의 설명에 대한 증거를 찾아 분석해야 함.
③ 현상에 대해 가장 타당성이 있는 주장을 보고해야 함.

(3) 한계
① 세 가지 조건이 충족되었다고 해서 분석 결과가 항상 정확한 것은 아님.
② 다만, 조건이 생략될 경우 질적으로 우수한 분석 결과물이 나올 가능성이 감소됨.

Ⅱ 정보분석의 단계별 요건

① 정보분석 시 문제제기 요건: 정확성, 적합성, 적시성
② 정보분석 시 자료 평가 기준: 정확성, 적합성, 신뢰성
③ 정보분석의 조건: 정확성, 적합성, 적시성
④ 정보의 질적 가치: 정확성, 적합성, 적시성, 객관성
⑤ 정보보고서의 기본 요건: 적합성, 적시성, 간결성, 명료성, 객관성, 정확성
⑥ 입법부의 정보기관 통제 기준: 적절성, 효율성, 합법성

Ⅲ 로웬탈의 좋은 정보 요건

1. 적시성(timeliness)
정책 수립 시기에 맞춰 제공되지 않으면 정보의 가치가 상실됨.

2. 적합성
① 정보소비자의 요구 부합성(tailored)
② 정보가 깊고 광범위하더라도 정책 수립에 활용되지 못하면 의미가 없음. 다만, 분석의 객관성을 유지해야 함.

3. 간결성(digestible)
복잡한 현상을 단순화하여 정보소비자의 이해를 도와야 함.

4. 명료성(clarity)
분석된 정보의 한계를 명확히 하고, 알려진 사항과 알려지지 않은 사항을 구분해야 함.

Ⅳ 정보분석의 이론적 시각

1. 의의
정보분석에 대한 이론적 접근은 크게 기술학파, 과학적 예측학파, 기회분석학파로 구분됨.

2. 기술학파
① 정보분석의 기능은 비밀리에 수집된 첩보에 대한 전문가의 견해를 정책결정자에게 전달하는 것임.
② 분석관의 역할은 영상첩보 및 암호첩보를 기술적으로 해석하여 정보소비자에게 의미를 전달하는 것에 한정됨.
③ 안보정책 수립은 정책결정자의 고유 영역이며, 분석가는 단순한 기술적 조언자로 간주됨.
④ 과거 소련에서 정보분석은 이러한 기술적 시각에서 이해됨.

3. 과학적 예측학파

(1) 개념 및 특징
① Sherman Kent(미국 CIA 분석부서 설립 공헌자)에 의해 정립됨.
② 정보분석은 단순한 사실 서술을 넘어 사회과학적 방법을 통해 사건의 인과관계를 규명하고 미래를 예측하는 데 초점을 둠.
③ 분석 대상은 비밀 첩보뿐만 아니라 공개 자료까지 포함해야 함.

(2) 정책결정자와의 관계
① Kent는 분석관이 정책결정자의 요구를 고려해야 하지만, 정치화되어 객관성을 상실해서는 안 된다고 강조함.
② William Colby(CIA 국장 재직 시기)는 정보기관들이 사회과학적 방법론을 적극적으로 수용하여 미래 예측 및 판단 능력을 강화해야 한다고 주장함.
③ 현대 CIA를 포함한 미국 정보기관들은 사회과학적 방법론을 정보분석에 광범위하게 적용하고 있음.

4. 기회분석학파(Kendall 분석학파)
① Kendall에 따르면 정보분석의 중립성은 존재할 수 없음.
② 정보분석은 정책결정자의 목표 달성을 위한 수단으로, 적대국 지도자의 위협과 취약점을 파악하여 정책 목표를 달성하는 기회로 활용해야 함.
③ 분석관은 정책결정자와 긴밀히 협력하며, 정책결정자의 선호성을 정보분석의 준거로 삼아야 함.

5. 미국과 한국의 정보분석 시각

① 미국은 Kent 유형의 과학적 예측학파를 강조하며, 2000년 5월 설립된 Sherman Kent 정보분석학교의 교육지침에서도 이를 명확히 드러냄.

② 한국은 기회분석학파에 가까우며, 이는 국가정보기관의 분석부서가 상대적으로 영세하고 낙후되어 있기 때문임.

③ 또한, 북한의 군사적 위협과 정보기관의 역사성이 영향을 미치며, 분석 분야에서도 정책결정자의 선호성이 크게 반영되는 경향이 있음.

Ⅴ 분석 대상의 분류

1. 의의

정보분석의 대상은 개념적 분류, 기능적 분류, 지역별 분류로 나눔.

2. 개념적 분류

(1) 의의

정보분석 대상의 개념적 분류는 공개된 사실, 비밀, 역정보, 미스터리로 구분됨.

(2) 공개된 사실(known facts)

① 공개된 사실은 공개출처를 통해 얻어진 첩보 또는 시각적으로 확인 가능한 첩보를 포함함.

② 전통적으로 국가정보기관은 비밀 첩보 분석을 중시했으나, 정보혁명과 민주화, 기관 투명성 강화 등으로 공개출처 자료의 중요성이 증대됨.

③ 주요 국가정보기관들은 영국 국제전략연구소(IISS)의 「Military Balance」, 스웨덴 평화연구소(SIPRI) 연감, 「Jane's Weekly」 등의 공개출처를 활용하여 군사첩보를 수집함. 또한, 인터넷과 언론매체(CNN, FOX NEWS, New York Times 등)의 영향력 증가로 공개정보의 중요성이 더욱 강조됨.

④ 공개정보의 활용이 증가하는 반면, 신뢰성 문제, 역정보 위험, 주요 첩보 선택의 중요성이 대두됨.

(3) 비밀(secret)

① 국가정보기관의 핵심 역할은 비밀 수집 및 분석을 통한 국가안보정책 지원임.

② 비밀은 외국 정부가 은닉하려는 현안 문제, 상황, 정책과정을 의미하며, 국가별 비밀 분류 기준에 따라 차이가 있음. 폐쇄국일수록 비밀 범주가 광범위함.

③ 일반적으로 주요 인사의 신상정보, 첨단 병기의 성능 및 재원, 정보·보안기구의 구성, 예산 등이 비밀로 분류됨.

④ 비밀분석의 주요 애로사항은 확인상의 제약과 불확실성이며, 특히 적대국 정보 검증의 어려움이 존재함. 따라서 연역적·귀납적 유추 과정을 통해 확률적 예측을 수행함.

(4) 역정보(disinformation)

① 역정보는 적대국이 상대국 분석관을 기만하고 오판을 유도하기 위해 의도적으로 제공하는 왜곡된 정보임.

② 역정보를 이용한 기만 공작이 탐지되지 않을 경우, 분석의 오류 및 정책결정자의 불신을 초래하여 국가안보를 위태롭게 할 수 있음. 따라서 철저한 출처 검증과 엄정한 분석 평가가 필요함.

(5) 미스터리 (mysteries)

① 미스터리는 정보 수집과 분석만으로 규명하기 어려운 의문사항이나 현안을 의미함.

② 국가안보 관련 결정과 사건은 불확실성이 내재하며, 이는 인간 행동의 의도, 선호성, 심리구조와 밀접한 관계가 있음.

③ 예를 들어 북한의 대포동 2호 실험발사의 의도를 분석하는 것은 복합적 변수로 인해 정답을 제시하기 어려움. 김정일의 의도를 분석하기 위해 미국 정책결정자의 의도 및 북한 지도부의 인지구조를 추적해야 하는 등 어려움이 존재함.

④ 분석관은 개연성 구조와 범주를 설정하여 돌발사건에 대비하는 것이 중요함.

3. 기능적 분류

(1) 의의

정보분석 대상은 정치, 군사, 경제, 사회, 문화, 과학기술 등 광범위한 영역을 포함하며, 수집 대상에 따라 분석 우선순위가 결정됨.

(2) 미국 주요 정보분석 대상의 변화

① 9/11 이후 국제 테러리즘 및 대량살상무기 확산 방지에 대한 분석이 강화됨.

② 과거 SALT Ⅰ·Ⅱ 협정이 중시되었으나, 최근에는 NPT, CW·BW 준수 여부에 대한 분석이 강조됨.

③ 민주화 확산으로 인해 정치분석 대상이 기존 권력 엘리트에서 NGO 등 시민단체로 확대됨. 경제분석은 산업첩보, 부정행위, 국제 금융시장 불안정 등에 집중됨.

④ 탈냉전 시대의 안보위협 분석은 점점 어려워지고 있으며, 생물무기(BW) 테러공격과 같은 사안은 정보분석이 매우 어렵다는 특징을 가짐.

(3) 한국 주요 정보분석 대상의 변화

① 한국은 전통적 국가안보 사안(북한의 군사·정치·경제 동향)을 우선적으로 분석함.

② 미국, 일본, 중국, 러시아 등 주변 4강의 정치·군사·외교 분야 분석도 중요시됨.

③ 최근에는 국제조직범죄, 마약밀매, 테러리즘, 경제방첩 등에 대한 분석 비중이 증가함.

4. 지역별 분류

① 국가정보기관들은 분석을 기능과 지역으로 이원화하여 수행함.

② 패권국(미국)의 경우 전 세계를 분석 대상으로 삼으며, 시대적 상황에 따라 우선순위가 조정됨. 냉전 시기에는 소련·중국이 주요 대상이었으나, 9/11 이후 북한, 이라크, 이란 등이 새롭게 포함됨.

③ 한국도 탈냉전 이후 지역별 분석 우선순위를 조정하고 있으며, 북한이 최우선 분석 대상이지만 주변 4강(미국, 일본, 중국, 러시아)의 동향 분석도 중요시됨.

Theme 22-1 정보분석의 원칙 및 문제

I 창조적 정보분석의 6대 원칙

1. 지연판단의 원칙

정보분석에서 아이디어 생성과 가치판단을 구별해야 하며, 최종 판단은 모든 아이디어가 도출된 후에 이루어져야 한다는 원칙임. 이는 즉각적인 평가와 반대되는 개념으로, 창의적인 정보분석을 위해 필수적임.

2. 다량 양질의 원칙

많은 아이디어 중에서 질 좋은 아이디어가 도출될 가능성이 높다는 원칙임. 초기 아이디어는 비효율적일 수 있으며, 다량의 아이디어 생성이 중요함.

3. 타가수정의 원칙

자신의 아이디어만 고수하지 않고 다른 아이디어와 융합·결합하면 더 나은 아이디어가 도출된다는 원칙임. 창조적 판단을 위해 다양성이 균질성보다 유리함이 사회과학적으로 증명됨.

4. 업무 안정감 비례의 원칙

정보분석관의 창의성은 업무 안정감, 자기만족감, 감독으로부터의 자유 등과 비례함. 조직의 생산성이 직업 만족도와 연관되듯, 정보관리자는 분석관의 안정감을 도모해야 함.

5. 경쟁분석의 원칙

정보분석의 창의성은 경쟁을 통해 향상될 수 있음. 동일한 정보에 대한 별개의 분석기구를 중첩적으로 운영하여 상호 비교·평가하면 분석의 창조성이 높아질 수 있음.

6. 악역 활용의 원칙

정보분석 과정에서 의도적으로 반대 의견을 개진하는 역할을 설정하여 경쟁과 비판을 유도함으로써 창조성을 고양할 수 있음. 이를 통해 미진한 점을 보완하고 최상의 정보를 도출할 수 있음.

II 정보분석 관련 문제

1. 정보요구 관련 문제

정보판단은 정책 우선순위에 맞추어야 하며, 그렇지 않으면 분석 결과의 활용도가 낮아질 위험이 있음. 정책부서의 명확한 정보요구가 계획·지시 단계에서 설정되는 것이 바람직함.

2. 단기 전술정보와 장기 대책정보 생산의 문제

① 단기 전술정보 생산과 장기 전략정보 생산 간 긴장관계가 지속됨.

② 미국 정보공동체는 단기적 현용정보 분석에 과도한 자원을 투입하여 장기적 분석 능력이 저해됨.

③ 상원 처치 위원회(Church Committee) 보고서에서는 CIA의 단기 분석 집중 현상을 "현행사건 증후군(Current Events Syndrome)"으로 지칭하며 문제를 지적함.

3. 비상요구 정보와 통상적 정보활동의 균형 문제

비상상황이 발생하면 국가정보활동 계획보다 비상정보 수집이 우선되며, 이에 따라 장기 정보분석이 소홀해질 위험이 있음. 비상정보의 긴급성이 강조되더라도 합리적 우선순위 설정이 필요함.

4. 수집정보 홍수의 문제(밀과 겉겨의 문제, Wheat v. Chaff Problem)

수집되는 첩보와 분석되는 정보 간 불균형이 발생할 수 있음. 모든 첩보를 분석하는 것은 현실적으로 불가능하며, 수집·분석 비율에 대한 명확한 기준이 존재하지 않음. 수집과 분석의 불균형이 심하면 정보의 신뢰성이 저하될 수 있음.

5. 개별적 분석창고·분석통의 문제

각 정보기관이 독자적 정보 분석체계를 유지하면서도 전체적인 조화를 도모해야 하는 과제가 있음. 정보공동체 내 개별 기관의 분석기법과 시각 차이가 조화롭게 활용될 필요가 있음.

6. 암시와 경고의 문제

① 전략적 충격을 방지하기 위해 사전 경고를 제공하는 것이 국가정보기구의 중요한 임무임. 그러나 경고 실패 시 정보분석관의 책임으로 귀결될 위험이 있음.

② 기준 시점을 잘못 설정하거나 지나치게 경고를 남발할 경우 정책당국과 국민의 신뢰를 저하시킬 수 있음.

7. 수집정보의 한계 문제

(1) 의의

정보업무의 특성상 모든 관련 정보를 한정된 시간 내에 수집하는 것은 불가능함.

(2) 분석의 어려움과 정치화 문제

① 존슨(Loch K. Johnson)은 정보 분석이 불완전한 첩보를 바탕으로 하기 때문에 불확실성과 모호성이 존재한다고 지적함.

② 분석 과정에서 논쟁과 혼란이 상존하며, 부분적 해답에 의존할 수밖에 없음.

③ 일부 견해는 정보분석이 법적 증거 절차가 아니므로 분석관의 판단을 중시해야 한다고 주장함.

④ 반면, 부족한 자료를 근거로 한 정보분석은 신뢰성이 낮으며, 정보판단의 정치화로 이어질 위험이 있음.

⑤ 정보분석관은 사실을 왜곡하지 않고 정책담당자에게 정확한 정보를 전달하는 것이 중요함.

⑥ 콜린 파월(Colin Powell)은 정보보고 시 "알고 있는 것, 모르는 것, 그리고 의견"을 명확히 구분할 것을 강조하며, 정책 결정의 최종 책임은 정책담당자에게 있음을 명확히 했음.

Theme 22-2 정보분석기구와 분석관

I 정보분석기구

1. 의의

국가별 정보분석 조직의 성격은 상이함.

2. 미국

① CIA 내 정보분석부서는 수집/공작부서와 독립적 영역을 가짐.

② 국가정보위원회(NIC)가 국가정보 예측판단(NIE)을 작성하는 등 다층적 분석기구를 운영함.

3. 영국

① 수상실 직속 분석평가팀(Assessment Staff) 운영.

② 미국과 달리 단일 부서로 구성됨.

4. 한국

① 국가정보원이 분석 기능을 집중적으로 수행하나 내부적으로 기능이 분산됨.

② 국방정보본부 및 국군정보사령부가 국방 부문 분석을 수행하며, 외교통상부의 정보분석 기능은 제한적임.

II 정보분석기구의 유형

1. 의의

정보분석기구는 중앙집중형, 분산형, 절충형으로 구분됨.

2. 분산형(confederal)

① 제2차 세계대전 이전 미국에서 운영된 방식으로, 각 부처가 독립적으로 분석을 수행함.

② 부처별 특화된 정보 분석이 가능하나, 중복 투자 및 조기경보 실패 등의 한계가 존재함.

3. 중앙집중형(centralized)

① 제2차 세계대전 이후 미국의 주요 분석 모델로 정착됨.

② 국가안보정책 관련 주요 분석 사안을 설정하고, 정보기관 대표들이 합의형 보고서를 작성하는 방식임.

③ 중복 투자 방지가 가능하나, 합의 중심 분석으로 인해 정보의 유용성이 저하되는 문제가 발생함.

4. 절충형

① 경쟁적 분석(Competitive Analysis)을 도입하여 중앙집중형의 단점을 보완함.

② 동일 사안에 대해 A팀과 B팀이 경쟁적으로 분석을 수행하는 방식임.

③ 1975년 CIA 국장 George Bush가 도입한 방식으로, 분석의 객관성을 높이는 데 기여함.

5. 평가

① 정보분석기구 모델의 적합성은 국가별 상황에 따라 다름.

② 한국은 제한된 인원과 자원을 고려할 때 중앙집중형이 주를 이루나, 경쟁적 분석 방식도 도입할 필요가 있음.

③ 국정원과 국방정보본부 간 경쟁적 분석을 통해 정보 독점 방지 및 국가이익 증진 가능.

III 정보분석관

1. 의의

정보분석관의 자질이 정보분석의 핵심 요소이며, 지속적인 훈련이 필수적임.

2. 정보분석관 충원의 유형

(1) 의의

정보분석관 충원 방식은 국가별로 상이하며, 미국의 전문형, 영국의 일반형, 한국의 절충형으로 구분됨.

(2) 미국

① CIA는 특정 학연 중심으로 분석관을 충원하였으며, 초기에는 Harvard 및 Yale 출신이 주를 이룸.

② 1970년대 이후 지역 및 기능적 전문성을 고려한 인력 충원을 실시함.

③ 터너(Stanfield M. Turner)에 따르면, CIA 분석부서 요원들은 대학 연구자와 유사한 지적 능력을 갖춘 전문가들로 구성됨.

④ Ph.D. 보유자가 많으며, 전공 분야는 고고학에서 인류학까지 다양함.

⑤ 분석관을 대상으로 전문분석 교육을 제공하며, 2000년 Sherman Kent School for Intelligence Analysis 설립.

(3) 영국

① 정보분석관을 별도로 충원하지 않고, 외교관을 평가국 소속 분석관으로 임명함.

② 전문성보다는 기초가 탄탄한 일반주의자(generalist)로 운영됨.

③ 군사부문 분석이 미흡하여 조기경보 실패 가능성이 존재함(Michael Herman 지적).

(4) 한국

① 국정원이 국내, 해외, 대북 분석 기능을 담당하며, 과학기술 첩보 분석이 강화되는 추세임.

② 정규과정 출신이 주로 충원되며, 기술 분석은 특별 채용 경로를 택함.

③ 미국과 달리 별도의 정보분석 훈련을 제공하지 않으나, 동일 부서 장기 근무를 통해 전문성을 확보함.

④ 과거 박사급 인력의 특별 채용 사례가 있으나, 제도화되지는 않음.

Theme 23 정보분석방법

Ⅰ 분석방법의 이론적 논의

1. 정보분석방법의 의의

① 수집된 첩보를 국가안보정책에 활용할 정보로 전환하는 과정에서 핵심적인 역할을 수행함.

② 인식론적 요소와 방법론적 요소로 구성됨.

2. 인식론적 요소

① 정보분석의 이론적 시각을 의미하며, 지식을 추려내어 정선된 정보를 도출하는 이론적 기반을 지칭함.

② 정치변동, 정책선택, 군사행동, 경제 동향 등 정보분석의 주요 대상이 되는 영역의 이론을 포함함.

3. 방법론적 요소

(1) 방법론의 의의

① 인식론 또는 이론을 바탕으로 도출된 명제나 가설을 경험적 사실을 통해 검증하거나 위증하는 과정임.

② 탐구의 논리로서 전통적으로 연역법, 귀납법, 변증법이 존재함.

(2) 연역법과 귀납법

① 연역법: 보편적 명제를 도출한 후 경험적 사례를 통해 검증하는 방식임.

② 귀납법: 개별적 관찰을 통해 보편적 일반화를 도출하는 방식임.

(3) 변증법

① 마르크스주의 사회과학 방법론에서 주로 활용됨.

② 역사적·구조적 분석을 통해 사회변동의 흐름을 질적으로 규명하는 방법임.

Ⅱ 정보분석방법과 사회과학적 분석방법

1. 정보분석방법의 의의

① 사회과학적 분석방법과 기본적으로 동일한 분석 절차를 따름.

② 서술(description), 설명(explanation), 예측(prediction), 통제(control) 등의 목적을 가짐.

2. 정보분석방법과 사회과학적 분석방법의 차이점

(1) 공통점

서술은 기초정보와 현용정보의 근간을 이루며, 설명·예측·통제는 현용·경보·예측·판단 정보의 핵심을 형성함.

(2) 차이점

① 정보분석은 국가이익 증대를 목표로 하는 도구적·당위론적 성격이 강함.

② 비공개 첩보를 주요 자료로 활용하며, 시간적 제약이 필연적으로 존재함.

③ 순수 학문연구와 구별되는 특성을 가짐.

III 정보분석방법의 다양성

1. 정보분석방법의 보편성 한계

① 시공간을 초월하여 보편적으로 적용될 수 있는 단일한 정보분석방법은 존재하지 않음.

② 분석대상과 최종 분석보고서 유형에 따라 방법론이 크게 달라짐.

2. 분석대상별 차이

① 특정 분석기법을 다른 분석 영역에 그대로 적용하는 것은 부적절함.

② 예: 군사태세 분석 방법을 정치변동 분석에 전용할 수 없음.

③ 예: 정치동향 분석기법을 경제동향 분석에 그대로 적용할 수 없음.

④ 주어진 분석 대상에 따라 상응하는 분석이론과 방법론을 개발해야 함.

3. 최종 분석보고서의 형태에 따른 차이

(1) 기초정보

핵심 사실을 단순 서술하는 방식으로 충분함.

(2) 현용 · 경보 · 예측 · 판단 정보

각 유형별로 서로 다른 분석이론과 기법이 요구됨.

(3) 결론

특정 분석기법을 보편적으로 적용하는 것은 어려우며, 분석기법의 주요 흐름을 파악하는 것이 중요함.

Theme 23-1 자료형과 개념형 분석기법

I 의의

정보분석방법에서 자료형과 개념형 분석 간의 경합이 주요 논쟁으로 대두됨.

II 자료형

1. 의의

① 자료형 분석은 모자이크 이론에 기반하며, 현안 문제에 대해 가능한 모든 첩보를 수집한 후 이를 조합하여 전체 그림을 도출하는 방식임.

② 정확한 정보판단을 위해 완벽한 첩보 수집을 우선시하는 경향이 있음.

③ 대표적 사례로 기술첩보 옹호론이 있으며, 영상정보, 신호정보, 징후계측정보 등 다양한 유형의 첩보를 최대한 수집해야 정확한 정보분석이 가능하다고 주장함.

2. 환원주의 위험

① 자료형 분석은 환원주의적 오류를 초래할 가능성이 있음. 모든 첩보 확보가 어렵기 때문에 제한된 정보로 전체 그림을 단순화해야 하는 위험이 존재함.

② 완전한 정보를 확보하려는 과정에서 무한회귀의 오류가 발생할 수 있음.

③ 기술정보 분야에서는 대량의 첩보 유입으로 인해 적절한 정선과 선택이 어려운 문제점이 있음.

III 개념형

1. 의의

① 개념형 분석은 자료형 분석의 대안으로 등장한 방식으로, 분석관이 자료 수집 전에 전체적 분석 틀을 설정하고 이를 바탕으로 첩보 수집 및 분석을 수행함.

② 완벽한 정보는 존재하지 않으므로, 미지수를 해결하기 위해 이론적 모델을 설정해야 함.

③ 경합이론을 도입하여 단계적으로 검증함으로써 정보분석의 정확도를 높일 수 있음.

④ 최근 정보분석기관들은 자료형에서 개념형 분석으로 전환하는 경향을 보임.

2. 개념형 분석기법의 유형

(1) 내재적 접근

① 보편이론을 기계적으로 적용하는 것이 아니라, 분석 현안의 맥락을 고려하여 방향을 설정하는 접근 방식임.

② 특정 지역의 분석에서는 지역적 특수성을 반영한 간주관적 접근이 필요함.

③ 냉전 시기 미국 정보기관이 소련 분석 시 크레믈린 전문가에게 의존한 사례가 대표적임.

④ 북한 분석에서도 내재적 접근이 강조되며, 북한 시각에서 분석해야 객관적 이해가 가능하다고 주장됨.

(2) 보편 이론적 접근

① 분석 대상의 특수성을 강조할 경우 보편적 경향을 간과할 수 있으며, 정치변동, 전쟁, 경제 동향 등은 보편 이론 적용이 가능함.

② 1979년 이란 혁명의 사례에서 미국 정보기관이 내재적 접근을 취하다가 군부의 힘을 과대평가하여 정치변동을 예측하지 못한 사례가 있음.

③ 북한 붕괴론에서도 내재적 접근과 보편 이론적 접근이 대립함.

④ 보편 이론은 변수 간 인과관계를 규명하고, 미래 예측을 가능하게 함.

(3) 비교역사 모델

① 역사적 유사 사례를 비교하여 분석 현안에 대한 시사점을 도출하는 접근법임.

② 제2차 세계대전 이후 미국 경보정보는 일본의 진주만 기습공격 사례를 반면교사로 삼아 발전함.

③ 21세기 동북아 안보환경 예측에서도 비교 유추 방법이 활용됨.

④ CIA 분석부서에서 전통적으로 채택된 방식이며, 초기 CIA 분석국이 하버드 및 예일대 역사학과 출신으로 구성된 것과 관련이 있음.

Theme 23-2 질적분석과 계량분석

I 의의

분석의 틀이 설정되면 가설이나 명제를 검증하게 되며, 검증방법은 크게 질적분석과 계량분석으로 구분됨.

II 질적분석방법

① 계량적 방법을 사용하지 않고 사례연구, 역사분석, 역사구조적 방법론을 통해 변수 간 인과관계를 규명하고 예측하는 방법론임.

② 정치·사회현상의 규칙성보다는 분석관의 직관과 전문지식을 바탕으로 맥락적 특수성을 설명하는 데 중점을 둠.

III 계량분석방법

1. 개념

① 실증주의 전통에 기초하여 정치·사회현상의 규칙성을 계량화하고, 이를 통해 변수 간 관계를 설명 및 예측하는 방법론임.

② 계량분석은 귀납적 통계분석, 연역적 방법, 시뮬레이션 방법으로 구분됨.

2. 계량분석의 유형

(1) 귀납적 통계분석

① 사회학적 방법론에 기반하며, 가설 설정 후 총량자료(aggregate data) 분석을 통해 변수 간 관계를 통계적 상관관계로 도출함.

② 변수 간 인과관계 설명에는 취약하나, 다수 사례에 대한 통계적 연구에 적합함.

(2) 연역적 방법

① 경제학적 방법론에 기초하며, 대표적으로 게임이론이 활용됨.

② 공리를 설정한 후 개별 사례에 적용하여 진위를 규명하는 것이 특징이며, 논리적 일관성을 중시함.

(3) 시뮬레이션 방법

① 통계적 개연성, 논리적 일관성, 인과관계 규명보다는 분석 대상의 결정과정을 재현하는 방식임.

② 통계기법 및 인공지능을 활용하여 자기학습적 효과가 큼.

3. 베이지안 방법(Bayesian method)

① 미국 정보기관에서 활용되는 계량적 방법론 중 하나로, 경보정보(warning intelligence)에 적용됨.

② 사건 발생 개연성을 확률적으로 도출함.

③ 기존 방법과 달리, 분석관의 직관적 판단을 수치화하고, 시간 경과에 따른 새로운 첩보를 반영하여 개연성을 동적으로 계산함.

④ 개별 분석관이 아닌 다수 분석관의 개연성 수치를 비교·취합하여 종래의 직관적 분석보다 설득력이 높음.

4. Policon과 FACTION

① 베이지안 방법이 군사 및 전쟁 경보정보에 유용한 반면, Policon과 FACTION은 정치적 예측 및 분석에 활용됨.

② Policon은 Bruce de Mesquito가 개발한 정치 예측 모델이며, FACTION은 CIA 과학기술국이 자체 개발한 분석 모델임.

③ 두 모델 모두 합리적 선택이론에 기반하며, 사회적 선택 이론과 기대효용 모델을 적용함.

④ 분석 대상은 국가의 주요 정책이며, 정책 선택 과정 및 조건을 분석함.

⑤ 정책 선택은 지도자의 자의적 결정이 아니라 사회 세력의 선호, 정치연합의 구도, 현안의 중요성, 보유 자원, 기대효용 등이 복합적으로 작용한 결과임.

⑥ 찬반세력 구분, 정치연합 구성, 최종 정책 선택 과정을 규명하는 데 강점이 있으며, 1980년대 중반 이후 CIA에서 광범위하게 활용됨.

I 의의

휴어스(Richards J. Heuers)는 정보분석을 문제설정, 가설설정, 첩보 수집, 가설 평가, 가설 선택, 지속적인 모니터링의 여섯 단계로 구분함.

II 문제 설정

① 정보분석에서 가장 중요한 요소는 정확한 문제설정임.
② 분석관이 아닌 정책결정자가 문제를 제기한 경우, 편견과 왜곡 없이 분석과제를 설정해야 함. 잘못된 문제설정은 정보분석 전체를 무효화할 수 있음.
③ 분석관은 제한된 시간 내에 분석보고서를 제출해야 함. 현실적으로 시간 제약 없는 보고서는 존재하지 않음.

III 가설 설정

① 제기된 문제에 대해 가능한 모든 가설을 탐색하고, 관련 문헌을 검토해야 함.
② 동료 및 외부 전문가와 협의하여 충분한 아이디어를 검토한 후 결론을 내려야 함.
③ 다양한 가설을 설정한 후 위증화(falsification) 과정을 통해 가설을 검증함.
④ 상대방의 기만(deception) 전술 가능성을 고려하여, 당장 증거가 부족하더라도 특정 가설을 배제하지 않아야 함. 검증자료를 찾지 못할수록 그 가설이 맞을 가능성이 높을 수도 있음.

IV 첩보수집

① 설정된 가설을 검증하기 위해 관련 첩보를 수집해야 함. 이미 확보된 첩보만을 활용하면 오류 가능성이 높아짐.
② 공작 부서, 해외거점 요원, 전문가 및 학자, 외국 저널 등을 활용하여 경험적 기반을 확충해야 함.
③ 분석관이 선호하는 가설을 검증하기 위한 첩보수집은 배제해야 함.
④ 분석관이 선호하는 가설부터 위증해 나가야 정보분석의 정확도가 높아짐. 이를 위해 대안적 가설을 개발해야 하며, 소수설도 고려해야 함.

V 가설 평가

① 어떠한 가설도 기정사실로 받아들여서는 안 됨. 최대한 위증 검토가 필요함.
② 가설마다의 기본 가정을 다양한 각도에서 검토하고, 가정 변화에 따른 대안적 가설 평가를 수행해야 함.
③ 자기반사 이미지(mirror image), 집단 사고(group thinking) 등의 편향을 피해야 함.
④ 분석 대상국의 정책결정 과정은 합리적 사고만으로 이루어지지 않음. 내부 정치적 역동성에 의해 정책이 예상과 다르게 결정될 수 있으므로 정치적 역학을 깊이 이해해야 함.

VI 가설 선택

1. 의의

경합 가설 중 하나를 선택하는 방법은 다양함.

2. Alexander George의 방법

① 최선의 가설이 아니더라도 충분히 만족할 만한 가설을 채택하는 방법 (satisfying)
② 기존 입장에서 크게 변하지 않는 점진주의 (incrementalism) 방법
③ 분석관들 간의 최대 지지와 합의를 구하는 합의형 모델
④ 과거 성공·실패 사례를 비교하여 가설을 선택하는 유추(reasoning by analogy) 방법
⑤ 명확한 기준과 원칙을 설정하여 좋은 대안을 선택하는 방법
⑥ 정책과 관련된 가설 선택은 궁극적으로 정책결정자의 몫이며, 분석관은 다양한 대안을 제공해야 함.
⑦ 분석관은 경합 가설이 선택·배제되는 과정을 경험적 증거로 설명할 수 있어야 함.
⑧ 선택된 가설에 대한 경험적 증거가 부족할 경우, 설득력 있는 정당화가 필요하며, 모호성을 피하기 위해 개연성을 확률로 표현해야 함.

3. Sherman Kent의 확률 단계

① 거의 확실한(almost certain, 93%)
② 대체로 가능한(probable, 75%)
③ 반반의 가능성이 있는(chance almost even, 50%)
④ 대체로 가능하지 않은(probably not, 30%)
⑤ 거의 확실하지 않은(certainly not, 7%)
선택된 가설은 이러한 확률 기준을 적용하여 개연성을 명확하게 표현해야 함.

VII 지속적 모니터링의 필요성

① 선택된 가설에서 도출된 결론이 절대적이거나 최종적인 것이 될 수 없음.
② 국가안보 관련 현실은 지속적으로 변화하므로, 분석 대상을 지속적으로 감시해야 함.

③ 모니터링 과정이 없으면 정보실패 가능성이 증가할 수 있음.

Theme 23-4 Sherman Kent의 정보분석 9계명

1. 의의

Sherman Kent는 과학적 정보분석의 효시로 평가되며, 효과적인 정보분석을 위한 아홉 가지 유의사항을 제시함.

2. 지적으로 엄밀해야 한다.

① 정보판단은 사실과 신뢰할 수 있는 제보에 기반해야 함.
② 모든 정보원은 일관성과 신뢰성을 기준으로 검토 및 평가해야 함.
③ 수집된 첩보의 불확실성과 괴리를 명확히 밝혀야 함.

3. 분석의 가정과 거기에서 파생된 결론을 명백히 기술하라.

① 설정된 가정과 도출된 결론에 안주하지 않아야 함.
② 오류 발생 가능성을 지속적으로 점검해야 함.
③ 대안적 결과를 식별하고 발생 가능성을 분석해야 함.

4. 다른 정보판단을 고려할 수 있어야 한다.

① 분석관은 자신의 전문성 한계를 인정해야 함.
② 개인적 견해에 대한 집착을 피해야 함.
③ 정보분석 과정에서 부족한 점을 보완하기 위한 조언을 구해야 함.
④ 다른 분석관들과 견해 차이가 클 경우 이를 명확히 해야 함.

5. 정보판단에 대해 집단적 책임을 져야 한다.

① 자신의 정보분석에 대한 내부적 조정을 위한 충분한 시간을 확보해야 함.
② CIA 및 분석국(DI)의 모든 견해를 대변하고 옹호해야 함.
③ 개인적 견해는 상부 요청이 있을 때만 제시해야 함.

6. 언어구사를 정확히 하라.

① 정보 전달은 신속하고 명확해야 함.
② 구두 보고는 활력 있게, 문서는 간결하게 작성해야 함.
③ 지나친 세부 묘사 및 기술용어 사용을 최소화해야 함.
④ 분석국(DI)의 보고서 작성 지침을 참고해야 함.
⑤ 짧은 보고서가 더 효과적임을 유념해야 함.

7. 내부의 맹점을 대조하기 위해 외부 전문가들을 활용하라.

① 새로운 외부 연구와 전문가 의견을 지속적으로 참고해야 함.
② 언론매체의 보도 경향을 분석해야 함.
③ 핵심 이슈에 대한 외부 반응과 자신의 분석을 비교해야 함.

8. 분석적 과오를 인정하고 실수를 통해 배워라.

① 정보분석의 불확실성을 인식하고 오류 가능성을 수용해야 함.
② 과거의 정보판단과 해석을 주기적으로 검토해야 함.
③ 성공과 실패의 원인을 분석해야 함.
④ 이전 분석이 적절하지 못했음을 발견하면 즉시 정책 입안자에게 보고해야 함.

9. 정책 입안자의 관심사항에 주목하라.

① 정책 입안자의 현안에 적절하고 시의성 있는 정보를 제공해야 함.
② 정보분석이 미국 정책에 미치는 영향을 명확히 해야 함.
③ 정책 입안자가 위협을 다루고 정책을 결정할 수 있도록 실행 가능한 정보를 제공해야 함.

10. 분석관 자신의 정책 의제를 추구해서는 안 된다.

① 개인적인 정책 선호가 정보분석을 좌우해서는 안 됨.
② 정책 입안자의 정책 대안 요청은 정중하지만 단호하게 거부해야 함.
③ 정보는 정책 선택을 지원하는 역할을 해야 하며, 직접 정책을 결정하는 도구가 되어서는 안 됨.

Theme 24 정보분석 기법과 기술적 분석

I 의의

1. 정보분석 기법의 유형

정보분석 기법은 크게 기술적 분석(technical analysis)과 사회과학적 분석으로 구분됨.

2. 기술적 분석

① 암호해독 및 분석, 원격측정정보 분석, 항공사진 판독 등을 포함하며, 기술적 수단을 통해 첩보자료의 의미를 분석하는 방법을 의미함.
② 전문가가 아니면 이해하기 어려우며, 분석보다는 처리(processing)에 가까운 성격을 가짐.

③ 다만, 암호분석은 일반인도 활용할 수 있어 기본 원리를 간략히 소개함.

3. 사회과학적 분석

① 가설 설정 및 자료 검증을 통해 사건을 설명하고 미래를 예측하는 방법.
② 질적 분석(qualitative analysis)과 계량 분석(quantitative analysis)이 정보기관에서도 활용됨.

Ⅱ 기술적 분석: 암호분석(cryptanalysis)

1. 의의

① 적의 코드(code, 음어)나 암호(cipher)를 해독하여 일반인이 이해할 수 있도록 변환하는 작업.
② 코드와 암호를 사용하면 메시지 도청 시 해석이 불가능하므로, 오래전부터 보안 수단으로 활용됨.
③ 코드 및 암호 체계가 발전하면서 해독이 어려워지고 있음.

2. 코드

(1) 의의
① 암호화되지 않은 평문을 코드집(codebook)을 이용해 변환하는 방식.
② 같은 코드집을 가진 사람만 해독 가능.

(2) 사례: 제2차 세계대전 영국 MI5의 독일 스파이 체포
① 독일 스파이들이 인기소설 「우리 마음은 젊고도 활기찼다」를 북 코드(book code)로 사용함.
② '141011' → 14쪽 10행 11열의 단어.

3. 암호

(1) 의의
① 코드의 일종으로, 평문을 일정한 알고리즘에 따라 숫자나 글자로 대체하는 방식.
② 메시지 수신자는 암호키를 사용하여 해독 가능.

(2) 울트라 계획(Ultra Project)
① 영국 정보기관의 독일 에니그마(Enigma) 암호 해독 작전
② 제2차 세계대전 중 영국이 수행한 암호 해독 작전.
③ 독일이 지속적으로 암호키를 변경하여 해독이 어려웠음.
④ 당시 컴퓨터가 없었기 때문에 약 1만 명의 인원이 수동으로 암호 해독 작업 수행.

4. 암호분석 작업

(1) 의의
암호체계가 점점 복잡해지면서 암호분석은 고도의 전문 기술과 막대한 노력을 필요로 함.

(2) 울트라 계획의 성공 요인
① 단순히 해독에 성공한 것이 아니라 전쟁이 끝날 때까지 철저한 보안 유지가 이루어짐.
② 1만 명 이상의 인원이 철통 보안을 유지하며 해독 능력을 극대화함.

(3) 미국의 리비아 폭격 사례(1986년)
① 레이건 대통령이 리비아 폭격을 정당화하기 위해 미국의 첨단 암호 해독 능력을 공개함.
② 이로 인해 암호화된 메시지를 통한 정보 획득 기회가 완전히 상실됨.

Theme 25 사회과학적 기법

Ⅰ 학문적 기법과의 비교

1. 의의

① 정보분석은 사회과학과 유사하며, 미국 CIA 분석부서와 대학의 지역연구(area studies) 간 비교가 이루어짐.
② CIA 분석국은 공개정보를 활용하여 외국 문제를 연구하고, 일반보고서를 생산함. 정보공동체의 다른 부서들도 광범위한 연구 수행함.
③ 정보기관은 비밀 자료를 활용하고, 군사정보·테러리즘 등 국가안보에 초점을 둠. 이로 인해 일반 대학과 차이가 발생함.

2. 궁극적 목표의 차이

① 정보분석에서 활용되는 기법은 사회과학적 방법과 유사함.
② 학문은 진리 탐구를 목표로 하며, 사회과학은 사회현상의 원인을 규명하는 데 중점 둠.
③ 정보분석은 설명보다 예측·판단에 더 많은 비중을 둠.
④ 정보분석은 객관성을 유지하면서도 정책 지향적인 성격을 가짐.
⑤ 정책결정권자의 요구에 지나치게 순응하면 '정보의 정치화 현상'이 발생하여 객관성이 훼손될 수 있음.

3. 정보분석의 어려움

① 정보분석은 첩보자료 부족, 변수 통제 불가능, 자료 신뢰도 문제, 불확실성 등의 요인으로 인해 사회과학적 연구보다 어려움.

② 학문은 이론 구축을 중시하지만, 정보분석은 왜곡 가능성이 있는 사실을 제한된 시간 내 해석해야 하므로 상당한 불확실성을 내포함.

Ⅱ 사회과학적 기법의 활용

1. 의의
① 사회과학적 기법을 활용하지 못하면 분석적 오류 발생 가능성 증가함.
② 사실·이론·기법에 대한 지식이 많을수록 분석의 정확성이 향상됨.
③ 분석관은 다양한 사회과학적 기법을 활용하여 첩보자료를 정보보고서로 전환함.
④ 콜비(William Colby)는 분석관이 정보시스템의 중심에 위치한다고 언급함.
⑤ 사회과학적 방법은 자료수집, 가설 정립·검증, 예측 근거 도출 등의 과정을 포함함.

2. 가설 검증
① 분석관은 수집된 자료를 바탕으로 가설을 정립하고 검증함.
② '합동군사정보대학(JMIC)'에 따르면, 체계적인 가설 검증을 적용하면 직관적 분석보다 더 나은 결과를 도출할 수 있음.
③ 정보분석의 정확성과 신뢰성은 체계적인 가설 검증에 달려 있음.

3. 질적 분석과 계량분석
① 질적 분석과 계량분석은 사회과학에서 도입된 정보분석 기법임.
② 특정 기법에 의존하기보다 다양한 분석기법을 병행하여 활용하는 것이 정확성과 신뢰성을 높이는 데 기여함.

Ⅲ 질적 분석기법(Qualitative Analytic Techniques)

1. 의의
① 현상의 인과관계를 중시하며 내부적 접근을 통한 이해를 목표로 함.
② 행위자의 주관적 의도를 파악하는 데 유용함.
③ 질적 분석기법은 가설 검증을 위한 자료나 사례가 부족하거나 변수의 계량화가 어려운 경우에 활용됨.
④ 논리적 사고를 통해 결론을 도출하는 방법으로, 계량화가 불가능한 추상적 이슈 및 행위자의 주관적 의도 판단에 적합함.

⑤ 국가 지도자의 정치적 이념(예 우파, 좌파, 중도 등) 및 정부의 개혁 성향(예 이상주의, 현실주의, 급진, 보수 등) 평가 시 활용됨.
⑥ 국가의 외교력, 경쟁력, 동맹관계 등 복잡하고 불확실한 현상 분석에서 계량화보다는 논리적 사고를 통한 추론이 적절함.

2. 질적 분석기법

(1) 의의
정보분석에서 활용되는 주요 질적 분석기법으로 브레인스토밍, 핵심판단, 경쟁가설, 인과고리, 역할연기, 분기분석, 목표지도작성 등이 있음.

(2) 주요 기법
① 브레인스토밍(Brain Storming): 문제 파악부터 대안 강구까지 광범위하게 활용되는 방법.
② 핵심판단(Key Judgement): 다수의 가설을 설정하고 증거를 평가하여 핵심적인 가설을 추출하는 방법.
③ 경쟁가설(Competing Hypotheses): 서로 모순되는 가설들을 비교하여 가장 유력한 가설을 선택하는 방법.
④ 인과고리(Causal Loop Diagram): 변수 간 인과관계를 도식화하여 사태 발생 원인을 규명하고 향후 추세를 전망하는 방법.
⑤ 역할연기(Role Playing): 협상 당사자의 역할을 전문가에게 수행하도록 하여 협상 결과를 예측하는 방법.
⑥ 분기분석(Divergent Analysis): 시간적 여유가 있는 경우 여러 차례 재분석하여 최종 분석결과를 도출하는 방법.
⑦ 목표지도작성(Objectives Mapping): 분석도표를 작성하여 목표지도를 생성하는 방법.
⑧ 계층분석기법(Analytic Hierarchy Process): 복잡한 의사결정 문제를 계층적으로 구조화하고, 요소 간 상대적 중요도를 수량화하여 분석하는 방법.
⑨ 사례연구기법(Case Study Method): 특정 사례를 심층적으로 조사하여 일반적인 원리나 패턴을 도출하는 방법.

Ⅳ 계량분석(Quantitative Analytic Techniques)

1. 의의
① 현상의 경험적·객관적 법칙을 중시하며 외부적 접근을 통한 설명을 목표로 함.
② 자료의 계량화·객관화를 통해 법칙을 발견하는 것을 중시함.
③ 사회제도적 연구 또는 구조적 이해에 적합함.

④ 계량분석은 충분한 증거자료가 존재하며 계량화가 가능한 경우에 활용됨.

⑤ 질적 분석은 추상적 이슈나 주관적 의도 판단에 적합한 반면, 계량분석은 계량화된 자료를 활용하여 객관성을 확보함.

⑥ 그러나 모든 사물이나 현상을 계량화하는 데는 한계가 있으며, 계량적 분석 결과가 반드시 객관적이고 정확한 것은 아님.

⑦ 예: 베트남 전쟁에서 미국의 물리적 군사력이 우세했음에도 불구하고, 사기, 군기, 전략 등의 비계량적 요소로 인해 베트남이 승리함.

⑧ 단순 계량적 방법만으로는 불충분하며, 질적 판단이 보완될 때 보다 정확한 분석이 가능함.

2. 계량분석 기법

(1) 의의

① 1950년대 이후 미국 정보공동체에서 수학 및 통계학 기반의 계량분석 기법을 활용해 옴.

② 주요 기법으로 베이지안 기법, Policon–Factions, 델파이 기법 등이 있으며, OR(Operation Research) 기법과 다양한 통계기법도 사용됨.

③ 의사결정 대안 도출, 미래 예측, 계량적 내용분석 등의 기법이 정보분석에 활용됨.

(2) 주요 기법

① 베이지안 기법(Bayesian Method)
새로운 정보를 추가하여 가설의 확률변화를 통계적으로 추론하는 방법.

② 정세전망분석(Policon–Factions)
Policon은 미국 CIA가 1982~1986년 도입한 정치적 갈등 분석 기법으로, 이후 Factions 프로그램으로 발전하여 정치 예측 및 지도자 행동 분석에 활용됨.

③ 의사결정 나무기법(Decision Tree)
의사결정 규칙을 나무 구조로 시각화하여 분류 및 예측을 수행하는 기법.

④ 통계 기반 기법(statistics–based method)
데이터를 분석하여 패턴을 도출하고 예측하는 방법.

⑤ 기타 OR 기법(Other OR methods)
최적의 의사결정을 지원하기 위해 수리적 모델과 알고리즘을 활용하는 방법.

Ⅴ 미래 예측 및 의사결정 기법

1. 램프기법(Lockwood Analytical Method for Prediction, LAMP)

(1) 개념

① Lockwood가 창안한 질적 분석 기반의 미래 예측 기법임.

② 국가 행위자의 자유의지를 유기적으로 종합하여 미래를 예측함.

(2) 특징

① 국가 행위자(national actors)를 분석하여 특정 연구 질문의 결과를 예측함.

② 공개출처정보(Open Source Intelligence, OSINT) 분석에 용이함.

③ 단기적, 독특한 행동을 예측하는 데 적합함.

④ 주로 질적 데이터를 활용함.

(3) 적용 사례

① 미국의 사이버 위협 예측.

② 알카에다 공격 가능성 분석.

2. 운용과학(Operations Research, OR)

(1) 개념

① 수학적 · 통계적 모형을 활용하여 효율적인 의사결정을 돕는 계량적 분석 기법임.

② 경영 과학, 의사결정 과학과 유사한 개념으로 사용됨.

(2) 주요 기법

① 수학적 모델링.

② 통계 분석.

③ 최적화 기법.

(3) 목적

① 이익, 성능, 수익 등을 최대화함.

② 손실, 위험, 비용 등을 최소화함.

③ 복잡한 의사결정 문제의 최적해 또는 근사 최적해를 도출함.

3. 델파이 기법(Delphi Method)

(1) 개념

① 예측 문제에 대해 전문가의 의견을 유도 · 종합하여 집단적 판단을 도출하는 질적 분석 기법임. 다만, 특정 유형에서는 계량적 분석 기법이 활용될 수 있음.

② 설문조사 방법과 전문가 협의를 결합하여 장점을 극대화하며, 주로 질적 데이터를 분석하지만, 경우에 따라 통계적 분석 등 계량적 요소가 포함될 수 있음.

(2) 절차

① 델파이 패널(Delphi panel) 선정 후 개방형 설문조사 진행.

② 조사 결과를 구조화하여 설문 문항 작성 및 패널 의견 수렴.

③ 응답 분포 및 전문가 의견 제공 후 수정 기회 부여.

④ 반복 과정을 거치며 전문가 의견을 수렴하고 최종 분석 진행.

(3) 특징

① 익명성을 보장하여 특정 개인의 영향력을 배제함.

② 수정 기회를 제공하여 자기 의견을 보완할 수 있도록 함.

③ 전반적 인식 분포 및 소수 의견을 파악할 수 있어 쟁점에 대한 전반적 흐름을 분석할 수 있음.

(4) 델파이 기법의 유형

① 수량적 델파이(Numeric Delphi)

문제에 대한 수량적 예측을 구체화하는 데 활용됨.

② 역사적 델파이(Historical Delphi)

과거 특정 사건의 대응 방식을 분석하고 대안을 탐색함.

정책결정자에게 불확실한 상황에서 참고할 지침을 제공함.

③ 정책 델파이(Policy Delphi)

정책 문제 해결을 위한 대안을 개발하고 결과를 예측하는 기법임.

정책 관련자의 대립된 의견을 표출·수렴하여 정책분석 도구로 활용됨.

일반적인 델파이 기법과 달리 객관적 합의보다는 정책 이슈 분석에 초점을 둠.

Theme 26 대안분석기법

Ⅰ 개발 배경

1. 의의

① 정보실패는 부정확한 첩보, 불충분한 자료, 분석관의 오류 등 다양한 요인에서 발생함.

② 특히, 분석관과 정책결정권자의 인식론적 편견(cognitive bias) 및 고정관념(mindset)은 정확한 상황 판단을 저해하는 핵심 요소임.

③ 이에 따라 CIA는 1990년대 말부터 분석관들의 고정관념을 극복하기 위해 대안분석기법(alternative analysis)을 도입하여 활용함.

2. CIA의 도입 배경

① 소련 붕괴 이후, CIA는 기존 분석기법의 문제점을 전반적으로 재검토하기 시작함.

② 1995년 CIA 분석국에서 '분석기법 2000(Tradecraft 2000)'이라는 연수회를 운영하여 약 2주간 중견 분석관(junior analysts)들에게 대안분석기법을 연구·토론하도록 함.

3. 대안분석 연구회(Alternative Analysis Workshops)

(1) 배경

① 1998년 인도 핵실험 실패 사례: 미국 정보공동체는 인도의 핵실험을 사전 감지하지 못하여 강한 비판을 받음.

② 조지 테닛(George Tenet) 당시 CIA 국장의 지시로 진상조사위원회(The Jeremiah Commission)가 구성되어 인도 핵실험 관련 CIA 정보분석의 문제점을 조사함.

③ 럼스펠드 위원회(Rumsfeld Commission, 1998년)에서도 CIA 정보분석의 문제점을 평가함.

(2) 위원회의 권고

두 위원회는 분석관의 정보판단 오류를 극복하기 위해 대안분석기법 도입의 필요성을 강력히 권고함.

(3) 대안분석 연구회 설립

1999년 CIA는 대안분석 연구회(Alternative Analysis Workshops)를 구성하여 대안분석기법을 연구·개발하고, 분석관들에게 교육을 진행함.

(4) 대안분석 연구회의 역할

① 대안분석기법 연구·개발: 정보판단 오류를 최소화하기 위한 새로운 분석기법을 연구함.

② 분석관 교육: 정보분석관들에게 대안적 사고방식을 적용하는 교육을 실시함.

4. 셔먼 켄트 정보분석학교(Sherman Kent School of Intelligence Analysis)

① 2000년 5월 설립된 CIA의 정보분석 전문 교육기관.

② 분석관의 분석능력 향상을 위해 대안분석기법을 교육과정에 포함함.

③ 해당 기법은 이후 고급 분석기법(Advanced Analytical Techniques)으로 명칭이 변경됨.

Ⅱ 대안분석기법

1. 의의

대안분석기법은 정보분석 과정에서 무의식적으로 사용된 분석적 가정(assumptions)을 식별하고, 미흡한 증거나 논리를 반박하며, 확실한 증거가 부족한 상황에서 대안적 가설을 제시하는 기법임. 이를 통해 기존의 분석이나 판단을 재검토함.

2. 대표적인 대안분석기법

(1) 의의

① 분석관들은 기존 결론의 기본 전제(assumptions)에 대해 철저히 의문을 제기해야 하며, 상식이나 고정관념에서 벗어날 것을 요구받음.

② 대안분석기법들은 상호 중복되는 경우가 많으며, 정보분석의 불확실성을 인식시키고 정보수집상의 미흡한 부분을 밝혀내는 데 기여함.

(2) 대표적인 대안분석기법

① 핵심 전제 점검(Key Assumption Checks)

② 악마의 변론(Devil's Advocacy)

③ A팀 대 B팀(Team A/Team B)

④ 붉은 세포 역할(Red Cell Exercises)

⑤ 돌발사건 가정 분석(Contingency What If Analysis)

⑥ 고충격·저확률 분석(High-Impact/Low-Probability Analysis)

⑦ 시나리오 전개기법(Scenario Development)

Ⅲ 대안분석기법의 한계

1. 정책결정권자의 분석기법 이해 부족

① 대안분석기법이 모호하여 정책결정권자가 이해하지 못할 가능성이 있음.

② '핵심 전제 점검(key assumption check)' 등의 기법이 충분히 활용되지 못할 위험이 있음.

③ 정책결정권자가 시나리오 구축 과정을 이해하지 못하여 무시할 가능성이 있음.

2. 보고서 반영의 어려움

① 몇 가지 대안분석기법은 유용하나, 실질적으로 보고서 작성에 도움이 되지 않는다는 비판이 있음.

② '시나리오 구상 연구회' 등의 기법이 보고서 작성과 직접 연결되지 않는 경우가 많음.

③ 분석 결과가 기존 보고서를 재확인하는 수준에 그쳐 활용도가 낮아지는 문제 발생.

3. 분석관 간의 분열 가능성

① 대안적 분석이 기존 분석과 대립하여 팀워크를 해칠 수 있음.

② 개인적인 승진 욕심 등으로 기존 분석과 대립되는 주장이 발생할 수 있음.

③ 내부 반발이 발생하여 정보공동체 내 적대적인 분위기가 형성될 위험이 있음.

4. 분석자원의 낭비 가능성

① 대안분석기법은 자원집약적인 특성이 있어 중요 이슈에만 제한적으로 활용하는 것이 바람직함.

② 불필요한 이슈에 활용하면 희소한 분석자원을 낭비하는 결과를 초래함.

③ 중요 이슈에 집중하여 정책결정권자의 이해를 돕고, 불확실성을 고려한 판단을 유도해야 함.

Theme 26-1 분석기법

Ⅰ 분석기법의 유형

1. 의의

① 분석기법은 진단기법, 검증기법, 아이디어 창출기법으로 구분됨. 단, 이는 설명의 편의를 위한 것이며, 실제로 기법 간 활용이 유기적으로 이루어짐.

② 예를 들어, 아이디어 창출기법인 브레인스토밍 기법을 진단과 검증에도 활용할 수 있음.

2. 진단기법

각종 첩보와 가정을 평가하고, 가장 유력한 가설을 추출하는 기법임.

3. 검증기법

가장 유력한 가설이나 잠정결론을 반박 및 재검토하는 기법임.

4. 아이디어 창출기법

정보분석관의 인지적 한계를 극복하고, 새로운 시각과 관점을 발전시키는 기법임.

Ⅱ 진단기법

1. 핵심 가정 점검(Key Assumption Checks)

(1) 의의

① 핵심 가정 점검은 분석 과정에서 결론을 도출하는 데 필요한 기본 전제(assumption)와 이를 설정하게 된 주요 요인을 명확히 밝히는 기법임.

② 이를 통해 두 변수 간 관계의 타당성을 검증함.

(2) 효과

① 정책결정자가 결론의 논리적 근거와 추진 요인을 파악할 수 있도록 함.

② 결론을 내리는 데 사용된 전제조건의 타당성을 평가할 수 있도록 함.

③ 해당 판단을 변경할 수 있는 증거의 존재 여부를 확인할 수 있도록 함.

2. 변화징후 검토(Indicators of Change)

(1) 의의

변화의 징후를 사전에 파악하고 지속적으로 모니터링하여 새로운 상황 변화를 신속히 인식하는 기법임.

(2) 징후

① 징후는 미래의 변화를 예측할 수 있는 관찰 가능한 현상이나 사건을 의미함.

② 징후를 조기에 포착하면 중요한 변화를 간과하지 않을 수 있음.

③ 의견 대립이 있는 경우 징후 목록을 공유하고 추적하면 이견을 해소할 가능성이 있음.

3. 경쟁가설분석(Analysis of Competing Hypothesis, ACH)

(1) 의의

① 경쟁가설분석은 분석 사안에 대해 가능한 많은 가설을 도출한 후, 모든 증거와의 일치 여부를 검토하여 가장 가능성이 높은 가설을 도출하는 기법임.

② 1980년대 중반 CIA 분석관 교육을 위해 개발되었으며, 현재 미국 정보공동체 교육기관에서 활용되고 있음.

③ 2006년 컴퓨터 소프트웨어로 개발되어 보급되었으며, 해군정보실 등의 지원을 받아 팔로알토 연구소에서 개발됨.

(2) 특징

① 불확실성이 높은 복잡한 사안에서 오판 가능성을 줄이는 데 유용함.

② 대안적 가설을 설정하여 기만 가능성을 검증하는 데 효과적임.

③ 경쟁가설 행렬표(matrix)를 이용하면 분석 조직 내 의견 대립의 원인을 객관적으로 파악할 수 있으며, 의사소통을 원활하게 함.

(3) 절차

① 가설 도출: 브레인스토밍 등을 활용하여 다양한 가설을 설정함.

② 증거 수집: 분석 사안과 관련된 모든 증거 및 주장 목록을 작성함.

③ 행렬표 작성: 가설(가로)과 증거(세로)를 나열하여 일치 여부를 판단함.

④ 행렬표 수정: 추가해야 할 가설 및 증거를 검토하여 보완함.

⑤ 가설 평가: 일치하는 증거보다 배치되는 증거가 적은 가설을 중심으로 결론을 도출함.

⑥ 중요 증거 검토: 분석 결과에 가장 큰 영향을 미치는 증거의 신뢰도를 평가함.

⑦ 결론 도출: 추가 첩보수집이 필요한 가설을 포함하여 가능성이 있는 모든 가설을 기초로 결론을 내림.

⑧ 지속적 점검: 시간이 경과함에 따라 결론이 변경될 가능성이 있는 징후를 설정하고 모니터링함.

Ⅲ 검증기법(Contrarian Techniques)

1. 악마의 변론(Devil's Advocacy)

(1) 의의

① 신뢰도가 높은 견해가 깊이 고착된 경우, 이를 검토하고 반박하는 데 효과적인 기법임.

② 사람들에게 일반적으로 받아들여지는 주장이나 논리를 반박하기 위해 의도적으로 특정 증거만을 활용하기도 함.

③ 핵심 가정과 추진요소(drivers)를 바꾸거나 반박하는 것이 주요 목적임.

(2) 절차

① 기존 분석팀의 판단과 핵심 가정을 파악하고, 해당 판단에 도달한 증거자료를 검토함.

② 기존 분석과 배치되는 가정을 새롭게 수립함.

③ 첩보를 재검토하여 오류 가능성을 확인하고, 기존 분석과 반대되는 증거를 발굴함.

④ 기존 분석팀에 잘못된 가정과 부실한 증거자료를 제시함.

⑤ 기존 분석팀이 수정하지 않을 경우, 별도의 검증 보고서를 작성하여 결론과 문제점을 명확히 제시함.

(3) 장점 및 단점

① 기존 견해의 신뢰성을 재검토하고, 지배적인 논리를 강화하는 데 도움을 줌.

② 정보기관의 고위급 관료나 정책결정권자가 신뢰하지 않고 무시할 가능성이 있음.

2. Team A/Team B(A팀 대 B팀)

(1) 의의

미국 정보공동체는 경쟁분석을 통해 정보 분석의 정확성과 신뢰성을 증진하고자 함.

(2) 분석 단계

① A팀과 B팀이 독립적으로 정보 분석을 수행함.

② 두 개의 팀을 선정하여 각각 다른 가설을 발전시킴.

③ 각 팀은 가설 입증을 위해 기존 첩보를 검토하고 새로운 첩보를 수집하며, 논리를 구조화함.

(3) 토의 단계

① 각 팀이 주장과 반박을 제시하며 논쟁을 진행함.

② 독립적인 평가단이 참여하여 추가 조사 및 자료 수집 필요성을 검토함.

(4) 사례: 소련 전략 군사력에 대한 정보판단(1976)

① A팀(A정보공동체 분석관)과 B팀(강경파 외부 전문가)으로 구성됨.

② 소련의 군사력 체계에 대한 견해는 일치했으나, 핵전략과 의도에 대한 입장은 상반됨.

③ B팀은 A팀보다 소련의 전략적 위협을 더 심각하게 평가함.

(5) 장점 및 단점

① 정책적 이슈에서 상반된 견해를 검토하는 데 유용함.

② 조직 내에서 분석관이 경력 손실 없이 반대 논리를 제시할 수 있는 통로 역할을 함.

③ 분석 과정에서 적용된 가정과 논리를 깊이 논의할 수 있음.

3. 고위험 · 저확률 분석(High – Impact/Low – Probability Analysis, HI/LP)

(1) 의의

① 실현 가능성은 낮지만 발생 시 중대한 파급 영향을 초래할 가능성이 있는 사건을 검증하고 분석하는 기법임.

② 'What If analysis'와 유사하지만, 더 광범위한 영향을 고려함.

③ 정책결정자가 미리 대비할 기회를 제공함.

(2) 특징

① 사건이 발생할 경우 초래될 위험을 밝히는 것이 핵심임.

② 발생 가능성이 낮아도, 변화 촉발 계기(자연재해, 지도자의 건강 문제, 정치·경제적 사건 등)를 분석해야 함.

③ 시나리오별 징후를 규정하여 실제 상황 발생 시 이를 활용할 수 있도록 함.

(3) 사례

① 인도가 핵실험을 강행할 경우 미국에 미칠 파장을 검토함.

② 핵실험 강행 여부를 결정하는 국내외 변수들을 분석함.

③ 정보공동체의 기존 판단을 뒤집을 수 있는 주요 가정과 변수(drivers)의 변화를 검토함.

④ 이란 팔레비 왕정 몰락, 소련 붕괴, 독일 통일 등은 실현 가능성이 낮다고 여겨졌으나, 발생 시 중요한 영향을 미쳤음.

⑤ 사전에 분석했다면 의미 있는 결과를 도출할 수 있었음.

Ⅳ 아이디어 창출기법

1. 브레인스토밍(Brainstorming)

(1) 의의

브레인스토밍은 다양한 가설을 도출하는 데 활용되는 아이디어 창출기법으로, 정보분석 과정에서 보조적으로 사용됨.

(2) 특징

① 정보분석팀 및 관련 그룹이 함께 참여하는 것이 바람직함.

② 분석관의 고정관념을 완화하고 종합적인 시각을 제공하며, 성급한 판단을 방지하는 데 유용함.

(3) 기본원칙

① 다다익선: 질보다는 양을 우선함.

② 비판금지: 제안된 의견에 대한 판단을 유보함.

③ 자유분방: 엉뚱한 생각이라도 적극 수용함.

④ 아이디어의 조합과 개선: 타인의 의견을 수용하고 발전시킴.

(4) 절차

① 확산적 사고단계: 새로운 아이디어 창출을 위한 단계로, 메모지를 활용하여 해결방안을 제시하고 공유함.

② 수렴적 사고단계: 유사한 아이디어를 그룹화하고, 핵심 개념 중심으로 조직화함.

2. 붉은 세포 역할(Red Cell Exercises)

(1) 개요

① Red Cell은 외국 정부의 고위 관료 역할을 대행하는 분석관 그룹을 의미함.

② 홍팀 분석(Red Team Analysis)이라는 명칭으로도 사용됨.

(2) 필요성

① 정보분석관들은 외국 행위자가 자신들과 유사한 동기와 가치관을 가질 것이라고 가정하는 경향이 있음.

② 역사적으로 외국 지도자들은 문화적, 조직적, 개인적 경험 차이로 인해 예상과 다르게 반응한 사례가 많았음.

(3) 분석 기법

① 외국 지도자나 의사결정 그룹의 결정을 파악할 때 거울 이미지(mirror image)에 의한 왜곡을 줄이는 기법임.

② 분석대상과 유사한 문화적, 조직적, 개인적 요소를 설정하여 보다 현실적인 판단을 도출함.

③ 분석관이 적의 입장에서 사고하도록 유도하여 전략적 분석을 가능하게 함.

(4) 절차

① 분석대상 정보환경과 집단의 특성을 깊이 이해하는 인원으로 홍팀 구성.

② 외국 문화와 정보환경을 공유한 전문가를 포함하여 분석의 정확성을 높임.

③ 분석대상의 사고방식에 기반하여 의사결정을 모의하고, 예상되는 정책결정서를 작성함.

(5) 효과적 운영 방안

① 효과적 활용을 위해 해당 지역 전문가로 구성하는 것이 바람직함.

(6) 장점

① 정책결정권자의 상상력을 자극하는 데 목적이 있음.

② 외국 지도자의 전략 및 행동 패턴을 모델링하는 데 활용됨.

③ 1998년 제레미아위원회 보고서에서 Red Cell 접근법의 필요성을 강조함.

④ 정책결정권자의 관심을 유도하고 독창적인 전략 수립에 기여함.

3. 돌발 사건 가정 분석(Contingency What If Analysis)

(1) 의의

일반적으로 발생 가능성이 낮은 사건의 원인과 결과를 분석하는 기법임.

(2) 인도 핵실험 사례

① 1998년 당시 미국 정보분석관들은 인도의 핵실험 가능성을 낮게 평가함.

② "만일 인도가 핵실험을 단행한다면?"이라는 질문을 통해 분석을 진행함.

③ 동기와 배경, 기만전략, 미국의 대응 등을 종합적으로 검토함.

(3) 장점

① 분석관과 정책결정권자가 자신이 모르는 부분을 인식하도록 도움.

② 기존 사고방식과 고정관념에서 벗어나도록 유도함.

③ 'Devil's Advocacy'와 달리 다소 엉뚱한 질문에서 출발하여 논리를 전개함.

④ 핵실험 가능성, 첩보수집의 한계, 판단의 핵심 가정 등을 재검토하도록 함.

4. 시나리오 전개기법(Scenario Development)

(1) 의의

① 현재 상황이 복잡하고 유동적일 때, 미래의 불확실성을 분석하는 기법임.

① 불확실한 상황에서 다양한 시나리오를 구상하는 기법임.

② 대안 미래분석(Alternative Future Analysis)이라는 명칭으로도 사용됨.

③ 단일 사건의 불확실성과 알 수 없는 변수를 고려하여 미래 전개 방향을 분석함.

(2) 절차

① 전문가 집단의 브레인스토밍을 통해 변수 도출.

② 확실한 요소와 불확실한 요소를 구분하여 정리.

③ 핵심 불확실 요소를 기반으로 시나리오 행렬(matrix) 작성.

④ 각 시나리오에 따른 행동 패턴을 분석하고 정책적 시사점을 도출함.

(3) 분석 방법

① 핵심 행위자 간 요소, 추동력, 촉진제가 어떻게 작용하는지 구조화된 모델로 분석함.

② 복잡한 상황에서도 합리적 결과를 예측 가능하게 하여 정책결정자가 대비할 수 있도록 지원함.

(4) 장점

① 정책결정권자가 미래 상황을 예측하고 대응 전략을 수립하는 데 유용함.

② 상식적 판단을 넘어서 다양한 가능성을 고려하도록 유도함.

③ 대안적 시나리오를 통해 기존 분석의 오류 가능성을 보완함.

(5) 미국 정보공동체 경험

① 정책결정자들은 대안 미래분석의 결과를 비교적 원만하게 수용함.

② 분석 결과를 통해 핵심 사항을 놓쳤을 때 초래될 위험을 이해하는 데 도움이 되었음.

Theme 26-2 악마의 변론

Ⅰ 개념

1. 정의

① 악마의 변론은 분석방향이 거의 결정된 정보사안에 대해 간과된 검토사항을 확인하고, 주요 분석전제가 잘못되지 않았는지 점검하기 위해 활용되는 기법임.

② 특히, 전쟁이나 군사적 공격 여부와 같은 중요한 사안에서 기존 분석의 약점을 보완하고 고정관념을 재검토하는 데 기여함.

2. 필요성

① 정보분석이 장기간 진행되어 주류 분석방향이 형성되면, 개인이 새로운 관점을 제시하거나 분석방향을 수정하기 어려운 경우가 많음.

② 정보관리자가 특정 분석관 또는 분석팀에게 문제점과 새로운 관점을 발굴하도록 임무를 부여하면, 기존 분석팀의 한계를 보완할 수 있음.

II 장점과 단점

1. 장점

① 기존 분석팀이 간과한 환경적 요인을 고려하게 함.
② 핵심 가정의 오류를 수정하고, 논리적 오류를 확인할 수 있음.
③ 대안적 가설을 제시하여 보다 정교한 분석이 가능하게 함.

2. 단점

① 기존 분석결론보다 설득력이 부족할 가능성이 높음.
② 정보기관 고위급 간부나 정책결정자가 채택하기 어려운 경우가 많음.

III 악마의 변론과 A팀·B팀 분석 비교

1. 개념 비교

① 악마의 변론: 유력한 가설이 하나만 있을 때 이를 검증하기 위한 기법임.
② A팀·B팀 분석: 두 개의 유력한 가설이 대립할 때 이를 검증하는 기법임.

2. 역할 차이

① 악마의 변론은 기존 분석의 고정관념을 검토하고 보완하는 역할을 수행함.
② A팀·B팀 분석은 처음부터 대립하는 두 견해를 비교하며, 정책결정자에게 서로 다른 전문적 분석 시각을 제공함.

3. 정책결정자에 대한 영향

① A팀·B팀 분석은 정보기관이 최소한의 공통된 의견만을 보고하는 대신, 설득력 있는 상반된 주장을 보고할 기회를 제공함.
② 정책결정자는 두 팀의 핵심 가정과 이를 뒷받침하는 첩보 차이를 파악하고, 추가 질문을 통해 장단점을 판단할 수 있음.

Theme 27 정보분석보고서: 생산과정

I NATO의 '정보전략(intelligence doctrine)'

1. 의의

NATO의 '정보전략'에 따르면 최종 정보분석보고서는 대조(collation), 평가(evaluation), 분석(analysis), 종합(integration), 해석(interpretation) 등 5단계를 거쳐 생산됨.

2. 대조(collation)

새로 입수된 첩보자료를 기존 자료와 비교하여 첩보적 가치를 평가하는 과정. 가치가 있는 자료는 분류 및 보관됨.

3. 평가(evaluation)

① 출처의 신뢰성과 첩보자료의 정확성, 활용 가치를 평가함.
② 출처 보호로 인해 신원이 밝혀지지 않더라도 분석관의 경험과 전문성을 바탕으로 신뢰성을 판단해야 함.
③ 기만정보(disinformation) 가능성을 검토하여 신중한 판단이 필요함.

4. 분석(analysis)

첩보자료에서 국가안보 및 국가이익에 영향을 미칠 중요한 사실을 찾아 기존 정보와 비교하여 결론을 도출함.

5. 종합(integration)

① 분석된 첩보를 종합하여 사안의 윤곽을 형성함. SIGINT, IMINT, HUMINT 등 다양한 정보를 대조 및 평가함.
② 정부 부처에서 수집된 공개 자료(외교전문, 방송 뉴스, 전시 작전 첩보 등)도 참고함.

6. 해석(interpretation)

분석과 종합 과정을 거친 정보가 국가안보 및 국가이익에 미치는 영향을 해석하고 미래의 파급효과를 평가함.

II 정보분석 과정과 정보분석보고서

① 분석 과정은 일정한 순서로 진행되지 않으며, 필요에 따라 재검토될 수 있음.
② 결과물은 문서 형태의 정보보고서 또는 축적된 지식 형태(데이터베이스, 분석관의 기억 등)로 보관됨.
③ 정보분석 단계는 비밀성이 낮으며, 단기 현안보고는 언론보도와 유사하고, 장기 정책보고서는 연구보고서와 유사함.

Ⅲ 첩보유형에 따른 분석보고서 생산방법

1. 의의

① 정보 분석은 원자료의 진위 여부와 타당성을 검증하는 방식으로 진행됨.

② 버코위츠와 굿맨(Berkowitz & Goodman)에 따르면, 첩보는 '알려진 사실(known facts)', '비밀(secrets)', '기만정보(disinformation)', '불가사의(mysteries)'의 네 가지 유형으로 구분됨.

③ 분석관은 유형별로 적절한 분석 기법을 적용하여 신뢰성 있는 정보를 제공하고, 밝혀낼 수 없는 문제는 정보사용자에게 주의를 환기함.

2. 알려진 사실(known facts)

① 확실한 사실이나 검증된 지식으로, UN · OECD 통계, 연구소 발표 자료, 방송 연설 등이 포함됨.

② 정보사용자는 신뢰성 있는 자료의 출처를 알지 못하는 경우가 많아 정보기관에 제공을 요청함.

③ 분석관은 신속하게 요구된 양식에 맞추어 자료를 제공함.

3. 비밀(secrets)

(1) 의의

외국 정부나 단체가 외부에 공개하지 않는 사건, 상황, 과정 등에 관한 첩보를 의미함.

(2) 분석 과정

① 비밀첩보는 스파이 활동, 기술정보 수집, 공개출처 자료 등 다양한 경로로 획득되며, 신뢰성이 낮은 경우가 많음.

② 분석은 신뢰성 높은 판단을 도출하고, 불확실성의 범위를 좁히는 두 단계로 진행됨.

4. 기만정보(disinformation)

(1) 의의

① 적이 사실을 은폐하거나 분석관을 속이기 위해 제공한 허위 첩보를 의미함.

② 제2차 세계대전 당시 영국의 '더블크로스 작전(Double Cross System)'이 대표적 사례임.

③ 기만정보는 정보판단을 왜곡하며 분석관을 혼란에 빠뜨릴 가능성이 있음.

(2) 문제점

① 기만정보는 특정 사안뿐만 아니라 전체 정보판단의 신뢰도를 저하시킴.

② 분석관은 기만행위 발생 시점을 파악하고, 신뢰할 수 있는 출처를 통해 사실 여부를 검증해야 함.

5. 불가사의(mysteries)

① 분석을 통해서도 해결할 수 없는 문제를 의미함.

② 가능성이 비슷한 여러 결과가 예상될 경우, 확신을 가질 수 없는 상황이 포함됨.

③ 예시: 동전 던지기의 결과, 외국 지도자의 은밀한 의도 등.

④ 정책결정권자는 확실한 답변을 기대하지만, 분석관은 이에 대한 판단을 제공할 수 없으며, 최종적으로는 정치적 판단에 맡길 수밖에 없음.

Theme 27-1 정보분석보고서의 유형과 평가

Ⅰ 의의

① 정보분석보고서는 분석 과정을 거쳐 생산된 결과물이며, 일반적으로 시계열(time series)에 따라 분류됨.

② 켄트(Sherman Kent)는 이를 기본정보보고서(basic descriptive form of intelligence), 현용정보보고서(current reportorial form of intelligence), 판단정보보고서(speculative evaluative form of intelligence)로 구분하였으며, 각각 과거, 현재, 미래와 관련됨.

③ 기본정보보고서는 변동이 적은 배경 지식을 기술하며, 현용정보보고서는 현재 진행 중인 사건을 다룸. 판단정보보고서는 첩보자료의 의미를 평가하고 미래를 예측함.

④ 세 가지 유형은 상호 연계되며 보완적인 특성을 가짐.

Ⅱ 기본정보보고서

1. 의의

① 장기간 고정적이고 변화하지 않는 현상을 다루며, 공개 및 비공개 자료를 기초로 방대한 배경지식 포함함.

② 정보공동체의 정의에 따르면, 외국의 정치, 경제, 군사력, 국가의 능력과 취약점 등에 관한 백과사전적 정보로 구성됨.

2. 주요 사례

① NATO의 바르샤바(WTO) 군사력 평가보고서: NATO의 방위 전략 수립에 활용됨.

② 영국 JIC의 소련 정책결정과정 보고서: 특정 부처가 아닌 일반 참고자료로 활용됨.

③ 미국 CIA의 The World Factbook: 전 세계 국가의 지리, 정부조직, 경제, 군사 등 기초자료 수록됨.

④ 한국 국가정보원의 세계각국편람 및 국제기구편람: 정부 부처 및 민간 배포용 자료로 활용됨.

Ⅲ 현용정보보고서

1. 의의

① 현재 발생 중이거나 단기간 내 발생할 사건을 분석하는 보고서로 정보공동체의 주요 생산물임.
② 공식적 개념 정의에 따르면, 즉각적으로 필요한 정보로 평가, 해석, 분석 과정 없이 배포될 수 있음.
③ 현용정보보고서는 '정제된 신문(a quality newspaper)'이라 불리며, 경고정보(warning intelligence) 포함함.

2. 특징

① 정보사용자가 가장 많이 요구하며, 정보기관에서 가장 빈번하게 제공함.
② 전쟁 및 위기 시 정책결정을 위해 필수적임.
③ 분석관은 장기적 정책판단보고서를 작성하고 싶어하나, 정책결정자는 단기 보고서를 선호하는 괴리 존재함.
④ 현용정보보고서는 분량이 짧아 전문적 견해 반영이 제한됨.

3. 주요 사례

① 미국 대통령 일일정세브리핑(PDB): 국가안보 관련 핵심 정보를 대통령 및 소수 고위관료에게 제공함.
② 국가정보일일보고(SEIB): 주요 국가 현안을 단문 보고서 형태로 제공함.
③ 미 국방부, 국무부의 보고서 및 영국 JIC의 Red Book: 국제 주요 사건을 일간 또는 주간 단위로 요약함.

Ⅳ 판단정보보고서

1. 의의

① 판단정보보고서는 정보보고서 중 가장 중요하며, 사용자 요구에 따라 작성됨.
② 국가적 정보판단은 정부 부처 차원을 넘어 광범위한 시각에서 논의되어야 함.

2. 정보 판단의 어려움

켄트는 정보판단이 증거 부족으로 인해 현명한 판단에 의존할 수밖에 없음을 강조함.

3. 클라인(Cline)

(1) 정보판단

장래에 발생할 가능성이 있는 사건을 신중하게 예측하는 과정

(2) 국가정보판단보고서

대외정책 및 국가안보에 영향을 미칠 수 있는 상황과 사건을 예측하는 보고서

---

(3) 정보판단의 필요성

정보판단은 불확실성을 최소화하기 위한 노력

(4) 정보판단의 어려움

명확한 증거와 논리적 근거, 객관성을 유지하는 것이 쉽지 않음

4. 특징

① 미래 예측보다는 국가 중대사의 전개 방향을 판단하는 데 초점 맞춤.
② 사용자 요구 없이도 분석관이 자체 판단하여 작성할 수 있음.
③ 예시: 북한 핵실험 관련 미국의 대응 및 북한의 반응을 평가하는 보고서.

5. 주요 사례

① 국가정보판단보고서(NIEs): 미국 정보공동체 내 다양한 기관이 공동 작성하며, 향후 몇 년간 주요 이슈의 변화 추세를 판단함.
② 최종적으로 국가정보장(DNI)이 서명하여 정보공동체 전체의 공동 견해로 인정됨.

Ⅴ 브리핑(Briefing)

1. 의의

① 현용정보의 일종으로 아침 시간에 제공되며, 정책결정권자의 즉각적 반응을 파악하는 데 유용함.
② 주 5~6회 실시되어 정책결정권자가 정보공동체와 가장 빈번하게 교류하는 기회 제공함.
③ 정보 제공뿐만 아니라 정책결정권자의 요구를 정보기관에 전달하는 역할 수행함.

2. 단점

① 분석관이 정책결정권자와 지나치게 밀착될 경우 객관성 훼손 가능성 존재함.
② 아침 시간에 수행되어 깊이 있는 내용 전달이 어려움.
③ PDB 준비에 과도한 시간과 노력이 소요될 경우 분석 업무에 지장 초래할 수 있음.
④ 9/11 이후 PDB가 CIA 중심으로 운영되면서 정보공동체 내 협력이 부족했던 문제 제기됨.
⑤ 2004년 정보개혁법 이후 PDB 책임이 국가정보장실(DNI)로 이관됨. 이에 따라 CIA의 영향력 약화됨.

Ⅵ 정보분석보고서의 평가

1. 의의

정보사용자의 수요에 부합하는 보고서가 갖추어야 할 기본 요건으로 적시성(timely), 적합성(tailored), 간결성(digestible), 명료성(clear), 객관성(objectivity), 정확성(accuracy) 등이 있음.

2. 적시성(timely)

① 정보보고서는 적시에 제공되어야 함. 더 나은 자료를 기다리거나 형식을 갖추느라 시간을 지체하기보다 정책결정자에게 신속히 필요한 정보를 전달하는 것이 중요함.

② 시의성을 잃으면 사건의 중요성과 관점이 변할 수 있음. 예를 들어, 북한이 이미 핵실험을 실시한 후에 핵실험 전망 보고서를 제공하면 정책결정에 도움이 되지 않음.

3. 적합성(tailored)

정보보고서는 정보사용자의 필요에 맞게 작성되어야 함. 예를 들어, 정책결정자가 상대국의 군사 신무기 개발에 주목하는 상황에서 정치·경제 동향에 대한 보고서는 적합하지 않음. 단, 사용자의 선호를 지나치게 반영하여 객관성을 잃거나 정치화된 정보를 제공해서는 안 됨.

4. 간결성(digestible)

정보보고서는 정책결정자가 짧은 시간 내에 내용을 파악할 수 있도록 간결하게 작성되어야 함. 보고서가 짧다고 해서 반드시 좋은 것은 아니며, 전달하고자 하는 메시지가 분명하고 일목요연하게 구성되어야 함.

5. 명료성(clear)

정보보고서는 모호함 없이 명료하게 작성되어야 함.

① 사실로 밝혀진 정보와 밝혀지지 않은 정보를 명확히 구분해야 함.

② 분석관이 보완한 정보 및 자료의 신뢰성을 명확히 밝혀야 함.

③ 정책결정자는 제공된 정보의 신뢰도를 고려하여 정책에 활용하므로, 자료의 신뢰도를 밝히는 것이 중요함.

6. 객관성(objectivity)

정보보고서는 객관성을 유지해야 함.

① 객관성이 확보되지 않으면 적시성, 간결성, 명료성 등의 요건이 의미를 가질 수 없음.

② 객관성은 양질의 정보보고서가 갖추어야 할 필수 조건임.

7. 정확성(accuracy)

① 정보보고서는 가능한 한 정확해야 함. 그러나 정보보고서의 정확성을 평가하는 기준은 모호한 측면이 있음.

② 정보분석관은 보고서의 오류를 원치 않지만, 오류를 완전히 배제하는 것은 불가능함.

③ 정확성의 기준을 100%로 설정하는 것은 비현실적이며, 0%로 설정하는 것은 적절하지 않음. 따라서 정확성의 수준은 50~100% 사이에서 결정하는 것이 합리적 기준이 될 수 있음.

Ⅶ 미국 CIA의 정보보고서 작성 원칙

1. 의의

미국 CIA는 정보보고서 작성 시 10가지 원칙을 준수함.

2. 작성 원칙

① 전체 구도를 결정한다(Determine the big picture).

② 결론을 먼저 제시한다(Put conclusions first).

③ 논리적으로 구성한다(Organize logically).

④ 보고서 형태를 구분하여 이해한다(Understand different format).

⑤ 적합한 용어를 사용한다(Use specific language).

⑥ 단순하고 간결하게 생각한다(Think simple and concise).

⑦ 명료하게 생각한다(Strive for clarity of thought)

⑧ 능동태를 사용한다(Use the active voice).

⑨ 스스로 검토한다(Self-edit).

⑩ 정보수요를 파악한다(Know the reader's needs).

Theme 27-2 미국 국가정보판단보고서(National Intelligence Estimates, NIEs)의 작성 과정

Ⅰ NIEs의 개념 및 초기 과정

1. 연혁

① 1973년까지 국가정보판단실(Office of National Estimates, ONE)이 정보공동체의 협력을 받아 초안을 작성함.

② 국가정보판단위원회(Board of National Estimates)가 보고서의 최종 인가를 담당함.

2. 1973년 이후 조직 변화

① ONE 폐지 후 국가정보관(National Intelligence Officers, NIOs)이 초안을 작성함.

② 이후 국가정보회의(National Intelligence Council, NIC)로 대체됨.

③ NIC는 분석단(Analytic Group)의 지원을 받아 NIEs를 생산함.

Ⅱ NIEs의 작성 및 승인 과정

1. NIEs의 승인 절차

① 국가정보회의(NIC)에서 작성된 NIEs는 해외정보자문위원회(National Foreign Intelligence Board, NFIB)의 최종 승인을 받음.

② 위기 상황에 대한 판단은 특별국가정보판단보고서(Special NIEs, SNIEs)로 작성됨.

③ SNIEs는 이후 특별정보판단보고서(Special Estimates) 및 대통령 요약보고(Presidents Summaries)로 대체됨.

2. NIEs 초안 작성 및 검토

(1) 작성

오늘날 NIEs 초안은 CIA 분석국에서 작성함.

(2) 검토

① 국가정보위원회(National Intelligence Board, NIB)가 초안을 우선 검토함.

② NIB는 정보공동체 내 각 정보기관 대표들로 구성됨.

③ 각 정보기관은 자체적인 NIEs 및 SNIEs를 제시할 수 있음.

④ NIC가 최종 검토를 담당하며, 약 50여 명의 인원으로 구성됨.

Ⅲ NIEs 작성의 문제점과 한계

1. 정보기관 간 이견 조율 문제

① 최종 보고서 확정 전 여러 차례 회의를 통해 정보기관 간 이견을 조율함.

② DNI가 최종 검토 회의를 주재하고 확정된 NIEs에 서명함.

③ 과거 DCI는 NIEs 내용에 대한 수정 권한을 가졌음.

2. NIEs 생산량 변화 및 문제점

(1) NIEs 생산 증가

① 1950년 최초 생산 이후 지속적으로 증가함.

② 1993년에는 주당 1건 생산, 레이건 대통령 시절 연간 60~80건 생산됨.

③ 이후 NIEs 생산량 감소 추세를 보임.

(2) 작성 기간 문제

① 일부 보고서는 최종 생산까지 1년 이상 소요됨.

② 반대로 지나치게 단기간에 작성된 NIEs도 문제로 지적됨.

③ 2002년 이라크 대량살상무기 관련 NIEs는 상원의 요청으로 3주 만에 작성됨.

3. NIEs의 신뢰성 문제

① 최소 합의사항만 반영되어 내용이 부실하다는 비판이 있음.

② NIEs보다 CIA 자체 정보보고서가 질적으로 우수하다는 평가가 있음.

③ 정책결정권자들은 NIEs에 대한 신뢰도가 낮음.

④ 미국 상원 정보위원회 조사에서도 NIEs 품질에 대한 실망이 표출됨.

4. 관료주의적 경쟁과 정보 왜곡

(1) 의의

NIEs 작성 과정에서 정보기관 간 관료주의적 경쟁이 작용함.

(2) 핼버스탬(David Halberstam)

① 정보관이 기관의 공식 입장과 다른 의견을 제시하면 배신자로 간주됨.

② 승진 및 인사상 불이익을 받을 수 있어 조직 내부에서 자율적인 의견 개진이 어려움.

Ⅳ 분석 부서 간 견해 차이를 조정하는 방법

1. Backscratching(서로 등 긁어주기)과 Logrolling(협력하여 통나무 굴리기, 정치적 결탁)

① 입법 용어에서 유래하였으며 정보 분석에서도 활용됨.

② 이견이 있는 양측이 상호 결탁하여 합의를 도출함.

③ 예: "내가 특정 페이지의 주장을 수용하니, 너는 다른 페이지의 내 견해를 인정해 달라."는 방식으로 타협함.

2. False Hostages(허위로 인질 삼기)

① 정보기관 A가 특정 이슈에 대해 강하게 반대하는 태도를 보임.

② 정보기관 B가 주장하는 이슈를 수용하는 대가로 정보기관 A의 이슈도 수용하도록 유도함.

③ 실제로는 A가 반대하는 이슈에 큰 관심이 없으며, 전략적 협상 수단으로 활용함.

3. Lowest-common-denominator(최소 공통분모)

① 정보기관 간 사건 발생 확률 평가에 차이가 존재함.

② 한쪽이 강하게 주장하지 않을 경우, 적정선에서 타협점을 도출함.

③ 모든 구성원이 수용할 수 있는 최소한의 공통분모를 채택함.

4. Footnote wars(주석 달기 경쟁)

① 정보공동체 내에서 이견 조정이 불가능한 경우 발생함.

② 각 정보기관이 주석을 통해 이견을 표출함.

③ 본문에 포함될 견해와 주석으로 처리될 견해를 두고 기관 간 경쟁이 발생함.

④ 일부 이슈에 대해서는 여러 기관이 주석을 달아 입장을 표명하기도 함.

Theme 28 정보분석기구

Ⅰ 정보분석기구의 유형

1. 의의

정보분석은 국가정보기구에서 필수적인 기능이며, 정보분석기구의 유형은 분산형, 중앙 집중형, 혼합형으로 나눔.

2. 분산형

① 개별 정보기구가 교류 없이 독자적으로 분석부서를 운용하며 필요한 정보를 생산하는 방식임.

② 제2차 세계대전 당시 미국의 국무부, 육군, 해군이 별도로 정보수집 및 분석을 수행한 사례가 대표적임.

③ 정책소요에 신속히 대응할 수 있으나 국가 전체의 정보 생산에는 한계가 있음.

3. 중앙 집중형

① 첩보 수집과 정보 분석을 철저히 분리하여 최종 분석을 중앙 집중형 분석부서에서 수행하는 방식임.

② 국가의 모든 정보 자료를 활용할 수 있으나, 분석 독점으로 인해 오류 발생 시 수정 기회가 부족함.

4. 혼합형 또는 경쟁적 분산형

① 분산형과 중앙 집중형의 절충형으로, 개별 기구의 분석 기능을 유지하면서 국가 차원의 중요 정보는 별도 분석부서에서 담당함.

② 정보의 정확성을 높일 수 있으나, 자원의 낭비 요소가 존재함.

Ⅱ 수집기구와 분석기구의 관계

1. 의의

① 미국을 비롯한 대부분의 국가정보기관은 수집과 분석 부서를 분리하여 운영함.

② 미국 정보공동체 18개 기관 중 CIA, DIA, 국무부 정보조사국(INR)은 분석에 중점을 두고, NSA, NRO 등은 특정 첩보수집을 수행함.

③ 미국은 독립적인 영상·정보 수집 및 분석 기구를 보유하는 독특한 조직 형태를 가짐.

2. 수집과 분석 부서 분리

(1) CIA

① 분석국과 비밀공작국으로 분리되어 있으나 완전한 분리는 어려움.

② 실질적으로 수집과 분석 활동은 연계되며, 상호 수행되는 경우가 있음.

(2) '해외정보'와 '보안정보'

① 수집과 분석 부서의 분리는 해외정보 분야에만 적용됨.

② FBI, MI-5 등 보안정보기관은 첩보수집에 집중하며, 별도 분석 부서를 두지 않는 경우가 많음.

③ 보안정보기관은 간첩 탐지·색출을 목표로 하며, 미행 감시, 대인접촉, 도청 등 다양한 수집수단을 활용함.

3. 수집과 분석 부서의 통합

(1) 의의

① 최고정책결정권자에게 제공되는 정보는 종합적이고 객관적이어야 함.

② 수집과 분석이 분리되지 않을 경우, 종합적 분석 수행이 어려움.

(2) KGB 사례

① 구소련 KGB는 수집과 분석의 구분이 명확하지 않았으며, 획득된 첩보를 분석 없이 직접 전달하는 경우가 많았음.

② 이에 따라 정보의 정확성과 신뢰성이 떨어지고, 정책 결정권자에게 편향된 정보만 제공되는 문제가 발생함.

(3) 장·단점

① 미국과 영국은 수집과 분석을 분리했으나, 단점도 존재함.

② 수집 부서가 분석 기능을 갖추면 신속한 정보판단이 가능함.

③ 분석 부서가 분리될 경우 중요한 자료 누락 가능성이 있음.

④ 수집 자료는 종합적 분석이 이루어져야 의미가 있으며, 수집과 분석 부서가 통합될 경우 보다 신속하고 객관적인 정보 생산이 가능함.

Ⅲ 최고 정보판단기구

1. 최고 수준의 정보

① 최고 정책결정권자인 대통령, 수상, 장관 등이 국가정보의 주요 사용자임.
② 최고 수준의 정보는 객관성을 유지해야 하며, 특정 부처의 이익이나 선입관이 반영되지 않아야 함.
③ 정부 부처 간 합의된 정보 제공이 필수적이며, 갈등을 조장하거나 의견 불일치가 발생할 경우 조정하여 통합된 정보 판단을 제시해야 함.

2. 부문정보기관들 간의 정보판단 조율

① 대부분의 국가에서 정보판단 조율의 어려움을 인식하거나 이에 대한 관심이 부족함.
② 정보판단 조율 방식은 두 가지로 구분됨.
  ㉠ 부문정보기관 간 협력 제도 구축: 영국의 합동정보위원회(JIC) 사례
  ㉡ 중앙정보기구 설립: 미국의 DCI(현재 DNI)와 CIA 분석 부서 사례
③ 영국과 미국의 정보시스템은 협력과 중앙집권화를 모두 포괄하여 운영됨.

Ⅳ 영국

1. 의의

① 제2차 세계대전 이전부터 군사뿐만 아니라 경제 · 자원 등 종합적 정보 분석을 위한 중앙집권적 기구 설립 시도함.
② 각 부처의 반대로 인해 합동정보위원회(JIC) 형태로 발전함.

2. 합동정보위원회(Joint Intelligence Committee, JIC)

(1) 의의

① 부문정보기관 유지하면서 부처 간 협력 강화 목적임.
② 1936년 3개 부문정보기관 협력체로 출발하여 1939년부터 대외처(Foreign Office) 주도로 효과적인 분석 기구로 발전함.
③ 제2차 세계대전 동안 해외 정보 평가 및 부문정보기관 간 협력 촉진 역할 수행함.
④ 1941년 합동정보사무처(JIS) 설립으로 JIC 활동 지원 강화됨.

(2) 포클랜드위원회(Falklands Committee) 보고서

① 1983년 프랭크 경(Lord Franks) 의장 하에 JIC 시스템의 공식 활동 최초 공개됨.
② JIC는 부문정보기관 관리뿐만 아니라 장관 및 고위관료들에게 외국 상황 및 동향에 대한 판단 보고서 제공함.

(3) 현용정보단(Current Intelligence Groups, CIGs)

① 외국의 상황과 동향 판단을 수행하며, 부문정보기관 전문가들로 구성됨.
② 핵심 조직은 '정보평가처(Assessments Staff)'로, 외교부 · 국방부 출신 인원으로 구성됨.
③ CIG는 JIC에 정보판단 초안을 제출하고, JIC는 이를 종합하여 최종보고서 생산함.

(4) 합동정보위원회(JIC) 구성

① 정보 · 보안기관 수장, 국방부 · 재무부 등 주요 부처 장관들로 구성됨.
② JIC 의장은 외교부 고위관료가 맡아왔으나, 1983년 이후 내각 사무처(Cabinet Office) 관료가 수상 임명으로 담당함.

Ⅴ 미국

1. 의의

① 1941년 이전까지 육군, 해군, FBI 등 부문정보기관들이 독립적으로 활동함.
② 진주만 기습 후 정보기관 간 협력 필요성이 대두됨.
③ 영국식 JIC 모델을 도입하여 합동참모위원회(Combined Chiefs of Staffs Committee) 설립함.
④ 냉전기 중앙집권적 정보기관 필요성이 증대되며, 1947년 「국가안보법(National Security Act)」에 따라 CIA 창설됨.

2. CIA와 DCI

(1) 의의

① 1947년 창설된 CIA는 최초의 종합정보분석기구임.
② 전략정보국(OSS)의 분석 부서(R&A)가 발전하여 CIA의 정보분석 기구(Directorate of Intelligence)로 정착됨.

(2) 중앙정보장(Director of Central Intelligence, DCI)

① 1947년 CIA 국장이 DCI 직위 겸임하며 정보공동체 수장으로 활동함.
② DCI는 대통령 및 국가안전보장회의(NSC)에 조언하는 역할 수행함.
③ 국방정보국(DIA), 국무부 정보조사국(INR)도 독자적으로 정보보고서를 생산함.
④ DCI는 부문정보기관 간 합의를 통해 국가정보판단보고서(NIEs)를 생산함.
⑤ 「국가안보법」은 DCI와 CIA가 NIEs 생산 및 정보공동체 조정 역할을 수행하도록 규정함.
⑥ 1950년 이후 DCI(현재 DNI)는 영국 JIC와 유사한 방식으로 NIEs 제출함.

1. 구영연방제국의 국가들

(1) 의의

구영연방제국 국가들은 1945년 이후 영국의 JIC를 모델로 하여 국가정보판단 시스템을 설립하였으나, 각국의 특성을 반영하여 다양한 형태로 발전시킴.

(2) 캐나다

초기에는 부문정보기관들이 협력하여 정보판단보고서를 생산하는 시스템을 유지했으나, 이후 중앙집권적인 정보분석기구를 설립함.

(3) 오스트레일리아

① 미국 모델을 받아들여 보다 중앙집권적인 정보판단 유형을 발전시킴.
② 국가적 차원의 정보판단 기구로 '국가정보위원회(National Intelligence Committee)'를 운영했으나, 1977년 '국가정보평가실(Office of National Assessments, ONA)'로 대체됨. 이후 '국가정보평가실(Office of National Estimates, ONE)'로 변화함.

(4) 뉴질랜드

① 국가정보판단 시스템은 미국식과 영국식의 중간 유형을 보임.
② 육·해·공군별 독립된 부문정보기관을 운영하며, 정보공동체의 협력을 통해 국가정보판단을 생산하는 개념을 유지함.

2. 제2차 세계대전 직후 유럽 국가들

(1) 의의

① 국가정보판단 시스템은 이전과 크게 다르지 않음.
② 정보공동체의 협력 개념이 없었으며, 중앙집권적인 통합 정보판단 기구도 설립되지 않음.
③ 유럽 지도자들은 상반되는 보고서를 참고하여 스스로 판단해야 했음.

(2) 소련

① 스탈린은 1947년 미국 CIA를 모델로 '종합 정보판단 기구(the Committee of Information)'를 창설함.
② 1958년까지 존속했으나, 지도자의 구미에 맞는 정보만 선별적으로 제공하여 종합적인 정보판단 기구로서의 역할을 수행하지 못함.

(3) 서독

제2차 세계대전 이후 분산된 정보기구를 통합하기 위해 겔렌(Gehlen) 장군의 주도로 중앙집권화된 정보기구인 BND(Bundesnachrichtendienst)가 설립됨. 그러나 최고 정보판단과 관련하여 부처 간 이견을 조정하는 시스템은 효과적으로 구축되지 못함.

(4) 평가

① 영국과 미국의 국가정보판단 시스템은 부처 간 이견을 조정하여 합의 또는 통합된 정보판단을 제공하는 데 효과적인 것으로 평가됨.
② 유럽 국가들은 미국 또는 영국식 시스템을 모델로 국가정보판단 시스템을 구축하려 했음.
③ 그러나 정보분석기구 간 교류가 미흡했고, 통합적 국가정보판단 시스템을 완벽히 갖추지는 못함. 미국이나 영국식 모델을 완벽히 모방하지 못한 것으로 평가됨.

Theme 28-1 영국과 미국의 국가정보판단체계 비교

I 의의

① 영국과 미국의 정보체계는 공통된 뿌리를 가지지만, 구조적 차이를 보임.
② 영국: 부문정보기관 간 협력과 합의를 중시함.
③ 미국: CIA 및 DCI(현재 DNI)를 중심으로 한 중앙집권적 체계가 특징임.

II 이견의 허용 여부

1. 미국

① 정보체계의 규모가 크고 사용자 범위가 넓어 정보의 흐름이 다양함.
② 부문정보기관의 다양성을 용인하고 장려하는 특징을 가짐.
③ NIEs 생산 과정에서 분석요원들이 이견을 주석(footnote)으로 표기할 수 있으며, 이러한 전통이 유지됨.

2. 영국

① 부문정보기관 간 의견 불일치는 정보시스템 전체의 실패로 간주되어 공식적으로 표현되지 않음.
② 중앙집권식 기구가 없으며, 부처 간 협력체계를 통해 합의를 필수적으로 요구하며 이견을 허용하지 않음.

III 정보공동체의 지리적 여건과 구조적 특성

1. 의의

① 영국은 정보공동체 규모가 작아 정책 부서 및 부문정보기관 간 협력이 용이하며, 이는 영국식 정보공동체의 장점임.

② 미국은 정보기관 규모가 크고, 지리적으로 분산되어 있어 협력이 어려움.

③ 미국은 정보와 자료, 견해를 정보판단 과정에 반영하려 하나 실행이 어려우며, 이에 따라 중앙집권적 체계를 선호함.

④ 정보공동체의 지리적 여건과 구조적 특성이 미국과 영국의 정보판단 체계 차이를 초래함.

2. 정보판단 과정에 참여하는 구성원의 차이

(1) 의의

정보판단 과정에 참여하는 구성원의 차이가 양국 정보체계 차이의 주요 원인임.

(2) 미국

① 국무부 등 여러 정부 부처의 정보기구가 포함되나, 정책결정권자는 배제됨.

② NIEs 회의에는 정보기관 요원만 참석함.

③ 정보와 정책을 엄격히 분리하며, 정보는 독립변수로 작용함.

(3) 영국

① JIC 및 산하기구인 CIG에 외무부, 재무부 등의 공무원도 포함됨.

② JIC 및 CIG 회의에는 정보기관 요원뿐만 아니라 정책결정자도 참여함.

③ 정보기관 요원과 정책결정권자가 함께 정보판단 생산 과정에 참여함.

3. 영국 정보판단 과정에서 발생하는 모순

① 외교부 관료가 CIG 및 JIC 회의에 참석하여 주도적 역할을 수행하며, 정보판단에 영향을 미침.

② 외교관들은 정보판단보고서를 작성한 후 정책결정을 내리는 역할을 하지만, 동시에 '객관적' 투입변수로서의 정보판단보고서를 기다리는 모순적 상황이 발생함.

③ 이로 인해 정보판단 과정에서 정보요원만 참여하는 것이 바람직한지, 정책결정권자까지 포함하는 것이 바람직한지에 대한 논란이 존재함.

④ 정책결정자의 선입견이 정보판단에 반영될 위험이 있으나, 영국은 정책결정권자의 경험과 지식을 반영하여 보다 나은 정보판단을 제공하는 것을 중요하게 고려함.

Theme 29 분석과 정책의 관계: 분석관과 정보사용자

I 분석관의 자질과 역할

1. 의의

① 정보분석관은 외교정책 과정에서 자신의 역할을 이해해야 하며, 복잡한 문제를 구조화하고 분석하는 기법, 특정 학문분야의 이론적 틀 적용 능력, 정책결정자를 설득하고 이해시키는 발표력을 갖추어야 함.

② 올바른 정보보고서를 생산하기 위해 목표(상대방)의 입장에서 사고하며, 목표의 내면적 계획을 파악하는 능력이 요구됨.

③ 카아(E. H. Carr)의 견해에 따르면, 역사가는 사회와 역사를 초월하여 현상을 이해하는 혜안을 갖추어야 하며, 정보관도 단기·장기 정보판단보고서 작성 시 선입관을 넘어서 객관적으로 현상을 파악하는 능력을 가져야 함.

2. 분석관이 가져야 할 목표

(1) 의의

① 셔먼 켄트(Sherman Kent)에 따르면, 분석관이 가져야 할 세 가지 목표는 모든 것을 아는 것, 신뢰받는 것, 선한 일을 위해 정책에 영향을 행사하는 것임.

② 이는 분석관의 태도 및 역할을 결정하는 요소임.

(2) 모든 일을 아는 것

① 분석관이 모든 것을 아는 것은 불가능하며, 만약 가능하다면 정보활동 자체가 불필요해짐.

② 켄트의 첫 번째 목표는 분석관이 특정 이슈에 대한 분석보고서를 요청받기 전에 최대한 많은 정보를 알고 있어야 한다는 의미임.

③ 정보의 양은 이슈별·상황별로 다양하게 변화함.

④ 분석관은 정보가 부족한 상황에서도 첩보에서 숨겨진 의미를 찾아내는 안목, 통찰력, 지적 능력을 발휘할 수 있도록 훈련받아야 함.

(3) 신뢰받는 것

① 분석관의 신뢰성은 정보와 정책 간 긍정적인 관계를 유지하는 핵심 요소임.

② 객관적이고 신뢰성 있는 정보를 지속적으로 제공할 때, 정책결정자는 분석관의 견해를 수용하게 됨.

(4) 정책에 영향을 행사하는 것

① 분석관은 자신이 제공하는 정보가 국가를 재앙으로부터 구하고 국익 증진에 기여하는 등 정책에 긍정적인 영향을 미치기를 희망함.

② 정책결정자가 분석관의 역할을 인정해 주는 것이 중요함.

Ⅱ 정책결정과 정보

1. 정책결정과정

(1) 의의

정책결정과정에서 정보의 역할은 "블랙박스(black box)"로 불리며, 시스템이론이 충분한 설명력을 제공하지 못하는 취약한 영역임.

(2) 정보운영자의 역할

정보운영자는 정보생산자를 대표하여 정치지도자를 지원함.

(3) 정보관리자의 역할

① 정보관리자는 정보수집 및 분석을 담당하는 요원을 관리하고, 업무를 조정·통제함.

② 정책결정자에게 정보를 전달·설명하며, 정책결정의 구성원으로서 중심적인 역할을 수행함.

2. 정보에 대한 과도한 기대

(1) 의의

정책담당자는 정보수집 과정과 분석 과정의 세부 내용을 이해하지 못하는 경우가 많음.

(2) 특정 이슈에 대한 정보 분석

특정 이슈가 장기간 위협 요소로 인식된 경우, 정보 분석과 예측이 더욱 심도 있게 이루어질 가능성이 높음.

(3) 정보기관에 대한 과도한 기대

① 정책담당자는 정보기관이 정책적 우선순위가 낮은 이슈도 철저히 수집할 것으로 기대함.

② 신속한 정보 요구에도 즉각적으로 대응할 것이라는 비현실적인 기대를 가짐.

3. 정책담당자의 선호

정책담당자는 정보 분석 결과가 자신의 선호와 일치하지 않을 경우, 이를 거부하거나 정보기관의 필요성에 대해 회의적인 태도를 보일 가능성이 있음.

4. 정보에 대한 불신

(1) 의의

정책담당자는 정보의 신뢰성을 근본적으로 의심하거나, 제한적인 효용성만을 인정하는 경향이 있음.

(2) 정보생산자의 한계

정보생산자는 사건과 상황의 발전 방향을 명확히 제시하기 어려움.

(3) 정책담당자의 인식

① 정책담당자는 정보가 국내정치에서 국민의 신뢰와 정치적 지지를 약화시킬 수 있다고 인식하는 경향이 있음.

② 이러한 인식은 정보생산자에게 압박을 가하여, 정보수요자의 의도에 부합하는 정보를 생산하도록 유도함.

5. 정보생산자의 정책담당자에 대한 비판

(1) 의의

정보생산자는 정책담당자가 정보를 합리적·객관적으로 다루지 못하며, 정보의 기능과 성격을 충분히 이해하지 못한다고 비판함.

(2) 복잡한 정보분석 회피

정책담당자는 복잡한 정보분석을 회피하는 경향이 있음.

(3) 불확실성 극복의 어려움

정책담당자는 정보분석의 한계를 쉽게 받아들이지 못함.

(4) 정보보고서에 대한 무관심

① 정책담당자는 정보보고서를 충분히 읽지 않음.

② 국내정치적 고려로 인해 정보의 중요성을 인식하지 못하는 경우가 많음.

(5) 정책담당자의 이해 부족

① 정책담당자는 정보생산자가 제공한 정보를 기억하지 못하는 경우가 많음.

② 사전적 지식이 부족하여 사건이나 특정 지역의 상황과 배경을 충분히 이해하지 못함.

(6) 책임 전가

정책이 실패할 경우, 정책담당자는 정보생산자에게 책임을 전가하는 경향이 있음.

Ⅲ 정보사용자와 분석관의 관계

1. 분석의 위치

① 분석은 정보와 정책이 만나는 지점에 위치함.

② 분석관은 정보사용자와 정례 브리핑 또는 분석보고서를 통해 빈번하게 접촉함.

③ 정보사용자는 대통령, 각 부처 장관 등 행정부의 정책결정권자가 주를 이루며, 최근에는 의회도 중요한 고객으로 부각됨.

④ 분석관은 정보사용자의 신뢰를 얻고 설득력을 갖추어야 하며, 고객으로서 그들의 요구를 파악하고 만족시키는 노력이 필요함.

2. 정보사용자의 불신

① 정책결정자는 자신이 정보분석관보다 더 많은 정보를 알고 있다고 생각하여 불신하는 경향이 있음.

② 예를 들어 대통령이나 외교부 장관은 외국 지도자와의 대화 내용을 비밀로 유지하며, 분석관이 이를 알지 못한다고 판단하여 불신함.

③ 미국의 경우 정무직 고위관료는 CIA 분석관의 정치적 중립성을 의심하고 분석능력을 과소평가하는 반면, 일반직 고위관료는 객관성과 전문성을 인정하는 경향이 있음.

④ 분석관에 대한 불신은 생산된 정보가 무용지물이 되는 결과를 초래할 수 있음.

3. 정보사용자와의 거리

① 정보사용자와 분석관은 친밀성과 소원함이 혼재된 복잡한 관계를 가짐.

② 정보는 정책 조언자로서 역할을 하지만, 정책결정 과정에서 일정한 거리를 유지해야 함.

③ CIA 분석관은 독립적이고 객관적인 보고서를 작성하려 노력하나, 정책적 고려가 부족하여 현실과 괴리될 위험이 있음.

④ 분석관과 정책결정자가 지나치게 밀착되면 객관성이 약화되고, 반대로 너무 소원하면 현실감이 떨어지는 보고서가 작성될 수 있음. 적정한 거리 유지가 필요함.

4. 정보의 정치화 (politicized intelligence)

(1) 의의

정보기관이 정부 및 정권과 지나치게 밀접할 경우, 정보가 정권의 요구에 맞게 왜곡되는 위험이 증가함.

(2) 원인

① 정책결정자의 선호에 맞게 분석관이 정보를 조작할 때 발생함.

② 분석관의 객관성 상실, 특정 정책 노선 지지, 개인 경력상의 이익 추구 등의 동기가 작용할 수 있음.

(3) 정보와 정치의 관계

① 정보와 정치의 관계는 '반투과성막(semipermeable membrane)'과 같음.

② 정책결정자는 분석관에게 의견을 제시할 수 있지만, 분석관은 정책 대안을 권고할 수 없음.

③ 정보의 정치화에 대한 책임은 분석관보다 정책결정자에게 있음.

5. 국가체제 또는 국가 내부 조직구조

(1) 의의

① 분석관과 정보사용자의 관계는 국가체제 및 조직구조에 따라 다르게 나타남.

② 미국은 정보사용자와 생산자의 관계가 소원하다는 지적이 있으며, 영국은 지나친 밀착을 경계하는 성향이 있음.

(2) 미국

① 정보와 정책 간 긴밀한 관계 유지가 강조됨.

② 게이츠(Robert M. Gates) 전 CIA 국장은 분석관들에게 정책결정권자의 입장에서 분석하도록 요구함.

③ 미국의 '기회분석(opportunity analysis)'은 정보사용자와의 밀접한 관계 유지를 강조함.

④ 허만(Michael Herman)은 분석관이 목표 대상뿐만 아니라 정보사용자와도 감정 이입을 가져야 한다고 주장함.

(3) 영국

① 정보사용자와의 소원한 관계 유지가 선호됨.

② 미국은 정보기관과 정부 부처가 광범위하게 분포하여 밀접한 관계 형성이 어려운 반면, 영국은 지리적 근접성으로 인해 지나친 밀착을 경계하는 성향이 있음.

6. 정책결정자의 정보요구와 분석관의 정보요구의 괴리

(1) 의의

① 분석 부서는 장기적, 전략적 이슈를 다루는 반면, 정책결정자는 단기적, 전술적 정보를 선호하는 경향이 있음.

② 예를 들어, 한국의 경우 북한의 군사위협과 북핵문제는 중장기적 이슈이지만, 대통령의 해외순방 시에는 해당 국가의 정치·외교 현황이 우선됨.

(2) 장문의 정보보고서와 짧은 현용정보보고서

① 1980년대 미국 CIA 분석국은 장문의 정보보고서를 강조했으나, 정책결정자의 관심 부족으로 1990년대 중반부터 보고서의 길이를 3~7쪽으로 축소함.

② 짧은 보고서 위주의 작성이 지속될 경우 분석관이 학문적 이론이나 정보분석 기법을 적용할 기회가 줄어들어 전문성이 약화될 우려가 있음.

(3) 정책결정자의 과도한 기대

① 정책결정자는 정보기관이 모든 문제를 해결할 정보를 제공할 수 있다고 기대하지만, 이는 비현실적임.

② 정보기관은 전문성이 부족한 분야라도 정책결정자의 요구를 충족하려 노력해야 함.

(4) 정책결정자의 갑작스러운 정보 요구

① 정보분석 부서는 갑작스러운 정보 요구에도 신속히 대응해야 함.

② 분석 부서의 기획관(manager)은 각 분석관의 전문 분야를 파악하고 있어야 하며, 이를 위해 분석관의 경력 및 전문성을 정리한 데이터베이스 구축이 필요함.

③ 미국의 경우 2003년 '분석 자료 목록(analytic resources catalog, ARC)'을 도입하여 전문 분석관의 경력과 전문성을 관리함.

(5) 의회의 태도 변화

① 미국 의회는 과거 수동적으로 정보를 제공받는 역할에서 벗어나 적극적으로 정보기관에 요구하는 태도를 보임.

② 의회의 정보 요구는 정보기관에 부담을 주지만, 예산 승인 등의 영향력이 크므로 적절히 대응해야 함.

③ 정보기관은 행정부 소속이므로, 의회보다는 행정부의 정보 요구를 우선적으로 지원해야 함. 동일한 정보 요구가 발생할 경우, 의회보다 행정부를 우선적으로 지원해야 함.

Ⅳ 분석관과 정보사용자 간 의사소통 방법

1. 의의

① 분석관이 불확실한 내용을 정책결정자에게 전달하는 것은 부담이 큰 일임. 이로 인해 '한편으로는', '다른 한편으로는', '반면에', '아마도' 등 애매모호한 표현을 사용하기도 함.

② 과거 한 고위급 분석관이 숫자와 단어를 조합하여 사건 발생 가능성을 표현하는 방안을 제안함. 예를 들어, '10번 중 1번' 또는 '10번 중 7번'과 같은 방식으로 설명하는 것임.

③ 숫자를 활용하는 것은 명확성을 높일 수 있으나, 정책결정자에게 부정확한 정보를 정확한 것처럼 보이게 할 위험이 있음.

2. 불확실한 내용의 구분

① 불확실한 내용을 전달할 때, 불확실한 이슈와 향후 밝혀질 수 있는 정보를 구분하는 것이 중요함.

② '알지 못하고 있다는 것을 알고 있는 것(the known unknowns)'과 '자신이 알지 못하고 있는 것조차 알지 못하는 것(the unknown unknowns)'을 구분해야 함.

③ 'the known unknowns'의 경우, 분석관은 다양한 수단을 동원하여 문제를 해결하기 위해 노력해야 함. 반면 'the unknown unknowns'는 본질적으로 파악이 불가능함.

3. 적절한 단어 사용

(1) 의의

① 불확실한 내용을 전달할 때, 적절한 단어 선택이 필요함. 분석관들은 '믿는다(believe)', '평가한다(assess)', '판단한다(judge)' 등의 표현을 사용하여 자신의 견해를 전달함.

② 특정 단어가 분석관의 견해를 정확히 표현할 수 있지만, 정보공동체 내에서 통일된 의미를 갖는 것은 아님.

③ 단어의 정의를 명확히 하려는 시도가 있었으나, 정책결정자가 이를 받아들이지 않으면 의미가 없어짐.

④ 따라서 분석관은 정보사용자가 명확히 이해할 수 있도록 적절한 단어를 선택해야 함.

(2) 분석관과 정보사용자의 용어 해석 차이

① 분석관과 정보사용자가 동일한 용어를 다르게 해석할 가능성이 있음. 예를 들어 'possible', 'probable', 'likely', 'unlikely' 등의 용어는 사람마다 다르게 이해됨.

② CIA 국가정보판단실(Office of National Estimates, 이후 National Intelligence Council로 개편)은 이러한 용어를 수치화하여 표준화하려 시도함.

③ 해당 표준화 시도가 공식적으로 채택되지는 않았으나, 'possible(아마도)'이나 'possibility(가능성)' 등의 용어 사용을 제한하는 권고가 있었음.

그러나 이러한 시도에도 불구하고 분석관과 정보사용자 간 용어 해석 차이를 완전히 해소할 수는 없음. 각기 다른 사고 체계를 가지고 있어 동일한 용어를 다르게 인식할 가능성이 높음.

④ 정보사용자가 정보판단을 불신할 경우, 분석관이 설득을 위해 정보를 과장하여 표현할 수도 있음.

⑥ 예를 들어, 이라크의 대량살상무기(WMD) 존재 여부에 대해 조지 테닛 CIA 국장은 부시 대통령에게 '슬램덩크처럼 확실하다'고 표현하였는데, 이는 과장된 표현임.

⑦ 정보사용자는 보고서의 용어 부정확성을 감안하여 신중하게 정보판단을 내려야 하며, 분석관의 표현이 실제 상황을 과장한 것인지 고려해야 함.

(3) 국가정보판단실의 연구 결과에 따른 특정 용어에 대한 확률값

① 'certain(확실)': 100%

② 'almost certain(거의 확실)': 90%

③ 'probable(가능성이 있는)': 75%

④ 'about even(대략 반반)': 50%

⑤ 'improbable(가능성이 별로 없는)': 25%

⑥ 'almost certainly not(아닌 것이 거의 확실한)': 10%

⑦ 'impossibility(불가능)': 0%

Ⅰ 의의

1. 비밀공작의 개념

① 비밀공작은 강대국이 상대국에 은밀한 영향력을 행사하기 위해 수행하는 행위로 알려짐.

② 냉전 시대 미국과 소련 간에 다수의 비밀공작이 전개됨.

③ 미국은 소련뿐만 아니라 반미 성향의 제3세계 국가들을 대상으로도 비밀공작을 수행함.

2. 비밀공작의 역사적 보편성

① 비밀공작은 강대국뿐만 아니라 약소국도 수행한 활동임.

② 고대부터 정보활동의 일부로 존재했으며, 첩자가 적대국에 허위정보를 유포하는 행위는 오늘날 선전공작의 일종으로 볼 수 있음.

③ 이러한 활동은 국가 간 빈번히 수행됨.

Ⅱ 세계대전 이전의 비밀공작

1. 칭기즈칸의 비밀공작

① 13세기 칭기즈칸은 정복 전에 첩자를 장사꾼으로 위장시켜 적국에 유언비어를 퍼뜨려 공포 분위기를 조성함.

② 이는 적의 전의를 약화시키는 심리전으로, 현대적 개념의 선전공작에 해당함.

2. 16세기 후반 영국 엘리자베스 1세의 비밀공작

① 엘리자베스 1세는 외교 및 군사적 목적을 달성하기 위해 비밀공작을 활용함.

② 월싱햄 경(Sir Francis Walsingham, 1537~1590)은 비밀정보조직을 창설하여 스페인의 무적함대 공격을 지연시키는 공작을 수행함.

③ 스페인의 군자금 확보를 방해하여 무적함대 격파에 결정적으로 기여함.

3. 미국 독립전쟁

(1) 의의

① 프랑스와 스페인은 영국의 세력을 약화시키기 위해 직접적인 개입 없이 미국 독립운동을 은밀히 지원함.

② 이는 비밀공작의 일환으로 평가됨.

(2) 프랑스의 비밀공작

① 루이 15세와 루이 16세는 미국 독립운동을 은밀히 지원하여 외교적 성과를 거둠.

② 독립전쟁 이전부터 반(反) 영국 선전공작을 수행함.

③ 1776년 독립전쟁 발발 후 미국에 무기, 군수물자, 군자금을 비밀리에 지원함.

(3) 스페인의 비밀공작

① 스페인은 미국 독립운동을 지원하여 영국의 세력을 약화시키려 함.

② 1777~1778년 동안 미국에 화약, 군수물자, 40만 달러를 무상으로 지원함.

(4) 평가

① 학자들은 프랑스와 스페인의 은밀한 지원이 미국 독립운동 초창기 전투의 승리에 결정적으로 기여했다고 평가함.

② 프랑스와 스페인은 비밀공작을 통해 영국과 직접 전쟁을 벌이지 않고도 영국의 세력을 약화시킴.

③ 최소한의 희생과 비용으로 외교적 성과를 극대화함.

Ⅲ 제1차 세계대전

1. 의의

독일과 영국은 미국을 자기편으로 끌어들이기 위해 비밀공작을 전개함.

2. 독일의 비밀공작

① 아일랜드인 및 독일 출신 미국인을 포섭하여 반영 감정을 부추기는 공작을 진행함.

② 미국에서 유럽으로 가는 무기 선적을 방해하기 위해 사보타주를 지원하고, 탄약 공장 폭발 및 전투함 파괴 등을 시도함.

③ 멕시코를 부추겨 미국을 공격하도록 유도함.

④ 그러나 비밀공작의 실체가 드러나면서 반독일 감정을 고조시키는 역효과를 초래함.

3. 영국의 비밀공작

① 윌슨 대통령의 측근을 대상으로 공작원을 침투시켜 영향력을 행사함.

② 미국의 제1차 세계대전 참전을 유도하는 데 성공함.

Ⅳ 냉전시대

1. 의의

① 제2차 세계대전 이후 서유럽은 경제적으로 황폐하고 정치적으로 취약한 상태였음.

② 소련은 동유럽에서 공산주의 세력을 확장하며 서유럽까지 위협함.

③ 1947년 코민포름을 창설하여 공산당의 국제적 유대를 강화하고 사회주의 팽창을 주도함.

④ 1950년대 초까지 유럽을 중심으로 비밀공작을 활용한 정치적 개입을 시도함.

2. 소련의 비밀공작

① 1950~60년대에 비밀공작의 목표를 제3세계 국가로 변경함.
② 1959년부터 전통적 정보활동에서 벗어나 타국 정치개입을 본격화함(골리친 증언).
③ 소련 공산당의 공산주의 운동 일환으로 추진되었으며, KGB 제1총국 D처에서 담당함.

3. 미국의 비밀공작

① 1947년 마샬 플랜을 통해 서유럽 경제 부흥을 지원함.
② 1949년 NATO를 결성하여 군사적 지원을 강화함.
③ 소련의 방해공작에도 불구하고, 비밀공작을 활용하여 마샬 플랜과 NATO 결속을 성공적으로 추진함.
④ 미국의 비밀공작은 서유럽의 공산화 방지뿐만 아니라 경제적 부흥과 민주주의 체제 유지에 기여함.

4. 미국과 소련의 제3세계 비밀공작

(1) 의의
① 냉전시대에 미국과 소련은 제3세계 국가를 대상으로 비밀공작을 치열하게 전개함.
② 미국 CIA는 친소 정권 전복 및 친미 정권 지원을 통한 정치적 개입을 추진함.
③ 소련 KGB는 정치 개입보다는 세계 공산화를 목표로 인민해방전쟁을 지원하는 방식으로 공작을 전개함.

(2) 비밀공작의 성과
① KGB와 CIA 모두 제3세계 정치 개입에서 큰 성과를 거두지 못함.
② 비밀공작은 군사적 수단보다 적은 비용과 노력으로 외교적 목적을 달성할 수 있는 효과적인 수단으로 활용됨.
③ 과거의 비밀공작은 전담 조직 없이 수행되었으나, 현재는 CIA, SVR, MI6, 모사드 등 각국이 전담 조직을 운영하며 다양한 형태의 비밀공작을 수행하고 있음.

Theme 31 비밀공작의 이해

Ⅰ 비밀공작의 용어

1. 주요 용어

① 비밀공작을 의미하는 용어로는 'covert action', 'special operation', 'special activities', 'disruptive action', 'active measures', 'dirty tricks' 등이 있음.
② 용어별 의미는 상황에 따라 차이가 있으며, 가장 많이 사용되는 용어는 'covert action'임.

2. 관련 용어의 구분

① 'special operation' 및 'special activities'는 군의 특수 작전을 의미하는 경우가 많지만, 비밀공작을 지칭하는 용어로도 빈번히 사용됨.
② 'active measures(activinyye meropriatia, 적극적인 방책)'는 러시아에서 주로 사용되며, 외국에 대한 영향력 행사 행동을 뜻함. 공개적 행동까지 포함하여 보다 포괄적인 의미를 가짐.
③ 'disruptive action(파괴공작)' 및 'dirty tricks(비겁한 수법)'은 비밀공작에 비판적인 입장을 가진 사람들이 사용하는 용어임.

Ⅱ 비밀공작의 정의

1. 의의

① 비밀공작은 냉전 시기 미국에서 가장 활발하게 수행되었으며, 갓슨(Roy Godson)은 이를 미국적인 발상으로 평가함.
② 현대적 의미의 비밀공작은 1940년대 후반 냉전이 시작되면서 미국 정보기관이 법적 승인하에 공식적으로 추진한 것이 특징임.

2. 법적 정의

(1) NSC 지침 10/2
① 1948년 6월, NSC 지침 10/2를 통해 CIA의 비밀공작이 공식 승인됨.
② 해당 지침은 CIA 내에 비밀공작을 전담하는 새로운 부서를 창설하도록 지시함.
③ 비밀공작은 공개된 군사력을 동원하지 않으며, 선전, 경제전, 사보타주, 반사보타주, 파괴, 소개, 적대국 전복공작, 반공세력 지원 등을 포함함.
④ 해당 개념은 이후 비밀공작의 정의와 큰 차이가 없음.

(2) 중앙정보법(Central Intelligence Act of 1949)

① 1949년 중앙정보법 제정으로 CIA의 비밀공작이 본격화됨.

② 1970년대 초반까지 비밀공작이 활발히 수행되었으나, 불법성과 비윤리성에 대한 비판이 제기됨.

③ 1955년 NSC 지침 5412/1은 기존 지침과 기본 개념은 동일하나, 기만공작을 추가하여 보다 구체적으로 기술됨.

(3) 휴즈 – 라이언 수정법(The Hughes – Ryan Amendment, 1974)

① 1970년대 워터게이트 사건 및 CIA의 비윤리적 활동이 드러나면서 규제 필요성이 대두됨.

② CIA의 모든 공작활동에 대해 대통령의 공식 승인을 받고, 의회에 보고하도록 규정함.

③ 일부 학자들은 해당 법이 비밀공작 개념을 최초로 정의했다고 주장하나, 본래 목적은 통제에 있었음.

④ 1980년대 말까지 비밀공작 개념은 개별적으로 정의되었으며, 법률적 정의는 부재함.

(4) 정보수권법(Intelligence Authorization Act of 1991)

① 1991년 정보수권법에서 최초로 비밀공작의 일반화된 개념 정의가 시도됨.

② 비밀공작은 행위 주체가 드러나지 않으며, 타국의 정치, 경제, 군사적 상황에 영향을 주기 위한 활동으로 정의됨.

③ 비밀공작에서 제외되는 범위를 명확히 규정하여, 일반적 첩보수집, 보안 및 방첩, 외교 및 군사 활동 등은 포함되지 않음.

④ 대통령 승인 및 의회 보고 의무가 부과됨.

3. 학자들의 정의

(1) 개념의 다양성

① 1991년 정보수권법에서 정의되었지만, 국가 및 학자마다 개념이 다르게 해석됨.

② 미국 내에서도 정보기관 및 학자들마다 정의가 상이함.

③ 일반적으로 비밀공작은 정보기관이 국가의 대외정책을 지원하기 위해 외국의 정치, 경제, 군사, 사회 분야에 개입하는 비밀정보활동으로 간주됨.

(2) 알드리히(Richard Aldrich)

① 비밀공작을 "보이지 않는 손(the hidden hand)"을 활용하여 세계에 영향력을 행사하는 공작"으로 정의함.

② 첩보수집활동과 유사하나, 목적에서 차이가 있으며, 비밀공작은 국가의 외교정책 지원을 목표로 함.

(3) 갓슨(Roy Godson)

① 국가뿐만 아니라 다국적 기업, 노조, 종교집단, 범죄단체 등도 유사한 비밀공작을 수행할 수 있다고 주장함.

② 그러나 일반적으로 정보기관이 주도하는 활동만을 비밀공작으로 인정함.

4. 비밀공작의 범위

(1) 미국 정보수권법 기준

① 비밀공작은 미국의 대외정책을 지원하기 위한 활동이며, 정부의 개입이 드러나지 않는 것이 특징임.

② 외교활동, 방첩, 군사행동과 구분이 모호한 경우가 존재함.

③ 정보기관이 개입하는 비밀협상은 적에게 영향력을 행사하려는 목적을 가지나, 관리들의 신분이 노출되므로 비밀공작으로 보기 어려움.

(2) 특수부대의 특수작전(Special Operation)

① 미국 육군의 그린베레, 해군의 네이비실, 공군의 델타포스 등 특수부대의 특수작전은 비밀리에 수행됨.

② 그러나 제복을 입은 군인이 주도하므로, 정보기관 주도의 비밀공작과 차이가 있음.

(3) 비밀공작의 주도권 논쟁

① CIA와 국방부 중 어디가 비밀공작을 주도할 것인가에 대한 논쟁이 지속됨.

② 9/11 보고서에서는 국방부가 비밀공작을 수행하는 것이 바람직하다는 견해를 제시함.

③ 2005년 부시 대통령은 CIA 내 국가비밀공작처(National Clandestine Service)를 신설하여 비밀공작을 총괄하도록 결정함.

(4) 비밀공작과 정보활동 범위

① 일부 학자들은 비밀공작이 전통적인 정보활동의 범위를 벗어난다고 주장함.

② 정보활동을 정책결정의 투입수단으로 본다면, 비밀공작은 포함되지 않음.

③ 그러나 학계의 지배적 견해는 비밀공작과 방첩 모두 정보활동의 범주에 포함된다고 봄.

5. 비밀공작과 방첩

① 비밀공작과 방첩의 명확한 구분이 어려움.

② 이중간첩을 색출하고 외국 정보기관의 활동을 무력화하는 것은 전통적인 방첩으로 간주됨.

③ 그러나 이중간첩을 활용해 적국에 기만정보를 제공하는 행위는 비밀공작에 해당할 수 있음.

④ 예시: 제2차 세계대전 당시 영국의 더블크로스 작전(Double Cross System)은 방첩과 비밀공작의 성격을 동시에 포함함.

⑤ 독일에 기만정보를 제공하는 행위는 비밀공작에 속하지만, 적의 인식을 오도하는 것은 방첩의 범주에 포함됨.

⑥ 정보기관의 비밀활동 중 비밀공작과 방첩의 개념이 중첩되는 경우가 존재함.

Ⅲ 비밀공작의 특성

1. 의의

① 비밀공작(covert action)은 정보활동의 일부로 수행되며, 암살, 테러, 파괴 등 불법적이고 비윤리적인 행위를 수반하는 영역임.

② 정보기관이 비밀리에 첩보를 수집하고 방첩활동을 수행하는 것은 국익과 국가안보를 위해 필요하지만, 불법적 행위까지 정당화될 수 있는지에 대한 논란이 존재함.

③ 합법적 활동은 정부 부처에서 수행 가능하지만, 국가안보와 국익 보호를 위해 비밀공작이 필요한 경우가 있으며, 이로 인해 정보기관 고유의 활동으로 인식됨.

2. 정보기관에서 비밀공작을 수행해야 하는 이유

(1) 행정적 편의성과 비용 절감

① 비밀공작은 첩보수집 및 방첩활동과 유사하여 업무적 중복이 많음.

② 동일한 시설(secret offices), 연락수단(communication systems), 공작금(fonds), 공작원 운영 방식 등을 공유할 수 있어 비용 절감 가능함.

(2) 정보활동과의 연계성

① 비밀공작은 첩보수집, 분석, 방첩과 유기적으로 연계될 때 효과 극대화 가능함.

② 수집과 분석 부서의 지원이 비밀공작 수행 여건 파악에 필수적이며, 방첩 부서는 비밀공작 수행 시 발생할 위험 방지를 지원함.

③ 비밀공작 과정에서 특수첩보 획득이 가능하며, 이는 상황 분석 및 방첩활동에도 활용될 수 있음.

3. CIA의 비밀공작

(1) 개요

① CIA는 분석국과 공작국을 보유하여 비밀공작 수행 시 분석국의 지원을 받을 수 있음.

② 분석국은 현지 상황 분석 보고서를 제공하여 준군사공작 등 비밀공작 수행을 지원함.

(2) 덜레스(Allen Dulles) 전 CIA 국장 사례

① 인도네시아 공작(1957~1958), 피그만 침공작전(1961) 수행 당시 분석국의 개입을 배제함.

② 현지 정보 부족으로 실패했으며, 분석국의 지원이 있었다면 실패를 방지할 수 있었을 가능성이 있음.

4. 정부 일반 부처에서 비밀공작을 수행할 경우 문제점

① 정보기관이 아닌 정부 부처에서 비밀공작을 수행하다가 실패한 사례로 '이란-콘트라 공작(Iran-Contra operation, 레이건 행정부)'이 있음.

② NSC는 CIA의 정보 지원을 받았으나, 방첩 지원 부족으로 공작 수행에 실패함.

③ 비밀공작은 정보기관이 수행해야 비용과 노력을 최소화하면서 효과를 극대화할 수 있음.

5. 여타 정보활동과 구분되는 비밀공작의 특징

① 비밀첩보수집과 방첩은 활동 자체를 은폐하는 데 중점을 두지만, 비밀공작은 배후세력 은폐에 초점을 맞춤.

② 비밀첩보수집과 방첩은 대상자가 활동을 인지하지 못하도록 수행됨.

③ 반면, 선전공작, 정치공작 등 비밀공작은 행위 자체는 드러나지만 배후를 감추기 위해 제3자 또는 조직을 이용하여 수행됨.

④ 비밀공작이 타국 내정 간섭 등의 불법행위로 이어질 경우 외교 문제로 발전할 가능성이 있음.

6. 비밀공작의 대상

(1) 원칙

비밀공작은 외국을 대상으로 수행되지만, 독재국가에서는 자국민을 대상으로도 수행됨.

(2) 소련과 러시아 사례

① 구소련 KGB는 반체제 인물 암살 및 테러를 수행함.

② 러시아는 2006년 FSB 전직 요원 리트비넨코 독살 사건, 2008년 런던 베레조프스키 암살 시도 등 비밀공작을 수행한 것으로 추정됨.

(3) 미국 사례

① CIA는 냉전 초기 미국 내 전국학생연합(NSA)에 기부금을 제공하여 소련 공작에 대응하도록 유도함.

② CIA의 정보활동은 국외에서만 수행되어야 하나, 국내 학생단체 지원이 위법으로 지적됨.

③ CIA는 반공 서적 출판 지원, 언론인 포섭 등을 통해 여론을 조작하려 했음.

④ 정보기관은 원칙적으로 외국을 대상으로 하지만, 정권안보를 위해 자국민을 대상으로 비밀공작을 수행한 사례가 있음.

Ⅳ 비밀공작의 필요성

1. 의의

① 비밀공작은 종종 불법적이며 비겁한 수법을 동원하여 수행됨. 국가의 주권을 침해하는 행위로서 UN 헌장에 위배됨. 또한, 뇌물공여, 절도, 납치, 살해 등 범죄행위를 수반하기도 함.

② 외국의 내정 개입 사실이 노출될 경우 국제적 비난과 외교 관계 단절 등 심각한 갈등을 초래할 수 있음. 이에 따라 비밀공작의 필요성에 대한 논란이 지속됨.

2. 미국의 비밀공작 침체기와 확장기

(1) 의의

미국에서는 비밀공작의 필요성을 둘러싼 논란이 지속됨. 1947년 이후 미국의 비밀공작 활동은 침체기와 확장기를 반복적으로 경험함.

(2) 1950년대와 1960년대

① 1950년대 동안 미국 CIA는 전체 예산의 50% 이상을 비밀공작 수행에 지출한 것으로 알려짐.

② 처치위원회(Church Committee)에 따르면 1961년부터 1975년까지 대규모 비밀공작이 900건 이상 전개됨.

(3) 1970년대

1975년 이후 CIA 비밀공작에 대한 국내외 비난이 증가하면서 활동이 위축됨. 특히 1977년~1981년 카터 행정부 시기에는 국제사회의 인권과 윤리성 강조로 인해 비밀공작이 완전히 침체됨.

(4) 1980년대

① 1981년1989년 레이건 행정부 시기에 비밀공작이 다시 확대됨.

② 특히 케이시(William Casey) 국장 재임(19811986) 동안 비밀공작이 활발히 추진됨.

③ 이후 다시 비밀공작이 위축됨.

3. 비밀공작의 필요성에 대한 입장

(1) 의의

비밀공작의 필요성에 대한 입장은 크게 두 가지로 구분됨. 미국에서는 비밀공작을 외교정책의 마지막 방책(last resort) 또는 예외적인 수단(exceptional tool)으로 고려해 왔음.

(2) 예외주의자

① 갓슨(Godson)은 비밀공작을 비겁한 수법(dirty tricks) 또는 더러운 전쟁(dirty wars)으로 간주하는 입장을 '예외주의자(exceptionalists)'라 정의함.

② 일부 예외주의자는 외교적 수단이 효과적이지 않거나 군사적 행동이 위험한 특수한 상황에서 비밀공작을 정책 대안으로 고려함.

(3) 일반적인 국가정책의 수단으로 간주하는 입장

① 코드빌라(Angelo Codevilla)는 비밀공작을 국가안보 목표 달성을 위한 일반적인 정책 수단으로 간주하는 입장을 취함.

② 이 입장은 비밀공작을 정책 수행 수단 중 하나로 보고, 예외적 수단이 아닌 일반적 정책 대안으로 활용할 수 있다는 견해를 제시함.

(4) 비밀공작 반대 입장

비밀공작 반대론자들은 목적이 합법적이라면 굳이 비밀공작을 추진할 필요가 없으며, 합법적이지 않다면 수행해서는 안 된다는 입장을 견지함.

4. 비밀공작과 제3의 선택

(1) 제3의 선택(a third option)

① 정책결정자들이 비밀공작을 정당화하기 위해 사용하는 용어임.

② 국가안보와 국익에 심각한 위협이 발생한 상황에서 선택할 수 있는 대안 중 하나임.

(2) 제1의 선택(the first option)

① 아무런 조치를 취하지 않는 것임.

② 정부의 무능력으로 비칠 위험이 있으며, 국민 여론의 비난을 받을 가능성이 있음.

(3) 제2의 선택(the second option)

① 군대를 동원하는 것임.

② 국제사회의 주권 침해 규범에 위배되며, 세계 여론의 비난과 외교적 곤란을 초래할 가능성이 있음.

(4) 정책결정자의 선택

① 제1의 선택과 제2의 선택이 각각 국민 여론 및 국제사회에서 부정적 영향을 초래할 수 있음.

② 정책결정자들은 이러한 상황에서 비밀공작을 유일한 대안으로 선택하고 정당화함.

Theme 31-1 비밀공작의 특징

1. 정보기구의 활동

① 비밀공작은 국가정보기구가 수행하는 활동임.

② 행정부의 공식 경로를 통해 수행되는 정책 집행은 비밀공작이 아님.

③ 미국의 경우, 비밀공작(특별활동)은 '전통적', '외교적', '군사적' 활동, '방첩활동', '법 집행활동'을 포함하지 않음.

2. 국가정책 집행업무

비밀공작은 단순한 첩보수집이 아니라 국가의 외교·국방정책 목적을 직접적으로 달성하는 데 초점이 맞춰짐.

3. 정보기구 본연의 고유 임무가 아님

비밀공작은 예외적이고 비상적인 임무로 할당된 것이며, 국가정보기구만이 수행할 수 있는 고유한 업무는 아님.

4. 정당성을 갖는 활동

① 비밀공작은 형식적으로 불법적인 활동을 포함할 수 있으나, 국가안보와 국가이익을 위한 정당화 사유가 존재함.
② 실질적으로 적법행위라는 논리구조 위에서 수행됨.

5. 비밀공작과 일반 정보보안의 차이

① 일반적인 정보보안은 '활동 자체의 비밀성 유지'가 목적임.
② 비밀공작의 보안은 공작의 배후세력(행위주체)을 은폐하는 데 중점을 둠.

6. 외국을 대상으로 한 국가정책의 대집행

① 비밀공작은 정보기구에 의한 대외적 국가정책 집행임.
② 자국민을 대상으로 실행되어서는 안 됨.

7. 법적 근거의 필요성

① 비밀공작은 본질적으로 국가 행정부의 집행업무이므로 민주법치국가의 원리에 따라 법적 근거가 필요함.
② 법적 근거가 없을 경우, 대통령의 명령을 발동할 최소한의 근거조항이 필요함.

Theme 32 비밀공작의 계획과 실행: 미국의 사례

I 비밀공작의 결정과정

1. 의의

① 미국에서 비밀공작 계획은 주로 CIA, 국무부, 국방부, NSC 등 행정부처 관료집단에서 요청함. 비밀공작은 일반적인 정책결정과정의 일부로 추진되므로, 특정 부처나 담당자를 명확히 규명하기 어려움.
② 친미 정권의 실각 위험, 민족주의 정책으로 인한 미국의 이익 침해 가능성 등 외교정책에 부정적 영향을 미칠 사태가 발생하면 비밀공작 추진을 고려함. 이후 CIA가 구체적인 실행계획을 작성함.

③ CIA가 수립한 계획 초안은 국무부, 국방부, CIA, NSC의 고위 관료로 구성된 '합동위원회(interagency committee)'에서 검토함. 경우에 따라 백악관, 정보공동체, 법무부 관료가 포함되기도 함. 합동위원회의 승인을 받아야 비밀공작을 추진할 수 있으며, 반대 시 계획이 철회됨.

2. 합동위원회의 위험요소 검토

(1) 의의

합동위원회는 비밀공작 승인 전에 주요 위험요소를 검토하여 공작의 성공 가능성과 안전성을 평가함.

(2) 비밀공작의 노출 위험성

① 비밀공작은 수행 중, 종료 직후, 혹은 종료 후 수년이 지난 후에도 일반에 노출될 가능성이 존재함.
② 노출 시 외교적 문제 발생 및 관련자들에게 곤란한 상황을 초래할 수 있음.

(3) 비밀공작 실패의 위험성

① 실패할 경우 대상국가의 정치적 위기를 조장할 가능성이 있음.
② 협력자의 정치적·생명의 위협이 발생할 수 있음.
③ 대안이 없거나, 실패로 인한 손실을 감수할 만큼 충분한 이익이 예상될 때에만 승인됨.

3. 합동위원회와 NSC

(1) 의의

① 합동위원회는 NSC로부터 권한을 위임받아 비밀공작을 결정하며, 대통령의 부담을 줄이는 역할을 수행함.
② 합동위원회의 의사결정 방식과 권한은 의장의 역할과 행정부 내 위상에 따라 차이를 보임.

(2) NSC와의 관계

① 합동위원회는 NSC를 대신하여 결정하며, NSC조차 위원회의 결정 사항을 정확히 알지 못하는 경우가 존재함.
② 이는 NSC가 결정을 위임하거나, 문제가 발생할 경우 대통령의 부담을 줄이기 위한 전략으로 활용되기 때문임.

(3) 의장의 역할과 권한

① 합동위원회의 의사결정 방식과 권한은 의장의 역할과 행정부 내 위상에 따라 차이를 보임.
② 닉슨·포드 행정부에서 키신저는 국가안보보좌관과 국무장관을 역임하며 합동위원회 의장으로 강력한 권한을 행사함.
③ 1972년 4월부터 1974년 12월까지 40건의 비밀공작이 추진되었으며, 단 한 차례의 위원회도 개최되지 않고 전화통화만으로 결정됨.

II 미국의 비밀공작 통제 제도

1. 의의

1970년대 CIA의 불법행위가 드러나면서 미국 및 국제 사회의 비난이 증폭됨. 이에 따라 미국에서 비밀공작 통제를 위한 제도적 장치가 마련됨.

2. 1974년 휴즈-라이언 수정법

(1) '그럴듯한 부인' 개선

비밀공작에 관여한 고위직 관료들이 책임을 회피하는 수단이었던 '그럴듯한 부인(plausible deniability)'이 대통령의 직접 책임으로 개선됨.

(2) 대통령의 평가 및 의회 보고 의무화

① 1974년 휴즈-라이언 수정법(Hughes-Ryan Amendment)에 따라 대통령이 비밀공작 계획이 국가안보에 중요한지 '평가(find)'하도록 규정됨.

② 대통령은 비밀공작 관련 내용을 적절한 시기에 의회에 보고할 의무를 가짐(적절한 시기의 해석을 두고 논란이 존재함).

③ 이란·콘트라 사건을 계기로 의회와 행정부에서 관련 절차가 보다 엄격하게 이행됨.

3. 비밀공작 실행 절차에 관한 법

(1) 의의

① 제정과 개정: 1987년 레이건 행정부에서 최초 제정, 1991년 개정 후 적용됨.

② 대통령 승인 절차: 비밀공작 실행 전 대통령이 문서 형태의 공작평가서(written Finding)에 서명해야 하며, 긴급 상황 시 구두 평가보고서(oral Finding) 허용 후 신속한 문서 작성 필요함.

③ 통고각서(MON) 작성: 비밀공작 계획의 주요 사항(예산, 공작자산, 외국 협조 상황 등) 변경 시, 대통령 승인 하에 통고각서(Memorandum of Notification, MON) 작성 필요함.

(2) 공작평가서(Finding)와 통고각서(MON)

① 주요 내용: 공작 목적, 승인된 행동 범위, 소요 예산, 국내외 참여 집단, 위험 수준 등을 포함해야 함.

② 심사 절차: NSC 최고위원회, NSC 법률보좌관, 대통령 법률고문변호사의 심의를 거쳐야 하며, 극비사항 제외 시 의회에 사전 전달 필요함.

③ 개혁 효과: 전문가 자문 확보, 법률적 검토 가능, 대통령 책임 명확화, 의회 참여 유도 등 긍정적 효과 발생함.

4. 비밀공작 계획에 대한 의회의 심사

(1) 의의

① 심사 과정: 행정부가 작성한 비밀공작 계획은 의회 심사를 거쳐야 하며, 대통령은 공작평가서를 첨부하여 의회 검토 요청함.

② 문서 제출 원칙: 긴급 상황 제외 시 공작 계획서는 문서 형태로 제출해야 하며, 구두 통보 후 48시간 내 문서화 필요함.

③ 명시 사항: 공작 수행 기관(CIA 포함), 제3자 개입 여부, 헌법·법률 위반 가능성 여부 포함해야 함.

(2) 의회 정보위원회

① 공작평가서 제출: 대통령은 가능한 한 빨리 의회 정보위원회에 공작평가서를 제출해야 함.

② 배포 제한 가능성: 비밀공작 노출 시 국가안보 위협 발생 시, 대통령이 의회 주요 인사(상·하원 정보위원장, 하원의장, 상원의장 등)에게만 제한적 배포 가능함.

③ 사전 승인 절차 누락 시: 공작이 사전 승인 없이 추진되었을 경우, 대통령은 정보위원회에 추후 설명 및 해명해야 함.

④ 의회의 반대와 대응: 의회가 반대해도 대통령이 강행할 수 있으나, 정보위원회는 국가정보장 압박 등을 통해 저지 시도 가능함.

5. DNI(국가정보국장)의 비밀공작 통제

(1) 의의

① 비밀공작 추진 신중론: 전문가들은 비밀공작 역량 유지 필요성을 인정하나, 신중한 추진을 권고함.

② 정책결정자 vs 공작담당자: 비밀공작 추진 주체가 공작담당자인지 정책결정자인지에 대한 논란 존재함.

③ 역대 사례: 카터·포드 행정부에서는 비밀공작이 거의 추진되지 않았으며, 정책결정자가 비밀공작 실행에 영향력 행사함.

(2) 「정보개혁법」과 DNI의 역할

① DNI 직위 신설(2004년): 정보개혁법에 따라 DNI가 모든 정보활동(비밀공작 포함)에서 대통령을 보좌하는 최고직위으로 지정됨.

② DNI와 CIA의 관계: 정보개혁법상 CIA 국장은 DNI에게 보고해야 하나, DNI의 CIA 비밀공작 지휘·통제 권한은 명시되지 않음.

③ 법적 한계: DNI가 CIA 비밀공작에 직접 개입할 법적 근거가 없어, 추가적인 제도적 장치 필요함. 향후 DNI와 CIA 국장 간 갈등 발생 가능성 존재함.

1. 의의

① 정보기관의 예산은 엄격한 비밀보안 대상이며, 특히 비밀공작 예산은 더욱 철저히 보안 유지됨. 정확한 예산 규모는 파악하기 어려우나, 국가적 상황, 정치 지도자의 성향, 비밀공작 유형 등을 고려하여 개략적 추정 가능함.

② CIA의 비밀공작은 1949년 「중앙정보법(Central Intelligence Act of 1949)」제정 이후 본격적으로 추진됨. '정책조정실(Office of Policy Coordination)' 신설을 통해 비밀공작을 전담하였으며, 이에 따라 인력과 예산이 대폭 증가함.

③ 1949년 CIA 정책조정실의 인력은 302명이었으나, 1952년 2,812명으로 약 10배 증가함. 예산 또한 1949년 407만 달러에서 1952년 8,200만 달러로 20배 이상 증가함.

2. 시기별 예산의 증가와 감축

(1) 의의

CIA 비밀공작 예산은 국가적 위기 상황, 대통령의 정책 방향, 의회의 통제 수준 등에 따라 증감이 반복됨.

(2) 카터 행정부

① 베트남 전쟁 당시 CIA 전체 예산의 50% 이상이 비밀공작에 사용됨.

② 카터 대통령 집권 후 비밀공작 예산이 5% 미만으로 대폭 감축됨.

③ 1979년 소련의 아프가니스탄 침공 이후 비밀공작 예산이 30% 이상으로 증액됨.

(3) 레이건 행정부

① 1981년 레이건 대통령 집권 후 CIA 비밀공작이 적극적으로 전개되며 예산도 대폭 증가함.

② 1987년 이란-콘트라 사건 발생으로 CIA 비밀공작에 대한 불신이 심화됨.

③ 사건 여파로 비밀공작 예산이 냉전 이후 최저 수준인 1% 미만으로 축소됨.

(4) 1차 부시 행정부와 클린턴 행정부

① 1차 부시 행정부에서도 CIA 비밀공작 예산은 약 1% 수준 유지됨.

② 클린턴 행정부 시기 아이티, 아프리카, 발칸 지역에서 외교정책 지원을 위한 비밀공작이 활발해지며 예산이 다소 증가함.

(5) 2001년 9월 11일 테러 이후

① 2001년 9·11 테러 이후 CIA 비밀공작 예산이 대폭 증액됨.

② 아프가니스탄 탈레반 정권 전복을 위한 준군사공작이 활발히 진행되며, 이에 따라 비밀공작 예산이 크게 증가함.

Theme 32-1 비밀공작의 결정 및 수행

I 비밀공작의 계획수립

1. 의의

비밀공작은 실행 이전에 계획수립 단계에서 철저한 사전 검토가 필요함. 정당성 검토, 공작수행능력 점검, 위험도 분석, 유사 공작 검토 등의 절차를 거쳐야 함.

2. 정당성 검토

(1) 정당성 판단 기준

① 비밀공작은 외교 및 군사적 수단으로 해결할 수 없는 정책적 목적을 달성하기 위해 활용됨.

② 외교적 반발과 국제적 비난을 방지하면서 효과적인 결과를 얻을 수 있는 수단임.

③ 공개적 대안이 비슷한 비용으로 유사한 결과를 가져올 수 있다면 비밀공작은 지양해야 함.

(2) 정책적 목적과의 연계성

① 국가 간 상호 의존도 증가와 국제 규범 강화로 인해 비밀공작의 위험성이 커질 수 있음.

② 정책공동체(Policy Community)와의 사전 조율이 필수적이며, 비밀공작이 최선의 실행 가능한 수단인지 명확히 해야 함.

3. 공작수행능력 검토

① 비밀공작이 성공하려면 수행능력을 철저히 점검해야 함.

② 공작기획능력, 공작여건개척능력, 공작원 확보능력, 예산 확보능력, 공작지원능력 등이 필요함.

③ 공작 지원체계(연락공작원, 감시공작원, 무인 수수소, 안가 등)의 구축이 필수적이며, 금전적 비용과 제약 요인을 사전 파악해야 함.

4. 비밀공작의 위험도 점검

(1) 노출 위험도 분석

① 비밀공작은 결국 노출될 가능성이 있음. 수행 중 노출되는 경우와 수년 후 노출되는 경우의 차이를 고려해야 함.

② 장기간 비밀 유지된 공작이 공개될 경우에도 정치적 손실이 발생할 수 있음.

(2) 실패 위험도 분석

① 비밀공작 실패 시 외교적 문제, 국제적 비난, 인명손실, 국내 정치적 부담이 발생할 가능성이 큼.

② 국가이익이 절대적으로 중요하고 다른 대안이 없을 경우 위험을 감수하고 수행할 수 있음.

5. 유사 공작 검토

① 과거 유사 공작 사례 분석을 통해 성공과 실패의 요인을 파악하여 계획을 보완해야 함.

② 비교 항목: 동일 국가·지역에서의 유사 공작 여부, 결과, 위험요소 변화 여부, 다른 지역에서의 유사 공작 수행 사례 등.

③ 사례 연구를 통해 현재 공작 계획을 점검하고 성공 가능성을 높이는 방향으로 응용해야 함.

Ⅱ 비밀공작의 결정

1. 의의

국가마다 비밀공작의 결정 방식이 다름. 미국의 절차를 중심으로 검토함.

2. 대통령의 승인

① 미국에서는 비밀공작이 공식적으로 승인되어야 하며, 대통령이 승인명령에 서명함.

② 대통령 승인서는 서면으로 보관되며, 비상시에는 48시간 내에 서면 승인서 작성이 요구됨.

3. 의회의 예산승인 및 통제

(1) 예산 승인 절차

① 대통령 승인 후 공작수행기관에 승인서가 전달되고, 상·하원 정보위원회에 통보됨.

② 정보공동체는 의회에 1년간의 비밀공작 활동계획을 제출해야 하며, 의회는 예산심의를 통해 공작 내용을 인지함.

(2) 의회의 통제 역할

① 의회는 예산 지원 거부를 통해 공작 추진을 저지할 수 있으나, 승인 권한은 없음.

② 반군 지원, 테러 지원국 무기 제공, 암살 금지 등을 위반한 공작에 대해 법적 거부 가능함.

③ 1974년 휴즈-라이언법(Hughes-Ryan Act), 1980년 정보감독법(Intelligence Oversight Act) 제정으로 감독이 강화됨.

Ⅲ 비밀공작의 수행

1. 의의

비밀공작은 정보기관이 주도하며, 공작관이 공작원을 활용하여 추진함. 공작원은 공작기관과의 비밀관계를 유지하며, 지시와 통제를 받아야 함.

2. 공작원 포섭의 6단계

(1) 목표분석(Target Analysis)

공작 목표 대상의 조직·시설물 관련 정보 수집 및 평가.

(2) 물색(Spotting)

공작원 후보자(agent candidate) 탐색.

(3) 조사(Investigation)

후보자의 배경 정보 수집 및 분석.

(4) 평가(Assessment)

공작원으로서의 적합성과 모집 가능성 평가.

(5) 여건조성(Development)

지속적 접촉을 통해 모집 가능성 증대 및 실패 대비책 마련.

(6) 모집(Recruitment)

공작원을 비밀조직에 가담시키고 임무를 수행하도록 설득.

3. 공작원 포섭 방법

(1) 설득

공작 수행국과 협력하는 것이 유리함을 인식시키는 방식. 이념·가치관 공유를 통해 배반 가능성을 줄임.

(2) 매수

경제적, 정치적, 사회적 어려움을 이용하여 금전적 지원, 해외망명, 취업·승진 등을 제공.

(3) 협박

대상자의 불법 행위나 신변 위협을 이용하여 강제적으로 협조를 유도하는 방식.

4. 공작원의 교육훈련

① 공작원은 임무 수행을 위해 철저한 교육훈련을 받아야 하며, 해고 시에도 세밀한 관리가 필요함.

② 공작 수행능력 확보에는 상당한 시간이 소요될 수 있으며, 공작 환경에 따라 지원 체계 구축 기간이 달라짐.

5. 비밀유지

① 비밀공작은 노출되면 실패한 것으로 간주되며, 관련자의 생명에도 위험을 초래할 수 있음.

② 공작원 변절 및 상대국 공작원 침투 가능성을 점검해야 하며, 보안성 검토와 테스트가 필요함.

③ 비밀 연락기술과 점조직 운영을 통해 보안을 유지하며, 증거물을 남기지 않는 것이 원칙임.

④ 민주주의 국가에서는 공작 내용을 문서화하고 의회 감독을 받는 절차가 존재하여 보안 유지가 어려운 측면이 있음.

Theme 33 비밀공작의 유형

I 비밀공작의 의의

① 비밀공작(covert action)은 정보기관이 주도하여 자국의 대외정책을 지원하기 위해 외국의 정치, 경제, 군사, 사회 등 다양한 분야에 은밀히 개입하는 비밀 정보활동임.
② 비밀공작은 첩보수집활동과 수행 방식이 유사하지만, 첩보수집은 정보 획득을 목적으로 하는 반면, 비밀공작은 외교정책을 지원하는 것이 목적이라는 점에서 차이가 있음.

II 1948년 NSC 지침 10/2

① 선전공작(propaganda)
② 경제전(economic warfare)
③ 사보타주, 반사보타주, 파괴, 소개(evacuation) 등 예방적 행동조치
④ 적대국 전복공작(저항운동, 게릴라, 난민해방 단체 지원 포함)
⑤ 국가 내부의 반공세력 지원

III 비밀공작 유형에 대한 학자별 견해

1. 홀트(Holt)

① 선전공작
② 외국 단체 지원
③ 영향공작
④ 준군사공작

2. 슐스키(Shulsky)

① 우호 정부에 대한 비밀지원
② 외국 정부의 인식에 대한 영향공작
③ 외국 사회의 인식에 대한 영향공작
④ 우호적 정치세력에 대한 지원
⑤ 정치적 사태에 대한 폭력적 수단을 통한 영향력 행사

3. 로웬탈(Lowenthal)

(1) 의의

① 비밀공작의 사다리(Covert Action Ladder) 개념을 제시하여 유형을 단계적으로 구분함.
② 로웬탈은 비밀공작을 폭력성과 '그럴듯한 부인(plausible deniability)' 가능성에 따라 단계별로 구분함.
③ 선전공작, 정치공작, 경제공작, 쿠데타, 준군사공작으로 구분됨.

(2) 폭력성과 그럴듯한 부인 가능성

① 폭력성이 가장 낮은 것은 선전공작이며, 정치공작, 경제공작, 쿠데타, 준군사공작 순으로 폭력성이 강화됨.
② 그럴듯한 부인 가능성은 반대로 선전공작이 가장 높고, 정치공작, 경제공작, 쿠데타, 준군사공작 순으로 낮아짐.

(3) 평가

① 로웬탈의 분류 방식은 영미 학계에서 일반화된 유형으로 인정받고 있음.
② 실제 비밀공작에서는 여러 유형이 복합적으로 추진되며, 단순한 구분이 어려운 경우가 많음.
③ 예를 들어, CIA는 1964년과 1970년대 칠레의 아옌데 정권 전복 공작에서 흑색선전, 금품살포, 사보타주 등 다양한 수단을 동시에 활용함.

4. 다이쿠스(Dycus)와 트레버턴(Treverton)

① 선전공작
② 준군사 비밀공작
③ 정치공작

Theme 34 선전공작

I 의의

1. 개념

① 대상 국가의 여론을 조작하기 위해 라디오, TV, 신문, 전단, 인터넷 등을 활용하는 활동임.
② 심리전(psychological warfare)으로 불리며, 특정 정치적 목적을 달성하기 위해 정보를 유포하는 행위임.

2. 목표와 방식

① 지지자와 동조자 확보를 목표로 조직적인 활동을 수행함.
② 선전공작의 내용물에는 일반 의견, 통제된 정보, 역정보 등이 포함될 수 있음.

③ 정치공작, 준군사공작 등 모든 비밀공작의 기반이 되는 활동임.

3. 대상과 활용 범위

① 주로 자국에 적대적인 개인이나 집단을 대상으로 하며, 때로는 협조적인 개인이나 집단을 지원하기 위해 활용됨.
② 정치 불안이나 경제난에 대한 거짓 소문을 퍼뜨리는 행위도 포함됨.

Ⅱ 선전공작의 역사적 발전

1. 어원 및 초기 활용

① '프로파간다(Propaganda)'는 라틴어에서 유래하며, 1622년 교황 그레고리 15세가 '신앙보급위원회'를 설립하면서 처음 사용됨.
② 개신교 확산을 견제하기 위한 가톨릭 포교 활동의 일환으로 출판물 배포가 이루어짐.

2. 20세기 정치적 활용

① 1902년 러시아 혁명가 레닌이 「무엇을 할 것인가」에서 프로파간다 개념을 도입함.
② 제1차 세계대전 당시 미국은 공보위원회(Committee on Public Information)를 설립하여 대규모 선전 활동을 전개함.
③ 1930년대 독일에서는 히틀러가 괴벨스를 통해 선전공작을 강화함.

Ⅲ 특징

① 신문, 방송 등 언론매체를 통해 의견이나 정보 또는 역정보를 유포하는 행위가 대표적임.
② 정치공작, 경제공작, 쿠데타 등 모든 비밀공작에 활용되는 기본적 수단임.
③ 폭력성이 낮고 부인 가능성이 용이하여 가장 많이 활용되는 비밀공작 기법임.

Ⅳ 유형

1. 개요

선전공작은 행위의 주체 및 배후에 따라 백색선전, 회색선전, 흑색선전으로 구분됨.

2. 백색선전

(1) 개념

주체나 배후를 명확히 밝히고 수행하는 선전공작임.

(2) 사례

① 냉전시대 미국 정부의 United States Information Agency(USIA)가 공개적으로 선전공작을 수행한 사례가 있음.
② 미국 대사관을 통해 정보 제공, 러시아의 Radio Moscow도 이에 해당됨.

(3) 특징 및 장점

① 출처 공개로 대체로 정확한 정보 제공, 과장 또는 허위 정보가 포함될 수도 있음.
② 자국 입장을 공개적으로 주장할 수 있는 장점이 있으며, 외교부 및 국방부와 같은 정부 부처에서 수행 가능함.
③ 공개적, 합법적 특성으로 인해 일반적으로 선전공작으로 간주되지 않음.

3. 흑색선전

(1) 개념

① 정보기관이 수행하며, 출처를 밝히지 않고 진행됨.
② 제공되는 정보가 모두 허위는 아니며, 냉전시대 CIA의 사례에서는 98%가 사실이었음.
③ 특정 의견이나 사실의 출처를 완전히 은폐하여 허위 또는 폭로 정보를 유포하는 행위임.

(2) 사례

① 소련이 미국이 AIDS를 퍼뜨렸다는 소문을 유포한 사례가 있음.
② 정부가 통제하는 언론매체나 전위단체(front group)를 활용하여 실행됨.
③ 슐스키는 영국이 'American First'에 대응하기 위해 전위단체를 설립한 사례를 제시함.
④ 국제민주변호사협회(International Association of Democratic Lawyer)는 KGB의 전위단체로, 미국 정보기관 요원이 어린이를 살해해 장기이식에 활용했다는 거짓 정보를 유포함.
⑤ 언론매체를 통해 특정 기사를 게재하거나 작가 및 출판사를 위장하여 정보를 유포하는 기법도 활용됨.

4. 회색선전

(1) 개념

① 출처를 은폐하는 정도에 따라 흑색선전과 구분됨.
② 출처를 완전히 은폐하지 않으며, 어느 정도 노출되지만 공개적으로 인지되지 않는 상태임.

(2) 사례

① 미국이 동유럽과 소련 주민을 대상으로 운영한 '자유 유럽 라디오(Radio Free Europe)'와 '자유 라디오(Radio Liberty)'가 대표적임.

② CIA가 배후 조종하였으나 민간 기업체 운영처럼 가장됨.

③ 1970년 정체가 드러날 때까지 공산권 사회 주민들의 이념 및 사고방식 변화에 결정적 역할을 수행함.

V 냉전 시대 CIA와 KGB의 선전공작

1. CIA의 선전공작

(1) 언론인을 공작원으로 활용

① 냉전 시기, CIA는 대상국의 신문기자, 방송인, 저술가 등을 공작원으로 포섭하여 선전공작을 수행함.

② 공작원들은 CIA가 제공한 원고를 자신의 견해처럼 발표하여 여론을 조작함.

③ 일반 국민들은 이들의 CIA 협조 여부를 알지 못해 신뢰함.

(2) 풍선을 이용한 선전공작

① 사회 통제가 강한 독재국가에서는 언론인을 포섭하는 것이 어려웠음.

② CIA는 연설문, 잡지, 책, 라디오 등을 풍선에 실어 소련과 동구권 국가로 보냄.

③ 풍선 공작은 주로 소련을 대상으로 했으나, 불시착 등의 문제로 효과는 미미함.

(3) CIA의 신문 및 방송국 운영

① 냉전 시기, 미국은 외국 방송국에 매일 7080건의 선전물을 송출함.

② 번스타인(Carl Bernstein)은 1952년부터 1976년 기간 동안 400여 명의 미국 언론인이 CIA와 협조했다고 주장함.

③ CIA는 전성기 때 800개의 신문과 방송국을 운영하며 선전공작을 수행함.

④ '라디오 자유유럽(Radio Free Europe)', '자유 라디오(Radio Liberty)' 등을 통해 공산주의 체제를 비판하고 자유민주주의를 홍보함.

⑤ 아시아에서는 1951년 설립된 '자유 아시아 방송(Radio Free Asia)'이 필리핀 마닐라를 거점으로 활동함.

(4) 언론사 및 출판사에 대한 비밀자금 지원

① CIA는 신문사, 잡지사, 서적 출판사 등에 비밀자금을 지원하여 반소주의 선전공작을 수행함.

② 대표적인 사례로 Der Monat(서독), Encounter(영국), the Daily American(이탈리아) 등이 있음.

③ 특정 지역에서 미국의 이익을 대변하기 위해 El Mercurio(칠레), Elimo(앙골라), Salongo(앙골라) 등을 활용함.

④ 베트남 전쟁 당시, Economist지에 전쟁 관련 기사를 게재하여 여론을 조성함.

(5) 기타 선전공작

① 체제선전에 유리한 내용을 기술하도록 작가들에게 비밀자금을 지원함.

② CIA가 직접 작성하였으나 다른 사람의 명의로 출판된 서적도 다수 존재함.

③ 1970년대까지 CIA가 출판하거나 보조금을 지원한 서적이 1,000여 권에 달함.

2. KGB의 선전공작

(1) KGB와 CIA의 비교

CIA는 방송과 활자 매체를 모두 활용한 반면, KGB는 주로 신문 및 출판사를 활용함.

(2) 선전 사례

① 1960년대, KGB는 인도차이나 지역에서 미국이 생물무기를 사용했다고 주장하는 기사를 게재함.

② 1982년, 영국 New Statesman지에 미국대사가 남아공 정보기관과 연계되었다는 기사를 실었는데, 이는 KGB의 선전공작이었음.

③ KGB는 자국 지도자 홍보를 위해 Time과 Newsweek에 안드로포프를 긍정적으로 묘사하는 기사를 게재함.

(3) KGB 요원의 언론 침투

① KGB는 Novosti Press를 이용하여 요원들을 기자로 위장 취업시킴.

② 덴마크 기자 페터슨(Ame Petersen)은 1973~1981년 동안 KGB의 지원을 받아 반소주의 인사들을 비판하는 기사를 작성함.

③ 바론(John Barron)은 해외에서 활동하는 500여 명의 소련 기자 중 대부분이 정보요원이었다고 주장함.

VI 출처를 밝히지 않을 때의 이점

1. 개념 및 효과

① 출처를 밝히지 않을 경우 선전 내용의 신뢰도가 증가하고 효과가 극대화됨.

② 제1·2차 세계대전 당시, 영국 정보기관은 미국 내에서 영국에 유리한 의견을 유포하며 참전을 유도함.

③ 영국 정부 개입이 드러날 경우보다 은밀한 조작이 효과적이었음.

2. 외교적 문제 회피

① 출처를 밝히지 않을 경우 외교적으로 곤란한 상황을 피할 수 있음.

② 1979~1981년 이란 인질사태 당시, 소련은 공식적으로 UN에서 미국을 지지하면서도 흑색방송을 통해 반미 여론을 조성함.

③ 이러한 방식으로 소련은 외교적 문제 없이 목적을 효과적으로 달성함.

Theme 35 정치공작

Ⅰ 정치공작의 개념과 특징

1. 정치공작의 개념
① 상대국 정치에 비밀리에 개입하여 자국에 유리한 정치적 상황을 조성하는 비밀공작임.
② 대상국가의 정치과정에 개입하여 자국에게 유리한 정치적 상황을 조성하기 위한 행위임.

2. 정치공작의 특성
① 정치공작은 선전공작보다 강력한 수단으로 활용되며, 선전공작과 병행하여 전개되기도 함.
② 내정불간섭 원칙에 위배되며, 노출될 경우 외교적으로 치명적인 비난을 받을 수 있음.

Ⅱ 정치공작의 주요 대상과 활동 방식

1. 대상국의 정치과정에의 개입
① 정치지도자를 매수하거나 특정 집단 및 NGO에 대한 자금지원을 통해 대상국 정책방향에 영향 미침.
② 대상국의 정당, 시민단체, 노조, 언론 등에서 자국에 협조적인 세력을 지원하고, 적대적인 세력이 정권을 장악하지 못하도록 방해하는 활동 포함.

2. 정치공작의 수행 방식
① 자국에 우호적인 세력에게 재정지원, 특정 후보 당선 지원, 정권 담당자 장기집권 또는 축출 지원 등의 방식으로 수행됨.
② 특정 후보의 당선을 지원하거나, 집권자의 장기집권을 돕거나 축출하는 행위도 포함됨.
③ 적대국과의 관계 개선을 위한 비밀 접촉 통로로 정보기관이 이용되기도 함.

3. 비밀 유지 및 기법
① 정치공작의 지속적 효과를 위해 공작국 개입 사실을 숨기는 것이 필수적임.
② 공작관(Case officer)과 최종 대상 공작원(agent) 간 직접 접촉 차단 필요함.
③ 중간차단(cut-out) 기법을 활용하여 지원 연결고리 단절함으로써 개입 사실 은폐함.

Ⅲ 유형
① 정치공작은 지원공작과 영향공작으로 구분됨.
② 지원공작은 자국에 우호적인 정부, 정당, 노동조합, 시민단체, 언론기관, 개인 등을 지원하는 행위임.
③ 영향공작은 외국정부의 정책에 직접적으로 영향을 미치는 공작원을 활용하는 정치공작임.
④ 지원공작은 직접적이며, 영향공작은 간접적 방식으로 수행됨.

Ⅳ 지원공작

1. 개념
① 우호적인 정부 지원이 목적이며, 공식적인 외교활동과 유사함.
② 비밀리에 수행되며, 정보기관이 아닌 외교관이나 군인이 수행한 경우 비밀공작으로 인정되지 않음.

2. 금전적인 지원
① 금전 지원이 가장 많이 활용됨.
② 미국 CIA는 1940년대 말 공산주의 영향력을 저지하기 위해 서유럽 노동단체 및 정치단체에 보조금을 지급함.
③ 1950~1960년대에는 학생, 노동, 문화 활동 단체를 지원하며 공산당 견제를 시도함.
④ 1952~1967년 CIA는 전국학생연합(National Students Association) 예산의 80%를 지원함.
⑤ 250명 이상의 미국 학생들이 CIA 지원을 받아 청년 축제에 참가하며, 소련 및 제3세계 요인들의 동향 보고 임무 수행.

3. 선거 개입
① 정보기관이 상대 후보를 비방하는 흑색선전, 선거 전략 및 자금 지원 등을 수행함.
② 1960년대 미국 CIA는 일본 자민당에 선거자금을 제공함.
③ 1947년 이탈리아 선거에 개입하여 공산당 집권을 저지함.
④ 1964년 칠레 선거에서 CIA는 기독사회민주당에 260만 달러를 지원하여 아옌데 후보 당선을 막으려 함.
⑤ 1970~1973년 칠레 군사 쿠데타 전까지 미국은 약 800만 달러를 지원함.

V 영향공작

1. 개념
외국 정부의 정책에 영향을 미치는 공작원을 활용하여 자국에 유리한 정책을 유도함.

2. 영향공작원
(1) 의의
① 대상국의 고위 관료, 학자, 언론인, 정치인 등이 포함됨.
② 정책에 영향력을 행사하면서 비밀첩보 수집 임무도 수행함.

(2) 영향공작원 파떼(Pierre – Charles Pathe)
① 프랑스 출신 영향공작원으로, 1976년 KGB로부터 자금 지원받음.
② 정치 이슈를 다루는 잡지 「신세시스」(Synthesis) 발행함.
③ 프랑스 하원의원의 70%가 구독할 정도로 정치엘리트 층에 영향력 행사함.
④ 서방 정책을 비판하고 소련 및 사회주의 국가 정책을 지지하는 입장을 취함.
⑤ 프랑스 정책결정에 상당한 영향 미친 것으로 평가됨.

3. 로비활동
① 정보기관은 자국에 유리한 정책을 유도하기 위해 미국 행정부, 의회, 언론기관을 대상으로 로비활동을 수행함.
② 정보기관이 개입한 로비활동은 영향공작으로 간주됨.
③ 2004년 CBS 보도에 따르면, 이스라엘은 미국의 대이란 정책에 영향을 주기 위해 AIPAC을 활용했다는 의혹을 받음.

4. 해외 망명 지도자 지원
① 해외 망명 지도자에게 생계비 및 활동 자금을 지원함.
② 이를 통해 본국 내 추종세력의 협조를 얻고, 지도자가 본국 복귀 시 우호적인 정책을 기대함.

5. 외국 지도급 인사 신변경호
① 불안정한 국내정치 상황에서 외국 주요 지도자에게 신변 보호 제공.
② 경호요원, 훈련, 장비 지원 등을 통해 우호관계를 강화함.
③ 미국과 소련은 각각 자국에 유리한 지도자들에게 경호 지원을 제공함.

VI 냉전시대 미국과 소련의 정치공작 사례

1. 미국 CIA의 정치공작
① 외국 정치인 및 고위 관료에게 비밀리에 자금 지원함.
② 반공 성향 정당 및 정권 육성 · 지원하여 공산주의 세력에 대응함.
③ 정치공작 수행 국가: 이탈리아, 요르단, 이란, 에콰도르, 앙골라, 칠레, 서독, 그리스, 이집트, 수단, 수리남, 마우리티우스, 필리핀 등.
④ 비평가들은 CIA의 활동이 미국의 이익 명분 아래 정당화되었으나, 사실상 뇌물 제공과 다름없다고 비판함.

2. 소련의 정치공작
① 1948년 체코, 1978년 아프가니스탄에서 친소 세력 지원 및 쿠데타 배후 조종함.
② 쿠바, 앙골라, 이라크, 모잠비크 등 여러 국가에서 정치적 지원과 쿠데타 배후 조종 수행함.

Theme 36 경제공작

I 의의

1. 경제문제와 정치적 안정
① 민주주의 및 독재체제에서 경제문제는 국가 안정에 중요한 요소임.
② 경제적 불안정(식량난, 생필품 부족, 물가 폭등 등)은 국민 불만을 유발하여 정치적 불안을 초래하며, 심화될 경우 정권 붕괴 가능성이 있음.

2. 냉전시대 미국과 소련의 경제공작
냉전시대 미국과 소련의 정보기관은 적대국의 경제체제를 약화 또는 붕괴시키기 위한 경제공작을 수행함.

3. 경제공작의 개념과 목적
① 경제공작은 외국의 경제정책을 자국에게 유리하게 변경시키는 공작 활동임.
② 기존 경제정책의 변화를 저지하거나, 자국에 유리한 방향으로 경제정책을 수정하는 데 활용됨.

4. 경제공작의 주요 내용
(1) 강대국의 개입
① 외국의 토지개혁, 천연자원(예) 석유) 및 국가 기간산업의 국유화 저지 목적의 공작 수행.
② 세제, 무역거래, 투자 관련법 등의 불리한 변경을 막거나 유리하게 개정하는 방식으로 개입함.

(2) 경제와 정치의 관계

① 정치지도자는 국가 경제 상태를 정권 유지의 핵심 목표로 고려함.

② 국민의 일상생활에 직접 영향을 미치는 경제 문제는 정치 안정과 직결됨.

③ 식품, 의류, 연료 등 필수품의 가격 안정과 안정적인 공급은 정부의 기본적 의무임.

④ 경제 불안은 정치 불안으로 이어지며, 정권 유지에 위협 요인이 될 수 있음.

(3) 경제공작의 목적

① 적대적 집권세력의 정권교체 및 정부 전복을 목표로 활용됨.

② 대상국의 경제기반을 붕괴시켜 경제혼란을 야기하고 정치적 불만과 폭동을 유발함.

(4) 주요 경제공작 방법

① 파업 유도

② 전기 공급망 및 유류창고 폭파

③ 위조지폐 발행을 통한 경제교란

5. 소결

① 경제공작은 단순한 경제정책 개입을 넘어, 정치적 목적을 위한 수단으로 활용됨.

② 대상국의 경제 불안 조성을 통해 정치적 혼란과 정권 교체를 유도하는 전략적 공작임.

Ⅱ 경제공작의 유형

1. 경제체제 혼란 유발

① 위조지폐 유통을 통한 경제 불안 조성.

② 대상국 주요 수출품의 국제가격을 고의적으로 폭락시켜 교역조건 악화.

2. 산업 마비 조성

노동단체의 태업 및 사보타주 유도를 통한 산업활동 마비.

3. 경제적 계약 방해

① 대상국에 경제적 이익이 되는 계약 성사 차단.

② 극단적으로 경제봉쇄 조치를 통한 경제체제 붕괴 시도.

Ⅲ 경제공작의 구체적 사례

1. 쿠바 카스트로 정권에 대한 경제공작

① 미국은 1962년부터 카스트로 정권을 약화시키기 위해 경제봉쇄 조치 단행.

② 사탕수수 국제거래 가격 조작으로 쿠바 경제에 손실을 초래.

③ 쿠바의 국제 금융기구 가입 차단, 전략물자 수출통제, 미 달러화 유입 규제, 미국인의 쿠바 방문 제한, 대쿠바 송금액 제한 등의 조치 시행.

④ 경제적 어려움을 유발했으나 카스트로 정권 붕괴에는 실패.

2. 칠레 아옌데 행정부에 대한 경제공작

(1) 경제공작의 효과

① 경제공작은 독재체제보다 민주주의 체제에서 효과적임.

② 독재체제에서는 경제적 어려움에도 국민 반발이 제한적이나, 민주주의 체제에서는 경제 혼란이 정권 불안정으로 이어질 가능성이 높음.

(2) 군사 쿠데타 환경 조성

① CIA는 아옌데 정권 기간 동안 경제공작을 통해 군사 쿠데타를 유도.

② 1970년 미국 국무부 보고서에 따르면, 키신저 국무장관의 지시로 특별대책반이 구성되어 아옌데 정권을 외교적으로 고립시키고 금융 지원을 차단하는 방안을 마련.

③ 실제로 미국은 칠레에 대한 경제 원조 중단 및 국제 차관 제공 금지 등의 조치를 실행.

④ CIA는 노동자 조직에 침투하여 불법파업과 시위를 조종. 1972년 10월 CIA의 지원을 받은 트럭 운송업자들이 대규모 파업을 단행하여 국가 경제 마비 유발.

⑤ 경제위기와 우익 세력의 선전으로 칠레 중산층이 점차 반(反) 아옌데 세력으로 변모.

3. 서독-소련 천연가스 구매 및 파이프라인 계약에 대한 경제공작

(1) 계약 개요

① 1981년 서독은 소련과 천연가스 구매 및 파이프라인 건설계약 체결.

② 유럽 기업들이 가스관 건설에 참여.

(2) 레이건 행정부의 개입

① 미국 레이건 대통령은 해당 계약에 반대하고, 미국 기업 자회사의 참여를 금지.

② 소련 가스 의존이 국가안보에 위협이 된다는 이유를 제시.

③ 서독과 영국 정부는 이에 반발하며 미국과 유럽 간 외교적 갈등 발생.

④ CIA는 경제공작을 수행하여 가스 파이프라인 계약 철회를 유도.

⑤ 공사가 계획대로 진행되었을 경우, 소련은 천연가스 수출을 통해 경제위기를 극복할 가능성이 있었음.

⑥ 결과적으로 CIA의 경제공작이 소련 경제를 심각한 위기로 몰아넣고 소련체제 붕괴를 앞당기는 역할을 수행.

4. 베트남과 니카라과에 대한 경제공작

① 존슨 및 닉슨 행정부는 베트남, 레이건 행정부는 니카라과 사회주의 정권에 대한 경제공작 수행.
② 항구에 기뢰를 설치하여 민간 선박 수송 방해.
③ CIA는 북베트남 및 니카라과에서 변전소 및 석유 저장 탱크 폭파를 통해 경제적 손실 유발.

5. 적대국 컴퓨터망 교란을 통한 경제공작

① 정보기관은 적대국의 컴퓨터망을 교란하여 경제적 혼란을 야기.
② 전력, 통신, 금융, 철도, 항공, 군사장비 시스템 등 국가 중요 기반시설에 해커를 침투시켜 전산망 마비 또는 교란.
③ 해당 방식은 경제적 손실뿐만 아니라 국가 안보에도 위협을 가할 수 있음.

Theme 37 쿠데타

Ⅰ 의의

1. 정의 및 목표

① 쿠데타 공작은 국가정보기구가 비밀공작을 수행하여 대상국가의 현 정부를 전복하려는 활동임.
② 정치체제와 무관하게 적대 세력을 무력화하고 우호적인 정권으로 교체하는 것을 목표로 함.
③ 쿠데타는 다양한 비밀공작을 활용하여 달성하는 최종 목표임.

2. 수행 방식

① 직접 수행 또는 대상국가의 반군 등 대리인을 통한 실행이 가능함.
② 쿠데타 수행 과정에서 암살, 테러, 준군사공작 등 극단적인 폭력이 동원될 수 있음.

3. 특성 및 유형

① 선전공작, 정치공작, 경제공작과 달리 주로 적대국을 대상으로 수행됨.
② 쿠데타 공작은 전복공작, 모략공작, 와해공작 등으로도 불림.

③ 명백히 정부 전복을 목적으로 하는 비밀공작 활동에 해당함.
④ 쿠데타 공작은 정부 전복을 목적으로 하는 강력한 비밀공작임.

Ⅱ 준군사공작과의 구별

1. 의의

쿠데타 공작과 준군사공작은 밀접하게 연계되지만 목적과 수행 방식에서 차이가 있음.

2. 목적과 수단

① 준군사공작은 수단이며, 쿠데타는 최종 목표임.
② 예시: 1961년 미국의 피그만 침공은 준군사공작이지만, 쿠바의 카스트로 정권 교체를 목표로 했다는 점에서 쿠데타 기도로 볼 수 있음.

3. 가담 정도

① 준군사공작은 대상국에 비정규군을 직접 투입하는 방식이며, 쿠데타는 기존 단체를 지원하거나 꼭두각시 단체를 만들어 간접적으로 개입하는 방식임.
② 준군사공작은 암살, 테러 등 폭력적인 수단을 직접 활용하는 반면, 쿠데타 공작은 선전공작, 정치공작, 경제공작 등을 통해 간접적으로 지원함.

4. 노출 위험성

준군사공작은 대규모 병력을 동원하여 배후가 쉽게 노출될 위험이 크지만, 쿠데타는 은밀하게 진행되어 노출 위험이 낮음.

Ⅲ 성공 사례

1. 의의

① 1953년 이란 쿠데타, 1954년 과테말라 쿠데타, 1963년 도미니카 쿠데타는 미국 CIA가 주도하여 성공한 대표적인 쿠데타공작 사례로 알려짐.
② CIA는 1964년 칠레에서 아옌데의 대통령 당선을 저지했으며, 1973년 아옌데 대통령 암살과 정권교체에 결정적 역할을 수행함.
③ 반면, 1958년 인도네시아 수카르노 정권 전복 시도와 1961년 쿠바 피그만 침공은 CIA의 대표적인 실패 사례로 평가됨.

2. 1953년 이란 쿠데타

① 1953년 이란 쿠데타는 영국과 미국이 협력하여 수행한 비밀공작으로, 선전공작과 정치공작을 효과적으로 활용하여 성공함.

② CIA와 MI6는 친서방 인물들을 포섭하고, 관료, 언론인, 기업인들을 매수하여 모하메드 모사데그 정권을 전복시킴. 이후 모하메드 레자 팔레비를 국왕으로 세워 독재정권을 수립함.

3. 1954년 과테말라 쿠데타

(1) 의의
① 미국 CIA가 배후에서 주도한 쿠데타로, 군사작전보다는 선전공작과 심리전이 주요한 역할을 함.
② CIA는 쿠데타를 계획하던 카를로스 카스티요-아마스를 지원하고, 온두라스에서 반란군을 훈련시켜 쿠데타에 동원함.

(2) CIA의 쿠데타공작
① '자유의 소리' 방송국을 활용하여 반란군을 지원하고, 정부 공영방송을 모방한 심리전을 수행함.
② 반란군이 승리한 것처럼 조작된 선전방송을 통해 과테말라 정부군을 혼란에 빠뜨림.
③ 정부군은 이에 속아 제대로 대응하지 못하고 항복함. 군사작전보다 심리전과 선전공작이 쿠데타 성공의 주요 요인이 됨.

4. 도미니카 공화국 쿠데타

(1) 1961년 트루히요
① 트루히요는 1930년 대통령 당선 이후 부정부패와 탄압을 지속했으나, 친미 정책으로 인해 미국의 방관을 받음.
② 그러나 쿠바에서 카스트로 혁명이 성공하자 미국은 도미니카에서도 유사한 상황을 우려하고 CIA를 통해 트루히요 제거를 계획함.
③ 1961년 5월 30일, 트루히요는 암살됨. 이후 케네디 정부는 미 해병대를 파병하여 발라구어 정권을 지원함.

(2) 1963년 보쉬
보쉬는 1963년 총선에서 승리 후 강력한 사회주의 정책을 추진함. 이에 따라 미국 CIA는 1963년 9월 도미니카 군부 쿠데타를 지원하여 보쉬 정권을 퇴진시킴.

5. 1973년 칠레 쿠데타

(1) 의의
CIA는 칠레 아옌데 정권 전복을 위해 선전공작, 정치공작, 경제공작 등 다양한 비밀공작을 수행함.

(2) 전개 과정
① 1970년 선거 전후로 공산주의자 대상 흑색 선전공작, 정당 자금 지원, 영향공작, 군사 쿠데타 배후 조종을 수행함.
② ITT사에 35만 달러를 제공하여 아옌데의 경쟁자인 알레산드리를 지원함.

③ 3년간의 비밀공작 끝에 1973년 9월 13일 군사 쿠데타로 아옌데 정권이 붕괴함.

Ⅳ 실패 사례

1. 1958년 인도네시아

(1) 의의
CIA의 인도네시아 수카르노 정권 전복 시도는 정치공작과 준군사공작을 활용했으나 실패함.

(2) 전개 과정
① 1955년 CIA는 공산당에 대항하는 회교정당 지원에 400만 달러를 투입했으나, 선거에서 공산당이 승리함.
② 1957년부터 국무부, 국방부, CIA가 반(反)수카르노 공작을 추진하고 반란군을 지원함.
③ 1958년 CIA 조종사가 반란군 공군을 지원하다 피격되어 CIA의 개입이 드러남. 이후 CIA 국장이 작전 중단을 지시함.

2. 1961년 쿠바

(1) 피그만 침공
① 카스트로 정권 전복을 위한 CIA 공작은 흑색선전, 정치공작, 경제공작, 준군사공작을 포함했으나 실패함.
② CIA 훈련을 받은 쿠바 망명객 1,511명을 동원한 피그만 침공은 처참한 패배로 끝남.

(2) 몽구스 작전(Operation MONGOOSE)
① 피그만 침공 실패 후, 케네디 정부는 몽구스 작전을 추진하여 사보타주, 파괴, 심리전을 전개함.
② 카스트로 암살을 목표로 하였으며, 기간산업 시설을 대상으로 사보타주 활동을 강화함.
③ 600명의 정보관과 3,000명의 협조자를 동원했으나 결국 실패함.

Theme 38 준군사공작

Ⅰ 의의

1. 준군사공작의 개념
① 준군사공작은 정보기관이 수행하는 군사적 공작활동으로, 비밀공작과 정규 군사작전(전쟁)의 중간 형태에 위치함.
② 암살, 테러, 파괴 등 폭력적 수단이 활용되며, 주로 적대 정권 교체를 목적으로 하지만, 현 체제 옹립 등의 다양한 목표를 가질 수 있음.

③ 대상국 반란군이나 비정규부대에 무기, 군수물자, 전략·작전계획, 군사훈련 등을 지원하는 행위도 포함됨.

2. 주요 특징

(1) 목적과 활용

① 정부 전복뿐만 아니라 현 체제 옹립을 위한 특별 기동대 파견이 가능함.
② 외교협상으로 해결이 어려운 억류된 자국민 구출 작전에 활용됨.
③ 심리전, 정치·경제적 압박, 내부 쿠데타 작전과 비교할 때 직접적인 화력 동원이 특징임.

(2) 주요 사례

① 성공 사례: 1976년 7월 3일, 이스라엘 모사드의 특공대가 수행한 엔테베 작전.
② 실패 사례: 미국이 수행한 독수리 발톱공작(Operation Eagle Claw).

3. 준군사공작과 비밀공작의 관계

(1) 개념적 관계

① 준군사공작은 국가정보기구가 수행하는 전쟁에 준하는 비밀공작 활동임.
② 정규전이 아닌 방법으로 국가정책 목표를 달성하기 위한 작전임.
③ 정보기구에 의해 수행되는 물리적 비밀전쟁의 형태를 띰.

(2) 실행 방식

① 자국 자원자를 포함한 비정규군 단독으로 또는 공작 대상국가의 지원세력 등과 연합하여 정규전에 준하는 화력 동원 작전을 수행함.
② 전투행위를 지원할 뿐만 아니라 직접 참여하는 경우도 있어 군사행동과의 경계가 모호할 수 있음.
③ 그러나 정규군이 아닌 정보기관이 주도한다는 점에서 정규전과 구분됨.

Ⅱ 특수작전(direct action)과의 구별

1. 의의

① 특수작전부대(special operations forces)의 활동은 비밀리에 수행되는 특수 임무라는 점에서 준군사공작과 유사한 면이 있음.
② 미국 국방부 군사용어사전에서는 '특수작전(direct action)'을 특정 요인이나 물자에 대한 포획, 파괴, 원상회복, 손실 유발을 위한 단기 공습 및 소규모 공격행위로 정의함.

2. 차이점

① 특수작전은 제복을 착용한 군인이 수행하는 반면, 준군사공작은 정보요원이 주도함.
② 특수작전은 미국 정부가 공개적으로 책임을 지며, 준군사공작은 배후를 은폐하려는 목적이 있음.
③ 특수작전은 공개적인 행위로 '그럴듯한 부인(plausible deniability)'이 어려워 대통령이 결과에 대한 책임을 부담함.
④ 준군사공작에 비해 윤리적 문제 발생 가능성이 낮음.
⑤ 대표 사례로 1980년 이란 인질 구출작전이 있으며, 당시 특수부대가 공개적으로 작전 수행하여 카터 행정부가 결과에 대한 책임을 짐.

3. 특수작전사령부와 특수활동반

(1) 특수작전사령부(SOCOM)

① 미국에는 특수작전을 수행하는 '특수작전사령부(Special Operations Command, SOCOM)'가 존재함.
② 영국에도 유사한 부대로 'Special Air Service(SAS)'와 'Special Boat Service(SBS)'가 있음.

(2) CIA 특수활동반(SAD)

① 아프가니스탄에서 활동하는 CIA 준군사공작 부대는 CIA 공작국의 '특수활동반(Special Activities Division, SAD)'이 담당함.
② CIA 요원들은 아프가니스탄 전투가 본격화되기 전, 북부동맹과 협력하여 탈레반에 대항하는 반군을 조직하고 공격 태세를 준비함.

(3) 준군사공작의 신속성

① CIA 요원이 투입된 이유는 비밀공작 수행이 아닌 신속한 작전 전개 가능성 때문임.
② 특수부대의 기동성이 향상되었음에도 작전지역 투입까지 수 주가 소요됨.
③ 국방부 특수부대 배치 전, CIA 요원을 먼저 투입하여 작전을 개시함.

Ⅲ 미국의 준군사공작 수행 관련 부처 간 주도권 경쟁

1. 미국 내 준군사공작 주관 부처 논란

(1) 기존 주도 부처

① CIA는 전통적으로 준군사공작을 주도해 온 기관임.
② 국방부는 준군사공작을 자신들의 영역이 아니라고 판단하여 소극적인 태도를 취함.

(2) 아프가니스탄 전쟁 이후 갈등 심화

① 아프가니스탄 전쟁과 대테러 전쟁이 시작되면서 CIA와 국방부 간 주도권 경쟁 발생.

② 럼스펠드(Donald H. Rumsfeld) 국방장관은 SOCOM (Special Operations Command)의 역할 확대 주장.

③ CIA도 공작국(Directorate of Operations)의 인원 및 조직을 확대하여 준군사공작 수행 능력을 강화하려는 조치 시행.

2. 9/11 진상조사위원회의 권고

(1) 2004년 보고서 내용

① CIA 공작국과 SOCOM의 임무와 역할이 중복된다고 지적함.

② SOCOM이 CIA 공작국으로부터 준군사공작 임무를 이양받도록 권고함.

(2) 2005년 부시 대통령 요청 연구 결과

① 연구 결과에서 CIA가 준군사공작 임무를 수행해야 한다고 주장함.

② 9/11 진상조사위원회의 권고와 다른 의견이 제시됨.

3. 2005년 6월 부시 대통령 결정

CIA에 비밀공작 임무를 전담하여 수행하도록 권한 부여함.

Ⅳ 준군사공작의 특징

1. '그럴듯한 부인'의 어려움

① 준군사공작은 대규모 인원이 동원되므로 행위 자체와 배후가 쉽게 노출됨.

② 보안 유지가 어려워 비밀공작에서 배제해야 한다는 주장 제기됨.

③ 그러나 정보기관만이 은밀하고 신속하게 수행 가능하므로 여전히 비밀공작의 범주에 포함됨.

2. 정치적 부담의 증가

① 배후 노출로 인해 정치적 부담이 큼.

② 선전공작, 정치공작, 경제공작 등 배후를 숨기기 용이한 수단을 먼저 사용하고 최후의 수단으로 활용됨.

Ⅴ 미국 CIA의 준군사공작

1. 냉전시대

(1) 의의

① CIA는 냉전 기간 동안 다수 국가에서 친서방 세력에 군사 자문과 무기 지원을 수행함.

② 제3세계 반공투쟁 단체에 소총, 폭약, 기관총류 등 무기 지원함.

(2) 소련의 아프가니스탄 철수 성공

① 레이건 정부 시기 무자헤딘(mujahideen)에 30억 달러 상당 무기 제공됨.

② 소련 전투기 요격용 스팅어 미사일 포함됨.

③ 스팅어 미사일이 소련의 군사작전에 위협이 되었고, 소련은 제2의 베트남 전쟁 가능성을 우려함.

④ 결과적으로 소련 철수의 결정적 요인으로 작용함.

(3) 피그만 침공의 실패

① 아프가니스탄 공작은 성공적이었으나, CIA의 준군사공작은 여러 실패 사례 존재함.

② 1961년 피그만 침공은 실패 사례의 대표적 사례임.

③ 쿠바 정권 전복을 위해 CIA 훈련을 받은 1,511명의 쿠바 망명객이 침공했으나 실패함.

④ 암초로 인해 사상자가 발생하고, 20만 명의 쿠바군과 민병대에 의해 생존자 1,209명이 생포됨.

⑤ 세계 첩보사에서 '가장 우스꽝스러운 실패'로 기록됨.

2. 냉전 종식 이후

① CIA는 냉전 이후에도 코소보, 아프가니스탄, 이라크 등에서 친미 세력 지원을 지속함.

② 2002~2003년 아프가니스탄에서 프레데터(Predator) 무인정찰기를 활용하여 알카에다 세력 소탕 작전 수행함.

3. CIA의 무장단체 군사훈련

① CIA는 친미 성향 무장단체에 게릴라전, 반테러 활동 훈련 제공함.

② 국방부 요청을 받아 특수작전 지원 수행함.

4. 경호원 및 민간 경찰 훈련 지원

① 친미 성향 국가 지도자 보호를 위한 경호원·민간 경찰 훈련 수행함.

② CIA 훈련장에서 도청 방지, 경호 운전기법 교육 제공함.

③ USAID를 통해 남베트남 경찰 훈련 지원함.

④ 의회의 공식 금지 조치에도 불구하고 비밀리에 훈련 프로그램을 지속함.

⑤ 이란 비밀경찰 사바크(SAVAK)를 창설하고 훈련 지원함.

5. 암살, 테러, 파괴 행위 등 과격한 수단

(1) 의의

① CIA는 냉전시대 반미·친소 성향 지도자들을 대상으로 암살과 테러를 수행함.

② 1975년 처치위원회(Church Committee)는 CIA가 1960~70년대 다수의 암살을 수행했다고 보고함.

(2) 카스트로 암살 시도

① 1961년 피그만 침공 실패 후, 케네디 정부는 카스트로 암살을 지속 시도함.

② 마피아 협력, 독극물 사용 등 다양한 방법 활용됨.

③ 1975년 처치위원회는 1960~65년 동안 최소 8번의 암살 시도가 있었다고 발표함.

④ 2007년 CIA 기밀문서 공개로 카스트로 암살 공작의 구체적 내용이 밝혀짐.

(3) 콩고 루뭄바 암살 공작

① 1960년 반식민주의 지도자 패트리스 루뭄바(Patrice Lumumba) 수상 암살 시도함.

② 미국은 콩고의 친소 공산주의 세력 확장을 우려하여 비밀공작 승인함.

③ 결국 루뭄바는 반대파 모부투 군대에 체포되어 살해됨.

(4) 기타 암살 공작

① 1958년 이라크 카심 장군 암살 시도함.

② 1961년 도미니카 공화국 독재자 트루히요 암살을 배후 지원함.

6. 암살 금지 규정 논란

(1) 의의

① 1976년부터 미국 정부는 공식적으로 암살행위를 금지함.

② 레이건 대통령이 서명한 행정명령이 현재까지 유지됨.

(2) 찬반 논란

① 암살 반대론자들은 윤리적 문제를 제기함.

② 특정 상황에서는 암살이 정당화될 수 있다는 주장도 존재함.

③ 9/11 테러 이후, 미국은 오사마 빈 라덴 암살을 테러와의 전쟁의 일환으로 정당화함.

Theme 38-1 비밀공작 수단으로서의 암살

I 미국의 암살 금지 법적 규제

1. 대통령 행정명령을 통한 암살 금지

(1) 주요 행정명령

① 1976년 포드 대통령 행정명령 제11905호

② 1978년 카터 대통령 행정명령 제12036호

③ 1981년 레이건 대통령 행정명령 제12333호

(2) 법률적 차원

1978년 National Intelligence Reorganization and Reform Act가 제안되었으나 부결됨

2. 처치 위원회의 조사와 권고

① 1975년, 미국 정보공동체의 정보업무 오·남용 사례 조사

② 1960~1970년대 피델 카스트로 암살 시도 등 다수의 암살 개입 확인

③ 1976년 평화시 암살 금지 권고

3. 대통령 행정명령 제12,333호

① 1981년 레이건 대통령의 행정명령 제12333호 발령

② 국가정책 실행 방법으로 암살 금지

③ 직접 및 간접적 암살 참가 모두 금지

II 암살금지의 예외

① 전쟁 시 공개적 무력 폭력

② 은밀한 방법에 의한 암살

③ 미국 국가안보에 급박한 위협을 초래하는 인물에 대한 저격

III 암살 금지 규정의 적용

1. 1998년 오사마 빈 라덴 암살 시도

(1) 시간적 배경

테러와의 전쟁 선포 이전

(2) 클린턴 행정부의 미사일 공격

아프가니스탄에서 알카에다 지도자 오사마 빈 라덴을 표적으로 미사일 공격 감행

(3) 행정부의 입장

① 미국은 테러조직 인프라 공격 권리를 보유

② 테러조직의 특성상 오사마 빈 라덴은 조직 인프라의 정점

2. 테러와의 전쟁 이후

테러와의 전쟁 중인 오늘날은 평화시의 반대해석의 결과 테러분자들에 대한 암살 적법화됨

Theme 39 비밀공작의 쟁점과 과제

I 정당성

1. 의의

① 비밀공작의 정당성에 대한 논란은 이상주의자와 현실주의자의 대립으로 구분됨.

② 이상주의자: 타국 내정 개입은 주권 침해이며 국제법상 불법이라고 주장함.

③ 현실주의자: 국익을 위한 불가피한 선택으로 간주하며, 역사적으로 정당화됨을 강조함.

2. 미국

(1) 의의

① 1920세기 미국은 타국 내정에 개입하였으며, 냉전기에는 군사 개입보다 비밀공작을 선호함.

② 트루만(19451953), 아이젠하워(1953~1961) 정부는 소련 위협을 이유로 비밀공작을 적극 활용함.

③ 비밀공작은 체제경쟁에서 전쟁 방지의 대체 수단으로 정당성을 인정받음.

(2) 냉전시대

① 1954년 아이젠하워 정부는 비밀공작을 외교정책 수단으로 활용하기 위한 위원회를 구성함.

② 소련의 공산화 전략에 대응하는 수단으로 미국의 비밀공작이 정당화됨.

(3) 냉전 종식 이후

① 냉전 종식 후 소련이 사라지면서 비밀공작의 정당성이 약화됨.

② 국제법적으로 내정 간섭으로 간주되며 이상주의자들은 불법성을 강조함.

③ 새로운 안보 위협(테러, 마약 밀매, 대량살상무기 확산) 대응 필요성이 제기됨.

④ 비밀공작은 주권 침해로 국제법상 용인되지 않으며, 물리적·심리적 피해를 유발함.

⑤ 최후의 수단으로 활용되어야 하며, 피해 최소화를 위한 노력이 필요함.

3. 두리틀 위원회 보고서

(1) 배경

① 두리틀(Jimmy Doolittle) 장군을 위원장으로 한 위원회의 보고서

② 미국이 무자비한 적들로부터 위협받고 있음

③ 적들은 규칙을 무시하고 최소한의 인간적인 도리도 지키지 않음

(2) 주요 내용

① 미국의 '공정한 행위(fair play)' 개념 재고 필요

② 효과적인 간첩활동과 대간첩활동 개발 필요

③ 적보다 더 영리하고 정교한 수단을 활용하여 적 무력화 및 괴멸 추진

④ 미국인들은 이러한 모순적이고 '비위에 거슬리는 철학(repugnant philosophy)'을 이해하고 익숙해져야 함

4. 제임스 베리(James A. Barry)의 비밀공작 정당화 요건

(1) 사전 승인의 원칙

① 비밀공작은 행정부의 관련 정책부처의 사전 심의를 거쳐야 함.

② 의회 관계자들이 이를 완전히 인지해야 함.

③ 대통령이 명백히 승인해야 함.

(2) 정당성의 원칙

① 비밀공작의 의도와 목표가 명확해야 함.

② 합리적이고 정당한 목적을 가져야 함.

(3) 보충성의 원칙

목표 달성을 위한 다른 효과적인 수단이 없을 때만 추진해야 함.

(4) 타당성의 원칙

비밀공작의 성공 가능성을 뒷받침하는 적절한 근거가 있어야 함.

(5) 수단과 목적의 비례의 원칙

선택된 수단과 방법이 공작 목표에 부합해야 함.

Ⅱ 그럴듯한 부인(plausible deniability)

1. 의의

① 비밀공작은 국제법 위반 요소가 있어 사실이 노출될 경우 정책결정권자가 곤란한 상황에 처할 수 있음.

② 대통령과 최고정책결정권자는 비밀공작 승인 및 인지 여부를 부인할 수 있어야 함.

2. 성공 요건

(1) 비밀 유지

① 비밀공작의 성공을 위해 철저한 비밀 유지가 필요함.

② 공작 규모가 커질수록 비밀 유지는 어려워짐.

③ 피그만 사건에서 케네디 대통령의 결정은 비밀 유지 실패 사례로 평가됨.

(2) 공식 기록 부존재

① 승인 절차나 관련 문서가 존재하지 않아야 함.

② 1950~60년대 미국은 비밀공작 관련 기록을 남기지 않음으로써 책임 회피 가능했음.

③ 이후 대통령이 공작평가서(finding)에 서명하도록 의무화되면서 부인이 어려워짐.

3. 「비밀공작 실행 절차에 관한 법」

① 1987년 레이건 행정부에서 제정, 1991년 개정됨.

② 대통령은 비밀공작 실행 전 서면 보고서(written Finding)에 서명해야 함.

③ 헬름스(Richard Helms, 1966~1973)는 의회의 통제 강화로 인해 '그럴듯한 부인'이 유지되기 어려운 개념이 되었음을 언급함.

Ⅲ 역류(blowback)

1. 의의

① 역류(blowback)는 비밀공작의 부작용으로, 자국이나 우호국에 예상치 못한 부정적 결과를 초래하는 현상임.

② CIA 내부 용어로 사용되었으며, 공작이 실패하거나 의도하지 않은 영향을 미칠 때 발생함.

2. '역류' 용어의 유래

① 1954년 3월 CIA 보고서에서 최초로 사용됨.

② 1953년 이란 모사데그 정권 전복 공작에서 역류 발생 가능성을 우려함.

③ 쿠데타 후 팔레비 왕정의 독재가 지속되었고, 1979년 이란 혁명의 원인이 됨.

④ 1979년 미국 대사관 인질 사건 발생, CIA 개입 사실이 드러나면서 반미감정 확산됨.

⑤ 비밀공작의 일시적 성공이 역류로 인해 자국이나 우호국에 부정적 결과를 초래하는 사례가 빈번함.

3. 역류(blowback)의 의미 변화

(1) 일반적 의미의 역류

① 선전공작과 관련되며, 해외에서 유포된 선전이 자국으로 유입되어 문제를 야기하는 현상임.

② CIA는 국내 정보활동이 금지되어 있으나, 해외 선전공작이 역류하는 사례가 발생할 수 있음.

③ 정보화·세계화로 인해 냉전시대보다 역류 사례가 증가할 가능성이 높음.

④ 해외에서 유포한 정보가 미국 내 정치에 영향을 미칠 경우 CIA의 책임 여부가 논란이 될 수 있음.

(2) 역류의 의미 확대

① 선전공작뿐만 아니라 정치공작, 경제공작, 쿠데타, 준군사공작 등 모든 비밀공작의 부정적 결과를 포함하는 개념으로 확대됨.

② 미국이 수행한 비밀공작으로 인해 미국 국민이 직접 피해를 입은 사례 다수 존재함.

③ CIA의 협조자였던 인물들이 미국에 적대적으로 변하면서 역류 현상이 발생함.

4. 사례

(1) 파나마의 노리에가

① CIA 협조자로 활동하며 공작금을 받고 정보 제공함.

② 미국 남부군사령부의 지원을 받아 중남미 정세에 대한 정보 제공.

③ 1976~1977년 부시 전 CIA 국장 시절 매년 11만 달러 제공, 총 1,100만 달러 지원받음.

④ 그러나 독재와 마약 밀매로 인해 미국 내 여론이 악화되었고, 1989년 미국이 파나마를 침공하여 체포함.

(2) 이라크의 사담 후세인

① 1979년 대통령이 되기 전까지 미국과 긴밀히 협력함.

② 이란과의 전쟁 중 미국으로부터 첨단무기와 군사훈련 지원받음.

③ 전쟁 종료 후 군사대국이 되었으나, 1990년 쿠웨이트 침공으로 미국과 관계 악화됨.

④ 2003년 미국의 침공을 받았고, 2006년 사형 집행됨.

(3) 오사마 빈 라덴

① 1979년 소련의 아프가니스탄 침공 당시 미국이 이슬람 반군을 지원함.

② 빈 라덴은 CIA와 협력하며 무자헤딘을 지원하고 무기를 제공받음.

③ 소련 철수 후 미국을 적대시하며 극단적인 반미 노선으로 전환함.

④ 1993년 WTC 폭탄 테러, 1998년 아프리카 미 대사관 폭탄 테러, 2001년 9/11 테러의 배후로 지목됨.

⑤ CIA의 아프가니스탄 공작은 소련 견제에 성공했으나, 알카에다의 테러로 인해 역류 현상이 발생함.

Ⅳ 손익평가

1. 의의

① 비밀공작 수행 시 발생하는 손실과 이익을 분석할 필요가 있음.

② 대규모 군사 또는 준군사공작을 제외하면 경제적 비용이 크지 않음. 예를 들어, 1964년 칠레에서 실행된 CIA 정치 공작 비용은 수백만 달러 수준이었음.

③ 경제적 손실이 적은 만큼 경제적 이익도 크지 않음. 비밀공작은 주로 정치적 목적을 위한 수단으로 활용됨.

2. 경제적인 손익

(1) 의의

예외적으로 경제적 동기가 주된 사례는 1953년 이란 반모사데그(Mossadegh) 쿠데타가 있음.

(2) 전개 과정

① 모사데그가 앵글로-이란 석유회사 국유화를 추진하자 이를 저지하기 위한 쿠데타가 발생함.

② 미국은 직접적인 이해관계가 없었으나, 중동 산유국들의 국유화 확산을 우려하여 영국이 주도한 비밀공작에 협조함.

③ 영국은 직접적인 경제적 이익을 얻었으나, 미국은 간접적 이익을 기대함.

④ 쿠데타 성공으로 1973년까지 중동 산유국들의 국유화 시도가 억제됨.

⑤ 미국은 영국 정보기관에 협조함으로써 일부 경제적 이득을 얻은 것으로 평가됨.

3. 정치적인 손익

(1) 의의

① 경제적 손익은 분석 가능하나, 정치적 손익은 정확한 평가가 어려움.

② 성공 시 상당한 정치적 이득이 기대됨.

(2) CIA의 이탈리아 선거 개입

① 1948년 CIA가 이탈리아 선거에 개입하여 공산당 패배를 유도함.

② 공산당이 원래 패배할 것이었다는 주장도 있으나, 당시 상황은 불확실했음.

③ 미국은 공작을 통해 유럽 내 공산주의 확산을 저지하여 적은 비용으로 상당한 정치적 성과를 얻음.

4. 성공과 실패의 평가 기준

(1) 의의

① CIA 비밀공작은 사례별로 성공과 실패가 혼재됨.

② 제2차 세계대전 후 그리스와 이탈리아 선거 개입을 통해 공산주의 정권 등장을 저지하는 데 성공함.

③ 1953년 이란, 1954년 과테말라, 1950년대 중남미에서 친소 정권 전복 공작을 성공적으로 수행함.

④ 라오스(1963~1973), 아프가니스탄(1982~1988), 파나마(1989), 아프가니스탄·이라크(2001~2003)에서 수행된 공작이 성공적이었다는 평가를 받음.

⑤ 실패 사례로는 쿠바 피그만 침공, 카스트로 암살공작, 1956년 헝가리 의거, 1958년 인도네시아 수카르노 전복공작 등이 있음.

(2) 평가 기준

① 동일한 비밀공작도 평가 기준에 따라 결과가 다르게 해석될 수 있음.

② 단기적으로 성공했으나 장기적으로 실패한 사례가 다수 존재함.

(3) 이란 쿠데타

① 미국 CIA 지원으로 팔레비 국왕이 쿠데타에 성공하여 친미 노선을 유지하였으나 독재가 지속됨.

② 1979년 이란혁명으로 팔레비 정권이 붕괴하고 반미 정권이 등장함.

③ 1953년 당시 기준으로는 성공적이었으나, 장기적으로 미국 대외정책에 부정적 결과를 초래함.

(4) 과테말라와 파나마에서의 정권 교체

① 냉전 초기 과테말라와 파나마에서 반미 정권을 교체하는 데 성공함.

② 그러나 새 정권의 독재와 부패로 인해 국민들은 고통받음.

③ 미국 비밀공작이 독재정권을 옹립하는 데 악용되었다는 비난이 발생함.

(5) 아프가니스탄에서의 테러조직 지원

① 1979년 소련의 아프가니스탄 침공에 대응하여 미국이 반소 무장세력을 지원하여 소련군 철수에 성공함.

② 그러나 이후 탈레반 정권이 등장하여 알카에다를 지원하며 9/11 테러가 발생함.

③ 비셀(Richard Bissell) CIA 공작국장은 "비밀공작은 단기적으로 성공할 수 있으나 장기적으로 유지하기 어렵다"고 평가함.

(6) 결론

① 비밀공작의 장기적 성공을 위해서는 국가 외교정책과 윤리적 정당성이 부합해야 함.

② 독재자 암살은 국제법적으로 불법이나, 인도적 차원에서 정당성이 인정될 수도 있음.

③ 이란, 과테말라, 칠레, 인도네시아에서의 쿠데타는 단기적으로 성공했으나 독재정권 등장으로 인해 윤리적 비난 대상이 됨.

④ 비밀공작의 핵심은 철저한 보안 유지에 있음. 성공한 공작도 배후가 노출되면 외교적 문제가 발생할 수 있음.

5. 밀러(William G. Miller)의 비밀공작 평가

① 비밀공작 계획은 미국의 외교정책 노선과 일치해야 성공 가능성이 높음

② 의회와 국민들의 지지를 받을 경우 성공 확률 증가

③ 선한 정책을 표방하면서 비윤리적·불법적 비밀공작을 추진하면 실패 가능성 증가

④ 실패 시 미국의 이익에 부정적인 결과 초래

6. 비밀공작의 성패: 미국과 소련

(1) CIA와 KGB의 성과 차이

① 미국의 비밀공작은 성공과 실패가 혼재된 결과를 보임.

② KGB의 비밀공작이 CIA보다 다소 성공적이었다는 평가가 있음.

(2) 공작 방식의 차이

① KGB가 먼저 공세를 취하고, CIA가 후속 대응하는 방식으로 전개됨.

② KGB가 상황을 주도하며 CIA보다 적극적으로 비밀공작을 수행했다는 평가가 있음.

(3) KGB의 조직 활용

① KGB가 활용한 단체 상당수가 UN, UNESCO, United Council of Churches 등 국제기구로부터 공식적인 인가를 받음.

② 이를 통해 KGB의 비밀공작이 CIA보다 주도면밀하게 운영되었다는 평가가 존재함.

I 의의

① 방첩(counterintelligence)은 효과적인 정보활동에 필수적인 요소이나 가장 알려지지 않은 분야임.

② 일반적으로 스파이 색출활동으로 인식되나 개념 정의가 어려움.

③ 방첩은 외국 정보기관의 위협을 탐지·무력화하는 활동으로 정의되며, 일부 학자는 국가안보 전반에 걸친 활동으로 확대 해석함.

④ 개념적 혼란으로 인해 방첩의 목적, 활동 범위, 임무와 기능 등에 대한 견해가 학계에서 상이함.

II 미국의 「국가안보법(National Security Act of 1947)」

1. 「국가안보법(National Security Act of 1947)」상 정보 및 방첩 정의

'정보'라 함은 '국외정보'와 '방첩업무'를 포함한다. '방첩업무'라 함은 외국 정부, 외국기관, 외국인 또는 국제적 테러리스트들의 활동에 의하거나, 이들을 대신하여 행해지는 간첩활동, 기타 정보활동, 파괴활동, 암살 등을 막기 위하여 수집한 정보 및 행해지는 활동 등을 의미한다.

2. 정보 개념 내 방첩의 위치

① 「국가안보법」(1947)에 따르면 정보(intelligence)는 국외정보(foreign intelligence)와 방첩으로 구성됨.

② 방첩은 정보의 절반을 차지하며, 첩보수집, 분석, 비밀공작 등과 밀접하게 연계됨.

③ 방첩활동이 미흡할 경우 첩보수집과 정보분석의 신뢰성이 저하되며, 비밀공작 수행이 어려워짐.

④ 방첩은 정보활동 전반을 효과적으로 수행하는 데 필수적인 요소로 인식됨.

III 좁은 의미의 방첩

1. 의의

① 국가를 적대 세력의 위협으로부터 보호하는 활동으로 일반적으로 방어적 성격으로 인식됨.

② 그러나 방첩은 단순히 수동적 대응이 아닌 적극적이고 공격적인 활동도 포함함.

③ 학계에서는 방첩을 수동적이고 방어적인 활동으로 간주하는 경향이 있음.

2. 학설

(1) 켄트(Sherman Kent)

① 정보활동을 보안정보(security intelligence)와 능동적 정보(positive intelligence)로 구분하고, 방첩을 보안정보의 영역으로 정의함.

② 방첩은 국가와 국민을 보호하는 임무를 수행하며, 경찰이 국가안보를 위해 사전에 확보해야 하는 지식과 활동으로 설명됨.

③ 외국 간첩 색출은 가장 극적인 형태의 보안정보활동으로 간주됨.

(2) 랜섬(Harry Howe Ransome)

① 켄트와 유사하게 방첩이 기본적으로 방어적 보안 기능을 수행한다고 주장함.

② 방첩을 적대적 외국 정보활동에 대응하는 활동으로 정의하고, 사보타주 방지와 첩보수집 차단 등의 경찰 기능으로 설명함.

③ 방첩은 기본적으로 거부적(negative)이고 방어적인 기능을 수행하지만, 적의 의도와 능력을 파악하는 능동적 정보(positive intelligence) 생산에도 기여함.

④ 방첩을 적 정보 생산에 활용할 수 있는 요소로 인정하여, 켄트보다 방첩의 기능을 보다 적극적으로 평가함.

IV 넓은 의미의 방첩

1. 의의

① 방첩은 방어적 보안 기능을 넘어 적극적이고 공격적인 활동까지 포함하는 개념임.

② 갓슨(Roy Godson), 리첼슨(Jeffrey T. Richelson), 슐스키(Abram N. Shulsky), 홀트(Pat M. Holt) 등 학자들이 이를 주장함.

2. 학설

(1) 갓슨(Roy Godson)

방첩은 상대 정보활동을 규명, 무력화, 활용하는 것임.

(2) 리첼슨(Jeffrey T. Richelson)

① 방첩은 외국 정보활동의 모든 국면을 이해하고, 가능하면 이를 무력화하는 것과 관련됨.

② 외국 정부의 불법적 비밀 획득을 방지하는 대스파이 활동(counterespionage)보다 넓은 의미임을 강조함.

(3) 슐스키(Abram N. Shulsky)

방첩은 방어적 보안뿐만 아니라 대스파이활동, 기만·대기만, 방첩분석 등 적극적인 활동을 포함함.

(4) 홀트(Pat M. Holt)

① 방첩은 적대적인 외국 정보활동을 탐지하고 무력화하는 행위임.

② 대스파이활동(counterespionage), 대사보타주
(countersabotage), 대전복(countersubversion) 등
을 포함함.

(5) 검토

① 방첩을 단순한 보안 기능으로 제한하는 것은 좁은 해
석임.

② 적의 정보활동을 무력화하는 능동적 정보활동(positive
intelligence)까지 포함하는 것이 타당함.

Ⅴ 활동으로서의 방첩과 정보나 지식으로서의 방첩

1. 의의

① 방첩을 '활동'으로 볼 것인지, 그러한 활동을 통해 획
득된 '정보나 지식'으로 볼 것인지에 대한 논란이 존
재함.

② 미국 「국가안보법」에서는 방첩을 정보와 활동을 모두
포괄하는 개념으로 규정함.

③ 그러나 일반인, 학자, 방첩 실무자들조차 방첩을 주
로 '활동'으로 인식하는 경향이 있음.

2. 학설

(1) 덜레스(Allen Dulles)

① 방첩은 '정보 또는 지식'으로 인식해야 함.

② 방첩은 적대국 정보기관의 목표, 방법, 대간첩 관련
인물을 파악하는 방어적 활동(protective operation)
과 관련되며, 이를 통해 획득된 정보가 방첩임.

③ 대간첩활동을 수행하는 정보기관은 방첩정보를 신속
히 전파할 필요가 있음.

(2) 켄트(Sherman Kent)

보안정보(security intelligence)를 '지식'과 '활동'으로
구분하여 방첩의 지식적 측면을 강조함.

(3) 슐스키(Abram N. Shulsky)

방첩은 적대적 정보기구의 활동으로부터 보호하기 위한
조치와 그러한 목적을 위해 수집·분석되는 첩보를 포함
하는 개념임.

(4) 검토

① 방첩 목표 달성에는 '활동'이 중요한 역할을 하지만,
'정보'와 '지식'의 요소도 필수적임.

② 방첩정보(counterintelligence information)는 방첩
활동 수행에 필요한 핵심 요소임.

③ 방첩은 '지식(knowledge)'과 '활동(activities)'을 모
두 포괄하는 개념으로 이해해야 함.

Theme 41 방첩의 기원과 중요성

Ⅰ 의의

① 방첩은 정보활동의 일환으로 인류의 탄생과 함께 시
작됨.

② 생존과 번영을 위해 타 집단의 동향을 감시하는 정탐
활동이 필요했으며, 국가 형성과 함께 본격화됨.

③ 국가 간 정보활동이 치열해짐에 따라 방첩활동도 활
발하게 전개됨.

④ 방첩 실패 시 국가적 손실이 발생할 수 있으며, 국가
패망으로 이어질 수도 있음.

Ⅱ 트로이 전쟁

1. 의의

① 호머의 「일리아드」는 트로이 전쟁을 다룬 서사시로,
정보활동과 그 대응이 국가의 생존과 번영에 미치는
영향을 묘사함.

② 고고학적으로 트로이 전쟁은 기원전 1,200년경 스파
르타를 포함한 그리스 도시국가 연합군과 트로이 간
의 전쟁으로 추정됨.

③ 전쟁의 구체적인 전개 양상은 전해지지 않으나, 트로
이 성이 견고하여 장기간의 전투와 막대한 사상자가
발생했을 것으로 추정됨.

2. '트로이의 목마' 작전

(1) 의의

① 「일리아드」는 오디세우스가 '트로이의 목마' 작전을
통해 전쟁을 승리로 이끄는 장면을 극적으로 묘사함.

② 그리스 연합군은 간첩 '시논'을 침투시켜 허위정보를
유포하는 기만책을 활용하여 작전을 성공시킴.

③ '트로이의 목마' 작전은 허구적 요소가 강하나, 당시
에도 간첩 활용 및 기만책이 존재했음을 보여줌.

④ 트로이 전쟁에서 승리한 그리스 연합군은 고대국가의
기틀을 마련하고 서양문화의 기반을 형성함.

⑤ 정보활동은 전쟁의 승패뿐만 아니라 세계 역사의 흐
름을 바꾸는 결정적 요인이 될 수 있음.

(2) 트로이군의 방첩실패

① 트로이군의 방첩실패는 그리스 연합군의 성공적인 정
보활동을 의미함.

② 시논은 '트로이의 목마'가 신을 위한 제물이며 성안에
들이면 신의 가호를 받을 것이라는 허위정보를 유포함.

③ 신관 라오콘이 시논의 거짓말을 경고했으나, 트로이
인들은 속아 목마를 성 안으로 끌어들임.

④ 스파이 시논을 식별하지 못하고 그의 속임수를 간파하지 못한 것이 방첩실패로 이어짐.

⑤ 그리스군은 트로이를 약탈하고 불태웠으며, 남성들은 살해되거나 노예로 팔렸고 여성들은 포로가 됨.

Ⅲ 손자병법

1. 의의

(1) 첩자의 유형과 활용

① 기원전 600년경 손자는 「손자병법」의 용간편(用間篇)에서 첩자를 향간(鄕間), 내간(內間), 반간(反間), 사간(死間), 생간(生間)으로 구분하고 각각의 정보활동 활용 방안을 제시함.

② 반간은 다른 네 가지 유형을 활용하는 근간으로서 가장 중요함. 이는 현대의 이중간첩 활용 방첩 기법과 유사하며, 2,600여 년 전에 이러한 전략을 제시한 것은 놀라운 통찰력을 보여줌.

(2) 첩자의 종류

① 향간: 적국의 일반 주민을 첩자로 활용함.

② 내간: 적국의 관료를 포섭하여 첩자로 활용함.

③ 반간: 적국의 첩자를 포섭하여 역이용함.

④ 사간: 허위 정보를 제공하여 적국으로 보내는 첩자이며, 거짓 정보가 발각되면 사망함.

⑤ 생간: 적국에서 정보를 탐지한 후 살아서 돌아와 보고하는 첩자임.

(3) 반간의 중요성

① 반간을 활용하면 적국의 주민(향간)과 관료(내간)를 포섭할 수 있음.

② 반간을 통해 적정을 파악하여 허위 정보를 유포하는 사간을 활용할 수 있음.

③ 반간을 활용하면 생간을 통해 적국 내 정보를 수집하여 보고받을 수 있음.

④ 군주는 오간(五間)의 중요성을 인식하고, 특히 반간을 후대하여 활용해야 함.

2. 적을 제압하기 위한 4가지 계책

(1) 불전이굴(不戰而屈)의 전략

① 손자는 전쟁에서 최상의 전략은 싸우지 않고 이기는 것이라 함.

② 벌모(伐謀), 벌교(伐交), 벌병(伐兵), 공성(攻城)의 4단계 전략을 제시함.

③ 벌모와 벌교는 간첩을 활용하는 용간(用間) 전략과 밀접한 관련이 있음.

(2) 벌모(伐謀)

① 적의 전략과 계획을 방해하여 판단력과 의지를 약화시키는 전략임.

② 적의 군사 계획을 사전에 파악하여 방해하거나, 정보통신망을 교란하는 방식이 해당됨.

(3) 벌병(伐兵)

적의 병력을 직접 공격하여 승리를 얻는 전략임.

(4) 벌교(伐交)

① 적국과 동맹국의 관계를 단절하여 적을 고립시키는 전략임.

② 적국 내부의 분열을 조장하여 전쟁을 유리하게 이끎.

(5) 정리

① 벌모와 벌교는 현대의 비밀공작과 유사하며, 대외정책 수행을 위한 전략적 수단임.

② 벌병과 공성은 군사적 대응에 해당함.

Ⅳ 장수왕과 개로왕

1. 의의

(1) 백제의 방첩 실패

① 475년 장수왕은 3만 병력으로 백제를 기습하여 개로왕을 사로잡고 처형함.

② 백제의 패배는 방첩 실패로 해석할 수 있음.

(2) 도림 첩자의 활동

① 장수왕이 보낸 첩자 도림은 죄인으로 위장하여 백제로 침투함.

② 바둑을 통해 개로왕의 신임을 얻고, 대형 토목사업을 부추겨 국력을 소모시킴.

③ 백제는 경제적으로 궁핍해졌고, 이때를 틈타 장수왕이 공격함.

2. 「삼국사기」 '백제본기'

① 개로왕은 성이 함락되기 직전 탈출했으나 고구려 군대에 붙잡혀 처형됨.

② 고구려 장수 재증걸루 등이 개로왕을 발견하고 얼굴에 침을 뱉고 처형함.

3. 「일본서기」 '백제기'

백제의 왕성 한산이 점령당하고, 왕비 및 왕자가 몰살당했다고 기록됨.

4. 「삼국사기」 '고구려본기'

남녀 8천 명이 고구려로 끌려갔다고 기록됨.

5. 방첩 실패의 결과

① 백제의 패배는 도림이라는 한 첩자에 대한 대응 실패에서 비롯됨.

② 방첩은 국가의 존립과 번영에 직결되는 핵심 요소임.

Ⅴ 방첩의 중요성

1. 방첩의 역사적 중요성

① 방첩은 오랜 역사를 지닌 정보활동의 핵심 요소임.

② 한 명의 첩자가 국가의 생존을 좌우할 수 있음.

2. 역사적 사례

① 트로이 전쟁과 백제 개로왕 사례처럼 첩자 활용이 전쟁 결과를 좌우함.

② 첩보전에 대한 대응 실패는 국가의 멸망을 초래할 수 있음.

3. 방첩의 현대적 의미

적대 세력의 첩보 활동에 대한 대응으로서 방첩의 중요성이 더욱 강조됨.

Theme 41-1 삼십육계(三十六計)

Ⅰ 의의

1. 정의

① 병법에 관한 36가지 계책을 의미함.

② 6가지 상황 분류에 각 6가지 계책이 포함됨.

2. 저자

① 남조 송(宋)의 명장 단도제(檀道濟)로 알려짐.

② 그러나 현존하는 삼십육계의 저자가 단도제인지 불확실함.

3. 유래

① 남제서(南齊書)에 "단공의 서른여섯 가지 계책 가운데 달아나는 것이 제일이다."라는 기록이 존재함.

② 단도제가 병법으로 유명했으나, 현존하는 삼십육계와의 관계는 불분명함.

Ⅱ 승전계(勝戰計) – 싸우면 반드시 이겨라

① 만천과해(瞞天過海): 적이 예상하지 못한 방법을 동원하여 승리함.

② 위위구조(圍魏救趙): 적의 예봉을 피해 급소를 공격하여 작전을 무력화함.

③ 차도살인(借刀殺人): 남의 힘을 빌려 적을 제거함.

④ 이일대로(以逸待勞): 적이 지칠 때까지 기다렸다가 공격함.

⑤ 진화타겁(趁火打劫): 혼란을 이용하여 약한 적을 정복함.

⑥ 성동격서(聲東擊西): 속임수로 적을 혼란시키고 허를 찌름.

Ⅲ 적전계(敵戰計) – 적을 철저히 기만하라

① 무중생유(無中生有): 진실과 거짓을 혼합하여 적의 실책을 유도함.

② 암도진창(暗渡陳倉): 정면 공격을 가장하고 우회하여 배후를 침.

③ 격안관화(隔岸觀火): 적의 내부 분란을 지켜보다 어부지리를 취함.

④ 소리장도(笑裏藏刀): 적의 경계를 늦추어 함정에 빠뜨림.

⑤ 이대도강(李代桃彊): 궁극적 승리를 위해 희생을 감수함.

⑥ 순수견양(順手牽羊): 적의 허점을 이용하여 승리함.

Ⅳ 공전계(攻戰計) – 미끼를 내걸어 유인하라

① 타초경사(打草驚蛇): 적의 속셈을 미리 파악함.

② 차시환혼(借尸還魂): 국면을 전환하여 주도권을 쥠.

③ 조호리산(調虎離山): 적을 불리한 상황으로 유인 후 공격함.

④ 욕금고종(欲擒故縱): 적을 크게 공략하기 위해 일부러 풀어줌.

⑤ 포전인옥(抛磚引玉): 작은 대가로 큰 이익을 얻음.

⑥ 금적금왕(擒賊擒王): 적장을 먼저 제거하여 승리함.

Ⅴ 혼전계(混戰計) – 상황을 좇아 진퇴하라

① 부저추신(釜底抽薪): 문제의 근본 원인을 제거함.

② 혼수모어(混水摸魚): 혼란 속에서 기회를 포착하여 승리함.

③ 금선탈각(金蟬脫殼): 은밀히 퇴각함.

④ 관문착적(關門捉賊): 적을 완전히 봉쇄하여 포획함.

⑤ 원교근공(遠交近攻): 먼 나라와 동맹을 맺고 가까운 적을 공격함.

⑥ 가도멸괵(假途滅虢): 길을 빌려 적을 기습함.

Ⅵ 병전계(幷戰計) – 적의 세력을 약화시켜라

① 투량환주(偸梁換柱): 적의 핵심 요소를 공격하여 승리함.
② 지상매괴(指桑罵槐): 간접적인 방법으로 적을 제압함.
③ 가치부전(假痴不癲): 어리석은 척하며 국면을 전환함.
④ 상옥추제(上屋抽梯): 적을 함정에 빠뜨림.
⑤ 수상개화(樹上開花): 적을 혼란에 빠뜨려 판단력을 흐리게 함.
⑥ 반객위주(反客爲主): 주도권을 장악함.

Ⅶ 패전계(敗戰計) – 전화위복의 계기를 만들라

① 미인계(美人計): 미인을 이용하여 적을 유인함.
② 공성계(空城計): 허를 찔러 적을 혼란에 빠뜨림.
③ 반간계(反間計): 적의 첩보망을 역이용함.
④ 고육계(苦肉計): 신뢰를 얻기 위해 스스로를 희생함.
⑤ 연환계(連環計): 적이 스스로 행동을 제한하도록 유도함.
⑥ 주위상계(走爲上計): 막강한 적을 만나면 퇴각을 최상의 방안으로 삼음.

Theme 42 방첩의 목적과 유형

Ⅰ 방첩의 목적

1. 의의

홀트(Holt)는 방첩의 목적을 "우리가 그들에게 하려는 것을 그들은 하지 못하게 만드는 것"이라고 정의함.

2. 외국 정부 또는 집단의 정보활동

① 외국 정부나 집단도 우리나라를 목표로 정보활동을 전개함.
② 적국의 정보기관은 중요 비밀을 취득하고, 수집한 정보를 조작하거나 영향공작을 수행하여 정책결정 자료를 왜곡함.
③ 자국의 국가안보 목표 달성을 위해 첩보수집활동 및 비밀공작을 수행하며, 이에 대한 탐지 · 분쇄(disrupt) · 대응 활동을 전개함.
④ 군사력 및 경제적 이익 증진을 목적으로 첨단과학기술 및 기타 관련 정보를 취득하려는 시도를 함.

3. 외국이나 외국인 집단의 정보활동에 대한 적극적 대응

① 외국 및 외국인 집단의 정보활동과 그로 인한 위협을 파악하고 무력화하는 것이 필요함.
② 방첩은 이러한 필요에 대응하기 위한 활동으로, 수동적 대응과 능동적 대응을 모두 포함하는 광범위한 활동을 수행함.

Ⅱ 방첩의 범위와 목표의 확대

1. 의의

(1) 전통적 방첩 개념

① 과거 방첩은 대스파이활동(counterespionage)으로만 해석됨. 외국 정보기관의 목표가 타국 비밀을 탈취하는 데 집중되었기 때문임.
② 전통적 방첩 개념에서는 방첩의 목표와 범위가 외국 정보기관의 첩보수집 활동에 대한 대응(counter) 또는 방어(protect)로 제한됨.

(2) 방첩 범위의 확대

외국 정보기관이 첩보수집 외에도 암살, 테러, 정부전복, 기만, 위폐제조 등 다양한 활동을 전개하면서 방첩의 목표와 범위도 확대됨.

2. 외국 정보기관의 테러 등 다양한 안보위협에 대응

① 방첩은 외국 정보기관의 첩보수집 행위뿐만 아니라 테러 등 조직적인 안보위협에 대응하는 기능을 포함함.
② 레이건 대통령의 「행정명령 제12333호」에서는 방첩을 스파이 행위, 사보타주, 암살, 국제테러리즘 등으로부터 보호하기 위한 첩보와 활동으로 정의함.
③ 이에 따라 방첩은 전통적 영역을 넘어 다양한 유형의 공작활동을 포함하며, '대응(counter)' 개념이 강조됨.

3. 적의 불법적 기술이전에 대한 대응

① 2005년 3월 발표된 「미국의 국가방첩전략목표」에서는 방첩활동 범주에 적의 불법적 기술이전에 대한 대응도 포함됨.
② 광의의 방첩은 전통적 방첩뿐만 아니라 적의 모든 적대행위에 대응하는 능동적 정보활동(positive intelligence)까지 포괄함.

4. 외국의 조직이나 외국인의 안보위협에 대응

(1) 방첩 목표의 확대

① 과거 방첩의 주요 목표는 외국 정보기관이었으나, 오늘날에는 외국 정보기관뿐만 아니라 외국 정부, 조직, 개인도 주요 목표가 됨.
② 「행정명령 제12036호」에서는 방첩을 외국 정부, 조직, 개인이 수행하는 간첩, 비밀정보활동, 사보타주, 국제테러, 암살 등으로부터 보호하는 활동으로 정의함.

(2) 외국 조직과 개인의 안보위협 사례

① 2001년 9월 11일 미국 테러 공격은 국가가 아닌 개인(오사마 빈라덴)과 조직(알카에다)이 주도함.

② 이에 따라 방첩 목표가 외국 정보기관뿐만 아니라 외국 조직과 개인으로 확대됨.

5. 우호국의 첩보수집 활동에 대한 대응

① 방첩의 주요 목표는 적대국이나 적대세력이지만, 때로는 우호국도 방첩 목표가 될 수 있음.

② 영국과 캐나다는 미국과 정보공동체를 형성하고 있지만, 미국 CIA와 방첩기관은 이들 국가의 정보활동 동향을 수집 및 분석함.

③ 다만 우호국에 대한 첩보수집은 우호적 관계를 감안하여 절제된 방식으로 수행됨.

6. 산업스파이활동에 대한 대응

(1) 산업스파이활동의 확대

① 국가 간 경계를 넘어 정보기관, 조직, 개인이 무차별적으로 산업스파이활동을 전개하고 있음.

② 프랑스 DGSE가 미국 IBM, Texas Instruments, Bell Textron 등의 산업정보를 수집한 사례가 있음.

(2) 미국 기업에 대한 산업정보 수집 사례

① CIA는 프랑스 정보기관이 미국 항공산업 비밀을 취득하기 위해 적극적으로 활동한 사실을 확인함.

② 독일, 일본, 이스라엘, 한국 등도 미국 기업을 대상으로 산업스파이활동을 수행한 사례가 있음.

(3) 산업보안이 방첩의 범위에 포함되는지 여부

① 산업스파이활동 대응이 국가방첩 범위에 포함되는지에 대한 논란이 존재함.

② 테러리즘과 국제조직범죄는 국가안보 위협으로 간주되며 방첩 대상이 됨.

③ 오늘날 경제안보 개념이 강조되면서 산업보안도 국가방첩 범주에 포함될 가능성이 제기됨.

7. 결론

(1) 방첩 개념의 모호성

코프랜드(Miles Copeland)는 방첩 개념이 학자들마다 정의가 다르고 여전히 모호하다고 지적함.

(2) 방첩의 다양한 해석

① 방첩은 적대국 정보기관에 침투하는 능동적 방첩과 물리적 보안을 유지하는 수동적 방첩을 포함하는 광범위한 개념으로 해석됨.

② 방첩을 대스파이활동(counterespionage)으로 간주하거나, 방어적인 보안(security) 기능으로만 제한적으로 해석하는 견해가 존재함.

③ 일부 학자는 방첩을 간첩에 대한 수사활동(investigative activity)으로 매우 좁게 정의함.

(3) 방첩의 확대 경향

① 국가안보 개념이 전통적 안보를 넘어 초국가안보, 신안보 개념까지 확대됨.

② 이에 따라 정보활동의 영역이 넓어지고 있으며, 방첩 활동도 수동적 보안뿐만 아니라 능동적 방첩을 포함하는 방향으로 발전하는 추세임.

Ⅲ 방첩의 유형

1. 의의

① 방첩은 범위에 따라 전통적 방첩과 광의의 방첩으로 구분됨.

② 전통적 방첩은 타국 정보기관의 기존 정보활동 및 안보위협에 대한 대응을 의미함.

③ 광의의 방첩은 산업스파이, 테러, 조직범죄, 사이버테러 등 적대국 정보기관, 범죄조직, 개인 등이 야기하는 새로운 안보위협에 대한 대응을 포함함.

2. 전통적 방첩

(1) 의의

전통적 방첩은 대응 방식에 따라 수동적 방첩과 능동적 방첩으로 분류됨.

(2) 수동적 방첩

보안(Security)은 외국 및 적대세력의 정보수집 시도를 차단하거나 제한하기 위한 조치이며, 방어적·소극적인 대응이 중심임.

(3) 능동적 방첩

① 대스파이활동(Counterespionage)은 외국 및 적대세력의 정보활동 및 안보위협에 대해 적극적·공격적으로 대응하는 방첩 활동을 포함함.

② 전략 및 동향 파악에 중점을 두며, 첩보수집, 방첩 수사, 방첩 분석, 방첩 공작 등의 활동을 수행함.

3. 수동적 방첩

① 수동적 방첩은 적대세력이 중요 정보에 접근하는 것을 차단하거나 제한하는 활동을 의미하며, 일반적으로 보안(Security)과 유사함.

② 보안의 개념은 학자마다 다르게 해석되며, 방첩과 별개로 보기도 하지만, 슐스키(Shulsky)는 보안이 방첩과 동일한 기능을 수행하므로 방첩의 일부로 간주해야 한다고 주장함.

③ 수동적 방첩으로서의 보안은 보호 대상에 따라 인원보안, 문서보안, 시설보안, 자재보안, 통신보안, 컴퓨터보안 등으로 구분됨.

4. 능동적 방첩

(1) 의의

능동적 방첩은 적대세력의 위협적 활동에 적극적·공격적으로 대응하는 것이 특징이며, 소극적 방어에 그치는 수동적 방첩과 차이가 있음.

(2) 즐키(Arthur A. Zuehlke, Jr)의 분류

① 즐키(Arthur A. Zuehlke, Jr)는 능동적 방첩을 '수사활동(investigative activity)'과 '대응활동(countering activity)'으로 구분함.

② 수사활동은 적대행위 및 관련 인물을 탐지하는 데 목적을 둠.

③ 대응활동은 대스파이활동(counterespionage), 대사보타주(countersabotage), 대테러(counterterrorism) 등 적의 행위에 직접 대응하는 공격적 방첩 활동을 의미함.

(3) 검토

① 수사활동은 본질적으로 대스파이활동을 수행하는 데 필요한 요소이므로, 사실상 대스파이활동에 포함됨.

② 대사보타주, 대테러, 국제범죄 대응, 산업보안 등의 활동은 전통적 방첩의 범위를 넘어서는 활동으로 보는 것이 타당함.

[방첩의 분류]

분류		내용
대분류	소분류	
전통적 방첩	보안 (security)	• 문서보안 또는 기밀분류 (classification of information) • 인원보안(personnel security) • 시설보안(physical security) • 자재보안(equipment security) • 통신보안(communication security) • 컴퓨터보안(computer security) • 기타(네트워크 보안, 암호보안 등)
	대스파이 활동 (counteres-pionage)	• 첩보수집(collection) • 방첩수사(counterintelligence investigation) • 방첩분석(counterintelligence analysis) • 방첩공작: 이중간첩, 기만과 역기만 (counterdeception)
광의의 방첩	보안	산업보안(industrial security)
	기타	• 대테러(counterterrorism) • 대사보타주(countersabotage) • 국제범죄 대응 • 사이버테러 대응

Theme 43 수동적 방첩: 보안(security)

Ⅰ 의의

① 보안(security)은 방첩의 수동적 유형으로, 외국 또는 적대세력의 정보수집 기도를 차단 또는 제한하기 위한 제반 조치임.

② 외국 또는 적대세력은 자국의 문서, 인원, 자재, 시설, 통신 등 다양한 목표에 접근을 시도함. 보안은 이들 목표에 대한 접근 및 침해를 방지하기 위한 예방 대책임.

Ⅱ 국가별 보안의 정의와 학설

1. 의의

국가 및 전문가마다 보안의 용어와 개념이 상이함.

2. 국가별 정의

① 미국: 보안을 기밀에 속하는 기관, 인물, 물자, 시설, 지역 등을 허가되지 않은 자로부터 보호하는 것으로 정의함.

② 중국: 보안을 "비밀유지 및 안전업무"로 칭하며, 적의 간첩활동 차단·예방을 위한 방어적 조치로 정의함.

3. 슐스키의 견해

① 슐스키는 방첩을 소극적 활동과 적극적 활동으로 구분함.

② 이 중 소극적 유형의 방첩활동을 '보안'으로 칭함.

4. 검토

(1) 의의

보안 개념은 국가별로 차이가 있으나, 일반적으로 소극적·방어적·수동적인 방첩활동으로 인식됨.

(2) 국가정보의 핵심 요소로서의 보안

① 슐스키는 보안을 방첩의 가장 중요한 출발점으로 주장함.

② 정보기관은 보안을 필수 요소로 간주하며, 철저한 비밀보안 없이는 정보활동 수행이 어려움.

③ 보안은 정보기관 및 군대에서 특히 중요하게 다뤄지며, 국가정보의 핵심적인 요소로 평가됨.

Ⅲ 정보(intelligence)와 보안(information security)의 관계

1. 의의

① 보안은 정보기관이나 군대의 전유물이 아님.

② 오늘날 보안은 일반 행정부처, 민간 기업, 개인에게도 중요한 요소임. 보안은 존립과 경쟁에서 승리하는 핵심 요소임.

③ 보안이 노출될 경우 존립의 위협, 금전적 손실, 경쟁력 약화 등의 위험 발생함. 보안은 효과적인 정보활동 수행을 위한 필수 요소이지만, 정보기관의 전유적 기능이 아님.

2. 레이건 대통령 「행정명령 제12333호」

(1) 의의

① 보안을 방첩의 일부로 포함할 것인가에 대한 논란 존재함.

②「행정명령 제12333호」에서 방첩을 정의하며 "인원, 자재, 문서, 통신 보안은 포함되지 않는다."고 명시함.

③ 1947년 「국가안보법」에서는 방첩의 범위를 명확히 규정하지 않았으며, 이후 레이건 대통령의 행정명령에서 보안 관련 항목이 방첩 범주에서 제외된 점이 주목할 만함.

(2) 학설

① 슐스키: 보안업무는 CIA, FBI뿐만 아니라 일반 행정부처에서도 수행되므로 정보기관의 전유적 업무가 아님을 설명함.

② 허만(Michael Heiman): 보안(security)은 정보보안(information security)의 약어로, 정보(intelligence)를 보호하는 기능을 수행하므로 정보(intelligence)와는 구별된다고 주장함.

3. NATO

(1) 의의

① NATO에서도 보안을 'information security'라고 정의하며 정보(intelligence)의 범주에 포함하지 않음.

② NATO는 보안이 정보(intelligence)와 밀접하게 연계되지만, 정보(intelligence)와 별개의 기능을 수행한다고 명시함.

③ 보안은 일반 행정부처뿐만 아니라 민간 기업에서도 수행하는 업무로, 정보기관의 고유 업무로 보기 어렵다는 견해가 설득력을 가짐.

(2) NATO의 정보(intelligence)와 보안(information security)의 관계

① 보안의 주요 목표는 적의 정보(intelligence) 취득을 차단하는 것임.

② 정보(intelligence)의 주요 목표는 적의 보안(information security) 체계를 뚫는 것임.

③ 효과적인 정보업무 수행을 위해서는 적의 보안 시스템을 파악해야 하며, 반대로 효과적인 보안업무 수행을 위해서는 적의 정보 수집 수단을 이해해야 함.

Ⅳ 방첩과 보안(information security)의 관계

1. 의의

보안을 방첩의 일부로 포함할 것인가에 대한 논란이 지속됨.

2. 학설

① 슐스키: 방첩을 적극적 대스파이 활동과 수동적 보안으로 구분하며, 보안과 방첩이 동일한 기능을 수행하므로 보안을 방첩의 일부로 고려해야 한다고 주장함.

② 대부분의 학자(홀트, 리첼슨, 즐키 등): 슐스키와 유사한 입장을 취하며 보안을 방첩의 일부로 포함시켜야 한다고 봄.

3. 검토

① 보안과 방첩은 분리할 수 없는 불가분의 관계이며, 밀접하게 연계됨.

② 철저한 보안 유지 없이 방첩 임무를 성공적으로 수행할 수 없음.

③ 학계의 일반적인 견해를 반영하여 보안을 방첩의 범주에 포함시켜 논의하는 것이 타당함.

Ⅴ 보안의 분류

1. 의의

보안은 다양한 기준에 따라 구분될 수 있음.

2. 업무 수행 주체에 따른 구분

① 개인보안(personal security)

② 기업보안(corporation security)

③ 국가보안(national security)

3. 업무 분야에 따른 구분

① 군사보안(military security): 군사 관련 보안

② 공작보안(operation security): 공작 관련 보안

③ 산업보안(industrial security): 산업 관련 보안

4. 보호 대상에 따른 구분

① 문서 보안(document security)

② 인원 보안(personnel security)

③ 시설 보안(facility security)

④ 전산 보안(computer security)

⑤ 통신 보안(communication security)

Theme 44 문서보안(비밀분류, classification of information)

Ⅰ 비밀분류

1. 의의

정부는 보호할 가치가 있는 자료를 분류하여 보관하며, 이를 비밀분류(classification)라 함.

2. 분류 대상

공문서만이 국가보안상 비밀분류의 대상이 되며, 국가기관 및 공공단체 등이 작성하거나 접수한 문서, 도화, 전자 기록 등을 포함함.

3. 분류 기준

비밀분류는 정보의 민감도(sensitivity)와 적대세력에 노출될 경우 발생할 피해의 정도를 기준으로 결정됨.

4. 비밀분류체계의 도입

미국은 1912년 전쟁성(War Department)에서 최초로 비밀분류체계를 설정하였으며, 1951년 트루먼(Harry Truman) 행정부에서 전 정부 부처로 확대됨.

5. 비밀 등급

(1) 의의

① 국가안보에 미치는 손실의 정도에 따라 비밀등급이 설정됨.

② 민감한 정보일수록 더욱 엄격한 보호가 요구됨.

(2) 미국의 비밀 등급

① 1급 비밀(top secret): "매우 중대한 피해(exceptionally grave damage)"

② 2급 비밀(secret): "심각한 피해(serious damage)"

③ 3급 비밀(confidential): "일반적인 피해(damage)"

(3) 우리나라의 비밀 등급(보안업무규정 제4조)

① Ⅰ급 비밀: 누설 시 외교 단절, 전쟁 유발, 방위계획 및 과학기술 개발 위태롭게 함.

② Ⅱ급 비밀: 국가안보에 막대한 지장을 초래할 우려가 있음.

③ Ⅲ급 비밀: 국가안보에 손해를 끼칠 우려가 있음.

(4) 대외비

① 비밀분류와 별도로 직무 수행상 특별히 보호를 요하는 사항.

② 국가안보보다는 공정한 직무 수행과 이해관계자의 공정한 기회를 보장하기 위한 분류.

③ 주요 정책 추진계획, 암행 단속계획, 특별지역 개발계획 등이 포함됨.

Ⅱ 보안조치

1. 보안 강화

① 비밀문서의 보호를 위해 세밀한 보안조치가 요구됨.

② 문서 열람 시 서명 절차 시행, 사무실 문단속 철저.

③ 파일 보관 캐비닛에 다중 잠금장치 적용.

④ 문서는 무단 폐기 불가하며, 보안 감독하에 소각 또는 파쇄.

⑤ 비밀문서의 절취 및 분실 방지를 위한 절차가 있으나, 비효율적이고 번거로운 측면이 존재함.

2. 분실 원인

외국인 스파이에 의한 절취보다는 관리 담당자의 부주의로 인한 분실이 주요 원인임.

Ⅲ 비밀분류의 유의점

1. 의의

① 비밀 등급의 기준이 명확하지 않아 분류가 모호한 경우가 많음.

② 국가안보 손실의 정도에 따른 피해 구분이 명확하지 않음.

③ 비밀분류에 주관성이 개입될 가능성이 높음.

④ 과도분류(overclassification)와 과소분류(underclassification)의 문제가 발생할 수 있음.

2. 비밀의 과도분류

(1) 의의

① 정보가 불필요하게 높은 등급으로 분류되는 현상.

② 기관별 분류 기준이 상이하여 일관성 유지가 어려움.

③ 정부 관리들이 곤란한 상황을 피하기 위해 의도적으로 비밀을 과도하게 분류하는 경우가 있음.

(2) 문제점

① 국민이 국가안보 정책을 이해하고 토론할 기회를 상실할 위험이 있음.

② 비밀분류의 신뢰성이 저하되어 무분별한 비밀누설 가능성이 증가함.

③ 비밀을 최소한으로 분류해야 효과적인 보호가 가능함.

3. 비밀의 과소분류

(1) 의의
① 국가안보에 중요한 정보가 적절히 보호되지 않는 문제.
② 정부 외부에서 생산된 정보들이 과소분류되는 경향이 있음.

(2) 인터넷을 통한 유출
① 정보화 사회에서 정보 공개성이 확대됨.
② 국가안보에 영향을 미칠 정보가 보호되지 않은 채 인터넷 등을 통해 유출되는 사례가 증가함.

(3) 기술정보 연구 결과 발표
① 1982년 CIA 부국장 인맨(Bobby Ray Inman)은 미국과학발전협회 연설에서 과소분류 문제를 지적함.
② 암호학 연구 결과의 무제한 공개가 외국 단체의 관심을 끌어 국가안보에 손해를 초래할 가능성이 있음을 경고함.
③ 컴퓨터 기술, 전자장치, 레이저, 작황 예상 등 다양한 분야에서 보안 필요성이 제기됨.

4. 검토
① 비밀은 과도하거나 과소하지 않도록 적절히 분류되어야 함.
② 비밀의 양이 많을수록 누설 및 분실 위험이 증가함.
③ 비밀문서는 필요한 최소한의 양만 생산해야 하며, 예비용 생산을 지양해야 함.
④ 배포선을 제한함으로써 비밀 보호 효과를 높일 수 있음.

Theme 44-1 「국가정보원법」의 직무 수행 범위

1. 국가 기밀의 정의
① 국가의 안전에 대한 중대한 불이익을 피하기 위해 한정된 인원만이 알 수 있도록 허용된 사항
② 다른 국가 또는 집단에 대하여 비밀로 유지되는 사실 · 물건 · 지식 중 국가 기밀로 분류된 사항

2. 국가 기밀의 보호 및 보안 업무
① 국가 기밀에 속하는 문서, 자재, 시설, 지역에 대한 보안 업무 수행
② 국가안전보장과 관련된 국가 기밀을 취급하는 인원에 대한 보안 업무 수행
③ 각급 기관에 대한 보안 감사는 제외됨

Theme 44-2 문서보안 관련 「보안업무규정」 중요 내용

I 총칙

1. 목적
「국가정보원법」에 따라 국가정보원의 보안 업무 수행에 필요한 사항을 규정함.

2. 정의

(1) 비밀
「국가정보원법」에 따른 국가 기밀로서 본 규정에 따라 비밀로 분류된 것.

(2) 각급기관
「대한민국헌법」, 「정부조직법」 또는 관련 법령에 따라 설치된 국가기관(군기관 및 교육기관 포함), 지방자치단체 및 「공공기록물 관리에 관한 법률 시행령」에 따른 공공기관.

(3) 중앙행정기관등
「정부조직법」에 따른 부 · 처 · 청(이에 준하는 위원회 포함), 대통령 소속 · 보좌 · 경호기관, 국무총리 보좌기관 및 고위공직자범죄수사처.

(4) 암호자재
비밀 보호 및 정보통신 보안을 위한 암호기술이 적용된 장치나 수단으로, I급, II급, III급비밀 소통용 암호자재로 구분됨.

3. 보안책임
① 국가 기밀에 속하는 문서 · 자재 · 시설 · 지역을 관리하는 사람 및 관계 기관의 장은 해당 관리 대상에 대해 보안책임을 가짐.
② 국가안전보장과 관련된 국가 기밀을 취급하는 인원에 대한 보안책임을 가짐.

4. 국가정보장의 보안 기본정책 수립 등

(1) 의의
① 보안 업무 기본정책 수립 및 제도 개선
② 보안 업무 수행 기법 연구 · 보급 및 표준화
③ 전자적 방법을 활용한 보안 업무 관련 기술개발 및 보급
④ 각급기관의 보안 업무 수행 적절성 확인 및 결과 분석 · 평가

(2) 보안사고 예방 및 대응 업무 수행
① 보안측정(제35조제1항)
② 신원조사(제36조제1항)

③ 보안사고 조사(제38조)

④ 대도청 점검, 보안교육, 컨설팅 등 각급기관 보안 업무 지원

5. 보안심사위원회

① 중앙행정기관등의 보안 업무 수행과 비밀 공개 등에 관한 중요 사항을 심의하기 위해 보안심사위원회를 둠.

② 보안심사위원회의 구성·운영 등에 대한 세부사항은 국가정보원장이 정함.

Ⅱ 비밀의 등급과 보호 원칙

1. 비밀의 등급

① Ⅰ급비밀: 누설 시 국가안보에 중대한 위협을 초래하는 비밀

② Ⅱ급비밀: 누설 시 국가안보에 막대한 지장을 초래하는 비밀

③ Ⅲ급비밀: 누설 시 국가안보에 해를 끼칠 우려가 있는 비밀

2. 비밀 보호 및 관리 원칙

① 각급기관의 장은 비밀의 작성, 분류, 취급, 유통 및 이관 전 과정에서 보안대책을 수립하여 시행해야 함.

② 비밀의 제목 등 내용을 유추할 수 있는 자료는 공개하지 않음.

Ⅲ 비밀의 분류 및 관리

1. 비밀의 분류 및 재분류

① 비밀취급 인가를 받은 사람은 인가받은 등급 이하의 비밀을 분류할 권한을 가짐.

② 상급자는 하급자가 분류한 비밀등급을 조정할 수 있음.

③ 비밀 생산자 또는 관리자는 비밀 작성 완료 즉시 분류 또는 재분류해야 함.

2. 비밀 분류 원칙 및 지침

① 보호 가능한 최저 등급으로 분류하며, 과도하거나 과소 분류하지 않음.

② 비밀은 독립적으로 분류하며, 다른 비밀과 연계하여 분류하지 않음.

③ 외국 정부나 국제기구에서 접수한 비밀은 적절히 보호할 수 있도록 분류함.

④ 각급기관의 장은 비밀 분류의 통일성과 적절성을 위해 세부 분류지침을 마련해야 함.

3. 비밀 보호기간 및 보존기간

분류된 비밀에는 보호 및 보존기간을 명시한 예고문을 기재해야 함.

4. 비밀 표시

비밀 취급자의 경각심을 높이고 미인가자의 접근을 방지하기 위해 등급별 표시를 함.

5. 비밀의 보관

① 도난, 유출, 화재, 파괴를 방지할 수 있는 시설에 보관해야 함.

② 출장 중 비밀은 국내 경찰기관 또는 재외공관에 위탁 보관할 수 있음.

③ 각급기관의 장은 비밀 보관책임자를 임명해야 함.

6. 비밀의 전자적 관리

① 전자적 방법으로 비밀을 관리할 수 있으며, 이를 위해 비밀관리시스템을 구축·운영 가능함.

② 전자적 비밀 관리 시 국가정보원장이 확인한 안전한 암호자재를 사용해야 함.

③ 국가정보원장은 소규모 기관을 위해 통합 비밀관리시스템을 운영할 수 있음.

7. 비밀관리기록부 작성

① 비밀의 작성, 분류, 접수, 발송 등의 기록을 위해 비밀관리기록부를 작성해야 함.

② Ⅰ급비밀과 암호자재는 별도의 관리기록부로 작성하여 보관해야 함.

Ⅳ 비밀의 취급 및 통제

1. 비밀의 접근 및 사용 제한

① 해당 등급의 비밀취급 인가를 받은 사람만 비밀 및 암호자재를 취급할 수 있음.

② 비밀취급 인가를 받은 사람 중 업무상 직접 관련된 사람만 열람 가능함.

③ 미인가자가 열람할 경우 국가정보원장의 규정에 따라 보안조치를 마련해야 함.

2. 비밀의 접수 및 발송

① 비밀은 최대한 보호 가능한 방법으로 접수 및 발송해야 함.

② 비밀을 암호화하지 않은 상태로 정보통신 수단을 이용하여 송수신하지 않음.

③ 접수 및 발송 사실을 확인하기 위해 접수증을 사용해야 함.

3. 비밀의 복제 및 복사 제한

(1) 원칙적으로 비밀 및 암호자재의 복제·복사 불가하나, 다음의 경우 허용됨.

① Ⅰ급비밀: 생산자의 허가 필요

② Ⅱ급·Ⅲ급비밀: 특정 제한이 없는 경우 해당 등급의 인가를 받은 사람이 공용 가능

③ 전자적 비밀: 보관 목적일 경우 허용

(2) 복사본 제작 시 원본과 동일한 등급과 예고문을 기재하고, 사본 번호를 부여해야 함.

4. 비밀의 공개

① 국가안전보장을 위한 긴급 필요 시 보안심사위원회의 심의를 거쳐 공개 가능함.

② Ⅰ급비밀 공개는 국가정보원장과 사전 협의해야 함.

③ 공무원은 기관장의 승인 없이 비밀을 공개할 수 없음.

5. 비밀의 반출 및 파기 계획

① 비밀은 원칙적으로 보관시설 외 반출 금지됨. 다만, 공무상 반출 필요 시 기관장의 승인 필요함.

② 각 기관장은 비상 시 비밀의 안전한 반출 및 파기 계획을 수립해야 함.

6. 비밀문서의 통제 및 이관

① 각급기관의 장은 비밀문서의 접수, 발송, 복제, 열람, 반출 등을 통제하는 규정을 운영할 수 있음.

② 비밀은 일반문서보관소로 이관할 수 없으며, 기록물 관리기관으로 이관하는 경우 예외로 함.

7. 비밀 소유 현황 통보

① 각급기관의 장은 연 2회 비밀 소유 현황을 조사하여 국가정보원장에게 통보해야 함.

② 비밀 소유 현황은 공개하지 않음.

Ⅴ 암호자재의 관리

① 국가정보원장은 암호자재를 제작하여 필요한 기관에 공급하며, 특정 암호자재는 기관이 자체 제작 가능함.

② 암호자재 사용 기간이 끝난 경우 즉시 제작기관에 반납해야 함.

③ 국가정보원장은 정부출연연구기관을 통해 암호자재 연구개발을 수행할 수 있음.

Theme 44-3 문서보안 관련 「보안업무규정 시행규칙」 중요 내용

Ⅰ 총칙

1. 목적

「보안업무규정」의 시행에 필요한 사항을 규정함.

2. 보안 업무에 관한 각급기관의 장의 역할

(1) 의의

각급기관의 장은 국가정보원장이 수립하는 기본정책에 맞추어 보안 기본정책을 수립·시행해야 하며, 다음 사항을 포함함.

(2) 보안 기본정책

① 보안 업무 수행에 필요한 기본계획

② 보안 업무 수행을 위한 전담조직 또는 인원의 지정·운영

③ 보안 업무 수행 실태에 대한 감사 및 점검

④ 비밀소유현황 및 비밀취급인가자 현황의 기록·유지 실태조사

⑤ 비밀 및 암호자재 보호를 위한 출입통제대책 마련

⑥ 그 밖에 보안 업무 수행에 필요한 사항

3. 보안 업무 수행실태 확인에 관한 국가정보원장의 역할

① 국가정보원장은 각급기관이 비밀관리실태 등을 자체 점검할 수 있도록 점검지표 및 지침을 작성·배부해야 함.

② 자체점검 결과를 바탕으로 각급기관의 보안 업무 수행 적절성을 확인할 수 있음.

4. 보안심사위원회의 구성·운영

① 보안심사위원회는 위원장 1명을 포함하여 3명 이상의 위원으로 구성하며, 위원장은 부기관장이 되고, 위원은 실·국장 중에서 기관장이 임명함.

② 위원장은 위원회를 대표하고 업무를 총괄함.

③ 위원장이 직무 수행이 불가능한 경우, 기관장이 미리 지명한 위원이 직무를 대행함.

④ 위원회 회의는 위원장이 필요하다고 인정할 경우 소집되며, 위원장이 의장이 됨.

⑤ 위원회는 재적위원 과반수 출석으로 개의하고, 출석위원 과반수 찬성으로 의결함.

Ⅱ 암호자재

1. 암호자재의 제작

① 각급기관에서 공통으로 사용할 암호자재 및 각급기관의 장이 요청하는 암호자재는 국가정보원장이 개발·제작·변경·배부함.

② Ⅲ급비밀 소통용 암호자재는 국가정보원장이 인가한 암호체계에 따라 각 기관의 장이 개발·제작·변경·배부할 수 있음.

③ 각급기관의 장은 Ⅲ급비밀 소통용 암호자재를 개발·제작 또는 변경한 경우 국가정보원장에게 관련 자료를 제출하여 안전성을 확인받아야 함.

2. 암호자재의 배부·반납

① 암호자재 취급자는 배부 기관에 직접 접촉하여 배부받거나 반납해야 하며, 부득이한 경우 국가정보원장과 협의한 방법을 사용 가능함.

② 암호자재를 배부하는 기관의 장은 인가 여부를 확인한 후 배부·반납을 허용해야 함.

③ 각급기관은 예비용 암호자재의 신속한 배부를 위한 절차를 미리 마련해야 함.

④ 암호자재의 배부·반납·파기·사고 증명은 암호자재 증명서에 따름.

3. 암호자재의 관리

① 암호자재를 사용하는 기관의 장은 관리 책임을 짐.

② 암호자재 보유 기관은 관리기록부를 비치하고 기록·유지해야 함.

③ 사용 중인 암호자재 외의 자재는 봉인하여 보관해야 함.

④ 보관 시 잠금장치가 있는 비밀보관 용기를 사용하고 별도 보안대책을 수립·시행해야 함.

⑤ 주 1회 이상 점검 후 기록하고, 보안담당관은 월 1회 점검사항을 확인해야 함.

4. 암호자재의 운용

① 비밀 등급의 문서는 해당 등급의 암호자재를 사용하여 접수·발송해야 함.

② 암호자재는 지정된 용도 외의 목적에 사용 불가함.

③ 암호문 작성·해독 시 사용한 작업용지는 유효성 종료 후 파기해야 함.

④ 암호자재 사용 근거는 통신문 여백에 표시해야 함.

⑤ 암호화되지 않은 문장과 혼합하여 사용 불가함.

5. 암호자재의 긴급 파기

① 긴급사태 발생 시 안전한 보호가 불가능하면 파기 가능함.

② 긴급 파기계획을 평상시에 수립해야 하며, 사용 기간이 끝난 자재부터 순차적으로 파기해야 함.

③ 긴급 파기 시 국가정보원장에게 관련 사항을 통보해야 함.

6. 암호자재의 사고

① 암호자재가 오인 소각·소실·분실·누설된 경우 즉시 국가정보원장에게 보고하고 서면으로 제출해야 함.

② 국가정보원장은 해당 암호자재 사용 중지 또는 회수·파기 등의 보안대책을 지원하고, 사고 경위를 조사해야 함.

③ 보안담당관은 암호자재의 분실·누설이 업무에 미칠 영향을 분석하여 필요한 조치를 할 수 있도록 기관장에게 보고해야 함.

7. 암호자재의 인계인수

암호자재 취급인가자가 교체될 경우 관리기록부에 기록하고 보안담당관의 확인을 받아야 함.

Ⅲ 비밀의 분류

1. 분류 금지와 대외비

(1) 비밀의 부당한 분류 금지

① 행정상 과오, 업무상 과실 또는 법령 위반 사실을 감추거나 보호가치가 없는 정보의 공개를 제한할 목적으로 비밀이 아닌 사항을 비밀로 분류할 수 없음.

② 비밀의 제목에는 비밀의 내용을 포함할 수 없음.

(2) 대외비 지정

① 비밀로 지정되지 않더라도 「공공기관의 정보공개에 관한 법률」의 비공개 대상 정보 중 직무 수행상 특별히 보호가 필요한 사항은 "대외비"로 지정함.

② 각급기관의 장은 대외비 지정 사항이 업무와 관계되지 않은 사람이 열람, 복제·복사, 배부할 수 없도록 보안대책을 수립·시행하여야 함.

③ 대외비 문서의 표면 중앙 상단에는 예고문을 붉은색으로 기재해야 함.

④ 보호기간이 만료된 대외비는 일반문서로 재분류하며, 재분류된 기록물의 관리는 「공공기록물 관리에 관한 법률」에 따름.

2. 비밀세부분류지침

(1) 비밀세부분류지침의 작성 및 배부

① 국가정보원장은 기본분류지침표에 따라 중앙행정기관 등의 장이 제출한 자료를 바탕으로 비밀세부분류지침을 작성하여 각급기관에 배부함.

② 군사비밀 세부분류지침은 기본분류지침표에 따라 국방부장관이 따로 작성하여 배부함.

(2) 비밀세부분류지침의 작성 및 변경

중앙행정기관 등의 장은 비밀세부분류지침을 새로 작성하거나 변경할 필요가 있을 경우, 관련 자료를 국가정보원장에게 제출해야 함.

Ⅳ 예고문 및 재분류

1. 예고문

(1) 예고문 기재 사항

① 모든 비밀에 원본과 사본의 보호기간, 보존기간 및 재분류 여부를 포함한 예고문을 기재해야 함.
② 원본: 보호기간과 보존기간을 명시하고, 보호기간 만료 시 "이관" 또는 "일반문서로 재분류"를 기재해야 함.
③ 사본: 보호기간을 명시하고, 보호기간 만료 시 "파기" 또는 "일반문서로 재분류"를 기재해야 함.

(2) 보호기간 및 보존기간 설정

① 보호기간은 비밀 보호 필요성이 있는 적정한 기간으로 설정해야 하며, 보존기간 시작일은 비밀원본 생산 연도의 다음 해 1월 1일로 함.
② 보존기간은 보호기간 이상으로 설정해야 함.

(3) 예고문 기재 방식

① 보호기간의 "일자" 또는 "경우"는 명확해야 하며, "처리 후", "불필요 시", "참고 후" 등의 불확실한 표현은 금지됨.
② 재분류 시기를 예측할 수 없는 경우, 생산일부터 1년 이내의 일자를 보호기간으로 기재해야 함.
③ 보호기간 만료 후 비밀 유지가 필요한 경우 원본은 "이관", 사본은 "파기"로 기재해야 함.
④ 보호기간 만료 후 일반문서로 활용이 필요하면 "일반문서로 재분류"로 기재해야 함.

(4) 예고문 기재 위치

① 문서 형태의 비밀에는 본문 끝 부분 여백에 예고문을 기입해야 함.
② 기입이 불가능한 경우 비밀관리기록부에 기록하고, 발송 시에는 접수증 또는 비밀통보서에 기입해야 함.

2. 재분류 검토

① 비밀을 취급하는 자는 예고문에 따라 지속적으로 재분류 검토를 수행해야 함.
② 비밀원본의 경우, 연 2회(6월, 12월) 이상 재분류 검토를 실시해야 함.

3. 재분류 요청

(1) 비밀의 과도 또는 과소 분류 조정

① 접수 기관의 장이 비밀을 검토한 결과, 과도하게 분류된 경우 그 사유를 명시하여 생산기관의 장에게 재분류를 요청해야 함.
② 과소하게 분류된 경우, 적절한 상위 비밀등급으로 보호한 후 재분류 요청해야 하며, 비밀로 지정되지 않은 사항이 누락된 경우도 동일하게 처리해야 함.

(2) 직권 재분류

① 생산기관이 불분명할 경우, 접수 기관의 장이 직권으로 재분류할 수 있음.
② 단, Ⅰ급 비밀의 경우 국가정보원장에게 재분류 요청해야 함.
③ 타 기관에서 인수한 비밀원본의 재분류 권한은 인수기관의 장에게 있음.

4. 예고문의 변경 요청

접수 기관의 장이 예고문에 따른 재분류가 업무 수행에 지장을 준다고 판단할 경우, 그 사유를 명시하여 생산기관의 장에게 예고문 변경을 요청할 수 있음.

5. 재분류 통보

(1) 생산기관의 직권 재분류 및 통보

생산기관의 장이 예고문에 명시된 일자 또는 사유 도래 전에 직권으로 재분류하거나 예고문을 변경한 경우, 배부된 모든 기관에 이를 통보해야 함.

(2) 상급기관의 재분류 권한

① 동일 계통의 상급기관 또는 조정·감독기관은 하급기관으로부터 접수한 비밀이 과도 또는 과소하게 분류되었다고 판단할 경우, 생산기관의 의사와 무관하게 재분류할 수 있음.
② 재분류가 이루어진 경우, 해당 사실을 생산기관에 통보해야 함.

(3) 생산기관의 후속 조치

재분류 통보를 받은 생산기관의 장은 해당 비밀을 재분류한 후, 배부된 모든 기관에 재분류 사실을 통보해야 함.

Ⅴ 비밀의 표시

1. 문서 등의 비밀 표시

① 비밀문서는 맨 앞면과 맨 뒷면의 표지 및 각 면 위·아래 중앙에 비밀등급표를 붉은색으로 표시함.
② 복제 또는 복사한 비밀문서는 원본과 동일한 색으로 비밀등급표를 표시하며, 글자보다 크고 뚜렷하게 함.

③ 단일문서의 각 면 비밀등급이 다를 경우, 해당 면별로 등급을 표시하고 표지에는 최고 비밀등급을 표시함.

④ 비밀등급이 다른 여러 문서를 철한 경우, 표지에 최고 비밀등급을 표시함.

⑤ 비밀문서는 보관 또는 철한 경우를 제외하고 비밀표지를 해당 등급에 따라 첨부하고 취급함.

⑥ 외장형 하드디스크 등 보조기억매체는 관리번호, 건명, 비밀등급, 사본번호 등이 표시된 스티커를 부착하여 비밀을 표시함.

2. 필름 및 사진의 비밀 표시

① 1장으로 된 필름은 비밀 표시가 된 봉투 또는 이에 준하는 용기에 보관함.

② 연결된 영사필름은 처음과 끝에 비밀등급을 표시하고 보관함.

③ 인화된 사진은 각 표면의 위·아래 및 뒷면 중앙에 적절한 크기의 비밀등급을 표시하고 보관함.

3. 지도 및 괘도의 비밀 표시

① 각 면의 위·아래 중앙에 적절한 크기의 비밀등급을 표시함.

② 접거나 말았을 때에도 비밀임을 알 수 있도록 뒷면의 적절한 위치에 비밀등급을 표시함.

4. 상황판 등의 비밀 표시

① 비밀등급을 표시하고 비밀표시를 한 가림막을 설치함.

② 가림막이 오히려 비밀 보호에 해가 되거나 위장이 충분한 경우, 비밀 표시를 생략할 수 있음.

③ 비밀인 자재·생산품 등의 경우 적절한 크기의 비밀등급을 표시하며, 표시가 불가능할 경우 문서로 비밀등급을 통보함.

5. 증거물 등의 비밀 표시

원형 보존이 필요한 경우, 자체에 비밀등급을 표시하지 않고 비밀표지를 반영구적으로 첨부하여 취급함.

6. 비밀의 녹음 및 전달

① 비밀을 녹음하거나 구두로 설명·전달할 때, 처음과 끝에 비밀등급 및 무단 전달 시 처벌 경고를 포함함.

② 보관은 필름 및 사진의 보관 방식과 동일하게 적용함.

7. 비밀의 재분류 표시

① 기존 비밀 표시를 대각선으로 삭제하고, 측면이나 위·아래 여백에 변경된 비밀등급을 표시함.

② 재분류 근거를 비밀의 첫 면 여백에 기입하고 날인함.

③ 책자, 팸플릿 등 영구적으로 철한 문서는 표지의 비밀표지만 수정함. 단, 면별 재분류 시 모든 해당 면에 표시함.

8. 면 표시

① 두 장 이상의 문서는 중앙 하단에 총면수와 일련번호를 표시함(예 3-1, 3-2, 3-3).

② 붙임문서도 동일한 방식으로 면 표시를 함.

Ⅵ 비밀의 접수·발송

1. 비밀의 접수·발송 방법

(1) 의의

비밀의 접수·발송은 다음 네 가지 방법으로 이루어짐. 단, Ⅰ급비밀은 암호화된 정보통신망을 이용하거나 취급자가 직접 접촉하는 방식으로만 접수·발송할 수 있음.

(2) 접수·발송 방법

① 암호화하여 정보통신망으로 접수·발송

② 취급자가 직접 접촉하여 접수·발송

③ 외교행낭 등 기관 문서수발 계통을 이용하여 접수·발송

④ 등기우편을 통해 접수·발송

2. 비밀의 접수·발송 절차

① 비밀 발송 시 이중 봉투 사용

② 문서 형태가 아닌 비밀은 내용 노출 방지를 위해 완전 포장 필요

③ 동일 기관 내에서의 비밀 접수·발송·전파 절차는 기관장이 정하되, 비밀 보호가 충분히 이루어지도록 해야 함

④ 타 기관에서 접수한 비밀은 생산기관장의 승인 없이 재발송 금지. 단, 이첩·시달은 예외로 함

⑤ 비밀의 접수·발송 업무 담당자는 Ⅱ급 이상의 비밀 취급 인가를 받아야 함

3. 접수증 처리

① 비밀 발송 시 접수증의 발송기록 부분 전체 및 일부 접수기록 내용을 작성 후, 접수기록 하단 부분을 잘라 내부·외부봉투 사이에 삽입하여 발송. 단, 취급자가 직접 접촉하는 경우 직접 교부

② 접수기관은 비밀 접수 즉시, 미작성된 접수기록 부분을 작성 후 생산기관에 반송해야 함

③ 생산기관은 반송된 접수증의 접수기록 부분과 발송기록 부분을 함께 보관해야 함

Ⅶ 비밀의 보관 및 보안

1. 보관기준

① 비밀은 일반문서나 암호자재와 혼합하여 보관할 수 없음.

② Ⅰ급비밀은 반드시 금고에 보관하며, 다른 비밀과 혼합 보관 불가.

③ Ⅱ급비밀 및 Ⅲ급비밀은 금고 또는 이중 철제캐비닛 등 잠금장치가 있는 안전한 용기에 보관함.

④ Ⅱ급비밀 취급 인가를 받은 보관책임자는 Ⅱ급비밀과 Ⅲ급비밀을 혼합 보관 가능.

⑤ 보관용기에 넣을 수 없는 비밀은 제한구역 또는 통제구역에 보관하며, 내용 노출 방지를 위한 보호대책 마련 필요.

2. 비밀 및 암호자재 관련 자료의 보관

(1) 의의

① 서약서는 비밀취급인가자의 인사기록카드와 함께 인가 해제 시까지 보관해야 함.

② 암호자재 증명서는 해당 자재 반납·파기 후 5년간 보관해야 함.

③ 암호자재 점검기록부는 최근 5년간의 점검기록을 보관해야 함.

④ 보관기간이 지난 자료는 기록물관리기관으로 이관해야 함.

(2) 비밀과 함께 보관하며, 비밀 보호기간 만료 후 분리하여 5년간 보관해야 할 자료

① 비밀접수증

② 비밀열람기록전

③ 배부처

(3) 새로운 관리부철로 이동 시 기존 관리부철을 5년간 보관해야 할 자료

① 비밀관리기록부

② 비밀 접수·발송대장

③ 비밀대출부

④ 암호자재 관리기록부

3. 보관용기

① 보관용기 외부에 비밀의 보관 여부를 알리는 표시 금지.

② 보관용기의 잠금장치는 보관책임자 외 알지 못하도록 통제하며, 타인이 알게 된 경우 즉시 변경 필요.

4. 보관책임자

(1) 비밀취급인가를 받은 자 중에서 비밀등급별 보관책임자 임명

① Ⅱ급비밀과 Ⅲ급비밀을 같은 용기에 보관하는 경우, Ⅲ급비밀 보관책임자는 별도 임명하지 않음.

② 보관부서 단위로 정책임자 1명을 두고, 보관용기 수 또는 보관장소에 따라 부책임자 추가 가능.

(2) 보관책임자의 임무

① 비밀을 최선의 상태로 보관.

② 비밀의 누설·도난·분실 및 손괴 방지를 위한 감독 수행.

③ 비밀관리기록부 비치 및 기록 유지, 비밀대출부 및 비밀열람기록전(철)의 기록 확인·유지.

5. 보관책임자의 교체

① 비밀보관 정책임자 교체 시 소속 보안담당관 확인 후 인계인수 필요.

② 인계인수서는 작성하지 않을 수 있으며, 비밀관리기록부로 대체 가능.

Ⅷ 비밀문서 관리 및 열람 절차

1. 전자적 수단에 의한 비밀 관리

① 전자적 수단으로 비밀을 생산하는 경우, 해당 비밀등급 및 예고문을 입력하여 열람·인쇄 시 비밀등급이 자동 표시되도록 함.

② 비밀을 전자적 수단으로 생산·보관·열람·인쇄·송수신·이관하는 경우 기록을 유지하며, 송수신·이관 시 전자 접수증 사용 필요.

③ 전자적으로 생산된 비밀의 경우, 컴퓨터에서 비밀내용을 삭제해야 하며, 업무상 필요한 경우 비밀저장용 보조기억매체를 지정·사용하거나 암호자재로 암호화 후 보관 가능.

2. 비밀의 전자적 처리규격

국가정보원장은 비밀의 안전한 보호·관리를 위해 전자적 비밀처리규격을 정하여 각급기관의 장에게 배부함.

3. 비밀관리기록부

① 비밀관리기록은 비밀관리기록부를 사용하며, 접수·발송 기록은 비밀접수 및 발송 대장을 사용함.

② 비밀을 재분류하거나 이송한 경우, 비밀관리기록부 해당란을 붉은색 선으로 삭제하고 처리방법란에 사유 기재. 삭제된 부분은 내용 확인 가능하도록 유지.

4. 관리번호

① 모든 비밀에는 생산 및 접수 순서에 따라 관리번호 부여.

② 각급기관에서 생산한 비밀의 관리번호는 최종 결재 후 부여함.

③ 문서 형태의 비밀은 표지 왼쪽 위에 관리번호 기입하며, 문서 형태 외의 비밀은 적절한 위치에 기입함.

5. 복제 · 복사 제한 표시

Ⅱ급비밀 및 Ⅲ급비밀을 복제 · 복사 제한 시, 표지 뒷면 또는 예고문 위에 붉은색으로 "이 비밀은 생산기관장의 허가 없이 복제 · 복사할 수 없음"을 기입함.

6. 사본관리

① 비밀 사본 제작 시 모든 사본에 일련번호를 부여하고, 비밀 표면 오른쪽 위에 기입.

② 사본을 제작한 경우, 사본번호 및 배부처를 작성하여 원본 비밀에 첨부함.

③ 접수 기관이 비밀을 복제 · 복사한 경우, 첫 면 또는 끝 부분 여백에 사본일자, 성명(서명 · 날인 포함), 사본부수, 사본 처리 내역을 기입해야 함.

7. 비밀문서의 분리

① 단일문서로 된 비밀은 분리할 수 없음.

② Ⅲ급비밀에 해당하는 첩보 · 정보문서는 신속한 처리를 위해 관계 취급자가 분리 · 취급 가능하며, 업무 종료 후 예고문에 따라 처리해야 함.

8. 비밀의 대출 및 열람

① 비밀보관책임자는 비밀 대출 시 별지 제15호서식의 비밀대출부에 기록 · 유지해야 함.

② 개별 비밀의 열람자 범위를 파악하기 위해 각 비밀문서 끝부분에 별지 제16호서식의 비밀열람기록전을 첨부함. 문서 형태 외 비밀의 열람기록은 별도의 비밀열람기록전(철)을 비치하여 기록 · 유지.

③ 비밀열람기록전은 생산기관이 첨부하며, 비밀 파기 시 별도로 철하여 보관해야 함.

④ 비밀열람자는 열람 전 비밀열람기록전에 기재 후 서명 또는 날인하고 열람해야 함.

⑤ 비밀 발간업무 종사자는 작업일지에 작업 사항을 기록 · 보관해야 하며, 작업일지는 비밀열람기록전을 갈음할 수 있음.

Ⅸ 보안조치

1. 비밀 열람 · 취급 시 보안조치

(1) 의의

비인가자가 비밀을 열람 · 취급할 경우 소속 기관장은 열람 · 취급일 20일 전(긴급 시 3일 전)에 다음 사항을 확인해야 함.

(2) 확인해야 할 사항

① 열람 · 취급자의 인적사항(성명, 등록기준지, 주소, 생년월일, 성별, 직업)

② 열람 · 취급할 비밀의 개요

③ 열람 · 취급 사유

④ 열람 · 취급 기간 및 장소

⑤ 자체 보안대책

⑥ 기타 참고사항

2. 민간시설 이용 시 보안조치

(1) 의의

비밀 인쇄 · 발간 · 복제 · 복사 시 소속 기관장이 다음 사항을 확인해야 함.

(2) 확인해야 할 사항

① 이용 민간시설의 명칭, 위치 및 대표자 성명

② 인쇄 · 발간할 비밀의 개요

③ 민간시설 이용 사유

④ 이용 기간

⑤ 자체 보안대책

⑥ 기타 참고사항

(3) 민간시설에서 발간된 비밀 또는 대외비 문서에 기재할 사항

발간일, 발간업체명 · 전화번호, 대표자 성명, 인가근거, 참여자 소속 · 성명

Ⅹ 비밀의 반출 및 파기

1. 비밀 반출

① 비밀 반출 시 '비밀반출승인서'를 비밀 보관책임자에게 제출해야 함.

② 각급기관장은 비밀 반출 승인 시 보안대책을 확인해야 함.

2. 안전 반출 및 파기 계획

(1) 의의

각 기관은 지역 특성에 맞는 안전 반출 · 파기 계획을 수립해야 함

(2) 반출·파기 계획 수립 시 포함해야 할 사항

① 목적

② 적용범위

③ 반출·파기 시기

④ 시행책임(일과 중·일과 후 구분)

⑤ 반출·파기 절차 및 장소

⑥ 최종 확인 및 보고

⑦ 행정사항(비밀보관 장소 및 열쇠관리, 반출·파기 우선순위 등)

3. 비밀 파기

① 비밀은 파쇄·용해 등 원형이 완전히 소멸되는 방식으로 파기해야 함.

② 비밀 파기는 보관책임자 또는 지정된 비밀취급 인가자가 참여한 상태에서 처리 담당자가 수행해야 하며, 비밀관리기록부에 파기 확인을 기록해야 함.

③ USB 등 보조기억매체는 완전 삭제 후 파기해야 하며, 재사용 시 보안담당관 승인 후 사용해야 함.

XI 비밀 인계 및 현황 조사

1. 비밀 인계

(1) 원칙

기관 해체 시 보유 비밀은 인수기관에 인계해야 함.

(2) 인수기관이 없거나 불분명할 경우

① 타 기관 생산 비밀 → 생산기관 반납

② 자체 생산 비밀 → 기록물관리기관 이관

2. 비밀 소유 현황 및 비밀취급 인가자 현황 조사

① 각급기관장은 매년 6월 30일, 12월 31일을 기준으로 비밀 재분류 검토 후 비밀 소유 현황 및 비밀취급 인가자 현황을 조사해야 함.

② 비밀취급 인가자 현황 조사 시, 필요성 및 위해요인을 검토하여 불필요·부적격 인가자를 재검토해야 함.

③ 중앙행정기관장은 조사기준 다음 달 25일까지 국가정보원장에게 조사결과를 통보해야 함.

XII 보안업무 시행세칙

① 중앙행정기관장은 국가정보원장과 협의하여 보안업무 시행세칙을 작성·시행해야 함.

② 국방부장관은 국방부 및 관련 기관의 보안 세부사항을 국가정보원장과 협의하여 별도 정해야 함.

Theme 44-4 문서보안 관련 「기본분류지침표」 중요 내용

I I급비밀

1. 의의

국가방위 및 외교에 결정적인 영향을 주는 사항

2. 국가차원의 전쟁전략 및 정책

① 전략제대급 전쟁수행 계획

② 극히 보안이 필요한 특수정보활동 계획

③ 비밀군사동맹 또는 비밀협정·합의내용

④ 전략무기 개발·운용 계획 및 전략물자 비축 자료

⑤ 국가차원의 매우 중요한 과학기술 발전 계획

3. 국가정보작전 및 특수적인 국내정보활동 관련 사항

① 국가 정보기관의 능력과 성과를 판단할 수 있는 정보 계획

② 국가의 중요한 정보수집활동 사항

③ 전반적이고 종합적인 특수 치안활동(특수정보)

4. 국가정책 전환으로 외국 또는 국민 전체에 직접적인 영향이 있는 사항

① 계획단계의 종합적이고 중대한 경제정책의 급격한 전환

② 국가관계 관련 극히 비밀로 유지해야 하는 군사 원조 정책

③ I급비밀 보호용 암호자재 동작원리 등 보호체계 핵심자료

II II급비밀

1. 국가방위에 중요한 손해를 초래할 우려가 있는 사항

조약·회의 등의 부분적인 사항 등 국제관계에 중대한 영향을 미치는 비밀활동

2. 국가방위계획 및 그 효과를 위태롭게 하는 사항

① 사단·여단부터 군사령부급 또는 특수부대의 전쟁계획

② 국가차원의 동원계획

③ 장비의 성능·수량 등을 포함한 주요 무기체계 개발·운용 계획

④ 종합적이고 중장기적인 전력정비 및 운용·유지 계획

3. 국가의 중요한 정보활동 계획 및 특수 치안활동 관련 사항

① 국가안보를 위해 비공개해야 하는 정보 및 자재

② 국가 안전보장을 위한 부분적인 특수 치안활동 사항

③ 국가안전보장에 중요한 첩보를 포함한 통신 수단 및 암호자재

4. 국가정책 전환으로 외국 또는 국민에게 직접적인 영향을 미치는 부분적인 사항

① Ⅰ급비밀에 해당하는 계획을 폭로하지 않는 범위 내에서의 경제정책 변화
② 국방 관련 비밀 군사 원조 계획의 세부 사항
③ Ⅱ·Ⅲ급비밀 보호용 암호자재 동작원리 등 보호체계 핵심자료

Ⅲ Ⅲ급비밀

1. 국가외교상황 중 공개될 경우 적 또는 가상의 적국에게 악용될 우려가 있는 사항

① 발표 전 비밀외교 사항
② Ⅰ·Ⅱ급비밀에 해당하지 않지만 일시적으로 보호가 필요한 외사 관계사항

2. 각 군의 중요한 활동장비 및 연구발전 관련 사항

① 국지적인 전투준비 계획 및 연대급 이하 작전계획
② Ⅰ·Ⅱ급비밀에 해당하지 않는 군부대 임무·특별활동 및 무기체계 운용현황
③ 작전상 보호가 필요한 군사령부급 이상 전력소요 및 전장기능별 종합발전 계획
④ 방산업체의 생산 또는 수리능력 등 종합자료
⑤ 연대급 이상 증편계획 포함 부분적 동원계획
⑥ 사단·여단급 이상 통신 운용지시

3. 국가 안전보장 관련 특수정보 활동 계획의 일부분

① 정보보고
② 필요한 존안
③ 조직 및 배치

4. 계획단계에서 공개될 경우 실적 또는 시책에 차질을 초래할 우려가 있는 사항

① 국가시책의 부분적 변동 관련 사항
② 해외공관 설치계획
③ 국가안보와 직결된 국가 핵심 기술·정책 연구자료

5. 외교·국방 중요자료 보호기술 운용 관련 사항

① Ⅱ·Ⅲ급비밀 보호용 암호자재 보유현황
② Ⅱ·Ⅲ급비밀 보호용 암호자재 사용, 파기, 국외반출 승인 등 운용관리 관련 사항

Theme 45 인원보안(personnel security)

Ⅰ 의의

1. 개념

① 인원보안은 국가의 중요한 비밀을 보호하기 위해 관련된 사람을 관리하는 활동을 의미함.
② 비밀 접근 권한을 부여할 대상자의 보안의식을 심사하고, 보안 유지 태도를 지도·감독하는 행위를 포함함.

2. 중요성

① 문서보안 및 물리적 보안은 체계적 관리로 유지 가능하나, 인원보안은 사람을 대상으로 하기 때문에 관리가 어려움.
② 사람은 실수나 부주의로 보안을 누설할 가능성이 있으며, 가치관 변화나 이기적 동기로 국가를 배신할 수도 있음.
③ 내부자가 배신할 경우 물리적 보안 조치만으로는 국가비밀 보호가 불가능함.
④ 인원보안 수단으로 신원조사, 동향파악, 보안교육, 서약 등이 활용됨.

Ⅱ 신원조사

1. 의의

① 신원조사는 비밀취급인가권(security clearance) 부여 여부를 판단하기 위한 조사활동을 의미함.
② 고용 전 조사하여 대상자의 보안 유지 의사 및 능력을 평가하며, 성격, 정서적 안정성, 충성심, 의지력 등을 고려함.
③ 이미 고용된 자도 정기적으로 신원 재조사를 실시함.
④ 비밀등급이 높을수록 신원조사 과정이 엄격해짐.

2. 미국의 신원조사 과정

(1) 행정부

① FBI가 1급 비밀취급인가권 대상자의 신원조사를 담당하며, 몇 주에서 수개월에 걸쳐 진행됨.
② 주변 인물(교사, 친구, 이웃, 고용주, 종교 관계자 등) 면담 및 신상 기록(학력, 전과, 신용 등) 조회를 포함함.
③ 조사 결과를 보고하며, 고용 기관은 이를 검토하여 비밀취급인가권을 허가 또는 거부함.

(2) 의회

① 의원들은 당선과 동시에 비밀취급인가권을 받은 것으로 간주되므로 신원조사가 불필요함.
② 의회 보좌관은 행정부 관료와 유사한 신원조사를 받음.

③ FBI가 조사한 보고서를 기반으로 해당 위원회에서 비밀취급인가권을 허가 또는 거부함.

④ 미 상원 정보위원회의 경우 FBI 보고서를 DNI(국가정보장)에게 전달하며, DNI는 이의 제기 가능하나 거부권 없음.

Ⅲ 비밀취급인가권(security clearance)과 차단(compartment)

1. 비밀취급인가권의 한계

① 신원조사가 철저해도 비밀 유지 보장이 어려우며, 비밀을 아는 사람이 많을수록 누설 위험 증가함.

② 비밀 유지를 위해 필요한 최소한의 인원에게만 비밀취급인가권을 부여하는 것이 바람직함.

2. 차단(compartment) 원칙

① 비밀취급인가권을 받았더라도 '알 필요(need to know)'가 있을 경우에만 정보 접근이 승인됨.

② 정보 차단을 통해 비밀 누설 가능성을 줄일 수 있음.

③ 차단이 과도하면 업무 연계성이 저하되어 분석관들이 전체적인 그림을 보기 어려움.

④ 보안성과 업무 효율성 간의 균형 유지가 필요함.

Ⅳ 동향파악

1. 의의

① 신원조사가 엄격하더라도 보안 유지에 문제가 있는 인원을 완벽히 선별하는 것은 불가능함.

② 신원상의 결격사유가 있는 경우에도 신원조사를 통과하여 비밀정보 접근이 허용될 가능성이 있음.

③ 고용 당시 문제가 없더라도 환경 변화, 신념 변화 등으로 인해 국가비밀 유출 및 배신행위를 할 수 있음.

④ 이에 따라 근무 중인 인원의 환경 변화 및 미확인 신원정보를 지속적으로 관찰하고 관련 사항을 수집하는 활동이 동향파악임.

2. 거짓말탐지기(polygraph) 테스트

(1) 의의

① 내부 구성원의 동향을 파악하기 위해 생활 방식 변화(배우자 불화, 음주 증가, 마약 복용 의혹, 과소비, 채무 증가 등)를 면밀히 관찰함.

② 주변인 탐문, 금융 조회 등의 방법과 함께 거짓말탐지기 테스트가 빈번히 활용됨.

(2) 미국의 활용 사례

① CIA가 거짓말탐지기를 가장 적극적으로 활용하며, 고용 대상자 및 현직 요원 모두 정기적으로 테스트를 받아야 함.

② CIA 외에도 DIA, NRO, NSA 등 미국 정보기관이 조직 구성원 대상 테스트를 시행함.

③ FBI는 2001년 한센(Robert Hanssen) 사건 이후 거짓말탐지기 테스트를 도입함.

④ 그러나 거짓말탐지기의 신뢰성에 대한 의문이 제기됨. 실제로 이중스파이로 활동한 우타이 친(Lany Wu-tai Chin)과 에임즈(Aldrich Ames) 모두 거짓말탐지기 테스트를 통과함.

⑤ 옹호론자들은 거짓말탐지기가 보안누설과 이중스파이 행위를 억제(deterrence)하는 효과가 있다고 주장함.

⑥ 배신행위 탐지 및 억제 수단으로 활용되고 있으나, 정확성과 신뢰도에 대한 논란이 지속됨.

Ⅴ 보안교육

① 보안의 중요성을 인지하고 있어도 부주의로 인해 보안이 누설될 가능성이 존재함.

② 보안 사고 예방을 위해 반복적이고 지속적인 보안교육이 필요함.

③ 보안교육은 기본지식과 이해 증진을 목표로 하며, 보안누설 방지 및 국가 충성심 제고에 효과적임.

Ⅵ 서약

① 비밀누설 방지를 위한 다짐으로 문서 또는 구두 형식으로 이루어짐.

② 심리적 압박을 통해 비밀 보호를 강화하는 목적이 있음.

③ 단체보다는 개별적으로, 구두보다는 문서로 진행하는 것이 효과적임.

Theme 45-1 인원보안 관련 「보안업무규정」 중요 내용

Ⅰ 비밀보호

1. 비밀·암호자재취급 인가권자

(1) Ⅰ급비밀 및 Ⅰ·Ⅱ급비밀 소통용 암호자재 취급 인가권자

① 대통령, 국무총리, 감사원장, 국가인권위원회 위원장, 고위공직자범죄수사처장

② 각 부·처의 장 및 국무조정실장, 방송통신위원회 위원장, 공정거래위원회 위원장, 금융위원회 위원장, 국민권익위원회 위원장, 개인정보 보호위원회 위원장, 원자력안전위원회 위원장

③ 대통령 비서실장, 국가안보실장, 대통령경호처장, 국가정보원장, 검찰총장

④ 합동참모의장, 각군 참모총장, 지상작전사령관, 육군 제2작전사령관

⑤ 국방부장관이 지정하는 각군 부대장

(2) Ⅱ · Ⅲ급비밀 및 Ⅲ급비밀 소통용 암호자재 취급 인가 권자

① Ⅰ급비밀 취급 인가권자 전원

② 중앙행정기관 등의 청의 장

③ 지방자치단체의 장

④ 특별시 · 광역시 · 도 및 특별자치시 · 특별자치도의 교육감

⑤ 상기 인가권자가 지정한 기관의 장

2. 비밀 · 암호자재취급의 인가 및 인가해제

(1) 비밀취급 인가 및 변경

① 비밀취급 인가권자는 해당 등급의 비밀을 취급하거나 접근할 사람에게 인가를 부여하고, 필요한 경우 인가 등급을 변경함.

② 비밀취급 인가는 직책에 따라 최소한의 인원으로 제한함.

(2) 비밀취급 인가 해제

① 고의 또는 중대한 과실로 보안사고를 저질렀거나 규정을 위반하여 보안업무에 지장을 준 경우

② 비밀취급이 불필요하게 된 경우

(3) 암호자재취급 인가 및 변경

① 비밀취급 인가를 받은 사람 중 암호자재취급이 필요한 자에게 해당 등급의 암호자재취급을 인가하고, 필요한 경우 인가 등급을 변경함.

② 암호자재취급 인가 등급은 비밀취급 인가 등급보다 높을 수 없음.

(4) 암호자재취급 인가 해제

① 비밀취급 인가가 해제된 경우

② 암호자재와 관련하여 보안사고를 저질렀거나 규정을 위반하여 보안업무에 지장을 준 경우

③ 암호자재의 취급이 불필요하게 된 경우

(5) 인가 및 인가 변경 · 해제 절차

① 비밀취급 및 암호자재취급의 인가, 변경, 해제는 문서로 진행해야 함.

② 직원의 인사기록사항에 해당 사실을 포함해야 함.

Ⅱ 신원조사

1. 신원조사의 실시

(1) 의의

국가정보원장은 충성심 및 신뢰성 등을 확인하기 위해 신원조사를 수행함.

(2) 관계 기관의 장이 국가정보원장에게 신원조사를 요청해야 할 대상

① 국가 기밀을 취급하는 직위에 임용될 공무원 임용 예정자

② 비밀취급 인가 예정자

③ 국가보안시설 · 보호장비를 관리하는 기관 등의 장 및 해당 시설의 관리 업무 수행 직원

④ 기타 법령에서 정하거나 각급 기관의 장이 국가안전보장을 위해 필요하다고 인정하는 사람

2. 신원조사 결과의 처리

① 국가정보원장은 신원조사 결과 국가안전보장에 해를 끼칠 정보가 확인된 경우 관계 기관의 장에게 해당 사실을 통보해야 함.

② 통보를 받은 관계 기관의 장은 신원조사 결과에 따라 필요한 보안대책을 마련해야 함.

Theme **45-2** 인원보안 관련 「보안업무규정 시행규칙」 중요 내용

Ⅰ 비밀취급

1. 비밀취급 권한

비밀취급 인가권이 있는 직위에 임명된 사람은 임명과 동시에 비밀의 수집, 작성, 관리, 분류(재분류 포함), 접수 및 발송을 할 수 있음.

2. 비밀취급 범위

① 비밀취급 인가를 받은 사람은 수행하는 관계 업무 내에서만 비밀을 취급할 수 있음.

② 비인가자가 비밀을 취득한 경우, 지체 없이 해당 비밀취급 인가를 받은 사람에게 인도해야 함.

3. 비밀취급 인가의 제한

(1) 인가 대상 제한

비밀취급 인가권자는 해당 등급의 비밀을 항상 취급하는 사람에 한정하여 인가해야 함.

(2) 신원조사 관련 사항

① 인가권자는 인사기록 카드 및 신원조사회보서를 통해 신원조사를 생략하고 비밀취급을 인가할 수 있음. 단, Ⅰ급 비밀 취급 인가는 신규 신원조사가 필요함.

② 국가안전보장에 유해한 정보가 확인된 사람은 비밀취급 인가를 받을 수 없음.

③ 비밀취급 인가가 해제된 사람은 비밀 취급 직책에서 해임되어야 함.

4. 기업체 및 단체 소속자의 인가

① 비밀취급 인가권자는 업무 조정 및 감독이 필요한 기업체나 단체 소속자가 Ⅱ급 이하의 비밀을 지속적으로 취급할 필요가 있는 경우, 국가정보원장과 협의 후 인가할 수 있음.

② 해당 인가 시 비밀 보호를 위한 보안대책을 마련해야 함.

③ 인가받은 사람은 관련 규정에 따라 비밀을 취급해야 함.

5. 비밀·암호자재취급 인가증 발급 및 회수

① 비밀취급 인가 또는 암호자재취급 인가를 받은 사람에게 비밀·암호자재취급 인가증을 교부해야 함.

② 비밀취급 인가 또는 암호자재취급 인가가 해제된 경우, 인가증을 회수해야 함.

③ 기관 특성상 인가증 교부가 불필요한 경우, 인사명령으로 이를 갈음할 수 있음.

Ⅱ 신원조사

1. 신원조사 주체 및 대상

(1) 의의

① 국가정보원장은 국가안전보장에 한정된 국가 기밀을 취급하는 인원의 충성심 및 신뢰성 등을 확인하기 위해 신원조사를 수행함.

② 국가정보원장은 군인, 군무원, 방위산업체 및 연구기관 종사자 등 군사보안 관련 대상자의 신원조사를 국방부장관에게 위탁함.

③ 국가정보원장은 위탁 대상이 아닌 기타 대상자의 신원조사를 경찰청장에게 위탁함.

④ 국방부장관 및 경찰청장은 신원조사 월별 통계를 국가정보원장에게 통보해야 함.

⑤ 국가정보원장은 국방부장관 및 경찰청장이 수행하는 신원조사 업무의 기준·방법·절차 등을 조정할 필요가 있는 경우 협의 또는 조치할 수 있음.

⑥ 관계 기관의 장은 소속 공무원 등이 신원조사 대상에 해당하는지 판단하기 위해 국가정보원장과 협의할 수 있음.

(2) 국가정보원장이 신원조사를 수행할 대상

① 중앙행정기관 및 군기관 소속 3급 이상 공무원 임용예정자

② 특별시·광역시·특별자치시 행정부시장 및 도·특별자치도 행정부지사 임용예정자

③ 판사 및 검사 신규 임용예정자

④ 국·공립대학교 총장 및 학장 임용예정자

⑤ 공무원 임용예정자인 외국인

⑥ 국가안전보장상 필요하다고 인정되는 기타 대상자

2. 요청절차

(1) 의의

① 관계 기관의 장은 신원조사 요청 시, 관할 신원조사기관에 공문을 통해 요청해야 함.

② 대통령이 임명하는 대상자 중 일부(2급 이상 공무원 등)에 대해서는 대통령비서실장이 국가정보원장에게 신원조사를 요청할 수 있음.

(2) 신원조사 요청 시 첨부해야 할 서류

① 대상자 명단

② 신원진술서

③ 최근 6개월 내 촬영한 상반신 사진

④ 가족관계증명서 등 상세증명서

⑤ 외국인의 경우 자기소개서, 여권사본, 범죄기록증명원 등 추가 서류

3. 신원조사 사항

① 개인 정보(이름, 주민등록번호, 주소 등)

② 친교 인물 및 정당·사회단체 관련 사항

③ 국적 변동 내역

④ 학력 및 경력

⑤ 가족관계 및 재산 상황

⑥ 범죄경력 및 상벌 내역

⑦ 인품 및 소행

⑧ 병역사항

⑨ 해외 거주 사실

⑩ 국가기밀 누설 등 보안 관련 사항

⑪ 임용분야 및 취급업무에 따라 신원조사 사항을 생략 가능

4. 신원조사결과 통보 및 활용

① 국가정보원장은 특별한 사유가 없는 한, 신원조사 요청일로부터 30일 내에 결과를 작성하여 요청기관에 통보해야 함.

② 요청기관의 장은 신원조사 결과 국가안보상 유해한 사항이 발견된 경우, 해당 인원을 중요 보직에 임용하기 전 보안대책을 마련해야 함.

5. 관련 기관 및 대상자 협조 의무

① 국가정보원장은 신원조사 수행을 위해 국가기관 및 관련 단체에 특정 사실 조회, 자료 제출 등을 요청할 수 있음.
② 요청을 받은 기관의 장은 정당한 사유 없이 이를 거부할 수 없음.
③ 신원조사 담당 공무원은 필요 시 대상자 또는 관계인에게 관련 진술을 요청할 수 있음.

Ⅲ 보안담당관의 임무

1. 개요

보안담당관은 보안 업무의 계획 조정 및 감독을 총괄하며, 보안업무 수행 실태를 평가하고 그 결과를 보고함.

2. 주요 업무

① 보안 업무 계획 조정 및 보안 업무 감독 총괄
② 보안 업무 수행 실태 평가 및 결과 보고
③ 보안교육 실시
④ 비밀 소유 현황 조사
⑤ 비밀취급 인가자 관리 및 현황 조사
⑥ 비밀취급 인가를 받은 사람의 서약 관련 업무 수행
⑦ 국가보안시설 및 국가보호장비 관리·감독
⑧ 정보통신보안 업무 수행
⑨ 각급기관의 장이 지시하는 기타 보안 업무 수행

Ⅳ 보안교육

1. 보안교육 대상

(1) 의의

관계기관의 장은 다음 대상자에게 사전에 충분한 보안교육 및 보안조치를 실시해야 함.

(2) 보안교육 및 보안조치를 실시해야 할 대상

① 신규 채용 직원
② 비밀취급인가 예정자
③ 공무, 학술, 체육, 문화, 시찰, 유학, 국제기구·민간기업 파견 또는 취업 등을 목적으로 하는 해외여행자

2. 교육 실시 기준

① 중앙행정기관 등의 장은 소속 직원을 대상으로 반기별 1회 이상 보안교육을 실시해야 함.

② 관계 각급 교육기관의 장은 비밀교재 및 비밀교육 내용을 기록한 피교육자의 필기장 등에 대한 보안대책을 마련·이행해야 함.

Ⅴ 서약

① 비밀취급 인가를 받은 사람은 인가와 동시에 보안 규정을 준수하고, 직무상 알게 된 비밀을 재직 중 및 퇴직 후에도 누설하거나 유출하지 않을 것을 서약해야 함.
② 각급기관의 장은 기관 및 업무 특성에 따라 서약 내용에 추가 사항을 포함할 수 있음.

Theme 46 시설·통신·전자파·컴퓨터 보안

Ⅰ 시설보안(physical security, 물리적 보안)

1. 개념

① 국가안보와 국가이익에 중요한 시설을 각종 위해 행위로부터 보호하기 위한 제반 대책과 그 이행을 의미함.
② 보호대상은 국가안보와 국가이익에 중대한 영향을 미치는 시설임.
③ 물리적 보안과 유사하나, 물리적 보안은 시설뿐만 아니라 컴퓨터, 통신시설 등 장비까지 포함하는 포괄적 개념임.

2. 보안방벽

(1) 의의

① 시설 건설 계획 단계에서부터 보안 대책을 검토해야 함.
② 기능에 장애가 되지 않는 범위에서 보안방벽(보안시설물, 장비 등)을 선택해야 함.
③ 보안방벽의 유형: 자연방벽, 인공방벽, 동물방벽, 전자전기방벽

(2) 유형

① **자연방벽**: 암벽, 호수 등 접근을 방해하는 자연적 지형물
② **인공방벽**: 울타리, 출입구, 보관용기, 자물쇠 장치 등 인공적으로 설치된 방벽
③ **동물방벽**: 경비견 등 동물의 기민성, 공격성, 후각을 활용한 방벽
④ **전자전기방벽**: 경보장치, 전기벽, 감시카메라(CCTV) 등 전기·전자 장비를 이용한 방벽

3. 보호지역

(1) 의의

국가안보에 중요한 시설, 장비, 자재 등을 위해 외부 위협으로부터 보호하고 출입을 통제하는 구역

(2) 분류

① 제한지역: 일반인의 출입 감시가 요구되는 지역
② 제한구역: 주요 시설 및 자재 보호를 위해 출입 시 안내가 요구되는 지역
③ 통제구역: 비인가자의 출입이 금지되는 보안상 극히 중요한 구역

Ⅱ 통신보안(communication security)

1. 의의

(1) 의미

① 정보통신 기술의 발전으로 정보 유통이 용이해짐.
② 그러나 도청 및 감청 위험 증가로 정보 유출 가능성이 커짐.
③ 통신보안은 통신수단을 이용한 정보 누설 방지를 위한 제반 방책을 의미함.

(2) 유형

① 전령통신: 신뢰할 수 있는 사람이 직접 휴대하여 전달
② 우편통신: 편지를 이용한 정보 전달
③ 신호통신: 전등, 수기, 신호탄, 연기 등 약정된 부호로 소통
④ 음향통신: 소리를 이용한 정보전달
⑤ 유·무선 전기통신: 오늘날 가장 많이 사용되나 보안상 취약함

2. 유선전기통신

① 유선 통신은 전류를 유도하거나 전자기장을 감지하여 도청이 가능함.
② 방지책으로 지하 매설, 보호장치 설치, 주기적 순찰 등이 있음.
③ 그러나 첨단 도청장비 개발로 인해 암호화 기술이 필수적임.

3. 무선전기통신

(1) 의의

① 광케이블 도입으로 유선 보안이 강화되었으나, 무선통신은 도청에 취약함.
② 전파는 특정 방향으로 송출되나 중간 지점에서 수신장비를 설치하면 도청 가능함.
③ 지상 극초단파 및 위성을 이용한 통신은 도청에 취약함.

(2) 보안

① 무선통신의 도청을 방지하기 위해 암호화 작업이 필요함.
② 아날로그 전화기는 보안전화(secure phones) 및 비화기(scrambler) 사용.
③ 디지털 전화기 도입 이후 암호화 방식이 발전하여 도청이 더욱 어려워짐.
④ 인터넷 및 휴대전화 보안 강화에도 불구하고 도청 기술이 발전하고 있어 완벽한 보안은 불가능함.
⑤ 중요한 정보 유출 방지를 위해 철저한 통신보안 노력이 필요함.

Ⅲ 전자파 보안(emanations security)

1. 개념

① 모든 전자장비는 고유한 파장을 가진 전자파를 방출함.
② 방출된 전자파를 도청하면 전기적 신호의 특성을 분석하여 정보 유출이 가능함.

2. 전자파 도청 사례

① 전동타자기는 각 알파벳 입력 시 고유한 전자파를 방출하며, 이를 도청하면 작성된 내용을 확인할 수 있음.
② 컴퓨터에서 프린터로 문서를 전송할 때 방출되는 전자파를 도청하면 문서 내용이 재구성될 수 있음.

3. 보안 조치

(1) 의의

전자파 보안은 전자파를 통한 정보 유출을 방지하기 위한 조치임

(2) 방법

① 전자장비에 차단막을 설치하여 전자파 방출을 억제함.
② 전자파 수집을 방해·교란하는 전자파를 발사함.

Ⅳ 컴퓨터 보안(computer security)

1. 의의

① 컴퓨터와 인터넷의 발전으로 정보환경이 혁명적으로 변화함.
② 초고속정보통신망 구축으로 정보의 생성, 저장, 처리, 검색이 편리해졌으며, 정보 유통속도도 급격히 증가함.
③ 편리성과 유익성 증가와 동시에 정보 파괴, 유출, 변조 위험성도 증대됨.
④ 전산망 보안 취약요소를 사전에 발굴하고 대책을 마련하면 정보의 파괴 및 유출을 방지하고 신속하고 안전한 유통이 가능함.
⑤ 전산망의 안전성과 신뢰성을 확보하기 위한 모든 노력을 컴퓨터 보안이라 함.

2. 분류

(1) 개념

컴퓨터 보안은 컴퓨터 보안(COMSEC)과 네트워크 보안(NETSEC)으로 구분됨.

(2) 컴퓨터 보안

① 컴퓨터 보안은 하드웨어 파괴 및 소프트웨어·저장된 자료의 무단 유출·훼손을 방지하는 조치를 포함함.

② 보호지역을 설정하여 비인가자의 접근을 제한하고, 패스워드·지문 등을 이용한 접근 통제 보안 대책이 시행됨.

(3) 네트워크 보안

① 네트워크 보안은 인터넷 등 전산망을 통한 정보의 유출, 변조, 파괴를 방지하는 조치를 포함함.

② 컴퓨터와 인터넷이 밀접하게 연계되어 있어, 컴퓨터 보안과 네트워크 보안의 구분이 명확하지 않음.

③ 해커는 인터넷을 통해 개인·기관의 컴퓨터에 불법 침입하여 저장된 자료를 유출·변조·파괴하거나, 국가 주요 전산망을 마비시키고 기반시설(공항·항만·철도 등)을 파괴할 수 있음.

V 정보보호

1. 의의

컴퓨터 관련 모든 것을 안전하게 보호하는 조치를 정보보호(information security)라 함.

2. 보안 대책

① 방화벽 설치

② 침입탐지 시스템 구축

③ 안티바이러스 프로그램 설치

④ 암호인증제도 시행

Theme 46-1 시설보안 관련 「보안업무규정」 중요 내용

I 국가보안시설 및 국가보호장비 지정

1. 지정 기준 마련 및 절차

① 국가정보원장은 국가안전보장에 중대한 영향을 미치는 시설 및 장비를 국가보안시설 및 국가보호장비로 지정할 수 있음.

② 관계 중앙행정기관 및 지방자치단체의 장과 협의하여 지정 기준을 마련해야 함.

③ 보안관리 기관의 장은 지정 기준에 부합하는 시설 및 장비를 국가정보원장에게 지정 요청할 수 있음.

④ 국가정보원장은 요청받은 시설 및 장비가 지정 기준에 부합하는지 심사 후 지정 여부를 결정하고 결과를 요청 기관에 통보해야 함.

⑤ 국가정보원장은 감독기관과 협의하여 지정 기준을 수정·보완할 수 있음.

2. 국가보안시설 및 국가보호장비 보호대책 수립

(1) 보호대책 체계

① 국가정보원장은 국가보안시설 및 국가보호장비 보호를 위한 기본 보호대책을 수립해야 함.

② 감독기관의 장은 기본 보호대책을 반영한 분야별 보호대책을 수립·시행해야 함.

③ 관리기관의 장은 분야별 보호대책을 기반으로 세부 보호대책을 수립·시행해야 함.

(2) 보호대책 이행 점검 및 조치

① 국가정보원장과 감독기관의 장은 관리기관이 보호대책을 이행하는지 확인하고 필요한 조치를 요청할 수 있음.

② 국가정보원장은 보호대책 수립을 위해 관리기관에 필요한 자료 제공을 요청할 수 있음.

③ 보호대책의 구체적인 사항은 국가정보원장이 정함.

3. 보호지역 설정 및 관리

① 각급기관 및 관리기관의 장은 국가안전보장을 위해 필요한 장소에 보호지역을 설정할 수 있음.

② 보호지역은 중요도에 따라 제한지역, 제한구역, 통제구역으로 구분됨.

③ 보호지역 접근 및 출입 시 각급기관 또는 관리기관의 승인이 필요함.

④ 보호지역 관리자는 승인 없이 접근·출입하는 사람을 제한하거나 금지할 수 있음.

II 보안측정 및 결과 처리

1. 보안측정 수행

① 국가정보원장은 보안사고 예방을 위해 국가보안시설, 국가보호장비 및 보호지역에 대한 보안측정을 수행해야 함.

② 보안측정은 국가정보원장이 직권으로 수행하거나 관계 기관의 요청에 따라 시행됨.

③ 국가정보원장은 보안측정을 위해 관계 기관에 협조를 요구할 수 있음.

④ 보안측정의 절차 및 내용은 국가정보원장이 정함.

2. 보안측정 결과의 처리

① 국가정보원장은 보안측정 결과 및 개선대책을 관계기관에 통보해야 함.
② 관계 기관의 장은 통보받은 개선대책을 성실히 이행해야 함.
③ 국가정보원장과 각급기관의 장은 관리기관이 개선대책을 이행하는지 확인하고 필요한 조치를 요청할 수 있음.

Ⅲ 보안조사

1. 보안사고 조사

(1) 개요

국가정보원장은 특정 보안사고 발생 시 원인 규명 및 재발 방지 대책 마련을 위해 보안사고 조사를 수행함.

(2) 조사 대상

① 비밀의 누설 또는 분실
② 국가보안시설 · 국가보호장비의 파괴 또는 기능 침해
③ 보호지역에 대한 미승인 접근 또는 출입
④ 그 밖에 위 사항에 준하는 사고로서 국가정보원장이 정하는 사고

2. 보안사고 조사 결과의 처리

(1) 조사결과 통보

국가정보원장은 보안사고 조사의 결과를 해당 기관의 장에게 통보함.

(2) 후속 조치

① 보안사고 조사결과를 통보받은 기관의 장은 관련 조치를 수행함.
② 조치결과를 국가정보원장에게 통보해야 함.

Ⅳ 중앙행정기관 등의 보안감사

1. 보안감사

중앙행정기관 등의 장은 인원, 문서, 자재, 시설, 지역 및 장비 등의 보안관리 상태와 적정 여부를 조사하기 위해 보안감사를 시행함.

2. 정보통신보안감사

중앙행정기관 등의 장은 정보통신수단에 의한 비밀 누설 방지 및 정보통신시설의 보안 상태를 조사하기 위해 정보통신보안감사를 시행함.

3. 감사의 실시

(1) 감사 종류

① 보안감사와 정보통신보안감사는 정기감사와 수시감사로 구분하여 실시함.
② 정기감사는 연 1회, 수시감사는 필요에 따라 수시로 시행함.

(2) 감사 중점 사항

감사 시 보안상의 취약점 및 개선 필요 사항의 발굴에 중점을 둠.

4. 보안감사 결과의 처리

(1) 결과 통보

중앙행정기관 등의 장은 보안감사 및 정보통신보안감사 결과를 국가정보원장에게 통보해야 함.

(2) 후속 조치

① 감사 결과 보안상의 취약점이나 개선 필요 사항이 확인된 경우, 재발 방지 및 개선을 위한 필요한 조치를 수행해야 함.
② 조치 결과를 국가정보원장에게 통보해야 함.

Ⅴ 보칙: 보안담당관 임명, 계엄지역 보안조치, 권한 위탁 및 고유식별정보 처리

1. 보안담당관 임명

각급기관의 장은 보안업무 수행을 위한 보안담당관을 소속 직원 중에서 임명해야 함.

2. 계엄지역의 보안 조치

① 계엄이 선포된 지역에서는 계엄사령관이 특별한 보안조치를 시행할 수 있음.
② 계엄사령관이 특별한 보안조치를 시행할 경우, 평상시 보안업무와의 연계성을 고려하여 필요 시 국가정보원장과 사전 협의해야 함.

3. 보안 관련 권한의 위탁

① 국가정보원장은 신원조사와 관련된 일부 권한을 국방부장관과 경찰청장에게 위탁할 수 있음.
② 국가정보원장은 필요 시 각급기관의 장에게 보안측정 및 보안사고 조사 관련 일부 권한을 위탁할 수 있음. 단, 국방부장관에게 위탁하는 경우, 국방부 본부를 제외한 합동참모본부, 국방부 직할부대 및 기관, 각군, 방위산업체, 연구기관 등 군사보안대상에 한정됨.
③ 국가정보원장은 권한을 위탁받은 각급기관의 장에게 보안측정 및 보안사고 조사 결과의 통보를 요구할 수 있음.

④ 국가정보원장은 통합 비밀관리시스템의 구축·운영을 관계 중앙행정기관 등에 위탁할 수 있음.

4. 고유식별정보의 처리

(1) 의의

국가정보원장은 보안업무 수행을 위해 불가피한 경우, 주민등록번호 또는 외국인등록번호가 포함된 자료를 처리할 수 있음.

(2) 관계 기관의 장이 고유식별정보를 처리할 수 있는 사무

① 보호지역 접근·출입 승인에 관한 사무

② 신원조사에 관한 사무

Theme 46-2 시설보안 관련 「보안업무규정 시행규칙」 중요 내용

I 국가안전보장에 중요한 시설 또는 장비

1. 대상

① 정부·금융기관 청사

② 전력시설

③ 정보통신시설

④ 주요 교통시설

⑤ 공항·항만 시설

⑥ 수원시설

⑦ 방송시설

⑧ 과학시설

⑨ 방위산업시설

⑩ 산업시설

⑪ 교정·정착지원 시설

⑫ 공동구

⑬ 항공기 및 선박

⑭ 기타 국가안전보장에 중요한 시설 및 장비

2. 국가보안시설 및 국가보호장비 지정 및 해제 절차

(1) 지정 절차

① 국가안전보장에 중요한 시설 또는 장비의 보안관리상태를 감독하는 기관의 장이 국가정보원장에게 시설 또는 장비의 현황 등의 자료를 제출하고 국가보안시설 또는 국가보호장비로 지정해줄 것을 요청

② 국가정보원장은 필요 시 여러 개의 시설을 하나의 국가보안시설로 지정 가능

(2) 해제 절차

① 감독기관의 장은 지정기준 미충족 시 국가정보원장에게 지정 해제 요청 가능

② 국가정보원장이 지정 또는 해제한 경우, 해당 내용을 감독기관의 장에게 통보한 날부터 효력 발생

3. 국가보안시설의 보호대책

① 국가정보원장은 기본 보호대책을 수립하여 감독기관의 장에게 제공

② 감독기관의 장은 제공받은 날부터 2개월 내 국가정보원장과 협의하여 분야별 보호대책을 수립 후 관리기관의 장에게 제공

③ 관리기관의 장은 제공받은 날부터 1개월 내 세부 보호대책을 수립 및 시행

4. 보안측정의 유형

(1) 정기 측정

국가보안시설 지정 후 5년마다 실시 (특성에 따라 조정 가능)

(2) 지정 측정

국가보안시설 및 국가보호장비 지정 시 실시

(3) 특별 측정

① 시설 신축, 증축, 개축 시

② 보안사고 빈발로 추가 보안대책 필요 시

③ 국가정보원장 또는 각급기관의 장이 필요하다고 인정하는 경우

II 보호지역

1. 보호지역 설정 대상

① 통합비밀보관실

② 암호실

③ 중앙통제실

④ 종합상황실

⑤ 통신실

⑥ 전산실

⑦ 군사시설

⑧ 무기고

⑨ 기타 보안상 특별한 통제가 요구되는 지역 또는 시설

2. 보호지역의 유형

① 제한지역: 울타리 및 경비인력으로 보호되며, 승인되지 않은 출입 감시 필요

② 제한구역: 비인가자의 접근 방지를 위해 안내를 받아 출입해야 하는 구역

③ 통제구역: 비인가자의 출입이 금지되는 구역

3. 보호지역 내 보안대책

① 출입 인원의 지정 및 비인가자 통제 대책

② 주야간 경계대책

③ 외부 투시, 도청, 파괴물질 투척 방지 대책

④ 방화대책

⑤ 경보대책

⑥ 기타 필요한 보안대책

4. 보호지역 설정 방침

제한구역 및 통제구역 설정은 필요한 최소한의 범위로 제한

Ⅲ 보안조사

1. 보안사고의 통보

① 보안사고 발생 시, 해당 기관의 장 또는 사고를 저질 렀거나 이를 인지한 사람은 지체 없이 사고의 일시, 장소, 사고 내용 및 조치 사항을 국가정보원, 인근 경 찰기관 또는 군 보안기관, 비밀생산기관 및 배부처 에 통보해야 함.

② 경찰기관 또는 군 보안기관이 보안사고 통보를 받은 경우, 즉시 국가정보원장에게 통보해야 함.

③ 보안사고 조사가 종결될 때까지 보안사고를 공개해서 는 아니 됨.

2. 조치

국가정보원장은 보안사고 조사 결과에 따라 비밀의 효력 정지 또는 취소 등 필요한 조치를 수행함.

3. 보안사고 조사

국가정보원장은 비밀 세부 분류지침에 따라 보호할 필요 성이 있는 내용의 누설 또는 분실이 발생한 경우 보안사 고 조사를 수행함.

4. 정보통신보안 규정 위반

① 정보통신보안기관의 장은 정보통신보안 규정 위반 사 항을 적발한 경우, 정보통신운용기관의 장에게 통보 해야 함.

② 정보통신운용기관의 장은 통보를 받은 후 지체 없이 위반 사항을 시정하고, 그 결과를 관계 정보통신보안 기관의 장에게 보고해야 함.

Ⅳ 중앙행정기관등의 보안감사

1. 보안감사 및 정보통신보안감사 계획 통보

① 중앙행정기관등의 장은 보안감사 및 정보통신보안감 사를 실시하기 전에 대상기관에 계획을 통보해야 함.

② 다만, 수시감사는 계획 통보 없이 실시할 수 있음.

2. 감사 공무원의 권한 및 의무

① 감사 공무원은 감사에 필요한 관계기관의 증언 및 서 류 제시를 요구할 수 있음.

② 감사 공무원은 직무 수행 중 알게 된 정보를 정당한 사유 없이 누설하거나 감사 외의 목적으로 사용해서 는 안 됨.

Theme 47 능동적 방첩: 대스파이활동 (counterespionage)

Ⅰ 방첩과 대스파이활동(counterespionage)

① 방첩은 대스파이활동과 동일한 개념으로 오해되는 경 우가 많음.

② 보안(security)과 방첩(counterintelligence)의 개념 이 혼동되기도 함.

③ 대스파이활동과 보안의 의미 구별이 명확하지 않음.

Ⅱ 대스파이활동과 보안의 구별

1. 펠릭스(Christopher Felix)

① 보안: 적 간첩 체포가 주요 목적.

② 대스파이활동: 적의 공작을 역이용하여 정보를 획득 하는 공격적 활동.

③ 이상적인 대스파이활동: 적 정보기관 내부 침투 및 통 제력 행사.

2. 슐스키(Abram N. Shulsky)

① 보안: 적의 정보수집을 방해하는 방어적 활동.

② 대스파이활동: 적 간첩 색출·제거뿐만 아니라 적의 공세적 활동을 역용하여 정보 획득.

③ 대스파이활동이 보안보다 공격적이고 적극적임.

3. 소련 정보기관(KGB)

① KGB는 방첩을 대스파이활동과 보안으로 구분하지 않음.

② 방첩의 목표: 사회주의 정권 보호 및 공산당 권력 유지.

③ '창과 방패'라는 개념으로 공격과 방어 임무를 동시에 수행.

4. 미국 육군

(1) 용어의 해석

① 펠릭스(Felix)는 '대스파이활동(counterespionage)'을 공격적인 활동으로 인식하지만, 경우에 따라 포괄적인 의미로 해석하기도 함.

② 미국 육군 군사용어 사전(Dictionary of Military and Associated Terms, JCS Pub. 1)에서는 대스파이활동을 넓은 의미에서 방첩(counterintelligence)의 한 유형으로 정의함.

(2) 미국 육군 군사용어 사전의 정의

① 대스파이활동은 스파이 행위를 수행하거나 수행하고 있는 것으로 의심되는 개인, 집단, 조직을 대상으로 함.

② 색출, 침투, 조정, 기만, 통제 등의 방법을 통해 적의 간첩활동을 탐지, 파괴, 무력화, 이용, 혹은 방어하는 활동으로 규정됨.

(3) 펠릭스의 개념과의 비교

① 미국 육군의 대스파이활동 개념은 보안 차원의 방어적 활동과 공격적 활동을 모두 포괄함.

② 펠릭스는 보안과 대스파이활동을 명확히 구분하는 반면, 미국 육군의 정의는 이를 구분하지 않고 포괄적으로 설명함.

Ⅲ 대스파이활동과 대인간정보 (counter - HUMINT)

1. 의의

① 일부 견해에서는 대스파이활동을 대인간정보(counter -HUMINT)로 제한.

② 스파이활동이 인간을 주요 수단으로 활용해 온 역사적 배경 때문.

③ 방첩의 의미를 간첩 색출, 포섭, 활용으로 축소 해석.

2. 비판

① 20세기 이후 신호정보, 영상정보 등 과학기술정보(TECHINT)가 주요 첩보수단으로 활용됨.

② 대스파이활동은 대인간정보뿐만 아니라 대기술정보(counter - TECHINT)도 포함해야 함.

③ 과학기술 기반 첩보활동 위협 증가로 인해 대스파이활동의 범위 확장이 필요함.

Ⅳ 검토

1. 방첩 개념의 해석 차이

① 일반인, 학계 전문가, 방첩관들 사이에서 방첩의 해석이 다름.

② 방첩을 공격적 활동(대스파이활동)으로 보거나 방어적 활동(보안)으로 한정하는 견해 존재.

2. 방첩 개념의 확장

① 방첩은 대스파이활동과 보안을 포괄하는 광범위한 개념으로 해석해야 함.

② 대스파이활동은 공격적 성격, 보안은 소극적·수동적 성격을 가짐.

③ 방첩을 "수동적/능동적"으로 구분하는 것이 보다 유용함.

④ 수동적 방첩(보안)과 능동적 방첩(대스파이활동)의 구별이 필요함.

⑤ 능동적 방첩은 첩보수집, 방첩수사, 방첩공작, 방첩분석 등을 포함함.

Theme 48 첩보수집

Ⅰ 의의

① 대스파이활동의 첫 단계로, 탐지(detection)활동이라고도 함.

② 적대세력의 첩보수집 및 비밀공작활동의 목표, 수단, 지휘자를 파악하기 위한 정보 수집을 의미함.

③ 방첩임무 수행을 위한 첩보수집은 일반적인 첩보수집과 유사하나, 주로 적국의 정보기관을 목표로 한다는 점에서 차이가 있음.

Ⅱ 출처의 분류

1. 의의

① 방첩활동의 일환으로 외국 정보 및 보안기관의 시설, 지도체제, 주요 인물, 통신수단, 공작기법 등의 정보를 다양한 출처에서 수집함.

② 공개출처로 정부 공식문서, 단행본, 잡지 기사, 신문 등이 활용됨.

2. 비밀출처의 유형

① 일반적인 첩보수집과 유사하게, 방첩에서도 비밀출처는 인간정보(HUMINT)와 기술정보로 구분됨.

② 인간정보로는 망명객, 이중스파이를 활용하여 적대국 정보기관 및 활동에 관한 주요 정보를 획득함.

③ 신호정보(SIGINT), 영상정보(IMINT) 등의 기술정보도 방첩에 유용하게 활용됨.

III 인간정보(HUMINT) 출처

1. 망명객

① 롬바드 소령(Maj. Florentino Aspillaga Lombard, 1987): 쿠바 정보기관 DGI 출신으로 미국 망명 후 CIA 협조자들의 이중간첩 여부를 보고함.

② 젠산(Yu Zhensan, 1986): 중국 국가안전부 국외담당 국장으로 망명 후 중국의 해외정보활동 실태 및 중국인 스파이 명단을 제공함.

③ 체르핀스키(Igor Cherepinsky, 1990): 벨기에 주재 KGB 지부장으로 망명 후 KGB 스파이망 정보를 제공함.

④ 미국 CIA의 STASI 문서 입수: 동독 국가보안부(STASI) 관련 문서를 확보하여 세계 각지의 STASI 요원 명단을 파악함.

2. 망명자가 제공하는 정보의 신뢰성

(1) 의의

① 망명자가 제공하는 정보는 신뢰성이 낮을 수 있으며, 적대세력이 이중스파이로 침투시킨 경우도 있음.

② 따라서 제공된 정보의 신뢰성과 이중스파이 여부를 평가해야 함.

(2) 신뢰성 평가와 판단

① 망명객의 정보기관 경력, 조직구조, 운영실태, 지휘부 명단 등에 대한 질문을 통해 신뢰성을 검토함.

② 망명자의 정보량, 과장 여부, 정보 조작 가능성을 평가하여 정확한 판단이 필요함.

IV 기술정보

1. 의의

기술정보수집을 통해 방첩활동에 활용될 수 있는 유용한 정보를 획득함.

2. 신호정보

① 대표적인 사례로 'VENONA 작전'(19401950년대)이 있음.

② VENONA 작전을 통해 영국과 미국은 19391948년 사이 소련의 암호 교신 약 3,000개를 감청 및 해독하여 소련 스파이들의 활동 실태를 파악함.

3. 위성영상

① 공개출처, 인간정보, 신호정보에 비해 방첩 활용가치는 낮다고 평가됨.

② 그러나 정보기관의 위치 정보를 제공하는 데 유용함.

③ 예시: 2003년 미국의 이라크 공격 당시, 정찰위성 영상으로 이라크 정보기관 및 보안기관(Special Security Organization)의 본부 건물 파괴 여부를 확인함.

Theme 49 방첩수사(counterintelligence investigation): 감시와 수사

I 의의

① 첩보수집의 다음 단계로 수행되며 감시활동과 수사활동으로 구분됨.

② 첩보수집을 통해 스파이 행위가 의심되면 감시활동(surveillance) 실시 후 용의자 수사를 통해 사실 여부 확인함.

③ 감시 및 수사 과정에서 획득한 자료는 방첩공작 및 방첩분석에 활용됨.

II 감시활동

1. 개념

① 옥스퍼드 사전: 범죄 용의자를 밀착 관찰하는 활동을 의미함.

② 방첩에서 감시활동은 스파이 행위가 예상되는 목표를 집중 관찰하는 활동을 의미함.

2. 대상

① 스파이 용의자뿐만 아니라 대사관, 영사관, 외국 상사 등 주재국 내 시설 및 장소 포함됨.

② 첩보위성, 감청기지, 차량, 항공기, 선박, 잠수함 등 기술정보수집 장비 포함됨.

③ 인터넷, 전산망, 유무선 전화 등 스파이활동 수행이 가능한 네트워크 및 시스템 포함됨.

④ 과거에는 사람이 직접 수행했으나, 현재는 감시카메라, 감청장비, 항공정찰기, 첩보위성 등 첨단 장비 활용됨.

3. 중요성

(1) 의의

방첩의 근간을 이루며 필수적인 활동임.

(2) 올슨(James M. Olson, 전 CIA 방첩국장)

외국 정보요원은 감시 대상이며, 감시 역량을 갖추지 못하면 방첩기관의 수준이 저하됨을 강조함.

4. 목적

(1) 정보 입수

스파이 용의자의 신원, 조직 구성, 회합 장소, 협조자 등 정보 획득을 위한 감시 수행됨.

(2) 증거 자료 확보

범죄현장 포착 및 검거, 주변 인물 감시를 통한 단서 확보 및 증거 수집 가능함.

(3) 스파이 행위 사전 차단

① 비노출 감시 외에도 근접 또는 노출 감시를 활용하여 정보활동 억제 가능함.

② 방첩기관이 의도적으로 감시활동을 강화하면 적대세력의 정보활동 위축됨.

③ 정보요원이 감시를 인지할 경우 심리적 압박을 받아 정보활동 수행이 어려워짐.

5. 속성

(1) 수동적이며 반복적으로 수행되는 지루한 활동

방첩의 핵심이지만 지속적인 반복과 인내가 요구됨.

(2) 기술적 어려움과 높은 비용 소요

미행감시는 많은 인력이 필요하며, 은밀한 감시에는 최소 24명의 인력과 12대의 차량이 필요함.

(3) 프라이버시와 감시활동

① 프라이버시 보호가 강화된 사회에서는 감시활동이 제약됨.

② 예: 미국 '공정 신용거래법(Fair Credit Reporting Act)'은 FBI의 무단 신용거래 조회를 금지함.

(4) 가시적인 성과 도출의 어려움

① 감시활동은 단기간에 성과를 거두기 어려우며 많은 시간과 노력이 소요됨.

② 장기간 노력에도 기대한 성과를 얻지 못할 수도 있음.

(5) 성과 판단의 어려움

① 적대세력의 정보활동 위축이 이루어졌다고 해도 가시적으로 증명하기 어려움.

② 로웬탈: 방첩은 힘들고 고통스러운 업무임을 강조함.

③ 갓슨: 방첩은 대중의 갈채를 받을 수도 없고 즉각적인 보상이 없는 활동임을 설명함.

Ⅲ 방첩수사

1. 의의

① 감시활동을 통해 스파이 행위가 의심되면 용의자를 대상으로 수사하여 사실 여부를 규명함.

② 감시활동에서 확보한 첩보만으로 범죄 혐의 입증이 어려울 경우, 추가 증거자료를 수집하는 조사활동 수행함.

③ 외국 정부, 단체 또는 개인의 스파이 행위 여부를 판단하기 위해 방첩수사 수행함.

④ 방첩수사는 기소 또는 행정조치를 위한 증거자료로 활용되며, 방첩공작 및 비밀취급인가권 부여의 기초자료로도 사용됨.

2. 일반 범죄수사와 방첩수사의 차이

(1) 의의

① 방첩수사는 일반 범죄수사와 절차적으로 유사하지만, 동기와 목적에서 차이를 보임.

② 맥나마라(Frederick McNamara): 정보기관의 임무는 국가안보 정보를 수집하는 것이며, 범죄자 추적이 아님을 강조함.

③ 방첩수사는 단순히 스파이 행위자를 체포하는 것이 아니라, 적대세력의 정보활동으로 인한 국가안보 위협 요소를 무력화하는 데 중점 둠.

(2) 첩보수집 방식의 차이

① 일반 범죄수사는 이미 발생했거나 발생이 임박한 범죄행위에 대한 첩보를 수집함.

② 방첩수사는 범죄요건을 충족하지 않더라도 국가안보 위협이 될 수 있는 활동까지 포괄적으로 감시함.

③ 예를 들어, 외국인이 공개된 학술자료를 수집하는 행위 자체는 범죄가 아니지만, 방첩 차원에서 감시 대상이 될 수 있음.

(3) 수집된 자료의 처리 및 활용 차이

① 법 집행기관은 법정 증거로 활용할 명백한 자료를 수집하며, 재판 종료 후 정보의 가치는 사라짐.

② 정보기관은 법적 증거로 인정되지 않는 소문이나 비공식 첩보도 수집하며, 내부 자료로 활용됨.

③ 방첩수사는 지속적인 정보 축적과 관리가 필요함.

3. 범죄수사와 보안정보활동의 차이

(1) 의의

① 포스너(Richard A. Posner): 범죄수사기관의 국내정보 기능 수행에 대해 비판하며, 범죄수사와 보안정보활동의 양립이 어렵다고 주장함.

② 범죄수사는 법정에서 채택될 증거 확보에 집중하며, 방첩수사는 잠재적 위협을 예측하고 감시하는 데 중점 둠.

③ 포스너는 범죄수사가 사례 중심(case-oriented)이며 사후 조치(backward-looking)에 집중되는 반면, 보안정보활동은 위협 중심(threat-oriented)이며 전향적(forward-looking)이라고 설명함.

(2) 사후행동으로서의 범죄수사와 예방으로서의 보안정보활동

① 일반 범죄수사는 범법행위 발생 후 대응하는 사후적 조치임.

② 방첩수사는 스파이 행위를 미리 차단하는 사전적 대응을 수행함.

③ 방첩기관은 용의자를 즉시 체포하지 않고 감시하며, 필요할 경우 사전 체포를 통해 국가안보 위협을 차단함.

Theme 50 방첩공작(counterintelligence operation): 이중간첩과 기만

Ⅰ 의의

1. 개념

방첩공작은 외국인 또는 이들과 연계된 내국인 등의 활동으로 인한 국익 침해를 색출·차단·역용하기 위해 수행하는 계획적이고 비노출된 활동임.

2. 첩보수집 및 방첩수사와의 관계

① 첩보수집과 방첩수사는 적의 정보활동을 탐지하는 소극적 방첩활동이며, 방첩공작은 적의 정보활동을 무력화하거나 조종하는 적극적 방첩활동임.

② 첩보수집과 방첩수사는 방첩공작과 밀접히 연계되며, 축적된 정보에 기반하여 방첩 취약 분야를 분석하고 적절한 대응 수준을 결정하는 데 활용됨.

③ 방첩공작 목표의 효과적·성공적 달성을 위해 첩보수집과 방첩수사는 필수적인 요소임.

Ⅱ 기만과 역기만

1. 쟁점

기만과 역기만은 불특정하고 광범위한 내용을 포괄하는 개념으로, 방첩공작활동의 일부로 포함할 것인지에 대한 논란이 존재함.

2. 리첼슨(Richelson)

(1) 방첩활동

① 상대세력 정보활동 및 방첩공작활동의 파악

② 변절평가

③ 상대세력 정보기구 및 방첩조직에 대한 연구 및 조사

④ 현재 구체적으로 진행 중인 상대세력 정보활동과 방첩공작활동에 대한 저지 및 무력화

(2) 기만과 역기만

① 기만은 상대세력의 정보 '정책'을 대상으로 하므로 방첩공작의 영역으로 간주되지 않음.

② 기만공작은 방첩활동의 네 가지 유형에 포함되지 않으므로 방첩공작이 될 수 없음.

Ⅲ 이중간첩

1. 의의

① 적대국의 첩보활동을 무력화하기 위해 체포, 기소, 국외추방 등의 조치가 가능함. 그러나 적대국의 다양한 첩보수집 방식에 효과적으로 대응하기 어려움.

② 기만전략을 활용하여 허위정보를 은밀히 유출함으로써 적대국 정보기관을 기만할 수 있음.

③ 적의 정보활동을 무력화시키는 것보다 이를 조종하는 것이 더욱 어려운 임무이며, 이를 수행하는 주요 수단으로 이중간첩(double agent)이 활용됨.

④ 이중간첩이란 적대국을 위해 스파이활동을 하는 것처럼 가장하지만 실제로는 자국 방첩기관의 통제를 받는 자를 의미함.

2. 이중간첩을 활용한 공작의 유형

(1) 의의

즐키는 이중간첩을 활용한 공작을 방첩활동의 이상적인 방책으로 보고, 이를 침투 공작, 이중간첩 공작, 유도된 이중간첩 공작 세 가지 유형으로 구분함.

(2) 침투 공작

① 적대국 정보기관 내부에 침투하여 구성원을 포섭, 이중간첩으로 활용하는 방식임.

② 포섭된 요원은 적대국 정보기관의 일원으로 근무하면서 자국 방첩기관의 통제를 받음.

(3) 이중간첩 공작

① 적대국 정보요원이 개인을 포섭하려 시도하면, 해당 인물이 이를 자국 방첩기관에 보고하고, 방첩기관은 그가 포섭된 것처럼 가장하도록 지시함.

② 적대국은 포섭에 성공했다고 믿지만 실제로 그는 자국 방첩기관의 통제를 받으며 이중간첩 역할을 수행함.

(4) 유도된 이중간첩 공작

① 특정 개인이 적국의 포섭 대상이 되도록 유도하는 공작 방식임.

② 일반적인 이중간첩 공작과 차이점은 보다 적극적으로 적대국이 포섭하도록 유인한다는 점이며, 일단 포섭되면 일반적인 이중간첩 공작과 동일한 절차를 따름.

3. 이중간첩 공작의 수행

(1) 의의

이중간첩 공작은 수행이 매우 어려우며, 신뢰를 유지하기 위해 지속적으로 적절한 정보를 제공해야 함. 그렇지 않으면 적대국 정보기관의 의심을 받아 생명의 위협을 받을 수 있음.

(2) 닭모이(chicken feed)

① 이중간첩이 제공하는 정보는 겉으로는 비밀이지만 실제로 중요하지 않은 정보로 구성됨.

② 방첩기관은 신뢰 유지에 따른 이익이 제공된 정보로 인한 피해보다 크도록 조정해야 함.

③ 닭모이를 적절히 활용하면 적국의 정보수집과 분석능력을 조정하거나 통제할 수 있음.

④ 제2차 세계대전 당시 영국의 '더블크로스 시스템(Double Cross System)'이 대표적 사례임.

4. 이중간첩 공작의 효과

(1) 의의

이중간첩 공작을 통해 적대국 정보기관의 무력화 및 정보활동 기술 파악 이 가능함.

(2) 적대국 정보기관의 정보관 파악·색출

① 적대국 정보기관의 정보관을 파악·색출하여 공작망을 와해할 수 있음.

② 적대국 정보관을 PNG(외교적 추방), 체포, 구금, 공소 하는 데 필요한 증거 제공이 가능함.

(3) 적대국 정보활동 기술 파악

적대국의 정보활동 방식을 분석하여 이에 대한 대응 능력을 강화하고, 위협을 감소시킬 수 있음.

5. 적대국의 이중간첩 공작

(1) 의의

① 적대국이 이중간첩 공작을 성공적으로 수행할 경우, 자국의 방첩공작이 역이용될 위험이 있음.

② 적대국이 포섭된 요원의 신분을 알아내면 이를 역포섭하여 이중간첩으로 활용할 가능성이 있음.

③ 적대국 정보기관이 자신의 정보활동을 방해받지 않고 수행할 수 있도록 역기만할 수 있음.

(2) 피그만 공격

① 미국 CIA의 쿠바 비밀공작 '피그만 공격(Pigman Attack)'은 실패 사례로 평가됨.

② 실패 원인은 쿠바인 첩보원들이 모두 카스트로 정권의 이중간첩 이었기 때문임.

③ 이 사례는 방첩공작이 치밀한 계획과 철저한 보안을 유지해야 함을 보여줌.

Theme 50-1 제2차 세계대전 주요 방첩 공작

I 더블크로스 시스템(Double Cross System)

1. 의의

① 제2차 세계대전 중 영국은 독일 압베르의 암호를 해독하고, 138명의 독일 스파이를 체포함.

② 이 중 약 40명을 포섭하여 이중간첩으로 활용 하며, 거짓정보와 실제정보를 혼합하여 독일에 전달함.

2. 울트라 계획과 더블크로스 시스템

① 1944년, 영국은 독일의 암호 해독 후, 포섭한 이중간첩을 이용해 연합군이 파드 칼레(Pas de Calais)로 상륙할 것이라는 거짓 정보 를 전달함.

② 독일은 이를 믿고 방어 병력을 파드 칼레에 집중시킴.

③ 노르망디 상륙작전의 성공을 유도하는 결정적 역할을 함.

3. John Masterman이 제시한 더블크로스 시스템의 목표

① 독일의 간첩망 통제

② 침투 간첩 체포

③ 독일 정보기관의 인물정보 및 활동방식 파악

④ 독일의 암호체계 분석

⑤ 독일이 이중간첩에게 요청한 질문을 통해 독일의 계획과 의도 분석

⑥ 독일에 거짓정보 전달하여 전략에 영향

⑦ 영국의 계획과 의도에 대한 기만

II MINCE MEAT 작전

1. 개요

① 제2차 세계 대전 중 영국군이 1943년에 수행한 첩보기만 작전

② 연합군의 실제 침공 계획지(시칠리아)를 은닉하고, 나치 독일이 그리스와 사르데냐를 목표로 오인하도록 유도한 작전

2. 기만 전략

① 독일군이 연합군의 극비 전쟁 계획을 우연히 입수했다고 믿도록 유도

② 이를 위해 사전에 준비된 시체를 활용하여 극비 서류를 소지한 채 스페인 해안으로 유기

③ 독일군이 해당 서류를 신뢰하고 방어 전략을 오판하도록 유도

3. 결과

① 독일군이 연합군의 침공 예상지를 잘못 판단하여 시칠리아 방어가 약화됨

② 연합군이 성공적으로 시칠리아를 점령하는 데 기여한 작전

Ⅲ GUNNERSIDE 작전

1. 개요

① 제2차 세계 대전 중 나치 독일의 핵 개발을 저지하기 위해 연합군이 수행한 작전임.

② 노르웨이산 중수 획득을 방해하는 것이 주요 목표임.

2. 배경

① 1934년 노르웨이 베모르크에서 노르스크 하이드로가 수력 발전소를 건설함.

② 이 발전소에서는 비료 생산의 부산물로 연간 12톤의 중수가 생산됨.

3. 작전 수행

① 연합군은 독일의 핵폭탄 개발을 저지하기 위해 중수 공급 중단을 결정함.

② 노르웨이 텔레마르크 류칸 폭포의 베모르크 수력 발전소(60MW급)를 목표로 공습을 감행함.

4. 성과

① 독일의 핵 개발을 방해하는 중요한 작전 중 하나였음.

② 연합군의 전략적 타격으로 독일의 핵 개발 일정에 차질을 초래함.

Theme 50-2 앤젤톤(James Angleton) 사건

Ⅰ 기만공작과 역기만 공작

1. 개념 및 목적

① 기만공작과 역기만 공작은 단순한 방첩공작을 넘어 상대 정보기구 내부의 내분을 유발하는 전략으로 활용됨.

② 이를 통해 '혼란스러운 다수의 영상들(Wilderness of mirrors)'을 조성하고 상대 정보기구 내부에 혼란을 초래함.

2. 실행 방식

① 변절자를 확보한 후 강경파와 온건파 간 논쟁을 유발할 수 있는 거짓 정보를 제공함.

② 이후 보완 정보를 주기적으로 제공하여 정보기구 내부의 의견을 양분시키고 내분을 조장함.

Ⅱ KGB의 기만공작과 앤젤톤 사건

1. 냉전시대 CIA 내부의 강·온 대립

(1) 1960년대~1970년 초반 CIA 내에서 소련을 상대로 한 정보활동, 비밀공작, 방첩공작의 강·온 의견 대립이 격화됨.

(2) 강경파의 중심에는 CIA 방첩국장 제임스 앤젤톤(James Angleton)이 있었으며, 그는 KGB가 가장 경계했던 인물 중 하나였음.

2. 앤젤톤의 경력과 방첩활동

(1) 학력 및 경력

① 1941년 예일대 졸업, 하버드 법과대학 수료 후 1943년 해군 전략첩보국(OSS)에 특채됨.

② OSS 전략국 책임자 도너반(William Joseph Donovan)의 후원으로 영국 비밀정보부(MI6)에서 방첩공작 교육을 받음.

③ 이 과정에서 KGB 이중간첩이었던 킴 필비(Kim Philby)의 지도를 받음.

(2) 방첩공작 활동

① 제2차 세계대전 당시 영국 비밀정보부의 독일 암호해독 프로그램 '울트라(ULTRA)'를 통해 암호해독 기법 습득.

② 1947년 CIA 창설 후 초대 방첩국 총책임자로 임명됨.

③ 냉전기 동안 KGB를 견제하는 방첩공작의 핵심 인물로 활동함.

3. KGB의 기만공작과 CIA 내분

(1) 킴 필비의 정체 발각과 앤젤톤의 변화

① 필비가 케임브리지 스파이 링의 일원으로 KGB의 이중스파이였음이 밝혀짐.

② 이로 인해 앤젤톤은 극도의 불신에 빠지고, 공산주의를 강하게 혐오하게 됨.

(2) 골리친과 노젠코의 등장

① KGB 출신 이중 스파이 골리친(Golitsyn)과 노젠코(Nosenko)가 CIA로 전향함.

② 앤젤톤은 골리친의 정보만을 신뢰하며 더욱 강경한 방첩 기조를 유지함.

③ 이로 인해 CIA 내부에서뿐만 아니라 행정부 및 의회에서도 점점 고립됨.

4. 앤젤톤의 퇴진과 '혼란스러운 다수의 영상들'

① 앤젤톤은 키신저 국무장관도 KGB와 연계되었다고 주장하는 등 극단적인 입장을 취함.

② 결국 1974년 12월 CIA 국장 콜비(William Colby)의 권유로 퇴직하게 됨.

③ 당시의 CIA 내 혼란을 표현하기 위해 데이비드 마틴(David Martin)은 '혼란스러운 다수의 영상들(Wilderness of mirrors)'이라는 용어를 사용하고, 이를 제목으로 한 책을 출간함.

Ⅲ 결론

① 앤젤톤은 냉전기의 대표적인 방첩 전문가였으나, KGB의 기만공작으로 인해 CIA 내부에서 고립되고 최종적으로 퇴진하게 됨.

② 이는 방첩공작이 적의 역기만 공작에 의해 내부 분열을 초래할 수 있음을 보여주는 대표적 사례임.

Theme 50-3 제임스 올슨(James Olson)의 방첩공작 활동 10계명

1. 공격적이 되라(Be Offensive).

① 공격적 태도 유지

② 수동적 · 방어적 방첩공작은 실패로 이어짐.

③ 적극적인 이중 스파이 공작과 침투공작이 필수적임.

④ 외국 정보기구 활동은 잠재적 상대방이 될 수 있음.

2. 자부심을 가져라(Honor Your Professionals).

① 방첩공작에 대한 자부심 유지

② 방첩공작은 대중적 인기와 거리가 있으며, 실패로 평가받을 가능성이 높음.

③ 비판이 따르지만 사명감을 가지고 업무에 자부심을 가져야 함.

3. 거리를 누벼라(Own the Street).

① 현장 활동의 중요성

② 방첩공작의 기본 원칙이나 현장 활동이 종종 경시됨.

③ 편한 방법을 택하려는 태도를 경계해야 함.

4. 역사를 이해하라(Know Your History).

① 역사적 사례 연구

② 과거 성공 · 실패 사례를 연구하여 간접 경험 축적이 가능함.

③ 실패 사례 연구는 동일한 실수를 방지하는 데 필수적임.

④ 방첩공작 근무자는 다양한 사례를 연구해야 함.

5. 철저히 분석하라(Do Not Ignore Analysis).

① 방첩공작은 현장 활동 중심이지만 분석도 중요함.

② 과거 현장 활동자에게 분석기법을 교육했으나 실패한 사례가 있음.

③ 체계적인 분석능력 약화를 경계해야 함.

6. 편협하지 말라(Do Not Be Parochial).

① 정보기관 간 존중과 협조가 필수적임.

② 우월성을 앞세운 일방적 태도는 협력을 저해함.

③ CIA와 FBI의 과거 협력 부족 사례를 반면교사로 삼아야 함.

7. 끊임없이 학습하라(Train Your People).

① 방첩공작은 단순한 논리와 상식으로 수행할 수 없음.

② 특별한 관점과 분석 능력이 요구됨.

③ 방첩공작 분야에 대한 지속적 학습이 필수적임.

8. 밀리지 말라(Do Not Be Shoved Aside).

① 방첩공작은 성과가 드러나지 않으며, 실패 시 비판이 큼.

② 조직 내 비협조적인 요소가 존재할 가능성이 높음.

③ 상사를 설득하거나 직접 접촉하여 문제를 해결해야 함.

④ 협조 거부 사례를 기록하고 사태 발생 시 대비해야 함.

9. 한 곳에 오래 머무르지 말라(Do Not Stay Too Long).

① 방첩공작은 위험성이 높으며 신선한 사고 전환이 필요함.

② 2~3년 단위의 국내외 순환 근무가 필수적임.

③ 해외 필드 경험은 요원의 역량 강화를 지원함.

④ 잦은 보직 변경은 지양해야 하며, 장기적인 전문성 구축이 필요함.

10. 절대로 포기하지 말라(Never Give Up).

① 방첩공작에서 가장 중요한 원칙임.

② 오랜 시간 동안 지속적인 노력이 요구됨.

③ 상대국도 장기적인 관점에서 대응하며, 인내력이 중요함.

④ 과거 방첩공작 사건은 수십 년이 지나도 추적됨.

⑤ 방첩공작은 끈기와 집념이 필수적인 분야임.

Theme 51 방첩분석(counterintelligence analysis)

Ⅰ 의의

① 방첩활동의 핵심은 수사활동이라고 여겨지나, 갓슨(Gatson)은 방첩분석의 중요성을 강조함.

② 방첩분석은 방첩에 관련된 단편적 첩보를 처리 및 종합하여 의미 있는 사실이나 결론을 도출하는 과정임.

③ 방첩분석을 통해 생산된 방첩정보는 방첩공작과 방첩수사 등 방첩임무 수행에 필수적인 요소로 활용됨.

Ⅱ 방첩분석 결과물의 활용

1. 방첩정보의 필요성

① 방첩분석을 통해 생산된 정보는 해외정보뿐만 아니라 방첩임무 수행에도 필수적임.

② 방첩활동을 통해 획득된 정보는 기존 정보나 지식을 기반으로 목표 설정, 계획 수립, 실행, 평가 등에 활용됨.

③ 방첩정보는 정보기관의 정보활동 수행에 유용한 정보를 제공하며, 방첩활동과 정보활동은 밀접하게 연계됨.

2. 위협평가(threat assessment)

① 방첩분석의 핵심 결과물 중 하나로 위협평가가 있음.

② 위협평가는 외국 정보기관, 국제테러단체 등 적대 세력의 위협 수준을 분석 및 평가하는 과정임.

③ 방첩기관뿐만 아니라 군 작전 수행 시 보안조치 계획 등 다양한 기관에서 활용됨.

④ 위협평가 자료는 보안 취약 요소 식별, 보안대책 수립 등 다양한 용도로 활용될 수 있음.

3. 방첩활동 수행의 핵심 요소

① 방첩분석은 방첩공작이 적대 세력의 정보위협에 효과적으로 대응하는지 평가하는 데 활용됨.

② 과거 방첩공작의 사후 검토를 통해 적대 세력의 정보활동 패턴을 분석하고 방첩전략 수립에 활용 가능함.

③ 적대국 공작관과 협조자의 접선 시간, 수수소(dead drop) 운용 방식 등의 패턴을 분석하여 감시활동의 효과성을 높일 수 있음.

4. 정보활동 수행의 투입요소

① 방첩정보는 적대국 정보기관과의 접촉을 통해 적대국 정보활동의 수준을 평가하는 데 활용됨.

② 적대국 정보활동의 증가 여부를 통해 군사적 행동 가능성을 예측할 수 있음.

5. 외국 정보기관들에 대한 백과사전적 지식 제공

① 방첩정보는 외국 정보기관의 조직 구조, 기능, 인력, 예산, 교육훈련 등에 관한 백과사전적 지식을 제공함.

② 해당 지식은 분석적이라기보다는 기술적인(descriptive) 자료이며, 전 세계 정보기관 및 보안기관의 활동 파악에 활용 가능함.

Ⅲ 적국의 기만

1. 의의

적국의 기만(deception)은 방첩분석에서 가장 중요한 고려사항으로, 적이 정치·군사·경제 상황에 대한 잘못된 정보분석을 유도하는 행위임.

2. 적국의 기만과 정보실패(intelligence failure)

① 적의 기만에 속아 상황을 오판하면 정보실패가 발생함.

② 정보기관이 자체적으로 잘못된 정보분석을 수행할 수도 있으나, 많은 정보실패 사례는 적의 기만에 효과적으로 대응하지 못한 결과임.

③ 방첩분석을 통해 적의 기만 의도를 철저히 파악하고 대응하면 정보실패로 인한 피해를 방지할 수 있음.

④ 기만과 정보실패는 연관된 개념이며, 한쪽의 기만 성공은 상대방의 정보실패를 의미함.

⑤ 방첩공작으로 적을 기만할 수 있지만, 적의 기만전략에 대응하지 못하면 국가 안보에 심각한 위협이 초래됨.

3. 방첩 공작에 대한 적국의 역용

① 자국의 방첩공작이 적의 기만전략에 역용될 위험이 존재함.

② 자국이 침투시킨 공작원이나 이중스파이가 적에게 탐지될 경우, 적은 이를 역으로 활용하여 기만전략을 수행할 가능성이 있음.

③ 자국의 기만전략에 협조한 적대국 정보기관 출신이 다시 적대국에 협조하면 방첩 실패로 이어질 수 있음.

4. 적국의 기만에 대한 최종 판단으로서의 방첩분석

(1) 의의

① 감시활동, 방첩수사, 방첩공작 등 다양한 방첩활동이 적의 기만에 대응하는 데 활용됨.

② 방첩분석은 첩보를 종합하여 적의 기만을 판단하는 최종 과정으로, 방첩의 성패를 좌우하는 요소임.

(2) 방첩분석과 정보분석

① 방첩부서가 적의 기만을 독자적으로 판단할 경우, 정보 수집·분석 부서와 갈등이 발생할 가능성이 있음.

② 그러나 방첩부서의 경고는 적의 기만으로 인한 손실을 예방하는 데 필수적임.

③ 방첩 요원은 적의 기만을 식별할 전문성과 경험을 보유하고 있으며, 장기간 적과의 교류를 통해 기만전략을 분석할 역량을 갖춤.

④ 이러한 전문성을 바탕으로 방첩요원은 수집관이나 분석관보다 적의 기만에 효과적으로 대응할 가능성이 높음.

Ⅳ 방첩분석 절차

1. 의의

방첩분석은 체계적으로 수행되며, 다음 네 가지 단계를 거침.

2. 방첩 분석 대상 선정

① 방첩자원과 인력의 한계를 고려하여 우선 보호해야 할 목표를 선정해야 함.

② 보호 목표로 국가 전략적 지휘통제시스템, 전략무기의 위치·성능, 무기 사용계획, 방어·보복공격 계획 등이 포함됨.

3. 보호 목표의 취약성 분석

비밀 유지가 필요한 목표의 선정 이후, 해당 목표가 비밀 보호에 있어 어떤 취약성을 갖는지 분석해야 함.

4. 적대국 정보기관의 정보목표와 능력 분석

적대국 정보기관이 설정한 정보목표와 이를 달성하기 위한 능력을 분석하는 것도 방첩분석의 중요한 과제임.

5. 대기만(counterdeception) 분석

① 외국 정부가 자국의 인식(perception)과 행동을 조종하기 위해 어떤 비밀수단을 활용하는지 분석해야 함.

② 적이 자국의 정보 수집과 분석을 조작해 왜곡된 판단을 유도할 경우, 방첩분석관은 대기만(counterdeception) 분석으로 대응해야 함.

③ 대기만 분석은 기만을 수행하는 개인 및 조직의 소속과 목적을 파악하는 것이 핵심임.

④ 적의 정보 조작 방법을 상세히 분석한 후, 이에 대한 대응 조치를 마련해야 함.

Theme 52 경제정보활동

Ⅰ 경제정보활동에 대한 두 가지 접근

1. 유럽의 접근방법

(1) 의의

① 유럽은 전통적으로 산업기술 습득을 국가 차원에서 지원하고 장려함.

② 산업 간첩 활동이 오래전부터 국가적으로 전개됨.

(2) 베네치아 공화국 법

① 1474년 베네치아 공화국이 산업 간첩 활동을 지원한 최초의 증거임.

② 확보한 기술에 대해 독점권을 부여하는 법을 제정함.

③ 이는 현대 특허권과 저작권의 기원으로 알려졌으나, 최종 소유주체가 국가인지 개인인지 명확하지 않았음.

(3) 지적재산권에 대한 프랑스의 입장

① 프랑스는 타국의 산업기술 절취를 지원했으며, 전제 군주제하에서 특허 및 저작권을 왕이 허여하는 특전으로 간주함.

② 프랑스 혁명 이후, 지적재산권이 발명자의 자연권이라는 인식이 확립됨.

(4) 지적재산권에 대한 영국의 입장

17세기 초반부터 특허권과 저작권을 국가가 보호하는 법적 권리로 인정함.

(5) 결론

① 영국을 제외한 유럽 국가들은 기술개발 및 창작물에 대한 권리를 왕권 또는 국권에 종속되는 시혜적 특권으로 간주하는 경향이 강함.

② 이는 국가의 개입 가능성이 높음을 의미함.

2. 미국의 접근방법

① 미국은 지적재산권이 국가 소유라는 프랑스식 개념을 배격하고, 영국식 접근을 기반으로 더 발전된 개념을 도입함.

② 헌법제정의회에서 특허권과 저작권을 입법화하고, 노아 웹스터(Noah Webster)의 출판물 저작권을 법으로 보호함.

③ 미국의 접근은 지적재산권을 국가가 아닌 개인을 위한 권리로 보고, 사유 재산권으로 간주함.

④ 국가가 사적 영역의 기술개발을 지원하거나 개입할 여지를 두지 않음.

II 경제정보와 산업정보

1. 경제정보

(1) 의의

① 경제정보(Economic Intelligence, EI)는 경제, 경제체제, 생산성과 관련된 제반 지식을 의미함.

② 경제정책, 부존자원, 환경 지리적 정보, 산업기술 정보 등이 포함됨.

(2) 미국 중앙정보국(CIA)의 정의

CIA는 경제정보를 외국의 경제자원, 경제활동, 재화·용역의 생산·분배·소비, 금융, 노동력, 조세, 대외 경제체제 등에 대한 정보로 정의함.

(3) 미국 대외관계위원회의 정의

미국 대외관계위원회(The Council on Foreign Relations)는 경제정보를 무역정책, 외환보유고, 천연부존자원, 농업 생산품 가용성, 경제정책 및 실제 활동에 대한 정보로 정의함.

(4) 포티우스(Samuel Porteous)의 정의

캐나다 보안정보부(CSIS) 소속 전략 분석가 포티우스는 경제정보를 정책·기술 데이터, 상업적 경제첩보, 재정정보, 독점적 상업 및 정부 첩보를 포함하는 정보로 정의함.

(5) 결론

경제정보는 산업 기술 자료, 국가의 금융·재정 정보, 경제정책 및 경제체제 정보 등을 포함하며, 해당 정보를 획득한 국가가 대상국보다 경쟁력을 확보하는 데 기여할 수 있음.

2. 산업정보

(1) 산업의 개념

① 산업(Industry)은 인간이 생계를 유지하기 위한 생산적 활동을 의미하며, 물적 재화와 서비스 생산을 포함함.

② 산업은 1차(농림어업), 2차(광공업), 3차(서비스업)로 구분됨.

(2) 산업정보

① 산업정보는 특정 국가의 산업에 대한 제반 정보를 의미함.

② 산업 분포, 구조, 생산성, 기술력, 경영계획, 실적, 기업 비밀 등이 포함됨.

3. 경제정보와 산업정보의 비교

(1) 의의

경제정보는 산업정보를 포함함.

(2) 경제체제 변동에 대한 정보

경제체제 변동 정보는 경제정보에 해당하지만, 산업정보에는 포함되지 않음.

(3) 국가 주도의 경제 발전 전략 정보

국가 주도의 경제 발전 전략 정보는 산업정보와 경제정보가 혼재되어 있으며, 이를 '새로운 경제정보'로 정의하는 것이 타당함(한희원).

III 경제간첩(Economic Espionage)과 산업간첩(Industrial Espionage)

1. 경제간첩

(1) 의의

경제간첩은 해외세력이 특정 국가의 경제적 이익을 위해 상대국의 경제정보를 은밀하고 불법적으로 수집하는 활동을 의미함.

(2) 1995년 일본과 미국의 자동차 협상

① 일본은 미국 CIA가 자동차 협상 내용을 도청했다고 항의함.

② CIA는 일본의 자동차회사 및 정부 관료를 도청하여 무역협상에서 유리한 고지를 점하도록 지원함.

③ 도청 정보는 미국 무역대표부 대표 미키 칸토(Mickey Kantor)에게 제공됨.

(3) CIA의 경제정보 활동

경제간첩활동은 미국의 무역, 금융, 환경 협상에서 CIA가 수행하는 전형적인 정보 활동임.

사경제 주체를 위한 것이 아니라 미국 국가이익을 도모하기 위한 활동임.

(4) 경제정보의 활용

① 미국 국가안보국(NSA)과 CIA는 신호정보 및 인간정보(HUMINT)를 통해 경제정보를 수집함.

② 이러한 정보는 양자 및 다자 협상과 경제정책 수립에 활용되며, 세계화와 경제안보의 중요성이 증가함에 따라 더욱 강화될 전망임.

2. 산업간첩

(1) 의의

① 산업간첩은 기업간첩(Corporate Espionage)으로도 불리며, 국가안보 목적이 아닌 상업적 목적을 위한 경제간첩 활동을 의미함.

② 사경제 주체가 경쟁적 우위를 확보하기 위해 불법적 방법을 사용하는 것이 원칙이나, 일부 국가에서는 정부가 적극 개입하기도 함.

(2) 공개출처정보에 의존하는 스파이활동 제외

① 산업간첩은 공개출처정보(OSINT)에 의존하는 활동을 포함하지 않음.

② 예를 들어, 공개자료를 활용한 첨단기술 개발은 산업간첩활동이 아님.

(3) 불법적 방법에 의한 경제정보 수집

① 기업비밀 절취, 뇌물 제공, 협박, 불법 영상촬영 및 도청 등의 방법을 활용함.

② 법적으로 국가안보 목적은 불법 행위의 정당사유가 될 수 있으나, 상업적 목적은 정당성이 인정되지 않음.

(4) 국가를 상대로 한 자료 수집

산업간첩활동은 국가 차원에서도 이루어질 수 있으며, 대형 건설 사업 등의 경우 경쟁업체와 상대국이 산업간첩 활동을 수행할 가능성이 있음.

(5) 산업간첩활동으로 획득하는 정보

① 고객 명단, 공급 조건, 연구자료, 시제품 계획 등 기업 비밀이 주요 대상임.

② 산업정보뿐만 아니라 경제정보도 포함됨. 산업 기술은 국가의 경제계획과 밀접한 연관이 있기 때문임.

(6) 산업간첩 개념의 확장

① 기업이 정보기관과 협조하거나, 해외에서 자국 정부를 대신해 활동하는 경우가 있음.

② 단순한 정보 절취를 넘어, 경쟁기업의 생산 방해, 파업 유도, 컴퓨터 바이러스 감염 등도 포함됨.

3. 경제간첩과 산업간첩의 비교

(1) 의의

① 경제간첩과 산업간첩은 정보 수집 대상은 동일하지만, 사용 목적과 주체에서 차이가 있음.

② 경제간첩은 국가정보기구가 수행하며 국가안보 목적을 가짐.

③ 산업간첩은 국가정보기구뿐만 아니라 사경제 주체도 수행하며, 상업적 목적을 가짐.

(2) 미국 하원의원 빌 리처드슨(Bill Richardson)의 견해

① 1995년 11월 4일 CNN 인터뷰에서 경제간첩과 산업간첩의 차이를 명확히 설명함.

② 경제간첩활동은 무역협상에서 외국 정부의 입장을 파악하는 것으로 정당함.

③ 산업간첩활동은 국가가 외국 기업에서 획득한 정보를 자국 기업에 제공하는 것으로, 한계를 설정해야 함.

Theme 52-1 경쟁정보활동

I 의의

① 경쟁정보는 조직의 경영과 운영을 위해 소비자와 경쟁자에 대한 정보(생산품, 점유율, 영업계획 등)를 파악하는 활동 및 획득한 정보를 의미함.

② 정보화 시대에서 기업 및 단체는 경쟁 관계에서 생존과 번영을 위해 상대방에 대한 정보 파악이 필수적임.

II 경제간첩과의 구별

1. 구별 필요성

① 경쟁정보는 영업비밀을 포함한 다양한 관련 정보를 다룸.

② 미국은 산업 및 과학기술을 포함한 거래비밀 절취를 산업간첩활동으로 간주하고 형사처벌함.

③ 여러 국가가 거래비밀 보호를 위한 법규를 갖추고 있으며, 이에 따라 경쟁정보활동과 경제간첩활동을 구별할 필요가 있음.

2. 정당한 윤리적 법적 활동

① 경쟁정보활동은 기업의 정당한 경영 활동의 일환으로 인정됨.

② 글로벌 경제경쟁 심화로 기업들은 시장점유율 확대를 위해 경쟁정보에 더욱 의존하게 됨.

III 경쟁정보와 산업간첩의 차이

① 경쟁정보는 합법적이고 윤리적인 활동이며, 산업간첩은 비윤리적이고 불법적임.

② 경쟁정보와 산업간첩의 차이는 직접적인 영리 목적(상업적 활용 여부)에 따라 판단됨.

I 경제간첩

1. 경제간첩의 대상

(1) 주요 정보 유형

① 경제간첩이 목표로 하는 기업의 거래비밀정보는 재정정보, 조직정보, 시장정보, 기술정보, 과학정보의 5가지로 분류됨.

② 미국 경제간첩법은 거래비밀을 경제적 가치가 있는 것으로 정의하며, 이를 절취하는 활동을 형사처벌 대상으로 규정함.

2. 경제정보 활동의 주체

(1) 개별기업

① 2003년까지 미국 내 산업스파이 사건 중 대부분이 개별기업에 의해 발생함.

② 산업스파이 사건에서 획득한 거래비밀정보는 즉각 기업의 경영에 활용됨.

(2) 국가

국가 정보기구는 경제간첩활동을 통해 획득한 정보를 국가정책과 경쟁력 강화에 반영함.

II 산업정보활동의 변화추세

1. 냉전 시기의 산업정보활동

(1) 개념

① 국가 간 동맹관계가 중요시된 냉전 시기에도 산업정보 수집은 지속됨.

② 산업정보활동은 저비용으로 산업 경쟁력을 강화할 수 있는 수단이었으며, 경제정보 수집과정에서 부수적으로 수행됨.

(2) 특징

① 산업정보활동은 정보기관의 부수적 업무로 간주됨.

② 수행 방식은 비교적 온건한 방법이 주로 사용됨.

③ 민간기업 지원을 위한 의도적 활동은 제한적이었음.

④ 정보기관들은 산업정보활동 수행 사실을 공개하지 않는 경향이 있었음.

⑤ 산업스파이에 대한 각국의 보안대책은 비교적 미약하였음.

2. 냉전 종식 이후의 산업정보활동

(1) 개념

① 냉전 종식 이후 각국 정보기관들은 산업정보활동을 대폭 강화함.

② 미국은 산업보안활동을 기존 안보활동과 동등한 수준으로 강화함.

(2) 특징

① 산업정보활동의 중요성이 국가정보기관의 공식 임무로 격상됨.

② 산업정보활동의 범위가 첨단기술, 경제정책, 산업보안까지 확장됨.

③ 산업정보활동 수행 방식이 다양해지고 비밀수집활동(covert collection) 수단이 활용됨.

④ 산업정보활동으로 인한 분쟁이 공개적으로 문제시되는 경향이 증가함.

⑤ 산업보안 대책이 강화되며, 산업스파이에 대한 처벌이 기존보다 엄격해짐.

⑥ 외국 민간기업 및 개인에 의한 산업스파이 활동에도 적극 개입하는 경향이 증가함.

I 국가정보기관의 산업정보활동의 필요성

① 안보 개념 변화, 국제경제환경 변화, 과학기술 발전 등으로 산업정보활동이 정보기관의 주요 임무로 정착됨

② 냉전기 정보기관의 확대를 정당화하기 위한 논거로 활용되었다는 비판도 존재함

II 국가정보기관의 산업정보활동의 정당화 요건

1. 정부 역할의 필요성

① 국가중심주의자(statists): 국가경쟁력 강화를 위해 정부 개입이 필요하다고 주장함

② 자유주의자(liberalists): 국제경쟁력 강화는 시장 기능에 맡겨야 하며, 정부 개입은 최소화해야 한다고 주장함

③ 국가정보기관의 산업정보활동 정당성을 확보하려면 국가 개입의 필수성이 입증되어야 함

2. 정보기관의 필요성

① 국제경쟁력 강화를 위한 정부 역할이 인정되더라도 반드시 정보기관이 담당해야 하는지는 별개의 문제임

② 정부가 선택할 수 있는 정책대안(보조금 지급, 정부 연구소 운영, 외국과의 협력 등)과 비교하여 정보기관의 개입이 더 효율적인 경우에만 정당화될 수 있음

3. 정보기관 활동의 한계

① 정보기관 개입이 민간 기업의 연구개발 및 경쟁력 강화를 저해할 가능성이 있음
② 우방국과의 경제 및 기술협력 관계를 손상시킬 위험이 있음
③ 정보기관의 산업정보활동이 비용 대비 편익을 초과하는 경우에만 정당성을 가질 수 있음

Ⅲ 정보기관의 산업정보활동의 필요성

1. 의의

정보기관의 산업정보활동이 민간 기업이나 정부 부처보다 효율적이어야 정당성이 인정됨

2. 비밀활동 능력

① 비밀정보는 기술개발 및 정보 분석에 결정적 역할을 함
② 정보기관은 비밀정보 수집을 전문적으로 수행할 수 있는 역량을 보유함
③ 해외에서 비합법적 활동이 허용되는 유일한 조직으로 다양한 비밀활동이 가능함
④ 비밀활동 수행을 위한 조직적 규범을 보유함

3. 정보수집 및 처리 능력

정보기관은 다양한 수집수단과 숙련된 인적자원을 보유하여 산업정보 수집 및 처리에서 상대적 우위를 가짐

4. 기존 자원의 활용

① 정보기관은 기존의 인력, 시설, 축적된 자료를 활용하여 추가 비용 없이 산업정보활동 수행 가능함
② 냉전 종식 이후 산업정보활동이 증가한 이유 중 하나는 기존 인력과 시설을 효율적으로 활용하기 위함임

5. 중복의 필요성

① 중복(redundancy)은 정책 오류 가능성을 줄이고, 조직 간 경쟁을 촉진하여 업무 효율성을 증가시킴
② 경제 및 안보정책이 조화를 이루도록 하는 역할 수행 가능함

Ⅳ 국가정보기관의 산업정보활동 시 고려 사항

1. 의의

정보기관의 산업정보활동이 상대적으로 효율적이어도 모든 활동이 정당성을 갖는 것은 아님

2. 실현가능성

경제부처 및 민간기업의 정보 요구를 정확히 파악하고 적시에 정보 제공이 가능해야 함

3. 효과성 및 효율성

① 산업정보활동은 경제부처나 민간 기업이 더 효율적으로 수행할 가능성이 있음
② 정보기관 요원이 경제 정보활동에 헌신할 것인지 여부도 문제로 지적됨

4. 공평성

산업정보는 사용자 범위가 넓어 특정 기업이나 업종에 편향되지 않도록 공평하게 배분되어야 함

5. 윤리성

산업정보활동은 비합법적 활동이 용인되지 않는 경우가 많으므로 국제적으로 인정되는 방식으로 수행해야 함

6. 부작용 가능성

① 정보기관의 산업정보활동이 노출될 경우 국가 위신 실추, 외국과의 협력관계 손상 가능성이 존재함
② 타국의 보복적 산업정보활동 유발 가능성이 있으며, 국제 소송 등의 법적 문제 발생 가능함

Ⅴ 국가정보기관의 산업정보활동의 적정범위

1. 비밀정보 수집

비밀활동이 필요한 경우에 한해 정보기관이 개입하고, 공개자료 기반 정보는 경제부처 및 민간 부문이 담당하는 것이 적절함

2. 순수공공재 성격의 활동 집중

① 정부의 경제정책 및 대외 협상전략 수립, 산업보안, 국책 연구개발 및 군수산업 지원 등에 집중해야 함
② 특히 국제경제 동향, 외국의 신기술 개발정책, 통상 교섭전략 등의 정보 수집과 분석에 중점을 두어야 함
③ 산업보안 활동은 국제적 산업스파이에 효과적으로 대응하기 위해 필요함
④ 군수산업 및 주요 국책사업에 필요한 기술정보 지원도 정보기관의 역할로 인정될 수 있음
⑤ 비기술 분야의 국제경쟁력 강화를 위한 정보 제공(불공정 경쟁행위 정보, 국제입찰 정보 등)도 필요함

3. 기술정보(TECHINT) 수집

노출 가능성이 적고 '범위의 경제' 효과가 있는 기술정보 수집 방식을 적극 활용해야 함

4. 개별기업 지원 및 보복적 산업정보활동 자제

특정 기업을 지원하면 형평성 문제 발생 가능성이 있으며, 상호 보복적 산업정보활동이 국제경제 협력관계를 손상시킬 수 있음

I 쟁점

1. 경제정보수집활동과 법률적 논쟁

① 국가정보기구가 경제정보를 수집하여 이를 사기업에 제공하는 것이 정당한지에 대한 논쟁이 존재함.

② 해당 논의는 경제정보 일반이 아닌, 해외 기업 및 국가의 첨단 과학·산업기술 비밀을 획득하여 자국 기업에 제공하는 경우로 한정됨.

③ 국가가 수집한 경제정보를 사적 영역에 제공하는 것이 타당한가에 대한 논의가 핵심 쟁점임.

2. 랜달 포트(Randall M. Fort)의 견해

랜달 포트는 논문 "경제간첩(Economic Espionage)"에서 미국 정보공동체가 미국 기업을 대신하여 산업스파이 활동을 수행하는 것은 최악의 아이디어라고 주장함.

II 부정론

1. 의의

정보공동체는 외국 사기업을 상대로 경제정보를 수집하거나, 수집한 경제정보를 사경제 주체에 제공해서는 안 된다는 입장임.

2. 위협이 아닌 도전의 문제

(1) 의의

경제간첩 행위로 인해 사기업의 경쟁력이 약화되더라도, 이는 국가안보에 대한 '위협'이 아니며, 국가정보기구의 임무 범주에 속하지 않음.

(2) 국가안보에 대한 '위협'과 개별 기업에 대한 '도전(challenge)'

① 부정론자들은 국가안보의 '위협'을 소련의 핵무기 위협과 같이 국가에 대한 물리적 파괴적 위협으로 정의함.

② 기업 경쟁력 상실은 경영혁신을 통해 회복 가능한 문제이며, 이는 제로섬 게임이 아니라 개별 기업이 맞닥뜨리는 '도전'임.

③ 피해 기업은 새로운 기술 개발을 통해 경쟁력을 확보해야 하는 기회의 출발점으로 삼을 수 있음.

(3) 부정론의 확장

① 경제 경쟁력 문제는 국가 간에도 제로섬 게임이 아니며, 경쟁 과정에서 승자와 패자가 존재하지만 효과는 양국이 공유할 수 있음.

② 경제적 승리의 효과가 일방적으로 한 국가에 집중되지 않고 국가 간에 분배됨.

③ 가격 인하와 혁신 제품 개발을 통해 국경을 초월하여 양국이 성공을 공유하는 것이 경제 경쟁력 전쟁의 특성임.

3. 다국적 기업으로 인한 '자국 기업' 개념의 모호

(1) 의의

① 국가정보기구가 경제정보를 사경제 주체에 직접 제공하는 것은 실질적 문제를 초래하며, 국가 도덕적으로도 산업간첩활동을 수행해서는 안 된다는 주장임.

② 다국적 기업과 국제거래의 확대로 인해 국영·준국영 기업을 제외하고 순수한 자국기업을 판별하는 것이 어려움.

(2) 미국 상무부의 미국 기업 정의

미국 상무부는 자산 대부분이 미국 내에 있고, 주식 상당부분을 미국 시민이 보유한 기업을 미국 기업으로 정의함.

4. 경제정보 분배 기준의 불명확

① 국가가 어느 기업을 대상으로 경제정보를 제공할 것인지 명확한 기준 설정이 어려움.

② 경제정보 제공 대상뿐만 아니라, 제공할 정보의 범위와 시점도 불분명함.

5. 효용성의 한계

① 국가정보를 사경제 주체에게 제공하면 산업간첩 행위가 용이해져 기업의 혁신과 창의력이 저하될 위험성이 있음.

② 국가정보공동체와 사기업 간 경제정보 공유는 특정 대기업에 특혜를 부여하는 것이며, 외교적으로 부정적 영향을 초래할 가능성이 있음.

6. 법률규정의 불비

(1) 의의

① 현행법상 국가정보공동체가 비정부 단체에 국가정보를 제공할 법적 근거가 없음.

② 경제정보는 거래비밀(trade secret)일 가능성이 높으며, 미국의 경제간첩법에 따르면 영업비밀 취득은 범죄로 규정됨.

③ 국가정보 제공은 법적 쟁송을 유발할 가능성이 높고, 법·정책적으로도 바람직하지 않음.

(2) WTO 체제의 이념에 반하는 문제

① 국가 공권력이 사경제 영역에 개입하는 것은 자유경쟁을 기반으로 하는 WTO 체제의 이념에 반함.

② 전 CIA 국장 로버트 게이츠(Robert Gates)는 "우리 요원들은 조국을 위해 목숨을 바칠 준비는 되어 있지만, 포드 회사를 위해 생명을 바치려고 하지는 않는다."라고 언급함.

Ⅲ 긍정론

1. 개념

국가정보기구의 산업간첩활동, 즉 상업적 목적의 경제정보 수집활동이 가능하고 필요하다는 견해

2. 주요 내용

(1) 긍정론의 입장

① 국가 경제정보의 사경제 영역 배포는 법적 문제가 아닌 경제적 문제임

② 부정론이 제기하는 문제들은 고려할 가치가 있으나, 국가안보를 위한 경제정보의 사경제 주체 양도 불가 주장은 본말이 전도된 논리임

(2) 현실적 입장

① 국가정보기구의 경제정보 수집활동을 공식적으로 인정하는 국가는 없음

② 그러나 대부분의 국가정보기구는 실질적으로 긍정론적 입장을 취하고 있으며, 다수설적 견해임

Ⅳ 절충론

1. 국가와 사경제 주체 간 정보 공유 필요성

① 국가정보를 사경제 주체에게 전적으로 제공하는 것은 문제의 소지가 있음.

② 국가가 사경제 주체와 정보를 공유하여 경제활동을 수행하는 방식이 필요하며, 직접 회사를 운영하는 방법이 바람직하다는 견해임.

2. 현실적 고려

① 부정론의 입장에도 타당성이 있으나, 국가정보기구가 획득한 최첨단 과학·산업기술을 활용하지 않는 것은 바람직하지 않음.

② 국가경쟁력 강화를 위해 경제정보를 적극 활용해야 한다는 현실적 입장에서 제기된 주장임.

3. 비판

(1) 경제정보 공유의 문제점

① 국가가 특정 사경제 주체와 특정 경제정보를 공유하여 경제활동을 수행하는 문제는 복잡한 쟁점임.

② 국가기관이 경제 운영 주체가 되면, 특정 기업과 경쟁관계에 있는 기업의 기술자료, 사업계획, 계약서 등 영업적으로 가치 있는 정보 제공 문제가 발생함.

③ 일회적 정보 제공도 문제이며, 특정 기업에 지속적으로 정보를 제공하는 것은 더욱 심각한 문제임.

(2) 정보기구 운영상의 어려움

① 정보기구의 속성상 정보원천과 정보방법의 비밀성 유지가 필수적이나, 사경제 주체와 구체적 정보를 공유하면 비밀성 유지에 어려움이 발생함.

② 추상적인 정보는 활용성이 낮아 실효성 문제를 초래할 가능성이 있음.

③ 국가와 사경제 주체 간 연결은 필연적으로 기업이 정보기관의 감시대상이 될 위험성을 내포함.

Ⅴ 결론

1. 의의

① 현대 사회의 다양한 경제 위협 요소는 국가안보와 직결되는 문제이며, 국가는 이를 간과할 수 없는 상황임.

② 국가정보공동체가 수집한 자료를 바탕으로 경제정책이 수립되는 것은 필연적이며, 경제정책은 사경제 주체를 기반으로 함.

③ 국가안보에서 사경제 주체의 영향력은 단순한 개별 기업의 문제가 아니라 광범위한 안보 사안과 연결됨.

2. 필요성

(1) 의의

① 국가정보공동체의 경제정보는 사경제 주체와 다양한 형태로 연결되며, 이는 경제 현실에서 빈번하게 발생하는 현상임.

② 국가가 국책적 관점에서 사경제 주체에 경제정보를 제공하는 것은 필수적이며, 일본과 프랑스는 냉전 시기부터 국가가 사경제 주체 보호 프로그램을 운영해 온 사례가 있음.

(2) 국가안보에 치명적인 위협

① 국가정보공동체의 경제정보 제공에 대한 부정적 견해는 이론적으로 설득력을 가질 수 있으나, 국가경쟁력 약화는 국가안보에 치명적인 영향을 미침.

② 사경제 주체의 경제 경쟁력 약화는 국가 경쟁력 약화로 이어지는 주요 요인이며, 이는 간과할 수 없는 문제임.

Theme 53-1 경제간첩활동에 의한 상업적 이득의 성격

Ⅰ 의의

① 미국 정보정책의 기본 원칙은 국가정보기구가 사경제 주체의 이익을 위해 정보활동을 수행하지 않는 것임.
② 경제간첩활동으로 인한 사경제 주체의 이득을 부차적 이득론과 기회균등론으로 설명함.

Ⅱ 부차적 이득론

국가안보 목적의 경제간첩활동으로 인해 사적 영역이 이득을 얻더라도, 이는 국가안보 확보에 따른 반사적 이득일 뿐임.

Ⅲ 기회균등론

① 경제활동에서의 공정성 확보를 위한 논리로 사용됨.
② 경쟁 주체 간 최소한의 참가권과 공평한 기회를 보장하기 위해 국가정보기구의 경제간첩활동이 정당화될 수 있음.
③ 국가정보기구는 공평성이 위태로울 경우 경제간첩활동을 수행할 수 있음.

Theme 54 법합치적 방법에 의한 경제정보 수집

Ⅰ 의의

경제정보 수집활동은 불법적인 방법이 주로 활용되지만, 법을 적극적으로 이용하거나 법적 장치를 가장하는 법합치적 방법을 통해서도 이루어짐.

Ⅱ 유령면접(Phantom Interview)

1. 의의

기업체 직원 채용 면접을 경제정보 획득 수단으로 활용하는 방법임.

2. 방법

(1) 공식적인 면접담당자 포섭

① 경쟁회사 면접위원을 매수하여 고용의도를 파악하거나, 영업비밀을 확보하는 방식으로 이루어짐.

② 매수된 면접위원이 경쟁사의 유능한 지원자를 의도적으로 탈락시키고, 이후 자사에 취직하도록 유도하는 방식도 존재함.

(2) 고임금 허위 구직광고 활용

① 고임금의 허위 구직광고를 통해 경쟁사 전문기술자 등을 유인하고, 심층면접을 통해 영업비밀을 확보하는 방식임.

② 유령면접을 통한 정보 획득은 발견이 어렵지만 지속적으로 활용되고 있음.

Ⅲ 기업합작과 인수합병

1. 의의

① 상법상의 인수합병 등을 경제정보 수집의 방편으로 활용하는 방식임.
② 상대 기업의 우수한 기술력을 확보하기 위한 목적이 주된 동기임.

2. 방법

(1) 기업합작을 가장한 정보 획득

기업합작을 계획하는 척하면서 자산평가 과정에서 영업비밀의 가치를 분석하여 정보를 확보하는 방법이 활용됨.

(2) 거래비밀 확보를 위한 인수합병 활용

① 기업 합작이 진행되다가 중도 포기되는 사례 중 상당수가 거래비밀을 확보하기 위한 의도에서 계획됨.
② 경쟁기업의 우수한 거래비밀을 직접적으로 확보하기 위해 실제로 인수·합병을 실행하는 경우도 존재함.

Ⅳ NGO 단체 및 간판회사(Front Companies) 이용 방법

1. 의의

(1) 개념

국가정보기구 및 사기업이 NGO 단체 또는 적법한 기업을 전위 기업으로 활용하여 경제정보를 수집하는 방법임.

(2) 주요 사례

① 러시아 - 에어로플롯을 전위 기업으로 운영
② 프랑스 - 에어 프랑스가 국가정보기구에 협조
③ 중국 - 신화사 통신이 정보기구로 분류되어 경제정보 수집

2. 특징 및 활용 국가

① 국가정보기구의 전위 기업은 경직된 국가 공조직보다 유연성이 높아 정보 수집이 용이함.
② 정부와의 관련성을 부인할 수 있어 활용도가 높음.

③ 중국, 러시아, 일본, 프랑스 등이 전통적으로 애용한 방법임.

V 자료공개소송

1. 의의

① 미국은 정보자유법(Freedom of Information Act, FOIA)을 제정하여 시민의 알 권리를 보장함.

② 정보자유법은 국가 활동에 대한 시민 감시를 통해 투명성을 확보하려는 목적을 가짐.

③ 일본과 프랑스의 국가정보기구는 FOIA를 적극 활용하여 정보공개 소송을 제기하고, 재판과정을 통해 기술정보 및 거래비밀 등 주요 정보를 획득함.

2. 방법

① 미국은 산업간첩 행위를 방지하기 위해 상원의원 오린 해치(Orrin Hatch)의 제안으로 FOIA를 외국인이 활용하는 것을 원칙적으로 금지함.

② 그러나 외국 정보기구 및 기업이 미국인을 내세워 정보공개 청구를 하는 것은 여전히 가능하며, 사실상 구별이 어려워 산업간첩 활동의 수단으로 계속 활용됨.

③ 유럽연합(EU) 등도 독점금지법을 활용하여 독점기업을 상대로 소송을 제기하고 경제정보를 수집하는 사례가 존재함.

④ 경쟁기업을 대상으로 한 소송은 실체적 청구 원인이 있을 수도 있지만, 소송 절차를 이용해 영업비밀을 확보하는 목적도 있음.

⑤ 국가정보기구에는 국제관계법에 정통한 법률가가 다수 필요함.

Theme 55 미국의 경제방첩

I 경제방첩 법률

1. 경제간첩법

(1) 의의

① 1979년 「통일영업비밀법」 제정: 영업비밀 침해에 대한 민사 구제 수단만 규정함.

② 1996년 「경제간첩법(Economic Espionage Act, EEA)」 제정: 영업비밀의 불법 취득 행위에 대한 형사 처벌 도입.

(2) 2012년 「외국경제스파이 처벌 강화법」

① 2012년 8월 미국 하원에서 통과, 2013년 1월 14일 오바마 대통령 서명.

② 기존 「경제간첩법」 일부 개정: 미국의 경제혁신과 일자리 보호를 위해 경제스파이에 대한 형사 처벌 강화.

2. 「외국대리인등록법(FARA)」

(1) 의의

외국을 위해 활동하는 개인과 활동 내역을 사전 등록하도록 규정하고, 위반 시 처벌.

(2) 특징

① 간첩죄의 구성요건을 충족하지 않는 다양한 이적 행위 처벌 가능.

② 사전 예방 기능과 사후 처벌 편의성 보유.

3. 「엑슨 – 프로리오법(Exon – Florio Amendment)」

(1) 의의

① 1988년 미 상원의 엑슨(Exon) 의원과 하원의 프로리오(Florio) 의원 주도로 제안됨.

② 1950년 「국방전략물품법」 개정: 외국인의 미국 내 투자에 대한 정부의 점검 권한 부여.

(2) 주요 내용

① 대통령 또는 대통령이 지명한 자가 일정한 합병·인수·취득을 조사할 권한 보유.

② 국가안보에 미치는 영향력 평가 가능.

4. 「영업비밀방어법(Defend Trade Secrets Act, DTSA)」

(1) 의의

① 2016년 4월 27일 미국 의회 통과, 2016년 5월 11일 발효.

② 연방법상 영업비밀 보호를 위한 민사 구제 절차 마련.

③ 각 주법의 구제 절차와 병존 가능.

(2) 주요 내용

① 컴퓨터, 휴대폰 등 통신장비를 포함한 개인 및 기업의 재산을 가압류할 수 있는 권한 도입.

② 영업비밀 공개 및 전파를 막기 위한 조치 강화.

II 경제방첩 조직·활동

1. 의의

① 미국의 방첩조직은 국가방첩정책위원회(NCIPB), 국가방첩관(NCIX), 국가방첩관실(ONCIX), 연방수사국(FBI)으로 구성됨.

② 국가방첩관실(ONCIX)은 해외 경제정보수집 및 외국 정보기관의 경제스파이 활동 사례를 연례보고서로 의회에 제출함.

2. 국가방첩정책위원회(NCIPB)

① 1991년 소련 붕괴 이후 방첩 중요성이 약화되던 시기에 CIA 요원 에임즈(Aldrich Ames)가 1985~1994년 KGB를 위해 간첩활동을 수행한 사실이 드러남.

② 1994년 클린턴 대통령이 방첩활동 체계화를 위해 행정 명령으로 국가방첩정책위원회를 설립함.

③ 국가방첩정책위원회는 정책부처 · 정보기관 고위 간부들로 구성되며, 국가방첩관실이 수립한 연간 방첩활동 전략계획을 심의 · 의결함.

3. 국가방첩관(NCIX)

(1) 의의

① 미국은 방첩공작 활동을 규율하는 방첩공작증진법을 보유하고 있음.

② 동법에 따라 국가정보장(DNI) 산하에 국가방첩관 직위가 창설됨.

(2) 기능

① 미국에는 CIA, FBI를 포함한 17개 방첩정보기관이 각기 독립적으로 활동함.

② 국가방첩관(NCIX)은 방첩기관 간 독립적 활동으로 인한 문제 해결을 위해 의회의 요청으로 신설됨.

③ 국가방첩관은 방첩을 담당하는 기관들을 실무적으로 총괄함.

(3) 조직

① 국가방첩관은 법무부장관, 국방부장관, CIA 국장의 의견을 청취한 후 국가정보장(DNI)이 임명함.

② 국가방첩관은 17개 방첩정보기관의 방첩활동을 조정 · 감독하며 방첩업무 평가 및 기획을 담당함.

(4) 업무

국가방첩관(NCIX)은 다음과 같은 업무를 수행함.

① 방첩활동 전략에 따른 예산배정.

② 스파이활동 손실평가 및 방첩공작 활동 우선순위 설정.

③ 방첩활동 인식 · 예견 및 방첩교육 기본정책 개발.

④ 방첩업무의 조정 · 통제 및 연례 방첩활동 전략계획 수립.

(5) 평가

① 국가방첩관 및 국가방첩관실은 17개 개별 방첩기관의 통합을 촉진하고 국가 차원의 전략적 방첩을 조정함.

② 두 기관이 외국 정보기관과 직접 접촉하거나 독자적으로 방첩공작을 수행하지 않기 때문에 통합 조정이 가능하다는 평가를 받음.

4. 국가방첩관실(ONCIX)

(1) 의의

① 2001년 5월, 클린턴 대통령의 '21세기 방첩활동전략'에 따라 FBI와 함께 신설됨.

② 국가방첩관 산하에서 FBI, CIA 등 17개 정보공동체 방첩 간부 및 전문가들로 구성됨.

(2) 조직

① 전략역량담당 부국장 산하: 3개 위원회 및 전략적 파트너십 그룹.

② 신종위협 담당 부국장 산하: 4개 위원회(안보 평가센터, 인수리스크, 수출 통제 개혁, 기술방첩 · 사이버) 및 국가 내부자 위협 대응 T/F 운영.

(3) 업무

① 2009~2011년 미국 경제스파이 및 산업기밀 유출을 연구 · 분석하고, 중국이 주요 경제스파이 활동 주체임을 보고함(「2011년 경제방첩 연례보고서」).

② 2016년 오바마 대통령이 국가방첩전략(NCIS)을 발표하고 방첩활동과 사이버안보 활동의 통합을 요구함.

③ 국가방첩관실은 매년 미국 경제에 대한 외국 경제스파이 활동 보고서를 의회에 제출함.

5. 연방수사국(FBI)

(1) 의의

① 미국의 연방방첩수사 기구이자 국내 정보 담당 기관.

② 경제방첩 수사의 제1차 책임기관으로, 각 행정부처 및 민간에 경제스파이 관련 정보를 제공함.

(2) 업무

① FBI의 방첩 업무에는 방첩(Counterespionage), 확산 저지(Counterproliferation), 경제스파이 대응(Economic Espionage)이 포함됨.

② 방첩 직무는 대간첩활동, WMD(대량살상무기) 확산방지, 전략물자 수출 통제, 경제방첩 활동까지 확대됨.

(3) FBI 경제스파이팀

① 1994년 경제방첩프로그램(Economic Counterintelligence Program)을 개발함.

② 중요 영업비밀 보호를 위해 외사방첩 및 범죄수사 관할권을 확대하고, 전문 인력 및 수사역량을 보강함.

③ 외국 경제스파이를 주요 위협요소로 설정하여 대응함.

(4) 데카(DECA) 프로그램

① FBI는 간첩 · 방첩 · 대테러 인식 개발 시스템인 데카(DECA, Development of Espionage Counterintelligence and Counterterrorism Awareness) 프로그램을 운영함.

② 경제스파이를 국가안보를 저해하는 주요 요인으로 간주하고, 이를 국가안보위협 목록(National Security Threat List)에 포함하여 예산 배정 시 우선순위를 부여함.

(5) 국가안보처(National Security Branch)

① FBI 내 방첩 담당 부처로 신설됨.
② 테러 문제를 중심으로 외국 정보기관의 경제스파이 활동 및 사이버 범죄 대응을 강화함.

Theme 56 주요국의 경제 방첩

I 일본의 경제 방첩

1. 의의

2008년 4월 내각정보조사실에 국가방첩센터를 설치하여 방첩기능을 강화함.

2. 내각정보조사실

(1) 의의

① 일본의 중앙정보기관으로 1952년 내각총리대신 관방조사실에서 출범함.
② 중앙정보기구 없이 내각정보조사실을 중심으로 각 부처별 방첩정보기관 운영함.
③ 1986년 내각조사실에서 내각정보조사실로 확대 개편됨.

(2) 국가방첩센터

① 2001년 행정개혁 이후 내각정보관이 내각부 관방장관 예하에서 중앙 조정·통제기능을 강화함.
② 2008년 내각정보관을 센터장으로 내각정보조사실에 설치됨.
③ 방첩 기능 강화를 위한 기본방침 시행 조정 및 연락 역할 수행함.

(3) 조직

내각정보관을 수장으로 차장, 총무부문, 국내부문, 국제부문, 경제부문, 내각정보집약센터, 내각정보분석관, 내각위성정보센터, 국가방첩센터 등으로 구성됨.

(4) 주요 임무

① 내각의 중요 정책 관련 정보 수집·분석 및 조사 업무 수행함.
② 총리 직속의 공안위원회, 경찰청, 법무성 공안조사청, 방위성 정보본부와 협력하여 정보 조정 역할 수행함.
③ 내각정보분석관은 특정지역·분야의 고도 분석 업무 담당함.

④ 내각위성정보센터는 국가 안전 확보 및 대규모 재해 대응을 위한 영상정보 수집 수행함.

3. 공안조사청

(1) 의의

① 법무성 소속 정보기구로 해외정보 및 국내 보안업무 담당함.
② 내각정보조사실이 분석·평가·조정 기능을 담당하는 반면, 공안조사청은 직접 현장 활동 수행함.

(2) 임무

① 법무성 외청으로서 인간정보(HUMINT) 수집 담당함.
② 미국 FBI, 영국 MI5와 유사하게 국내 방첩업무 수행함.
③ 강제수사권이 없어 조사 대상 조직·단체에 대한 처분 청구 후 공안심사위원회에서 심사·결정함.
④ 조사 대상 조직·국가 내부에 협력자를 두어 정보 수집을 위한 공작활동 수행함.

4. 경찰청 경비국

(1) 의의

국가공안위원회 산하 경찰청 내부 부국으로 공안경찰의 사령탑 역할 수행함.

(2) 경비국 외사과

① 외사정보부 외사과가 방첩 업무 담당하며 외국정보기관 첩보활동, 국제 테러, 전략물자 부정수출 수사 수행함.
③ 경시청 및 각 도부현 경찰 본부의 외사과를 통솔하며 외국정보기관의 대일 유해활동 수사 담당함.
② 외사과 산하에 외사기술조사실, 납치문제대책실, 외사조정지도관, 국제테러리즘 대책과, 국제테러리즘 정보관 등이 있음.
④ 세계 각국의 방첩기관과 유사한 성격을 가짐.

II 독일의 경제 방첩

1. 의의

① 외국 경제스파이 증가에 대응하여 산업보안을 강화하는 정책 추진
② 경제스파이 관련 법제 강화 및 연방헌법보호청(BfV)과 기업 간 협조 체제 구축

2. 연방헌법보호청(BfV)

(1) 의의

① 독일의 주요 방첩정보기관 중 경제방첩의 핵심 기관
② 외국 정보기관의 경제스파이 행위 대응 및 경제정보 활동 탐지 수행

(2) 직무 분야

① 1950년 11월 7일 창설된 최고 보안방첩기구

② 극좌 공산주의자, 신나치주의 극우파, 이슬람 극단주의자, 테러단체, 조직범죄 감시 및 헌법질서 보호 활동 수행

(3) 경제 방첩

① 외국 방첩정보기관의 경제정보 활동 및 경제스파이 행위 대응

② 주요 방산업체 보안측정 실시 및 기밀 누설 사건 조사

(4) 연방산업보안협회(ASW)

① 1993년 독일 산업연맹 및 9개 주 산업보안협회와 함께 설립

② 연방정부와 경제계 간 산업보안 정보 교류 및 정책 협의

③ 연방총리실이 산업보안 정보를 종합하여 기업에 제공 및 간담회 개최

Ⅲ 프랑스의 경제 방첩

1. 의의

① 프랑스 정보기구: 국내정보 담당 국내안보총국(DGSI), 해외정보 담당 해외안보총국(DGSE), 군사정보부(DRM), 국방보안국(DPSD)으로 구성

② 해외안보총국(DGSE)은 1982년 설립되어 전략국, 첩보국, 공작국, 기술국, 행정국으로 조직됨

③ 국내안보총국(DGSI)은 정보활동국, 기술국, 일반 행정국으로 구성됨

2. 국내안보총국(DGSI)

(1) 의의

① 2014년 5월 2일 신설, 기존 국내중앙정보국(DCRI)의 업무 승계

② 대스파이, 대테러, 대량살상무기 확산 방지, 경제주권 수호 등의 정보활동 수행

(2) 연혁

① 2008년 7월 1일 경찰청 소속 중앙정보총국(RG)과 국토감시국(DST) 통합하여 국내중앙정보국(DCRI) 설립

② 2014년 5월 2일 경찰청 소속에서 내무부 소속으로 이전·재편

(3) 임무

① 프랑스 영토 내 국가이익 침해 활동 대응

② 테러, 국가 권위 및 안전 침해, 전자통신 범죄 대응

③ 극단적 성향 단체 및 조직 감시, 사회현상 분석 포함

(4) 경제 방첩

경제보호국 중심으로 외국 방첩정보기관의 경제정보 활동 대응

Ⅳ 이스라엘의 경제 방첩 기구

1. 의의

① 신베트(Shin Bet)는 이스라엘의 국내 보안기구로 방첩공작 수행

② 1948년 이스라엘 방위군 일부로 창설되었으며, 현재 모사드와 함께 총리실 산하에 위치

2. 임무

(1) 의의

① 외국 정보기관 활동 감시 및 정보 수집 수행

② 내부·외부세력의 정부 전복 활동, 사보타주 및 대테러 활동 담당

(2) 주요 활동

① 요주의 방문객 및 접촉자 조사

② 국내보안 유지, 테러조직 적발, 테러 용의자 심문

③ 웨스트뱅크 및 가자 지구에서의 방첩공작 수행

④ 행정부 고위 간부 및 정부·중요 시설 보호

⑤ 이스라엘 항공기 및 해외 대사관 안전 확보

Theme 57 한국의 경제방첩

Ⅰ 경제방첩 법률

1. 「국가정보원법」

(1) 개요

국가정보원은 대통령 소속 기관으로서 국가안전보장 관련 정보 및 보안 사무를 담당함. 「국가정보원법」 제4조 제1항 제1호 나목에서 산업경제정보 유출, 해외연계 경제질서 교란, 방위산업 침해 방첩을 포함한 방첩 업무를 국가정보원의 직무로 규정함.

(2) 한계

국가정보원의 경제방첩 업무는 정보 및 보안 업무 중 하나로 상정되어 있어, 국제화된 경제스파이활동 대응에 부족함. 이에 따라 경제방첩 요원의 업무 수행에 어려움이 존재함.

2. 「부정경쟁방지 및 영업비밀보호에 관한 법률」

(1) 개요

1961년 「부정경쟁방지법」 제정 후, 1991년 개정을 통해 영업비밀 보호 규정을 추가함. 선진국인 미국, 일본, 유럽 등은 첨단산업 보호 정책을 조기에 수립하여 집행해 온 반면, 한국은 상대적으로 늦게 도입함.

(2) 주요 규정

① 부정경쟁행위 및 영업비밀 침해 방지를 통해 건전한 거래질서 유지(제1조).

② 부정한 이익을 얻거나 영업비밀 보유자에게 손해를 입힐 목적으로 영업비밀을 외국에서 사용하거나 외국에서 사용될 것임을 알면서 취득·사용·누설한 자에 대한 처벌(제18조, 15년 이하 징역 또는 15억 원 이하 벌금).

3. 「산업기술 유출방지 및 보호에 관한 법률」

(1) 개요

「부정경쟁방지 및 영업비밀보호에 관한 법률」로는 기술유출행위를 효과적으로 규제하기 어려워 2006년 10월 제정됨. 국내산업 경쟁력 강화 및 국가 안전보장과 국민경제 발전을 목적으로 함.

(2) 특징

① 「부정경쟁방지 및 영업비밀보호에 관한 법률」의 특별법으로 국가안전보장에 기여함.

② '부정이익 취득 또는 기업에 손해를 줄 목적' 요건을 제외함.

③ 국가가 보호해야 할 산업기술을 지정 및 승인하여 중요 산업기밀 보호를 위한 국가 개입 장치를 마련함.

④ 국가핵심기술의 해외 유출 시 처벌 규정을 명시하여 기존 「형법」상 간첩죄의 한계를 보완함.

(3) 주요 내용

① 산업기술 유출방지 및 보호에 관한 일반법(법 제4조)이며, 「부정경쟁방지 및 영업비밀보호에 관한 법률」의 특별법임.

② 일반산업기술과 국가핵심기술로 구분하며, 국가핵심기술은 해외 유출 시 국가안보 및 국민경제에 중대한 영향을 미치는 기술로 지정됨(법 제2조 제2호).

③ 산업기술 유출 및 침해행위 금지(법 제14조) 및 외국에서 사용 목적의 침해행위 처벌(제36조 제1항, 15년 이하 징역 또는 15억 원 이하 벌금).

4. 「대외무역법」

(1) 개요

1986년 12월 제정, 2016년 1월 일부 개정. 대외무역 진흥 및 공정한 거래질서 확립을 통해 국민경제 발전 도모가 목적임.

(2) 주요 내용

① 산업통상자원부장관은 국가안보 및 국제평화 유지를 위한 수출허가 제한 물품을 지정 및 고시(법 제19조 제1항).

② 전략물자 수출자는 산업통상자원부장관 또는 관계 행정기관장의 허가를 받아야 함(법 제19조 제2항).

③ 전략물자 수출 통제 위반 시 처벌(법 제53조 제1항, 7년 이하 징역 또는 물품 가격의 5배 이하 벌금).

(3) 전략물자 개념 및 관리

① 전략물자는 재래식 무기, 대량살상무기(WMD) 및 그 운반수단 제조·개발·사용에 활용될 수 있는 물품, 소프트웨어, 기술을 포함하며, 국가안보를 위해 수출허가 제한 필요.

② 전략물자 수출 통제는 국가안보와 직결되며, 경제방첩의 범주에 포함됨. 이중용도(dual-use) 전략물자 거래는 경제활동에 기초하므로 대외무역법이 관련됨.

③ 에너지·자원은 군사안보뿐만 아니라 국민경제 안정에도 중요한 요소로 광의의 경제방첩에 포함될 수 있음.

5. 「형법」

(1) 의의

국가기밀 및 개인비밀은 간첩죄, 외교상 비밀누설죄, 공무상 기밀 누설죄, 비밀침해죄 등을 통해 보호됨. 그러나 「형법」에는 경제스파이 행위를 직접적으로 처벌하는 규정이 없으며, 부정한 유출행위를 간접적으로 규제함.

(2) 경제방첩 관련 주요 범죄

① 주요 경제 간첩 범죄: 업무상 배임·횡령죄, 증거인멸죄, 비밀누설죄, 주거침입죄, 절도죄, 장물 취득죄 등

② 공무원의 기업 영업비밀 침해 시 공무상 비밀침해죄 적용, 특정 업무 종사자의 경우 업무상 비밀누설죄 적용됨.

(3) 문제점

① 영업비밀은 유체물이나 관리 가능한 재물이 아니므로 절도죄 적용 불가하며, 산업스파이 행위로 인한 기업 피해가 추상적이므로 업무상 배임죄 적용이 어려움.

② 간첩죄(제98조)는 적국을 위한 간첩행위만 처벌하며, 적국이 아닌 외국을 위한 간첩행위는 처벌 불가함.

6. 「방첩업무규정」

(1) 의의

「방첩업무규정」은 「국가정보원법」 제4조에 따라 방첩업무 수행 및 기관 간 협조 등을 규정하여 국가안보에 기여함.

(2) 주요 내용

① 방첩: 국가안보·국익에 반하는 외국 등의 정보활동을 탐지, 확인, 견제, 차단하는 정보 수집·배포 등의 대응활동(제2조 제1호).

② **외국 등의 정보활동**: 국가안보·국익에 영향을 미칠 수 있는 모든 외국 등의 정보수집 및 기타 활동(제2조 제2호).

③ **방첩기관**: 국가정보원, 법무부, 관세청, 경찰청, 해양경찰청, 국군방첩사령부(제2조 제3호).

④ **방첩정보공유센터**: 국가정보원장 소속으로 운영되며, 방첩기관 간 정보 공유 및 협조 요청 가능(제4조).

⑤ **외국 정보기관 접촉 보고 의무**: 방첩기관 구성원은 직무 외 목적으로 외국 정보기관을 접촉할 경우 사전 보고 및 국가정보원장에게 통보 필요(제9조).

Ⅱ 경제방첩 조직 및 활동

1. 의의

국내 경제방첩 조직은 국가정보원, 검찰청, 경찰청, 국군방첩사령부 등 4개 기관이 주도함.

2. 국가정보원

(1) 방첩 업무

① 외국 스파이 색출 및 견제, 차단

② 경제안보 수호

③ 국가방첩체계 구축 및 국제 방첩협력 강화

④ 대국민 방첩 협조활동

(2) 산업보안

① 첨단기술 해외유출 차단

② 국가연구개발사업 성과물 및 연구데이터 보호

③ 산업보안 교육·컨설팅 및 설명회 개최

④ 지식재산권 침해 대응

⑤ 외국의 경제질서 교란 차단

⑥ 산업스파이 신고상담소 운영

(3) 방첩정보공유센터 운영

국가정보원장은 방첩 관련 정보 공유 및 방첩업무 효율성을 위해 방첩정보공유센터 운영.

(4) 국가방첩전략회의 운영

국가정보원장은 국가방첩전략 수립 및 방첩업무 심의를 위한 국가방첩전략회의·실무회의 운영.

3. 경찰청

(1) 의의

「경찰청과 그 소속기관 직제」제15조 및 시행규칙 제12조에 따라 경찰청은 외사국을 중심으로 방첩업무 수행.

(2) 외사국 역할

① 외국 경찰기관과의 교류·협력

② 국제형사 경찰기구 관련 업무

③ 외사정보 수집·분석 및 관리

④ 외국인 관련 스파이 검거 및 범죄 수사지도

⑤ 외사보안업무 수행

(3) 산업기술 유출 전담수사대

① 2010년 7월, 국가 핵심기술 보호를 위해 경찰청 내 산업기술 유출 전담수사대 설치.

② 2018년부터 전국 모든 지방경찰청에 2개 이상 전담 수사대 운영 중.

4. 국군방첩사령부

(1) 의의

「국군조직법」제2조 제3항에 따라 군사보안, 군 방첩 및 군 관련 정보 수집·처리 등을 담당.

(2)「국군방첩사령부령」주요 내용

① 군 관련 방첩 업무 수행

② 방위사업법 적용 대상 방위산업체의 정보활동 대응 및 군사기밀 유출 방지

③ 군 방첩대책 및 개선방안 수립

(3) 방위산업보안

① 방위산업보안 지원: 방산 스파이로부터 핵심 방산기밀 보호

② 방위산업 비리 예방: 군납물품·무기체계 획득·시설 공사 투명성 제고

③ 방위산업 육성 지원: 글로벌 방산경쟁 대응 및 방산수출 활성화 지원

Theme 57-1 「산업기술의 유출방지 및 보호에 관한 법률」중요 내용

Ⅰ 총칙

1. 목적

산업기술의 부정한 유출을 방지하고 보호함으로써 국내 산업의 경쟁력을 강화하고 국가의 안전보장과 국민경제 발전에 기여하는 것을 목적으로 함.

2. 정의

(1) 산업기술

제품 또는 용역의 개발·생산·보급 및 사용에 필요한 기술정보로서 행정기관의 장이 산업경쟁력 제고 및 유출방지를 위해 지정·고시·공고·인증하는 기술을 의미함.

(2) 국가핵심기술

국내외 시장에서 기술적 · 경제적 가치가 높거나 산업 성
장잠재력이 높아 해외 유출 시 국가 안전보장 및 국민경제
발전에 중대한 악영향을 줄 우려가 있는 기술을 의미함.

(3) 국가연구개발사업

「과학기술기본법」에 따라 관계중앙행정기관의 장이 추
진하는 연구개발사업을 의미함.

(4) 대상기관

산업기술을 보유한 기업 · 연구기관 · 전문기관 · 대학 등
을 의미함.

3. 국가 등의 책무

(1) 국가

산업기술의 유출방지 및 보호를 위한 종합적인 시책을
수립 · 추진해야 함.

(2) 산업기술 관련 기관

① 국가 · 기업 · 연구기관 · 대학 등은 산업기술 연구개
발자 등의 부당한 처우 및 피해를 방지해야 함.

② 산업기술 및 지식의 확산과 활용이 과도하게 제한되
지 않도록 노력해야 함.

(3) 국민

산업기술 유출방지에 대한 관심과 인식을 높이고 직업윤
리의식을 배양하도록 노력해야 함.

4. 다른 법률과의 관계

산업기술의 유출방지 및 보호에 관한 사항은 다른 법률
에 특별한 규정이 있는 경우를 제외하고 본 법을 따름.

Ⅱ 산업기술의 유출방지 및 보호 정책의 수립 · 추진

1. 종합계획의 수립 · 시행

(1) 종합계획의 수립

① 산업통상자원부장관은 산업기술의 유출방지 및 보호
에 관한 종합계획(이하 "종합계획")을 수립 · 시행함.

② 종합계획 수립 시 관계중앙행정기관의 장과 협의 후
산업기술보호위원회의 심의를 거쳐야 함.

(2) 종합계획의 주요 내용

① 산업기술 유출방지 및 보호의 기본목표와 추진방향

② 단계별 목표와 추진방안

③ 홍보 및 교육

④ 기반 구축

⑤ 관련 기술 연구 · 개발

⑥ 정보 수집 · 분석 · 가공 및 보급

⑦ 국제협력

⑧ 기타 필요한 사항

(3) 자료 제출 요청 권한

① 산업통상자원부장관은 종합계획 수립을 위해 관계중
앙행정기관의 장에게 필요한 자료 제출을 요청할 수
있음.

② 요청받은 기관의 장은 특별한 사유가 없는 한 협조해
야 함.

2. 시행계획의 수립 · 시행

(1) 시행계획의 수립

관계중앙행정기관의 장은 종합계획에 따라 매년 산업기
술 유출방지 및 보호에 관한 시행계획(이하 "시행계획")
을 수립 · 시행해야 함.

(2) 세부 사항의 규정

시행계획 수립 및 시행에 관한 세부 사항은 대통령령으
로 정함.

3. 산업기술보호위원회의 설치 및 운영

(1) 위원회의 설치 목적

산업기술 유출방지 및 보호에 관한 주요 사항을 심의하
기 위해 산업통상자원부장관 소속으로 산업기술보호위
원회(이하 "위원회")를 둠.

(2) 위원회의 심의 사항

① 종합계획의 수립 및 시행

② 국가핵심기술의 지정 · 변경 및 해제

③ 국가핵심기술의 수출 관련 사항

④ 국가핵심기술 보유 기관의 해외 인수 · 합병 관련 사항

⑤ 기타 대통령령으로 정하는 사항

(3) 위원회의 구성

① 위원장은 산업통상자원부장관이며, 위원은 25인 이내
로 구성함.

② 위원 중에는 산업기술 유출방지 및 보호에 관한 학식
과 경험이 풍부한 자가 5인 이상 포함되어야 함.

(4) 위원회 구성원의 자격

① 관계중앙행정기관의 차관 · 차장 또는 이에 상당하는
공무원 중 대통령령으로 정하는 자

② 산업기술 유출방지업무를 수행하는 정보수사기관의 장
이 지명하는 자

③ 산업기술 유출방지 및 보호에 대한 학식과 경험이 풍
부한 자로서 성별을 고려하여 위촉하는 자

(5) 간사 및 전문위원회 운영

① 위원회에 간사 1명을 두며, 간사는 산업통상자원부
소속 공무원 중 위원장이 지명함.

② 위원회의 심의 사항을 사전 검토하기 위해 분야별 전
문위원회를 둠.

③ 전문위원회는 위원회로부터 위임받은 사항 및 실무적 사항을 담당함.

(6) 위원회 운영 관련 사항

위원회 및 전문위원회의 구성 · 운영 등에 관한 사항은 대통령령으로 정함.

Ⅲ 산업기술의 유출방지 및 관리

1. 산업기술 보호지침 제정

① 산업통상자원부장관은 산업기술 유출 방지 및 보호를 위해 보호지침을 관계 중앙행정기관의 장과 협의하여 제정하고 대상기관이 활용할 수 있도록 함.

② 산업통상자원부장관은 산업기술 발전 및 시장환경 변화 등을 고려하여 보호지침을 수정 · 보완할 수 있음.

2. 국가핵심기술의 지정 · 변경 및 해제

(1) 지정 절차

① 산업통상자원부장관은 국가핵심기술로 지정할 대상 기술을 선정하거나 관계 중앙행정기관의 장으로부터 선정 · 통보받은 경우 위원회 심의를 거쳐 지정할 수 있음.

② 국가핵심기술 지정 시 국가안보, 경제적 영향, 시장 점유율, 연구동향 등을 종합적으로 고려해야 함.

(2) 변경 및 해제

① 국가핵심기술의 범위 및 내용 변경이나 지정 해제 필요 시 관계 중앙행정기관의 장과 협의 후 위원회 심의를 거쳐 조치함.

② 변경 · 해제된 국가핵심기술은 고시하여야 함.

(3) 이해관계인 의견 진술

① 지정 · 변경 · 해제 심의 시 기업 등 이해관계인의 의견 진술 기회를 제공할 수 있음.

② 기관은 보유 기술이 국가핵심기술에 해당하는지 산업통상자원부장관에게 판정을 신청할 수 있음.

3. 국가핵심기술 정보 비공개

(1) 정보 공개 제한

① 국가기관, 지자체, 공공기관 등은 국가핵심기술 관련 정보를 공개할 수 없음.

② 다만, 국가 안전보장 및 경제 발전에 악영향을 미치지 않는 경우 공개 가능.

(2) 정보 공개 절차

정보 공개 시 20일 이내 이해관계인 의견을 듣고 산업통상자원부장관 및 관계 부처 동의를 받은 후 위원회 심의를 거쳐야 함.

4. 국가핵심기술 보호조치

(1) 대상기관의 보호조치 의무

① 국가핵심기술 유출 방지를 위해 보호구역 설정 · 출입 통제, 전문인력 관리, 비밀유지 계약 체결 등 조치 시행.

② 보호조치를 정당한 사유 없이 거부 · 방해 · 기피해서는 안 됨.

5. 국가핵심기술의 수출 통제

(1) 승인 및 심의

① 연구개발비를 지원받아 개발된 국가핵심기술을 외국에 매각 · 이전 · 수출하려는 경우 산업통상자원부장관 승인을 받아야 함.

② 승인 심사 시 국가안보 및 경제적 영향 검토 후 관계 기관과 협의하여 위원회 심의를 거침.

(2) 신고 및 중지 조치

① 승인 대상이 아닌 국가핵심기술을 수출하려는 경우 사전에 신고해야 함.

② 국가안보에 심각한 영향을 줄 경우 수출 중지 · 금지 · 원상회복 조치 가능.

(3) 위반 시 조치

승인 없이 수출하거나 허위 신고한 경우 정보수사기관의 조사 후 위원회 심의를 거쳐 수출중지 · 금지 · 원상회복 조치 가능.

6. 국가핵심기술 보유기관의 해외인수 · 합병 관리

(1) 승인 및 신고

① 연구개발비를 지원받아 개발한 국가핵심기술 보유기관이 해외 인수 · 합병 · 합작투자 등을 추진하려면 사전 승인 필요.

② 승인 대상이 아닌 경우에도 사전 신고해야 하며, 외국인이 관련 행위를 진행할 경우 즉시 신고해야 함.

(2) 국가안보 보호 조치

① 해외인수 · 합병 등이 국가안보에 심각한 영향을 줄 경우 중지 · 금지 · 원상회복 조치 가능.

② 승인 없이 인수 · 합병을 진행하거나 허위 신고한 경우 조사 후 제재 조치 가능.

Ⅳ 산업기술 보호 및 침해 방지

1. 국가연구개발사업 보호

대상기관의 장은 연구개발 성과물이 외부로 유출되지 않도록 필요한 대책을 수립 · 시행해야 함.

2. 개선권고 및 이행

① 산업통상자원부장관은 국가핵심기술 보호 및 연구개발사업 보호 강화를 위해 대상기관에 개선을 권고할 수 있음.

② 대상기관은 개선대책을 수립·시행하고 그 결과를 보고해야 함.

3. 산업기술 유출 및 침해행위 금지

① 절취·기망·협박 등 부정한 방법으로 산업기술을 취득·사용·공개하는 행위 금지.

② 비밀유지의무자가 부정한 이익을 위해 산업기술을 유출·사용·공개하는 행위 금지.

③ 승인 없이 국가핵심기술을 수출하거나 해외 인수·합병을 진행하는 행위 금지.

4. 산업기술 침해행위에 대한 법적 조치

(1) 금지청구권

① 산업기술 침해로 영업상 이익이 침해되거나 침해 우려가 있는 경우 법원에 금지·예방 청구 가능.

② 침해행위 방지를 위해 물건 폐기, 설비 제거 등의 조치 청구 가능.

(2) 권리 소멸 시효

침해행위가 지속될 경우, 피해를 인지한 날부터 3년, 침해행위 발생 후 10년이 지나면 금지청구권 소멸.

5. 산업기술 해당 여부 확인

대상기관은 보유 기술이 산업기술에 해당하는지 산업통상자원부장관에게 확인 신청 가능.

6. 산업기술 침해신고

① 국가핵심기술 및 연구개발사업 관련 산업기술이 침해될 우려가 있거나 침해된 경우 즉시 신고해야 함.

② 산업통상자원부장관 및 정보수사기관은 신고 접수 시 필요한 조사 및 조치를 시행해야 함.

Ⅴ 산업기술보호의 기반구축 및 산업보안기술의 개발·지원 등

1. 산업기술보호협회의 설립

(1) 설립 및 운영

① 산업기술 유출방지 및 보호 시책의 효율적 추진을 위해 산업통상자원부장관의 인가를 받아 산업기술보호협회(이하 "협회") 설립 가능

② 협회는 법인으로서 주된 사무소의 소재지에서 설립등기를 해야 성립

③ 설립등기 외 추가 등기 사항은 등기 후에야 제3자에게 대항 가능

(2) 업무 범위

① 산업기술보호 정책 개발 및 협력

② 산업기술 해외유출 관련 정보 전파

③ 산업기술 유출방지를 위한 상담·홍보·교육·실태조사

④ 국내외 산업기술보호 자료 수집·분석 및 발간

⑤ 국가핵심기술 보호·관리 지원

⑥ 산업기술 보호 지원업무 수행

⑦ 산업기술분쟁조정위원회 업무 지원

⑧ 산업통상자원부장관이 필요하다고 인정하는 위탁 사업 수행

(3) 재정 및 감독

① 정부는 산업기술 보호를 위해 예산 범위 내에서 협회 사업에 필요한 자금 지원 가능

② 협회 운영 및 감독에 관한 사항은 대통령령으로 규정

③ 협회에 대해 「민법」 중 사단법인 관련 규정 준용

2. 산업기술보호 실태조사

(1) 조사 권한 및 협조 요청

① 산업통상자원부장관은 필요 시 대상기관의 산업기술 보호·관리 현황에 대한 실태조사 실시 가능

② 실태조사를 위해 대상기관 및 관련 단체에 자료 제출 및 협조 요청 가능하며, 특별한 사유 없으면 협조해야 함

(2) 실태조사 세부 사항

조사 대상·범위·방법 등은 대통령령으로 규정

3. 국제협력

(1) 국제협력 사업 추진

정부는 산업기술 보호를 위한 국제협력 촉진을 위해 산업보안기술 및 전문인력의 국제교류, 국제표준화, 국제 공동연구개발 추진 가능

(2) 지원 가능 사업

① 산업보안기술 및 보안산업에 관한 국제적 조사·연구

② 산업보안기술 및 보안산업 관련 인력·정보 교류

③ 산업보안기술 및 보안산업 관련 국제 전시회·학술회의 개최

④ 그 밖에 국제적 차원의 대책 추진을 위해 필요한 사업

4. 산업기술보호 교육

(1) 교육 실시

산업통상자원부장관은 산업기술 유출방지 및 보호를 위해 대상기관 임·직원 대상 교육 실시 가능

(2) 교육 내용

교육의 내용·기간·주기 등은 대통령령으로 규정

5. 산업보안기술 개발 지원

(1) 기술개발 및 인력양성

정부는 산업기술 보호를 위해 산업보안기술 개발 및 전문인력 양성 정책 수립·추진 가능

(2) 산업보안기술 개발 추진

① 대상기관이 산업보안기술 개발을 수행하도록 할 수 있음

② 기술개발 수행자에게 필요한 비용을 출연 또는 보조 가능

(3) 재정 지원 세부 사항

출연금 지급·사용·관리 등에 관한 사항은 대통령령으로 규정

6. 산업기술보호 포상 및 보호

(1) 포상 및 포상금 지급

산업보안기술 개발 등 산업기술 유출방지 및 보호에 기여한 자 또는 산업기술 해외유출 신고자에게 예산 범위 내 포상 및 포상금 지급 가능

(2) 신고자 보호

산업기술 해외유출 신고자가 요청할 경우 신변보호 등 필요한 조치 시행

(3) 외국인 지원

산업기술 보호 기여도가 큰 외국인에 대해 국내 정착 및 국적 취득 지원 가능

(4) 포상 및 보호 절차

포상·포상금 지급, 신변보호 등의 기준·방법·절차는 대통령령으로 규정

7. 산업기술 보호 지원

(1) 정부의 대상기관에 대한 지원 사항

① 산업기술 보안 자문

② 산업기술 보안시설 설치·운영 기술 지원

③ 산업기술 보호 교육 및 인력양성 지원

④ 기타 산업기술 보호에 필요한 사항

(2) 지원 세부 사항

지원에 관한 사항은 대통령령으로 규정

Ⅵ 보칙

1. 손해배상 책임

① 산업기술침해행위로 인해 대상기관에 손해를 입힌 자는 배상책임을 짐.

② 법원은 산업기술침해행위가 고의적인 경우, 손해 금액의 3배 이내에서 배상액을 결정할 수 있음.

2. 자료의 제출

① 법원은 산업기술의 유출 및 침해 관련 소송에서 침해 증명 및 손해액 산정을 위해 필요한 자료 제출을 명할 수 있음.

② 단, 자료 소지자가 제출 거절의 정당한 이유가 있으면 제출하지 않을 수 있음.

3. 비밀유지명령

① 법원은 산업기술 관련 소송에서 비밀유지명령을 내릴 수 있음.

② 비밀유지명령 신청은 서면으로 해야 하며, 명령 대상자와 특정 산업기술 등을 기재해야 함.

③ 법원은 명령이 결정된 경우, 결정서를 명령을 받은 자에게 송달해야 하며 송달 시점부터 효력이 발생함.

④ 비밀유지명령 기각 또는 각하에 대해서는 즉시항고 가능.

4. 비밀유지명령의 취소

① 비밀유지명령의 요건이 충족되지 않거나 충족되지 않게 된 경우, 법원에 취소 신청 가능.

② 법원은 취소 결정 시 신청자 및 상대방에게 결정서를 송달해야 하며, 즉시항고 가능.

③ 비밀유지명령 취소 재판은 확정되어야 효력 발생.

④ 취소 재판을 한 경우, 비밀유지명령을 받은 자에게 즉시 통보해야 함.

5. 소송기록 열람 등의 청구 통지

① 비밀유지명령이 내려진 소송의 기록에 대해 열람 등이 청구된 경우, 해당 사실을 즉시 당사자에게 통지해야 함.

② 비밀유지명령 신청이 있는 경우, 열람 등의 절차를 일정 기간 보류 가능.

6. 비밀유지의무

① 산업기술 보호 관련 업무 수행자는 직무상 알게 된 비밀을 누설하거나 도용해서는 안 됨.

② 대상기관 임직원, 연구원, 국가핵심기술 관리자, 조사 담당자 등이 포함됨.

7. 벌칙 적용에서의 공무원 의제

① 국가핵심기술 지정·보호·조사 업무 수행자는 형법상 공무원으로 간주됨.

② 해당 업무 수행자는 뇌물죄 등 형법 규정 적용을 받음.

Ⅶ 벌칙

1. 국가핵심기술 유출 관련 처벌

국가핵심기술을 외국에서 사용하거나 사용되게 할 목적으로 유출 및 침해행위를 한 자는 3년 이상의 유기징역 및 15억원 이하의 벌금 부과.

2. 산업기술 유출 관련 처벌

① 산업기술을 외국에서 사용하거나 사용되게 할 목적으로 유출 및 침해행위를 한 자는 15년 이하의 징역 또는 15억원 이하의 벌금 부과.

② 산업기술의 유출 및 침해행위를 한 자는 10년 이하의 징역 또는 10억원 이하의 벌금 부과.

③ 중대한 과실로 알지 못하고 산업기술의 유출 및 침해행위를 한 자는 3년 이하의 징역 또는 3억원 이하의 벌금 부과.

3. 부정한 이득에 대한 몰수 및 추징

산업기술의 유출 및 침해행위로 얻은 재산은 몰수하며, 전부 또는 일부를 몰수할 수 없는 경우 그 가액을 추징.

4. 비밀 누설 및 도용 관련 처벌

비밀을 누설하거나 도용한 자는 5년 이하의 징역, 10년 이하의 자격정지 또는 5천만원 이하의 벌금 부과.

5. 병과 규정

산업기술 유출 관련 징역형과 벌금형은 병과 가능.

6. 양벌규정

① 법인의 대표자, 대리인, 사용인 또는 종업원이 산업기술 유출 관련 위반행위를 하면 행위자뿐만 아니라 법인 또는 개인에게도 벌금형 부과.

② 다만, 법인 또는 개인이 상당한 주의와 감독을 다한 경우에는 벌하지 않음.

Theme 58 테러리즘 대응

Ⅰ 9/11과 테러리즘

1. 9/11

(1) 개요

① 2001년 9월 11일, 알 카에다가 미국 뉴욕과 워싱턴에서 동시다발적 자살공격을 감행하며 대량살상을 일으킴.

② 테러범 19명이 민간항공기 4대를 납치해 세계무역센터와 국방부 건물에 충돌.

③ 납치된 민간항공기가 테러무기로 사용된 초유의 사건으로, 2,749명 사망, 3,600명 부상, 2,000억 달러 피해 발생.

(2) 펜트봄(PENTTBOM)

① FBI가 수행한 미국 범죄수사 역사상 최대 규모의 수사임.

② 9/11 테러와 관련하여 11,000명 중 7,000명의 특별수사요원을 동원하여 진행함.

③ 2001년 9월 16일 알자지라 방송에서 9/11 테러를 알카에다의 소행이 아니라고 주장함.

④ FBI가 증거를 제시하자 12월 13일 처음으로 테러 사실을 시인함.

2. 테러리즘의 지역적 구분

(1) 국내 테러리즘(Domestic Terrorism)

테러사건의 준비·실행·효과가 한 국가 내에서 이루어지는 경우임.

(2) 국제 테러리즘(International Terrorism)

테러사건의 준비·실행·효과 중 하나 이상이 2개국 이상과 관련되는 경우임.

(3) 초국적 테러리즘(Transnational Terrorism)

국제테러와 유사하지만 현대 테러의 무차별성과 초대형화 경향을 강조하는 개념임.

3. 뉴테러리즘

(1) 의의

① 1999년 미 국방부 후원 연구소 '랜드(RAND) 연구소'에서 처음 사용한 개념임.

② 기존 테러와 달리 무차별적이며 대형화되는 테러 양상을 설명함.

③ 9/11 테러를 계기로 등장한 뉴테러리즘은 전통적 테러리즘과 차별되는 특징을 가짐.

(2) 불명확한 요구조건과 공격 주체

① 전통적 테러는 명확한 정치적 목적과 요구사항을 제시했으나, 뉴테러리즘은 추상적 목적을 띠며 공격 주체를 밝히지 않음.

② 과거 테러리스트들은 공격 후 신분을 공개하고 정치적 요구를 전달했음.

③ 전통적 테러는 민족주의, 분리주의, 혁명적 목표에서 비롯된 경우가 많았음.

④ 뉴테러리즘은 요구조건과 공격 주체가 불명확하여 추적이 어려움.

(3) 조직의 다원화

기존 테러 조직은 위계적이고 단일화된 형태였으나, 뉴테러리즘 조직은 다원화되어 실체 파악이 어려움.

(4) 전쟁 수준의 무차별 공격

전통적 테러보다 피해 규모가 크며, 핵 · 화학 · 생물학 · 방사능 무기 등 대량살상무기를 사용한 공격이 특징임.

(5) 새로운 유형의 테러 수단

사이버 테러리즘, 극단적 자살 테러 등 새로운 방식의 테러를 활용함.

(6) 테러 대상의 무차별적 확산

9/11 이전까지 이슬람 과격단체의 주요 테러 대상은 미국이었으나, 이후 전 세계로 확산됨.

Ⅱ 한국인에 대한 테러

1. 의의

① 한국은 국제테러 위협에서 비교적 안전지대로 인식되었으나, 2004년 김선일 납치 · 살해 사건을 계기로 한국인도 테러 표적이 될 수 있음을 인식함.

② 2007년 탈레반에 의한 한국인 납치 사건으로 국제테러리즘의 위험성을 재확인함.

2. 한국인 대상 테러의 원인과 사례

(1) 국제사회에서 한국의 역할

① 한국은 미국의 동맹국으로 이라크 · 아프가니스탄에 군대를 파병하여 이슬람 테러조직의 표적이 될 가능성이 높음.

② 경제 · 사회 · 문화적 교류가 활발하여 국제적으로 테러 대상이 될 위험성이 존재함.

(2) 한국인 대상 폭탄 테러

① 2009년 3월 15일, 예멘 세이윤에서 한국 관광객 18명이 테러 공격을 받아 4명 사망, 3명 부상.

② 알 카에다 소속 10대 조직원이 자살 폭탄 테러를 감행, 한국인이 해외 테러의 예외가 아님을 재확인함.

Ⅲ 테러조직의 특성

1. 의의

① 정보활동은 테러리즘을 방지하는 핵심 요소이며, 정보기관은 테러조직의 지도자, 조직원, 자금 출처, 도피처, 무기 저장소, 지원세력, 포섭 장소 등에 대한 정보를 수집해야 함.

② 테러조직의 기습적 공격 특성으로 인해 테러정보 수집이 어렵고, 조직원들이 철저한 비밀보안을 유지함.

2. 알 카에다

(1) 의의

① 세포조직 운영, 조직원 심사, 암호 사용 등 철저한 비밀보안 유지.

② 9/11 테러사건 당시 대규모 조직 운영에도 정보 노출이 거의 없음.

③ 2002년 발리 테러, 2004년 마드리드 테러, 2005년 런던 테러 등 소규모 조직을 활용한 공격이 증가하며 사전 정보수집이 더욱 어려워짐.

(2) 초국가적 테러조직

① 초국가적으로 활동하여 조직원의 신분과 소재지 파악이 어려움.

② 60개 이상의 국가에 세포조직과 협력자를 두고 활동하며, 이민자 및 불법 이민자를 조직원으로 활용.

③ 여러 국가에서 활동하기 때문에 색출 및 제거가 어려움.

3. 테러조직의 인터넷 활용

① 인터넷을 통해 테러 계획, 협력, 실행이 과거보다 용이해짐.

② 조직원 충원, 내부 의사소통 원활화로 조직의 융통성과 상황 대처 능력이 증대됨.

③ 인터넷을 활용한 선전, 지령 전파, 테러 관련 무기 제작 · 습득 방법 공유, 조직원 모집 등이 이루어짐.

④ 무슬림 급진화가 가속화되고, 테러 가담 인원이 증가하며, 조직이 익명성을 유지하여 용의자 색출이 어려워짐.

Ⅳ 대테러 정보수집수단

1. 의의

① 테러 정보 수집에는 공개출처정보(OSINT), 기술정보(TECHINT), 인간정보(HUMINT) 등 다양한 수단이 활용됨.

② 테러조직은 대중매체를 통해 입장을 선전하거나 테러 행위의 주체를 주장하기도 하지만, 공개출처정보의 활용성은 제한적임.

③ 테러조직의 소규모 활동과 특정 근거지 부재로 인해 영상정보(IMINT) 및 통신정보(COMINT)의 활용성이 낮음.

2. 인간정보

(1) 의의
테러조직 정보 수집에 가장 유용한 수단은 인간정보이며, 다음과 같은 세 가지 방법이 활용됨.

(2) 테러조직 내부 요원 포섭
① 조직 내부 활동 인물을 포섭하여 협조자 또는 공작원으로 활용.
② 정보요원이 직접 신분을 밝히지 않고, 다른 테러조직 요원으로 위장하여 접근 후 포섭하는 방식이 효과적임.

(3) 테러조직 내부로의 공작원 침투
① 내부 요원 포섭이 어려운 경우 공작원을 침투시켜 조직 내부에서 높은 지위를 확보하게 함.
② 고위직 침투 시 중요한 정보 제공이 가능함.

(4) 체포한 테러리스트 심문
① 가장 저렴하고 효과적인 방법은 체포된 테러리스트 심문을 통한 정보 획득임.
② 조지 테닛 전 미국 중앙정보국장에 따르면, 체포된 알카에다 지도자들로부터 조직원, 전략, 사고방식 등에 대한 유용한 정보를 얻을 수 있었음.

Ⅴ 대테러/반테러

1. 대테러(Counter – terrorism)
① 발생한 테러에 대한 응징 차원의 대응 활동을 의미함.
② 전술적·방어적·현장 중심의 대응을 포함함.

2. 반테러(Anti – terrorism)
① 테러 행위를 미연에 방지하고 근절하기 위한 전략적 대응을 의미함.
② 국가 차원의 공격적·예방적 대책을 포함함.

Ⅵ 대테러 국제협력

1. 의의
① 테러 관련 정보 수집에서 인간정보가 기술정보보다 상대적으로 효과적인 수단으로 인정되지만, 인간정보 역량도 제한적임.
② 미국의 경우, CIA가 인간정보를 담당하나, 인간정보 능력이 미흡하다고 평가됨. 테러조직이 전 세계적으로 분산되어 있어 미국 단독으로 추적하는 것이 불가능함.

③ 이에 따라 관련 국가들과의 정보협력이 필수적이며, 9/11 테러 이후 CIA의 주요 목표는 미국 주도의 대테러 국제 정보협력 체제 구축이었음.

2. 대테러정보센터(Counterterrorist Intelligence Centers, CTICs)

(1) 의의
① 유럽, 중동, 아시아의 24개국 이상이 참여하는 대테러정보센터(CTICs)가 설립됨.
② CTICs는 미국 및 외국 정보기관 요원들로 구성되며, 상호 정보교환 및 협력을 유지함.

(2) 미국의 지원
① 미국은 NSA가 감청한 비밀정보를 회원국에 제공하며, 통신정보(COMINT)는 테러조직 관련 미국 수집 정보의 80~90%를 차지할 만큼 중요한 역할을 함.
② 이는 과거 미국 정보공동체의 관행과 비교했을 때 매우 혁명적인 변화로 평가됨.

(3) CTICs의 활동
① CTICs는 테러 용의자 체포 및 심문, 자금 출처 봉쇄, 군수지원 차단 등의 활동을 수행함. 체포 업무는 주로 지역 경찰이 담당함.
② 이러한 정보협력을 통해 9/11 테러 이후 수많은 테러범을 색출 및 체포하는 성과를 거둠.
③ 초국가적 적대 세력이 등장하면서, 미국 정보공동체가 주도하는 초국가적 정보협력이 강화됨.

3. CIA 정보활동의 변화
① CIA는 공작원 포섭보다 외국 정보기관과의 협력을 중시하는 방향으로 정보활동을 변화시킴.
② 외국 정보기관은 인간정보(HUMINT)를 활용하여 자국 내 이슬람 테러범 관련 정보를 수집함.
③ 국제 대테러활동은 외국 정보기관의 인간정보에 상당 부분 의존하며, 미국의 통신정보(COMINT) 및 첨단 장비 정보와 상호 교환됨으로써 국제적 정보협력이 이루어짐.

4. 변칙인도(Irregular Rendition)

(1) 의의
테러 용의자 조사를 위한 기법으로, 헌법상 고문이 금지된 국가로 직접 이송하지 않고 고문이 허용된 국가로 먼저 인도하는 방식임.

(2) 사례 및 비판
① 로버트 바이어: "중요한 심문은 요르단, 고문은 시리아, 재회하지 않으려면 이집트로 보낸다."라고 표현함.
② 휴먼 라이츠워치: 변칙인도를 "고문의 외주 발주 (outsourcing of torture)"로 비판함.

③ 국제사면위원회(Amnesty International): 국제법 및 미국 국내법 위반으로 금지 요청함.

5. 대량살상무기확산안전조치(PSI)

(1) 의의

① 2003년 5월 31일 조지 부시 대통령이 발표한 국제협력체제임.

② 11개 선진국이 합의하여 국제거래가 금지된 무기·기술을 운반하는 선박, 항공, 육상 교통수단을 정지 및 수색할 수 있도록 함.

(2) 국제협약 및 칸 네트워크 적발 사례

① 회원국들은 의심 선박 및 운송수단을 정지, 수색, 압수할 수 있는 권한을 가짐.

② 2003년 가을, 이탈리아가 미국 정보에 따라 리비아행 BBC China호를 정지·수색하여 원심분리기를 압수함.

(3) 국가정보기구의 역할

① PSI는 정보공동체의 정보판단을 기반으로 성립된 국제협약임.

② 미국은 칸 네트워크에 대한 정보활동을 수행하며 국제적 저지 체계를 구축함.

Theme 59 국가정보와 테러

I 테러와 테러리즘

1. 테러

(1) 사전적 의미

① 불특정 다수에게 공포심을 유발하는 행위로, 인류 역사와 함께 존재함

② 고대 지중해 지역에서 사용된 라틴어 '테러(terror)'에서 유래

(2) 어원

① 인도–유럽어족에서 기원하며 '끔찍한', '단념하게 하는', '대혼란'의 의미를 지닌 "테르(TER)"에서 유래

② 불확실한 미래로 인한 불안과 공포를 의미함

(3) 성격

① 정치적, 종교적, 사상적 목적 달성을 위한 무력적 분쟁 해결 수단

② 냉전 시대부터 지속적으로 전개됨

2. 테러리즘

(1) 의의

공포를 조성하여 특정 조직이나 국가의 행동을 강요하거나 중단시키는 행위 또는 주의

(2) 테러분자(Terrorists)

① 정치적 목적 달성을 위해 직접적인 공포 수단을 이용하는 자들

② 이념 실현을 위해 무고한 희생을 감수하는 가치 판단을 함

(3) 어원

1789~1799년 프랑스 혁명 중 자코뱅당이 실행한 공포정치(Reign of Terror)에서 유래

II 테러 개념의 역사적 전개

1. 구분

(1) 방법 기준

① 농·수산물 테러(Agro terrorism)

② 생·화학 테러(Bioterrorism)

③ 핵무기 테러(Nuclear terrorism)

(2) 이념적 기초와 사상 기준

① 기독교 테러(Christian terrorism)

② 공산주의 테러(Communist terrorism)

③ 환경 테러(Eco terrorism)

④ 이슬람 테러(Islamic terrorism)

⑤ 마약 테러(Narcoterrorism)

2. 역사적 유형

(1) 적색테러(Red Terror)

① 극렬 공산주의자들에 의한 테러

② 1918~1922년 소비에트 러시아 볼셰비키에 의해 대규모 체포 및 처형 발생

③ KGB의 전신인 비밀경찰 체카에 의해 사법 절차 없이 진행됨

④ 프랑스 혁명의 자코뱅당 공포정치와 유사한 개념

(2) 대테러(Great Terror)

① 1930년대 소련의 스탈린이 주도한 대규모 숙청과 처형

② 1937~1938년 NKVD에 의해 1,548,367명 유치, 681,692명 처형

③ 수감자들은 사법 절차 없이 굴락(Gulag) 수용소에 수감됨

(3) 백색테러(White Terror)

① 극우 세력 또는 보수주의자들의 좌익 탄압 테러

② 지배계급이 반체제 · 혁명세력을 탄압하기 위해 자행하는 폭력

③ 1795년 프랑스 혁명 당시 왕당파의 보복에서 유래

④ 1927년 중국 내전 중 국민당 정부의 공산주의자 탄압이 대표적 사례

⑤ 상하이 대학살(Bloody Double Cross)로도 알려짐

(4) 흑색테러(Black Terror)

① 나치의 유대인 학살

② 무정부주의 테러를 의미하기도 함

(5) 극우테러

반공 또는 특정 민족 · 인종 우월성 주장
(예 독일 · 러시아 스킨헤드, 미국 KKK)

(6) 극좌테러

공산주의 · 사회주의 국가 건설을 목표로 한 테러
(예 일본 · 독일 적군파, 페루 빛나는 길)

(7) 민족주의 테러

① 민족의 분리독립 및 자치권 확립을 목표로 하는 테러

② 예: 스페인 바스크 조국해방, 영국 아일랜드 공화군

(8) 정치사상으로서의 허무주의

① 유물론적 입장: 종교, 미신, 형이상학 등 비과학적 요소를 부정

② 개인주의적 입장: 전통 · 관습 · 규범 등 개인에게 부과된 사회적 의무 부정

③ 목표: 개인의 완전한 자유 및 불가침한 사생활 옹호

④ 네차예프는 새로운 세계 창조를 위해 기존 체제 완전 말소 주장

Ⅲ 전위조직과 자발적 협력자

1. 전위조직

(1) 의의

① 테러단체의 활동을 뒷받침하는 합법적 조직을 갖추는 경우 존재

② 테러활동을 합리화하거나 자금을 지원하는 역할 수행

③ 무역회사 형태가 일반적이며, 알 바라카트(Al Barakaat), 국제자선기금(Benevolence International Foundation) 등이 대표적 사례

(2) 게릴라 조직과의 구별

① '게릴라'의 어원은 영국의 이베리아 해방전쟁(1809~ 1813) 시 영국의 웰링턴 장군을 지원하여 프랑스 군 축출에 공을 세운 스페인 · 포르투갈의 비정규군을 '게리예로스(Guerrilleros)'라고 부른 데서 기원

② 게릴라 조직은 주로 군사적 승리에 중점을 두며, 주민들의 협조나 지원과 상관없이 독자적으로 활동하는 테러조직과는 달리 주민들과 연계하여 활동

2. 자생테러

① 자국 국민이나 자국 내 테러집단이 자국 정부 및 국민을 대상으로 행하는 테러

② 미국에서 처음 등장('homegrown terrorism')

③ 기존 '국내테러(domestic terrorism)'와 구별됨

3. 외로운 늑대(Lone – Wolf)

(1) 의의

① 조직원이 아닌 자생적 테러리스트를 지칭

② 테러조직과 무관하게 자발적으로 협력하는 자들

③ 특정 조직이나 정부에 대한 반감으로 독자적 행동 수행

④ 사회 부적응적 성향이 있으며, 조직적 테러보다 예방이 어려움

⑤ 1996년 체첸 반군을 일컫는 말이었으나 앨릭스 커티스가 '자생적 테러리스트' 의미로 사용

(2) 특징

① 테러조직의 지휘체계와 무관하게 외곽에서 지원

② 유령 조직원(phantom cell), 무지도자 저항자(Leaderless resistance) 등으로 불림

③ 애국법에 의해 테러분자로 간주되어 처벌 가능

(3) 대표 사례

1995년 오클라호마 폭탄 테러 실행자 티모시 제임스 맥베이(Timothy James McVeigh)

4. 반문명 · 반기술 테러

① 문명과 과학기술을 부정하는 이들에 의해 행해지는 폭력

② 감염이론: 매스미디어의 과도한 보도가 모방테러를 증가시킨다는 이론

② 대표 사례: 20년간 대학 · 항공사를 대상으로 우편폭탄 테러를 감행한 테러리스트 '유너바머(UNA Bomber, 본명: 카진스키)'

Ⅳ 국제사회의 테러에 대한 정의

1. 유럽연합(EU)의 테러 정의

(1) 의의

2002년 6월 13일, 유럽연합위원회 회원국들이 테러 개념을 정의하고 공동 대응 기구 창설을 결의함.

(2) Framework Decision on Combating Terrorism(2002)

① 테러의 정의: 일반인에게 공포심을 조성하고 국가나 국제기구를 강제하기 위해 폭발물, 수류탄, 로켓, 자동화 무기, 폭탄 우편물을 사용하는 행위.

② 정치적 동기보다는 대상(민간인)과 폭력적 방법에 중점을 둔 실용적 개념 정의.

2. 이슬람 세계의 견해

(1) 의의

① 서구사회와 대립하는 이슬람 세계의 테러 개념 이해가 중요함.

② 이스라엘과 팔레스타인은 서로를 테러리스트로 규정함.

(2) 테러금지를 위한 아랍국제회의(1998)

① 테러 자체는 비난하면서도, 아랍 국가의 이익에 반하는 행위만을 테러로 간주함.

② 아랍 국가의 영토 보존 노력은 무장투쟁을 포함하더라도 테러가 아니라는 입장.

(3) 이슬람 국제회의(2002)

① 말레이시아 마하티르 수상이 테러를 "민간인에 대한 모든 공격"으로 정의할 것을 제안함.

② 일부 국가들은 팔레스타인의 무장투쟁을 예외로 해야 한다고 주장하여 통일된 개념 정의에 도달하지 못함.

3. 미국의 견해

(1) 의의

테러에 대한 정의가 여러 개별법에 산재되어 있음.

(2) 「연방 형법(Federal Criminal Code)」

테러의 정의: 일반 시민을 협박 · 강요하여 정부 정책에 영향을 미치려는 행위로, 대량 파괴, 암살, 납치 등을 포함함.

(3) 「애국법(USA PATRIOT Act)」

「연방 형법」에 기초하여 테러를 미국 연방 · 주 법을 위반하는 생명 위협 행위로 정의함.

(4) 국가테러대응센터(NCTC)

미리 계획된 폭력행위로, 준국가 또는 비밀조직이 정치적 동기로 비전투원을 대상으로 실행하는 행위로 정의함.

Ⅴ 테러의 개념 요소

1. 피해자(victims)

① 테러의 피해자는 민간인과 비전투원임.

② 일반 범죄와 달리, 테러는 피해자를 단순한 수단으로 이용함.

③ 인간 존엄성을 훼손하는 범죄로 비판받음.

2. 목표물(target)

(1) 의의

직접 목표물은 피해자이나, 궁극적 목표는 정부 지도자들임.

(2) 소프트 타깃(Soft Target)

백화점, 나이트클럽, 지하철역, 교통수단 등 경비 수준이 낮아 외부 테러 공격에 취약한 민간시설을 의미함.

(3) 하드 타깃(Hard Target)

정부시설, 외교공관, 군 시설 등 경비 수준이 높아 테러 공격이 쉽지 않은 정부 관련 시설을 의미함.

3. 의도(intent)

① 일반 시민을 협박하여 공포를 확산시키는 것이 주요 의도임.

② 국가의 상징물을 공격하여 심리적 충격을 극대화함.

4. 수단(means)

(1) 의의

① 테러는 극단적 폭력을 수단으로 하며, 공포 조장을 목적으로 함.

② 폭발물, 독가스, 자살폭탄 등 비전통적 군사무기 사용이 특징임.

③ 공중기 납치, 차량 폭탄, 유도 미사일 등의 다양한 방법이 활용됨.

심층 연계 내용 독가스

1. 사린가스(Sarin gas)
   ① 독일군이 개발한 휘발성이 높은 신경가스로, 호흡기 및 피부를 통해 흡수됨
   ② 독성이 청산가리의 500배에 달하며, 이란-이라크 전쟁 및 일본 옴진리교 지하철 테러에 사용됨

2. 라이신(Ricin)
   ① 피마자(학명: Ricinus Communis)에서 추출된 독소
   ② 청산가리의 6,000배 독성을 가지며, 흡입 · 혈액 침투 시 72시간 내 사망 가능
   ③ 다양한 형태로 변형이 가능하며, 1978년 불가리아 반체제 인사 암살에 사용됨

---

(2) 자살 폭탄 테러

① 충성스러운 조직원에 의해 수행되며, 아이리시 공화국군은 강요된 대리 폭탄을 사용하기도 함.

② 대리 폭탄은 무고한 시민을 협박하여 폭탄을 장착하도록 하는 방식임.

③ 특별한 훈련 없이도 스위치를 누를 용기만 있으면 실행 가능함.

④ 공격 즉시 불특정 다수에게 심리적 공포를 확산시키는 효과가 큼.

⑤ 1980년대 이후 급속히 확산됨.

(3) 대량살상무기(WMD)

① 테러조직의 국제화로 인해 WMD 사용 위험성이 증가함.

② 미국은 WMD 확산 저지를 대외정책의 최우선 과제로 삼음.

5. 동기(motivation)

테러는 정치적 목적을 관철하기 위한 전략적 행위이며, 이념적 · 종교적 · 민족적 동기를 포함함.

Ⅵ 인질사건에서의 심리동화 현상

1. 리마 증후군(Lima Syndrome)

(1) 개념

① 인질범이 피인질자에게 정신적으로 동화되는 현상임.

② 시간이 지날수록 인질범이 인질에게 호의를 가지게 됨.

(2) 사례

① 1996년 12월 17일 페루 좌익단체 '투팍 아마루 혁명운동'(MRTA) 소속 테러범 14명이 일본 대사관을 점거하여 126일간 주요 인사 400여 명을 억류함.

② 장기간 생활하면서 테러범들이 인질들의 어려움을 이해하고 우호적인 관계를 형성한 사례에서 유래함.

2. 스톡홀름 증후군(Stockholm Syndrome)

(1) 개념

① 피인질자가 인질범의 정서에 감화되는 현상임.

② 시간이 지날수록 인질이 테러범을 이해하고 옹호하게 됨.

(2) 사례

① 1973년 8월 23일 스웨덴 스톡홀름에서 발생한 은행강도 사건에서 유래함.

② 인질범이 여자 은행원을 인질로 잡고 5일간 경찰과 대치하는 동안, 인질과 인질범이 서로 사랑하는 관계로 발전하여 인질이 오히려 인질범을 보호하는 현상이 발생함.

3. 런던 증후군(London Syndrome)

통역가나 협상가가 인질범 또는 인질의 생존을 자신의 문제와 동일시하면서 협상 과정에 문제를 일으키는 현상임.

Ⅶ 국가의 테러 주체성 논의

1. 의의

국가의 테러 개념 구성 요소 중 불법 또는 위법성을 필요로 한다는 견해가 존재함.

2. 국가의 테러 주체성 부인론

① 국제법적으로 국가가 인정하는 합법적 테러행위는 실정법적으로 위법하나 자연법적으로 합법한 행위로 간주됨.

② 따라서 합법성을 가진 정통적 국가는 테러의 주체가 될 수 없으며, 국가테러 개념을 인정할 수 없음.

③ 이는 방어권 문제와 연결되며, 선제공격에 대한 보복이 자위권 행사로 용인될 경우 테러로 볼 수 없음.

3. 비판

(1) 국가의 테러 주체성 인정

① 다수 학설은 국가도 테러의 주체가 될 수 있다고 주장함.

② 국가는 직접적 테러행위뿐만 아니라 테러조직에 대한 자금 지원, 장소 제공, 인력 제공 등을 통해 공범적 역할을 수행함.

(2) 정통성과 합법성의 문제

합법적 · 정통적 국가의 테러 주체성 부인론은 특정 이념을 전제로 한 주관적 견해로 해석될 수 있음.

4. 결론

① 테러는 무고한 시민을 도구로 이용하는 반인륜적 범죄행위임.

② 정치적 · 이념적 문제를 떠나, 기본적 인권의 관점에서 테러는 생명권과 자유권을 위협하는 행위임.

Ⅶ 예방적 선제공격이론(Preemptive Doctrine)

1. 의의

부시 독트린(2003년 이라크 전쟁의 이론적 근거)으로, 9.11 테러 이후 미국이 테러조직과 이를 지원하는 국가를 동등하게 취급하며 강력 대응하겠다고 공표함. 선제공격은 적대세력의 공격이 임박했음을 나타내는 증거 또는 예상에 근거하여 공격을 사전 봉쇄하는 전략임.

2. 예방공격과 선제공격

(1) 예방공격

적대세력의 침공이 임박하지 않았으나, 침공 시 심대한 타격이 예상될 경우 선제적으로 공격하는 전략임.

(2) 선제공격

① 임박한 공격에 대한 대응으로 수행되며, 예방공격과 구분됨.

② 국제 정치학적으로 두 개념 모두 일방주의 또는 제국주의적 과잉대응이라는 비판을 받음.

③ 부시 행정부는 선제공격의 국제법적 정당성을 주장하며 실행함.

3. 판례

① 2003년 2월 군인과 의회의원들이 부시 행정부의 이라크 전쟁 수행을 금지하는 소송을 제기함.
② 법원은 전쟁이 시작되지 않았으며 다른 해결 가능성이 존재한다는 이유로 사건이 성숙하지 않았다는 이유로 원고 청구를 기각함.

Ⅸ 테러단체 지정

1. 의의

① 미국 국무부는 애국법(현 자유법)에 근거하여 법무부 장관과 협의하여 테러단체를 지정할 권한을 가짐.
② 국무부는 테러추방 목록(TEL)을 작성 및 관리하며, 국토안보부는 해당 목록을 근거로 특정 단체와 교류한 자의 입국을 거부하거나 추방할 수 있음.

2. 테러단체 지정 기준

① 죽음 또는 심각한 신체적 상해를 초래하는 의도를 가진 폭력적 테러행동을 수행 또는 선동한 경우.
② 테러활동을 준비 또는 계획한 경우.
③ 테러활동의 잠재적 목표물에 대한 정보를 수집한 경우.
④ 테러활동을 용이하게 하기 위해 물질적 지원을 한 경우.

3. 테러단체 지정 절차

① 국무부 장관은 법무부 장관과 협의하여 테러단체를 지정함.
② 국무부는 법무부 및 정보기관과 협력하여 모든 정보를 활용하여 법적 요건에 부합하는 행정기록을 작성함.
③ 작성된 행정기록은 국무부 장관에게 보고되며, 국무부 장관이 최종 결정 후 연방관보에 고지함.

4. 테러단체 지정의 효과

① 지정된 테러단체의 미국 내 자산이 동결되며, 해당 단체를 지원하거나 그 일원으로 활동한 개인은 미국 입국이 금지되거나 추방됨. 난민 신청 및 사법적 구제도 제한됨.
② 미국 시민은 지정된 테러단체에 기부 또는 기여할 수 없으며, 해당 단체는 강화된 감시 대상이 됨. 또한, 다른 국가기관에도 지정 사실이 통보되며, 단체 고립 조치가 시행됨.

5. 테러자금 규제

(1) 테러자금의 개념

① 유·무형 및 동산·부동산을 불문하고 테러 목적에 이용된 모든 자산을 의미

② 테러무기 구입, 테러범 훈련, 테러분자 이동 등에 막대한 자금이 소요되므로 테러자금 조성 차단은 테러조직 활동을 위축시키는 핵심적인 테러 예방책

(2) 국제적 규제 조치

① 1998년 8월 케냐·탄자니아 주재 미 대사관 테러사건 이후 빈라덴 의 자금 지원 사실이 밝혀지면서 테러자금 규제 필요성이 제기됨
② 1999년 12월 UN 총회에서 테러자금 조달 억제를 위한 협약 채택
③ 2001년 9월 28일 UN 안보리 결의안 1373호 를 통해 테러자금 색출 및 조성·지원 행위를 범죄화할 것을 의무화
④ 자금세탁방지 국제기구(FATF)에서도 테러자금을 자금세탁 방지 대상에 필수적으로 포함할 것을 국제적 기준(Global Standard)으로 제시

6. 테러지원국(State Sponsors of Terrorism)

(1) 의의

미 국무부는 1979년 수출통제법(Export Administration Act of 1979) 에 따라, 테러를 사주·지원·방조하거나 은신처·병참·정보 제공 등의 행위를 하는 국가를 테러지원국 으로 지정함.

(2) 테러지원국 지정 시 적용 조치

① 관련 법 적용: 수출통제법, 적성국교역법, 대외원조법, 종합테러방지법 등의 규제 적용
② 제재 조치: 무기·이중용도 품목 수출금지, 경제원조 금지, 미 수출입은행 보증 금지, 최혜국 대우·일반특혜관세 부여 금지, 국제 금융기관 차관 제공 금지 등 군사·경제·외교적 제재 부과
③ 해제 조건: 대통령이 규제 해제 결정 가능, 최근 6개월간 국제테러 개입·지원이 없었음을 입증해야 해제 검토 가능
④ 현재 지정 국가: 시리아(1979년 12월 29일 최초 지정, 단 한 번도 해제되지 않음), 이란, 북한, 쿠바

7. 대테러 비협조국(Non-Cooperative Countries with US Anti-Terrorism Efforts)

(1) 의의

미국은 자국의 대테러 노력에 협조하지 않는 국가를 대테러 비협조국 으로 지정하며, 종합테러방지법에 따라 매년 5월 15일까지 의회에 통보함.

(2) 지정 시 적용 조치

① 관련 법 적용: 종합테러방지법(Anti-Terrorism and Effective Death Penalty Act of 1996) 에 따라 군수품 및 군수서비스 수출 제한

② 예외 조항: 대통령이 국익을 위해 필요하다고 판단하면 수출제재 면제 가능

I 개요

대량살상무기는 핵무기, 화학무기, 생물학무기, 환경무기 등을 포함하며, 이들의 운반 수단인 장거리 유도무기 및 향후 개발 가능성이 있는 방사능 무기를 포괄함.

II 화생방 테러

① 테러조직이 미생물, 화학 물질, 방사능을 이용하여 치명적인 살상을 가하는 행위
② 간단한 운반수단을 통해 확산이 가능하며, 소량으로도 대량의 살상력을 보유함

III 특정 무기 유형

1. 더러운 폭탄

① 방사성 물질을 재래식 폭탄과 결합하여 핵테러 효과를 내기 위해 제작된 폭탄
② 핵무기와 달리 핵분열은 일어나지 않으나, 심리적 효과가 커 테러조직에 의한 사용이 우려됨

2. 생물무기

① 세균 · 바이러스 · 곰팡이 · 독소 등을 이용하여 인간 · 동식물의 생체 기능 및 수명에 영향을 주는 무기
② 상대적으로 제조비용이 저렴하고 생산이 용이하여 제3세계 국가들이 보유하고 있는 것으로 추정됨

3. 화학무기(Chemical weapon)

① 유독성 화학약품을 이용하여 인명을 살상하거나 환경을 파괴하는 무기
② 광의: 화염방사제 · 연막 · 소이제 · 독가스 · 조명용 약품 등 포함
③ 협의: 애덤자이트 · 머스터드가스 · 포스겐 등 독가스 지칭

4. 파빙이론(Broken Ice Theory)

생화학 테러가 발생하지 않은 이유는 테러조직이 효과를 인식하지 못했기 때문이며, 일단 효과가 입증되면 테러가 급증할 것이라는 이론

1. 이슬람 원리주의(Islamic Fundamentalism)

① 이슬람 사회의 서구 예속 원인을 이슬람교의 타락으로 보고, 코란에 충실한 초기 이슬람의 도덕으로 회귀를 주장하는 순수 종교운동
② 1920년대 이집트 무슬림 형제단이 영국 식민통치에 저항하며 순수 이슬람 국가 건설을 주장, 폭력적 수단 사용 시작
③ 1970년대 이후 아랍국가의 세속화와 서구 기독교 문화 유입으로 테러단체들이 이슬람 원리주의를 극단적 폭력의 정당화 수단으로 사용
④ 수니파와 시아파는 이슬람교의 양대 종파로, 서로 대립하는 것으로 알려짐

2. 수니파

① '수나'(모하메드의 언행)를 이상으로 삼는 파벌
② 모하메드의 정통 계승을 주장하며 사우디아라비아를 종주국으로 다수 이슬람 국가에서 우세한 교세 유지 (요르단 · 시리아 · 리비아 · 파키스탄 · 아프가니스탄 등)

3. 시아파

① '시아트 알리'(알리의 당)의 약칭으로, 전체 이슬람 교도 중 약 10% 미만의 교세 보유
② 모하메드의 종제이자 사위인 알리(4대 칼리프)의 혈통을 계승한 인물을 정통 후계자로 신봉
③ 이란을 종주국으로 이라크(60%)에서 우세한 교세 유지

4. 무자헤딘(Mujahedin)

① '신의 전사'를 의미하는 용어
② 1979~1989년 아프가니스탄 전쟁 당시 구소련군에 맞서 싸운 이슬람 참전용사를 지칭
③ 종전 후 일부가 이슬람 테러조직에 가담하여 테러활동 수행

5. 지하드(Jihad)

① 원래 '알라의 뜻에 복종하는 삶을 위한 투쟁'을 의미하는 종교적 개념
② 1920년대 무슬림 형제단이 반영 무장독립 투쟁을 '지하드'로 명명하며 폭력 정당화
③ 이후 이슬람 과격세력들이 테러활동을 '지하드'(성전)로 주장

6. 인티파타(Intifada)

① '민중봉기, 반란, 각성' 등의 뜻을 가진 아랍어
② 이스라엘에 대한 팔레스타인인의 대규모 시위 · 테러 등 집단적 저항운동을 의미

7. 이슬람과 무슬림

① 이슬람: 아랍어로 '알라에 대한 굴복 · 순종 · 평화'를 의미하며 이슬람 종교를 지칭
② 무슬림: 아랍어로 '전적으로 순종하는 사람, 신께 복종하는 사람'을 의미하며 이슬람 교도를 지칭

8. 이슬람 분리주의

① 비이슬람 국가로부터 분리되어 이슬람 원리주의에 근거한 독립국가 건설을 목표로 함
② 대표적 단체: 필리핀 모로 이슬람해방전선(MILF), 인도령 카슈미르 자무-카슈미르 해방전선(JKLF)

9. 라마단(Ramadan)

(1) 의의
① 아랍어로 '더운 달'을 의미하며 이슬람력 9월 한 달간 금식기간으로 설정됨
② 이슬람력은 홀수 달 30일, 짝수 달 29일까지 존재

(2) 기간
① 이슬람력 9월은 알라가 '코란'을 내린 신성한 달로, 무슬림들은 일출부터 일몰까지 금식 의무 수행
② 여행자 · 임산부 · 환자는 면제되나 후일 보충 이행 필요

(3) 유래
① 원래 유대교의 단식일(1.10)을 본뜬 것이며, 모하메드의 '바드르 전승' 기념을 위해 정함
② 바드르 전승(624년): 모하메드가 사우디 바드르에서 쿠라이쉬 부족과 전투하여 대승한 사건

10. 하왈라(Hawala)

① 아랍어로 '신뢰'를 의미하며, 은행을 통하지 않는 신용 기반 송금 시스템
② 실크로드 교역을 하던 이슬람 대상들이 재산 보호를 위해 고안한 방식
③ 송금자는 하왈라 점포에서 금액과 수수료를 지불하고 비밀번호를 부여받아 수취인에게 전달
④ 거래 완료 즉시 비밀번호 등 모든 기록 폐기, 거래자 신분 · 금액 등 증거 확보 곤란
⑤ 신용거래로 이루어지며, 불이행 시 강력한 보복 존재
⑥ 높은 안정성으로 파키스탄에서만 연간 50억 달러 이상 거래되며, 이슬람권 음성 자금 이동의 주요 수단

11. 우산조직

① 단일 지도체계 없이 강경 · 온건 · 중도파 등 다양한 조직이 느슨한 형태로 통제됨
② 개별 조직이 독자적 의사결정으로 테러 감행 가능

③ 조직 구조가 우산 모양과 유사하여 '우산조직'으로 명명됨
④ 대표적 조직: PLO(팔레스타인 해방기구), 헤즈볼라, 팔레스타인 이슬람 지하드(PIJ)

Theme 59-3 주요 테러 단체

1. 팔레스타인 관련 단체

(1) 아부 니달(ANO)
① 1974년 팔레스타인해방기구(PLO)에서 분리됨.
② 1985년 로마 · 비엔나 공항 테러사건 수행.

(2) 하마스(HAMAS)
① 1987년 결성된 팔레스타인 무장단체.
② '이슬람 저항운동'을 의미하는 아랍어 첫 글자로 명명됨.
③ 2006년 팔레스타인 총선에서 다수당이 되어 합법 정당화됨.

(3) 팔레스타인 인민해방전선
① 1967년 하반기 아랍 민족주의자들이 설립.
② 1970년대 마르크스-레닌주의를 표방하며 세속주의적 성향 강화.

2. 중동 지역 단체

(1) 헤즈볼라(Hezbollah)
① 1980년 레바논에서 조직된 시아파 과격단체.
② 시리아와 이란의 지원을 받아 무장활동 수행.
③ 2006년 이스라엘 병사 납치 사건으로 이스라엘과 충돌.

(2) 알카에다(Al-Qaeda)
① 1988년 오사마 빈 라덴이 설립한 이슬람 무장단체.
② 2001년 9 · 11 테러 주도.
③ 미군의 아프가니스탄 침공으로 탈레반 정권 타격 및 지원 약화.

(3) 이슬람국가(IS, Islamic State)
① 2006년 급진 수니파 무장단체로 결성.
② 2014년부터 이라크 · 시리아에서 세력 확장.
③ 2017년 시리아 락까 함락 이후 세력 약화, 일부 추종 세력 테러 지속.

(4) 약속의 날 여단
이라크에서 활동한 시아파 무장단체.

3. 일본 및 동아시아 단체

(1) 옴진리교

① 1987년 아사하라 쇼코가 창설한 일본 종교단체.

② 1995년 도쿄 지하철 사린가스 테러 수행.

(2) 적군파(Japanese Red Army)

① 1969년 일본에서 공산주의 신봉자들이 결성.

② 1970년 일본항공(JAL) 여객기 납치 사건(요도호 사건) 주도.

③ 1972년부터 팔레스타인 인민해방전선(PEEP)과 연계.

④ 2001년 공식 해체 선언 후 합법단체화 시도.

4. 유럽 및 기타 지역 단체

(1) 자유조국바스크(ETA)

① 1959년 스페인 바스크 지방 독립을 목표로 결성.

② 스페인 정부를 상대로 다양한 테러 활동 수행.

(2) 쿠르드 노동자당(PKK)

① 1978년 터키 쿠르드족이 결성한 좌익단체.

② 쿠르드 자치정부 설립을 목표로 터키·이란·이라크 에서 무장투쟁 수행.

5. 남아시아 관련 단체

(1) 탈레반

① '학생들'이라는 의미로, 파키스탄·아프가니스탄 파슈 툰족 출신 신학생들이 조직.

② 아프가니스탄 내전 종식을 목표로 무력 활동 전개.

③ 미군의 대테러전으로 2001년 정권 붕괴 후 지속적인 반군 활동 수행.

(2) 타밀 엘람 해방 타이거즈(LTTE)

① 1976년 스리랑카에서 설립된 타밀 무장단체.

② 타밀족 자치정부 및 독립을 목표로 활동.

③ 2009년 지도자 피살 및 반군 항복으로 내전 종식.

6. 아프리카 지역 단체

(1) 보코하람(Boko Haram)

① 나이지리아에서 결성된 이슬람 극단주의 조직.

② "서양식 교육은 죄악"을 의미하며, 서구 교육 및 현대 기술 반대.

③ 탈레반 및 알카에다와 우호적 관계 유지.

(2) 알샤바브(Al-Shabaab)

① 소말리아·케냐 지역 이슬람 극단주의 무장단체.

② 2006년 이슬람 법정 연맹(ICU) 붕괴 후 극단 세력이 분리되어 조직됨.

③ 소말리아 남부 점령 후 샤리아 법 기반 통치 시행.

Theme 60 한국의 대테러 조직체계

I 연혁

1. 국가대테러 활동지침

① 1982년 1월 22일 대통령훈령 제47호 「국가대테러 활동지침」 제정과 함께 대통령 소속 테러대책회의 중심 으로 대테러 조직 구성.

② 주요 조직으로 상임위원회, 공항·항만 테러·보안 대책회의, 지역테러대책협의회, 테러사건대책본부, 현 장지휘본부, 대테러특공대, 협상팀, 긴급구조대 및 지 원팀, 대화생방 특수임무대, 합동조사반 등이 포함됨.

2. 테러정보통합센터 설립

① 9/11 테러(2001년) 이후 「국가대테러활동지침」의 법 적 한계를 보완하기 위한 「테러방지법」 제정 필요성 이 제기됨.

② 2005년 지침 개정으로 국가정보원 내 테러정보통합 센터를 설립하여 국내외 테러 정보 수집, 분석, 작성, 배포 업무 수행.

3. 원자력위원회 및 화생방대응 특수임무대 설치

① 2012년 「원자력위원회의 설치 및 운영에 관한 법률」 제정으로 방사능테러 대응 주무기관이 교육과학기술 부에서 원자력안전위원회로 변경됨.

② 이에 따라 관련 임무 및 기능 이관, 국방부 내 화생방 대응 특수임무대 설치.

4. 테러방지법 제정

2016년 3월 「국민보호와 공공안전을 위한 테러방지법」 제정으로 「국가대테러활동지침」 폐지. 「테러방지법 시행 령」 제11조에 따라 대테러 전담조직 명시 및 기관별 대 테러 예방·대응활동 법적 근거 마련.

II 한국의 대테러 조직

1. 의의

① 국무총리를 위원장으로 하는 국가테러대책위원회가 대테러활동의 컨트롤타워 역할 수행.

② 실무위원회, 대테러센터, 테러정보통합센터, 공항· 항만테러대책협의회, 지역테러대책협의회 등 다양한 조직이 대테러 업무 담당.

③ 국가정보원이 운영하는 테러정보통합센터는 테러정보 수집, 전파, 공유를 담당하며, 국군방첩사령부와 경 찰 정보국·보안국이 관련 임무 수행.

2. 국가테러대책위원회

(1) 구성

① 위원장: 국무총리

② 위원: 20개 중앙부처 장관 및 기관장(국가정보원, 대통령경호처, 경찰청 등)

③ 간사: 대테러센터장

(2) 역할

① 대테러 정책 심의 · 의결

② 국가 대테러 기본계획 수립 및 평가

③ 관계기관 역할 분담 및 조정

④ 대화생방테러 특수임무대, 대테러특공대, 군 대테러 특수임무대 운영

⑤ 테러경보 발령, 국가 중요행사 대테러 안전대책 마련

⑥ 신고포상금, 테러피해 지원금 지급 기준 결정

3. 대테러 인권보호관

① 국가테러대책위원회에서 대테러 정책 및 제도의 인권 보호 사항 자문, 개선 권고 수행. 대테러 과정에서 발생하는 인권침해 민원 처리 및 공직자 대상 인권교육 시행.

② 인권침해 발견 시 국가테러대책위원회 위원장 보고 및 관계기관 시정 권고 권한 보유. 대테러 인권보호관 지원반 설치 운영.

4. 대테러센터

국가 대테러 법령 제 · 개정, 국가테러대책위원회 운영, 테러경보 발령, 테러 상황 분석, 국가 대테러 활동 지침 작성 · 배포, 관계기관 대비태세 점검 · 평가, 국제협력 수행.

Ⅲ 대테러부대

1. 대테러특공대

(1) 경찰특공대

① 국내 대테러 임무 수행, 15개 시 · 도경찰청에 편성

② 미편성 지역은 인근 경찰특공대 지원

(2) 해양경찰특공대

해상 대테러 임무 수행, 각 지방해양경찰청에 편성

(3) 육군 특수전사령부 예하 제707특수임무단

군사시설 및 국외 대테러 임무 담당

(4) 해군 특수전전단(UDT/SEAL) 특수임무대대

① 군사시설 및 국외 해상 대테러 임무 수행

② 소말리아 해역 청해부대 아덴만 여명 작전 사례

2. 대화생방테러 특수임무대

국군화생방방호사령부 예하 제24화생방특수임무대가 대화생방 테러 대응 담당. 대테러특공대와 별도로 분류됨.

3. 군 대테러특수임무대

① 대테러특공대의 신속 대응이 어려운 상황 대비 지역 단위 군 대테러특수임무대 운영.

② 육군 공수특전여단 특수임무대, 해군 특수전전단(UDT/SEAL) 특전대대, 해병대 특수수색대대, 공군 특수임무대(CCT), 일부 육군 특공대 및 육군 군사경찰 특수임무대(SDT) 포함.

③ 대테러특공대는 평시 대테러 주임무 및 독자적 작전 수행 가능, 군 대테러특수임무대는 후순위 지원 부대 역할 수행.

4. 대테러 초동조치부대

대테러특공대 및 군 대테러특수임무대보다 먼저 출동하여 주변 차단 및 원점보존 역할 수행. 군사경찰 특수임무대(SDT), 육군 특공대 및 육군 기동대대 포함.

Theme 60-1 「국민보호와 공공안전을 위한 테러방지법」중요 내용

Ⅰ 총칙

1. 목적

이 법은 테러 예방 및 대응 활동에 관한 사항과 테러로 인한 피해 보전을 규정하여 국민의 생명과 재산을 보호하고 국가 및 공공의 안전을 확보하는 것을 목적으로 함.

2. 정의

(1) 테러

국가, 지방자치단체, 외국 정부 또는 국제기구의 권한 행사를 방해하거나 의무 없는 일을 하게 하거나 공중을 협박할 목적으로 수행하는 특정 행위

(2) 테러단체

국제연합(UN)이 지정한 테러단체

(3) 테러위험인물

테러단체 조직원이거나 테러 선전, 자금 조달, 예비 · 음모 · 선전 · 선동을 수행하거나 수행했다고 의심되는 자

(4) 외국인테러전투원

테러 수행, 계획, 참가 목적으로 국적국이 아닌 국가의 테러단체에 가입하거나 이동하는 내 · 외국인

(5) 테러자금

공중 등 협박 목적 및 대량살상무기 확산을 위한 자금

(6) 대테러활동

테러 정보 수집, 테러위험인물 관리, 위험물질 안전관리, 시설 보호, 국제행사 안전 확보, 테러 대응 및 무력 진압 등 테러 예방 및 대응 활동

(7) 관계기관

대테러활동을 수행하는 국가기관, 지방자치단체, 대통령령으로 정하는 기관

(8) 대테러조사

대테러활동을 위한 정보 및 자료 수집을 위해 현장조사, 문서열람, 시료채취, 자료제출 및 진술 요구 등을 수행하는 활동

3. 국가 및 지방자치단체의 책무

① 국가 및 지방자치단체는 테러로부터 국민의 생명, 신체 및 재산을 보호하기 위해 테러 예방과 대응에 필요한 제도 및 대책을 수립하고 시행해야 함.

② 대책 수립 시 국민의 기본적 인권이 침해되지 않도록 최선의 노력을 다해야 함.

③ 법 집행 공무원은 헌법상 기본권을 존중하며, 적법 절차를 준수할 의무가 있음.

4. 다른 법률과의 관계

이 법은 대테러활동에 관하여 다른 법률에 우선하여 적용함.

Ⅱ 국가테러대책기구

1. 국가테러대책위원회

(1) 대책위원회 설치 및 구성

① 대테러활동에 관한 정책의 중요사항을 심의·의결하기 위하여 국가테러대책위원회(대책위원회) 설치

② 대책위원회는 국무총리 및 대통령령으로 정하는 관계기관의 장으로 구성하며, 위원장은 국무총리가 담당

(2) 대책위원회의 역할

① 국가 대테러활동 관련 정책 수립 및 평가

② 국가 대테러 기본계획 등 중요 중장기 대책 추진

③ 관계기관 간 대테러활동 역할 분담 및 조정

④ 위원장 또는 위원이 필요하다고 제의하는 사항 심의·의결

⑤ 운영 관련 사항은 대통령령으로 규정

2. 대테러센터

(1) 대테러센터 설치 및 구성

국무총리 소속으로 관계기관 공무원으로 구성되는 대테러센터 설치

(2) 대테러센터의 역할

① 국가 대테러활동 관련 임무분담 및 협조사항 실무 조정

② 장단기 대테러활동 지침 작성·배포

③ 테러경보 발령

④ 국가 중요행사 대테러안전대책 수립

⑤ 대책위원회 운영 관련 사무 처리

⑥ 대책위원회에서 심의·의결한 사항 수행

⑦ 운영 관련 사항은 대통령령으로 규정

⑧ 대테러센터 소속 직원의 인적사항은 비공개 가능

3. 대테러 인권보호관

① 대책위원회 소속으로 국민의 기본권 침해 방지를 위해 대테러 인권보호관(인권보호관) 1명 설치

② 인권보호관 운영 관련 사항은 대통령령으로 규정

4. 전담조직의 설치

① 관계기관의 장은 테러 예방 및 대응을 위한 전담조직 설치 가능

② 전담조직의 구성·운영 및 효율적 테러대응을 위한 사항은 대통령령으로 규정

Ⅲ 테러예방을 위한 안전관리대책

1. 테러위험인물에 대한 정보 수집 등

(1) 의의

① 국가정보원장은 테러위험인물에 대한 출입국, 금융거래, 통신이용 등 관련 정보 수집 가능

② 정보 수집은 「출입국관리법」, 「관세법」, 「특정 금융거래정보의 보고 및 이용 등에 관한 법률」, 「통신비밀보호법」에 따라 수행

(2) 금융거래 관련 조치

국가정보원장은 테러에 이용되었거나 이용될 가능성이 있는 금융거래에 대해 지급정지 조치를 금융위원회 위원장에게 요청 가능

(3) 개인정보 및 위치정보 요구

국가정보원장은 테러위험인물의 개인정보(민감정보 포함) 및 위치정보를 개인정보처리자 및 위치정보사업자에게 요구 가능

(4) 대테러 조사 및 추적

① 국가정보원장은 대테러활동을 위해 정보나 자료 수집, 대테러조사 및 테러위험인물 추적 가능

② 사전 또는 사후에 대책위원회 위원장에게 보고해야 함

2. 테러예방을 위한 안전관리대책 수립

① 관계기관의 장은 국가중요시설 및 다중이용시설을 포함한 테러대상시설과 폭발물, 총기류, 화생방물질 등 테러이용수단에 대한 테러예방대책을 수립해야 함.

② 관계기관의 장은 국가 중요행사에 대한 안전관리대책을 마련해야 함.

③ 안전관리대책의 수립 및 시행에 필요한 사항은 대통령령으로 정함.

3. 테러취약요인의 사전제거

① 테러대상시설 및 테러이용수단의 소유자 또는 관리자는 보안장비를 설치하는 등 테러취약요인 제거를 위해 노력해야 함.

② 국가는 필요 시 테러대상시설 및 테러이용수단의 소유자 또는 관리자에게 비용의 전부 또는 일부를 지원할 수 있음.

③ 비용 지원의 대상, 기준, 방법 및 절차 등은 대통령령으로 정함.

4. 테러선동·선전물 긴급 삭제 등 요청

① 관계기관의 장은 테러를 선동·선전하는 글, 그림, 상징적 표현물, 폭발물 등 위험물 제조법 등이 인터넷, 방송, 신문, 게시판 등을 통해 유포될 경우 해당 기관의 장에게 긴급 삭제 또는 중단, 감독 등의 협조를 요청할 수 있음.

② 협조 요청을 받은 기관의 장은 필요한 조치를 취하고 그 결과를 관계기관의 장에게 통보해야 함.

5. 외국인테러전투원에 대한 규제

① 관계기관의 장은 외국인테러전투원으로 출국하려 한다고 의심할 만한 상당한 이유가 있는 내국인·외국인에 대해 법무부장관에게 일시 출국금지를 요청할 수 있음.

② 일시 출국금지 기간은 90일로 하며, 필요 시 사유를 명시하여 연장을 요청할 수 있음.
외국인테러전투원 가담자에 대한 조치

③ 관계기관의 장은 외국인테러전투원으로 가담한 사람에 대해 「여권법」에 따른 여권 효력정지 및 재발급 제한을 외교부장관에게 요청할 수 있음.

Ⅳ 벌칙

1. 테러단체를 구성하거나 가입한 사람에 대한 처벌

① 수괴: 사형, 무기 또는 10년 이상의 징역

② 테러를 기획·지휘하는 등 중요한 역할 수행자: 무기 또는 7년 이상의 징역

③ 타국의 외국인테러전투원으로 가입한 사람: 5년 이상의 징역

④ 그 밖의 구성원: 3년 이상의 징역

2. 지원 행위

(1) 테러자금 지원

테러자금임을 알면서도 조달·알선·보관하거나 사실을 가장하여 테러단체를 지원한 사람: 10년 이하의 징역 또는 1억 원 이하의 벌금

(2) 가입 지원 및 권유

테러단체 가입을 지원하거나 타인에게 가입을 권유·선동한 사람: 5년 이하의 징역
기타 관련 범죄

3. 타법과의 관계

형법 등 국내법에서 죄로 규정된 행위가 테러에 해당하는 경우 해당 법률의 형에 따라 처벌

4. 세계주의 적용

테러단체 구성죄 등은 대한민국 영역 밖에서 저지른 외국인에게도 국내법 적용

Theme 60-2 「국민보호와 공공안전을 위한 테러방지법 시행령」 중요 내용

Ⅰ 국가테러대책기구

1. 국가테러대책위원회 구성

① 기획재정부장관, 외교부장관, 통일부장관, 법무부장관, 국방부장관, 행정안전부장관, 산업통상자원부장관, 환경부장관, 국토교통부장관, 해양수산부장관, 국가정보원장, 국무조정실장, 금융위원회 위원장, 원자력안전위원회 위원장, 대통령경호처장, 관세청장, 경찰청장, 소방청장, 질병관리청장, 해양경찰청장

② 위원장은 안건 심의에 필요한 경우, 관계기관의 장 또는 기타 관계자를 회의에 참석시킬 수 있음.

③ 대책위원회의 사무 처리를 위해 간사를 두며, 간사는 대테러센터장이 담당함.

2. 대책위원회의 운영

(1) 회의 소집

위원장이 필요하다고 인정하거나 위원 과반수의 요청이 있는 경우 위원장이 소집함.

(2) 회의 의결

재적위원 과반수 출석으로 개의하며, 출석위원 과반수의 찬성으로 의결함.

(3) 회의 공개 여부

원칙적으로 비공개하나, 필요 시 대책위원회의 의결을 통해 공개 가능함.

(4) 운영 관련 기타 사항

대책위원회의 의결을 거쳐 위원장이 정함.

3. 테러대책 실무위원회의 구성 및 운영

① 대책위원회의 효율적 운영 및 안건 검토를 위해 실무위원회를 둠.
② 실무위원회 위원장은 대테러센터장이 맡음.
③ 운영 관련 기타 사항은 대책위원회의 의결을 거쳐 위원장이 정함.

4. 대테러센터

① 국가 대테러활동 및 대책위원회의 회의·운영에 필요한 사무를 담당함.
② 대테러센터장은 관계기관의 장에게 직무 수행을 위한 협조 및 지원을 요청할 수 있음.

Ⅱ 대테러 인권보호관

1. 대테러 인권보호관의 자격 및 임기

(1) 자격

① 변호사 자격을 보유하고 10년 이상의 실무경력이 있는 사람
② 인권 분야 전문지식을 갖추고 고등교육기관에서 부교수 이상으로 10년 이상 재직하거나 재직했던 사람
③ 국가기관 또는 지방자치단체에서 3급 상당 이상의 공무원으로 재직하며 인권 관련 업무를 수행한 경험이 있는 사람
④ 인권 분야 비영리 민간단체·법인·국제기구에서 10년 이상 인권 관련 활동을 수행한 사람

(2) 임기

인권보호관의 임기는 2년이며, 연임 가능함.

2. 인권보호관의 직무

(1) 주요 직무

대책위원회에 상정되는 대테러정책·제도 관련 안건에 대한 인권 보호 자문 및 개선 권고
대테러활동에 따른 인권침해 관련 민원 처리

(2) 민원 처리 기한

① 인권보호관은 인권침해 관련 민원을 접수한 날로부터 2개월 내에 처리해야 함.
② 부득이한 사유로 기한 내 처리가 어려운 경우, 사유 및 처리 계획을 민원인에게 통지해야 함.

(3) 행정·재정적 지원

① 위원장은 인권보호관의 직무 수행을 위해 필요한 행정적·재정적 지원을 할 수 있음.
② 대책위원회는 인권보호관의 직무 수행을 지원하기 위한 조직을 둘 수 있으며, 필요 시 관계 중앙행정기관 소속 공무원의 파견을 요청할 수 있음.

3. 시정 권고

① 인권보호관은 직무 수행 중 인권침해 행위가 있다고 인정할 상당한 이유가 있는 경우, 위원장에게 보고 후 관계기관의 장에게 시정을 권고할 수 있음.
② 시정 권고를 받은 관계기관의 장은 그 처리 결과를 인권보호관에게 통지해야 함.

4. 비밀 엄수

① 인권보호관은 재직 중 및 퇴직 후에도 직무상 알게 된 비밀을 엄수해야 함.
② 인권보호관이 증인, 참고인, 감정인 또는 사건 당사자로서 직무상 비밀에 관한 사항을 증언·진술하려는 경우, 사전에 위원장의 승인을 받아야 함.

Ⅲ 전담조직

1. 전담조직의 종류

① 지역 테러대책협의회
② 공항·항만 테러대책협의회
③ 테러사건대책본부
④ 현장지휘본부
⑤ 화생방테러대응지원본부
⑥ 테러복구지원본부
⑦ 대테러특공대
⑧ 테러대응구조대
⑨ 테러정보통합센터
⑩ 대테러합동조사팀

2. 지역 테러대책협의회

(1) 의의

① 특별시·광역시·특별자치시·도·특별자치도에 지역 관계기관 간 협의를 위한 협의회를 설치함.

② 협의회의 의장은 국가정보원의 해당 지역 관할지부장이며, 위원은 관계기관 및 주요 시설 관리자 등으로 구성됨.

③ 관계기관의 장은 심의·의결 사항의 이행 결과를 협의회에 통보해야 하며, 협의회 의장은 이를 종합하여 대책위원회에 보고해야 함.

④ 협의회의 운영 세부사항은 협의회의 의결을 거쳐 의장이 정함.

(2) 협의회의 주요 기능

① 대책위원회의 심의·의결 사항 시행 방안 마련

② 지역 내 테러사건 예방·대응·사후처리 지원 대책 수립

③ 대테러업무 수행 실태 분석·평가 및 개선 방안 도출

④ 관계기관 간 협력 강화 및 훈련·점검 사항 논의

⑤ 지역 대테러활동에 필요한 기타 사항 심의

3. 공항·항만 테러대책협의회

(1) 의의

① 공항·항만 내 관계기관 간 대테러 협의를 위해 공항·항만별 협의회를 설치함.

② 협의회의 의장은 해당 공항·항만의 대테러업무 담당 국가정보원 공무원이며, 위원은 관계기관 및 시설 관리자 등으로 구성됨.

③ 관계기관의 장은 심의·의결 사항의 이행 결과를 협의회에 통보해야 하며, 협의회 의장은 이를 종합하여 대책위원회에 보고해야 함.

④ 협의회의 운영 세부사항은 협의회의 의결을 거쳐 의장이 정함.

(2) 협의회의 주요 기능

① 대책위원회의 심의·의결 사항 시행 방안 마련

② 공항·항만 내 시설 및 장비 보호 대책 수립

③ 항공기·선박 테러 예방을 위한 탑승자·휴대화물 검사 방안 마련

④ 테러 첩보 입수·전파 및 긴급대응 체계 구축

⑤ 테러 발생 시 비상대응 및 사후처리 대책 수립

⑥ 기타 공항·항만 내 테러대책 논의

4. 테러사건대책본부

(1) 의의

① 대책본부 설치 시 즉시 위원장에게 보고해야 하며, 동일 사건에 2개 이상의 본부가 설치될 경우 위원장이 지정함.

② 대책본부장은 해당 관계기관의 장이며(군사시설테러사건대책본부의 경우에는 합동참모의장을 말함), 현장지휘본부의 대응 활동을 지휘·통제함.

③ 대책본부의 편성·운영 세부사항은 대책본부장이 정함.

(2) 테러사건대책본부의 종류

① **외교부장관**: 국외테러사건대책본부

② **국방부장관**: 군사시설테러사건대책본부

③ **국토교통부장관**: 항공테러사건대책본부

④ **경찰청장**: 국내일반테러사건대책본부

⑤ **해양경찰청장**: 해양테러사건대책본부

5. 현장지휘본부

① 테러 발생 시 대책본부장은 현장 대응 활동을 총괄하기 위해 현장지휘본부를 설치할 수 있음.

② 현장지휘본부장은 대책본부장이 지명함.

③ 현장지휘본부장은 테러 상황에 따라 협상·진압·구조·구급·소방 등을 수행할 전문조직을 구성하거나 관계기관에 지원 요청할 수 있음.

④ 현장지휘본부장은 대테러특공대, 테러대응구조대, 대화생방테러 특수임무대, 대테러합동조사팀 등 현장 출동 조직을 지휘·통제함.

⑤ 현장지휘본부장은 관계기관과 합동으로 통합상황실을 설치·운영할 수 있음.

6. 화생방테러대응지원본부 등

(1) 의의

① 환경부장관, 원자력안전위원회 위원장 및 질병관리청장은 화생방테러사건 발생 시 대책본부를 지원하기 위해 분야별로 화생방테러대응지원본부를 설치·운영함

② 국방부장관은 관계기관의 화생방테러 대응을 지원하기 위해 대책위원회의 심의·의결을 거쳐 대화생방테러 특수임무대를 설치하거나 지정할 수 있음

③ 화생방테러대응지원본부 및 대화생방테러 특수임무대의 설치·운영 등은 관계기관의 장이 정함

(2) 분야별 담당 기관

① **환경부장관**: 화학테러 대응

② **원자력안전위원회 위원장**: 방사능테러 대응

③ **질병관리청장**: 생물테러 대응

(3) 주요 임무

① 오염 확산 방지 및 독성제거 방안 마련

② 화생방 전문 인력 및 자원의 동원·배치

③ 화생방테러 대응 지원에 필요한 사항 시행

7. 테러복구지원본부

(1) 의의

행정안전부장관은 테러사건 발생 시 구조 · 구급 · 수습 · 복구 활동 등을 지원하기 위해 테러복구지원본부를 설치 · 운영할 수 있음

(2) 주요 임무

① 수습 · 복구 지원을 위한 자원 동원 및 배치
② 대책본부의 협조 요청에 따른 지원
③ 테러복구 지원에 필요한 사항 시행

8. 대테러특공대 등

(1) 의의

① 국방부장관, 경찰청장 및 해양경찰청장은 테러사건에 신속히 대응하기 위해 대테러특공대를 설치 · 운영함
② 대테러특공대 설치 · 운영 시 대책위원회의 심의 · 의결을 거쳐야 함
③ 국방부 소속 대테러특공대는 군사시설 내 테러사건에 대한 출동 및 진압작전을 수행함
④ 경찰력의 한계로 긴급한 지원이 필요할 경우, 대책본부장의 요청에 따라 군사시설 밖에서도 경찰의 대테러 작전을 지원할 수 있음
⑤ 국방부장관은 신속한 대응이 제한되는 상황을 대비하여 군 대테러특수임무대를 지역 단위로 편성 · 운영할 수 있으며, 편성 · 운영 · 임무에 관하여 대테러특공대 관련 규정을 준용함

(2) 주요 임무

① 국내외 테러사건 진압
② 테러 관련 폭발물 탐색 및 처리
③ 주요 요인 경호 및 국가 중요행사 안전 지원
④ 테러사건 예방 및 저지활동

9. 테러대응구조대

(1) 의의

소방청장과 시 · 도지사는 테러사건 발생 시 신속한 구조 · 구급을 위해 중앙 및 지방자치단체 소방본부에 테러대응구조대를 설치 · 운영함

(2) 주요 임무

① 초기단계에서의 조치 및 인명 구조 · 구급
② 화생방테러 발생 시 초기단계에서의 오염 확산 방지 및 독성제거
③ 국가 중요행사 안전 지원
④ 테러취약요인 사전 예방 · 점검 지원

10. 테러정보통합센터

(1) 의의

① 국가정보원장은 테러 관련 정보를 통합관리하기 위해 관계기관 공무원으로 구성된 테러정보통합센터를 설치 · 운영함
② 국가정보원장은 관계기관의 장에게 공무원 파견 및 테러정보 통합관리 등에 대한 협조 요청 가능

(2) 주요 임무

① 국내외 테러 관련 정보 통합관리 · 분석 및 관계기관 배포
② 24시간 테러 관련 상황 전파체계 유지
③ 테러 위험 징후 평가
④ 테러 관련 정보 통합관리에 필요한 사항 시행

11. 대테러합동조사팀

(1) 의의

① 국가정보원장은 국내외 테러사건 발생 또는 발생 우려가 현저할 경우, 관계기관과 합동으로 대테러합동조사팀(합동조사팀)을 편성 · 운영할 수 있음
② 합동조사팀이 현장 조사 시 조사 결과를 대테러센터장에게 통보해야 함
③ 군사시설 관련 테러사건의 경우, 국방부장관이 자체 조사팀을 편성 · 운영할 수 있으며, 조사 결과는 대테러센터장에게 통보해야 함

(2) 주요 임무

예방조치, 사건 분석 및 사후처리방안 마련

Ⅳ 테러 대응 절차

1. 테러경보의 발령

① 대테러센터장은 테러 위험 징후를 포착한 경우, 실무위원회의 심의를 거쳐 테러경보를 발령함.
② 긴급한 경우 또는 주의 이하 단계의 테러경보는 실무위원회의 심의를 생략할 수 있음.
③ 테러경보는 관심 · 주의 · 경계 · 심각의 4단계로 구분됨.
④ 테러경보 발령 시 위원장에게 즉시 보고하고 관계기관에 전파하여야 함.
⑤ 테러경보 발령 및 이에 따른 관계기관의 조치사항은 대책위원회의 의결을 거쳐 위원장이 정함.

2. 상황 전파 및 초동 조치

(1) 의의

① 관계기관의 장은 테러사건 발생 또는 테러 위협을 인지한 경우, 즉시 관련 상황 및 조치사항을 대테러센터장과 관련기관의 장에게 통보하여야 함.

② 국내 일반테러사건의 경우, 대책본부 설치 전까지 해당 지역 경찰관서장이 초동 조치를 지휘 · 통제함.

(2) 관계기관의 장이 시행해야 할 초동 조치

① 사건 현장의 통제 · 보존 및 경비 강화

② 긴급대피 및 구조 · 구급

③ 관계기관에 대한 지원 요청

④ 그 밖의 사건 확산 방지를 위한 조치

3. 테러사건 대응

① 대책본부의 장은 테러사건 대응을 위해 필요 시 현장지휘본부를 설치하고, 상황 전파 및 대응 체계를 유지하여 조치사항을 체계적으로 시행함.

② 대책본부의 장은 신속한 대응을 위해 관계기관의 장에게 인력 · 장비 등의 지원을 요청할 수 있으며, 요청받은 기관의 장은 특별한 사유가 없는 한 이에 따라야 함.

③ 해외에서 테러 발생 시, 외교부장관은 관계기관 합동으로 정부 현지대책반을 구성하여 파견할 수 있음.

④ 지방자치단체의 장은 테러사건 대응을 지원하기 위해 물자 및 편의 제공, 지역주민의 긴급대피 방안을 마련하여야 함.

Ⅴ 테러대상시설 및 테러이용수단 안전대책 수립

1. 테러대상시설의 범위

(1) 국가중요시설

「통합방위법」에 따라 지정된 국가중요시설 및 「보안업무규정」에 따른 국가보안시설

(2) 다중이용시설

관계기관의 장이 대테러센터장과 협의하여 지정하는 도시철도, 여객선, 특정 건축물 및 시설, 철도차량, 항공기

2. 안전관리대책 수립 시 포함사항

① 인원 및 차량 출입 통제 및 자체 방호계획

② 테러 첩보 입수 · 전파 및 긴급대응 체계 구축 방안

③ 테러 발생 시 비상대피 및 사후처리 대책

3. 관계기관의 장의 업무

① 테러예방대책 및 안전관리대책의 적정성 평가 및 이행 실태 확인

② 소관 분야 테러이용수단의 종류 지정 및 생산 · 유통 · 판매 정보 통합관리

Ⅵ 국가 중요행사 안전관리대책 수립

1. 국가 중요행사의 범위

국내외에서 개최되는 행사 중 관계기관의 장이 대테러센터장과 협의하여 선정

2. 안전관리대책 수립 · 시행

① 국가 중요행사의 특성에 맞는 분야별 안전관리대책을 대테러센터장과 협의하여 수립 · 시행

② 필요 시 대책위원회의 심의 · 의결을 거쳐 관계기관 합동으로 대테러 · 안전대책기구 편성 · 운영 가능

③ 대통령 및 국빈 등의 경호 · 안전관리는 대통령경호처장이 정함

Theme **60-3** 「통신비밀보호법」 중요 내용

Ⅰ 의의

1. 「통신비밀보호법」의 목적

통신 및 대화의 비밀과 자유에 대한 제한을 한정하고, 엄격한 법적 절차를 거치도록 함으로써 통신비밀을 보호하고 통신의 자유를 신장하는 것을 목적으로 함.

2. 「통신비밀보호법」에서 사용하는 용어의 정의

(1) 통신

우편물 및 전기통신을 의미함.

(2) 우편물

우편법에 따른 통상우편물과 소포우편물을 의미함.

(3) 전기통신

유선, 무선, 광선 및 기타 전자적 방식으로 음향, 문언, 부호 또는 영상을 송신하거나 수신하는 행위를 포함하며, 전화, 전자우편, 회원제정보서비스, 모사전송, 무선호출 등이 포함됨.

(4) 당사자

우편물의 발송인과 수취인, 전기통신의 송신인과 수신인을 의미함.

(5) 내국인

대한민국의 통치권이 사실상 행사되고 있는 지역에 주소 또는 거소를 둔 대한민국 국민을 의미함.

(6) 검열

우편물에 대해 당사자의 동의 없이 개봉하거나 기타 방법으로 내용을 지득, 채록 또는 유치하는 행위를 의미함.

(7) 감청

전기통신에 대해 당사자의 동의 없이 전자장치나 기계장치를 사용하여 음향, 문언, 부호, 영상을 청취, 공독하여 내용을 지득 또는 채록하거나, 전기통신의 송수신을 방해하는 행위를 의미함.

(8) 감청설비

대화 또는 전기통신의 감청에 사용될 수 있는 전자장치, 기계장치 및 기타 설비를 의미함. 단, 일반적으로 사용되는 전기통신 기기ㆍ기구 및 보청기 등 대통령령이 정하는 것은 제외됨.

(9) 불법감청설비탐지

법 규정에 의하지 않은 감청 또는 대화 청취에 사용되는 설비를 탐지하는 행위를 의미함.

(10) 전자우편

컴퓨터 통신망을 통해 메시지를 전송하거나 전송된 메시지를 의미함.

(11) 회원제정보서비스

특정 회원이나 계약자에게 제공하는 정보서비스 또는 유사한 네트워크 방식을 의미함.

(12) 통신사실확인자료

전기통신사실에 관한 자료로, 가입자의 전기통신일시, 통신 개시ㆍ종료시간, 발ㆍ착신 통신번호, 사용도수, 컴퓨터통신 및 인터넷 로그기록자료, 발신기지국의 위치추적자료, 접속지의 추적자료 등을 포함함.

(13) 단말기기 고유번호

이동통신사업자와 이용계약이 체결된 개인 이동전화 단말기에 부여된 전자적 고유번호를 의미함.

3. 불법검열 및 불법감청 자료의 증거사용 금지

불법검열을 통해 취득한 우편물 및 그 내용과, 불법감청을 통해 지득 또는 채록된 전기통신 내용은 재판 또는 징계절차에서 증거로 사용할 수 없음.

Ⅱ 범죄수사를 위한 통신제한조치

1. 허가요건

① 범죄를 계획, 실행 또는 실행하였다고 의심할만한 충분한 이유가 있는 경우
② 다른 방법으로 범죄 실행을 저지하거나 범인 체포 및 증거 수집이 어려운 경우

2. 허가절차

(1) 허가 청구

① 검사는 요건 충족 시 법원에 각 피의자별 또는 피내사자별로 통신제한조치 허가 청구 가능

② 사법경찰관은 검사에게 허가 신청 가능하며, 검사는 법원에 허가 청구

(2) 허가 기간 및 연장

① 통신제한조치의 기간은 2개월을 초과하지 않음
② 목적 달성 시 즉시 종료
③ 요건 지속 시 2개월 범위 내에서 연장 청구 가능
④ 통신제한조치 총 연장기간은 1년 초과 불가
⑤ 특정 범죄(내란, 외환, 국가보안법, 군사기밀보호법 등)에 대해서는 총 연장기간 최대 3년까지 가능

Ⅲ 국가안보를 위한 통신제한조치

1. 통신제한조치의 허가 요건

(1) 정보수사기관의 장의 통신제한조치

① 국가안전보장에 상당한 위험이 예상되는 경우
② 대테러활동에 필요한 경우

(2) 고등법원 수석판사의 허가가 필요한 경우

통신의 일방 또는 쌍방당사자가 내국인인 때

(3) 대통령의 승인이 필요한 경우

① 대한민국에 적대하는 국가, 반국가활동의 혐의가 있는 외국의 기관ㆍ단체와 외국인, 대한민국의 통치권이 사실상 미치지 아니하는 한반도내의 집단이나 외국에 소재하는 그 산하단체의 구성원의 통신
② 군용전기통신

2. 통신제한조치의 기간 및 연장

① 통신제한조치의 기간은 4월을 초과하지 않음
② 목적 달성 시 즉시 종료
③ 요건이 존속하는 경우 고등법원 수석판사의 허가 또는 대통령의 승인을 얻어 4월의 범위 이내에서 기간을 연장 가능
④ 군용전기통신의 경우 작전이 종료될 때까지 대통령 승인을 얻지 아니하고 기간을 연장 가능

3. 허가절차

① 검사는 요건 충족 시 고등법원 수석판사에 통신제한조치 허가 청구 가능
② 정보수사기관의 장은 검사에게 허가 신청 가능하며, 검사는 고등법원 수석판사에 허가 청구

Ⅳ 긴급통신제한조치

1. 긴급통신제한조치의 실시

① 검사, 사법경찰관 또는 정보수사기관의 장은 국가안보를 위협하는 음모행위, 중대한 범죄의 계획이나 실행 등 긴박한 상황에서 법원의 허가 없이 긴급통신제한조치를 실시할 수 있음.

② 긴급통신제한조치는 범죄 수사를 위한 법원의 허가 절차를 거칠 수 없는 긴급한 사유가 있는 경우에 한하여 가능함.

③ 긴급통신제한조치를 실시한 경우, 지체 없이 법원에 허가를 청구하여야 함.

④ 사법경찰관이 긴급통신제한조치를 할 경우, 미리 검사의 지휘를 받아야 하며, 급속을 요하여 지휘를 받을 수 없는 경우에는 집행 착수 후 지체 없이 검사의 승인을 받아야 함.

2. 긴급통신제한조치의 절차

긴급통신제한조치를 실시한 후 36시간 이내에 법원의 허가를 받지 못한 경우, 해당 조치를 즉시 중지하고 취득한 자료를 폐기해야 함.

3. 정보수사기관장의 긴급통신제한조치

① 정보수사기관의 장은 국가안보를 위협하는 음모행위, 중대한 범죄의 계획이나 실행 등 긴박한 상황에서 대통령의 승인을 얻을 시간적 여유가 없거나 긴급한 조치가 필요한 경우, 소속 장관(국가정보원장 포함)의 승인을 얻어 긴급통신제한조치를 실시할 수 있음.

② 긴급통신제한조치를 실시한 후 지체 없이 대통령의 승인을 받아야 하며, 36시간 이내에 승인을 받지 못한 경우 해당 조치를 즉시 중지하고 취득한 자료를 폐기해야 함.

Ⅴ 국회의 통제

1. 통신제한조치 등에 대한 보고 요구

① 국회의 상임위원회 및 국정감사 · 조사를 위한 위원회는 특정한 통신제한조치에 대해 법원행정처장, 청구 · 신청한 기관장 또는 집행한 기관장에게 보고 요구 가능.

② 국회의 상임위원회 및 국정감사 · 조사를 위한 위원회는 감청설비에 대한 인가 또는 신고내역에 대해 과학기술정보통신부장관에게 보고 요구 가능.

2. 감청 관련 현장검증 및 조사

① 국회의 상임위원회 및 국정감사 · 조사를 위한 위원회는 의결을 통해 수사관서의 감청장비보유현황, 감청집행기관 · 감청협조기관의 교환실 등 필요한 장소에 대해 현장검증 및 조사 가능함.

② 현장검증 및 조사 참여자는 그 과정에서 알게 된 비밀을 정당한 사유 없이 누설 금지.
개인의 권리 보호

③ 현장검증 및 조사는 개인의 사생활을 침해하거나 계속 중인 재판 및 수사 사건의 소추에 관여할 목적으로 행사될 수 없음.

3. 통신제한조치 보고서 제출

① 통신제한조치를 집행하거나 위탁받은 기관 또는 협조한 기관의 중앙행정기관장은 국회의 상임위원회 및 국정감사 · 조사를 위한 위원회의 요구가 있을 경우 관련 보고서를 국회에 제출하여야 함.

② 정보수사기관의 장은 해당 보고서를 국회정보위원회에 제출하여야 함.

Theme 60-4 「통신비밀보호법 시행령」 중요 내용

Ⅰ 국정원장의 조정

1. 정보수사기관의 범위

① 국가정보원

② 검찰청

③ 경찰청

④ 해양경찰청

⑤ 국군방첩사령부

⑥ 그 밖에 정보 및 보안 업무를 수행하는 국가기관 중 국가정보원장(이하 "국정원장"이라 한다)이 지정하는 국가기관

2. 국정원장의 조정

국정원장은 정보수사기관의 장이 통신제한조치를 할 경우 정보수사기관 간 중복 방지 및 남용 방지를 위해 필요한 경우 협의 · 조정 가능

Ⅱ 국가안보를 위한 통신제한조치

1. 고등법원 수석판사의 허가청구 절차

정보수사기관의 장은 통신제한조치를 하려는 경우 고등검찰청의 검사에게 서면으로 허가 청구 신청

2. 대통령의 승인

① 정보수사기관의 장이 국가안보를 위한 통신제한조치를 계획할 경우 국정원장에게 계획서를 제출해야 함

② 국정원장은 타당성 심사 후 필요 시 계획 철회를 요구할 수 있음

③ 국정원장은 계획서를 종합하여 대통령에게 승인 신청 및 결과를 해당 정보수사기관의 장에게 서면 통보

Ⅲ 긴급통신제한조치

① 정보수사기관의 장 또는 사법경찰관이 긴급통신제한조치를 하는 경우 미리 국정원장의 조정을 받아야 함
② 미리 조정을 받을 수 없는 특별한 사유가 있는 경우, 사후 즉시 승인 필요

Theme 61 미국의 대테러 조직체계

Ⅰ 테러대응 관련 법제

1. 의의

미국 정부는 ISIS, 알카에다 등의 대미 테러 위협에 대응하기 위해 대테러 정책을 강화하고 관련 법령을 정비함.

2. 「USA PATRIOT Act 2001」과 「USA Freedom Act 2015」

(1) 9/11 테러 이후 「USA PATRIOT Act 2001」 제정 (2001.10.25.)
① 테러 혐의자 추적 강화를 위한 무차별적 통신정보 수집 허용
② 사생활 보호 문제로 2015.6.1. 시효 만료
(2) 「USA Freedom Act 2015」 제정(2015.6.2.)
① 국가안보국(NSA)의 광범위한 통화내역 수집 제한
② 통신기록 보관 주체를 정부에서 통신사로 변경
③ 법원 영장 발급 후 개별 기록 수집 가능
④ '외로운 늑대형' 테러범 및 이동하는 테러범 감청 권한 유지

Ⅱ 9/11 테러 이후 미국의 대테러 조직 개편

1. 의의

미국은 9/11 이후 대테러 조직체계를 국가안전보장회의(NSC), 국토안보부(DHS), 국가정보장실(ODNI) 산하 국가대테러센터(NCTC), 연방수사국(FBI), 중앙정보국(CIA), 주(州)경찰로 정비함.

2. 국가안전보장회의

(1) 개념
① 대통령을 의장으로 하는 국가안보 관련 최고 의사결정 기구임.

② 국가안보 정책을 정책부서 및 정보부서에 정확히 전달하고, 양자의 업무 조화를 유지하는 역할 수행함.
③ 대통령의 주요 국가안보 및 외교 정책 논의 포럼으로서 국가 안보 및 외교정책 조정 역할을 수행함.
(2) 국가안보정책 조정
① 정보가 반영된 국가안보정책이 현장에서 적절히 집행되도록 보장함.
② 정책담당부서가 정보공동체의 정보판단에 따른 정책 결정을 제대로 수행하지 않을 경우, 논의를 통해 국가안보정책을 결정하고 집행하도록 조정함.
(3) 정책 결정 및 집행 조종
① 정책부서와 정보부서 간 원활한 업무 수행을 위한 매개체 역할을 수행함.
② 국가안보 정책 결정 및 집행을 위한 조종 및 제어장치로 기능함.
(4) 구성
① 주요 참석자: 대통령(의장), 부통령, 국무장관, 국방장관, 재무장관, 국가안보 보좌관으로 구성됨.
② 합참의장(군사 고문) 및 국가정보장(정보 고문) 포함됨.

3. 국토안보부(DHS) 창설

(1) 의의
국내 테러 예방·대응을 위해 「국토안보법」(2002)을 근거로 2003년 22개 정부기관을 통합하여 국토안보부(DHS) 창설
(2) 조직 및 운영
① 국토안보부 장관(대통령 임명) 및 차관, 비서관 등으로 구성
② 상원의 동의를 받아 임명되는 차관 및 국장급 인사 존재
③ 주요 본부: 연방 – 지방 연락본부, 국토위협·위험분석본부, 감시·경고본부, 국경·화학·생물·방사능·핵·폭약 위협 분석본부 등
(3) 임무
① 정보 수집 및 경고, 국경·수송 안전, 국내 테러 방지, 주요 시설 보호, 테러 참사 대응, 위기 대비 수행
② 주(州) 단위 국토안전보장실(OHS) 운영, 연방 – 주정부 – 지방정부 간 정보 공유 네트워크 구축

4. 국가정보장실(ODNI) 설립

(1) 의의
미국 정보공동체(IC) 개혁을 위해 「정보개혁 및 테러방지법」(2004) 제정 후 국가정보장실(ODNI) 창설

(2) 권한

① 정보공동체(IC) 15개 기관 통솔 및 대테러 정보활동 총괄

② 국가정보장(DNI): 대통령·NSC·HSC에 국가안보 조언 제공

③ 정보 수집·분석·배분 우선권 보유, 정보획득 및 법적 지원 권한 보유

5. 국가대테러센터(NCTC)

(1) 의의

ODNI 산하 테러 정보 통합 기구로서 정보공동체, 법집행기관, 군, 국토안보부 등 30개 이상 기관의 테러 정보 취합 및 공유 담당

(2) 주요 임무

① 대통령과 국가정보장(DNI)에게 테러 정보 보고

② 민간·군사 대테러 전략 기획 및 의회·행정부에 정보 제공

③ FBI 합동테러리즘대책팀(JTTF) 지원

6. 연방수사국(FBI)과 주(州)경찰

① FBI 및 주(州)경찰은 테러 수사·법집행 담당

② 주(州)경찰은 자체 대테러 진압 부대 운영

③ FBI가 처리하기 어려운 사건은 주(州)경찰과 협업

7. 연방수사국(FBI)과 중앙정보국(CIA)

① FBI: 법무부 산하 국내 정보 수집 기관

② CIA: 해외 정보 수집 기관, 4개 지역 분석 그룹, 6개 초국가적 그룹, 2개 지원부서 운영

Ⅲ 대테러부대

1. 의의

① 미국 민병대 소집법에 따라 미 육군과 공군은 영토 내 치안 방위에 투입될 수 없으며, 군 소속 부대는 국외 대테러 작전을 주로 담당함.

② 국내 대테러 작전은 각 지역/주 경찰국 및 법무부, 국토안보부 산하 사법집행기관들이 담당함.

2. 국방부

(1) 육군

① 제1특전단 델타작전분견대(1SFOD−Delta)는 합동특수작전사령부(JSOC)의 지휘를 받으며, '델타 포스(Delta Force)'로 불림.

② 제1특전사령부(1st Special Forces Command, Airborne)는 미국 통합특수작전사령부 예하 육군 특수작전사령부 소속으로, '그린베레(Green Berets)'로 불림.

(2) 해군

① 해군특수전개발단(DEVGRU)은 합동특수작전사령부(JSOC)의 지휘를 받음.

② 해군특전단(Naval Special Warfare Group)은 JSOC의 지휘를 받으며, '네이비 씰(Navy SEALs)'로 불림.

(3) 공군

제24특수전술대대(24STS)는 JSOC의 지휘를 받음.

(4) 해병대

해병레이더연대(Marine Raider Regiment)는 해병특수전사령부(MARSOC) 산하 특수전 연대로, '레이더스(Raiders)'로 불림.

(5) 기타

각 군은 헌병 SRT(Special Reaction Team)를 운영함.

3. 각 지역/주 경찰국

① SWAT(Special Weapons And Tactics)는 지역/주 경찰국에서 강력 범죄 및 대테러 작전에 대응하는 특수임무팀임.

② SWAT의 효시는 로스앤젤레스 경찰국(LAPD)이며, 미국의 총기 소유 특성상 실전 경험이 풍부하여 국내외 대테러 부대에 영향을 미침.

4. 중앙정보국(CIA)

CIA 특수활동부 특수작전그룹(CIA SAD/SOG)은 CIA 소속의 대테러 및 특수작전 수행 부대임.

Theme 62 영국의 대테러 조직체계

Ⅰ 테러대응 관련 법제

1. 의의

① 영국은 9/11 이전부터 북아일랜드 IRA 소탕을 이유로 다수의 테러 관련법을 제정하였으며, 테러방지법이 가장 많은 국가임.

② 사회단체 활동 금지, 주거지 수색, 통신 자유 제한 등 경찰에 광범위한 권한이 부여됨.

③ 배심원 재판 제한, 특정 금지단체 가입 처벌 등 조치가 북아일랜드에서 영국 본토로 확대됨.

2. 「반테러리즘과 범죄 및 보안법」

① 9/11 이후 「반테러리즘과 범죄 및 보안법(Anti-Terrorism, Crime and Security Act 2001)」 제정됨.

② 강력한 제재 및 출입국 관리 강화됨.

3. 「테러리즘법(Terrorism Act 2006)」

2005. 7. 7. 런던 지하철 테러 이후 보다 강화된 테러대응법으로 제정됨.

4. 「수사권 강화법(The Investigatory Powers Act 2016)」

① '스파이 헌장(Snoopers Charter)'으로 불리며, 영국 정부가 발의한 법안임.

② 경찰 및 정보기관이 테러 조직원 및 용의자를 사전 감시할 권한을 부여함.

③ 2014~2015년 유럽 내 무차별 테러 발생과 난민 유입 증가로 국민적 우려가 반영됨.

II 영국의 정보기관

1. 의의

영국은 대테러 및 정보·안보 대응을 국내 위협과 국외 위협으로 구분하여 운영함.

2. 주요 정보기관

(1) 비밀정보부(SIS, MI6)와 보안부(SS, MI5)

① 국외 위협 대응: 비밀정보부(Secret Intelligence Service, SIS, MI6)

② 국내 테러 대응: 보안부(Security Service, SS, MI5)

(2) 정부통신본부(GCHQ)

① 외무부 소속으로 합동정보위원회(JIC)의 지휘·감독 하에 운영됨.

② 신호정보 및 정보보호 제공, 국가 안보 및 테러 정보 수집·검증 수행함.

(3) 국방정보부(DI)

① 국방부 소속으로 정보공동체 내 역할 수행함.

② 군사 정보 수집 및 분석, 국방정책 수립 및 군사작전 지원 역할 수행함.

③ 테러 및 대량살상무기 관련 정보 수집 및 평가, 정보 공동체에 제공함.

(4) 합동정보위원회(Joint Intelligence Committee, JIC)

① 1936년 '대영제국 국방위원회' 분과로 출범, 1939년 '합동정보위원회(JIC)'로 개편됨.

② 1957년 '내각사무처' 소속으로 이전되어 현재까지 유지됨.

③ 국방, 테러, 국제범죄, 과학기술, 국제경제 문제 등과 관련된 정보 수집·분석 수행함.

④ 총리 및 각료에게 정보 우선순위에 대한 자문 제공함.

⑤ 영국 내 정보기관들의 첩보 수집 및 분석 활동을 총괄·조정·감독하며, 외국 정보기관과의 협력을 유지함.

III 테러대응체계

1. 의의

2003년 합동테러리즘분석센터(JTAC)와 2007년 대테러안보실(OSCT)을 창설하여 포괄적이고 체계적인 대테러리즘 전략을 발전시키고 있음.

2. 합동테러리즘분석센터(JTAC)

① 보안부(SS, MI5) 국제대테러국과 협력하여 테러 위협 정보를 정부 및 기업에 제공하는 정보통합기구로 운영됨.

② 정부부서, 주요 기업 및 기관, 운송·금융 서비스, 전기통신 사업자에게 정기적인 평가를 제공함.

③ 합동테러리즘분석센터장은 보안부(SS, MI5) 부장에게 보고하며, 비밀정보부(SIS), 정부통신본부(GCHQ), 국방정보부(DI) 등과 협력하여 정보를 공유함.

④ 보안부(SS, MI5) 부장은 합동정보위원회(JIC)에 보고함.

3. 대테러안보실(OSCT)

① 국가 대테러리즘 보안국(NaCTSO) 및 국가기반시설보호센터(CPNI)와 협력하여 대테러 및 조직범죄 대응 전략을 수립함.

② 내부부 소속으로 내무부 장관 및 안보·대테러 장관에게 보고함.

4. 국가 대테러리즘 보안국(NaCTSO)

2002년 경찰에 창설되어 다중밀집지역 보호 및 테러 공격에 대한 복구능력 향상을 담당함.

5. 국가기반시설보호센터(CPNI)

2007년 2월 설립되어 국가핵심기반 시설 보호 정책을 수립하고 테러 및 기타 위협으로부터 취약성을 감소시키는 역할을 수행함.

Theme 64 프랑스의 대테러 조직체계

I 국내안보총국(DGSI)과 예심수사판사의 협력

1. 의의

① 프랑스는 「테러방지법」을 통해 1998년 월드컵, 2000년 스트라스부르 크리스마스 마켓, 2001년 파리 미대사관 테러 위협을 사전에 차단함.

② 성공 요인은 내무부 산하 국내안보총국(DGSI)과 예심수사판사의 협력에서 비롯됨.

③ DGSI는 과거 국토감시국(DST)과 경찰청 중앙정보총국(RG)이 통합된 조직으로, 정보 및 사법 기능을 수행함.

2. 예심수사판사

① 1986년 법에 따라 테러 사건 전담 예심수사판사 7명이 활동하며, 파리 14조사국 소속의 전문가 집단으로 운영됨.

② 예심수사판사는 수사권과 재판권을 동시에 보유하며, 경찰과 긴밀한 협력을 통해 강력한 권한을 행사함.

3. 예심수사판사와 DGSI의 공조

① 예심수사판사는 이슬람 극단주의 조직 관련 테러 사건을 조사할 때 DGSI와 긴밀히 협력함.

② DGSI는 공식적으로 예심수사판사의 권한 아래에서 정보기관과 사법경찰의 이중적 역할을 수행함.

4. 테러 범죄 수사 절차

① DGSI 요원이 사법적 수사가 필요한 정보를 입수하면 예심수사판사 및 검사에게 보고하며, 판사가 범죄 가능성을 판단하여 사법수사로 전환할 권한을 가짐.

② 사법수사 개시 전 획득된 정보는 법정 증거로 사용할 수 없으나, 예심수사판사의 권한을 이용한 감청 및 수색을 통해 증거 확보 가능함.

Ⅱ 테러대응체계

1. 의의

① 프랑스는 국가대테러센터(CNCT)를 운영하며, 국가정보 및 대테러 조정관이 DGSI와 협력하여 테러 방지 활동을 수행함.

② 국가대테러센터는 정보공동체 간 정보 공유와 협력을 촉진하는 역할을 담당함.

2. 특징

① 프랑스 경찰은 중앙집권형 국가경찰제도를 운영하며, 국립 경찰과 군경찰이 독립적으로 활동하면서 협력 관계를 유지함.

② DGSI는 내무부 산하 조직으로 대테러 대응 능력을 강화하고 있으며, 과거 DST와 RG가 각각 방첩 및 체제전복·자생테러 대응 업무를 수행한 바 있음.

③ 국립경찰이 주도적으로 테러 사건 수사 및 정보기관의 수사지원 활동을 담당함.

Ⅲ 대테러 기관

1. 국가정보조정관

① 대통령의 자문 역할을 수행하며, 각료 회의에서 임명됨.

② 국방 및 국가안전보장회의(CSDN)와 국가정보위원회(CNR)에 보고하며, 정보기관들의 업무를 조정함.

③ 국가정보위원회의 회의 소집과 심의를 준비하고, 정보 및 테러 대응 전략을 조정함.

④ 정보기관장들에게 대통령의 지시를 전달하고, 의회 정보 대표단의 의견을 청취할 권한을 가짐.

2. 국가대테러센터(CNCT)

(1) 의의

테러 위협 분석 및 대테러 전략 수립을 담당하며, 국가정보 및 대테러 조정관(CNRLT)의 권한 하에 운영됨.

(2) 임무

① 정보공동체 간 정보 공유와 협력을 촉진함.

② 대테러 활동 조정을 위한 절차를 확립하고, 회의를 조직함.

③ 정보자산의 통합 및 공동 사용을 추진하며, 대통령과 총리에게 보고함.

3. 대테러 전문기관의 장

① 대통령과 총리가 관심을 가질 수 있는 정보 및 활동 상황을 국가정보 및 대테러 조정관에게 보고함.

② 국제 안보 및 정치·경제적 영향을 분석하고, 대테러 활동 우선순위를 조정하여 대통령에게 제안함.

③ 유럽 및 국제협력 차원에서 프랑스가 주도할 수 있는 계획을 조정하고 발전 방안을 모색함.

4. 국내안보총국(DGSI)

① DGSI는 경제보호국, 대테러국, 정보기술국, 대전복국, 대간첩국, 국제국 등 8개 국으로 구성됨.

② 대간첩, 대테러, 사이버테러 대응 등의 임무를 수행함.

Theme 65 이스라엘의 대테러 조직체계

Ⅰ 테러대응체계

1. 의의

이스라엘은 총리를 중심으로 하는 내각제 국가이며, 대테러 조직의 핵심은 국가안전보장회의(NSC) 및 대테러국(CTB) 임.

2. 국가안전보장회의(NSC)

(1) 의의

NSC는 2008년 「국가안전보장회의법」에 따라 총리 및 내각의 행동과 의사결정을 효과적으로 수행하기 위해 설립된 조직임.

(2) 「국가안전보장회의법」에 규정된 사항

① NSC 의장 및 부의장의 역할
② 전략개발 및 조직 운영
③ 정보·통합 각료위원회 운영
④ 총리의 외교정책 및 대외관계 조정
⑤ 국내정책 및 보안정책 수립
⑥ 국경수비 및 대테러 대응

3. 국가안보보좌관(National Security Adviser)

(1) 소속

총리실 소속으로, 국가안보실장(Head of the National Security Council) 직책을 겸직하며 총리에게 직접 보고함.

(2) 임무

① 국가위기관리센터 운영을 통해 해외테러 및 국가위기 상황 대응
② 총리 및 내각에 국가 안보정책 자문 제공
③ 국가안보, 외교정책, 국방, 대테러 관련 관계기관 업무 조정

4. 대테러국(Counter Terrorism Bureau, CTB)

(1) 의의

텔아비브 및 국경 지역 대테러 임무를 수행하는 대테러 조직(CTU)으로 정보공동체가 수집한 테러 정보를 통합·공유하며 관계기관 업무를 조정함.

(2) 임무

① 국가안전보장회의(NSC) 소속으로, 총리·각부 장관으로 구성된 테러대책위원회의 결정 사항을 실행하는 기관임.
② 대테러 및 경제적 연속성을 유지하는 정책을 개발하고 국가위기관리센터 운영을 통해 국가비상사태에 대비·대응함.
③ 국내 및 해외 테러정보를 통합 관리하여 테러위협 분석 및 해외여행 경고 발령 수행.
④ 국경 이동 감시, 테러리스트 국내 출입 방지, 관계기관 간 협력 및 조정 업무 수행.

Ⅱ 대테러 기관

1. 의의

이스라엘의 대테러 정보활동은 아만(Aman), 신베트(Shin Beth), 모사드(Mossad) 등 3개 기관이 수행함.

2. 신베트(Shin Beth)

신베트(ISA)는 총리 직속 정보기관으로, 국내 대테러·공안업무·보안·정보 수집·경호 등 국내 대테러정보 활동을 담당함.

3. 모사드(Mossad)

모사드는 유대인 및 이스라엘을 대상으로 한 테러 예방, 적 정보 획득, 비밀작전, 인간정보 수집 등 국외 대테러 정보활동을 수행함.

4. 아만(Aman)

(1) 의의

① 이스라엘 최대 군사정보기관으로, 8200부대, 9900부대, 504부대를 운영함.
② 군·정부 간 업무 협력 및 민간·군 정보기관 간 정보 조정 역할 수행.

(2) 8200부대

① 신호정보(SIGINT) 수집을 위한 공중정찰기 등 첨단 장비 운용
② 정치·군사정보를 포함한 다양한 정보 수집 수행
③ 504부대(Sayeret Matkal) 지휘권 보유, 전장 정보 수집 및 신속한 정보처리 담당

(3) 9900부대

① 지형 분석, 지도화(mapping), 시각정보 수집 및 분석 수행
② 드론 및 위성 데이터를 활용하여 지리 공간 정보, 위성 이미지, 고고도 감시 이미지 분석 담당

(3) 임무

① HUMINT(인간정보) 및 SIGINT(신호정보) 수집 수행
② 수상 및 내각에는 국가정보판단보고서, 이스라엘 방위군(IDF)에는 일일 정보보고서 및 전쟁위험평가보고서 제공

Ⅰ 사이버 공간

1. 의의

① 사이버 공간(cyber space)은 컴퓨터 네트워크화를 통해 형성된 세계로, 물리적 실체와 분리된 가상공간을 의미함.

② 인터넷을 기반으로 한 네트워크 공간으로, 정보화 사회를 상징함.

2. 사이버 공간의 양면성

(1) 사회 · 경제 활동의 기본 인프라로 정착

① 항공, 철도, 전력, 가스, 행정 서비스 등 다양한 정보 시스템이 인터넷을 통해 운영됨.

② 유비쿼터스 환경이 발전하면서 정보통신기기 활용이 일상화됨.

③ 정보통신기술이 경제성장의 원천이자 사회기반으로 정착됨.

(2) 역기능

① 지능화된 해킹, 사이버 테러, 사이버 사기 등이 증가하고 있음.

② 개인, 기업, 국가를 대상으로 하는 사이버 공격이 지속적으로 증가하고 있음.

③ 국가 기반시설 마비, 정부기관 시스템 침입 사례가 발생하고 있음.

3. 사이버 테러 사례

(1) 국제 사례

① 2007년 중국 해커부대가 미 펜타곤 해킹, 2010년 구글 등 미국 기업 해킹으로 미 · 중 외교 갈등 발생.

② 2008년 러시아－그루지아 사이버 전쟁, 2012년 중국의 일본 총무성 DDoS 공격, 2013년 인도의 파키스탄 정보국 해킹 등 국가 간 사이버전 증가.

(2) 한국 사례

① 2009년 7.7 DDoS 공격으로 청와대, 국회, 네이버 전산망 마비.

② 2011년 농협 전산망 마비, 2013년 언론사, 은행, 정부기관 전산망 장애 등 북한의 사이버 공격 지속됨.

4. 한국의 사이버 공간

(1) 정보통신 인프라 현황

① 2012년 인터넷 이용자 3,812만 명, 초고속인터넷 가입자 1,861만 명에 도달하여 세계 최고 수준의 정보통신 인프라를 보유함.

② 인터넷 뱅킹 및 전자상거래 이용 증가.

(2) 정보화의 역기능

① 기밀 유출 가능성이 증가하고 있음.

② 악성 댓글, 스팸메일, 개인정보 유출, 피싱, 파밍 등으로 인한 개인 피해 증가.

③ 전자 금융 및 전자상거래 범죄 증가, 정보보호 필요성이 대두됨.

Ⅱ 사이버 정보

1. 개념

(1) 정의

① 사이버 정보(Cyber Information)는 인터넷 등 전자혁명으로 탄생한 가상공간(cyber space)에서 생성 · 수집되는 정보임.

② Information은 가공 · 분석 · 평가 이전의 생(raw)자료를 의미함.

(2) 정보의 발전 과정

① 생자료(Information)는 가공 · 분석 과정을 거쳐 최종정보(Intelligence)로 전환됨.

② 일반적으로 Information은 가공 · 분석 전의 첩보로 간주됨.

2. 사이버 정보의 특성

① 사이버 공간에서는 정보가 실시간으로 변화하는 특성을 가짐.

② 정보가 지속적으로 변동하므로 Information 자체가 최종 분석정보(Intelligence)의 가치를 가질 수 있음.

③ 이러한 특성으로 인해 별도의 개념으로 '사이버 정보'로 명명됨.

Ⅲ 사이버 테러의 개념과 특징

1. 정보통신 네트워크의 구축

① 철도, 항공, 발전소 등 국가 주요 기반시설이 정보통신 네트워크로 통제됨.

② 전력, 가스, 금융, 교통, 정부 서비스 등 국가 기능 유지에 필수적인 시스템이 포함됨.

2. 정보통신 인프라의 위협

① 군 지휘통신망 마비 시 군 작전 수행 불능.

② 원자력발전소, 가스제어, 교통관리 시스템 마비 시 대규모 사고 발생 가능.

3. 사이버 테러

(1) 개념

① 개인, 기업, 국가 전산망을 교란 · 마비시키고 정보자료를 절취 · 훼손하는 공격 행위를 의미함.

② 피해 범위가 크며, 국가 안보를 위협하는 수준까지 확대될 수 있음.

(2) 특징

① 전통적 테러와 달리 피해 범위와 정도가 판단 기준이 됨.

② 공격이 은밀하게 이루어지며, 사전 탐지가 어려움.

③ 유비쿼터스 환경에서 사이버 테러 피해가 증가할 가능성이 높음.

④ 국가 차원의 대응과 기술 개발이 필요함.

4. 사이버 테러와 전통적 테러의 비교

(1) 공격 방식

① **전통적 테러**: 물리적 폭탄, 총기 사용.

② **사이버 테러**: 해킹, 바이러스, 전자폭탄 등 비물리적 공격.

(2) 국가 기능 마비

① 전통적 테러는 국지적 피해를 발생시키지만, 사이버 테러는 국가 기능 전체를 마비시킬 가능성이 있음.

② 공격 주체의 확인이 어려우며, 침해 사실을 모르는 경우도 많음.

(3) 사이버 공간에서 발생

① 전통적 테러는 특정 지역에서 발생하는 반면, 사이버 테러는 인터넷이 연결된 곳이면 어디에서나 가능함.

② 전투 공간이 무한정 확대될 가능성이 있음.

(4) 공격 주체 식별 어려움

① 전통적 테러는 사전 모의 과정에서 징후 포착이 가능하나, 사이버 테러는 은밀하게 이루어져 예측이 어려움.

② 특정 이념 없이도 해커들이 협력하여 공격을 감행할 수 있음.

(5) 최소 투자로 최대 효과

① 컴퓨터 조작만으로 전력, 통신, 금융망 마비 등 사회적 혼란을 유발할 수 있음.

② 경제적 피해와 국가 안보 위협이 심각함.

(6) 결론

① 사이버 테러는 전통적 테러와는 전혀 다른 형태의 위협으로, 대응 방식의 변화가 필요함.

② 전쟁지역이 광역화되고 피해 규모가 대형화되는 특성을 지님.

③ 국가적 차원의 선제적 대응과 기술적 대비가 필수적임.

Ⅳ 사이버 테러 공격의 유형 및 사용 무기

1. 의의

사이버 테러 공격은 컴퓨터 하드웨어 공격과 소프트웨어 공격으로 구분됨.

2. 컴퓨터 하드웨어 공격

(1) 의의

① 컴퓨터 하드웨어의 약점을 이용하는 공격 기법으로 TEMPEST(누설전자파), EMI(전자기 간섭), EMC(전자기 호환) 등이 존재함.

② 컴퓨터 시스템에서 발생하는 전자파를 수집하여 작업 내용을 유출하는 방식으로 작동함.

(2) 작동 원리

① 컴퓨터에서 발생하는 전자파는 일정한 규칙을 가지며, 이를 분석하면 파일 내용을 복구할 수 있음.

② 전파방해(electronic jamming): 적국의 송 · 수신 전파 흐름을 방해하여 정보를 차단하거나 가짜 정보를 삽입함.

③ 치핑(chipping): 하드웨어 설계 시 칩에 특정 코드를 삽입해 필요 시 공격에 활용하는 방식임.

(3) 사용 무기

① EMP 폭탄(Electro – Magnetic Pulse Bomb): 고출력 전자기파를 이용하여 정보시스템 및 통신망을 마비시킴.

② 나노머신(Nano Machine): 전자회로 기판 등 특정 부품을 파괴하여 정보 시스템을 무력화함.

③ 전자적 미생물(Microbes): 실리콘 등 특정 성분을 부식 · 파괴하여 정보 시스템을 마비시킴.

3. 컴퓨터 소프트웨어 공격

(1) 의의

① 소프트웨어의 취약점을 공격하는 방식으로 대표적으로 해킹(hacking)이 존재함.

② 해커가 전산망에 침투하여 바이러스를 삽입하거나 데이터베이스를 파괴하는 방식임.

(2) 논리폭탄(Logical Bomb)

컴퓨터 시스템의 특정 코드 변경을 통해 일시적으로 오류를 발생시키는 공격 방식임.

(3) 트랩도어(Trap Door 혹은 Back Door)

① 프로그램 개발 과정에서 고의로 삽입된 침입 경로를 의미함.

② 개발자만이 알 수 있는 경로를 이용하여 언제든지 시스템 내부로 침투 가능함.

(4) 트로이목마(Trojan Horse)와 스니퍼(Sniffer)

① 트로이목마: 시스템 관리자 권한을 탈취하기 위해 제작된 불법 프로그램임.

② 스니퍼: 정보통신망에 전송되는 중요 정보를 획득하는 불법 프로그램임.

(5) 객체이동가상무기(AMCW, Autonomous Mobile Cyber Weapon)

① 가장 강력한 파괴력을 가진 컴퓨터 바이러스로 분류됨.

② 목표지점에 정확히 도달하여 기간 통신망 및 방공망을 파괴·교란함.

③ 전산망에 침투한 후 복제·변이하여 제거가 어려우며, 침투 흔적이 남지 않음.

④ 누구나 합법·비합법적으로 구매 가능하여 테러리스트 등에 의해 악용될 위험성이 큼.

(6) 서비스거부(DoS, Denial of Service)

① 네트워크나 시스템에 과부하를 발생시켜 정상적인 정보통신 서비스를 중단시키는 공격 방식임.

② 분산서비스거부(DDoS, Distributed Denial-of-Service): 원격 조종 가능한 다수의 컴퓨터를 활용하여 특정 기관을 집중 공격함.

③ 사례: 2000년 2월 야후(Yahoo), 이베이(eBay) 피해, 한국에서는 2009년 7월 7일과 2011년 3월 4일 발생.

(7) 스턱스넷(Stuxnet)

① 역사상 최초로 발견된 악성코드 무기로, 이란의 원심분리기 1000여 기를 파괴함.

② 웜, 트로이목마, 바이러스의 특성을 복합적으로 가진 악성코드임.

(8) APT(Advanced Persistent Threat)

① 특정 목표를 지속적으로 공격하며, 대상의 취약점을 분석하여 다양한 방법으로 침투함.

② 탐지 및 차단이 어렵고, 단편적인 기술로 대응이 불가능한 공격 절차임.

Ⅴ 주요국의 사이버 테러 대응 실태

1. 개념 및 배경

① 마틴 리비키(Martin Libicki)는 해커전과 사이버전이 가까운 미래에 발생할 잠재적 전쟁이라고 주장함.

② 2001년 4월, 미국 해군 정찰기와 중국 전투기 충돌 이후 미국과 중국 간 해커전이 본격 전개됨. 한 달 동안 친미 해커가 중국 웹사이트 350개를 공격, 친중 해커가 미국 웹사이트 37개를 공격한 것으로 알려짐.

③ 사이버전이 국가 차원에서 묵인될 가능성이 있으며, 사이버전쟁이 현실화됨에 따라 각국이 이에 대한 대응체계를 구축 중임.

2. 미국

(1) 법률 정비

「컴퓨터 보안법(1987)」, 「문서작업 감축법(1995)」, 「통신법(1996)」, 「국가정보기반보호법(1996)」 등을 통해 사이버테러 대응 법률을 지속적으로 정비함.

(2) 기관 및 조직

① 2001년 9/11 테러 이후 국토안보부를 설립하고, 사이버테러 대응을 총괄하는 사이버안보국(NCSD)과 정부침해 대응기구인 US-CERT를 운영함.

② 2009년 오바마 대통령 취임 후 백악관에 사이버안보 보좌관을 신설하고, 2010년 메릴랜드 주 포트 미드(Fort Meade)에 사이버사령부를 출범시킴.

3. 중국

① 1997년 6월, 중국 인민해방군(PLA)이 100명 규모의 컴퓨터 바이러스 부대를 창설하고, 미국 등 서방국가를 대상으로 사이버 공격 계획을 발표함.

② 1999년 퀴아오 량(Qiao Liang)과 왕샹수이(Wang Xiangsui)가 저술한 「무한 전쟁(Unrestricted Warfare)」에서 비대칭 전쟁 개념을 언급함.

③ 중국 인민해방군은 연간 약 5만 명의 전문 해커를 양성하며, 사이버전 관련 인원은 정부·민간 IT 산업·학계를 포함하여 약 40만 명으로 추산됨.

4. 일본

① 경찰청을 중심으로 정부 전산망 및 산업시설 보호 대책을 조사·분석하며, 사이버 테러 대응을 추진함.

② 2000년 방위성이 시험용 바이러스 및 해킹 기술을 독자 개발하고, 육·해·공 자위대를 통합한 '사이버 부대'를 창설함.

③ 2005년 일본정보보호센터(NISC)를 설립하여 중장기 정보보호 기본전략을 수립하고 종합적인 대응책을 추진함.

5. 러시아

① 걸프전 이후 사이버전의 중요성을 인식하고 연구를 수행하며, FSB 내 사이버전 전담부대를 설치함.

② 2002년 세계 최초로 해커부대를 창설, 2007년 에스토니아 사이버 공격 배후로 지목됨. 2008년 사이버부대 예산으로 1,524억 원을 배정함.

6. 북한

① 미국 국방부는 북한과 중국의 해킹 능력이 미 중앙정보국(CIA) 수준에 도달했다고 평가함.

② 북한은 인민학교에서부터 해커 군관을 양성하며, 김일성 종합대학 · 김책공업종합대학 · 평양컴퓨터기술대학 등에 IT 학과를 개설하여 연간 약 7,600명의 전문 인력을 배출함.

③ 국무위원회 직속 정찰총국, 조선인민군 총참모부, 통일전선부, 문화교류국 등에 사이버 전담 부서를 두고 해킹, 사이버 테러, 대남 사이버 심리전을 전개함.

④ 국가정보원에 따르면 북한은 400여 개의 SNS를 활용하여 정부 정책 비방, 남남갈등 조장, 선거 개입 선동 등을 수행함.

7. 국가 간 공동 노력

(1) 협력 필요성

① 가상공간은 국경 없는 공간으로 외국 해커들의 침입에 취약하며, 음란 · 폭력물 등이 난무함.

② 대부분의 국가가 사이버 범죄 관련법을 갖추지 못해 범죄자를 처벌하기 어려운 상황임.

③ 사이버 공간에서의 법률 및 규제 방식이 국가마다 다르므로 국제적 협력이 요구됨.

(2) 국제 협력 기구

① 1988년 미국 주도로「국제 침해 사고 대응팀 협의회(FIRST)」가 조직되었으며, 현재 78개국이 가입함. 한국정보보호센터(현 한국인터넷진흥원)는 1998년, 국정원은 2006년에 가입함.

② G-8 국가들은 2005년부터「메리디안(MERIDIAN) 회의」를 개최하여 국가정보통신 기반 보호정책, 대테러 정책, 사이버 범죄 예방 등을 논의함.

Ⅵ 우리나라의 사이버 테러 대응 노력

1. 의의

① 우리나라는 사이버 테러에 대응하기 위해 다양한 노력을 기울여 왔으며, 컴퓨터 범죄 및 해킹 피해에 대응하기 위해 정보보호 담당기관을 설립하여 운영함.

② 주요 기관으로는 국가정보원의 '국가사이버안보센터', 과학기술정보통신부 산하 '사이버침해대응본부', 국방부의 '사이버작전사령부', 대검찰청의 '인터넷범죄수사센터', 경찰청의 '사이버테러대응과' 등이 있음.

2. 국가사이버안보센터(NCSC)

(1) 설립 배경 및 변화

① 2003년 1. 25. 인터넷대란을 계기로 국가 차원의 예방 및 대응 필요성 대두

② 2004년 2월 국가정보원 산하 '국가사이버안전센터' 설치

③ 2021년 '국가사이버안보센터(NCSC)'로 명칭 변경

(2) 주요 역할

① 국가사이버안전 정책 수립 및 조정

② 국가사이버안전 전략회의 및 대책회의 운영

③ 사이버위기 경보 발령 및 대응 조치 수행

④ 해킹사고 조사 · 분석 및 대응 복구

⑤ 민 · 관 · 군 정보공유체계 구축 및 협력 강화

(3) 국가사이버안전 정책 총괄

① 국가사이버안전 정책 기획 및 조율

② 관련 제도 및 지침 수립

③ 국가사이버안전 대책회의 운영

④ 민 · 관 · 군 정보공유체계 구축 및 운영

(4) 사이버 위기 예방활동

① 각급기관 전산망 보안컨설팅 및 안전측정

② 보안적합성 및 암호모듈 검증

③ 사이버 위기 대응훈련 실시

④ 정보보안 관리실태 평가

⑤ 공공분야 주요정보통신 기반시설 보안관리

(5) 사이버 공격 탐지활동

① 24시간 365일 각급기관 보안관제

② 단계별 사이버 위기 경보 발령

③ 각급기관 보안관제센터 운영 및 교육 지원

④ 신종 해킹 탐지기술 개발 및 지원

(6) 사고조사 및 위협정보 분석

① 해킹사고 발생 시 사고조사 및 원인 규명

② 사이버위협정보 및 취약점 분석

③ 국내외 유관기관과 협력체계 구축

④ 유가치 사이버위협 신고 포상 및 보안권고문 배포

3. 정보보호 기술 및 정책 연구기관

① 정보보호 기술 및 정책을 연구 · 개발하는 기관으로 국가보안기술연구소(NSR), 한국인터넷진흥원(KISA), 한국전자통신연구원(ETRI) 등이 있음.

② 국방 관련 정보전에 대비하여 국방과학연구소, 한국국방연구원 등이 대응방안 및 공격무기에 관한 연구를 수행 중임.

4. 사이버 테러 대응 관련 법과 제도

① 2001년 사이버 테러로부터 국가 주요 정보통신기반시설을 보호하기 위해「정보통신기반 보호법」이 제정 · 공포됨.

② 2001년 7월 10일 「정보통신기반 보호법 시행령」이 국무회의에서 의결되어 정보통신부와 국가정보원을 중심으로 주요 사회기반 시설과 관련된 정보시스템 보호 업무가 본격적으로 추진됨.

③ 2005년 사이버 공격으로부터 국가정보 통신망을 보호하기 위해 사이버 안전 조직 및 운영에 관한 사항을 체계적으로 정립한 「국가사이버안전관리규정」이 대통령 훈령으로 발령됨.

④ 2020년 12월 31일 「사이버안보 업무규정」이 제정됨

5. 국가사이버안보 종합대책

① 2013년 '3.20. 사이버테러', '6.25. 사이버공격' 등 북한의 대규모 사이버공격이 발생함.

② 이에 따라 기존의 사이버안보업무 수행체계를 보완하고 범국가 차원의 종합적인 대책 마련을 위해 유관부처 합동으로 '국가사이버안보 종합대책'을 수립함.

③ 동 대책은 '선진 사이버안보 강국 실현'을 목표로 사이버위협 대응체계 즉응성 강화, 유관기관 스마트 협력체계 구축, 사이버공간 보호대책 견고성 보강, 사이버안보 창조적 기반 조성 등 4대 전략을 포함함.

④ 정보통신 기술의 발전과 함께 사이버위협도 빠르게 변화하고 있어, 관련 법제를 신속히 정비·보완하는 노력이 필요함.

Theme 66-1 「사이버안보 업무규정」 중요 내용

Ⅰ 의의

1. 목적

「국가정보원법」 제4조제1항에 따른 국가정보원의 직무 중 사이버안보 업무 수행에 필요한 사항을 규정하는 것에 목적을 둠.

2. 정의

(1) 정보통신망

「전기통신사업법」 제2조제2호에 따른 전기통신설비를 이용하거나 전기통신설비와 컴퓨터 및 컴퓨터의 이용기술을 활용하여 정보를 수집, 가공, 저장, 검색, 송신 또는 수신하는 정보통신체제를 의미함.

(2) 사이버공격·위협

해킹, 컴퓨터 바이러스, 서비스거부(DDoS), 전자기파 등 전자적 수단을 이용하여 정보통신기기, 정보통신망, 관련 정보시스템을 침입, 교란, 마비, 파괴하거나 정보를 위조, 변조, 훼손, 절취하는 행위 및 관련 위협을 의미함.

Ⅱ 사이버안보 정보 수집 및 보안 업무 수행

1. 사이버안보정보 업무

① 국제 및 국가배후 해킹조직 등 사이버안보 관련 정보를 수집, 작성, 배포하는 업무 수행.

② 사이버안보 관련 정보의 수집, 작성, 배포 업무 수행과 관련된 조치로 국가안보와 국익에 반하는 북한, 외국 및 외국인·외국단체·초국가행위자 또는 이와 연계된 내국인의 활동을 확인, 견제, 차단하고 국민의 안전을 보호하기 위한 대응조치 수행.

③ 사이버안보 정보의 기획·조정 업무 수행.

2. 사이버보안 업무

① 중앙행정기관 등을 대상으로 사이버 공격·위협에 대한 예방 및 대응 업무 수행.

② 사이버공격·위협에 대한 예방 및 대응 관련 기획·조정 업무 수행.

Ⅲ 사이버안보 업무의 기획·조정

1. 의의

① 국가정보원장은 사이버안보정보 업무 및 사이버보안 업무에 관한 정책의 수립 등 기획업무를 수행함.

② 국가정보원장은 조정이 필요한 경우 긴급사안에 대해서는 직접 조정하고, 그 밖의 사안에 대해서는 기본지침으로 정하는 바에 따라 조정함.

2. 국가정보원장이 수립·시행해야 할 지침 등

① 사이버안보정보 업무에 관한 기본지침

② 사이버보안 업무에 관한 기본지침

③ 새로운 유형의 사이버공격·위협에 대응하기 위한 수시 보안대책

Ⅳ 국가사이버안보센터 운영 및 협력 체계 구축

1. 국가사이버안보센터

① 국가정보원장은 사이버안보 업무의 효율적 수행을 위해 국가사이버안보센터를 둘 수 있음.

② 국가사이버안보센터에는 민관합동 통합대응체계를 구축·운영하기 위한 전담조직을 둘 수 있음.

③ 국가사이버안보센터 내 사이버안보 관련 사항을 전문적으로 검토하기 위해 관계 전문가로 구성된 자문단을 설치·운영할 수 있음.

④ 국가정보원장은 국가사이버안보센터 운영을 위해 필요한 경우 국가기관 등의 소속 공무원 또는 임직원의 파견 등 협조를 요청할 수 있음.

2. 기관 간 협력체계 구축

국가정보원장은 사이버안보정보 업무 수행을 위해 필요한 경우 국가기관 등, 외국 정보 · 보안기관 또는 관계기관과 정보협력체계를 구축할 수 있음.

Ⅴ 사이버안보정보 관리 및 대응 체계 구축

1. 정보공유 및 대응체계

① 국가정보원장은 사이버안보 관련 정보 배포 · 공유를 위해 정보공유시스템을 구축 · 운영할 수 있음.
② 정보공유시스템의 활용 대상, 범위 등 운영에 필요한 사항은 국가정보원장이 관계 중앙행정기관 등과 협의하여 정함.

2. 사이버안보정보 업무 수행 관련 대응조치

① 국가정보원장은 국가안보와 국익에 반하는 활동에 악용될 가능성이 있는 정보통신기기 · 소프트웨어의 안전성을 확인하기 위해 기술적 시험 · 분석을 수행할 수 있음.
② 시험 · 분석 결과에 따라 국가기관 등에 위험을 최소화할 조치를 요청할 수 있으며, 요청받은 기관은 필요한 조치 이행을 위해 국가정보원장에게 지원을 요청할 수 있음.
③ 국가정보원장은 국제 및 국가배후 해킹조직 등의 활동을 선제적으로 확인 · 견제 · 차단하기 위해 국외 및 북한 소재 거점을 대상으로 추적, 무력화 등 필요한 조치를 할 수 있음.
④ 국가정보원장은 국가안보실장과 협의하여 민관합동 통합대응체계를 구축 · 운영할 수 있음.

Ⅵ 사이버보안 세부 지침 및 자체 점검

1. 사이버보안 세부지침 수립 및 시행

중앙행정기관등의 장은 기본지침에 따라 기관의 특성과 보안 수준을 반영하여 사이버보안 세부지침을 수립 · 시행해야 함.

2. 사이버보안 자체 진단 · 점검

중앙행정기관등의 장은 연 1회 이상 사이버보안 자체 진단 · 점검을 실시해야 함.

Ⅶ 사이버 위기 경보 및 사고 조사

1. 경보 발령

① 국가정보원장은 중앙행정기관등에 대한 사이버공격 및 위협에 체계적으로 대응하고 대비하기 위해 단계별로 경보를 발령할 수 있음. 이 경우 국가안보실장과 사전 협의가 필요함.
② 국가정보원장과 국방부장관이 협의하여 정한 기관에 대해서는 국방부장관이 경보를 발령하며, 국가안보에 필요하다고 판단되거나 국가정보원장의 요청이 있는 경우 관련 내용을 국가정보원장에게 통보해야 함.
③ 국가정보원장, 국방부장관 및 다른 법령에 따라 경보를 발령하는 중앙행정기관의 장은 국가 차원의 효율적인 경보 업무 수행을 위해 경보 발령 전에 관련 정보를 상호 교환해야 함.

2. 사고 조사

① 국가정보원장은 중앙행정기관등에 대한 사이버공격 및 위협으로 사고가 발생한 경우 공격 주체 규명, 원인 분석 및 피해 내역 확인 등을 위한 조사를 실시할 수 있음. 다만, 국가정보원장과 국방부장관이 협의하여 정한 기관에 대해서는 국방부장관이 조사를 실시함.
② 국가정보원장 또는 국방부장관은 사이버공격 및 위협으로 인한 사고가 국제 및 국가배후 해킹조직 등의 위해 행위에 해당되지 않거나 경미한 사고라고 판단될 경우 해당 중앙행정기관등의 장이 자체적으로 조사하게 할 수 있음.
③ 국가정보원장은 조사 결과 유출된 자료에 대해 해당 중앙행정기관등의 장과 합동으로 국가안보, 국익 및 정부 정책에 미치는 영향을 평가할 수 있음.
④ 국가정보원장은 해당 중앙행정기관등의 장에게 국가안보, 국익 및 정부 정책에 미치는 영향을 최소화하기 위한 조치를 요청할 수 있음.
⑤ 국가정보원장은 필요시 중앙행정기관등의 장에게 조사 결과 및 조치 결과의 제출을 요청할 수 있으며, 요청을 받은 기관장은 정당한 사유가 없으면 이에 따라야 함.

Theme 66-2 국가보안기술연구소(NSR)와 보안적합성 검증 절차

Ⅰ 국가보안기술연구소(NSR)

1. 목적

① 국가 사이버안전 대응기술 개발
② 국가차원의 정보보안기술 개발

2. 연혁

2000년 1월 1일 설립

3. 기능

① 국가보안시스템 연구개발

② 국가사이버안전기술 연구개발

③ 국가보안 기반기술 연구

④ 국가보안업무 기술지원

⑤ 기술정책 수립 지원, 인력 양성, 기술 사업화 등 위탁 사업 수행

Ⅱ 보안적합성 검증 절차

1. 신청

국가·공공기관은 검증 대상 제품 도입 즉시 국가정보원에 보안적합성 검증을 신청함.

2. 시험 의뢰 및 결과 제출

① 국가정보원은 신청 접수 후 국가보안기술연구소(NSR)에 시험을 의뢰함.

② 국가보안기술연구소(NSR)는 시험을 진행한 후 결과를 국가정보원에 제출함.

3. 검토 및 결과 통보

국가정보원은 시험 결과 및 보안 대책을 검토한 후 신청 기관에 보안적합성 검증 결과를 통보함.

4. 보안 취약점 조치

국가·공공기관은 보안적합성 검증 결과에 따라 발견된 보안 취약점을 제거한 후 정보보호 시스템 및 네트워크 장비를 운용함.

Theme 66-3 국방사이버방호태세(Cyberspace Protection Conditions, CPCON)

1. 개념 및 도입 배경

① 한반도에서 위기 발생 시 한미 연합사령관이 발령하는 전투준비태세(데프콘)에서 유래한 개념으로, 사이버 공간에서의 방호태세를 의미함.

② 2001년 4월 1일부터 '인포콘(INFOCON)'이라는 명칭으로 시행되었으며, 2021년부터 '국방사이버방호태세(CPCON)'로 변경됨.

③ 정보전 징후 감지 시 합동참모본부 의장이 단계적으로 발령함.

---

2. 국방사이버방호태세 5단계 및 위협 수준

① 정상(INFOCON 정상): 통상적 활동 유지

② 알파(INFOCON 알파): 증가된 위험 발생

③ 브라보(INFOCON 브라보): 특정한 공격위험 존재

④ 찰리(INFOCON 찰리): 제한적 공격 발생

⑤ 델타(INFOCON 델타): 전면적인 공격 발생

3. 발령 시 조치

① 국방부 및 각군 본부, 군단급 부대 내 정보전대응팀(CERT)이 비상 전투준비태세에 돌입함.

② 방호벽 설치 및 사이버 공격 대응 조치 수행함.

Theme 67 정보 공작과 사이버 전쟁

Ⅰ 사이버 테러와 사이버 전쟁

1. 의의

① 사이버 테러는 공포와 혼란을 초래하는 것이 목적이나, 사이버 전쟁은 정부 전복 및 국가 궤멸을 목적으로 수행됨.

② 사이버 전쟁 대응을 위한 정보활동은 단순한 공개출처정보수집(OSINT)과 달리 실전적인 정보활동을 포함함. 미국 국방부는 이를 "정보공작과 사이버 전쟁(Information Operation and Cyberwar)"으로 구분하여 사용함.

2. 사이버 공격의 유형

(1) 사이버 테러(Cyberterrorism)

정책 변경을 목적으로 사이버 공간에서 수행하는 테러 공격임.

(2) 사이버 전쟁(Cyberwar)

① 국가 소멸을 목적으로 사이버 공간에서 실전적 형태로 전개하는 전쟁임.

② 예: 사이버 진주만 공습, 사이버 제3차 세계대전

③ 필연적으로 전쟁 수행을 위한 정보활동이 요구됨.

④ 해당 정보활동은 사이버 정보공작(Information Operation)에 해당함.

(3) 전자전쟁(Electronic Warfare, EW)

① 사이버 공간뿐만 아니라 물리적 세계에서 전자장치를 활용하여 전개하는 공격임.

② 전자기장이 형성되는 전자기기를 대상으로 수행됨.

3. 사이버전 수행 능력의 중요성

(1) 의의

① 사이버 테러와 사이버 전쟁에서 유사한 공격 방법이 사용되나, 사이버 전쟁은 국가 전복을 목적으로 함.

② 국가 차원에서 사이버 전쟁 수행 능력은 단순한 사이버 치안 역량으로 해결할 수 없는 새로운 과제를 제시함.

(2) 군사 작전에서의 사이버 정보통제 중요성

① 사이버 전쟁은 컴퓨터와 인터넷을 이용하여 수행되는 전쟁임.

② 과거에는 사이버 정보통제 중심의 소극적 보안이 중시되었으나, 최근에는 공격적인 사이버 작전이 강조됨.

③ 사이버 정보통제는 군사적 승리를 위해 필수적 요소임.

(3) 재래적 군사작전에서의 중요성

① 기존의 화력 위주 군사작전에서도 사이버 정보의 지배는 필수적 요건임.

② 사이버 전쟁은 재래식 무기에 비해 저비용으로 고효율을 달성할 수 있음. 현재 이란, 이라크, 북한, 중국, 러시아 등이 사이버 전쟁 부대를 운영 중임.

(4) 미국의 사이버전 수행

① 미국은 국가안보국(NSA)을 포함한 다양한 기술정보 수집 기관을 통해 사이버 전쟁을 수행함.

② 미 국방부는 "글로벌 네트워크 공작을 위한 합동특별대책본부(JTF-GNO)"를 운용 중임.

Ⅱ 사이버 전쟁의 이해

1. 의의

① 사이버 전쟁은 정보전쟁(Information Warfare), 정보 공작(IO), 네트전(Net War) 등으로 불리며, 정보적 우위를 확보하는 것이 핵심임.

② 적의 정보, 정보처리 과정, 정보체계를 교란하여 전략적 우위를 확보하는 것이 주요 목표임.

2. 범위

(1) 의의

① 사이버 정보전은 적의 지휘 통제 체계를 파괴하거나 레이더망 교란, 감지장치 우회, 적의 컴퓨터망 침입 등을 포함함.

② 정보공작(IO)은 사이버 전쟁을 수행하기 위한 핵심적 정보활동임.

(2) 상대방의 정보 네트워크 공격

① 사이버 정보공작은 자국의 네트워크 보호와 동시에 상대방 네트워크에 타격을 가하는 활동임.

② 상대방의 정책 결정에 영향을 미치기 위한 다양한 공격 방법이 존재함.

③ 바이러스 침투, 전자무기 활용, 회로소자 과부하 유발, 허위 신호 방출 등이 대표적 방법임.

(3) 상대방의 선전활동 무력화

TV, 라디오 등을 이용한 상대방 선전활동을 왜곡하거나 방해하여 여론을 조작하는 활동 포함.

(4) 상대방 지휘부 통신시설 장악

상대 지휘부 통신시설을 장악하여 작전 명령 수행을 불가능하게 만드는 활동 포함.

3. 특징

(1) 의의

① 정보공작은 재래식 전면전에 비해 비용이 적게 들며, 효과적인 대안이 됨.

② 전쟁에 대한 도덕적 불감증을 초래할 위험이 있음.

(2) 정보보안의 필요성

① 정보화가 발달한 국가는 외부의 전자적 침입에 취약함.

② 미국은 테러집단 및 해커들로부터의 침입 가능성에 민감하게 대응 중임.

4. 정보혁명과 사이버전

(1) 의의

① 정보혁명으로 인해 국제관계의 핵심 요소가 정보 우위로 변화하고 있음.

② 정보가 군사력을 대체하는 주요 자산으로 활용될 가능성이 커짐.

(2) 정보작전 수행능력의 중요성

① 병력과 화력의 크기보다 전자적 정보작전 수행능력이 군사력의 핵심 요소가 됨.

② 고도의 사이버 공작 기술을 보유한 국가는 강대국이 아니더라도 국제 질서의 중심 역할을 수행할 수 있음.

(3) 평상시의 정보공작

① 사이버 공간에서 해킹, 정보 왜곡, 심리전 등의 형태로 정보공작이 지속적으로 수행됨.

② 국가 차원의 사이버 테러뿐만 아니라 개인도 바이러스 유포 등을 통해 전 세계에 피해를 줄 수 있음.

Ⅲ 사이버 전쟁의 핵심 능력

① 사이버 전쟁 수행에 필요한 핵심 역량으로 사이버 심리공작(Psychological Operations, PSYOP), 군사 기망 작전(Military Deception, MILDEC), 작전 보안(Operational Security, OPSEC), 컴퓨터 네트워크 공작(Computer Network Operations, CNO), 전자전(Electronic Warfare, EW)의 5가지가 있음.

② 전자전쟁은 전자기장을 지배하는 문제로, 사이버 공간뿐만 아니라 현실의 물리공간에서도 전개됨.

Ⅳ 사이버 심리공작(PSYOP)

1. 의의
① 상대국 국민의 여론 및 정부, 조직, 개인의 행동에 영향을 주기 위해 사이버 공간을 활용하여 의도된 정보를 전달하는 활동을 의미함.

2. 사례
① 2003년 이라크 전쟁에서 미국은 이라크 정치·종교 지도자 및 군 지휘관에게 이메일, 팩스, 휴대전화 등을 이용해 정치 메시지를 대량 발송하여 내부 동요를 유발함.

3. 일반 정보활동과의 관계
① 효과적인 심리공작을 위해 상대국의 정치, 종교, 문화, 행정조직 등에 대한 깊은 지식과 사전 정보 확보가 필수적임.
② 철저히 준비된 사전정보를 활용하여 필요 시 신속한 정보 살포로 단기간 내 집중적인 효과를 거둘 수 있음.

4. 사이버 심리전의 대상
① 원칙적 대상: 상대국이 주된 대상이며, 방송 후 정보 소비자를 통제할 수 없는 특성이 있음.
② 자국민 대상 금지: 민주주의 국가에서 자국민을 대상으로 한 사이버 심리전은 선동정치와 동일하며 민주주의 원칙에 위배됨.
③ 역류 현상 가능성: 심리전 과정에서 상대국에 살포한 조작된 정보가 본국으로 유입될 가능성이 있으며, 당국이 진실을 해명해야 하는 문제가 발생할 수 있음.

5. 사이버 심리전의 주체
① 미래 전쟁은 정부가 아닌 대중 심리에 의해 좌우되므로 사이버 심리전의 중요성이 증가함.
② 해외 정보를 직접 취급하는 국가정보기구가 수행해야 할 분야임.

Ⅴ 군사 기망 작전(MILDEC)

1. 의의
① 상대국이 군사능력과 의도를 오판하도록 유도하여 자국의 군사작전을 성공적으로 수행하기 위한 활동을 의미함.
② 허위 정보, 허위 영상, 과장 연설 등을 활용하여 적의 오판을 유도하는 사이버 기망작전이 포함됨.

2. 사례
① 2003년 이라크 전쟁에서 미국은 이라크 레이더에 가상의 비행공격편대를 포착하도록 유도하여 방어 및 공격을 분산시킴.
② 이라크군이 오판하여 가상의 표적에 집중하는 동안 실제 전투에서는 피해 없이 작전 성공.

Ⅵ 작전 보안(OPSEC)

1. 의의
① 평시에는 공개된 정보라도 유사시 상대국이 군사적 취약점을 파악하지 못하도록 삭제 및 통제하는 활동을 의미함.
② 이를 통해 상대국이 평소 어떤 정보에 관심을 갖고 있는지 파악하는 것이 중요함.

2. 사례
2003년 이라크 전쟁에서 미군은 국방부 웹사이트의 민감한 정보를 삭제하여 이라크군의 정보 활용을 방지함.

3. 절차
① 일반적인 정보보안과 달리, 비밀 분류되지 않은 평시 공개 정보라도 비상시에는 군사작전에 악용될 수 있는 정보를 통제하는 조치 포함.
② 국가 및 민간 영역에서의 사이버 정보 보호를 위한 절차가 사이버 전쟁 수행에서 중요한 의미를 가짐.

Ⅶ 컴퓨터 네트워크 공작(CNO)

1. 의의
① 컴퓨터 네트워크 공작(Computer Network Operations, CNO)은 상대방의 컴퓨터 네트워크를 공격하거나 붕괴하는 것, 자국의 군사정보 시스템 보호, 정보수집 기법을 동원한 상대방 네트워크 역이용 등을 포함함.
② 컴퓨터 네트워크 공작은 컴퓨터 네트워크 방위(Computer Network Defense, CND), 컴퓨터 네트워크 착취(Computer Network Exploitation, CNE), 컴퓨터 네트워크 공격(Computer Network Attack, CNA)으로 구분되며, 보호, 착취 및 활용, 공격 파괴의 세 분야로 이루어짐.

2. 미국의 네트워크 전쟁을 위한 기능적 합동부대(JFCCNW)
① 미 국방부는 21세기 최첨단 특수부대로서 "네트워크 전쟁을 위한 기능적 합동부대(Joint Functional Component Command for Network Warfare, JFCCNW)"를 창설하여 운용 중임.

② 본 부대는 사이버 전쟁을 목적으로 창설되었으며, 구체적 임무는 비밀로 분류됨. 군 관계자들은 해당 부대가 강력한 사이버 전쟁 수행 능력을 보유하고 있으나, 선제적 사이버 공격은 시도하지 않는다고 주장함.

③ 컴퓨터 보안 전문가들은 본 부대가 상대 세력의 네트워크를 무력화할 수 있으며, 적국의 네트워크에 침입해 정보를 절취하거나 조작, 배치하는 역량을 보유하고 있다고 평가함. 또한, CIA, NSA, FBI 전문 요원과 우방국의 민간인 및 군 대표자도 일부 참여하는 것으로 알려짐.

3. 컴퓨터 네트워크 방위(CND)

(1) 의의

① 컴퓨터 네트워크 방위(Computer Network Defense, CND)는 자국의 사이버 정보, 컴퓨터 및 네트워크를 상대방의 공격으로부터 보호하는 조치들을 포함함.

② 권한 없는 또는 권한을 초과한 네트워크 활동을 모니터링하고 적발하며 적절히 대응하는 것 포함.

③ 방화벽 설치, 데이터 암호화 등 전통적 수단뿐만 아니라, 상대방 공격의 진정성을 판단하기 위한 적극적 감시활동 포함.

(2) 법적 · 제도적 문제

① 유럽연합 이사회는 사이버 범죄협약을 체결하여 특정 컴퓨터 활동을 범죄로 규정하고 처벌할 필요성이 있다고 논의함.

② 정상적인 보안 활동과 사이버 범죄 활동을 구별하기 어렵고, 국제법 및 국내법 적용에 대한 국가별 입장이 달라 통일된 기준 마련이 어려움.

③ 데이터 조작 수준과 응전 개시 기준 설정이 복잡하며, 이에 대한 의견이 통일되지 않음.

(3) 미 국방부 CRS 보고서

① 미 국방부는 CRS(Congressional Research Service) 보고서를 통해 컴퓨터 공작활동의 국외 및 국내 차별성을 인정하고, 정당성 기준 및 입법 조치 필요성을 검토하여 의회에 요청함.

② 특정 활동이 정상적인 정보수집인지, 방위권 발동이 필요한 컴퓨터 공격인지에 따라 법적 해석이 달라질 수 있음.

4. 컴퓨터 네트워크 착취(CNE)

(1) 의의

① 컴퓨터 네트워크 착취(Computer Network Exploitation, CNE)는 상대방 네트워크의 취약점을 이용하여 정보 획득을 목적으로 하는 활동임.

② 파일 복사 등 중요 정보 획득을 목표로 하며, 군사작전에서 필수적 역할을 함.

(2) 수단

① 컴퓨터 네트워크 착취는 컴퓨터 네트워크 공격(CNA)과 유사한 기법을 활용함.

② 그러나 네트워크를 파괴하지 않고 정보를 추출하는 점에서 차이가 있음.

③ 상대국의 네트워크 지속 이용을 가능하게 하는 접근 방식 포함.

④ 현실에서는 전자 감시, 정찰위성, 휴민트 등과 병행하여 상대방의 공격 의도와 능력을 평가하고 대응함.

5. 컴퓨터 네트워크 공격(CNA)

(1) 의의

① 컴퓨터 네트워크 공격(Computer Network Attack, CNA)은 네트워크 자체 또는 내장된 정보를 붕괴하거나 괴멸하는 행위임.

② 정상적 데이터 흐름 장치를 활용하여 상대방 네트워크를 공격하는 것이 주요 특징임.

③ 전자전쟁(Electronic Warfare)과 유사하지만, 전자전은 전자무기 사용 또는 전력선에 고압전류를 흘려 상대방 네트워크를 붕괴시키는 방식이며, 컴퓨터 네트워크 공격은 네트워크 자체를 활용하여 접근한다는 점에서 차이가 있음.

(2) 이라크 전쟁 사례

① 2003년 이라크 전쟁 당시 미국은 이라크 네트워크 공격을 준비하였으나, 최종 정책결정에서 공격이 승인되지 않아 실행되지 않음.

② 미국 정책당국은 이라크 네트워크가 유럽 은행 등과 연결되어 있어 공격 시 유럽 금융 시스템과 ATM, 전자거래 등에 영향을 미칠 가능성을 우려함.

③ 미국 경제 및 전 세계 여론에도 부정적 영향을 미칠 수 있다고 판단하여, 충분한 대비책과 효율적 공격방법이 개발될 때까지 네트워크 공격을 유보함. 이는 글로벌 네트워크의 연계성과 정책 결정의 복잡성을 보여주는 사례임.

Ⅷ 국가안보와 사이버 전쟁 관련 법령 및 지침

1. 국가안보 대통령 명령 제16호

(1) 개요

① 2003년 부시 행정부가 발령한 국가안보 관련 대통령 명령임.

② 미국의 사이버 공격 기준을 제시하는 국가 차원의 가이드라인 역할을 함.

(2) 주요 내용

① 상대국의 사이버 공간에서의 행위를 사이버 전쟁에 따른 공격으로 간주하는 기준을 제시함.

② 특정 조건에서 정당한 대응 공격이 가능함을 규정함.

③ 사이버 전쟁의 대응 및 선포를 결정할 법적 기준을 포함함.

④ 내용이 비밀 분류되어 있으며 촌각을 다투는 사이버 전쟁 선포 가이드라인으로 기능함.

2. 탈린 매뉴얼

(1) 개요

① 「탈린 매뉴얼(Tallinn Manual on the International Law Applicable to Cyber Warfare)」은 사이버 전쟁에서 적용되는 국제법을 담은 지침서임.

② NATO 협동사이버방위센터(CCDCOE)에서 발간함.

③ 에스토니아 수도 탈린에서 기초되어 명명됨.

(2) 주요 내용

① 사이버 공격 발생 시 주변 피해를 최소화할 것을 요구함.

② 디지털 공격을 통한 보복은 가능하나, 실제의 사망·부상자가 발생한 경우에만 사이버 공격에 대한 실제 무력 공격이 허용됨.

③ 법적 구속력은 없으며 지침서의 형식을 취함.

3. 사이버 무력 공격

(1) 국제법상 무력 사용 규정

① 「유엔헌장」제2조 제4항은 무력 사용을 금지함.

② 「유엔헌장」제51조는 무력공격 발생 시 자위권 차원에서 무력 행사가 가능함을 규정함.

③ 타국 반란 단체에 대한 무장, 훈련, 병참 지원, 기지 제공 등 간접적인 개입도 무력 사용에 포함됨.

(2) 사이버 공격과 무력 사용

① 악성코드 유포, 해킹을 통한 데이터 삭제·변경, 군사 장비 운영 관련 시스템 무력화 등은 무력 사용으로 간주될 수 있음.

② 사이버 공격으로 인해 신체적·재산적 손해가 발생하거나 예상될 경우, 해당 공격은 무력 공격과 동가치성을 가질 수 있음.

③ 무력공격에 해당하는 사이버 공격에 대해서는 일반적으로 자위권 행사가 가능함.

I 의의

1. 사이버 전쟁과의 구별

① 전자전쟁은 전자폭탄 및 전자총 등 전자무기를 이용하여 상대방의 전자기기와 네트워크에 영향을 미치는 군사작전임.

② 사이버전이 사이버 공간에서 이루어지는 반면, 전자전쟁은 현실 사회생활 공간에서도 전개된다는 차이점이 있음.

2. 신개념의 전쟁

① 전자전쟁은 전자무기를 활용하여 전자기기에 오작동을 일으켜 대량 살상을 피하면서도 국가 기능 마비 등의 심각한 피해를 초래하는 방식의 전쟁임.

② 고준위 전자기 에너지를 이용하여 상대국의 통신장치, 반도체 기반 전자장비 등을 과부하 상태로 만들어 오작동 및 마비를 유발함.

③ 이로 인해 통신, 교통, 발전, 수도, 군사지휘통제 등 국가 주요 기반시설에 결정적 타격을 가할 수 있음.

3. 카다피 보복작전과 걸프전쟁

① 1986년 리비아 지도자 카다피에 대한 2시간의 보복작전과 1991년 걸프전에서 미국은 전자전 개념을 도입한 전쟁을 수행함.

② 2003년 이라크 전쟁에서는 전자전 개념이 본격적으로 적용되어 동시 병렬전쟁(Parallel War) 방식으로 진행됨.

③ 이라크 혁명수비대는 전자전의 영향으로 큰 저항 없이 초토화됨.

4. 이라크 전쟁과 전자전

(1) 의의

① 이라크 전쟁 초기에 사용된 전자무기는 목표물의 물리적 파괴뿐만 아니라 통신·전자기기·컴퓨터를 무력화시키는 사이버 전자무기로 기능함.

② 전자기장을 지배하는 전자폭탄 등 사이버 무기는 최첨단 무기를 순간적으로 무력화하여 전쟁 수행을 불가능하게 만듦.

(2) 전자전의 효과

① 이라크 전쟁 3주 동안 미·영군 35만 명 중 전사자는 136명에 불과함.

② 전자전은 동시 다량의 정밀 타격으로 민간 피해 및 전투원 손실을 최소화함.

③ 전쟁 기간 단축, 전후 복구 용이, 전쟁 비용 절감 등의 부수적 효과도 발생함.

④ 미국은 걸프전, 이라크 전쟁, 아프가니스탄 전쟁 등에서 전자전을 실전에서 활용한 유일한 국가임.

Ⅱ 전자전쟁 능력

1. 전자기장의 지배(Domination of the Electromagnetic Spectrum)

(1) 의의

① 전자전쟁은 전자기장의 우월적 지배에 의해 성패가 결정됨.

② 자국의 전자기장은 보호하고, 상대방의 전자기장에는 타격을 가하여 변형을 유도함.

③ 이를 통해 통신, 원격조종장치, 전자회로가 포함된 무기의 기능을 마비시킴.

(2) 미국의 전자전 목표

① 미국 국방부는 전자기장의 모든 영역을 전자전 대상으로 설정하고 있음.

② '항법전쟁(Navigation Warfare)'을 포함하여 인공위성 붕괴, 상대방 언론 통제, 레이더 시스템 및 무인정찰장비 무력화 등을 목표로 함.

(3) 현대 전자전쟁 전략

① 전자전 대상에는 통신, 센서, 전자장치가 포함되며, 전자부품을 사용하는 모든 제품이 영향을 받음.

② 전화, 라디오, TV, 컴퓨터, 교통수단, 무기 시스템 등 광범위한 대상이 전자전으로 인해 사용 불가능한 상태가 될 수 있음.

Ⅲ 전자전쟁의 전개

1. 의의

전자전쟁은 인명 살상 없이 전자적·기계적 장치에 장애를 초래하여 기능을 마비시키는 전쟁 방식으로, 전쟁의 성격을 극적으로 변화시키며 방위 및 자위 개념의 근본적인 수정을 요구함.

2. 컴퓨터 네트워크 이용(CNE)을 통한 전자전쟁

(1) 의의

전자전쟁은 사이버 영역에서도 컴퓨터 네트워크 이용(CNE)을 통해 전개될 수 있으며, 상대방의 네트워크에 침투하여 레이더망의 탐지 정보를 모니터링하는 방식으로 수행됨.

(2) 미국의 전자전 수행 능력

① 미국은 상대방이 인지하지 못한 상태에서 상대방의 네트워크를 접수하여 조종하는 능력을 보유함.

② 이를 통해 상대방의 레이더에 허위 영상을 제공하여, 오류 공격을 유도할 수 있는 전자기장 제압 능력이 전자전쟁의 성패를 좌우하는 핵심 요소가 됨.

Ⅳ 전자무기의 중요성과 위력

1. 의의

① 전자무기는 사이버 전쟁에서 사용되는 무기로, 일반적으로 "비역학성(non-kinetic)" 무기로 분류됨.

② 주요 전자무기로는 극초단파(high power microwave, HPM), 강력한 전자기장(Electromagnetic Pulses, EMP)을 이용한 전자폭탄 및 전자총이 있음.

2. 운동역학 에너지 무기(KEW)

① 운동역학 에너지 무기(KEW)는 탄두 충돌 시 발생하는 운동 에너지를 이용하여 목표물을 파괴하는 무기임.

② 1980년대 초 미국 레이건 대통령의 전략 방위구상(SDI)에서 탄도 미사일 요격 무기로 개발됨.

③ 고속 탄두를 활용하여 강력한 운동 에너지로 목표물을 파괴하는 에너지 지향적 무기임.

3. 비역학성 무기(Non-Kinetic Weapons)

① 비역학성 무기는 비폭발성 무기로, 전자기 충격을 통해 목표물의 회로장치를 손상시켜 기능을 마비시키는 방식으로 작동함.

② 극초단파 전자기장을 방출하여 반도체 회로를 손상시키며, 지휘체계를 무력화하거나 미사일 공격을 무력화하는 등 다양한 방식으로 활용됨.

4. 이라크 전쟁에서의 활용

① 2003년 이라크 전쟁에서 미국은 고출력 마이크로웨이브를 이용하여 이라크 지휘부 벙커의 네트워크를 붕괴시킴.

② 재래식 무기로 파괴 불가능한 지휘시설을 전자전 기술로 무력화하여 비역학성 무기의 전략적 중요성이 부각됨.

Ⅴ 비역학성 무기의 종류

1. 의의

비역학성 무기는 크게 세 가지로 분류됨.

2. 잼머(Jammers)

방해전파 발신기로 전자파를 발사하여 상대방의 통신을 방해하는 무기임.

3. 디스에이블러(Disablers)

레이저 또는 고출력 마이크로웨이브(HPM)를 활용하여 목표물을 무력화하는 병기임.

4. 전자기장 무기(EMP)

(1) 의의

① 전자기장 무기(EMP)는 전자폭탄을 활용하여 전자 시스템을 파괴하는 무기임.

② 전자파를 발사하여 인공위성을 포함한 전자 시스템을 무력화할 수 있음.

③ 100억 볼트 이상의 에너지를 방출하여 전자기기 회로를 파괴함.

(2) 최후의 무기(last resort)

전자기장 무기는 핵무기 이상의 파괴력을 가질 수 있어 최후의 수단으로 간주됨. 사용 시 핵무기 반격 가능성이 존재함.

(3) 국제법적 통제

핵무기는 국제법적 규제(핵확산 금지조약, 국제사법재판소의 1996년 판결 등)를 받지만, 전자기장 무기에 대한 논의는 미비한 상태임.

VI 전자전쟁 무기와 정보활동

1. 의의

① 미국, 중국, 러시아, 일본 등의 전자전쟁 무기 능력은 정확히 파악되지 않음.

② 전자전 기술 발전 속도가 매우 빨라 실용화 가능성이 높아지고 있음.

2. 전자장비 기술 진보와 정보기구의 역할

① 전자전쟁 무기 개발과 대응책 마련은 필수적이며, 정보기관의 기술진보 파악이 중요함.

② 전자기장 우위를 확보하지 못하면 전자전 무기 자체가 무력화될 가능성이 있음.

③ 전자전쟁과 사이버 전쟁은 기존 전쟁과 달리 선전포고 없이 돌발적으로 진행될 가능성이 높아, 정보기관의 예방적 대응이 중요함.

Theme 68-1 네트워크 중심전(NCW)과 네트워크 전쟁(Netwar)

I 네트워크 중심전(Network Centric Warfare, NCW)

1. 개념

① 네트워크를 활용하여 전투 효과성을 극대화하는 전쟁 수행 개념.

② 탱크, 함정, 전투기 등 개별 무기체계보다 네트워크 연결을 통한 시너지 효과에 중점.

③ 신속한 상황 파악 및 전파, 정보 질 향상, 인식 공유를 통해 정보우위 달성.

④ 네트워크화된 전력 건설 및 운용을 통해 전장 승리에 기여하는 속성 보유.

⑤ 미국의 합동작전 수행 개념과 밀접한 관계를 가짐.

2. 네트워크 중심전(NCW)을 구성하는 요소 개념

① 효과기반작전(Effect Based Operations, EBO): 전장에서 핵심적인 효과에 중점.

② 신속결정작전(Rapid Decisive Operations, RDO): 합동작전 수행을 위한 통합 개념.

③ 정보작전(Information Operations, IO) 등과 같은 부속 개념의 이론적 토대 역할 수행.

3. 구별 개념

(1) 정보작전(Information Operations, IO)

① 정보우위 달성을 위해 가용 활동과 능력을 통합, 동시화하는 군사 및 군사 관련 작전.

② 아군 정보 및 정보체계 보호, 적의 정보 및 정보체계 공격이 주요 목적.

(2) 사이버전(Cyber Warfare)

① 사이버공간에서 컴퓨터 시스템 및 데이터 통신망을 교란, 마비, 무력화하는 전쟁 수단.

② 적의 사이버체계 파괴 및 아군 사이버체계 보호가 핵심 목표.

(3) 컴퓨터네트워크작전(Computer Network Operations, CNO)

① 컴퓨터 및 네트워크 기반장비를 활용하여 수행하는 비운동적(non-kinetic) 정보작전.

② 적의 컴퓨터 및 네트워크 공격 및 붕괴, 아군 컴퓨터 및 네트워크 보호 수행.

③ 정보활동을 통해 적의 네트워크 이용하는 군사 및 군사 관련 작전 포함.

Ⅱ 네트워크 전쟁(Netwar)

1. 네트워크 전쟁의 개념

① 네트워크 전쟁은 네트워크 기반 비정규전 개념이며, 인종주의자, 테러리스트, 범죄자, 사회적 네트워크 전쟁 주창자 등이 주체가 됨(Arquilla & Ronfeldt).

② 구성원 간 조정을 통해 정체성을 확립하고, 의도를 일반 대중에게 전달하며, 적 관련 정보를 수집하기 위해 인터넷 및 최신 통신서비스(휴대폰, 문자메시지 등)를 활용함.

③ 알카에다와 같은 테러조직은 네트워크화된 조직을 통해 새로운 형태의 테러리즘을 수행하며, 이는 네트워크 전쟁을 기반으로 하는 뉴테러리즘에 해당함.

2. 네트워크 전쟁과 정보혁명

① 네트워크 전쟁은 네트워크 조직 등장과 관련되며, 부분적으로 정보혁명의 산물임.

② 정보통신 기술이 필수 요소는 아니며, 아날로그 시대에도 네트워크 전쟁이 존재하였으나 제한적 범위에서 수행됨.

③ 현대에는 유비쿼터스 환경에서 다양한 전쟁 행위자가 인터넷 및 정보통신 기술을 통해 작전을 수행하며, 전장의 범위가 전 세계로 확대됨.

3. 네트워크 전쟁의 전술적 특징

(1) 스와밍(Swarming)

① 소규모 분산 그룹이 네트워크를 활용하여 동시다발적으로 적을 공격하는 전술.

② 인터넷을 이용해 다수의 인원을 조직하여 온·오프라인에서 특정 국가나 단체에 저항하는 방식.

(2) 공격과 수비의 모호성

① 네트워크화된 조직은 공격과 수비 양측에서 장점을 가짐.

② 공격 측면에서 네트워크는 기회와 도전을 통해 적응, 유연성, 변신이 용이함.

③ 스와밍 과정에서 네트워크의 적응성과 유연성이 극대화됨.

Ⅲ 네트워크 중심전(NCW)과 네트워크 전쟁(Netwar)의 비교

1. 개념

① 네트워크 중심전(NCW)은 군사 작전 수행 개념으로, 네트워크를 활용하여 정규군의 전투 효과성을 극대화하는 것이 목적임.

② 네트워크 전쟁(Netwar)은 네트워크를 기반으로 비국가 행위자가 수행하는 비정규전 개념임.

2. 주체

① NCW는 국가 및 군사 조직(정규군)이 수행함.

② Netwar는 테러리스트, 범죄조직, 사회운동 단체 등 비국가 행위자가 주체임.

3. 목적

① NCW는 정보우위를 확보하여 신속하고 효과적인 군사 작전을 수행하는 것이 목적임.

② Netwar는 네트워크를 활용하여 분산적 공격을 수행하고 정보 확산을 통한 영향력 증대가 목적임.

4. 주요 요소

(1) NCW의 주요 요소

효과기반작전(EBO), 신속결정작전(RDO), 정보작전(IO)

(2) Netwar의 주요 요소

스와밍(Swarming), 정보전, 사이버공격

5. 정보통신 기술 활용

① NCW에서는 정보통신 기술이 필수 요소이며, 군사 작전의 핵심 기반이 됨.

② Netwar에서는 정보통신 기술이 필수 요소는 아니지만, 정보혁명의 영향을 받아 전술적 활용이 확대됨.

6. 전술적 특징

① NCW는 국가 차원의 군사 전략 및 전력 운용 방식을 포함함.

② Netwar는 비정규 조직이 네트워크를 활용한 유연한 공격 및 방어 전략을 수행함.

Theme 69 국제범죄 대응

Ⅰ 세계화 현상

1. 의의

① 교통 및 통신의 발달로 세계화(globalization)가 가시적으로 진행됨. 이는 국가 경계를 넘어 상호작용이 확대되는 공간적 현상으로 정의됨.

② 세계화는 상품과 투자의 교류뿐만 아니라 인간과 사고의 교류까지 포함하며, 특정 지역의 결정이 전 세계에 영향을 미치는 현상을 의미함.

2. 세계화의 양면성

(1) 긍정적 측면

국가 간, 지역 간, 계층 간 경쟁을 유도하여 자원의 최적 배분 효과를 창출함.

세계시장 통합과 광역화를 통해 규모의 경제 효과를 극대화함.

(2) 부정적 측면

① 선진국 중심의 패권적 경제 지배를 강화하는 부작용을 초래함.

② 국가의 대외 의존도를 심화시키고 주권 영역을 침해하는 문제를 발생시킴.

③ 소득 양극화를 확대하며, 대량 실업, 생활수준 하락, 빈부격차 확대 등의 부정적 결과를 초래함.

3. 안보적 차원에서 세계화

(1) 의의

세계화로 인해 대량살상무기 확산, 사이버 범죄, 종족 분규, 마약 밀매, 환경 파괴, 전염병 확산 등 초국가적 위협이 심화됨.

(2) 범죄현상의 광역화 및 세계화

① 국경을 초월한 범죄가 증가하면서 범죄의 세계화가 가속화됨.

② 컴퓨터 해킹, 바이러스 유포, 피싱(Phishing), 파밍(Pharming) 등 다양한 사이버 범죄가 확산됨.

(3) 국제적 범죄 네트워크

① 국제범죄 조직뿐만 아니라 개인, 우범자 집단, 범죄 프리랜서 등이 사이버 공간을 활용하여 국제적 범죄 네트워크를 형성함.

② 이들은 국가를 능가하는 무력을 갖추고 있으며, 국가 안보에 심각한 위협이 되고 있음.

II 국제범죄의 개념

1. 국제범죄(international crime)의 두 가지 의미

① 국제사회의 일반적 법익을 침해하는 행위로서, 국제법 위반, 반인륜적 범죄, 침략전쟁, 전쟁범죄, 집단살해(genocide) 등을 포함함.

② 초국가적 범죄(transnational crime)로서 마약 거래, 무기 밀매, 자금 세탁, 문화재 밀수 등 국경을 넘나드는 범죄를 포함함.

2. 초국가적 범죄

① 정보기관의 주요 관심 대상은 초국가적 범죄임.

② 전통적 초국가적 범죄에는 마약 밀거래, 통화 및 여권 위변조, 밀수, 국제 인신매매, 자금 세탁, 무기 밀거래(핵물질 포함), 위장결혼, 납치 등이 포함됨.

③ 새로운 유형의 초국가적 범죄로는 국제 금융 범죄(보이스 피싱 등), 국제 사이버 범죄, 전략물자 범죄 등이 대두됨.

3. 국제범죄조직

(1) 의의

① 국제범죄는 주로 3명 이상의 범죄 조직이 주축이 되어 자행됨.

② 유엔협약에서는 국제범죄조직을 '재정적 또는 물질적 이익을 위해 중대한 범죄를 지속적으로 저지르는 3명 이상의 집단'으로 정의함.

③ 인터폴에서는 국제범죄조직을 '영리 추구를 목적으로 국경을 초월하여 불법 활동을 지속하는 집단'으로 규정함.

(2) 「국가정보원법」

① 대한민국의 국가정보원법에서는 국제범죄조직을 대공·대정부전복·방첩·대테러와 함께 국내 보안정보의 한 분야로 명시함.

② 국제범죄조직은 삼합회, 마피아 등 대규모 조직뿐만 아니라 2개국 이상에서 활동하는 모든 범죄 집단을 포함하는 개념으로 해석됨.

③ 따라서 개인, 기업체, 군소 집단도 국제범죄 행위자로 간주될 수 있음.

III 국제범죄조직의 실태

1. 의의

① 국제범죄조직은 연간 3조 달러 규모의 지하경제를 장악하며, 이는 세계 500대 기업 총 자산의 60%에 해당함.

② 국제경제 질서를 문란하게 하고 불법자금을 동원하여 정치권과 결탁하며, 국가 및 국제사회에 심각한 해악을 끼침.

2. 특징

① 테러조직과 달리 경제적 이익만을 추구하며, 수직적 권력구조에 따른 엄격한 위계질서를 갖춤.

② 첨단 과학장비를 활용하고, 위장 및 증거 인멸 등 지능적·전문적 범죄활동을 전개함.

③ 2개국 이상 국제적으로 연계하여 정보기관에 버금가는 비노출 활동을 수행하며, 신원·소재지·활동 실태 파악이 어려움.

④ 주요 국제범죄조직으로 일본 야쿠자, 중국 삼합회, 러시아 마피아 등이 있으며, 세계 각국에서 다양한 조직이 활동 중임.

3. 일본 야쿠자

① 18세기 중반 보부상 및 전문 도박집단에서 출현하였으며, 20세기 초 일본 극우 군국주의자들과 결탁하여 성장함.

② 제2차 세계대전 전후 불량청년 집단을 흡수하며 세력을 확대함.

③ 현재 약 3,300개 조직, 8만 5천여 명이 활동 중이며, 기업 M&A, 건설업, 카지노 운영, 운수업 등의 합법 사업과 마약밀매, 매춘, 도박 등 불법활동에 개입함.

④ 연간 수입이 약 1조 엔 규모에 달하는 막강한 경제력을 보유함.

4. 중국 삼합회(Triad)

① 17세기 말 청나라 소림사 승려 5명이 조직한 천지회(天地會)에 기원을 두며, '반청복명(反淸復明)'을 명분으로 결성됨.

② 19세기 말 가로회, 삼합회 등을 거쳐 20세기 들어 청방, 선방, 홍방 등 범죄조직으로 변모함.

③ 1949년 공산정권 수립 이후 홍콩·대만으로 본거지를 옮겨 활동하였으며, 1978년 개방정책 이후 중국 본토로 세력을 확장함.

④ 현재 중국 본토 흑사회(黑社會) 15만 명, 홍콩 신의안(Sun Yee On) 5~6만 명, 대만 죽련방(竹聯幇) 2만 명 등 4천여 개 조직에 100만여 명이 활동 중임.

⑤ 단속을 피해 태국, 미얀마, 미국, 캐나다, 중남미, 유럽 등지로 거점을 확대함.

5. 마피아(Mafia)

(1) 의의

① 13~19세기 이탈리아 시칠리아 서부 대지주들이 강도로부터 농지를 보호하기 위해 조직한 마피에(MAFIE)에 기원을 둠.

② '복종과 침묵의 규칙'(오메르타)과 CAPO(두목) 중심의 피라미드 조직 구조를 가짐.

③ '고세'라는 패밀리 단위로 운영되며, 이탈리아 혈통이 아니면 정식 조직원이 될 수 없는 폐쇄적 조직임.

(2) 이탈리아 마피아

4대 조직에 1만 8천여 명이 활동 중이며, 마약밀매, 공공사업, 강도, 절도, 공갈, 도박, 밀수 등을 통해 연간 30조 리라(약 1억 3천만 달러) 규모의 불법 수입을 취득함.

(3) 미국 마피아

① 19세기 말 미국 동부로 이주한 시칠리아 출신 범죄자들이 '흑수회(Black Hand Societies)'를 조직하며 형성됨.

② 현재 24개 패밀리, 10만여 명이 활동 중이며, 마약밀매, 도박, 무기밀매, 매춘, 고리대금업 등으로 막대한 불법 수입을 창출함.

(4) 러시아 마피아

① 1980년대 말 소련 공산체제 붕괴 후 공권력 이완과 경제 혼란 속에서 등장함.

② 정부 재산 민영화 과정에서 이권에 개입하여 경제적 부를 축적하며 세력을 확장함.

③ 군수물자, 수산물 밀거래 등 경제적 이득을 취하는 성향이 강해 '경제 마피아'로 불림.

④ 러시아 전역에 통일된 조직 없이 도시별·민족별로 독립성을 유지함.

⑤ 약 8천여 개 조직, 12만여 명이 활동하며, 전 KGB 요원, 공산당 간부, 전직 관료, 군인 등이 포함됨.

⑥ 1980년대 중반 이후 마약밀매, 위폐유통, 무기밀매, 자금세탁 등을 통해 막대한 불법이득을 취함.

⑦ 부패 공직자들과 결탁하여 약 4만 개 기업·은행을 운영하며, 러시아 총생산의 40~42%에 해당하는 지하경제를 장악함.

6. 남미 마약 카르텔

① 콜롬비아 및 멕시코를 거점으로 약 1천여 개 조직, 2만 5천여 명이 활동 중임.

② 메데인, 칼리 카르텔 등 거대 조직이 와해된 후 군소 마약조직들이 활동을 확대함.

7. 아프리카 범죄조직

① 나이지리아, 가나, 남아공을 중심으로 약 1만 5천여 명이 활동 중임.

② 중남부 지역에서 생산된 대마 등을 유럽, 미국, 일본 등지로 공급하며 마약 밀매를 주도함.

③ 나이지리아 범죄조직은 전 세계적으로 금융사기를 일으키는 주요 범죄 집단으로 알려져 있음.

Ⅳ 칸 네트워크(Khan Network)

1. 정의

① 압둘 칸 박사가 주도한 국제 핵무기 밀거래 조직으로, 1970년대에 형성됨.

② 핵무기 개발을 원하는 국가에 핵무기 제조 기술 및 부품을 비밀리에 제공함.

2. 주요 내용

(1) 북한 지원

2003년 2월 4일, 칸 네트워크를 통해 북한에 원심분리기, 부품, 육불화 우라늄 제공함.

(2) 기술 및 부품 제공

우라늄 농축 원심분리기 설계 도면, 핵무기 디자인, 핵무기 부품 등을 제공함.

(3) 미국 CIA의 적발

① 2003년 10월, CIA가 독일 국적의 BBC China호에서 우라늄 농축 원심분리기 및 부품을 압수하여 칸 네트워크의 실체를 밝힘.

② 칸 네트워크는 국가 간 비밀리에 핵무기 기술을 거래한 대표적인 사례로 평가됨.

③ 미국 CIA의 수사로 국제 핵 확산 문제의 심각성이 부각됨.

Theme 70 마약과 국가안보

I 의의

1. 마약 문제의 본질

① 마약 문제는 국민을 마약의 위험에서 보호하고, 마약에 노출된 개인을 치료·교정하는 것이 핵심임.

② 형사처벌, 교화, 치료감호 등 공권력이 개입하더라도 본질은 개인 보호와 치료 문제임.

③ 마약 오염이 만연한 사회는 불건전하며, 치안 유지가 위태로울 경우 국가 존립이 위협받을 수 있음.

④ 그러나 마약 문제로 인해 국가가 소멸한 사례는 없으며, 국가안보 쟁점으로 반드시 간주할 필요는 없음.

2. 마약은 국가소멸이 아닌 착취의 문제

① 마약 문제는 본질적으로 국내 문제이며, 법집행 및 정보 전문가들도 이를 국내문제로 인식함.

② 마약 문제가 초기 단계에서 통제되지 않으면, 남미·아시아 국가들처럼 공권력이 마약 조직에 의해 위협받을 위험이 있음.

③ 국제 마약 조직의 목표는 대상 국가를 영원한 마약 시장으로 착취하는 것이며, 국가 자체를 소멸시키려는 것이 아님.

④ 마약에 노출된 개인을 살해하는 것이 아니라 지속적으로 소비자로 유지하는 것이 목적임.

⑤ 마약 문제는 전통적인 군사안보, 경제안보, 환경안보, 테러와는 성격이 다름.

II 마약 문제와 국가정보기구

1. 입법 정책적 결정

① 일부 국가(예 미국, 남미)에서는 마약 문제가 국가안보 문제로 간주됨.

② 그러나 국가마다 사정이 다르며, 대다수 국가는 이를 단순한 법적 처벌 문제로 한정하지 않음.

③ 해외정보망을 보유한 국가정보기구는 신속한 정보 확보와 국제 협력을 통해 마약 문제 해결에 기여함.

④ 따라서 국가안보 여부와 관계없이, 입법정책적 결정에 따라 국가정보기구가 마약 문제에 관여하게 됨.

2. 국가정보기구의 역할

① 마약이 초국가적 쟁점으로 부상하면서 국가정보기구의 역할이 주목받음.

② 마약은 주로 해외에서 비밀리에 반입되므로, 이를 차단하기 위해 해외정보 수집이 필수적임.

③ 마약 거래에서 발생하는 자금은 국제 테러조직 등 범죄조직의 주요 자금원이 됨.

④ 마약은 다른 국가안보 위협과 연결되어 있으며, 이로 인해 국가정보기구의 주요 영역으로 간주됨.

⑤ 국가정보기구는 해외정보 수집망과 국제 협력체계를 활용하여 마약 불법 거래 정보를 수집·분석할 수 있음.

⑥ 법집행기구가 처벌 중심인 반면, 국가정보기구는 마약 거래자의 의도를 사전 파악하여 예방 대책을 마련할 수 있음.

⑦ 따라서 국가정보기구의 마약 대응 역할은 필수적임.

III 마약류의 분류

마약류	분류	종류: 성분	비고
마약	천연마약	양귀비, 아편: 모르핀, 코데인	일부 의약품으로 사용
		코카엽: 코카인	
	반합성마약	헤로인	
	합성마약	페치딘, 메사돈, 펜타닐, 옥시코돈	일부 의약품으로 사용
향정신성의약품	가목	LSD, 메스케치논, JWH-018 등	
	나목	메탐페타민, 암페타민, MDMA 등	제한적 의약품 사용
	다목	바르비탈산류	
	라목	벤조디아제핀류, 졸피뎀, 펜터민	일부 의약품으로 사용
대마	가목	대마초와 수지: 테트라하이드로칸나비놀	
	나목	가목을 원료로 제조한 모든 물질	

Ⅳ 마약의 종류

1. 코카인(Cocaine)

(1) 개요

① 코카인은 강력한 흥분제로, 두뇌에 직접 영향을 미치는 마약임.

② 속칭 블로우(Blow), 노우즈 캔디(Nose Candy), 스노볼(Snowball), 토네이도(Tornado) 등으로 불림.

③ 원료는 코카나무 잎사귀이며, 19세기 중반부터 페루와 볼리비아에서 대량 재배됨.

④ 원래 피로 회복제로 사용되었으나 강한 중독성을 가짐.

(2) 중독성과 영향

① 다양한 형태로 존재하며, 쉽게 이용 가능하여 법집행 기관과 보건 당국에 부담을 줌.

② 분말형태의 코카인은 물에 타서 섭취하거나 주사로 투여 가능함.

③ 반복적이고 과다 복용을 유발하며, 불안, 망상증, 편집증적 정신병을 초래함.

2. 헤로인(Heroin)

(1) 개요

① 헤로인은 양귀비 씨앗에서 추출한 아편으로부터 가공된 마약임.

② 하얀색 또는 갈색의 파우더 형태나 검은색의 끈적한 형태로 유통됨.

③ 속칭 스맥(Smack), 천둥(Thunder), 지옥의 분말(Hell Dust) 등으로 불림.

(2) 역사 및 사용

① 1874년 모르핀에서 합성되었으며, 1898년부터 상업적으로 생산됨.

② 초기에는 의료용으로 사용되었으나, 중독성이 밝혀지면서 불법화됨.

(3) 중독성과 영향

① 주사(정맥 및 근육) 또는 흡입 형태로 사용됨.

② 정맥주사 시 78초, 흡입 시 10~15분 내에 강한 쾌감 유발.

③ 국제적 주산지는 콜롬비아, 멕시코, 미얀마, 아프가니스탄 등이며, 미국에는 주로 남미와 멕시코산이 공급됨.

3. 엑스터시(MDMA, Ecstasy)

(1) 개요

① 화학적 합성 마약으로, 정신활성 효과를 가짐.

② 속칭 XTC, 콩(Beans), 아담스(Adams), 포옹 마약(Hug Drug) 등으로 불림.

(2) 사용과 영향

① 주로 파티용 마약으로 사용되며, 도취감, 친밀감, 공감, 성욕 증대를 유발함.

② 1980년대부터 통제물질로 지정됨.

③ 동물 실험 결과 신경 조직 손상을 유발하며, 세로토닌 신경 말단에 손상을 초래함.

④ 주요 생산지는 네덜란드와 벨기에임.

4. 마리화나(Marijuana)

(1) 개요

① 인도산 대마초(Cannabis)에서 추출된 마약임.

② 속칭 대마, 삼, 목초(Grass), 잡초(Weed), 메리(Mary), 제인(Jane) 등으로 불림.

③ 미국에서 가장 흔히 남용되는 불법 약물임.

(2) 사용과 영향

① 담배처럼 피우거나 해쉬시(Hashish) 형태로 가공됨.

② 중독성이 높으며, 현재 미국에서는 치료 목적으로도 허용되지 않음.

③ 장기간 흡연 시 기침, 폐 감염, 호흡기 폐쇄 문제를 유발함.

④ 담배보다 50~70% 많은 발암성 물질을 포함하여 폐암 발생 위험을 증가시킴.

5. 옥시콘틴(Oxycontin)

(1) 개요

① 중증 통증 완화제로 개발된 진통제임.

② 원래 의료용으로 사용되었으나 남용 문제가 심각함.

(2) 중독성과 영향

① 호흡 저하를 유발하여 치명적인 위험을 초래할 수 있음.

② 주로 의사 처방을 위장한 "의료구매(Doctor Shopping)" 방식으로 불법 유통됨.

6. 메스암페타민(Methamphetamine)

(1) 개요

① 강한 중독성을 가진 각성제 마약임.

② 속칭 스피드(Speed), 메쓰(Meth), 아이스(Ice), 크리스탈(Crystal) 등으로 불림.

③ 한때 비만 치료제로 사용되었으나 현재는 남용 문제로 규제됨.

(2) 사용과 영향

① 강력한 자극 효과를 가지고 있으며, 신경 말단을 파괴하는 독성 효과가 있음.

② 주로 비밀 실험실에서 불법적으로 생산됨.

7. 인헤일런트(Inhalant)

(1) 개요

① 중독성 흡입물질을 총칭하며, 청소년들에게 가장 위험한 마약 중 하나임.

② 본드, 세제, 페인트 시너, 부탄가스, 자동차 가솔린 등 일상적인 제품이 포함됨.

(2) 위험성과 영향

① 법적으로 마약으로 구분되지 않아 감춰진 위험이 있음.

② 부모들이 위험성을 인식하지 못하는 경우가 많음.

③ 흡입제 경험이 있는 아동은 성장 후 불법 마약에 노출될 가능성이 높음.

④ 저렴하고 쉽게 구할 수 있으며, 환각 상태를 유발함.

⑤ 2005년 조사에서 미국 8학년(17.1%), 10학년(13.1%), 12학년(11.4%) 학생들이 경험한 것으로 나타남.

8. 스테로이드(Steroids)

(1) 개요

① 체력 증강 및 근육 성장 촉진을 위해 개발된 약물임.

② 1930년대 남성호르몬 부족 치료를 목적으로 개발됨.

(2) 사용과 영향

① 1950년대부터 운동선수들이 경기력 향상을 위해 사용함.

② 1990년대부터 여성의 사용이 증가함.

③ 심장마비, 간 및 신장 기능 부전, 정신 질환 등 부작용이 있음.

④ 여성은 월경 불순, 체모 증가, 남성형 탈모, 목소리 굵어짐 등의 부작용이 나타남.

⑤ 남성은 고환 수축이 발생할 수 있음.

⑥ 멕시코와 유럽에서 밀거래되며, 위조 처방을 통해 불법 구매됨.

9. LSD(Lysergic Acid Diethylamide)

(1) 개요

① 1938년 스위스 화학자 알버트 호프만(Albert Hofmann)이 합성한 환각제임.

② 속칭 산(Acid), 창유리(Window Pane) 등으로 불림.

(2) 사용과 영향

① 내성과 심리적 의존성이 있으나 신체적 금단증상은 없음.

② 일부 사용자는 플래시백 효과로 인해 환각을 반복 경험함.

③ 현재 타블릿, 정제, 캡슐, 물약 형태로 유통됨.

Theme 70-1 「마약류 관리에 관한 법률」 중요 내용

1. 목적

마약 · 향정신성의약품 · 대마 및 원료물질의 취급 · 관리를 적정하게 하여 오 · 남용으로 인한 보건상의 위해를 방지하고 국민보건 향상에 기여하는 것을 목적으로 함.

2. 정의

(1) 마약류

마약 · 향정신성의약품 및 대마를 포함함.

(2) 마약

① 양귀비: 특정 식물종(Papaver somniferum L. 등)에 속하는 식물

② 아편: 양귀비의 액즙이 응결된 물질 및 이를 가공한 것(의약품으로 가공한 것은 제외)

③ 코카 잎: 코카 관목의 잎(엑고닌 · 코카인 및 엑고닌 알칼로이드 성분이 모두 제거된 잎 제외)

④ 양귀비 · 아편 · 코카 잎에서 추출되는 모든 알카로이드 및 동일한 화학적 합성품(대통령령으로 정함)

⑤ 위 항목들과 동일하게 남용 또는 해독 작용이 우려되는 화학적 합성품(대통령령으로 정함)

⑥ 위 항목들을 함유하는 혼합물질 또는 혼합제제(신체적 · 정신적 의존성이 없고, 다른 약물과 혼합해 다시 제조할 수 없는 경우 제외)

(3) 향정신성의약품

① 중추신경계에 작용하며, 오 · 남용 시 심각한 위해가 예상되는 물질로서 대통령령으로 정하는 것

② 오 · 남용 우려가 크고, 의료용으로 사용되지 않거나 안전성이 결여된 약물 및 그 함유 물질

③ 오 · 남용 우려가 크며, 의료용으로 제한적으로 사용되는 약물 및 그 함유 물질

④ 상대적으로 오 · 남용 우려가 적고 의료용으로 사용되나, 신체적 · 정신적 의존성을 유발하는 약물 및 그 함유 물질

⑤ 위 항목들을 함유하는 혼합물질 또는 혼합제제(신체적 · 정신적 의존성이 없고, 다른 약물과 혼합해 다시 제조할 수 없는 경우 제외)

(4) 대마

① 대마초(Cannabis sativa L.)와 그 수지

② 대마초 또는 그 수지를 원료로 하여 제조된 모든 제품

③ 대마초 또는 그 수지와 동일한 화학적 합성품(대통령령으로 정함)

④ 위 항목들을 함유하는 혼합물질 또는 혼합제제

I 의의

① 방첩은 국가안보와 국익을 위협하는 세력에 대응하는 활동임.
② 적대국뿐만 아니라 테러집단, 국제범죄조직, 개인까지 포함하는 다양한 행위자가 방첩의 대상이 됨.

II 변화된 안보환경과 방첩의 개혁 필요성

① 세계화와 정보화로 인해 새로운 안보위협이 등장함.
② 방첩 전략은 변화된 환경에 맞춰 개혁이 필요함.

III 방첩의 개념 변화

1. 의의

① 기존 방첩 개념은 보안 중심으로 인식되었으나, 소극적인 방어만으로는 효과적인 방첩 수행이 어려움.
② 방첩은 적극적인 정보수집 및 공격적 대응을 포함해야 함.

2. 적극적이고 공세적인 방첩 추구

① KGB는 방첩을 공격과 방어의 개념으로 포괄적으로 수행함.
② 9/11 이후 미국은 적대 세력 내부에 침투하여 첩보를 수집하고 정보활동을 무력화하는 적극적인 방첩공작을 추진함.
③ 2005년 클리브(National Counterintelligence Executive)는 과거의 방첩이 수동적이었다고 평가하며, 공세적인 방첩 필요성을 강조함.
④ 2009년 '미국의 방첩전략'은 내부위협 탐지, 외국 정보기관 침투, 사이버와 방첩 융합, 외국 정보기관 차단을 방첩목표로 제시함.
⑤ 미국을 비롯한 선진 정보기관들은 소극적 보안에서 벗어나 보다 공세적인 방첩전략을 추구하고 있음.

IV 방첩의 목표 변화

1. 목표 변화의 배경

① 냉전 시대 방첩의 주요 목표는 적대국이었으나, 탈냉전 이후 산업스파이 활동이 증가하면서 우호국까지 방첩 대상이 확대됨.
② 테러, 마약, 국제범죄 등 초국가적 안보위협이 부상하면서 방첩의 목표가 외국 정부, 조직, 개인까지 확대됨.

2. 기존 방식으로 대응할 때 발생하는 문제

(1) 방첩 목표 변화에 따른 대응방식 변화 필요성

새로운 목표에 기존 대응방식을 적용하면 효과적인 방첩 수행이 어려움.

(2) 9/11 테러 사례

① 9/11 테러는 방첩 실패의 대표적 사례임.
② 미국 정보공동체는 냉전 시대 방식의 조직구조와 운영체계를 유지하여 초국가적 안보위협에 효과적으로 대응하지 못함.
③ 신호정보(COMINT)만으로는 테러범의 동향을 파악하기 어려웠으며, 인간정보(HUMINT) 수집 역량도 미흡했음.
④ 결과적으로 미국 정보공동체는 국제테러리즘을 효과적으로 방첩하지 못하여 9/11 테러를 사전에 방지하지 못하는 실패를 겪음.

V 방첩의 범위 변화

1. 의의

① 전통적 안보에서 포괄적 안보로 확대됨에 따라 방첩의 범위도 확대됨.
② 냉전시대까지 군사안보 중심이었으나, 오늘날 경제, 자원, 환경을 포함하는 신안보개념과 테러리즘, 마약, 국제조직범죄, 사이버 테러 등을 포함하는 초국가안보개념으로 확장됨.
③ 이에 따라 경제방첩, 대테러, 국제범죄 대응, 사이버 테러 대응 등이 새로운 방첩 과제로 부상함.
④ 전통적 방첩이 외국 스파이 색출과 정보활동 차단에 중점을 두었다면, 현대 방첩은 산업스파이, 테러조직, 국제적 마약 밀매단, 해커 조직 등을 포함하여 보다 광범위하게 적용됨.

2. 한정된 예산과 인력으로 확대된 방첩의 범위에 대응하는 문제

(1) 의의

방첩 범위가 확대됨에 따라 한정된 예산과 인력으로 방첩임무를 효과적으로 수행하는 방안을 모색해야 함.

(2) 우선순위의 설정

① 방첩목표 우선순위는 국가별, 시대별로 상이함.
② 냉전시대 미국의 방첩 최우선순위는 소련 KGB였으나, 현대에는 중국 및 알 카에다 테러조직이 주요 대상이 될 수 있음.

(3) 우리나라 방첩의 최우선순위

① 북한의 대남 간첩행위 대응이 최우선 과제임.

② 북한은 공작원을 남파하여 국가기밀을 탐지·수집하고 대남 심리전을 수행하여 대한민국 체제를 약화시키고 자유민주주의 체제 전복을 시도함.

③ 국내 친북·종북 세력의 이적행위 또한 대한민국의 자유민주주의 체제에 위협을 가하는 요소로, 이에 대한 적극적 방첩수사 활동이 요구됨.

④ 중국, 일본, 러시아 등 주변국 스파이 행위, 테러리즘, 국제범죄조직, 산업스파이 등에 대한 대응도 주요 방첩 목표로 고려됨.

⑤ 방첩목표 우선순위 설정을 통해 국가안보에 가장 심각한 위협 요소에 집중하여 한정된 예산과 인력을 효율적으로 활용할 필요가 있음.

Ⅵ 방첩전략에 있어서의 조정과 변혁

1. 의의

① 방첩 개념, 목표, 범위의 변화에 따라 방첩전략도 변화해야 함.

② 기존의 수동적이고 방어적인 보안 방식으로는 현대 방첩 환경에 효과적으로 대응할 수 없으며, 적극적이고 공세적인 방첩전략이 요구됨.

③ IT 기술 발전 및 정보화 사회로의 변화에 따라 디지털 포렌식 기술이 방첩에 활용되고 있음.

④ 컴퓨터, 인터넷 등 첨단 과학기술을 활용하여 적대 세력의 안보 위협 활동을 탐지·색출·차단·무력화할 필요가 있음.

2. 간첩들의 인터넷을 통한 첨단 암호화된 통신 프로그램 활용

① 과거 간첩들은 모스 부호나 메모리식 송신기 등을 사용했으나, 현대에는 인터넷을 활용한 첨단 암호화된 통신 프로그램을 활용하여 탐지·색출이 어려워짐.

② '왕재산 사건'에서 간첩 조직원들이 인터넷을 통해 첨단 암호화된 프로그램으로 북한에 대용량 비밀 파일을 전달한 사례가 확인됨.

③ 이에 대응하기 위해 정보기관은 고도의 암호해독 역량을 갖춰야 함.

3. 다차원 안보위협 현상의 등장

(1) 의의

① 전통적 안보위협과 새로운 안보위협이 결합된 '다차원 안보위협' 현상이 발생함.

② 전통적 안보위협인 적대 세력의 기밀 탐지·수집, 침투·파괴 활동과 새로운 안보위협인 테러리즘 및 국제범죄가 연계되어 수행됨.

(2) 정보화와 세계화의 진전에 따른 전장 환경 변화

① 정보화로 인해 사이버 공간이 전장으로 등장하고, 세계화로 인해 전장 환경이 급격히 변화함.

② 국제적 돈세탁, 무기 밀거래, 마약 밀거래, 불법이민 네트워크 등 국제범죄 조직이 사이버 공간을 활용하여 국가안보를 위협할 가능성이 증가함.

③ 북한의 특수전 요원이 탈북자나 조선족으로 신분을 위장하여 국내에 잠입한 후, 인터넷을 통해 첨단 암호화된 프로그램으로 북한으로부터 지령을 받고 테러를 감행할 가능성도 존재함.

④ 전통적 안보위협 세력이 새로운 안보영역의 기술을 활용하여 범죄행위를 저지를 경우, 국가적 피해가 심각할 수 있음.

(3) 방첩 관련 인원, 조직체계, 예산, 전략의 변화와 혁신 필요성

① 다차원 안보위협 현상은 일시적이 아닌 장기적으로 지속될 가능성이 큼.

② 방첩 개념, 목표, 범위가 확대되고, 국가안보 위협세력의 활동 기법이 첨단화·지능화되고 있음.

③ 방첩 인력과 예산이 대폭 확대될 수 없는 상황에서, 방첩 전략과 기법의 변화가 필수적임.

④ 한정된 인원과 예산으로 방첩 효과를 극대화할 수 있는 획기적인 방안이 마련되어야 함.

⑤ 이러한 변화와 혁신이 신속히 이루어져야 9/11 테러와 같은 방첩 실패를 예방하고, 국가의 안전과 이익을 보호할 수 있음.

Theme 72 정보기관과 정보활동

Ⅰ 정보기관

1. 의의

① 정보기관은 첩보수집, 정보분석, 방첩, 비밀공작 등의 정보활동을 수행하는 조직임.

② 정보활동을 통해 국가의 안전보장을 목표로 함.

③ 정보기관이 제대로 기능하지 못할 경우 국가안보에 심각한 위협을 초래할 수 있음.

2. 정보기관의 임무

(1) 정책결정 지원

① 정책결정자에게 필요한 정보를 제공하여 정책 입안, 계획, 집행, 실행 결과 예측 등을 지원함.

② 정보 수집 후 진위·타당성을 검증하여 최종적으로 정보로 생산함.

③ 최종 생산된 정보는 정책결정자에게 제공되어 국가안보에 기여함.

(2) 미래 안보위협 예측 · 경고

① 정보기관이 외부 상황을 정확히 분석하지 못하면 국가 안보와 이익에 심각한 손실을 초래할 수 있음.

② 9/11 테러 사례에서처럼 적시에 정확한 정보 판단이 이루어지지 않으면 대처가 어려움.

③ 정보기관의 핵심 임무는 미래의 안보위협을 예측 · 경고하는 것임.

(3) 방첩 활동

① 상대국 정보기관의 첩보수집, 전복, 테러, 파괴 행위 등을 차단함.

② 국가기밀이 적의 스파이에게 유출될 경우 국가안보에 심각한 위협을 초래할 수 있음.

③ 적의 기만이나 역정보를 간파하지 못하면 정책결정이 왜곡될 가능성이 있음.

④ 방첩 활동은 국가의 안전과 국민 보호를 위한 필수 임무임.

(4) 비밀공작(covert action)

① 외국 정부, 정치, 경제, 군사, 사회 등에 은밀히 개입하여 자국에 유리한 여건을 조성함.

② 일반 정보활동이 정책을 지원하는 것과 달리, 비밀공작은 정책을 집행하는 성격을 가짐.

③ 유엔 헌장 위배 가능성이 있으며, 뇌물, 폭력, 납치, 살해 등 범죄적 요소를 포함할 수 있음.

④ 비밀공작이 공개될 경우 국제적 비난과 외교적 문제를 초래할 수 있음.

⑤ 미국, 러시아, 영국, 이스라엘 등 주요 국가들이 비밀공작 전담 조직을 운영하고 있음.

Ⅱ 정보기관의 특성

1. 의의

① 정보기관은 정부 조직의 일부이지만 활동 방식, 임무, 속성에서 일반 정부 부처와 차이를 보임.

② 정보기관 개혁이 실패하는 이유는 일반 부처와 동일한 기준으로 조직을 개편하려 하기 때문임.

③ 정보기관과 정부 부처의 차이를 명확히 인식할 필요가 있음.

2. 기본임무와 업무영역

(1) 기본임무

① 정보기관은 국가안보를 달성하기 위한 조직으로, 대적활동을 수행함.

② 정보활동(첩보수집, 분석, 방첩, 비밀공작)을 통해 국가의 안전을 보장함.

③ 일반 국민을 대상으로 하는 정부 부처나 민간 기업과 존재 이유 및 목표가 다름.

(2) 업무영역

① 국가안보 위협 요소 전반에 대해 첩보를 수집하고 분석하는 책임을 가짐.

② '포괄적 안보' 개념에 따라 정치, 경제, 군사, 테러리즘, 조직범죄 등 다양한 분야에서 정보활동을 수행함.

③ 일반 정부 부처는 특정 분야를 담당하지만, 정보기관은 국가안보와 관련된 모든 영역에서 활동함.

④ 정보기관의 업무영역은 광범위하고 포괄적임.

3. 정책결정을 지원하는 것으로 임무가 제한됨

(1) 의의

① 정부 부처는 정책을 입안하고 집행하지만, 정보기관은 정책결정 지원에 한정됨.

② 일반 부처는 정책 입안과 집행 권한을 가지지만, 정보기관은 정책결정을 직접 수행하지 않음.

③ 정보기관이 정책결정에 개입하면 정보의 객관성이 훼손되고, 권력기관화될 위험이 있음.

(2) 정보기관이 정책결정에 참여할 때 발생하는 문제

① 정보는 권력이므로, 잘못 이용될 경우 부작용을 초래할 수 있음.

② 정보기관 고위관리자는 특정 목적을 위해 정보 접근을 제한하거나 선별적으로 제공할 가능성이 있음.

(3) 피터 길(Peter Gill)의 '고어-텍스 국가'

① 길(Peter Gill)은 정보기관이 국가 사회에 깊숙이 침투하는 현상을 '고어-텍스 국가'로 설명함.

② 정보는 정보기관으로만 흐르며, 국가나 사회로는 차단됨.

③ 정보기관은 통제를 벗어나 자치성을 가지며, 정보 독점으로 국가 정책에 영향력을 행사할 가능성이 있음.

④ 정보기관의 권력화를 방지하기 위해 정책결정 과정에서 배제하는 것이 바람직함.

⑤ 예외적으로 비밀공작은 정보기관이 직접 실행할 수 있음. 그러나 정보기관의 주된 역할은 정책결정자가 최선의 결정을 내릴 수 있도록 정보를 제공하는 데 있음.

4. 비밀성

(1) 정보기관의 본질적 특성

① 비밀성은 정보기관의 존재 이유이며, 다른 정부 부처나 민간 조직에서는 찾아보기 어려운 특징임.

② 정보화 시대에도 정보기관의 활동 방식은 비밀성에 기초함.

③ 일반적으로 공개출처를 활용하여 정보를 쉽게 얻을 수 있으나, 정보기관의 활동은 철저한 비밀 유지하에 수행됨.

④ 외교관과 정부 부처는 합법적으로 정보를 획득할 수 있지만, 정보기관의 주요 활동(첩보수집, 분석, 방첩, 비밀공작 등)은 비밀 유지가 필수적임.

(2) 정보기관의 조직 구조적 특성

① 정보기관은 차단의 원칙과 비밀성으로 인해 폐쇄적인 조직 문화를 형성함.

② 비밀 유지가 강조된 조직 문화는 사회 변화에 무감각하게 만들고 부정적인 결과를 초래함.

③ 조직의 실수가 발생할 경우, 국민들은 정보기관이 통제 불가능한 조직이라고 인식하게 됨.

④ 정보기관의 능력에 대한 국민들의 비현실적인 기대감이 형성될 수 있음.

5. 정보혁명과 비밀성

(1) 정보화 사회와 정보기관

① 차단의 원칙과 비밀성은 정보화 사회에 적합하지 않음.

② 정보혁명은 정보의 자유로운 흐름을 강조하며, 비밀성과 대립됨.

③ 정보기관의 비밀 중심 조직문화에서는 정보혁명의 장점을 활용할 수 없음.

④ 비밀성과 차단의 원칙을 유지하는 한, 정보 네트워크 형성이 어려움.

(2) 정보화 시대의 정보기관

① 정보화는 시대적 흐름이며, 정보기관도 이에 적응해야 함.

② 정보기관은 비밀보안을 최소화하고, 보다 공개적이고 책임 있는 조직으로 변화할 필요가 있음.

③ 그러나 비밀성과 차단의 원칙을 완전히 폐기할 수는 없음.

④ 비밀성을 최소한으로 유지하면서 정보화 시대에 적합한 전략을 마련해야 함.

(3) 정보기관의 존재 이유

① 정보기관은 비밀활동 수행을 위해 존재함.

② 공개출처정보로 적의 동향을 파악할 수 있다면 스파이 활동이 불필요함.

③ 공식 외교활동으로 문제를 해결할 수 있다면 비밀공작이 필요하지 않음.

④ 정보기관은 민간이 수행할 수 없는 정보를 비밀리에 수집하고 분석함.

⑤ 공개적이고 합법적인 수단으로 해결할 수 없는 국가 안보 문제를 정보활동이 보완함.

6. 불법과 비윤리적인 행위의 수반

(1) 정보활동과 윤리적 문제

① 정보활동은 불법 및 비윤리적인 행위를 포함하며, 정보기관은 이를 수행할 수 있는 특별한 조직임.

② 정보활동은 일반적인 윤리 기준을 초월한 영역으로 인식됨.

③ 첩보 수집 과정에서 협박, 뇌물 등 불법적 요소가 포함될 수 있음.

④ 국가 안보 목적을 위해 불법적 활동이 정당화될 수 있음.

(2) 정보활동의 불법성과 윤리적 한계

① 칸트는 스파이 활동을 비열하고 비윤리적인 행위로 간주함.

② 칼럼(David Kalm)은 정보활동이 간교하고 윤리에 어긋나는 행위라고 평가함.

③ 스파이 행위는 대부분의 국가에서 불법으로 규정됨.

④ 정보기관은 해외에서 불법적 활동을 수행하지만, 국내에서도 유사한 행위가 발생할 위험이 있음.

⑤ 불법성과 비윤리성으로 인해 국민들의 정보기관에 대한 불신이 형성됨.

7. 민주주의와 정보기관

(1) 민주주의와 정보기관의 관계

① 정보기관의 비밀성과 불법성으로 인해 민주주의와 양립하기 어려운 조직으로 인식됨.

② 민주주의에서는 정책 결정과 활동에 대한 국민 통제가 필수적이나, 정보기관의 활동은 공개되지 않음.

(2) 정보기관에 대한 민주적 통제장치

① 국민이 정보활동을 통제할 수 없다면, 민주주의 원칙에 위배됨.

② 정보기관의 비밀성을 보장하면서도 권력 남용과 불법 활동을 통제하기 위해 의회 감독제도가 필요함.

③ 의회의 감독은 정보기관의 불법 행위를 억제하고, 정보활동의 비밀성을 유지하는 최선의 대안으로 평가됨.

④ 민주주의 국가에서 정보기관에 대한 감독과 통제는 필수적임.

Ⅰ 의의

각국의 정보기구는 조직체계, 수행 임무, 활동방향 등이 상이하며, 이는 국가별 안보 상황, 정치문화, 대외관계, 역사적 경험 등에 기인함. 정보기구는 통합형과 분리형, 국가정보기구와 부문정보기구 등의 유형으로 분류됨.

Ⅱ 통합형과 분리형 정보기구

1. 통합형 정보기구

① 단일 기관이 첩보수집, 정보분석, 비밀공작, 방첩활동 등을 모두 수행하는 형태임.
② 국내정보와 해외정보를 단일 기관이 총괄하는 정보기구
③ 대표적인 사례로 구소련의 KGB, 중국의 국가안전부, 한국의 국가정보원이 있음.

2. 분리형 정보기구

① 기능별로 구분되어 특정 임무를 수행하는 형태임.
② 국내정보와 해외정보를 분리하여 담당하는 정보기구
③ 대표적인 사례로 미국의 국가안보국(NSA)과 영국의 정부통신본부(GCHQ)는 신호정보를 담당하며, 미국의 국가정찰국(NRO)은 영상정보를 담당함.

Ⅲ 통합형과 분리형 정보기구의 장·단점

1. 통합형 정보기구

(1) 장점

① 중앙집권적 통제가 가능하여 정보활동을 효율적으로 수행할 수 있음.
② 정보기관 간 정보 공유의 어려움을 해소할 수 있음.

(2) 단점

① 기관 간 견제가 부족하여 권력 집중 위험이 있으며, 민주주의 원칙에 위배될 가능성이 있음.
② 조직의 관료화로 인해 전문성과 경쟁력이 저하될 우려가 있음.

(3) 사례

KGB(구소련), 국가안전부(MSS, 중국), 국가정보원(한국)

2. 분리형 정보기구

(1) 장점

① 특정 분야에서 높은 전문성을 발휘할 수 있음.
② 기관 간 상호 견제가 가능하여 권력 남용을 방지할 수 있음.

(2) 단점

① 정보 공유와 협력이 원활하지 않아 종합적인 정보 판단이 어려움.
② 미국이 9/11 테러를 사전에 탐지하지 못한 이유는 CIA, FBI, NSA 등 16개 정보기관 간 정보 공유와 협력이 부족했기 때문으로 분석됨.

(3) 사례

① 미국: 해외(CIA) / 국내(FBI)
② 영국: 해외(MI6) / 국내(MI5)
③ 러시아: 해외(SVR, GRU) / 국내(FSB)
④ 프랑스: 해외(DGSE) / 국내(DGSI)
⑤ 독일: 해외(BND) / 국내(BfV)
⑥ 이스라엘: 해외(MOSSAD) / 국내(Shin Beth)
⑦ 인도: 해외(RAW) / 국내(IB)

Ⅳ 국내 정보기구와 해외 정보기구

1. 의의

통합형 정보기구는 해외와 국내 정보활동을 단일 기관에서 수행하지만, 분리형 정보기구는 해외 정보활동과 국내 보안활동을 구분하여 운영함.

2. 국내 정보기구

미국의 연방수사국(FBI), 영국의 보안부(SS), 독일의 헌법보호청(BfV), 프랑스의 국내안보총국(DGSI), 러시아의 연방보안부(FSB), 이스라엘의 신베트(Shin Beth) 등이 국내 보안 및 방첩활동을 담당함.

3. 해외 정보기구

미국의 중앙정보국(CIA), 영국의 비밀정보부(SIS), 프랑스의 해외안보총국(DGSE), 독일의 연방정보부(BND), 이스라엘의 모사드(Mossad) 등이 해외 정보활동을 담당함.

Ⅴ 국가정보기관과 부문정보기관

1. 의의

국가정보기관은 국가 차원의 정보활동을 수행하며, 부문정보기관은 특정 부처 소속으로 특정 분야의 정보활동을 수행함.

2. 국가정보기관

① 국가 전체의 정보수요에 대응하는 정보기구
② 국가 차원의 정보활동을 수행하며 부문정보기관을 조정·관리할 권한을 가짐.
③ 대표적인 국가정보기관으로 미국의 중앙정보국(CIA), 프랑스의 해외안보총국(DGSE), 독일의 연방정보부(BND), 한국의 국가정보원이 있음.

④ 미국의 국가안보국(NSA), 국가정찰국(NRO), 국가지
   형정보국(NGA) 등은 국방부 소속이지만 국가 차원
   의 정보활동을 수행하기 때문에 국가정보기관으로 분
   류됨.

3. 부문정보기관

① 특정 부처의 업무 수행을 지원하기 위해 관련 정보를
   수집하고 분석함.
② 대표적인 부문정보기관으로 미국의 국방정보국(DIA),
   러시아의 참모부 정보총국(GRU), 이스라엘의 아만,
   한국의 국군방첩사령부와 정보사령부 등이 있으며,
   이들은 군사 부문의 정보활동을 수행함.

VI 활동 방법별 분류

1. 의의

① 정보수집 방법에 따른 분류
② 인간정보(HUMINT) 중심의 정보기구와 기술정보
   (SIGINT, IMINT) 중심의 정보기구로 구분됨

2. 인간정보기구

(1) 의의

① 인적 자원을 주된 수단으로 활용하는 정보기구
② 대다수의 국가중앙정보기구는 인간정보와 기술정보
   를 병행함

(2) 사례

① 미국은 CIA의 국가비밀공작처(NCS)가 휴민트 업무
   총괄
② 최근 인간정보 활동 중요성이 강조되는 추세

3. 과학기술정보기구

(1) 의의

① 과학기술을 활용하여 정보를 수집하는 정보기구
② 신호정보(SIGINT) 및 영상정보(IMINT) 관련 기구
   포함

(2) 사례

① 미국: NSA, NRO, NGA
② 영국: GCHQ
③ 일본: 초베츠(Chobetsu)
④ 독일: 연방정보보호청(BSI)

VII 행정수반 직속 정보기관과 행정부처 소속 정보기관

1. 의의

정보기관은 행정수반 직속 기관과 행정부처 소속 기관으
로 분류됨.

2. 행정수반 직속 정보기관

① 대통령 또는 수상 직속으로 운영됨.
② 대표적인 기관으로 중국의 국무원 소속 국가안전부
   (MSS), 러시아의 대외정보국(SVR)과 연방보안부(FSB),
   한국의 국가정보원이 대통령 직속이며, 일본의 내각
   정보조사실, 이스라엘의 MOSSAD, Shin Beth, 독
   일의 BND, 인도의 조사분석청(RAW)가 수상 직속으
   로 운영됨.

3. 행정부처 소속 정보기관

① 미국은 CIA와 ODNI를 제외한 16개 정보기구가 행
   정부처 소속(국방부 9개, 국토안보부 2개, 법무부 2개,
   에너지부·국무부·재무부 각 1개)
② 영국은 비밀정보부(SIS)와 정부통신본부(GCHQ)는 외
   무부, 보안부(SS)는 내무부 소속임.
③ 독일의 헌법보호청(BfV), 프랑스의 국내안보총국(DGSI)
   은 내무부 소속임.
④ 프랑스의 해외안보총국(DGSE)은 국가정보기관으로 분
   류되지만 국방부 소속임.
⑤ 미국의 연방수사국(FBI)은 법무부 소속임.

4. 중앙정보기구

① 행정부 수반이나 특정 행정부처에 소속되지 않고 독
   자적으로 기능하는 정보기구.
② 미국의 CIA, ODNI가 대표적임.

Theme 73-1 정보체계 유형

1. 중앙집중형(Central and Converged) 정보체계

(1) 개념

① 중앙정보기관을 중심으로 부문정보기관들이 통합적
   으로 조직된 체계
② 강력한 정보통합을 통해 신속한 정보전달 및 전파 가능

(2) 특징

① 정보의 중복문제 없이 효율성 극대화
② 정보기관 간 차단문제가 없어 정보통합성과 신속성
   보장

(3) 사례

대한민국, 중동 이슬람국가, 동유럽 국가에서 채택

2. 분리조정형(Divided yet Coordinated) 정보체계

(1) 개념

정보기관들이 분리되어 있으나 상위 조직에서 조정 및 감독 수행

(2) 특징

① 개별 정보기관들이 독립적으로 활동하면서 중복 방지 및 효율성 확보

② 정보기관 간 업무를 조정하는 중앙 기구 존재

(3) 영국

① 총리 산하 합동정보위원회(JIC)가 정보조정 기능 수행

② MI6(외무부), GCHQ(외무부), MI5(내무부), DI(국방부)로 분리

(4) 프랑스

① 대외안보총국이 국방부 산하 편제

② 해외정보와 국내정보 분리

③ 합동정보위원회가 정보조정 및 감독 수행

3. 분산통합형(Dispersed yet Integrated) 정보체계

(1) 개념

① 정보기구들이 각각의 분야에서 활동하되 최종적으로 통합 관리 기구 존재

② 정보활동 간 경계가 명확하지 않으며 유연한 정보공유 가능

(2) 특징

① 일반정보활동과 국방정보활동, 해외정보와 국내정보 간 구분이 모호

② 정보기관 간 경쟁을 통해 정보공간을 유연하게 운영

③ 정보공백을 차단하고 상호 검증체계 구축 가능

(3) 사례

① 미국의 정보공동체(Information Community) 체제

② CIA(일반정보), DIA(국방정보), FBI(국내정보) 간 역할 구분 불명확

③ 기관 간 경쟁으로 인해 갈등 발생 가능

Ⅰ 민주주의 국가의 정보기구

1. 의의

① 민주주의 국가에서는 국가정보기구의 주요 목표가 정책결정자의 국가안보정책 수행을 지원하는 것에 있음.

② 적대국의 능력과 의도를 파악하고, 미래 위험을 예측하여 국가안보를 강화하는 역할을 수행함.

2. 민주주의 국가의 정보기구의 특징

(1) 군 정보기관의 정보활동

① 군 정보기관은 적대국의 전략계획, 군사동향, 능력 및 취약점을 분석하는 순수한 군사 분야로 한정됨.

② 경찰조직과 명확히 분리되어 독립적으로 운영됨.

(2) 국내보안정보기구의 정보활동

① 국내보안정보기구는 고차원의 경찰 기능을 수행하나, 경찰조직과 분리된 형태를 유지함.

② 미국의 FBI, 영국의 SS(MI5)처럼 별도의 조직으로 운영됨.

(3) 정보기관의 권력집중 방지 제도

① 민주주의 국가에서는 정보기관의 권력집중을 방지하기 위해 분리형 정보기구 체계를 유지함.

② 행정부 및 의회의 정보기관 통제 및 감독 시스템을 제도화하여 정보기관이 정권안보가 아닌 국가안보라는 본연의 역할을 수행하도록 함.

Ⅱ 권위주의 국가의 정보기구

1. 의의

① 권위주의 국가에서는 군사정보기관과 경찰조직의 기능이 중첩되는 경향을 보임.

② 민주적 선거로 정권이 수립되지 않으므로 국민 지지 기반이 약하며, 반체제 세력이 체제안보에 위협이 됨.

2. 정권안보 중심 정보활동

① 권위주의 국가에서는 국가안보보다 정권안보가 정보활동의 핵심 목표가 됨.

② 정보활동의 주요 대상이 외국이 아니라 내부 반체제 세력이며, 국민 동향 감시 및 반체제 세력 제거에 집중됨.

③ 대표적인 사례로 구소련의 KGB가 있음.

3. 해외정보 부문의 취약성

① 권위주의 국가에서는 해외정보 부문이 취약한 반면, 방첩 및 보안정보기관의 영향력이 강함.

② 보안정보기관은 집권자에게 충성하며, 정권 유지 도구로 활용됨.

③ 정보기관이 강력한 권한을 행사하는 반면, 입법부와 사법부의 통제 및 감독이 거의 이루어지지 않음.

Ⅲ 국가체제의 속성에 따른 국내보안정보기관의 유형

1. 의의

① 길(Peter Gill)은 국가체제의 속성에 따라 국내보안정보기관을 유형화함.

② 정보기관의 권력 정도, 정치적 통제 수준, 사회 침투 정도를 기준으로 세 가지 유형으로 분류함.

③ 유형은 '국내정보국형(Bureau of Domestic Intelligence)', '정치경찰형(Political Police)', '독립적 보안국가형(Independent Security State)'임.

2. 국내정보국형

① 민주주의 체제에서 운영되는 정보기관 유형으로, 대표 사례는 영국의 MI5임.

② 헌법과 법률에 따라 제한된 권한을 행사하며, 국가안보에 관련된 정보만 수집함.

③ 자국민을 대상으로 비밀공작을 수행하지 않음.

3. 정치경찰형

① 주로 남미 및 동남아시아의 권위주의 정권에서 운영되는 정보기관 유형임.

② 자치권이 강하며, 입법부와 사법부의 감독을 거의 받지 않음.

③ 집권여당과 정치지도자에게 충성하며, 국내 반정부세력 탄압에 집중함.

4. 독립적 보안국가형

① 입법부와 사법부의 통제를 받지 않으며, '정치경찰형'보다 강한 권한을 가짐.

② 대표 사례는 남아공 데 클라크(de Klerk) 정부와 루마니아 차우세스쿠(Nicolae Ceausescu) 정권임.

③ 사회에 깊이 침투하여 절대적인 권력을 행사함.

Ⅳ 국가체제의 속성에 따른 군 정보기관과 민간 정보기관의 구분

1. 의의

국가체제에 따라 군 정보기관과 민간 정보기관 간 구분이 모호할 수 있음.

2. 권위주의 국가

① 군은 정보의 생산자이자 최종 사용자로서 정보 독점권을 가짐.

② 군 정보기관이 모든 정보를 장악하며, 민간 부문까지 영향력을 행사함.

③ 남미 및 동남아시아 군사정권이 대표적인 사례임.

3. 민주주의 국가

① 군 정보기관과 민간 정보기관의 활동 영역이 명확히 구분됨.

② 군 정보기관은 군사 정보 담당, 민간 정보기관은 전략정보와 방첩 임무 수행함.

Ⅴ 정치체제의 속성에 따른 국내정보와 해외정보의 구분

1. 의의

정치체제에 따라 국내정보와 해외정보의 활동 영역이 모호할 수 있음.

2. 권위주의 국가

① 단일 정보기관이 국내 감청과 해외정보활동을 동시에 수행하는 경우가 많음.

② 대표적인 사례는 구소련의 KGB와 중국의 국가안전부임.

3. 민주주의 국가

① 국내정보와 해외정보를 별도 기관이 담당함.

② 미국의 FBI와 영국의 MI5는 국내 방첩 및 보안정보활동을 수행함.

③ 미국의 CIA와 영국의 MI6는 해외 첩보 활동을 담당함.

④ 프랑스, 독일 등 유럽 국가들도 이와 유사한 구조를 가짐.

4. 후진국 및 권위주의 정권의 해외정보활동 취약성

① 국내보안정보 역량은 강하지만, 해외정보 활동은 인력과 전문성이 부족함.

② 해외정보활동은 비용과 고도의 전문성이 요구되나, 후진국은 이를 충족하지 못함.

정보기관에 대한 통제 방식에 따른 정보기관의 구분

1. 의의

① 민주주의 국가와 권위주의 국가 간 정보기관 통제 방식에 차이가 존재함.

② 정보 독점을 방지하기 위해 정보기관을 분리하는 방식이 일반적임.

2. 정보기관 통제 유형

(1) 분리형 정보기관

단일 기관에 권력이 집중되지 않으며, 기관 간 견제를 통해 민주적 통제가 가능함.

(2) 통합형 정보기관

① 단일 기관에 권력이 집중되며, 민주적 견제 장치가 작동하지 않음.

② 권력 집중으로 인해 통제가 어려워짐.

3. 민주주의 국가의 통제 방식

① 의회, 행정부, 사법부, 언론 등이 정보기관을 감시함.

② 불법 행위 및 권력 남용 방지를 위한 제도적 장치가 마련됨.

4. 권위주의 국가의 통제 방식

① 정보기관이 국가 최고 권력기구로서 입법, 행정, 사법권을 장악함.

② 민주적 통제나 감독 기능이 제대로 작동하지 않음.

Theme 75 미국 정보기구의 기원과 발전

I 의의

1. 미국 정보기구의 위상

① 미국 정보기구는 세계적으로 가장 큰 규모를 갖춘 조직 중 하나이며, 강한 영향력을 미침.

② 러시아와 함께 전 세계 정보기구의 모델이자 경쟁 상대 역할을 함.

2. 미국 정보활동의 역사적 배경

① 영국, 프랑스, 독일, 러시아 등 유럽 강대국들과 비교하면 미국의 정보활동 역사는 짧은 편임.

② 영국은 16세기 후반 엘리자베스 1세 시기부터, 프랑스를 비롯한 유럽 국가들은 17세기 초부터 비밀정보조직을 설립하여 정보활동 수행.

II 미국 정보기구의 기원

1. 워싱턴 대통령과 독립전쟁 시기의 정보활동

① 독립전쟁(1775~1783년) 당시, 대륙군이 영국군 관련 정보를 수집하며 정보활동 전개.

② 조지 워싱턴 장군은 첩자를 활용하여 영국군 이동 및 작전 파악, 여러 전투에서 승리함.

③ 대통령 취임 후, 정보활동 예산을 신설(비밀정보 활동비, The Secret Service Fund)하고 의회 승인 획득.

④ 첫해 4만 달러에서 2년 후 100만 달러 이상으로 증액, 연방정부 예산의 12%에 해당.

2. 비밀경호국(SS) 설립

① 남북전쟁 종료 무렵(1865년), 링컨 대통령이 재무부 산하 '비밀경호국(Secret Service, SS)' 설립.

② 주요 임무는 위조화폐 단속이었으나, 이후 대통령 경호 업무로 확대.

③ 클리블랜드 대통령(1894년) 암살 음모 적발을 계기로 경호 업무 전환.

④ 연방 법집행기관으로 출범했으나, 정보활동과는 직접적인 관련이 적었음.

3. 해군정보처(ONI) 및 군 첩보부대(MID) 설립

① 1882년, 외국 함선 건조 기술 습득을 위해 해군 항해국(Bureau of Navigation) 소속 '해군정보처(ONI)' 설립.

② 1885년, 육군 내 '군 첩보부대(Military Information Division, MID)' 설치.

4. FBI의 설립과 발전

① 주(州) 경계를 초월한 범죄 확산으로 연방정부 차원의 수사 기구 필요성이 대두됨.

② 1908년 시어도어 루스벨트 대통령 당시, 보나파르트 법무장관이 '수사국(BI)' 창설.

③ 창설 당시 SS에서 차출된 9명의 요원으로 구성됨.

④ 미국 내 독일 첩보망 적발 등의 공로를 세우고, 1935년 '연방수사국(FBI)'로 개칭.

5. 2차 세계대전 이전 미국 정보기구의 특징

① 1776년 독립 이후 1940년대까지 정보활동이 미미한 수준이었음.

② 19세기 말 재무부 및 군 소속 정보조직이 있었으나, 국가 차원의 정보활동은 본격적이지 않았음.

③ 미국이 대서양을 사이에 두고 유럽과 떨어져 있어 외부 위협이 적었던 점이 주요 원인.

④ 자유민주주의적 가치와 공개성 원칙 강조로 인해 정보활동에 대한 부정적 인식 존재.

⑤ 스팀슨(Henry L. Stimson) 국무장관은 "신사는 남의 편지를 훔쳐보지 않는다"라는 원칙을 내세우며, 미국 최초의 암호해독 기관인 '블랙 체임버(Black Chamber)'를 폐쇄하도록 명령.

Ⅲ 전략정보국(OSS)의 설립

1. 정보협력관실(COI) 설립

① 1940년대 미국은 제2차 세계대전 발발로 정보를 국가안보의 핵심 요소로 인식하게 됨.

② 1941년 7월 루스벨트(Franklin D. Roosevelt) 대통령은 도노반(William J. Donovan)을 책임자로 하여 정보협력관실(Office of Coordinator of Information, COI)을 신설함.

③ COI는 국무부·전쟁부 정보를 통합·조정하여 종합적 국가정보 생산을 목표로 하였으나, 1941년 12월 7일 일본의 진주만 기습을 예측하지 못하는 등 한계를 드러냄.

2. 전략정보국(OSS) 설립

① 1942년 6월 13일 루스벨트 대통령은 COI를 대체하여 전략정보국(Office of Strategic Service, OSS)을 설립함.

② OSS는 미국 최초의 단일 정보기관이자 복합적인 정보활동을 수행하는 조직으로, 민간 학자를 활용하여 국가정보를 생산한 점에서 미국 첩보사에서 중요한 사건으로 기록됨.

③ 공식적으로 CIA의 전신으로, 제2차 세계대전 중 해외 첩보수집 및 파괴공작 수행, 전략정보 제공 등의 임무를 담당함. 대통령의 직접 통제하에 운영되었으며, 형식적으로는 군 합동참모본부(JCS)의 지휘를 받음.

④ 제2차 세계대전 종료로 설립 목적이 소멸됨에 따라 1945년 10월 트루먼(Harry Truman) 대통령의 지시로 해체됨. 첩보수집 기능은 전쟁부 및 육군, 조사·분석 기능은 국무부로 이관됨.

Ⅳ 중앙정보국(CIA)의 탄생

1. 의의

① 1945년 이후 소련의 위협 부상으로 중앙정보기구 설립 필요성이 대두됨.

② 그러나 트루먼 대통령과 일부 정부 관료·의원들은 정보독점, 권력 확대, 중앙집권화에 따른 경찰국가 출현 가능성을 우려함.

2. 중앙정보단(CIG) 창설

① 중앙정보기구 설립에 대한 논의가 진행되는 가운데, 1946년 1월 트루먼 대통령은 과도기적 중앙정보기구로 중앙정보단(Central Intelligence Group, CIG)을 창설함.

② CIG는 국가정보국(National Intelligence Authority, NIA)의 지휘를 받으며 분산된 정보 기능을 통합·조정하는 역할을 수행함.

3. 중앙정보국(CIA)

(1) 의의

① 1947년 7월 「국가안보법(National Security Act)」 통과로 CIG가 중앙정보국(Central Intelligence Agency, CIA)으로 개편됨.

② CIA는 대통령 직속기관이자 국가안전보장회의(National Security Council, NSC) 산하기관으로 NSC의 지휘를 받음.

③ CIA 국장은 중앙정보장(Director of Central Intelligence, DCI) 직위를 겸하며 정보기관 간 정보활동을 조정·통합하는 역할을 담당함.

(2) CIA 설립 당시의 상황

① 트루먼 대통령은 CIA 창설을 후회하며, 비밀주의로 인한 감시·통제의 어려움을 비판함.

② CIA의 부문정보기관 조정 기능은 한계를 보임. 육군·해군은 기존 정보기관을 유지하고, 공군은 새로운 정보기관을 창설함.

③ 국무부는 정보조사국(Bureau of Intelligence and Research, INR), FBI는 독자적 정보활동을 수행하며 CIA와의 협력을 꺼림.

④ 1952년 신호정보 감청·암호개발 및 해독을 담당하는 국가안보국(National Security Agency, NSA)이 창설됨. 1961년 10월 국방정보국(Defense Intelligence Agency, DIA)이 설립됨.

(3) 냉전시대의 CIA

냉전시기 CIA는 소련·동유럽 사회주의 세력의 확장을 저지하고 와해하는 데 핵심적인 역할을 수행하여 미국 정보활동의 성공 사례로 평가됨.

(4) 냉전 이후의 CIA

① 소련 붕괴로 냉전이 종식되며 대외 안보환경이 급격히 변화함. 테러, 마약, 조직범죄, 핵무기 확산 등의 새로운 안보위협이 부상함.

② 정보공동체 개혁 논의가 진행되었으나 지연되는 가운데, 2001년 9월 11일 테러 사건 발생함.

1. 의의

① 9/11 테러는 미국 사회에 큰 충격을 주었으며, 부시 대통령은 대테러 활동 강화를 위해 정보공동체 개혁을 단행함.

② 국토안보부(Department of Homeland Security) 창설, 국토안보회의(Homeland Security Council) 설립, 테러위협통합센터(Terrorist Threat Integration Center) 운영 등 조직 개편이 이루어짐.

③ FBI의 주요 목표를 테러 공격 방지로 변경하고, 테러 대응 및 예방을 위한 법적 조치를 포함하는 애국법(USA PATRIOT Act)을 제정함.

2. 9/11 진상조사위원회의 제안

(1) 의의

2002년 11월 의회는 9/11 진상조사위원회(National Commission on Terrorist Attacks upon the United States, 9/11 Commission)를 구성하여 테러 대응 실패 원인을 분석함.

(2) 최종보고서

① 2004년 7월 발표된 9/11 최종보고서는 테러 예방 실패 요인으로 ① 상상력 결핍(납치한 항공기의 무기화 예측 실패), ② 정보 공유 부족 및 통합관리 능력 미비, ③ 대테러 마인드 부족을 지적함.

② 해결책으로 정보기관 간 수평적 정보 공유 확대, 중앙정보장(DCI) 직을 국가정보장(Director of National Intelligence, DNI)으로 대체하여 정보공동체 통제권을 강화할 것을 제안함.

(3) 「정보개혁법(Intelligence Reform Act)」

① 9/11 최종보고서 권고안을 바탕으로 2004년 12월 「정보개혁법(Intelligence Reform Act)」이 제정됨.

② 정보공동체 소속 14개 정보기관의 예산 · 인력을 총괄 조정하는 국가정보장(DNI) 직위가 신설됨.

③ 합동정보공동체위원회(Joint Intelligence Community Council)를 설립하여 정보공동체 감독 기능을 수행함.

Theme 76 미국의 정보공동체

I 의의

① 미국의 정보기구 또는 정보체계는 '정보공동체(intelligence community)'로 불리며, 이는 미국 정보체계의 독특한 특징을 반영하는 용어임.

② 정보공동체는 다양한 정보활동을 수행하는 정보기관들의 집합체이며, 각기 다른 정보사용자를 위해 활동하며 계선조직의 명령 · 지휘체계에 따라 운영됨.

③ 정보기관 간 업무 중복으로 인한 비효율성이 지적되기도 하나, 이는 정보기관들이 종합적 계획이 아닌 개별적인 정보수요에 따라 설립된 결과임.

II 미국 정보공동체

1. 독립기관(independent agencies)

① ODNI(the Office of the Director of National Intelligence)

② CIA(Central Intelligence Agency)

2. 국방부 산하 부문 정보기관

(1) 국방 요소의 정보를 다루는 정보기관(Department of Defense elements)

① DIA(the Defense Intelligence Agency)

② NSA(the National Security Agency)

③ NGA(the National Geospatial—Intelligence Agency)

④ NRO(the National Reconnaissance Office)

(2) 국방서비스의 정보요소를 다루는 정보기관(intelligence elements of the five DoD services)

① the Army Intelligence

② Navy Intelligence

③ Marine Corps Intelligence

④ Air Force Intelligence

⑤ Space Force Intelligence

3. 국방부 이외의 다른 행정부처 소속 부문 정보기관 (elements of other departments and agencies)

① the Department of Energy's Office of Intelligence and Counter—Intelligence

② the Department of Homeland Security's Office of Intelligence and Analysis

③ the Department of Homeland Security's U.S. Coast Guard Intelligence

④ the Department of Justice's Federal Bureau of Investigation

⑤ the Department of Justice's the Drug Enforcement Agency's Office of National Security Intelligence

⑥ the Department of State's Bureau of Intelligence and Research

⑦ the Department of the Treasury's Office of Intelligence and Analysis

Ⅲ 미국 정보공동체의 구성

1. 정보프로그램 운영기관

(1) 의의

정보프로그램 운영기관(intelligence Program Manager)은 국가 차원의 정보업무를 수행하며, DNI를 보조하는 역할을 담당함.

(2) 주요 기관 및 역할

① CIA: 외교·통상·에너지·국방·군축·핵 프로그램 관련 해외정보 수집·분석·공작

② FBI: 방첩·테러·사이버범죄·국제범죄·마약 수사

③ DIA: 글로벌 군사전략·국방전략·대테러 전쟁

④ NSA: 신호정보 수집 및 정부 통신보안 담당

⑤ NRO: 인공위성 운영 및 영상첩보 수집

⑥ NGA: 인공위성·항공기 기반 영상첩보 분석 및 지리공간정보 생산

(3) NSA, NRO, NGA의 특성

① 조직상 국방부 소속이며 최고책임자는 군 출신이 대부분

② 수행 업무는 국방 관련 정보활동에 국한되지 않음

③ 신호정보(NSA), 항공·우주 정찰 자료(NRO), 지리공간정보(NGA) 생산 및 정보공동체에 공급

(4) 공통적 특징

① 각 기관은 서로 다른 분야의 정보활동 수행

② 정책 제안은 하지 않음, 순수한 정보 관련 업무 수행

2. 부문정보기관

(1) 의의

부문정보기관(Departmental Intelligence Agency)은 소속된 행정 부처와 연계되어 각 부처가 필요로 하는 정보활동을 수행함.

(2) 주요 기관 및 소속 부처

① 법무부: 마약단속국(DEA)

② 국토안보부: 정보와 분석국(I&A), 해안경비대 정보부(CGI)

③ 국무부: 정보조사국(INR)

④ 에너지부: 정보방첩실(OICI)

⑤ 재무부: 정보분석실(OIA)

(3) 특징

① 소속된 부처의 정책 및 운영을 지원하는 정보활동 수행

② 국가정보장(DNI)의 통제 아래 부처 내 정보업무를 담당

3. 안보서비스기관

안보서비스기관(Security Service Agency)은 군 조직의 일원으로서 군 관련 정보활동을 수행함.

Ⅳ 국가정보장(DNI)

1. 중앙정보장(DCI)

① 초기 정보공동체는 단순한 협의체 개념으로 운영되었으나 점차 조직의 성격과 목적이 규정됨.

② 9/11 이전까지 CIA 국장이 겸임하는 중앙정보장(Director of Central Intelligence, DCI)이 정보공동체를 총괄하며, 종합적 정보 생산을 목표로 운영됨.

2. 국가정보장(DNI) 직위 신설

① 9/11 이후 DCI를 대체하여 정부 부처 장관급인 국가정보장(Director of National Intelligence, DNI) 직위가 신설됨.

② DNI는 18개 정보기관으로 구성된 정보공동체를 총괄하며, 예산 및 인사권 등 실질적인 권한을 부여받음.

③ 국가정보분야의 수석 참모로서 대통령과 NSC에 조언하며, 국가대테러센터(NCTC) 등 산하기구를 지휘·감독함.

Ⅴ 국가정보장실(ODNI)

1. 의의

① 9/11 이후 정보공동체 개혁 요구에 따라 2004년 「정보개혁 및 테러방지법(IRTPA)」이 제정되었으며, 이를 기반으로 ODNI가 창설됨.

② ODNI는 정보공동체 역량 통합 및 지원을 목적으로 하며, 국가정보장(DNI)의 업무를 담당하는 기관임.

2. 권한

① 국가안보 관련 정보공유·전략증진·재량권 통합·정보관리 개혁을 추진하며, 대테러 정보활동의 컨트롤 타워 역할을 수행함.

② 국가정보장(DNI)은 대통령·국가안보회의·국토안보회의에 조언·보좌하며, 국가정보프로그램(NIP) 집행·예산 관리·정보수집·생산을 조정함.

③ 국가정보장은 대통령이 임명하며, 상원의 동의를 받아야 하며, 정보 수집·분석·배분 등 정보공동체 전반을 총괄함.

Ⅵ 합동정보공동체위원회(JICC)

1. 의의

① 합동정보공동체위원회(Joint Intelligence Community Council, JICC)는 2004년 「정보개혁법(Intelligence Reform and Terrorism Prevention Act of 2004)」에 의해 설립된 국가정보 협의체임.

② 정보공동체의 집행감독기구로 기능하며, 국가정보 활동의 조정 및 협의를 수행함.

2. 국가정보 협의체

(1) 의의

정보기관, 행정기관, 법집행기관 등으로 구성됨.

(2) 주요 기능

① 국가안보위협 평가 및 공유

② 정보소비자들의 요구 사항 협의

③ 국가정보활동(수집, 분석, 공작, 방첩) 우선순위 확정

④ 정보 예산 규모, 적정성 및 사용처 협의

Ⅶ 정보공동체의 조직 체계

1. 의의

① 9/11 이전에는 14개 정보기관으로 구성되었으며, 이후 추가 기관이 포함되어 현재 18개 정보기관으로 구성됨.

② 추가된 기관: 국가정보장실(ODNI), 국토안보부(DHS)의 정보와 분석국(I&A), 법무부 마약단속국(DEA), 우주군 정보부대(SFI).

2. 정보활동 수준에 따른 분류

(1) 국가정보기관

① 독립적 정보기관: 중앙정보국(CIA)

② 국방부 산하 기관: 국가안보국(NSA), 국가정찰국(NRO), 국가지형정보국(NGA)

③ 국가 차원에서 정보활동 수행함.

(2) 부문정보기관

① 국방부 산하: 국방정보국(DIA), 육·해·공군 및 해병 정보국

② 국무부 산하: 정보조사국(INR)

③ 법무부 산하: 연방수사국(FBI), 마약단속국(DEA)

④ 에너지부 산하: 정보실(IN)

⑤ 재무부 산하: 정보지원실(OIS)

⑥ 국토안보부 산하: 해안경비대, 정보와 분석국

3. 기능에 따른 분류

(1) 정보사용자와 정보관리자

① 대통령은 정보사용자이나 정보관리자는 아님.

② 주요 행정부처 장관들은 정보사용자이면서 동시에 정보관리자 역할 수행함.

(2) 첩보수집 및 기획

① 첩보수집 기획자: NRO, 국방부 공수체계, DNI 산하 과학기술 담당 차장, CIA 과학기술부

② 첩보수집 조직: NGA, NSA, 국방부 내 공수체계, DIA의 국방인간정보처(NCS), 국무부 대사관, FBI 국가안보처(NSB)

(3) 정보분석 및 생산

① 주요 정보 분석기관: CIA 정보분석국(DI), DIA 정보분석국(DI), 국무부 정보조사국(INR)

② 기타 정보기관: 각 군 정보기관, FBI 국가안보처(NSB), 국토안보부 정보와 분석실, 에너지부 정보방첩실, 국가정보회의(NIC), 국가테러방지센터

4. 예산 출처에 따른 분류

(1) 예산 프로그램

① 국가정보 프로그램(NIP): 국가 차원의 정보활동 수행

② 합동군사정보프로그램(JMIP): 전략적 차원의 군사정보 지원

③ 전술정보프로그램(TIARA): 전술적 차원의 군사정보 지원

(2) 주요 예산 사용 기관

① NIP 관련 기관: 국가정보관실, CIA, INR, FBI, 에너지부 정보방첩실, NSA, NGA

② JMIP 관련 기관: 주로 국방부 소속 정보조직

③ TIARA 관련 기관: 육·해·공군, 해병대, 우주군 정보기관 및 특수작전사령부(SOCOM)

(3) 미국 정보공동체의 예산 규모

① 9/11 이후 정보역량 개선에 약 5,000억 달러 투입됨.

② 2013년 미국 정보공동체 17개 기관 예산 총액은 526억 달러이며, 종사 인력은 10만 7,035명임.

1. 분산통합형 정보체제

(1) 미국 정보공동체의 구조

① 미국은 18개의 상호 독립적인 정보기관을 운영하는 분산형 정보체제를 갖춤.

② 정보공동체의 통합 운영을 담당하는 DNI(Director of National Intelligence)가 존재함.

(2) DNI와 DCI 체제의 차이점

① ODNI(Office of the Director of National Intelligence) 창설 이전에는 DCI(Director of Central Intelligence)가 정보공동체 통합 역할 수행.

② DCI는 CIA의 책임자 직위를 겸직했으나, DNI는 기존 정보기관과 직접적인 연관이 없는 독립된 내각 수준 기관으로 구성됨.

③ DCI의 권한은 명목적인 성격이 강했으나, DNI는 실질적인 권한을 부여받음.

(3) DNI의 권한과 행정 부처 소속 정보기관 통제

① DNI는 해안경비대, FBI 등 다른 행정 부처 소속 정보기관을 해당 부처 책임자를 거치지 않고 직접 통제 가능.

② 군사 정보활동 분야는 예외로, 국방부 산하 정보기관은 국방장관의 직접 통제를 받는 정보담당 국방차관(Under Secretary of Defense for Intelligence)이 관할.

③ 국방부 산하 정보기관의 통제 예외는 군사 작전 실패에 대한 책임 문제로 인해 DNI의 적극적인 통제가 어려울 가능성을 고려한 조치임.

2. 2004년 「정보개혁법」과 DNI의 권한

(1) DNI의 주요 역할과 권한

① 객관적인 정보의 시의적절한 제공.

② 정보 수집, 분석, 배포의 목표와 우선순위 설정.

③ 정보공동체 내 정보 접근성과 활용성 극대화.

④ 효율적인 정보 예산 편성과 집행.

⑤ 외국 정부 및 국제기구와의 정보·안보 협력 관계 감독.

⑥ 정보기관 간 공동 정보활동 수행능력 증진 및 운영기능 촉진을 위한 인사정책 및 프로그램 개발.

⑦ 국가안보 증진과 관련된 정확한 정보 분석.

⑧ 주요 정보활동 체계 마련을 위한 비용, 진행계획, 수행목표 및 프로그램 주요 이정표 설정 등 프로그램 운영계획 개발 및 시행.

(2) 군사 정보활동 관련 조항

① 2004년 「정보개혁법」은 군 정보활동 체계 구축을 국방부 장관과 공동으로 추진하도록 규정.

② DNI가 단독으로 군사 정보활동을 총괄하지 않고 국방부와 협력하여 운영 계획을 마련하도록 함.

1. 국가정보장(Director of National Intelligence, DNI)

(1) 연혁과 특성

2004년 정보개혁법에 의해 창설됨. 기존 중앙정보장(DCI) 체제를 대체하며, 집행정보기구를 통솔하지 않음.

(2) 권한과 임무

① 국가정보 생산 및 배포

② 국가안보 정보 총괄 접근권

③ 정보우선순위 결정권

④ 정보공동체 업무 조정 및 감독권

⑤ 정보기구 장(長) 임면 동의권 및 예산배분권

2. 중앙정보국(Central Intelligence Agency, CIA)

(1) 연혁과 특성

1947년 국가안보법에 의해 창설됨. 2차 세계대전 당시 군 전략정보국(OSS)의 후신임.

(2) 역할과 특징

① 인간정보활동(HUMINT) 총괄

② 필요 시 대통령에게 직접 보고 가능

③ '비밀의 손'으로 국가안보 및 국가이익 보호 수행

3. 국가안보국(National Security Agency, NSA)

① 국방부 산하 신호정보 전문기관으로 방대한 조직과 예산 운영

② 정보 획득 후 CIA, FBI 등 타 정보기구에 제공하는 지원 역할 수행

③ 신호정보 분석 및 데이터마이닝 기법 활용하여 정보 생산

④ 고객 맞춤형 정보 제공

4. 국가지형정보국(National Geospatial-Intelligence Agency, NGA)

① 지구공간의 지질학적 정보 생산

② 비전: "지구를 알고, 길을 인도하라(Know the Earth, Show the Way)"

③ 정보생산자 및 정보매니저 역할 수행

5. 국가정찰국(National Reconnaissance Office, NRO)

① 영상정보기구로 '지구의 눈'으로 평가됨

② 수집 자료를 '국가기술자산(National Technical Means, NTM)'으로 관리

③ 차세대 정찰위성 프로젝트인 미래영상체계(Future Imagery Architecture) 구축

④ 군사 공격 가능성 사전 파악, 대량살상무기 감시, 테러 활동 추적 등 수행

6. 국방정보국(Defense Intelligence Agency, DIA)

① 군사정보 생산 및 총체적 관리 수행

② CIA, 국무부 정보조사국(INR)과 함께 3대 종합정보 분석기구 중 하나

③ 합동군사정보대학(Joint Military Intelligence College) 운영

7. 육군정보부대(Army Intelligence and Security Command)

① 미군 기지를 기반으로 24시간 미국과 우방 이익에 대한 위협 추적

② 정보분석보고서 제공

③ 전투 현장에서 직접 정보획득 가능

8. 해군정보실(Office of Naval Intelligence, ONI)

(1) 연혁과 특성

1882년 창설된 미국 내 가장 오래된 정보기구임.

(2) 역할과 특징

① 해상전쟁 수행 및 항해의 자유권 확보

② 해양 관련 정보 제공

9. 공군정보감시정찰대(Air Force Intelligence Surveillance & Reconnaissance, AFISR)

① 독자적 정보기구이자 국가안보국(NSA)과 정보협력체 형성

② 실전형 전투부대로 기능

10. 해병정보대(Marine Corps Intelligence Activity, MCIA)

① 해병대의 독립 정보기구로 평가됨

② 전투능력을 활용한 정보활동 수행

③ 원정·탐험 정보부대로서 정보 획득 및 전투 정보 제공

11. 에너지부 정보방첩실(Office of Intelligence & Counterintelligence, OICI)

① 맨해튼 프로젝트에서 기원함

② 핵무기 개발 및 확산 방지, 방사성 폐기물 관리 등 수행

12. 국무부 정보조사국(Bureau of Intelligence and Research, INR)

① 1946년 창설됨

② 정보분석의 권위 있는 보고서 생산

③ 외교담당 고위 관계자를 통한 직접 정보 획득 가능

13. 재무부 정보분석실(Office of Intelligence and Analysis, OIA)

① 테러 및 대량살상무기 확산 그룹의 재정 지원 정보 분석

② 금융활동특별조사단(FATF)과 협력

③ 불량국가(Rogue Regimes)에 대한 재정루트 차단 및 경제제재 수행

14. 마약단속국(Drug Enforcement Administration, DEA)

(1) 연혁과 특성

1973년 리처드 닉슨 대통령이 창설함.

(2) 역할과 특징

① 연방경찰 업무 수행

② 2006년 정보공동체 정식 멤버로 편입됨

③ 마약 문제를 국가안보 문제로 대응

15. 연방수사국(Federal Bureau of Investigation, FBI)

(1) 연혁과 특성

1908년 창설됨. 1935년 후버 국장이 FBI로 확대 개편함.

(2) 역할과 특징

① 연방범죄 수사 및 방첩기구로 활동

② 9/11 이후 정보와 수사의 결합 강화

③ 국토안보부(DHS)와 공조 체계 구축

16. 국토안보부(Department of Homeland Security, DHS)

① 9/11 테러 공격 이후 창설됨

② 국토안보부 정보와 분석실 및 해안경비대정보실 운영

17. 우주군 정보부대(Space Force Intelligence, SFI)

2021년 창설됨. 정보공동체의 18번째 구성원으로 활동

I DNI의 역할 변화

① 기존 DCI(중앙정보국장)는 CIA 운영과 정보공동체 주도 역할 수행
② DNI는 특정 정보기관을 직접 운영하지 않고 정보공동체 통합적 운영 및 정보활동 효율 증진 담당
③ ODNI는 DNI 지원을 위해 6개 조직을 운영

II ODNI 산하 주요 조직

1. 국가정보회의(NIC)

① DNI 보좌 및 정보공동체 중장기 전략정보 활동계획 수립 담당
② 학계 및 민간 전문가 의견 반영하여 국가정보판단보고서(NIE) 작성

2. 고급정보기술연구사업단(IARPA)

(1) 의의

① 성공 시 미국의 정보 우위 확보 가능성이 높은 연구사업 수행
② 직접적인 정보활동 수행 없음

(2) 산하 조직

① 핵심분석실: 정보 분석 연구 담당
② 안전공작실: 비밀공작 연구 담당
③ 스마트수집실: 정보수집 연구 담당

3. 정보공유환경육성단(ISE)

① 테러, 대량살상무기 등 안보 관련 정보의 통합 제공 및 공유 촉진
② 정보공동체 구성기관, 법 집행기관, 국방·외교 기관 간 정보 공유 증진
③ 민간 협력자 및 우방국과의 정보 공유 담당

4. 국가방첩·보안센터(NCSC)

(1) 의의

① 국가방첩관(NCIX)이 센터장 겸임
② 국가방첩관실(ONCIX), 보안평가센터, 특별보안센터(SSC) 및 내부자위협태스크포스를 통합하여 방첩 및 보안 임무 조정 목적 설립

(2) 국가방첩관실(ONCIX)

① DNI 보좌 및 정보공동체 내 방첩활동 통합·효율화 담당
② 국가방첩정책위원회 의장으로서 방첩정책 및 절차 개발 주관

③ 2010년 특별보안센터(SSC) 통합 이후, 정보 보호, 보안 연구·교육, 보안정책 수립·평가 및 DNI 보고 수행

5. 국가대테러센터(NCTC)

(1) 의의

① 국내외 테러 정보 통합·분석·공유 담당
② 대통령 및 DNI 지휘하에 정부 부처·정보기관 전문가들이 공동 참여
③ 테러 대응활동 계획 수립 및 실행
④ 보안이 설정된 웹사이트 NCTC Online 운영

(2) 산하 조직

① 기관간위협평가협력단(ITACG): 정보기관 간 테러 관련 정보 공유 촉진
② 테러리스트신원정보자료원(TIDE): 국제 테러리스트 신원정보 보관·활용

6. 국가대량살상무기확산방지센터(NCPC)

① 생화학·방사능·핵무기 등 대량살상무기(WMD) 확산 관련 정보 통합·분석
② WMD 확산으로 인한 장기적 위협 파악 및 대응책 마련

I 중앙정보국(CIA)

1. 의의

① 중앙정보국(CIA)은 1947년 「국가안보법」에 의해 설립되었으며, 1949년 「중앙정보국법」으로 법적 기반을 확보함.
② 9/11 테러 이전까지 미국 정보공동체를 대표하는 기관으로 국가안보장회의(NSC)의 지시에 따라 첩보 수집, 정보분석, 비밀공작 수행.
③ 2004년 「정보개혁법」으로 CIA 국장의 직무가 제한되었으며, 국가정보장(DNI)에게 보고하는 체계로 변경됨.
④ 인간정보 기반의 비밀공작 활동을 전담하며, 전체 정보공동체 내에서 선도적 역할을 수행함.

2. 「국가안전보장법」과 「중앙정보국법」에 따른 CIA의 주요 임무

① 국외정보 및 방첩정보 수집·생산·배포
② 외사정보(마약 생산 및 거래) 수집·생산·배포

③ 국외 방첩활동 수행

④ 정보기관 간 국외정보활동 조정

⑤ 대통령 승인 비밀공작 수행

⑥ NSC 지침에 따른 정보공동체 공통 업무 수행

3. 조직

(1) 의의

CIA는 국장과 차장을 두며, 국가비밀공작처(NCS), 분석국(DI), 과학기술국(DS&T), 지원국(DS) 등으로 구성됨.

(2) 국가비밀공작처(NCS)

① 2004년 「정보개혁법」으로 공작국(DO)을 확대 · 개편하여 설립됨.

② CIA, FBI, 국방부 및 군 정보기관의 비밀공작 기능을 총괄 · 조정함.

(3) 분석국(DI)

공개출처 및 비밀활동을 통해 수집된 첩보를 분석하여 정보 생산을 담당함.

(4) 과학기술국(DS&T)

기초 및 응용과학 연구개발, 기술정보 수집시스템 설계 · 운용, 과학기술 정보 생산을 담당함.

(5) 지원국(DS)

장비 및 비품 공급, 통신, 재정, 교육훈련, 의료, 인사관리, 기록물관리, 보안 등을 담당함.

(6) 소재 및 인원

① 본부는 버지니아주 랭리에 위치하며, 워싱턴 DC 근교에 여러 지부가 존재함.

② 2013년 기준 재직 인원 2만 1,575명으로 집계됨.

(7) 예산

① 2013년 CIA 예산은 147억 달러로, 미국 정보공동체 내에서 가장 높은 예산을 배정받음.

② 지난 10년간 약 56% 증가함.

Ⅱ 국가안보국(NSA)

1. 연혁과 설립 배경

(1) 연혁

① 국가안보국(NSA)은 신호정보(SIGINT)를 전담하는 국방부 산하 기관으로 1952년 트루먼 대통령에 의해 설립됨.

② 1957년 「정부조직 편람」에서 국가안보 관련 극비 기술정보활동을 수행하는 독립 기관으로 공식적으로 등장함.

③ 해외 신호정보(SIGINT) 수집 · 분석과 미국 정보시스템 보호 역할을 수행함.

④ 외국 암호체계 해독 및 미국 정부기관 암호 제작 · 보호 기능을 포함함.

(2) NSA 설립과 한국전쟁

① 1949년 육해군 신호정보 조직이 통합되어 군안보청(AFSA) 출범.

② 한국전쟁을 계기로 1952년 11월 4일 NSA 설립됨.

2. 조직

(1) 의의

① NSA의 장은 육 · 해 · 공군 3성 장군 중에서 지명되며, 상원 인준을 거쳐 임명됨.

② 국방부장관 지휘체계에 속하지만 국가 차원에서 신호정보 기능을 수행하며, 국가정보기관으로 인정됨.

③ 신호정보국(SID), 정보보호국(IAD) 등 핵심 부서로 구성됨.

(2) 소재 및 인원

① 본부는 메릴랜드주 포트 조지 미드에 위치하며, 약 34만 명이 근무함.

② 해외 근무 인원을 포함하면 전체 직원 수는 약 812만 명으로 미국 정보기관 중 최대 규모로 추정됨.

(3) 예산

① 2008년 70억 달러에서 2013년 108억 달러로 증가함.

② CIA에 이어 두 번째로 높은 예산을 배정받으며, 암호해독용 첨단 컴퓨터 설비 구입 · 유지에 상당 부분이 소요됨.

3. 에셜론(ECHELON)

① NSA 본부 지하의 초정밀 컴퓨터를 활용하여 전 세계 첩보 수집 기지에서 정보를 처리함.

② NSA는 영국, 캐나다, 호주, 뉴질랜드 등과 함께 '에셜론'이라는 감청 조직을 운영하여 위성통신, 전화, 팩스, 이메일 등을 감청함.

③ 도 · 감청 활동에 대한 의혹이 수차례 제기되었으나, 미국 정부는 공식적으로 인정하지 않음.

4. 스노든의 폭로

(1) 의의

① 2013년 6월 10일 스노든(Edward Snowden)이 NSA 및 CIA에서 근무하며 확보한 기밀을 영국 가디언 및 워싱턴포스트를 통해 폭로함.

② 서방 정보기관이 전 세계 일반인의 통화 및 인터넷 사용 정보를 무차별적으로 수집 · 사찰한 사실이 드러남.

③ 미국 국가정보장(DNI) 제임스 클래퍼는 외국 지도자 감시는 첩보의 기본이라 주장하며, 동맹국들도 미국을 상대로 첩보활동을 한다고 발언함.

④ 논란이 확산되자 오바마 대통령은 NSA 첩보수집활동 재검토를 지시함.

(2) 폭로의 파급효과

① NSA는 미국 정보공동체 내에서 가장 보안이 철저한 기관으로 알려졌으나, 스노든 사건으로 조직, 인력구성, 예산, 활동 내용 등이 유출됨.

② 스노든이 유출한 기밀문서는 최대 20만 건에 달하며, 위키리크스가 공개한 미 국무부·국방부 기밀문서(40만 건)보다 적지만, 대부분 '1급 비밀(Top Secret)' 및 '특수정보(Special Intelligence)'로 분류되어 파급력이 큼.

(3) 스노든 사건 발생 원인

① NSA는 테러조직 감청을 성공적으로 수행해 왔으며, 타 정보기관보다 더 중요한 비밀로 보호됨.

② 9/11 이후 정보 수집량 증가로 인해 민간 전문가(수학자, 언어학자, 엔지니어 등)를 대거 채용함.

③ 정보량 증가로 내부 직원만으로 처리가 어려워지자 외부 컨설팅 업체 인력을 활용함.

④ 스노든은 부즈엘런해밀턴 소속 컨설팅 직원으로 NSA 컴퓨터 시스템을 관리하였으며, 보안교육을 받지 않은 상태에서 1급 기밀에 접근할 수 있었던 것이 보안 누설 사고의 원인으로 분석됨.

Ⅲ 국가정찰국(NRO)

1. 연혁과 설립 배경

(1) 연혁

① 1960년 5월, 미국의 첩보비행기 U-2기가 소련 상공에서 격추됨에 따라 미국은 소련 영토를 합법적으로 감시할 방안을 모색함.

② 1961년 9월 6일, 국가정찰국(National Reconnaissance Office, NRO)이 CIA와 공군 간 정찰업무 협조를 위해 설립됨. 1992년에 이르러서야 존재가 공식적으로 인정될 정도로 비밀 조직이었음.

③ NRO는 정찰위성 및 탐지기기의 연구·개발 지원, 우주 및 지상기지 건설, 발사장치 선정, 수집자료 전송 등 우주정찰 시스템을 관리·운용하는 임무를 수행함.

④ 국방·정보·우주통신 분야의 기관들과 협력하며, 특히 NSA, NGA, CIA, DIA 등의 정보기관 및 군 우주사령부와 긴밀하게 연계됨.

(2) U-2기 격추 사건

① 1960년 5월 1일, 미국의 록히드 U-2 정찰기가 소련 영공을 침범하여 정보 수집 중 소련군 S-75 미사일에 격추됨.

② 조종사 프랜시스 개리 파워스는 낙하산으로 탈출 후 소련군에 생포됨.

③ 이 사건으로 미국 대통령 아이젠하워와 소련 서기장 후르시초프의 정상회담이 취소됨.

④ 이후 미국은 소련 영토를 합법적으로 감시할 새로운 방안을 모색함.

2. 조직

(1) 초기 운영 구조

공군(A), 해군(B), CIA(C), 공군·CIA 합동(D)의 4개 부서로 운영됨.

(2) 1992년 개편

① 신호정보국(SIGINT Systems Acquisition and Operations Directorate)

② 영상정보국(IMINT Systems Acquisition and Operations Directorate)

③ 통신체계 조달 및 운용국(Communications Systems Acquisition and Operations Directorate)

(3) 1997년 개편

기술개발국(Advanced Systems and Technology Directorate) 추가됨.

(4) 2006년 개편

시스템 엔지니어링 부국장실이 시스템 통합 엔지니어링국(Directorate of System Integration and Engineering)으로 개편됨.

3. 미래 영상 체계(Future Imagery Architecture)

① 2001년 3월, NRO의 새로운 첩보위성 프로젝트인 '미래 영상 체계'가 보도됨.

② 향후 20년간 250억 달러를 투자하여 원거리 및 탐지가 어려운 지역 감시가 가능한 위성을 개발하는 것이 목표임.

③ 강력한 망원경과 레이더를 탑재하여 야간이나 구름을 뚫고 군사시설 촬영이 가능하며, 향후 미국 위성정보 활동의 핵심이 될 것으로 전망됨.

4. 예산

① NRO는 미국 정보기관 중 상당한 예산을 운용하며, 대부분 첩보위성 개발 및 제작에 사용됨.

② 1994년 기준 70억 달러 이상의 예산을 사용한 것으로 알려짐.

③ 2008년 예산은 약 90억 달러, 2013년에는 103억 달러로 증가함.

④ 1997년 말 기준 재직 인원은 약 2,753명으로 추정됨.

Ⅳ 국가지형정보국(NGA)

1. 연혁과 설립 배경

(1) 연혁

① 1996년 10월 제정된 「국가영상지도법(National Imagery Mapping Act of 1996)」을 근거로 국가영상지도국(NIMA)이 창설됨.

② 2003년, NIMA가 국가지형정보국(National Geospatial Intelligence Agency, NGA)으로 확대 개편됨.

(2) NIMA

① NIMA는 CIA 산하 국가사진판독본부(NPIC), 국방부 산하 국방지도국(DMA), 중앙영상실(CIO), 국방보급계획국(DDPO)들의 기능을 통합하여 설립됨.

② 창설 당시 영상정보 분석을 담당하던 2,000명의 요원과 국방지도국(DMA) 소속 7,000명을 통합하여 총 9,000명의 인력으로 구성됨.

③ 2003년 11월 24일, 사진·지도·차트·환경 자료를 종합하여 '지형정보(geospatial intelligence)'를 생산하는 조직 특성을 반영하여 국가지형정보국(NGA)으로 명칭 변경됨.

2. 임무

(1) 의의

① 지구상의 영상자료를 분석·평가하여 국가정책결정자 및 군에 정확한 정보를 적시에 제공하는 것이 주요 임무임.

② 과거 영상정보는 주로 NRO를 통해 제공되었으며, 비밀 등급이 높아 생산 및 배포가 제한적이었음.

(2) 상업용 위성을 통한 영상정보 활용

① 상업용 위성의 발달로 고해상도 영상정보를 공개적으로 획득할 수 있게 됨.

② NGA는 상업용 위성의 영상정보를 활용하여 비용을 절감하면서도 유용한 정보를 필요한 기관에 제공함.

(3) 9/11 테러 이후 임무 확대

① 9/11 테러 이후, NGA는 국토안보부 및 국내 보안시설에 대한 지도 및 사진을 제공하여 국토안보 방어 역할을 수행함.

② 미국뿐만 아니라 해외에서 발생하는 허리케인, 쓰나미, 지진 등 자연재해 대응을 위한 재난구호활동에도 영상정보를 제공함.

3. 소재, 인원, 예산

① 국방부 산하 정보기관으로, 미국 메릴랜드주 베데스타(Bethesda)에 본부를 두고 있으며, 2011년경 버지니아주 포트 벨보이어(Fort Belvoir)로 이전할 계획이었음.

② 한때 재직 인원을 9,000명에서 7,500명으로 감축할 계획이었으나, 9/11 테러 발생 이후 2008년 기준 9,000명 수준을 유지함.

③ 2013년 기준 예산은 49억 달러로, 미국 정보공동체 18개 기관 중 CIA, NSA, NRO에 이어 네 번째로 많은 예산을 운용함.

Ⅴ 연방수사국(FBI)

1. 의의

① 1908년 루즈벨트 대통령에 의해 법무부 산하 '수사과'로 창설됨. 1909년 '수사국'으로 개칭되었다가 1935년 '연방수사국(Federal Bureau of Investigation, FBI)'으로 변경됨.

② FBI는 법무부 산하기관으로 연방정부의 경찰이자 국내 방첩업무를 담당함.

③ 방첩활동의 일환으로 외국 스파이 및 외국 정보기관을 위해 일하는 미국인을 체포하는 임무 수행함.

④ 각급 정보기관의 방첩활동을 조정하는 권한을 보유하며, 모든 연방법률 위반행위에 대한 수사권을 가짐.

2. 후버(John Edgar Hoover) 국장

① 후버 국장은 1924년 29세의 나이에 FBI 국장으로 취임하여 1972년 사망 시까지 48년간 재직함.

② 국내 정치인을 회유·협박하는 데 FBI가 수집한 정보를 활용함.

③ 1930년대부터 FBI의 업무를 해외정보 분야까지 확장하려는 시도 진행함.

④ 1939년 루즈벨트 대통령이 FBI에 서반구 지역 첩보 수집 임무를 부여하였으며, 이를 수행하기 위해 '특수정보처(Special Intelligence Service, SIS)' 설립함.

⑤ 제2차 세계대전 이후 FBI의 해외정보 활동 확장 시도하였으나, 1947년 CIA 창설로 활동 범위가 국내로 제한됨. 이로 인해 FBI는 라틴아메리카 영역에 대한 관할권을 상실함.

3. 해외정보 수집활동

① FBI는 지속적으로 해외정보 활동을 확장하려 하였으며, CIA와 갈등이 발생함.

② 1970년까지 10여 개국 미국 대사관에 FBI 요원을 파견하여 해외정보 수집 및 본부와 연락업무를 수행함.

③ 1970년 이후 FBI 대표부가 20여 개국으로 확대되었으나, 후버 사망 후 FBI의 해외 확장 계획이 종결되고 대표부 수가 15개국으로 축소됨.

④ 1996년 기준 23개국에 대표부를 운영하였으며, 2004년 3월 현재 46개국에 '법률무관실(Legal Attache Office, LEGAT)'을 두고 119명의 특수요원과 75명의 지원 요원이 근무함.

⑤ 과거 FBI는 워싱턴 주재 외국 대사관에 대한 불법 도청 및 무단 침입을 자행한 사례가 있음.

4. 9/11 이후 내부 조직 개편

(1) 의의

① 9/11 이후 FBI는 정보공동체 내에서 가장 큰 조직 개편을 단행함.

② 2001년 10월 '반테러법' 제정으로 FBI의 수사권이 확대됨.

③ 조직범죄 수사에서 테러 대응으로 중점 업무를 전환함.

④ 2005년 9월 12일 '국가안보처(National Security Branch, NSB)'가 창설됨.

(2) 국가안보처(NSB)

① FBI 산하기관이지만 DNI의 지휘 감독을 받음.

② 국내 · 국외 정보활동의 경계를 허물기 위한 목적으로 창설됨.

③ DNI가 NSB의 예산 및 활동 조정권을 보유하며, NSB 의 장 임명 시 승인 필요함.

④ NSB는 FBI 국장과 DNI에게 동시에 보고하는 체계를 갖춤.

⑤ DNI가 FBI 활동요원 및 지부 요원에 대해 직접 지시 · 감독할 권한을 가짐.

5. FBI 국장

FBI 국장은 대통령이 지명하고 상원의 인준을 거쳐 임명되며, 임기는 10년임.

6. 조직

(1) 의의

FBI 본부는 워싱턴 D.C.에 위치하며, 산하에 56개 지부, 400개 출장소, 46개 해외 지부를 운영함.

(2) 인원

① 2002년 기준 1만 1,000명의 사법요원(Special Agent) 과 1만 6,000명의 지원인력이 근무함.

② 2009년 대테러 요원 증원으로 조직이 개편되었으며, 대테러 및 정보수집 업무 요원이 2,514명에서 5,419 명으로 증가함.

③ 2013년 5월 기준 FBI에는 총 35,902명이 근무하고 있음.

(3) 예산

2012년 기준 FBI 예산은 81억 달러이며, 대테러, 컴퓨터 해킹, 보안 활동 수행을 위해 1억 1,920만 달러가 증액됨.

Ⅵ 국방정보국(DIA)

1. 창설 배경

① 1950년대 후반 아이젠하워 행정부 시절 정보공동체의 중앙집중화(centralization) 흐름에 따라 창설됨.

② 1957년 소련의 스푸트니크(Sputnik) 인공위성 발사로 '미사일 갭(missile gap)' 논쟁이 촉발됨.

③ 미군 각 군 정보기관들이 소련 미사일 전력과 개발능력을 다르게 평가함.

④ 1959년 '합동연구팀(Joint Study Group)'이 구성되어 각 군 정보기관의 경쟁적 정보활동을 통합 · 조정할 필요성이 제기됨.

⑤ 1961년 10월 맥나마라(Robert S. McNamara) 국방장관의 지시에 따라 DIA 창설됨.

2. 임무

① 국방부장관, 합동참모본부 및 국방부 예하 부대에 군사정보 제공함.

② 외국군 및 외국 지형에 관한 기본정보 수집 및 분석 수행함.

③ 군사 관련 과학기술정보 수집 및 전파, 적국 및 동맹국의 능력 · 취약점 · 의도 분석함.

④ 국방부 산하 정보기관들의 활동을 통합 · 조정하며, 해외 주재 무관을 관리함.

3. 조직

2003년 2월 조직 개편을 단행하여 '인간정보국(Directorate for Human Intelligence)', '징후계측 및 기술정보수집국(Directorate for MASINT and Technical Collection)', '분석국(Directorate for Analysis)' 등을 포함한 7개국으로 구성됨.

4. 소재

DIA 본부는 워싱턴 D.C. 근교 볼링(Bolling) 공군기지 내 '국방정보분석센터(Defense Intelligence Analysis Center, DIAC)'에 위치함.

5. 예산 및 인원

① 2005년 기준 약 7,500명의 직원이 근무함.

② 2013년 기준 총 예산 44억 달러로 알려짐.

③ DIA 국장은 육 · 해 · 공군 3성 장군이 번갈아 맡으며, 상원 인준을 거쳐 임명됨.

④ 국방부장관과 합참의장의 군사정보 분야 수석 자문 역할 수행함.

Theme 77-1 부문정보기관

I 국무부 정보조사국(INR)

1. 의의

① 국무부 정보조사국(Bureau of Intelligence and Research, INR)은 국무부 산하 조직으로, 미국 대외 정책에 필요한 정보분석 업무 수행함.

② 제2차 세계대전 이후 전략정보국(OSS) 해산으로 조사·분석 기능이 국무부로 이관됨. 이후 몇 차례의 조직 개편을 거쳐 1957년 현재와 유사한 형태로 정착됨.

2. 임무

① 비밀활동 없이 해외 대사관 요원들이 수집한 정보를 정상 외교경로로 보고받으며, 공개 자료를 활용하여 분석 업무 수행함.

② 국가정보판단보고서(NIEs) 작성에 참여하며, '조간정보요약(Morning Intelligence Summary)' 등 각종 정보보고서를 국무장관 및 관련 부처에 제공함.

3. 조직

① INR의 장은 차관보급이며, 3명의 부차관보가 17개 부서를 관장함.

② 전체 인력 약 300명 중 120명 이상이 박사학위 소지자로, 적은 인력에도 불구하고 높은 정확도의 정보판단을 수행함.

③ 2002년 「국가정보판단보고서」에서 대부분의 정보기관이 이라크의 대량살상무기 존재를 판단한 반면, INR은 이와 다른 견해를 제시함.

④ 2004년 7월 미국 상원 정보위원회는 이라크 전쟁 이전 정보기관들의 오류를 지적하면서도 INR 보고서에 대한 평가는 유보함.

II 국토안보부(DHS)

1. 의의

① 2001년 9·11 테러 이후 행정부 내 분산된 대테러 기능을 통합하기 위해 설립됨.

② 2002년 「국토안보법(Homeland Security Act of 2002)」에 근거하여 2003년 공식 출범함.

③ 1947년 국방부 창설 이후 최대 규모의 정부 조직 개편으로, 22개 조직에서 17만 명을 흡수하며 연간 예산 380억 달러에 달하는 대형 부서로 등장함.

2. 임무

(1) 의의

① 국경 경비, 재난 대비, 화생방 공격 대응, 정보 분석 등의 업무 수행함.

② 미국 내 테러 예방, 취약성 보완, 피해 최소화, 복구 지원 등 총체적인 테러 대응 활동 수행함.

(2) 「국토안보법」 제101조

정보분석 및 기간시설 보호, 핵·생화학 공격 대응, 국경 및 교통 보안, 비상사태 대처, 연방·주·지방 정부 및 민간 부문과의 공조 역할 수행함.

(3) 감시 권한

인터넷 도청, 사용자 위치 추적 등 테러 관련 광범위한 감시 권한 보유함.

(4) 정보 제공 권한

사법·정보·행정기관들로부터 테러 위협 및 취약 시설 관련 정보를 제공받을 법적 권한 보유함.

(5) 정보 접근 및 비자 관리

① 테러 정보 접근권 및 비자 발급·거부 권한 보유함.

② 그러나 「국토안보법」은 인권침해 논란을 불러일으키며 국내외 비판을 받음.

3. 조직

(1) 의의

① 장관을 수장으로 부장관, 차관 5명, 차관보 6명, 감사관, 해안경비대장 등으로 구성됨.

② 장관과 부장관 산하에 정보분석·기간시설보호국, 과학·기술국, 국경·교통안전국, 비상사태대응국, 행정관리국 등 5국을 운영함.

(2) 정보와 분석국(IA)

① CIA, FBI와 협력하여 국가안보 위협 정보를 수집·분석함.

② 주요 사회기간시설(백악관, 연방청사, 의회 의사당, 원자력발전소 등) 보호 업무 수행함.

(3) 과학·기술국

화학, 생물, 방사능, 핵 관련 테러 연구 및 대응 수행함.

(4) 국경·교통안전국

법무부 이민국(INS), 재무부 관세국, 교통부 해안경비대, 교통보안청을 통합하여 국경 및 해안 경비, 출입국 통제·관리 수행함.

(5) 비상사태대응국

　테러 및 대규모 재난 등 긴급 상황 대응 역할 수행함.

(6) 행정관리국

　예산, 인사, 조달, 시설 지원 등 행정 업무 수행함.

(7) 국토안보부 장관

　① 국방·법무장관과 동급으로 막강한 권한을 보유하며, 모든 테러 관련 정보에 접근 가능함.

　② 전쟁 및 군사 방어활동에는 개입할 수 없으나, 미 본토 안보와 관련해 지휘권 행사 가능함.

　③ 비자 발급·거부 권한을 국무부에서 이관받음.

Ⅲ 에너지부 정보방첩실(OICI)

1. 의의

① 에너지부는 1946년 원자력위원회(AEC)에 해외 정보 수집 기능을 부여하며 정보업무를 시작함.

② 1977년 에너지부 신설 후 AEC의 정보 업무가 이관됨.

③ 조직 개편과 명칭 변경을 거쳐 2006년 '정보방첩실(Office of Intelligence and Counterintelligence, OICI)' 설립됨.

2. 조직

산하에 정보국(Intelligence Directorate)과 방첩국(Counterintelligence Directorate) 운영함.

3. 정보국

(1) 의의

핵정보분석단, 반테러단, 에너지안보단, 과학기술단 등을 포함하여 운영됨.

(2) 핵정보분석단

① 외국 핵무기 개발 프로그램 감시 및 보고 수행함.

② 1990년 걸프전 당시 미 합참 및 DIA에 이라크 핵무기 프로그램 평가 보고서 제출함.

③ 러시아 및 구소련 국가들의 핵무기 지휘·통제 상황 및 핵물질 확산 위험성 감시 수행함.

(3) 에너지안보단

미국 전략 에너지 자원의 수급에 영향을 미치는 국제 동향 분석 수행함.

(4) 반테러단

핵시설 보유국에서 테러 조직으로 핵·방사능 물질 유출 가능성 분석 및 감시 수행함.

(5) 과학기술단

국가 및 집단의 핵무기 생산에 영향을 미칠 과학기술 발전 동향 분석 수행함.

4. 방첩국

에너지부의 산업스파이 위험성 및 방첩 취약성 평가 기능 수행함.

Ⅳ 재무부의 정보분석실(OIA)

1. 연혁

(1) 비밀경호국(SS)

① 1865년 링컨 대통령은 재무부 산하에 '비밀경호국(Secret Service, SS)'을 설립하여 위조화폐 단속 임무를 수행하도록 함.

② 1894년 클리블랜드 대통령 암살 음모 적발 후 대통령 경호 업무를 담당하는 기구로 변화함.

③ 미국 최초의 연방 법집행기관으로 출범하였으나 정보 활동과는 관련성이 적었으며, 2003년 국토안보부로 이관됨.

(2) 국가안보실(ONS)

① 1961년 재무부 산하에 정보 업무를 담당하는 '국가안보실(Office of National Security, ONS)' 설립됨.

② 1971년 대통령 행정명령에 따라 미국 정보공동체의 일원이 됨.

(3) 정보지원실(OIS)

① 1977년 국가안보실(ONS)이 '정보지원실(Office of Intelligence Support, OIS)'로 개편됨.

② 국무부와 협력하여 해외 경제, 금융, 통화 정보를 수집하는 임무 수행함.

(4) 정보분석실(OIA) 설립

① 2004년 「정보수권법(Intelligence Authorization Act for Fiscal Year 2004)」에 따라 정보지원실(OIS)이 '정보분석실(Office of Intelligence and Analysis, OIA)'로 개편됨.

② 현재 재무부를 대표하는 정보기관으로서 정보공동체의 공식 구성원으로 활동함.

2. 임무

① 재무부 내 정보분야 최고위직으로 '테러·금융정보 담당 차관(Under Secretary of the Treasury for Terrorism and Financial Intelligence)'을 두고 있음.

② 테러·금융정보 담당 차관은 테러·금융정보실(OTFI)의 장이며, 정보분석실(OIA)의 차관보를 포함한 두 명의 차관보를 둠.

③ 정보분석실(OIA)은 재무부 소관 업무와 관련된 해외 정보 및 해외방첩정보를 입수, 분석, 배포하는 역할 수행함.

④ 테러 및 무기확산 등 국가안보 위협 세력의 재정적·물질적 지원 조직망을 분석하는 임무 수행함.

V 마약단속국(DEA)

1. 의의

① 마약단속국(Drug Enforcement Administration, DEA)은 FBI와 함께 법무부 소속 정보기관으로서 국내외 마약단속 업무를 전담함.

② 경찰 조직의 성격이 강하며, 정보기관으로서의 인정 여부가 변동됨.

③ 1981년 레이건 대통령의 「행정명령 제12333호」에서 경찰과 정보기관의 경계가 모호하게 규정됨.

2. 임무

① CIA, FBI, 군 정보부대도 마약단속 업무를 수행하며, DEA의 역할과 일부 중복됨.

② DEA는 오로지 마약단속 업무에 집중한다는 점에서 차별성을 가짐.

3. 조직

(1) 의의

63개국에 86개 해외지국을 운영하며, 약 680명의 분석관이 활동 중임.

(2) 마약정보단

① DEA 내 정보업무 담당 부서는 '마약정보단(Intelligence Division)'임.

② 하위 부서로 전략정보과, 수사정보과, 특수정보과가 있음.

③ 2006년 국가안보정보과 설립 후 DEA를 대표하여 정보공동체 구성원으로 활동 중임.

| Theme | **77-2** | 안보서비스기관 |

I 육·해·공·해병 등 각 군 정보부대

1. 국가별 정보부대 운영 방식

① 영국, 캐나다: 통합 국방정보기관 창설로 각 군 정보부대 폐기

② 호주, 프랑스: 각 군 정보부대 유지, 임무를 전술정보로 제한

③ 미국: 국방정보국(DIA) 설립 후에도 각 군별 독립적인 정보부대 운영

④ 미국의 각 군별 정보부대 유지 배경: 관료주의적 요소, 독특한 조직구조, 글로벌 군 병력 배치

2. 냉전 종식 이후 조직과 기능 변화

① 미 상원 정보위원회(1990년) 보고서에서 업무 중복성, 정보공유 부재 지적

② 인력 및 예산 삭감, 중복 기능 통합, 비효율적인 정보 활동 개선

3. 각 군별 정보부대 명칭 및 임무

(1) 명칭

① 육군: 육군정보부대(Army Military Intelligence, MI)

② 해군: 해군정보실(Naval Intelligence Office, NIO)

③ 공군: 공군 정보감시정찰대(Air Force Intelligence, Surveillance and Reconnaissance, Air Force ISR)

④ 해병대: 해병정보부대(Marine Corps Intelligence, MCI)

⑤ 해군정보실(1882년 창설): 가장 오래된 전통 보유

⑥ 공군: 최대 규모 정보부대 운용

(2) 기본 임무

① 군 지휘관이 필요로 하는 정보 제공

② 정보담당 장교 배치: 중대 단위~합참의장

③ 미 육군 정보담당 최고위직: 정보참모차장(Deputy Chief of Staff for Intelligence, DCSI, 중장급)

II 우주군(United States Space Force, USSF) 창설

1. 의의

① 우주 군사작전 능력 확장

② 주요 기관: 북미항공우주방위사령부, 우주사령부, 우주국가안보국, 중앙 우주작전 센터 등

2. 임무

① 우주 군사위성 관리, 첩보 활동

② 조기 경보 시스템 운용

③ 적성국 미사일 무기 활동 감시

④ 북미항공우주방위사령부: 북한 미사일 발사 감시

3. 연혁

① 2018년 6월: 도널드 트럼프 대통령, 우주군 독립 선언

② 2018년 8월: 마이크 펜스 부통령, 우주군 창설 발표

③ 2019년 8월: 미합중국 우주사령부 재창설

④ 2019년 12월 20일: 국방수권법 서명, 우주군 창설 확정

4. 파병

① 2020년 9월: 중동 최초 파병

② 한반도 배치: 오산공군기지 제607항공작전센터 근무

5. 미국 정보공동체 가입

2021년 1월: 우주군 정보부대(SFI), 정보공동체 18번째 구성원 합류

Ⅲ 통합군사령부(Unified Command)

1. 개념

각 군이 통합적으로 구성된 정보부대 운영

2. 지역별 사령부

① 중부사령부(CENTCOM)
② 유럽사령부(EUCOM)
③ 북부사령부(NORTHCOM)
④ 태평양사령부(PACOM)
⑤ 남부사령부(SOUTHCOM)
⑥ 아프리카사령부(AFRICOM)

3. 기능별 사령부

① 특수전사령부(U.S. Special Operations Command)
② 전략사령부(U.S. Strategic Command)
③ 수송사령부(U.S. Transportation Command)

4. 노스콤(NORTHCOM)과 탈론(TALON)

(1) 노스콤 창설 배경

① 2001년 9/11 테러: 정보 공유 문제 인식
② 정보와 법집행 기능 융합을 위한 북부사령부 (NORTHCOM) 신설

(2) 기능

① 국내정보 수집 및 법집행 데이터베이스 결합
② 슈퍼컴퓨터 활용한 데이터 마이닝 기술 보유

(3) 탈론(TALON) 프로그램

① 위협·현장목격 통지활동
② 자동 용의자 추출 및 감시 기능 수행

(4) 정보의 자유 시장 원리와 문민통치

① 정보공유 확대론: 군정보기구의 역할 확대 주장
② 문민통치 원칙: 군 정보기구 활동의 입법적 제한 필요

Ⅳ 해안경비대

1. 의의

① 1966년 교통부 소속으로 창설되었으며, 2001년 국토안보부로 이관됨.
② 불법 마약 거래, 밀입국, 불법 조업 단속, 항만 안전 확보, 수색 및 구조, 해양 자원 보호 등의 임무 수행함.
③ 경찰 및 정보활동을 병행하는 무장조직으로서의 특징을 가짐.

2. 임무

① 1920년대부터 해상 영역에서 정보활동을 수행함.
② 암호해독 전문가 팀을 운영하여 주류 밀수조직의 암호통신을 해독하고 밀수 조직을 와해시킨 사례가 있음.

3. 조직

① 정보활동을 수행하는 부서로 정보실, 정보협력실(CGICC), 현장정보지원팀, 해상정보융합센터(MIFCs) 등이 있음.
② '정보 및 범죄수사 담당 사령관보(Assistant Commandant for Intelligence and Criminal Investigation)'가 총괄함.
③ 정보활동 요원 수는 2002년 194명에서 2004년 437명으로 증가했으며, 2005년 8월 기준 800명으로 확대됨.

Theme 78 미국 정보기관의 최근 변화 동향

Ⅰ 의의

1. 냉전기 미국 정보기관의 역할

① 냉전시대 동안 CIA를 비롯한 미국 정보기관은 소련 체제 붕괴에 핵심적인 역할을 수행함.
② 대체로 성공적이었던 것으로 평가됨.

2. 탈냉전기 정보기관의 실패

탈냉전기 이후 9/11 테러 등 반복된 실패를 경험함.

Ⅱ 탈냉전기 미국 정보공동체의 실패

1. 냉전시대 정보기관의 한계

① 냉전기 성공적인 정보활동을 수행했던 미국 정보기관들이 탈냉전 이후 변화된 환경에 적응하지 못하고 실패함.
② 국제사회의 안보환경 변화에 적절히 대응하지 못한 것이 주요 원인임.

2. 냉전시대 방식의 고수

① WMD 확산, 테러리즘 등 초국가안보위협은 기존 냉전 시대 방식으로 해결이 어려움.
② 미국 정보공동체는 냉전시대 조직구조, 운영체계, 활동방식을 유지함.
③ 이로 인해 새로운 초국가안보위협에 효과적으로 대응하지 못함.
④ 그 결과 9/11 테러를 사전에 막지 못하고, 이라크 WMD 관련 정보 판단 오류 등의 실책을 범함.

Ⅲ 9/11 테러 진상조사위원회 보고서

1. 미국 정보공동체의 문제점

① 주요 문제점: 관료조직적 상상력 부재, 미숙한 정책 대응, 정보기관 간 정보공유 부재.
② 특히 정보공유 부재가 가장 심각한 문제로 지적됨.

2. 정보공동체 개혁

① 9/11 테러 이후 DNI 직위 신설, 국토안보부(DHS) 설립, 국가대테러센터(NCTC) 설치 등 조직 개편 시행.
② 테러 대응을 위한 인력과 예산 대폭 확대.
③ 그러나 기대한 성과를 거두지 못함.
④ 관료조직적 상상력 부재, 미숙한 정책 대응, 정보공유 부재 등의 문제가 지속됨.

Ⅳ 미국 정보공동체 개혁의 성과

1. 오사마 빈라덴 사살

(1) 의의

① CIA는 10여 년간 오사마 빈라덴 체포를 위해 노력함.
② 2011년 5월 2일 CIA 주도의 기습작전으로 파키스탄에서 빈라덴을 사살함.

(2) 넵튠 스피어 작전(Operation Neptune Spear)

① CIA 주도, 미 해군 특수부대 DEVGRU 대원 25명 작전 참여.
② 블랙호크 헬기 4대를 이용하여 빈라덴 은신처 기습.
③ 2011년 5월 2일 오바마 대통령이 공식 발표.

2. 카다피 체포

① CIA와 영국 MI6는 협력하여 리비아 독재자 카다피의 은신처를 파악함.
② 2011년 10월 20일 드론 폭격으로 카다피를 부상 입힘.
③ NATO 연합군이 카다피를 생포함.
④ 이는 정보공동체 개혁의 성과로 평가됨.

Ⅴ 미국 정보공동체의 통합과 협력 문제

1. 정보공동체의 미흡한 협력

① 정보기관 간 협력이 여전히 부족한 수준임.
② DNI는 정보기관들을 효과적으로 통제하지 못함.
③ 정보공유와 협력 기대 수준에 미치지 못함.

2. 협력 부족의 원인

① 각 기관이 수집한 정보의 소유권을 주장하며 공유를 기피함.

② 2004년 「국가정보개혁법」에 따라 DNI는 정보공유 촉진 임무를 부여받았으나, 보안 우려로 정보기관들이 공유를 꺼림.
③ 지속적인 개혁에도 불구하고 정보공유 및 협력은 여전히 해결되지 않은 과제로 남아 있음.

Theme 79 일본 정보기구의 기원과 발전

Ⅰ 의의

① 도요토미 히데요시(豊臣秀吉)는 1592년 임진왜란을 일으켜 조선을 침략함.
② 조선침략을 위해 사전 정탐활동을 전개하고, 조선의 지도를 제작하여 군사 작전에 활용함.
③ 닌자(忍者)는 도쿠가와 막부시대 사무라이 정신에 기반하여 첩보수집과 파괴공작을 수행한 정보원 역할을 함.

Ⅱ 메이지유신(明治維新)

1. 의의

① 일본의 본격적인 정보활동은 1876년 메이지유신 이후 시작됨.
② 봉건제 폐지로 사무라이 계급의 특권이 박탈되며, 낭인(浪人)이 되어 해외로 진출함.

2. 민·산·정(民産政) 정보복합체 형성

① 몰락한 사무라이들은 무역업과 산업을 확장하기 위해 정보수집을 수행함.
② 민간 낭인, 정보 관료, 기업체, 군 정보관 등이 참여하는 일본 특유의 군·산·민(軍産民) 정보복합체가 형성됨.

3. 무역·군사대국 성장

① 정보복합체의 역할이 일본의 무역·군사대국 성장에 기여함.
② 청일전쟁(1894), 러일전쟁(1904)에서 승리하며 일본의 군사력 강화됨.

Ⅲ 제2차 세계대전

1. 의의

군부 영향력 강화로 전시 군사 내각체제가 형성되며, 군사정보 중심으로 정보활동이 전개됨.

2. 대본영 정보참모부

① 일본군 대본영 산하 육군 제2부인 정보참모부가 정보체계의 핵심이 됨.

② 1936년 만주, 러시아, 중국, 한국, 동남아, 태평양 지역의 정보수집, 감청, 암호해독, 파괴공작을 담당하는 부서가 설치됨.

3. 나가노 학교

일본 군부는 첩보수집, 비밀공작을 수행할 정보요원을 양성하기 위해 '나가노 학교'를 설립함.

Ⅳ 제2차 세계대전 이후

1. 의의

패전 이후 일본의 정보활동은 군사안보보다 경제 분야에 중점을 둠.

2. '경제우선주의' 국가전략

① 일본은 국가안보를 미국에 의존하고 경제재건과 부흥에 집중함.

② 국가안보 관련 전략정보는 미국이 주도하고, 일본은 경제정보 수집 · 분석에 집중함.

3. 일본식 정보운용체계

(1) 의의

기존 해외 군사정보수집체계는 해체되고, 대사관 등 공식기관 중심으로 전환됨.

(2) 독자적인 국가정보체계 구축의 어려움

① 패전국 지위로 인해 독자적인 국가정보체계 구축이 어려워짐.

② 민간 기업이 획득한 정보가 연구기관을 거쳐 정계 실력자나 정부 부처에 비공식적으로 보고되는 방식이 활용됨.

③ 정부뿐만 아니라 개인, 민간기업, 연구소 등 다양한 주체들이 정보를 수집 · 분석하는 일본식 정보복합체가 제도화됨.

Ⅴ 일본식 정보복합체

1. 만철조사부

① 일본식 정보복합체는 1907년 만주철도주식회사(만철)의 산하기관인 '만철조사부'에 기원을 둠.

② 동경대 출신 등 4,500여 명이 만주, 중국, 동남아의 법, 문화, 국제정세를 조사함.

③ 만철조사부는 관동군에 정보를 제공하며 만주통치를 지원함.

④ 현재 노무라종합연구소(NRI), 미츠비시종합연구소 등의 민간 연구기관이 해외 경제 · 정세 분석을 수행하는 데 영향을 줌.

2. 제2차 세계대전 이후

(1) 종합상사

① 국가정보기관 역할이 축소되며, 민간 연구기관과 종합상사의 상사원들이 수집한 경제 · 산업정보가 비공식적으로 활용됨.

② 미츠이 그룹 등의 종합상사는 전 세계적 정보수집 네트워크를 구축함.

③ 통산성(MITI)은 현지 무역실태, 상업제도, 해외시장 현황, 기술개발 동향 등 무역 · 산업 발전에 필요한 정보를 수집함.

(2) 통산성 중심의 비공식 정보 네트워크 체계

경제 · 산업 관련 해외 고급정보 수요를 충족시키며 일본 경제대국 부활에 기여함.

(3) 전수방위(專守防衛) 안보전략

① 공식 정보기관 설립과 활동이 제한됨.

② 1952년 공안조사청 설치, 내각조사실 창설(1957년 미국 CIA 요청으로 공산권 정보 수집).

③ 1999년 자위대 정보기관 기능을 통합하는 정보본부가 설립됨.

Ⅵ 일본의 정보기구

1. 내각정보조사실(Cabinet Intelligence and Research Office)

(1) 개요

① 총리를 보좌하는 관방장관 산하의 행정수반 직속 정보기구

② 모든 정보기관의 업무 조정 및 총괄 기능 수행

(2) 주요 특징

① 내각 소속이라는 권위와 막대한 자금력을 보유

② 일본방송협회, 세계정경조사회, 국제문제연구회 등 약 25개 외곽 단체에 인건비 및 사업비 지원

2. 공안조사청(Public Security Investigation Agency, PSIA)

(1) 개요

① 법무성 소속의 현장 활동 정보기구

② 1952년 「파괴활동방지법」 및 「공안조사청법」 근거로 설립

(2) 주요 임무

① 정부 전복 활동 예방, 조사 및 통제

② 국내외 국가안보 관련 정보 수집

③ 극좌·극우 세력 및 공산당 방첩 활동 수행

④ 재일 조선인 및 조총련 감시

3. 외무성 정보분석실(Intelligence and Analysis Service)

(1) 개요

외무성 소속 해외 정보 수집·분석 기구

(2) 주요 특징

세계 각지 일본 특파원 활용한 정보수집 활동 수행

4. 방위성 정보본부(Defense Intelligence Headquarters)

① 1997년 1월 설립

② 미 국방부 국방정보국(DIA)의 일본판으로 평가됨

5. 초베츠(Chobetsu)

(1) 개요

1958년 설립된 신호정보 전문기관

(2) 주요 기능

① 북한군 지휘관 음성 식별 가능

② 감청 범위: 러시아 동쪽, 중국, 북한, 대만, 남아시아, 남중국해

6. 일본 자위대(Self-Defense Force) 각 군 정보기구

(1) 개요

방위성 정보본부 설립 이후에도 각 군 정보기구 유지

(2) 주요 특징

① 전술정보 수집·분석 능력 우수

② 방위성 정보본부로 이관된 정보업무는 일부에 불과

7. 일본무역진흥회(Japan External Trade Organization, JETRO)

(1) 개요

1958년 수출 증진 목적으로 창설된 독립법인

(2) 정보기구로서의 기능

① 미국은 JETRO를 일본의 주요 정보기구로 간주하고 감시

② FBI와 CIA의 감시를 인지하여 공개자료를 통해 경제정보 획득

③ 비상수단을 통한 정보수집 활동 수행

Theme 80 일본 정보기구의 구성과 기능

Ⅰ 의의

1. 공식적인 정보기관

① 내각정보조사실, 공안조사청, 경찰청 경비국, 외무성 국제정보총괄관, 방위성 정보본부 등으로 구성됨.

② 내각정보조사실(해외정보), 공안조사청(국내보안정보), 방위성 정보본부(군사정보)가 핵심 정보기관으로 활동함.

2. 정보분야 업무를 관장하는 최고 회의체

(1) 내각정보회의

① 1998년 10월 설치, 각 정보기관의 연락 조정을 통해 내각의 중요 정책과 관련된 정보를 종합적으로 파악하기 위한 기구임.

② 내각관방장관이 주재하며, 관계부처 차관급 회의로 연 2회 개최됨.

(2) 내각합동정보회의

① 1986년 7월 설치, 일본 내 정보분야를 실질적으로 관장하는 최고 의결기구이며, 비상설 협의체임.

② 내각정보조사실, 공안조사청, 방위성 정보본부, 외무성 국제정보총괄관실, 경찰청 경비국 등이 참여하며, 내각 관방 부장관 주재로 정보 공유 및 협력 수행함.

Ⅱ 내각정보조사실(CIRO)

1. 의의

① 1952년 8월 「총리부 설치령」에 의해 내각조사실로 출범, 1986년 12월 내각정보조사실로 명칭 변경됨.

② 내각관방(Cabinet Secretary) 소속으로 내각 중요 정책 관련 정보 수집, 분석, 조사업무 수행함.

③ 총리 직속 기관으로 공안위원회, 경찰청, 공안조사청, 방위성 정보본부 등과 협력하여 정보 조정 기능 수행함.

2. 조직

(1) 의의

내각정보관이 수장으로 있으며, 차장, 총무부, 국내부, 국제부, 경제부, 내각정보집약센터, 내각정보분석관, 내각위성정보센터, 국가방첩센터 등으로 구성됨.

(2) 주요 부서별 역할

① 총무부: 인사, 후생, 교육훈련, 연락·조정 등 일반 행정 업무 수행

② 국내부: 국내 정보 수집·분석, 국민 여론 조사, 미디어 논조 분석

③ 국제부: 해외 정보 수집·분석 수행

④ 경제부: 국내외 경제 연구 및 조사 담당

⑤ 자료부: 정보 자료 관리 수행

⑥ 내각정보집약센터: 긴급사태 정보 수집 담당

⑦ 내각정보분석관: 특정 지역·분야에 대한 고도의 정보 분석 수행

⑧ 내각위성정보센터: 국가 안보 및 재해 대응을 위한 영상정보 수집·분석 수행

⑨ 국가방첩센터: 방첩 기능 강화 목적으로 2008년 4월 1일 설립됨

3. 비공식 정보 네트워크 체계의 활용

(1) 조직적 특성과 정보 수집 방식

① CIRO는 소수 정예 인원(약 200명)으로 운영되지만, 광범위한 정보 수집·분석을 수행함.

② 과거 만철조사부의 전통을 계승하여 민간 연구기관 및 종합상사의 협조를 활용한 비공식 정보 네트워크 체계를 구축함.

(2) 외곽단체 활용

내조실은 약 25개 외곽단체의 인건비 및 사업비를 부담하고, 이를 통해 중요한 정보를 제공받음.

(3) 종합상사 및 대사관 활용

① 미츠이, 미츠비시 등 종합상사의 해외 파견 직원이 현지 정보를 수집하여 내조실에 제공함.

② 일본 대사관은 신문·방송사의 특파원과 협력하여 정세 정보를 공유함.

4. 외국 정보기관과의 협력

① 일본은 1947년 미·영 간 신호정보 공유협정(UKUSA Accord)에 제3자적 지위로 참여하여 신호정보를 지원받음.

② CIA와의 정보교환을 통해 미국으로부터 주요 정보를 제공받음.

5. 한계

(1) 외사 경찰의 영향력

① 내조실의 규모가 작아 경찰청, 특히 외사 경찰의 영향력이 강함.

② 내조실 전체 인원의 약 1/4이 경찰청 출신이며, 기관장은 경찰 고위직 퇴직자가 임명됨.

(2) 다양한 부서 출신 구성원의 영향

① 외무성, 공안조사청, 방위성, 경제산업성, 재무성 등 다양한 부서 출신 인력으로 구성되어 있어 내조실이 독자적인 영향력을 발휘하기 어려움.

② 부문정보기관과 정례 회합을 주도하지만, 주요 정책 결정권은 내각회의에 있어 정보업무를 총괄하거나 주도적인 역할 수행에 한계가 있음.

Ⅲ 공안조사청(PSIA)

1. 의의

(1) 설립 배경

① 공안조사청(Public Security Investigation Agency, PSIA)은 1952년 한국전쟁 중 일본 내 좌익단체 활동을 통제하기 위해 설립됨.

② 이후 소련, 중국, 북한 등 공산권의 대일본 공작과 일본 주재 외국 기관의 동향 정보 수집 임무가 추가됨.

③ 현재 경찰청과 함께 국내보안, 방첩, 대테러 등의 업무를 수행함.

④ 법무성 소속 외청으로 인원은 약 1,500~2,000명이며, 대부분 경찰 출신이고 간부진은 검찰 출신으로 구성됨.

2. 권한 및 조직

(1) 조사 권한

인간정보 수집 활동을 적극적으로 수행하나, 수사권 없이 조사 권한만 보유함.

(2) 조직 구성

① 2001년 조직 통폐합을 통해 본청, 연수소, 8개 지방공안조사국, 14개 지방사무소, 9개 출장소로 개편됨.

② 본청은 총무부, 조사 제1부, 조사 제2부, 국제참사관실 등으로 구성되며, 핵심부서는 조사 제1부와 조사 제2부임.

③ 조사 제1부는 국내 공안사건, 극좌과격파, 공산당, 극우, 오옴진리교 관련 국내정보를 총괄함.

④ 조사 제2부는 한반도, 중국 및 아시아, 러시아 및 미국, 유럽 등 해외정보를 담당함.

⑤ 국제참사관실은 국제테러리즘과 해외정보기관과의 정보협력 업무를 담당함.

(3) 임무 및 법적 근거

① 공안조사청 조직, 시설, 기능 등은 법률상 비밀로 분류됨.

② 「국가공무원법」 제100조 및 공안조사청 규정 제4조에 따라 비밀정보활동을 수행함.

③ 기존에는 국내정보 수집활동에 집중하였으나, 현재는 해외정보 수집활동도 병행하여 수행함.

Ⅳ 방위성 정보본부(DIH)

1. 의의

방위성 정보본부(Defense Intelligence Headquarters, DIH)는 일본 통합막료감부 산하의 군사정보기관임.

2. 설립 배경

(1) 기존 정보체계의 비효율성

① 과거 일본은 통합된 군사정보기관 없이 육상, 해상, 항공 자위대별로 개별적인 정보활동을 수행함.

② 이로 인해 정보체계의 효율성이 낮았음.

(2) 정보기관 통합 필요성

① 1995년 12월 각 자위대 정보기관의 분산된 기능을 통합하는 방안이 제안됨.

② 1997년 11월 20일 방위청 내 통합 군사정보기관으로 방위청 정보본부가 발족됨.

③ 2006년 3월 방위청 장관 직할 기관으로 개편되어 중추적인 정보기관 역할을 수행함.

3. 임무

① 방위성 내 첩보수집 조직으로는 방위국 조사과, 통합막료감부 사무국, 각 자위대 조사부 등이 있음.

② 정보본부는 방위성 내 모든 정보기구의 업무를 통합·조정하는 역할을 수행함.

③ 인간정보, 영상정보, 신호정보, 공개정보 등 다양한 출처에서 정보를 수집하여 전략정보를 생산함.

4. 조직

(1) 구성

① 본부장 및 부본부장 산하에 총무부, 계획부, 분석부, 통합정보부, 화상·지리부, 전파부 등 6개 부서와 6개 통신소가 있음.

② 본부장은 현역 육·해·공 자위관이 임명되며, 부본부장은 민간 사무관이 방위성 내부부국 심의관을 겸직함.

(2) 부서별 임무

① 총무부: 인사, 급여, 교육훈련, 후생복리, 경비, 회계, 보안 업무 담당.

② 계획부: 첩보 수집 및 정리 계획 수립, 조직 관리, 예산 편성 및 행정재산 관리 담당.

③ 분석부: 정보 분석, 정보 수집 정리, 통합방위계획 및 통합경비계획 수립 담당.

④ 통합정보부: 긴급 정보 처리, 외국 군대 동태 파악, 자위대 운용 관련 정보 제공 담당.

⑤ 화상·지리부: 영상·지리정보 수집 및 분석 담당.

⑥ 전파부: 신호정보 분석 업무 수행.

5. 인원

① 2006년 기준, 37개 재외공관에 48명의 방위주재관(defense attaches, 무관)을 파견하여 해외 군사정보를 수집함.

② 공개정보와 인간정보 수집을 중점적으로 수행하며, 불법적인 비밀공작활동은 수행하지 않음.

Ⅴ 기타 정보기관

1. 의의

일본 내 정보 업무 관련 조직으로 경찰청 경비국, 외무성 국제정보통괄관 조직이 존재함.

2. 경찰청 경비국

(1) 경찰

① 일본 경찰은 방대한 조직과 인원을 기반으로 국내 치안 및 정보 분야에서 주도적인 역할을 수행함.

② 일본 내 정보기관의 핵심 보직을 경찰 출신이 차지하고 있어 경찰이 정보기관들에 강력한 영향력을 행사함.

③ 경찰은 방첩기관 역할을 수행하며 해외 스파이 감시를 주요 임무로 함.

(2) 경찰청 산하 정보기관

경찰청의 경비국, 경시청의 공안부, 경찰서의 경비과 및 공안과가 경찰청 산하 정보기관으로 운영됨.

(3) 경찰청 경비국

① 경찰청 경비국은 국가공안위원회 특별기관으로서 공안경찰의 사령탑 역할을 수행함.

② 전국 공안경찰을 지휘하여 국제테러 조직, 외국 정보기관, 일본 공산당, 반전운동·노동운동·컬트 단체·우익단체·극좌단체 등을 감시하고 협조자를 관리하는 임무를 수행함.

3. 국제정보통괄관

(1) 의의

외무성 산하 조직으로 정보 분석 및 평가를 전문적으로 수행하는 기관임.

(2) 임무

① 2004년 8월 일본 외무성은 정보수집 및 분석능력 강화를 목적으로 국제정보국을 폐지하고 국제정보통괄관을 신설함.

② 국제 정세를 객관적이고 종합적으로 분석·판단하는 임무를 수행함.

③ 미국 국무부 정보조사국(INR)과 유사한 기관으로 첩보수집 없이 분석·평가 업무를 전담함.

(3) 조직

국제정보통괄관을 수장으로 하며 4명의 국제정보관, 사무관, 임기제 전문분석원 등이 포함됨. 총 인원 약 100명 규모임.

Ⅵ 일본의 신호정보(SIGINT) 기관

1. 방위성 정보본부 전파부

(1) 연혁

① 일본 신호정보기관은 내각조사실(내조실)의 필요성에 의해 형성됨.

② 최초 신호정보기관은 육상자위대 내에 설치되었으며, 육막(陸幕) 제2부 베시츠(別室)로 불림.

③ 1977년 조사부별실(調別)로 개편되었고, 1996년 정보본부 창설과 함께 전파부로 명칭이 변경됨.

④ 경찰이 초기 신호정보 운영에 깊이 관여하였으며, 전파부장직은 경찰청 출신이 담당함.

(2) 조직

① 초기에 니베츠 활동은 방위관료와 자위대 간부들도 접근이 어려운 비밀 조직이었음.

② 미소 냉전기(1970년대) 조직을 대폭 확대하여 정원 1,000명 이상, 일본 전역 9개 감청시설 운영.

③ 소련 · 중국 · 북한 군사 전파 감청을 주요 목표로 하였으며, 미군 지도하에 역량이 강화됨.

(3) 임무

① 미국은 일본 군사 및 정보 기지를 활용하여 동아시아 지역 안보 문제를 주도함.

② 대표적인 미군 신호정보 기지는 아오모리현 미사와 공군기지이며, 약 1,000명의 분석 요원이 활동함.

③ 일본 정보본부 전파부는 정보본부 내에서도 핵심 부서로 전체 직원의 70%가 전파부 및 통신소에서 활동함.

④ 북한 및 한반도 관련 전파정보 수집을 위해 니가타 · 도토리 · 후쿠오카의 통신소가 중요한 거점 역할을 수행함.

(4) 미 · 일 협력

일본 정보본부는 미국 국가안보국(NSA)과 협력하며 Echelon 운영을 지원함. 일본은 감청 시설을 제공하고, 미국으로부터 고급 정보를 공유받음.

(5) 주요 업적

① 소련 아프가니스탄 침공(1979) 사전 탐지 후 미국에 통보함.

② 대한항공기 격추 사건(1983) 당시 교신 내용을 감청하여 미국에 제공함.

③ 김일성 사망 후(1994) 의사단의 묘향산 이동을 탐지함.

(6) 실패 사례

① 북한 미사일 발사를 오인하여 실제상황으로 보도했으나 훈련이었음.

② 이 사건 이후 일본은 감청 외 영상정보(정찰위성)의 필요성을 강조함.

2. 경찰청 경비국 외사정보부 외사과

(1) 의의

① 북한 납치사건, 국제테러 대응을 위한 일본의 주요 치안기관은 경찰임.

② 경찰은 외사경찰 부문을 운영하며, 외사정보부가 경비국 산하에서 정보수집과 분석을 담당함.

③ 외사경찰이 수집한 정보는 일본 외교 · 안보정책 과정에 반영됨.

④ 외사정보부는 외사과와 국제테러리즘대책과로 구분되며, 외사과가 북한 관련 업무를 담당함.

(2) 조직

① 외사과는 납치문제대책실, 한반도담당, 중국담당, 러시아담당, 분석담당, 서무담당, 그리고 독립된 제2무선통신소(야마)를 운영함.

② 야마 통신소는 도쿄도 히노시에 본부를 두고 전국 13개소에 지방통신소를 운영함.

(3) 감청 대상

① 북한 통신 전파 및 단파방송 감청 · 분석 수행.

② 관동지역 내 북한 공작원의 무선통신 감청.

③ 경찰은 일본 내 통신 감청에 집중하며, 방위성 정보본부는 북한 내 통신 감청을 주로 수행함.

④ 동해 연안을 엄중히 감시하며, 북한 공작선 발신 전파 감청 기록이 존재함.

Theme 81 일본 정보기구의 최근 동향과 전망

Ⅰ 의의

1. 전수방위 안보전략

① 일본은 제2차 세계대전 이후 반전(反戰), 반군(反軍), 평화 사상의 분위기 속에서 전수방위를 표방하는 안보전략을 추구하며 정보기구 및 활동을 대폭 축소함.

② 냉전 종식(소련 붕괴) 이후 전수방위 안보전략의 일부 변화 발생함.

2. 국제역할 확대론

(1) 의의

미국은 동아시아 지역에서 일본의 군사적 역할 확대를 요구하며 일본 내에서도 국제역할 확대론이 대두됨.

(2) 일본의 지역안보 역할 범위 논쟁

① 1990년대 이후 일본의 지역안보 역할 확대 범위를 둘러싼 노선 대립 발생함.

② 오자와 이치로(小澤一郎) 등이 주장한 '국제공헌확대론'과 후나바시의 '시민평화세력(Civilian Global Power)' 간의 대립 지속됨.

③ 군사안보 역할 강화와 평화대국 지향 간의 충돌이 현재까지 해소되지 않음.

Ⅱ 냉전체제 종식 이후 안보환경 변화

1. 의의

① 냉전 종식 이후 극단적 체제 대결이 사라지면서 군사적 위협 감소함.

② 일본은 대내외 안보환경을 자국에 대한 군사위협으로 인식하며 군사력 및 정보력 강화를 추진함.

2. 북한과 중국의 위협

(1) 의의

일본의 정보 역량 강화를 촉진한 외부 요인으로 북한과 중국이 주요하게 작용함.

(2) 북한의 위협

① 1998년 북한 대포동 미사일 발사로 일본은 정찰위성 등 첨단 군사장비 개발 및 도입을 추진함.

② 1999년 정찰위성 개발 착수 후 2003년 2기 발사 성공함.

③ 북한의 핵·미사일 위협이 일본의 대북 정보수집 및 분석의 중요성을 강조하는 계기가 됨.

(3) 중국의 위협

중국의 경제 성장에 따른 군사력 강화가 일본의 대중 정보 역량 향상의 필요성을 증대시킴.

3. 9/11 테러

① 2001년 9/11 테러 이후 대테러전과 대량살상무기 확산 저지가 국제 안보현안으로 부상함.

② 일본은 이를 계기로 국가정보 역량 확대를 추진하며 미·일 정보 협력 강화 필요성이 대두됨.

③ 태풍, 지진, 해일 등 대규모 재난 발생 증가로 재난 대비 정보역량 강화 필요성도 제기됨.

Ⅲ 일본 정부의 정보역량 강화 노력

1. 의의

① 안보 불안 증가로 일본 내 정보력 강화를 위한 관심과 요구가 증가함.

② 일본 정부는 내각정보관의 국가정보 중앙조정 및 통제기능을 강화함.

③ 방위청을 방위성으로 승격하고 정보본부를 방위성 장관 직할체제로 개편함.

2. 중앙정보기관 설치 추진

(1) 의의

① 일본은 중앙정보기관 설치를 모색했으나 전후 여론 반발로 인해 분산형 정보체계를 유지함.

② 1980년대 중반부터 논의되었으나 부정적 여론으로 추진되지 않음.

③ 2007년 아베 신조 총리 재임 시 일본판 '국가안전보장회의(NSC)' 및 '중앙정보기관(CIA)' 창설 추진됨.

(2) 2007년 아베 신조 총리의 구상

① 내조실을 중심으로 정보조직을 통합·확대하여 1,000명 이상의 정보기관 창설 계획 수립됨.

② 2007년 NSC 창설안이 각료회의에서 통과되었으나, 후쿠다 야스오 총리 취임 후 외무성과 방위성 반대로 폐지됨.

3. 정보·위기관리체제 개편 재추진

(1) 의의

2012년 12월 아베 총리 재집권 이후 정보·위기관리체제 개편 재추진됨.

(2) 국가안전보장회의(일본판 NSC)와 내각정보국 설립

① 2013년 8월 30일 아사히 신문 보도에 따르면 내각정보조사실 확대 및 '내각정보국' 신설 추진됨.

② 2013년 11월 7일 일본 중의원에서 '국가안전보장회의' 설치 법안 가결됨.

③ 2014년 1월 신설 예정인 내각정보국은 총리 관저의 정보 수집 능력을 강화하고 국가안전보장회의와의 공조를 강화할 예정임.

④ 내각정보국 내 내각정보관을 3명으로 확대하여 국내, 대외, 방위 분야를 담당하도록 개편됨.

⑤ 내각정보국이 수집·분석한 정보는 국가안전보장회의의 외교·안보정책 판단 자료로 활용될 예정임.

Ⅳ 전망

1. 의의

① 일본이 과거처럼 강력한 정보체계를 구축할지 여부가 주목됨.

② 일본판 NSC와 내각정보국 설립이 기존 정보체계에 혁신적 변화를 초래할 것으로 예상됨.

2. 내각정보국에 대한 견제

① 일본 내 반대 여론과 경찰청 및 방위성 내 정보기관 간 경쟁·견제 가능성이 존재함.

② 내각정보국이 경찰청과 방위성의 정보조직을 조정·통제하는 중앙정보기관 역할을 수행할 수 있을지 주목됨.

③ 일본 정보체계의 중앙집약화가 한반도를 비롯한 주변국 안보에 미칠 영향에 대한 지속적 관찰 필요함.

Theme 81-1 아베 내각의 신(新) 국가안전보장회의(NSC) 체제

Ⅰ 일본의 국가안전보장회의(NSC)

1. 법적 근거 및 설립 배경

① 2013년 11월 27일 일본 「국가안전보장회의 설치법」이 통과됨.
② 총리, 관방장관, 외상, 방위상으로 구성된 4대신 회의가 신설됨.
③ 2주에 1회 정기회의를 개최하여 안전보장 문제를 논의하고 정책을 결정함.

2. 긴급사태 대신회의

① 총리, 관방장관, 총리지정 대신들이 참석함.
② 사태 유형에 따라 참석 각료가 변동됨.

3. 국가안전보장 담당 내각총리보좌관

① 총리를 직접 보좌하는 정치인 상설직으로 신설됨.
② 국회 업무 조정을 담당하고 NSC 회의에 참석하여 의견을 제시함.

4. 기존 안전보장회의 개편

① 기존 안전보장회의는 9대신 회의로 전환됨.
② 자위대 파견, 방위계획대강 등 외교·안보 정책을 심의하는 역할을 수행함.

Ⅱ 국가안전보장국

1. 설치 및 역할

① NSC 사무국으로 내각관방에 신설됨.
② 국가안보 관련 외교·방위 정책 기본방침과 정보를 종합 정리하는 역할을 담당함.
③ 국가정보목표우선순위(Priority National Intelligence Objectives, PNIO)를 결정함.

2. 조직 구성

① 초대 국가안전보장국장으로 아베 총리의 최측근인 야치 쇼타로가 임명됨.
② 2명의 차장이 임명되어 위기관리와 외정업무를 각각 담당함.

③ 총괄, 동맹·우호국, 중국·북한, 기타지역, 전략, 정보 등 6개 반으로 구성됨.
④ 자위대, 외무, 경찰관료, 민간인 등 60여 명으로 조직되어 외교·안보·테러·치안 관련 정보를 종합 정리하여 NSC에 보고함.

3. 각 행정기관과의 협력

① 외무성, 방위성, 자위대, 경찰청 등 관계 기관은 NSC에 정보를 적시에 제공할 의무를 가짐.
② NSC 회의체는 각 행정기관에 회의를 위한 자료 제출을 요구할 수 있음.
③ 방위성, 경찰청, 외무성 등의 정보가 국가안전보장국에서 통합됨.

Ⅲ 내각 정보국 설립 검토

① 기존 정보조사실의 기능 강화를 위한 정보조직 개편이 검토됨.
② 미국 중앙정보국(CIA)과 유사한 대외정보 전문기관 설립을 검토함.
③ NSC 산하 중앙정보기관이 분석한 정보를 바탕으로 외교·안보 분야의 중장기 국가전략을 수립하고 위기관리를 총괄하는 것을 목표로 내각정보국 설립을 검토함.
④ 2013년 11월 18일 스가 요시히데 관방장관이 내각정보국 설립을 공식 발표함.
⑤ 정보 수집 및 분석 기능 강화를 위한 논의는 지속되고 있으나, 조직 개편이 실질적으로 이루어지지 못한 상태임.

Theme 82 중국 정보기구의 기원과 발전

Ⅰ 의의

① 중국은 국가 수립(1949년) 이전에 당(1921년)과 군(1927년)이 먼저 창설됨.
② 정보조직은 당·군 산하 일부 조직으로 운영되었으며, 독립적인 기관으로 설립되지 않음.
③ 정보조직은 중국 공산당의 생존과 인민해방군의 전투임무를 지원하는 역할을 수행함.

Ⅱ 중국 정보기관의 발전

1. 정보조직의 역할 변화

1949년 국가 수립 이후, 정보조직은 반혁명분자 색출 등 국가체제 유지의 핵심 도구로 활용됨.

2. 1920년대 정보활동

① 1920년대 중국 공산당 산하에 중앙군사부(1925), 중앙군사위원회(1926), 중앙특별공작위원회(1927) 산하 중앙특과(일명 보위부) 설립됨.
② 정보업무는 당 업무의 일부로 수행되었으며, 당무와 정보업무의 명확한 구분이 없었음.

3. 1930년대 말~1940년대 말 정보활동

① 중앙특과(보위부)를 흡수하여 중앙사회부가 설립되었으며, 건국 전까지 정보업무를 총괄함.
② 항일 투쟁 및 국민당과의 내전 속에서 해외정보 수집, 국민당 내부 정보 획득, 반당·변절자 처리 등의 정보활동을 수행함.
③ 당내 군사조직과 연계하여 운영되었으며, 당·군의 지휘통제를 받음.
④ 국가 수립 이후에도 정보조직에 대한 당·군의 장악이 지속됨.

4. 건국 직후(1950년대 초)

① 정부(국무원) 설립 전까지 정보조직은 당·군에만 존재함.
② 당 조직: 중앙조사부(내부 안전), 중앙대외연락부(공산권 협력), 중앙통일전선공작부(국내외 침투) 운영됨.
③ 군 조직: 총참모부 정보부와 중앙군사위원회 총정보부가 통합되어 총참모부 2부 신설됨.
④ 1954년 국무원 출범 후, 정보조직이 당·정·군 체제로 운영됨.

5. 문화혁명 기간(1966~1976년)

① 강청과 사인방에 의해 대부분의 당·정·군 정보조직이 와해되었으며, 해외정보 활동이 중단됨.
② 중앙조사부가 해체되고, 기능이 총참모부 2부로 이관됨.
③ 1971년 임표 사망 이후 주은래 총리가 중앙조사부 및 총참모부 일부 조직을 재건했으나, 국내 권력투쟁으로 인해 정보조직도 정쟁에 휩싸임.
④ 1976년 모택동 사망 후, 화국봉 등의 모택동 추종파가 중앙조사부의 권한을 확대하여 세력 강화를 도모함.

6. 1970년대 후반 이후 정보조직 개편

① 1970년대 후반 등소평이 실권을 장악하고, 1980년대 개혁개방을 추진함에 따라 외국의 정보활동이 증가함.
② 대외개방으로 국내 체제유지 어려움이 가중되었으며, 정보활동 강화를 위한 필요성이 대두됨.
③ 1983년 국가안전부(國家安全部) 신설됨.
④ 국가안전부는 공안부 방첩단위(1~4국), 중앙조사부 일부 기능, 군 총참모부 일부 인력을 통합하여 설립됨.

Ⅲ 중국의 정보기구

1. 국가안전부(Ministry of State Security, MSS)

(1) 개요

① 중국의 최대 국가중앙정보기구로 국내외 정보를 모두 담당하는 종합정보기구
② 다른 정보기구들을 기획·조정하며 정치 불만세력 감시 기능 수행
③ 비밀경찰 역할 수행

(2) 조직 규모

1997년 조우 지하우(Zou Jiahua) 발언: 세계 170여 개 지역에서 활동하는 대규모 조직

2. 공안부(Ministry of Public Security, MPS)

(1) 개요

① 국가경찰조직이자 국내보안 기구
② 서구 경찰보다 광범위한 책무 수행

(2) 주요 업무

① 수사, 체포, 심문, 인구 동향 관리
② 출생, 사망, 결혼, 이혼 관계 조사
③ 가구 불시 방문 및 숙박시설, 운송수단, 총기 규제
④ 대도시 이주자 주거지 변경 통제 및 인터넷 사용자 등록제 시행

3. 신화사(New China News Agency, NCNA)

(1) 개요

① 외국의 최신 정보를 제공하는 정보기구
② 국무원 산하 기관으로 세계 최대 선전 방송사이자 정보수집기구

(2) 주요 업무

① 중국 공산당의 선전 전달 및 각국 정보 수집
② '참고자료' 일일 발간 및 '국제 정세에 대한 국내참고' 정보문건 제작

4. 중앙보안부대(8341부대)

(1) 개요

① 8341부대는 최고 실권자를 경호하기 위해 군 정예요원으로 구성된 특수경호 및 정보부대임.

② 북경에 위치하며 인민해방군의 법집행을 담당하는 방첩부대로, '8341부대' 또는 '북경 보안부대'로 불림.

(2) 주요 업무

① 마오쩌둥을 포함한 최고 정치지도자들의 경호 업무 수행.

② 공산당 수뇌부에 대한 음모 및 변란을 차단하기 위한 전국적 정보망 구축.

③ 마오쩌둥의 지시에 따라 정적들에 대한 도청 등 전자 감시 활동 수행.

④ 임의 가택 및 사무실 수색 등 강압적 감시 활동 수행.

⑤ 1976년 마오쩌둥 사후, 강청 등 4인방 체포 작전에 8341부대가 동원됨.

5. 총참모부(General Staff Department) 산하 군 정보기구

① 2000년 전자전 부대 'NET Force' 창설

② '홍커(red hacker)'로 알려진 약 100만 명의 해커 활동

6. 총정치부 산하 군 정보기구

① 국제연락부(International Liaison Department) 운영

② 중국 국제우호협회(China Association for International Friendly Contacts)로도 알려짐

Theme 83 중국 정보기구의 구성과 기능

I 의의

① 중국은 공산당이 통치하는 '당국가(party-state)' 체제이며, 정보조직은 공산당 지배를 영속화하는 핵심 수단임.

② 국가조직으로 국무원(행정부), 전국인민대표회의(입법부), 최고인민검찰원(검찰), 최고인민법원(사법)이 존재하나, 실질적으로 모든 권력은 공산당이 독점함.

③ 공산당의 핵심 지도자(약 25~35명)는 당·정·군 주요 직위를 겸직하며 강력한 통치권 행사함.

II 계통

1. 의의

① 중국의 공식 관료·행정 조직 외에도 실질적 업무는 '계통'이라는 조직 내에서 수행됨.

② 계통은 당무계통, 조직계통, 선교계통, 정법계통, 재경계통, 군사계통의 6개 분야로 구성되며, 정보 분야는 정법계통에 속함.

2. 정법계통

① 당 중앙정법위원회에서 하급 단위(향·진)까지 조직 체계를 구축하여 공산당 1당 지배를 유지하는 역할 수행함.

② 정법계통 내 주요 조직으로 당 대외연락부, 통일전선공작부, 국가안전부, 공안부(공공안전부), 신화사 등이 있으며, 각 성·시·자치구에 정법위원회가 설치됨.

3. 군사계통

① 중앙군사위원회 아래 연합참모부, 정치공작부, 후근보장부, 장비발전부 등으로 구성됨.

② 연합참모부 소속 2·3·4부와 정치공작부 소속 연락부가 정보업무 담당함.

③ 각 군구 내 집단군·사단급 조직까지 정법위원회가 존재함.

III 중국 정보체계의 목표와 정보 순환 과정

1. 목표

① 1949년 이후 중국 정보체계의 1차 목표는 공산당 1당 지배 유지이며, 반혁명분자 색출, 분리 독립 운동 통제, 외국 정보 수집·방첩 활동 수행함.

② 경제발전을 위한 외국 경제·산업·첨단 과학기술 정보 수집함.

③ 대만 독립 움직임 감시 및 통제 수행함.

④ 주변국(미국, 러시아, 일본, 한국 등)의 군사·외교 동향을 파악하여 대외정책 및 군사전략 수립에 활용함.

2. 정보 순환 과정

① 당·정·군 내 정보조직이 하급단위에서 정보를 수집하고, 조직 최상급 판공실에서 취합함.

② 각 판공실 간 의견 조율 후 당 중앙정법위원회에 보고되며, 당 정치국에서 최종 확정함.

Ⅳ 당 산하 정보기구

1. 당 중앙정법위원회

(1) 의의

중앙법제위·중앙정법영도소조가 전신이며, 1980년 1월 24일 부활함.

(2) 조직

서기 1명, 위원 6명, 비서장 1명으로 구성되며, 국가안전부장, 공안부장, 사법부장, 최고인민법원장, 최고인민검찰장, 총정치부 부주임 등이 위원으로 포함됨.

(3) 운영

① 매년 '전국정법공작회의'에서 정법활동 목표를 발표하며, 5년 단위로 목표 추진함.

② 당·정·군 조직에서 수집·분석한 정보가 최종적으로 당 중앙정법위원회에 보고되며, 정보 및 보안 업무 총괄·조정함.

2. 당 중앙통일전선공작부

① 1930년대부터 공산당 내에서 운영된 조직으로, 대외 활동이 드러나지 않는 비밀성이 강한 부서임.

② 부장 1명, 부부장 5명, 비서장 1명으로 구성됨.

③ 대만 독립 움직임 대응, 홍콩·마카오·대만 등 중화권 경제통합 촉진, 정보수집·분석·비밀공작 수행함.

3. 당 중앙대외연락부

(1) 의의

1930년대 중앙연락국으로 운영되었으며, 국가수립 후 현재 명칭으로 변경됨.

(2) 임무

① 당의 대외관계 담당하며, 냉전 시기 사회주의 국가 및 전 세계 공산당과 관계 유지·발전 수행함.

② 냉전체제 종식 후 공산권과 연대 활동 축소되었으나, 아프리카 국가들과 연합전선 구축하여 영향력 확대함.

③ 최근에는 석유자원 확보를 위한 정보활동 수행함.

(3) 조직

① 전 세계를 8개 지역으로 구분하여 지역국을 설치하고 첩보 수집 임무 수행함.

② 구체적 활동 내용은 외부에 공개되지 않음.

Ⅴ 국무원 산하 정보기구

1. 의의

국무원 산하 정보기구에는 국가안전부, 공안부, 신화사가 포함됨.

2. 국가안전부(MSS)

(1) 의의

① 중국의 국가정보기관으로서 1983년 6월 설립됨.

② 공안부 산하 방첩 기구와 중국 공산당 중앙위원회 조사부 일부 기능을 통합하여 출범함.

(2) 조직

① 조직구조는 명확히 공개되지 않음.

② 미국과학자협회(1997년) 발표: 12개 국과 기타 5개 부서로 구성됨.

③ 2004년 타이완 발표: 17개 공작국과 기타 9개 부서로 확대됨.

(3) 임무

① 공산당 체제 유지, 방첩, 반체제 인물 감시, 해외 첩보수집 및 공작활동 수행함.

② 국내 보안 및 방첩활동, 해외정보 수집 및 공작활동, 신호정보 수집, 정보분석 등 수행하며, 구소련의 KGB와 유사한 통합형 정보기관으로 분류됨.

③ 국가안보 위해 용의자 체포 및 구금 가능, 강력한 권한 보유함.

④ 재직 인원 및 예산 정보는 공개되지 않으나 대규모 조직으로 추정됨.

3. 공안부(MPS)

(1) 의의

중국의 사회 공공치안을 담당하는 주무 부서로, 일반 경찰 기관과 유사한 기능 수행함.

(2) 임무

① 국가 공안업무 총괄, 각급 공안기관 지휘·감독 수행함.

② 사회치안 유지, 경호·경비, 대테러, 범죄 수사 및 예방, 교통·소방, 출입국 관리 등 광범위한 업무 수행함.

③ 중국의 '공공안전' 개념 확대 해석으로 인해 다양한 업무를 담당함.

(3) 인민무장경찰

① 1983년 4월 설립되어 소요진압 및 치안 유지 담당함.

② 1989년 천안문 사태 진압에 동원됨(추정 인원 110만 명 이상).

③ 2017년까지 평시 공안부, 전시 중앙군사위원회 지휘를 받았으나, 2018년 개혁으로 중앙군사위원회 소속으로 변경됨.

4. 신화사

(1) 의의

중국 내·외 뉴스 보도 및 지도부 정보 제공 역할 수행함.

(2) 임무

① 뉴스 번역, 요약, 분석하여 제공함.

② 정보기관 요원의 대외파견 시 신분 위장 수단으로 활용됨.

③ 홍콩 지부에 비밀요원이 신화사 소속으로 근무한 사례 존재함.

(3) 조직

① 당 중앙선전부 지휘·감독하에 국내 31개 지부, 국외 140개 지국 운영함.

② 고용 인원 1만 명 이상이며, 사장은 국무원 부장급 대우를 받음.

VI 군 산하 정보기구

1. 의의

군 산하 정보기구에는 연합참모부 2부, 3부, 4부 및 군 정치공작부 소속 연락부가 포함됨.

2. 연합참모부 2부

(1) 의의

군 정보활동 총괄부서로 '군사정보부' 또는 '군정보부'로 불림.

(2) 임무

① 가상적국 및 주변국 군사전략, 병력, 무기체계, 군 인사 등 군사정보 수집함.

② 대간첩활동 총괄 및 해외 정보수집을 위해 흑색요원 침투, 대사관 무관 파견 수행함.

③ 인간정보, 신호정보, 영상정보 융합하여 정보분석보고서를 작성하고 군 사령부에 배포함.

3. 연합참모부 3부

(1) 의의

'통신정보부' 또는 '기술정찰부'로 불리며, 신호정보 수집, 암호 해독, 위성정찰 사진 판독 담당함.

(2) 임무

① 외국 공관 통신감청, 지상 기지국·선박·항공기 등을 이용한 신호정보 수집 수행함.

② 약 2만여 명의 요원이 근무함.

4. 연합참모부 4부

(1) 의의

1993년 설립된 '전자부'로, 국내 전자산업 및 전자정보 관리 담당함.

(2) 임무

전자전 연구, 전자정보 수집·분석, 대레이더·대적외선 교란, 기만작전 수행함.

5. 정치공작부 소속 연락부

(1) 의의

① 군 내부 감시 및 공산주의 사상 교육·선전 담당함.

② 국민당 군 내부 침투·심리전을 담당했던 '백군공작부'에 기원을 둠.

③ '연락국', '조사연구국', '변방국', '대외선전국' 등 4개 국 및 상해·광주 분국 운영함.

(2) 조직

① 연락국: 대만 정세 파악, 심리전, 요원 파견 담당함.

② 조사연구국: '중국인민대외국제우호연락회' 명칭을 사용하여 외국 대사관 첩보 수집 수행함.

③ 변방국: 베트남 침투 공작 담당함.

④ 대외선전국: 군의 선전활동 담당함.

Theme 84 중국 정보기구의 과제와 전망

I 국가안보 목표와 정보기관의 역할

① 중국은 '주권수호, 현대화 달성, 안정유지'라는 국가안보 목표를 지속적으로 추진하고 있으며, 당·정·군 내 정보조직이 이를 지원하는 역할을 수행함.

② 중국 정보기관은 국내 치안·방첩활동과 경제발전 지원을 주요 임무로 수행하며, 향후 외교·안보 정책 지원 역할을 확대할 전망임.

II 주권수호

1. 내부 반체제 세력 감시

① 중국은 당-국가 체제로서 공산당의 1당 지배를 유지하기 위해 정보기관이 내부 반체제 세력 감시에 집중함.

② 사회주의 체제를 위협하는 요소를 제거하는 것이 정보활동의 핵심 목표임.

2. 국내 안정유지

1949년 국가 설립 이후 정보기관은 치안, 보안, 방첩뿐만 아니라 자치구의 분리·독립운동, 민주화 활동, 반사회 조직을 관리하는 데 주력함.

3. 당의 국가 · 사회 통제

① 1970년대 말 개혁 · 개방 이후 외국과의 접촉 증가 및 사회체계 다원화로 체제 불안 요인이 증가함.

② 국가안전부 등 정보기관이 당의 국가 · 사회 통제를 지원하며 내부 체제안정을 유지하는 핵심 역할을 수행함.

Ⅲ 현대화 달성

1. 경제발전 지원 업무

① 정보기관은 경제발전을 위한 정보활동을 수행하며, 첨단기술 개발과 국방무기 현대화를 지원함.

② 2005년 원자바오 총리는 첨단기술 개발과 국방무기 현대화를 강조함.

③ 11차, 12차 5개년계획을 통해 과학기술 발전을 경제 사회발전의 핵심 동력으로 삼음.

④ 첨단 과학기술 습득을 위해 미국 등 서방국가를 대상으로 산업스파이 활동이 강화될 전망임.

2. 산업스파이 활동

(1) 개요

① 미국 내 산업스파이 사건의 85%가 중국과 관련됨.

② 산업스파이 활동은 미국의 첨단과학기술 및 군사기술에 집중됨.

③ 피터 리(Peter Lee)가 핵탄두 실험정보를 유출한 혐의로 구속됨(1985년, 1997년).

④ 웬호 리(Wen Ho Lee)가 미사일 설계도를 유출한 혐의로 구속됨(1999년).

(2) 인간정보활동

① 다양한 요원 활용: 중국계 미국인, 학자, 유학생, 기업인, 기자 등이 정보수집 수단으로 활용됨.

② 외교관: 미국 내 2,600명 이상의 중국 외교관이 정보활동을 수행함.

③ 유학생: 연간 10만여 명의 중국 유학생이 미국을 방문하며, 일부는 공산당원으로 정보활동 가능성이 있음.

④ 기업: 중국 정보기관은 국영 및 민간 기업을 활용하여 기술을 획득함.

⑤ 학자: 중국계 과학자를 포섭하거나 학술회의를 활용하여 첨단기술을 습득함.

⑥ 소결: 해외 화교, 기업인, 외교관, 유학생, 학자, 여행자는 중국 정보기관과 연계된 잠재적 정보요원으로 간주됨.

(3) 사이버정보활동

① 중국은 인간정보를 넘어 사이버 정보활동을 적극 전개함.

② 상대국 정보망 침투, 전산망 마비 등 사이버전쟁(cyber war)을 수행함.

③ 2008년 미 국방부 보고에 따르면 중국이 주도한 해킹이 54,640건 발생했으며, 2009년에는 전년 대비 60% 증가함.

④ 첨단 산업기술 획득이 경제발전과 군사무기 개발에 기여한 정도는 불분명하나, 지속적 개입을 고려할 때 상당한 성과를 거둔 것으로 추정됨.

⑤ 첨단 과학기술이 민간경제 및 방위산업에서 차지하는 비중이 크므로, 향후 중국 정보기관이 이 분야에 집중할 것으로 전망됨.

Ⅳ 국제질서의 재건축

1. 중국의 부상과 국제질서 개편

① 중국은 강력한 경제력을 바탕으로 미국과 함께 G2 국가로 부상함.

② 동아시아에서 미국과의 패권경쟁이 심화되는 가운데, 북핵 문제, 센카쿠 열도 분쟁, 남중국해 갈등 등 복잡한 외교 · 안보 현안 해결이 필요함.

③ 중국 지도부는 동아시아 주변국의 정치, 경제, 군사, 안보 동향이 국가 안보에 직결된다고 인식함.

④ 이에 따라 중국은 미국 국가안보장회의(NSC)를 본뜬 조직을 신설하여 안보 문제에 효과적으로 대응하려는 시도를 보임.

2. 국가안전위원회의 설립

(1) 의의

① 중국은 2013년 11월 제18기 중앙위원회 제3차 전체회의(3중전회)에서 '국가안전위원회' 설립을 결정함.

② 관영 인민일보는 국가안전위원회를 대국의 기본 소프트웨어로 강조함.

③ 중국은 센카쿠 열도 분쟁, 북한 급변사태 등 긴급 외교 · 안보 현안 발생 시 신속하고 체계적으로 대응하기 위한 외교 · 안보 사령탑이 필요했음.

(2) 중앙집권화된 정보기관 출현

① 국가안전위원회는 내치와 외치를 아우르는 강력한 권력기구로 분석됨.

② 미국 CIA가 NSC의 핵심기구 역할을 수행하듯, 국가안전위원회를 지원하는 중앙집권화된 정보기관의 출현이 예상됨.

③ 새로운 정보기관은 확대된 안보 개념을 바탕으로 외교, 국방, 군사뿐만 아니라 경제, 금융, 에너지, 과학기술 등 다양한 영역의 정보를 수집 · 분석하여 국가안전위원회에 지원하는 역할을 수행할 것으로 전망됨.

1. 중국의 개혁·개방 정책 지속

① 중국은 개혁·개방 정책을 지속 추진할 것으로 예상되며, 이에 따라 정보기관은 국내 치안·방첩뿐만 아니라 경제발전 및 외교·안보정책을 지원하는 역할을 하게 될 것임.

② 중국 정보기관은 미국, 러시아, 동아시아 주변국 및 대만을 대상으로 정보 및 공작 활동을 지속적으로 전개할 것으로 전망됨.

2. 중국의 외교·안보 현안

(1) 주요 외교·안보 도전과제

중국은 민주화에 따른 반체제 활동 증가, 소수민족 분리 독립 운동, 대만 문제, 미중 패권경쟁, 북핵 문제, 일본 및 남중국해 영토 분쟁 등의 다양한 외교·안보 현안을 해결해야 하는 상황에 직면함.

(2) 국가안전위원회의 역할과 전망

① 중국은 국내외 도전과 안보 위협을 극복하기 위한 대안으로 국가안전위원회를 설립하고 새로운 정보기관 출범을 추진함.

② 향후 정보기관의 조직체계, 인원 구성, 역할 수행 방식 등이 주목받을 것으로 예상됨.

③ 또한, 중국의 새로운 안보기구 설립과 정보활동 전개가 한반도 및 동북아 지역 안보에 미칠 영향도 중요한 관찰 대상임.

Theme 85 러시아 정보기구의 기원과 발전

I 의의

러시아의 정보기관으로는 대통령 직속 해외정보부(SVR), 연방보안부(FSB), 러시아 연방 국방부 참모본부 소속 정보총국(GRU), 연방경호부(FSO), 연방경호부(FSO)에 흡수 통합된 특수통신정보국(Spetsviaz) 등이 있음.

II 러시아 정보기구의 기원

1. 오프리치니나(Oprichnina)

(1) 기원

러시아 정보기관은 1565년 모스크바 대공국의 이반 4세(Tsar Ivan IV)가 설립한 오프리치니나(Oprichnina)에 뿌리를 두고 있음.

(2) 활동

① 오프리치니나는 정보기관보다는 비밀경찰 조직에 가까움.

② 짜르 직속기관으로서 1572년 해체될 때까지 반역자 색출 임무 수행.

③ 약 6,000여 명의 요원이 반역자 색출을 명목으로 집단 살상 등 강압적 활동 수행.

2. 프리오브라젠스키 프리카즈(Preobrazhensky Prikaz)

(1) 설립

17세기 말 피터 대제(Peter the Great)에 의해 설립됨.

(2) 활동

오프리치니나보다 규모는 작았으나, 국가 봉사를 회피하는 귀족이나 짜르를 조롱하는 인물까지 처벌하는 등 비밀경찰 기능 수행.

(3) 해체

피터 대제가 죽기 직전 해체됨.

3. 러시아 재판소 제3분과

(1) 설립 배경

1825년 12월 반체제 운동인 데카브리스트(Decembrist) 봉기가 발생하자, 니콜라이 1세(Nikolai I)가 반정부 운동을 억압하기 위해 1826년 러시아 재판소 제3분과(the Russian Third Section of the Imperial Chancery) 설립.

(2) 세계 최초의 비밀경찰조직

세계 최초의 비밀경찰조직으로 추정되며, 반체제 인사 감시 및 여론 동향 파악 임무 수행.

4. 오흐라나(Okhrana)

(1) 설립

19세기 후반 반정부활동 증가에 대응하기 위해 알렉산더 2세(Tsar Alexander II)가 오흐라나(Okhrana) 설립.

(2) 활동

① 1881년 설립, 1900년경 요원 수 약 10만 명으로 확대.

② 반역자 색출 및 왕권 보호 중심의 국내 보안정보활동 수행.

③ 런던, 베를린, 로마 등지에서 국외 정보수집활동 전개.

④ 외교정책 지원을 위한 비밀공작활동 수행, 무선감청 및 암호해독 등 신호정보활동 전개.

(3) 특징

① 국가 주도로 설립된 정식 조직으로 비밀첩보 수집활동 수행.

② 국내정치적 목적의 왕권 보호에 집중, 현대 국가정보기관과 차이점 존재.

Ⅲ 러시아 혁명 발발 직후의 정보기구

1. 비상위원회(VChK)

(1) 창설

1917년 12월 20일 KGB의 원조격인 비상위원회(VChK, 흔히 체카로 불림) 창설.

(2) 주요 인물

초대 위원장으로 레닌의 측근 제르진스키(Feliks Dzerzhinsky) 임명.

(3) 활동

1922년 해체될 때까지 즉결심판권 등 초법적 권한을 갖고 반혁명분자 색출 과정에서 대규모 살상 수행.

2. 통합국가정치국(OGPU)

체카 해체 후, 기능이 국가정치부(GPU)로 이전됨. 이후 소련 정권 수립 후 인민위원회(Council of People's Commissars) 산하 통합국가정치국(OGPU)으로 개편됨.

3. 국가내무위원회(NKVD)

(1) 조직 통합

1934년 OGPU가 국가안보국(GUGB)으로 개편된 후, 국가내무위원회(NKVD)에 통합됨.

(2) 활동

사회적 불순분자를 처결할 초법적 권한을 갖고 1930년대 스탈린 대숙청의 주요 도구로 활용됨.

Ⅳ 국가보안위원회(KGB)

1. 창설

1954년 스탈린 사망 후 'KGB(Komitet Gosudarstvennoy Bezopanosti)' 창설됨.

2. 역사

(1) 흐루시초프의 KGB 개혁 실패

흐루시초프, KGB 권한 축소 시도하였으나 내부 반발로 실각함.

(2) KGB의 위상 강화

브레즈네프, KGB를 강화하여 정치적 반대세력 탄압에 활용함.

KGB, 공산당을 압도하지는 않았으나 강력한 조직과 권한으로 소련 사회 전반에 영향력 행사함.

3. 활동

① 방첩, 해외정보 수집·분석뿐만 아니라 군사보안, 국경 방위, 국가원수 경호 수행함.

② 체제 유지 도구로 활용되어 반체제 인사 감시·숙청 진행함.

③ 정부 및 국영기업 내 KGB 요원 배치하여 정치적 감시 수행함.

4. 규모

① 세계 최대 정보기관으로 평가되었으나 정확한 인력 및 예산 비공개됨.

② 1970년대 중반 약 70만 명, 1980년대 약 40만 명 근무 추정됨.

③ 1960년대 중반 소련 해외정보활동비 15억 달러 이상 (미국 FBI 후버 국장 증언).

④ 1975년 CIA, KGB 해외공작 예산 연간 50억 달러로 추산함.

5. 조직

1980년대 후반 기준 4개 주무국, 10여 개 부서, 다양한 행정·기술지원 조직 존재함.

6. 해체

(1) 의의

① 1991년 12월 소련 붕괴와 함께 공식적으로 해체됨.

② 조직과 인력은 러시아 공화국으로 이관됨.

③ 1991년 8월 옐친 대통령, 정보기관 권력 집중 방지를 위해 KGB 분리 계획 추진함.

(2) KGB 쿠데타

① KGB, 개방정책 반대하며 1991년 8월 고르바초프 대통령 가택연금 및 러시아 의사당 포위 시도함.

② 일부 KGB 및 알파부대 지휘관의 명령 불복종으로 쿠데타 실패함.

③ 1991년 10월 24일 고르바초프, KGB 폐지 공식 문서 서명함.

④ KGB 후계 기관: 해외정보부(SVR), 연방보안부(FSB)로 분리됨.

(3) 해외정보부(SVR)의 분리·독립

1991년 10월 KGB 제1총국을 기반으로 해외정보부(SVR) 독립됨.

(4) 보안부(MB) 설립

1992년 1월 KGB 제2총국 및 국내 담당부서를 통합하여 보안부(MB) 설립됨.

(5) 연방정보통신국(FAPSI) 창설

1993년 2월 KGB 제8·16총국을 기반으로 신호정보 기능 수행하는 FAPSI 창설됨.

(6) 연방방첩부(FSK) 신설 및 국경수비대 분리

① 1993년 12월 보안부 해체 후 권한 축소된 연방방첩부(FSK) 신설됨.

② 보안부 산하 국경수비대, 연방국경수비대(Federal Border Service)로 독립됨.

(7) 연방보안부(FSB) 설립

① 1995년 4월 FSK 확대 · 개편하여 연방보안부(FSB) 설립됨.

② 초기에는 권한 축소 목적이었으나 점진적으로 강화됨.

③ 2003년 3월 FSB, 연방국경수비대 및 FAPSI 흡수하며 KGB 수준의 조직과 권한 확보함.

Ⅴ 러시아의 정보기구

1. 해외정보부(SVR, Foreign Intelligence Service)

(1) 개요

① 정보기구이자 국책연구기구를 지향함

② 역사 문제 및 강력한 비밀정보에 대한 전문가적 견해 제공

(2) 주요 활동

① 비밀공작, 경제간첩, 정부요인 경호, 전자감시 활동 수행

② 변절자 암살공작 전개

③ 여행사, 금융기관, 언론사, 무역회사 등 다수의 물적 자산 운용

④ 대표적 운영 기업: 에어로플롯(Aeroflot)

2. 연방보안부(FSB, Federal Security Service)

(1) 법적 근거 및 역할

① 국내 보안 · 수사기관으로, 1995년 4월 3일 제정된 "러시아 내의 연방보안기구에 대한 법률"에 근거함

② 방첩, 대테러, 조직범죄, 밀수, 부패사범, 불법자금세탁, 불법이민, 불법무기, 마약유통, 무장폭동 대응

(2) 조직 및 특징

① 미국의 연방수사국(FBI), 국가안보국(NSA), 국토안보부 세관 및 국경경비대, 마약수사국(DEA) 업무를 통합한 대규모 정보 · 수사 조직임

② 산하에 특수부대 설치, 부장에게 육군소장 계급 부여

③ 국내보안기구이지만 해외 전자감시 업무도 수행하며, 과거 소비에트 연방 영역 출입 가능

(3) 정치 · 경제적 영향력

① 연방보안부 출신 푸틴 대통령의 주도로 초강력 종합 행정집행기구화됨

② 신흥귀족 '올리가르히(Oligarchy)'와 연계하여 국가 경제 장악

③ 펠이나 크리샤(Krysha) 같은 비밀조직을 활용하여 올리가르히 세력 보호

3. 참모부 정보총국(GRU, Organization of the Main Intelligence Administration)

(1) 조직 및 역할

① 러시아 정보공동체 중 가장 규모가 큰 정보기구

② 미 육군 델타포스(Delta Force) 및 해군 네이비실(Navy Seal)과 유사한 특수부대 '스페츠나즈(Spetsnaz)' 운영

③ 국내외 군사정보 수집, 비밀공작 수행, 해외 거주 러시아인을 대상으로 정보활동 전개

(2) 특징 및 정보 수집 활동

① 창설 이후 한 번도 분리되지 않고 지속적인 전문성을 유지한 강력한 정보기구

② 쿠바 로우르데스(Lourdes) 기지국, 베트남 캄란 기지(Cam Rahn Bay) 등 세계적 신호정보 기지 운영

③ 미국 및 서유럽을 대상으로 광범위한 신호정보 수집 활동 수행

Theme 86 러시아 정보기구의 구성과 기능

Ⅰ 해외정보부(SVR)

1. 의의

① 1991년 10월 구 KGB의 해외정보 담당 부서인 제1총국을 기반으로 창설됨.

② 대통령 직속 국가정보기관으로서 해외정보의 수집 및 분석을 담당하며, 대통령에게 직접 보고함.

2. 조직

PR국, S국, X국, KR국 등 총 8개국으로 구성됨.

3. 업무

(1) 일반 정보 및 초국가적 안보위협 대응

① 군사, 정치, 경제, 과학기술 등 일반 정보 수집 및 분석.

② 대량살상무기 확산, 불법 무기거래, 마약 거래, 조직 범죄 등 초국가적 위협 대응.

③ 해외 비밀공작활동 수행하며, 의회의 승인 없이 대통령의 지시로 실행 가능.

④ 대테러활동 및 해외 정보기관과의 협력 창구 역할 수행.

⑤ 해외주재 러시아 공관 및 해외 여행 중인 러시아 시민 보호 임무 수행.

(2) 인간정보활동

① 해외 공관에 사무소와 요원을 두고 정보활동 수행하며, 약 1만 2천여 명의 요원이 활동 중.

② 외교관, 무역대표부 직원, 특파원, 상사원 등의 신분으로 위장하여 정보활동 수행.

③ 해외 진출 러시아 기업을 정보활동 지원 조직으로 활용하며, 아에로플로트(Aeroflot)가 대표적 사례임.

4. 외교정책에서 주도권 행사

(1) 의의

외교부보다 SVR이 외교정책 주도권을 행사하는 특징적 구조를 가짐.

(2) 프리마코프(Yevgeni Primokov)의 역할

① 옐친 대통령 집권 당시 SVR과 외교부 간 주도권 다툼 발생.

② SVR 부장이었던 프리마코프는 서방의 NATO 확장을 러시아 안보 위협으로 간주하여 경고함.

③ 1996년 1월 코즈레프 외교부장관이 사임 후 프리마코프가 외교부장관으로 임명되며, 다수의 SVR 요원이 외무부로 영입됨.

④ 1999년 9월 옐친 대통령이 SVR의 외교정책 주도권을 공식 인정함.

(3) 주요 외교 현안에 대한 러시아 입장 결정

이란 핵기술 이전, NATO 동진, ABM 조약 수정 등 주요 외교정책에서 SVR이 주도권 행사함.

(4) 정책대안 제시

① 대통령에게 CIA와 유사한 일일 브리핑 보고서를 제공하나, 외교정책 관련 정책대안까지 제시함.

② 정책대안이 외교정책에 반영되며 SVR의 영향력이 증가함.

Ⅱ 연방보안부(FSB)

1. 의의

① KGB 해체 후 국내 보안 및 방첩 부서를 통합하여 1991년 보안부(MB) 설립됨.

② 1993년 12월 연방방첩부(FSK)로 개편, 1995년 4월 연방보안부(FSB)로 확대 · 개편됨.

③ 2000년 푸틴 대통령 당선 후 대통령 직속 기관으로 편입되어 장악력 강화됨.

④ 2003년 3월 연방국경수비대 및 FAPSI 흡수 통합으로 KGB 수준의 조직과 권한 확보함.

2. 조직

방첩국, 헌법체제 보호 및 대테러국, 연방경호국, 경제보안국, 국경경비 등 10개국으로 구성됨.

3. 권한

(1) 국내 보안정보활동

① 방첩, 대테러, 마약 및 조직범죄 대응 임무 수행.

② 부패사범, 불법자금 세탁, 불법이민, 불법 무기 거래 등의 문제 대응.

③ 하천, 연안, 대륙붕 수자원 보호 및 국경 통과 관련 업무 수행.

④ 국가안전보장 관련 과학기술정책 수립 및 추진.

⑤ 대테러 특수부대 '알파' 운영.

(2) 러시아 내 최고 정보기관

① 필요시 러시아 내 모든 법집행기관과 정보기관에 대한 지휘 · 통제권 행사 가능.

② 미국의 FBI, ICE, NSA, DEA, 해안경비대 등의 기능을 통합한 수준의 권한 보유.

③ 독자적인 감옥체계 운영, 법원의 재가하에 서신 검열 및 도청 가능, 경우에 따라 영장 없이 수색 가능.

④ 검찰 및 의회의 감독이 미미하여 공권력 남용 및 인권 침해 우려 존재.

4. 규모

① 법적으로 제한된 인원은 77,640명이지만, 보조 인력 포함 시 20만 명 이상으로 추정됨.

② 국민 700명당 1인의 FSB 요원을 두고 있으며, 공권력 남용 가능성 존재함.

5. 2000년 푸틴 대통령 취임 후 FSB의 영향력 강화

① 푸틴 대통령 취임 이후 FSB 출신 인사들이 정부 요직을 차지하며 정치, 경제, 사회 전반을 장악함.

② 전직 요원들의 증언에 따르면, 고위 관리들이 정보기관을 사적 및 정치적 목적으로 악용하는 사례 빈번함.

③ FSB가 청부살인, 인질, 테러 등의 범법 행위에 연루된 정황도 보고됨.

Ⅲ 참모본부 정보총국(GRU)

1. 창설 배경

① 1918년 10월 21일, 레닌의 특별지시에 따라 트로츠키가 군 작전 지원과 군사정보 수집을 위해 RU(Registration Department) 창설함.

② 1920년경 RU가 소련군 참모부 소속 '제2국(정보총국)'으로 개편됨. 이후 참모본부 정보총국(GRU)으로 발전함.

③ 소련 붕괴 후 KGB는 SVR, FSB 등으로 분리되었으나 GRU는 존속함.

④ 1992년 4월 러시아 연방 국방부 창설 이후 GRU는 참모본부 소속 정보총국으로 개편됨.

2. 임무

(1) 군사정보 수집

① 전략 · 전술적 군사기밀 및 군사과학 기술 정보 수집이 주 임무이며, 산업스파이 및 게릴라전에 관여하기도 함.

② 창설 초기 해외 군사정보 수집에 집중하며 국내 문제에는 관여하지 않음.

③ 1930년대 스탈린 시기 GRU가 국내 반정부 세력 체포 · 처형에 이용됨.

④ 이후 GRU는 군 보안업무를 담당하지 않으며 국내 문제에도 개입하지 않음. 소련 붕괴 이후 존속의 이유로 분석됨.

(2) 독립적인 군사정보기구

① 군 지휘계통을 통해 당 정치국에 직접 보고 및 지시를 받는 독립적 군사정보기관임.

② 특수부대 스페츠나즈(SPETSNEZ)를 보유하며, 미국의 그린베레(Green Beret), 델타포스(Delta Forces), 네이비실(Navy SEAL)과 유사한 성격을 가짐.

③ 해외 러시아 대사관에 무관 사무실을 운영하며 독자적 정보활동 수행함.

(3) FSB의 조정

GRU는 소련 시기 KGB, 현재는 FSB의 조정을 받는 것으로 알려져 있으며, 독립적인 비밀정보기관으로 보기 어려운 측면이 존재함.

(4) 해외정보활동

① 해외정보활동에서 SVR과 유사한 수준의 자원과 활동력을 보유함.

② 1997년 당시 SVR보다 6배 많은 스파이를 해외에 배치함. 현재 해외 주재 러시아 대사관 무관의 대부분이 GRU 소속임.

③ GRU 요원은 러시아 국영 항공사, 해운회사, 기타 기업체 직원으로 신분을 위장하여 활동함.

3. 규모

① 1980년대 말, 본부 요원 2,000명, 해외 파견요원 3,000명 포함 약 6,500명으로 추정됨.

② 2000년대 초 GRU 직원이 약 2만 명에 달하는 것으로 추정되나 정확한 정보는 불확실함.

③ 일본에서 활동한 소련 스파이 리하르트 조르게(Richard Sorge), KGB가 적발한 포포프(Yuri Popov) 중령,

1962년 스파이 혐의로 처형된 펜코프스키(Oleg Penkovsky) 대령이 GRU 소속 요원으로 알려짐.

Ⅳ 연방정보통신국(FAPSI)

1. 설립 과정

① 1991년 12월 24일 KGB의 제8총국(정부통신)과 제16총국(전자정보)의 핵심부서가 대통령 비서실 정보국으로 편입됨.

② 1994년 2월 대통령 직속 연방정보통신청(FAPSI)으로 개편됨.

③ 경호국(GUO)과 FSK(후일 FSB)가 FAPSI 기능을 흡수하려 경쟁함. 일부 기능이 GUO로 이관되어 대통령통신시스템이 설립됨.

④ 2003년 3월 11일, FAPSI가 FSB 산하 '특수통신정보국(Spetsviaz)'으로 개편됨.

⑤ 2004년 8월 7일, 특수통신정보국이 연방경호부(FSO)에 통합됨.

2. 신호정보활동 수행 기구

① 미국 NSA와 유사한 역할 수행. 러시아 정부통신 시스템 및 텔레커뮤니케이션 유지 · 관리, 암호해독 담당함.

② 전자정보(ELINT) 수집 및 러시아 정부 인터넷 네트워크 관리 담당함.

③ 정보통신 산업 국가규제 및 전자금융, 증권거래, 전자암호체계 관리 수행함.

④ FAPSI는 러시아 보안기구 중 가장 은밀한 기관으로 알려지며, FSB와 SVR 인원을 합친 것보다 많은 약 10만여 명 규모로 추정됨.

Ⅴ 연방경호부(FSO)

1. 경호국(GUO) 설립

(1) 의의

소련 붕괴 후 KGB의 제9총국을 기반으로 '경호국(GUO)'이 설립됨.

(2) 권한 및 구성

① GUO는 KGB 제9총국보다 강력한 조직으로 성장하며, 대통령 정보통신 기능을 FAPSI에서 이관받음.

② 독자적 첩보조직 및 제7총국의 알파부대를 포함하여 약 25,000명의 특수부대 요원으로 구성됨.

2. 연방경호부(FSO) 설립

① 1993년 말, GUO에서 대통령 경호 기능이 분리되어 대통령 경호실(PSB) 창설됨. 1996년 1월 GUO로 재편입됨.

② 1996년 5월 27일, GUO가 확대·개편되어 연방경호부(FSO)로 설립됨.

3. 업무

① 핵전쟁 시 사용되는 '핵가방(Black Box)' 관리 담당함.
② 정부 요인 경호 및 주요 건물 방호 업무 수행함.
③ 러시아 무기수출회사(Rosvooruzhenie) 등 주요 시설 경비 담당함.

4. 규모 및 권한

① 2008년 5월 기준, FSO는 2~3만 명의 특수부대 요원과 수천 명의 민간인으로 구성됨.
② 영장 없이 수색, 미행 감시, 체포 가능하며, 여타 정부 부처에 명령을 내릴 수 있는 강력한 권한 보유함.

Theme 87 러시아 정보기구의 전망과 과제

Ⅰ 의의

러시아 정보기관은 제정 러시아 시대부터 현재까지 국가안보 수호보다는 집권 세력의 정권 유지 도구로 활용됨.

Ⅱ 제정 러시아 시대

1. 오프리치니나부터 러시아 재판소 제3분과까지

러시아 정보기구는 현대 기준으로 볼 때 정보기관이라기보다 비밀경찰조직으로 기능하며 황제의 정권 유지를 위한 도구로 활용됨.

2. 오흐라나(Okhrana)

① 1881년 국가 주도로 설립된 오흐라나는 조직적 구조를 갖추고 비밀첩보 수집을 수행하여 현대 정보기관과 유사한 특징을 가짐.
② 그러나 오흐라나는 국가안보보다 왕권 보호에 치중하여 오늘날 국가정보기관과 차이를 보임.

Ⅲ 러시아 공산혁명 이후

1. 정보기관의 기능

1917년 러시아 공산혁명 이후 정보기관은 사회통제 기능을 유지하며 집권 세력의 정권 유지 도구로 활용됨.

2. 레닌과 스탈린 치하

정보기관은 초법적 권한을 갖고 혁명정권 유지 및 강압적 전체주의 독재체제 유지의 핵심적 역할을 수행함.

3. 브레즈네프 집권기간

브레즈네프는 KGB를 정권 유지 수단으로 활용하여 체제에 대한 불만 세력을 감시, 색출, 숙청하는 정책을 지속하며 악명을 떨침.

Ⅳ 구소련 붕괴 이후 정보기관의 변화

1. 옐친 대통령 집권기

(1) 정보기관 개혁

① 1991년 집권한 옐친 대통령은 KGB를 해외정보, 국내방첩, 신호정보, 경호기관 등으로 분리하여 정보기구의 민주화 및 비정치화 추진함.
② 러시아 역사상 최초로 정보기관의 독립성과 민주적 운영을 도모함.

(2) 개혁 후반부의 변화

① 집권 후반부에 들어서면서 정보기관의 권한을 다시 강화하고 조직을 확대 개편함.
② 이는 초기 민주화 정책과 반대되는 조치로 평가됨.

2. 푸틴 대통령 집권기

(1) 정보기관의 활용

① 푸틴 대통령 역시 정보기관을 정권 유지의 도구로 활용함.
② 사회통제 방식은 직접적인 강압에서 간접적·은밀한 공작정치로 변화함.

(2) 정보기관의 역할

정보기관은 정치지도부의 이익 실현을 위한 핵심적 도구로 기능함.

Ⅴ 정보기관에 대한 통제 부재

1. 의회의 통제 시도

① 소련 붕괴 이후 러시아 사회의 민주화에 따라 정보기관(FSB, SVR)에 대한 의회의 통제가 제도화됨.
② 그러나 실질적으로 정보기관에 대한 의회의 통제는 거의 행사되지 못하고 있음.

2. FSB

(1) FSB의 사회통제 능력

과거 KGB 요원 수는 시민 428명당 1명, FSB 요원 수는 시민 297명당 1명으로 FSB가 더욱 강력한 사회통제 능력을 보유함.

(2) 사회통제기구로서의 역할

① FSB는 감청, 정치단체 통제, 정부기관 감시, 위장기업 설립 등을 통해 강력한 통제력을 행사함.

② 수사권을 보유하며, 수색영장 없이 가택 및 기업체 사무실 진입 권한을 행사할 수 있음.

(3) 견제기구 부재

일부 학자는 KGB가 공산당에 의해 통제된 반면, FSB는 이를 견제할 기구가 없다는 점에서 KGB보다 더 강력한 정치사찰 기구라고 평가함.

Ⅵ 대통령의 권한 강화

1. 민주화 추세 역행

① 러시아는 대통령 중심으로 권력이 강화되는 경향을 보임.

② 정보기관은 막강한 권한을 갖고 사회 전반에 강력한 통제력을 행사함.

2. 정보기구 출신 인사의 사회 장악

(1) 전·현직 요원의 영향력 확대

정보기구의 전·현직 요원들이 정계, 재계, 문화계까지 장악하여 부정부패 문제 지속됨.

(2) 정보기관 개혁 시도

러시아에서 정보기구 개혁 시도가 여러 차례 있었으나 효과적으로 이루어지지 않음.

(3) 향후 전망

① 정보기관이 탈권력화, 탈정치화, 부정부패 척결 등을 위한 노력이 필요함.

② 이를 통해 정보활동의 효율성을 회복하고 국가안보라는 본연의 역할에 충실할지 주목할 필요가 있음.

Theme 88 영국 정보기구의 기원과 발전

Ⅰ 월싱햄의 비밀조직

1. 의의

영국 정보기구의 기원은 1573년 엘리자베스 1세 시기에 월싱햄 경(Francis Walsingham, 1537~1590)이 설립한 비밀조직에서 찾을 수 있음.

2. 활동

① 월싱햄은 옥스퍼드와 케임브리지 대학 출신의 인재를 선발하여 암호학과 첩보기술을 훈련시킴.

② 엄격한 훈련을 받은 엘리트 요원들은 국내외에서 여왕 암살 음모를 적발하고 왕권 보호 및 정보 수집 임무를 수행함.

③ 1588년 스페인 펠리페 2세의 무적함대 격파에 결정적인 역할을 함.

3. 특징

① 세계 최초의 근대적 정보기관으로 평가되며, 기존 비밀조직보다 체계적이고 효과적인 정보활동을 수행함.

② 프랑스, 독일, 러시아 등의 비밀조직이 왕권 보호에 집중한 것과 달리, 국가 안보 차원의 정보활동을 전개함.

③ 이후 영국 정보기구의 모델로 자리 잡으며 중요한 역사적 의의를 가짐.

Ⅱ 19세기 후반 정보기구

1. 의의

① 19세기 후반 유럽에서 육·해군 무기체계가 급속히 발전하며 전쟁 양상이 변화함.

② 대규모 병력이 광범위한 지역에서 전투를 수행하면서 기습작전이 증가하고 전투 지휘 및 통제가 복잡해짐.

③ 이에 따라 야전사령관을 지원하는 참모조직의 필요성이 대두됨.

2. 지형통계국(War Office Topographical and Statical Department)

크림전쟁 이후 전쟁성 산하에 '지형통계국'이 창설되었으나 활동이 미약함.

3. 전쟁성 정보국(War Office Intelligence Branch) 창설

① 1873년 전쟁성 정보국이 창설되면서 영국의 군사정보 활동이 본격화됨.

② 1878년 정보국 산하 '인도 지부(Indian Intelligence Branch)'와 1882년 해군 '대외정보위원회(Foreign Intelligence Committee)'가 설립되며, 군사정보 활동을 전문적으로 수행함.

Ⅲ 비밀정보국

1. 의의

1909년 독일 간첩 색출을 목적으로 '비밀정보국(Secret Service Bureau)' 설립. 영국 최초의 국가적 정보기관으로 평가됨.

2. '국내과(Home Section)'와 '해외과(Foreign Section)'

(1) 의의

초기 비밀정보국은 육군과 해군으로 분리되었으나, 이후 '국내과'와 '해외과'로 재편됨.

(2) 조직 및 활동

① 국내과: 육군성 소속으로 영국 연방 및 본토 내 방첩 및 수사활동 수행.

② 해외과: 해군성 관할하에 유럽 국가들에 공작관 파견, 군사동향 첩보 수집.

3. 'MI5'와 'MI6'

① 1916년 '국내과'와 '해외과'가 '군사정보국(Directorate of Military Intelligence)'의 일부로 편입되며 각각 'MI5'와 'MI6'로 명명됨.

② 1921년 MI6의 업무가 외무부로 이전되며 '비밀정보부(Secret Intelligence Service, SIS)'로 개명됨. MI5는 1931년 내무부 관할 '보안부(Security Service, SS)'로 개명됨.

Ⅳ 정부통신본부(GCHQ)

1. MI8과 Room40

① 제1차 세계대전 당시 영국 육군은 'MI8', 해군은 'Room40' 암호부대를 운영하며 무선감청 수행.

② Room40은 '짐머만의 전보(Zimmerman's Telegram)' 해독을 통해 미국의 참전을 유도하는 데 결정적 역할을 함.

2. 암호학교(GCCS)

① 1919년 Room40과 MI8 일부 인원이 브레츨리 파크(Bletchley Park) 소재 '정부 암호학교(Government Code and Cypher School, GCCS)'에 통합됨.

② GCCS는 제2차 세계대전 중 '울트라 작전(Ultra Project)'을 추진하여 독일 에니그마(Enigma) 암호체계를 해독, 연합군 승리에 기여함.

3. 정부통신본부(GCHQ)

1946년 GCCS가 '정부통신본부(Government Communication Headquarters, GCHQ)'로 개편되어 현재까지 존속됨.

Ⅴ 합동정보위원회(JIC) 설립

1. 의의

제1차 세계대전 경험을 통해 국가 차원의 정보분석기구 필요성이 대두됨. 1930년대 독일의 군사력 및 전쟁 계획 분석 필요성이 증가함.

2. 종합적인 분석 기능을 수행하는 정보기구

① 기존 부문정보기구들의 분석 능력이 부족하다고 판단됨.

② 1939년 단편적인 정보를 종합하는 기구로서 '합동정보위원회(British Joint Intelligence Committee, JIC)' 설립됨.

③ JIC는 제2차 세계대전 중 전쟁 임무 수행에 기여하며 명성을 얻음. 국가평가(national assessment)를 통해 적의 육군, 해군, 공군, 정치, 경제 등 종합적 분석 수행.

Ⅵ 영국의 정보기구

1. 보안부(Security Service, SS 또는 MI5)

(1) 개요

「보안서비스법(Security Service Act 1989)」에 근거한 내무부 장관 소속 정보기구

'BOX 500' 또는 'Five'로 불림

(2) 주요 역할

① 법집행기구 지원 역할 확대

② 중대범죄, 분리운동, 테러리즘, 간첩활동 대처

2. 비밀정보부(Secret Intelligence Service, SIS 또는 MI6)

(1) 개요

① 「정보서비스법」에 근거한 외무부 장관 소속 해외정보기구

② 창설자 스미스 커밍 경에서 유래하여 '커밍부' 또는 '코드명 C'로 불림

③ '박스 850'로도 지칭됨

(2) 주요 역할

① 국가안보이익, 경제복지이익 보호

② 중대범죄 적발 및 예방 지원

③ 'Firm' 또는 'Friends'로 불리며 다른 정보기관과 협력

3. 정부통신본부(Government Communications Headquarters, GCHQ)

(1) 개요

① 비밀정보부(SIS)와 함께 외무부 장관 산하 정보기구

② 1919년 정부암호학교(Government Code and Cipher School)로 창설

③ 1946년 정부통신본부(GCHQ)로 확대 개편

(2) 주요 역할

① 제2차 세계대전 중 독일 암호체계 에니그마(ENIGMA) 해독에 기여

② 2003년 도넛(Doughnut) 형태의 건물로 이전

③ 세계 최대 전자 감시망인 에셜론(ECHELON) 운영 담당

4. 합동테러분석센터(Joint Terrorism Analysis Centre, JTAC)

(1) 개요

① 보안부(MI5) 산하 테러방지 정보기구
② 국가 모든 테러 관련 정보에 접근 가능

(2) 주요 역할

보안부와 별도로 정보공동체의 공식 구성원으로 독립 정보기구로 평가

5. 국방정보부(Defence Intelligence, DI)

(1) 개요

군사정보뿐만 아니라 국제 분쟁, 테러, 대량살상무기(WMD) 관련 정보 수집

(2) 주요 역할

국방부, 국무부, 내각 유관부서, NATO, EU, 영연방국가에 정보 제공

6. 특별수사대(Special Branch)

(1) 개요

영국 경찰 소속의 특별 조직

(2) 주요 역할

① 2005년 런던 경시청(Scotland Yard) 특별수사대가 '대테러사령부(Counter Terrorism Command)'로 재편
② 재편의 주요 목적: '요원의 현장화'

Ⅶ 결론

① 월싱햄의 비밀조직에서 시작된 영국 정보기관의 발전은 세계 첩보사에서 중요한 의미를 가짐. 초기 왕권 보호에서 국가안보 중심으로 발전함.
② 제1 · 2차 세계대전에서 SS, SIS, GCHQ 등 정보기관이 승리에 기여함.
③ 독일 게슈타포와 달리 정보기관의 권력 집중을 방지하며 '분리형 정보체계' 발전. 영국 정보체계는 미국 및 기타 국가들의 정보기관 형성에 긍정적 영향을 미침.

Theme 89 영국 정보기구의 구성과 기능

Ⅰ 영국 정보기구의 구성

영국의 주요 정보기관으로는 보안부(MI5), 비밀정보부(MI6), 정부통신본부(GCHQ), 합동정보위원회(JIC), 런던 경찰국(MPS), 국방정보부(Defense Intelligence) 등이 있음.

Ⅱ 국가안전보장회의(NSC)

1. 의의

국가안전보장회의(National Security Council, NSC)는 2010년 5월 캐머런(David Cameron) 총리에 의해 설립됨.

2. 기능

① 국가안보 및 외교정책을 공식적으로 결정하는 기구 역할 수행
② 수상의 권한 강화 및 내각 최고위급 관료들의 정보 접근성 향상

3. 조직 및 권한

(1) NSC 장관

국가안보보좌관(NSA)이 NSC 장관을 겸임함.

(2) 구성

① 수상의 자문기관으로 행정부 최고위급 각료들로 구성됨.
② 수상을 의장으로 하며, 국무부 · 재무부 · 국방부 · 내무부 · 법무부 · 내각부 장관 등이 포함됨.
③ 필요 시 국방참모총장, 정보기관장, 야당 지도자 등이 참석 가능함.

(3) 권한

정보공동체의 정보기관들로부터 보고를 받고, 정보활동 및 정책을 지휘 · 감독하는 권한 보유.

Ⅲ 국가안보사무국

1. 의의

국가안보사무국(National Security Secretariat)은 전략적으로 중요한 안보 및 정보 문제를 조정하며, NSC와 JIC에 대한 자문 역할 수행.

2. 국가안보사무국 장관

국가안보보좌관(NSA)이 국가안보사무국 장관을 겸임함.

3. 임무

① NSC에 국가안보 전략 관련 정책 자문 제공

② 정부 차원의 외교 및 방위 정책 조정·개발

③ 정부의 보안 정책 및 기능 개발

④ 비상사태 대응 및 회복 탄력성 강화

⑤ 위기 상황에서 정부 대응 조정 역할 수행

⑥ 국가 사이버 보안 전략의 전략적 리더십 제공

⑦ 정보공동체의 자금 및 우선순위 관리

⑧ 정보공동체의 정책·윤리·법적 문제 조정

IV 합동정보분석기구(JIO)

1. 의의

합동정보분석기구(Joint Intelligence Organisation, JIO)는 국가안보사무국과 별도로 독립적 정보 출처 평가를 수행하며 국가안보 및 외교정책 관련 자문 제공.

2. 장관급 합동정보분석기구의 장

장관급 합동정보분석기구의 장(Secretary, Permanent Head of the JIO)이 합동정보위원회(JIC) 위원장을 겸임함.

3. 정보 평가 및 개발

(1) 의의

정보기관의 분석 역량을 평가·개발하여 JIC와 NSC의 업무 지원.

(2) 모든 정보에 대한 출처 평가

정보공동체가 제공하는 모든 정보의 권위 있는 출처 평가를 수행하여 수상, NSC 및 고위 정책 입안자의 의사결정 지원.

(3) 정보 평가

정보 분석에 판단 계층을 추가하여 정보소비자가 명확하고 종합적으로 정보를 이해하도록 지원.

(4) 전문가 네트워크 활용

비밀정보뿐만 아니라 외교 서비스, 학계 등 전문가 네트워크를 통한 공개정보 활용.

(5) 새로운 안보위협 대응

군사안보 외에도 첨단 기술, 경제·건강 안보, 기후 변화 등 새로운 안보위협에 대응.

(6) 의회의 감독

합동정보분석기구(JIO)는 의회 '정보 및 보안위원회'의 감독을 받음.

V 국가안보보좌관(NSA)

1. 의의

국가안보보좌관(NSA)은 안보, 정보, 국방 및 외교 정책을 총괄하는 중앙 조정관 및 고문 역할을 수행함.

2. 조직

① 내각 사무처(Cabinet Office) 소속으로, 정부의 우선순위에 맞는 국가 안보 전략을 수립하고 관련 부처와 협의함.

② NSA에게 전문 지식을 제공하는 특별보좌관 2~3인을 둘 수 있음.

③ NSA는 국가안보회의(NSC) 장관이자 국가안보사무국(NSS)의 수장 역할을 수행함.

3. 연혁

① 2010년 국가안보회의(NSC)와 함께 설립되어 국가 안보 조정 능력을 강화함.

② 기존 외교 정책 보좌관, 해외 및 국방 정책 사무국장, 정보 코디네이터 등의 기능을 통합하여 조정 기능을 수행함.

4. 임무

① 국가안보, 외교정책, 국방, 국제관계개발, 에너지 및 자원 안보 등 부서 간 정책 결정을 조율함.

② 총리와 협력하여 일관된 국가안보 정책을 수립하고 주요 위기 상황에 대한 정부 대응을 자문함.

VI 보안부(SS, MI5)

1. 의의

① 보안부(Security Service, SS, MI5)는 내무부 소속으로 대간첩, 대테러 등 국내 방첩 및 보안 업무를 수행하는 정보기관임.

② 1909년 비밀정보국 기반으로 창설되었으나 1989년 「보안부법(Security Service Act 1989)」 제정 이전까지 법적 지위가 인정되지 않음.

③ MI5의 주요 임무는 간첩행위, 테러, 사보타주 방지 및 의회민주주의 전복 행위 차단이며, 테러리스트 지원 해외범죄조직 감시도 포함됨.

2. 임무

① 방첩 활동을 주로 수행하였으나 최근 테러, 마약, 불법이민, 조직범죄 대응까지 영역 확대됨. MI5의 정보역량 중 약 2/3가 대테러 업무에 집중됨.

② 북아일랜드, 웨일즈, 스코틀랜드 내 극단적 민족주의 세력에 대한 정보활동도 수행함.

3. 국내정보활동과 사법활동 구분

(1) 의의

MI5는 국내 보안 정보활동만 담당하며, 사법활동은 경찰의 권한으로 구분됨.

(2) 권한

① 미국 FBI와 유사한 기능을 수행하나 체포권이 없으며, 가택 수색 시 집주인의 승낙이 필요함.

② 일반인과 동일한 법적 지위를 가지므로 권력 남용 위험이 비교적 낮음.

4. 조직

① MI5는 부장(Director General) 아래 차장, 차장보, 법률 자문 등을 두고 있음.

② 차장 산하에 대테러국, 사이버·대간첩·반확산국, 북아일랜드국, 기술공작·분석·감청국, 감찰실을 포함한 5개 국이 있음.

③ 차장보 산하에 재정 및 기획국, 인사 및 보안국, 기술개발국 등 3개 국이 있음.

④ 1998~1999년 기준 인원 약 1,900명, 예산 2억 달러 규모였으며, 최근 인원이 약 3,800명으로 확대됨.

Ⅶ 비밀정보부(SIS, MI6)

1. 의의

① 비밀정보부(Secret Intelligence Service, SIS, MI6)는 대중적으로 007 영화 시리즈로 유명함.

② MI6는 MI5보다 더 철저히 비밀에 부쳐졌으며, 1992년 영국 하원에서 공식적으로 존재가 인정됨.

③ 1994년 「정보부법(Intelligence Services Act of 1994)」이 발효되며 법적 기반이 마련됨.

④ 2010년 SIS 부장이 대중 앞에서 최초로 연설을 하여 보안 유지 문제를 논의함.

2. 임무

(1) 의의

① 외무부 소속 해외정보기관으로서, 영국 정부의 안보, 국방, 외교, 경제 정책 수행을 위한 비밀정보를 제공함.

② 미국 CIA와 유사하게 비밀공작 활동을 수행하며, 1917년 러시아 혁명 당시 반(反)볼셰비키 세력을 지원하는 공작을 진행함.

③ 1950~1960년대 중동에서 선전공작, 쿠데타 공작 등을 수행함.

(2) 정보활동 영역 변화

① 냉전시대에는 소련을 주요 목표로 하여 첩보수집 및 비밀공작 활동을 수행함.

② 냉전 종식 이후 유럽연합 확대로 인해 유럽지역 정보 수집과 경제안보 관련 활동이 강화됨.

③ 9/11 테러 이후 대테러 국제 공조를 중점적으로 수행함.

④ 대량살상무기 확산, 사이버 테러, 국제조직범죄 등 초국가적 안보 이슈 대응 영역이 확대됨.

3. 조직

① 내각의 승인과 합동정보위원회(JIC)의 지휘·감독 하에 해외 첩보수집 및 비밀공작을 수행함.

② 부장 아래 본부장을 두며, 본부장 산하에 인사·행정처, 특수지원처, 방첩·보안처, 정보요소·생산처 등 4개 처와 해외공작을 통제하는 '통제단'이 있음.

③ SIS의 해외공작 부서는 영국, 유럽, 러시아, 서반구, 아프리카, 중동, 극동 등 7개 지역으로 나뉘며, 각 지역별 '통제관'을 두어 관리·감독함.

④ 1990년대 말 기준 재직 인원 약 2천여 명 규모로 알려짐.

Ⅷ 정부통신본부(GCHQ)

1. 의의

① 정부통신본부(Government Communication Headquarters, GCHQ)는 영국 외무부 소속 정보기관으로, 합동정보위원회(JIC)의 지휘·감독을 받으며 영국 정부 부처 및 군에 신호정보(SIGINT)와 정보보호(information assurance) 업무를 수행함.

② 주요 임무는 외국 대사관, 국가기관, 이해관계를 가진 개인 및 기업의 무선통신, 텔렉스, 전보통신을 감청 및 해독하는 것임.

③ 또한 영국 정부의 통신 보호를 위한 암호 체계 개발 및 해독 업무를 수행함.

2. 임무

(1) 조직 및 활동

① GCHQ는 오랫동안 비공개 조직이었으나, 1983년 소속 요원 제프리 프라임(Geoffrey Prime)이 KGB 첩자로 활동하다 체포되면서 대중에게 알려짐.

② GCHQ 산하 '통신전자보안단(CESG)'은 정보통신망 및 핵심기반시설의 통신보안을 담당하며, '합동기술언어국(JTLS)'은 감청된 음성대화를 번역하여 정부 부처에 제공함.

(2) 신호정보활동

① 1989년부터 독자적 인공위성을 확보하여 신호정보활동을 수행함.

② 육·해·공군 통신감청부대를 지휘하며, 영국 및 해외(아일랜드, 독일, 지브롤타, 포클랜드, 아프리카, 아시아 등)에 감청기지를 운영함.

③ 제2차 세계대전 이후 미국 NSA와 긴밀한 정보 협력을 유지하고 있음.

④ 캐나다, 호주, 뉴질랜드 등 영연방 국가들과 협력하여 미국 NSA 주도의 에셜론 감청 체제(Echelon Surveillance System)의 핵심 구성원으로 활동함.

3. 감독 및 예산

① 1994년 「정보부법」 발효 이후, 의회 '정보안보위원회(Parliament's Intelligence and Security Committee)'의 감독을 받음.

② 냉전 말기 인원은 약 6,000명이었으나, 1997년 4,500명으로 축소됨. 당시 예산은 약 7억 달러였으며, 2012년 기준 약 5,500명이 재직하고 있음.

Ⅸ 합동정보위원회(JIC)

1. 개념 및 역사

① 합동정보위원회(Joint Intelligence Committee, JIC)는 1936년 '대영제국 국방위원회(Committee of Imperial Defense)'의 분과로 출범하였으며, 1939년 현재 명칭으로 개편됨.

② 제2차 세계대전 중 부문별 정보기관에서 제공한 정보를 종합·분석하여 전쟁 승리에 기여함.

③ 1957년부터 '내각사무처(Cabinet Office)' 소속으로 이전하여 현재까지 운영됨.

2. 임무

(1) 안보 및 국방 자문

JIC는 내각사무처 소속 기관으로, 내각에 안보, 국방, 외교 문제에 대한 자문을 제공하고 영국 내 정보기관을 총괄·조정·지휘함.

(2) 첩보수집 및 정보분석 지휘·감독

① 영국 총리와 내각 장관에게 국가정보 목표에 따른 정보수집 및 분석을 자문함.

② SIS, GCHQ, SS, 국방부 등이 수행하는 첩보수집 및 정보분석활동을 지휘·감독함.

(3) 보고서 생산

① 미국 국가정보위원회(National Intelligence Council)와 유사하게 영국 정보공동체의 견해를 종합한 국가정보판단보고서를 작성함.

② 정보기관 보고서를 토대로 '일일정보보고서', '장기정세보고서', '주간정보 평가보고서' 등을 작성하여 총리 및 내각에 배포함.

(4) 위기 조기경보

각종 위협을 평가하여 위기에 대한 조기경보를 발령함.

3. 조직

(1) 구성원

① JIC는 SIS, SS, GCHQ 등 정보수집 부서의 장과 '국방정보국장(Chief of Defense Intelligence)', '국방정보참모차장(Deputy Chief of Defense Intelligence Staff)', '평가실장(Chief of the Assessment Staff)', 국방부·외무부 대표, 정부 각 부처 대표, 총리 국가안보보좌관(The National Security Adviser) 등으로 구성됨.

(2) JIC 주간 회의

① JIC 주간 회의에는 미국 CIA의 런던 거점장이 정례적으로 참석하며,

② 호주, 캐나다, 뉴질랜드 등 영연방 국가 정보기관의 영국 주재 거점장이 참석하기도 함.

(3) JIC 사무국

① JIC 사무국에는 1명의 상임위원장과 '고위직 공무원단(Senior Civil Service)'이 소속됨.

② 고위직 공무원단은 '정보안보 사무국(Intelligence and Security Secretariat)' 직원과 '평가참모(Assessment Staff)'의 지원을 받음.

③ 평가참모들은 종합분석(all−source analysis) 경험이 풍부한 전문 분석관으로서, 군과 정부 부처에서 차출됨.

Ⅹ 런던 경찰국(MPS, Scotland Yard)

1. 의의

① **영국 최대 경찰조직**: 런던 경찰국(Metropolitan Police Service, MPS)은 영국 내에서 가장 큰 경찰 조직이자 유일한 국가경찰이며, 런던 중심에서 15마일 반경의 경찰 업무를 담당함.

② **반테러 및 경호 임무 수행**: 영국 내 반테러 활동을 주도하고, 영국 왕실 및 정부 요인의 경호 임무를 담당함.

③ **창설 및 명칭 유래**: 1829년 창설되었으며, 당시 경찰국이 런던 소재 옛 스코틀랜드 국왕의 궁전 터에 위치하여 '스코틀랜드 야드(Scotland Yard)'라는 별칭이 유래함.

2. 조직

(1) 특수지부(Special Branch)

① **설립 배경**: 1883년 런던에서 '페니어 결사(Fenian)'의 폭탄 테러 대응을 위해 설립됨.

② 주요 활동: 반영(反英) 지하조직인 '아일랜드 공화국군(IRA)' 대응을 주도했으나, 1992년 MI5에 주도권을 이관함.

③ 통합 과정: 첩보수집 역량과 체포권을 활용하여 테러 및 조직범죄 대응을 수행했으나, 2006년 '대테러사령부(CTC)'로 흡수·통합됨.

(2) 대테러사령부(CTC, SO15)

① 설립 배경: 2006년 반테러 수사기관 통합 필요성에 따라 '반테러지부(SO13)'와 '특수지부(Special Branch)'를 통합하여 설립됨.

② 임무: MPS 산하 부서로서 '전문공작(Specialist Operations)' 임무 수행함.

③ 규모: 약 1,500명의 경찰인력을 보유하며, 해외 지부에도 수사요원 활동 중임.

3. 규모

① 2013년 11월 기준 MPS 총 인력은 약 31,000명으로, 경찰인력은 13,000명 포함됨.

② 2011년 10월 기준 연간 예산은 41억 파운드로 추정됨.

XI 국방정보부(Defense Intelligence)

1. 의의

정보공동체 구성원: 국방정보부(DI)는 영국 정보공동체의 일원이지만, SIS, SS, GCHQ와 달리 국방부 산하 조직으로 운영됨.

2. 합동정보국

① 설립 배경: 1946년 '합동정보국(Joint Intelligence Bureau)'으로 출범함.

② 확대 및 개편: 1964년 각 군의 정보조직을 흡수하여 '국방정보참모부(DIS)'로 개편되었으며, 2010년 현 명칭으로 변경됨.

3. 임무

① 군사정보 수집 및 분석: 군 관련 공개·비공개 첩보를 수집하고, 국방정책 수립 및 군사작전 수행에 필요한 군사정보를 분석하여 관련 부처에 배포함.

② 전략적 경고 제공: 국내외 정치·군사·과학기술 분야의 변화 동향을 분석하여 영국의 국익에 영향을 미칠 사안에 대해 전략적 경고를 제공함.

③ 보고서 활용 기관: 국방부뿐만 아니라 영국 합동정보위원회(JIC), 영국 내각 부처, NATO, EU에서도 보고서를 활용함.

4. 규모

2000년대 초 기준 총 인원 약 4,600명이며, 이 중 60%는 군인, 나머지는 민간인으로 구성됨.

Theme 90 영국 정보기구의 최근 동향과 전망

I 영국 정보기구의 변화

① 영국 정보기구들은 국내외 안보환경 변화에 대응하여 조직 구조와 활동 방향에서 혁신을 시도함.

② 9/11 테러 이후 SS, SIS, GCHQ 등 영국 주요 정보기관을 통합해야 한다는 주장 제기됨.

③ 2002년 SIS 등 영국 정보기관이 이라크 대량살상무기(WMD) 보유에 대해 오판한 사실이 밝혀지면서 정보체계의 문제점이 부각됨.

④ 이후 내각들은 정보공동체 개혁안을 지속적으로 추진함.

II 영국 정보공동체 개혁안의 추진 방향

1. 개혁안의 주요 목표

① 9/11 테러 사건을 계기로 분산된 정보기구의 역량을 통합하는 방향으로 개혁 추진됨.

② 정보활동 조정·통합·지휘 기능을 수행하는 합동정보위원회(JIC)의 역량을 강화하는 방향으로 개혁 조치 시행됨.

③ 블레어 내각부터 브라운 내각, 2010년 캐머런 내각까지 정보체계의 효율성 증진을 목표로 개혁 조치 시행됨.

2. 정보조직 개편에 대한 비판

(1) 개편의 문제점

일부에서는 각 내각에서 추진한 개혁이 실질적인 개선이 아니라 오히려 비효율을 초래했다고 주장함.

(2) 블레어 내각의 개혁

① 블레어 수상은 측근인 존 스칼렛(John Scarlett)을 SIS 수장으로 임명하면서 정보기관의 정치적 이용 논란이 발생함.

② '합동정보분석기구(Joint Intelligence Organization)'를 설립하여 정보분석 역량을 강화하고자 함.

③ 그러나 개혁 결과, 정보환경 변화에 신속히 대응하기 어려운 수직적이고 관료주의적인 조직 구조가 형성됨.

(3) 브라운 및 캐머런 내각의 개혁

브라운과 캐머런 내각도 정보체계 개혁을 단행했으나 기대했던 수준의 효율성 개선을 이루지는 못함.

Ⅲ 합동정보위원회(JIC)의 평가 및 전망

1. JIC의 역할과 평가

① 1939년 설립된 JIC는 영국 정보공동체 내에서 정보기관들의 조정·통합·지휘 기능을 수행하며 높은 평가를 받아옴.

② 그러나 9/11 테러 이후 시행된 조직 개편 및 개혁 조치는 기대만큼 성공적이지 못했다는 평가를 받음.

③ 이라크 WMD 관련 정보 실패가 재발하지 않도록 정보공동체의 역량 강화가 필요함.

2. 향후 과제 및 전망

① 효과적인 개혁 조치는 과거 경험과 교훈, 기존 정보체계에 대한 분석을 바탕으로 이루어져야 함.

② 급변하는 안보환경에 능동적으로 대응하기 위해 정보공동체 내부에서 조직 개편과 개혁 방향에 대한 심도 있는 논의가 필요함.

Theme 91 프랑스 정보기구의 기원과 발전

Ⅰ 샹브르 누아(Cabinet Noir)

1. 설립

① 1620년경 리슐리외(Richelieu) 추기경이 루이 13세(1601~1643) 시기 설립

② 프랑스 정보기구의 기원

2. 배경

① 부르봉 왕조 설립자인 앙리 4세와 앙리 3세의 암살로 인해 왕권 보호 필요성이 대두됨

② 국가 안보보다 왕권 수호에 초점

③ 국내 귀족 감시 및 서신 검열 수행

3. 기능

① 루이 14세 즉위 후 영향력 감소

② 프랑스 절대왕정의 핵심 통치수단으로 활용

4. 폐쇄

1789년 프랑스 혁명 이후 왕권 수호 조직으로 비판받으며 폐쇄

5. 부활

① 나폴레옹 집권 후 명칭 변경하여 부활

② 나폴레옹 3세 시기 정권 안보 및 내부 감시에 집중

③ 1855년 군사 훈련을 받은 경찰 조직 설립

④ 독일·러시아 등 적대국 대상 정보활동 수행

⑤ 1870~1871년 보불전쟁에서 정보활동 실패로 프랑스 패배

Ⅱ 보불전쟁과 정보기구

1. 통계 및 군사정찰과

① 보불전쟁 이후 '통계 및 군사정찰과(Statistical and Military Reconnaissance Section)' 창설

② 독일군(알자스-로렌) 첩보 수집 수행

③ 이후 첩보국(Service de Renseignement, SR) 또는 특수국(Special Service)으로 발전

2. 첩보국(Service de Renseignement, SR)

(1) 의의

① 프로이센 등 적대국 군사동향 첩보 수집

② 내부 스파이 적발 및 방첩활동 수행

(2) 드레퓌스 사건

① 1894년 드레퓌스(Alfred Dreyfus) 대위 간첩 누명 사건 발생

② 첩보국이 무고한 드레퓌스를 기소하고 증거 조작

③ 사건 은폐 시도 적발로 정보기관 신뢰도 하락

Ⅲ 첩보국 폐지 이후

1. 제2국(Deuxième Bureau, DB)

① 1899년 드레퓌스 사건 결과로 첩보국 해체

② 방첩 기능은 내무부 치안국(Surete Generale)으로 이관

③ 정보 기능은 육군 참모부의 제2국(DB)에 배정

④ 독일·이탈리아·오스트리아 군사동향 첩보 수집 및 방첩활동 수행

2. 서신검열소(Cabinet Noir)

① 1880년 외무부 산하에 설치

② 독일·영국·이탈리아 외교 전문 검열 수행

3. 암호공동위원회(Commission Interministeriel de Cryptographie)

① 1909년 육군성·해군성·내무부 합동 창설

② 전쟁 시 독일군 무선통신 도청 및 암호 해독 수행

Ⅳ 제1차 세계대전 종전 직후

1. 첩보국(SR)

1936년 육군성 제2국에서 분리되어 독일, 이탈리아, 스페인, 러시아 등 주요국을 대상으로 첩보 수집 및 암호해독 수행함.

2. 국토감시국(DST)

1937년 내무부 산하에 설립되어 프랑스 내 외국 스파이 색출 및 방첩 임무 수행함.

3. 육군성 산하 제2국

1938년까지 정보 기능이 육군성에 집중되었으며, 군사정보 수집 및 분석, 정보보고서 작성·배포 담당함.

Ⅴ 제2차 세계대전 중

1. 중앙정보 활동국(BCRA)

① 1942년 독일의 프랑스 점령 이후, 망명정부가 설립하여 독일에 대항하는 특수 정보활동 수행함.
② 이후 해외정보 및 방첩국(SDECE)의 모태가 됨.

2. 연구조사총국(DGER)

① BCRA가 제2국의 첩보국과 병합되어 '총특무국(DGSS)'으로 개편되었다가 이후 '연구조사총국(DGER)'으로 명칭 변경됨.
② 1946년 해체되었다가 1947년 '해외정보 및 방첩국(SDECE)'으로 재창설됨.

Ⅵ 제2차 세계대전 종전 직후

1. 해외정보 및 방첩국(SDECE)

(1) 조직

① 1947년 설립 당시 총무본부, 정보수집본부, 방첩본부, 암호해독부, 파일부, 연구부, 기술부로 구성됨.
② 이후 제7부와 공작부가 증설되었으며, 공작부는 유괴, 암살, 파괴공작 등을 수행함.
③ 1980년대 총 인원이 3천 명에 달했으며, 제7부는 외교행낭 개봉 및 첩보수집 업무 수행함.

(2) 활동 영역

① 국내 정보활동은 내무부 기관(치안경찰, RG, DST)이 담당하며, SDECE는 외국 정보활동 담당함.
② 그러나 외국공관, 국제공항, 외국인 숙박호텔, 국제항만 등에서의 정보활동이 허용됨.

2. 해외안보총국(DGSE)

① 1965년 SDECE가 국방부 산하로 소속 변경됨.
② 1982년 4월 4일 '해외안보총국(DGSE)'으로 명칭 변경됨.

3. 국내안보총국(DGSI)

(1) 사법조사 관리총국

① 1899년 5월 내무부 소속으로 창설됨.
② 제1차 세계대전 전까지 방첩업무 관장함.

(2) 국토감시국(DST)

① 1937년 내무부 산하기관으로 창설됨.
② 1942년 독일 점령 시 해체되었으나, 1944년 프랑스 해방 이후 재창설됨.

(3) 국내중앙정보국(DCRI)

2008년 7월 1일 국토감시국(DST)과 일반중앙정보국(RG)이 통합되어 국내중앙정보국(DCRI) 설립됨.

(4) 국내안보총국(DGSI)

2014년 5월 12일 DCRI를 확대·개편하여 내무부 장관 직속의 국내정보기구로 설립됨.

Ⅶ 프랑스의 정보기구

1. 해외안보총국(DGSE)

(1) 개요

① 국방부 소속 해외정보기구로 군사전략정보 수집, 전자감시, 국외 방첩공작 수행
② 국가이익을 저해하는 인물에 대한 물리적 저지(action homo, 암살) 등 비밀공작 수행

(2) 특징

① 암호명 "CAT", 본부는 파리에 위치
② 대외적으로 '수영장'으로 불림
③ 대표적 사례: 뉴질랜드의 레인보우 워리어 폭파사건 (마왕의 작전, Operation Satanic)

2. 국내안보총국(DGSI)

(1) 개요

2014년 5월 12일, DCRI의 조직과 기능을 확대·개편하여 내무부 장관 직속 정보기관으로 설립

(2) 전신 기관과 역할 변화

① 국내중앙정보국(DCRI): 2008년 7월 1일 창설, 대간첩·대테러·사이버범죄 감시 수행
② 중앙정보총국(RG): 비시 정부에서 탄생한 경찰조직, 폐지 또는 국토감시국(DST)과 통합 주장 지속됨

③ 국토감시국(DST): 1944년 창설된 국내 보안 · 방첩기관, 대표적 성공 사례로 KGB 요원 블라디미르 페트로프의 전향공작(암호명 '페어웰') 수행

3. 군사정보부(DRM)

(1) 개요

① 1992년 6월 창설된 군 정보기관
② 군 참모총장의 지휘감독을 받으며 군사정보 종합 분석 및 보고서 생산 담당

(2) 비교

미국 국방정보국(DIA)과 유사한 역할 수행

4. 국방보안국(DPSD)

(1) 개요

① 국방부 산하 기관으로 국방부 장관에게 직접 보고
② DGSE와 함께 국방부 내 주요 정보기관 역할 수행

(2) 주요 임무

① 군 방첩활동 수행
② 군내 정치동향 감시 및 군의 정치적 중립성 유지

Theme 92 프랑스 정보기구의 구성과 기능

Ⅰ 프랑스 정보기구의 구성

프랑스의 주요 정보기구는 해외안보총국(DGSE), 국내안보총국(DGSI), 군사정보부(DRM), 국방정보안보국(DRSD)으로 구성됨.

Ⅱ 국방 및 국가안전보장회의(CDSN)

1. 의의

국방 및 국가안전보장회의(Defense and National Security Council)는 군사정책, 억지력, 외부 작전 수행, 주요 위기 대응 계획, 정보, 경제 및 에너지 안보, 내부 보안 프로그램, 테러 대응 지침 및 우선순위를 설정함.

2. 구성

① 대통령, 총리, 국방부장관, 내무부장관, 경제담당장관, 예산장관, 외교부장관, 대통령이 지명한 위원으로 구성됨.
② 대통령이 의장을 맡음.

3. 회의

① 대통령이 의안을 정하여 구성원을 조정할 수 있으며, 전문가를 출석시켜 발언하게 할 수 있음.
② 본회의, 전문화된 또는 제한된 구성으로 회의를 소집 가능함.

4. 국방 및 안전보장회의 사무국(CSDNS)

국방 및 안전보장회의 사무국은 국방 및 안보 보좌관(the Secretary General of Defense and National Security)에 의해 전문적이고 제한된 조직으로 구성됨.

5. 국가정보위원회(CNR)

(1) 의의

① 국가정보위원회(The National Intelligence Council, CNR)는 국방 및 안전보장회의의 전문기구임.
② 전략적 방향 및 정보 우선순위를 설정하고, 정보 서비스의 인적 · 기술적 자원 계획을 수립함.

(2) 구성

① 대통령, 총리, 장관들로 구성되며, 의안에 따라 전문 정보기관의 장 및 국가정보조정관(the National Intelligence Coordinator)이 위원이 될 수 있음.
② 대통령이 의장을 맡음.

6. 국가정보 및 대테러조정관

(1) 의의

국가정보조정관은 법령에 따라 각료 회의에서 임명되며, 정보 및 테러 대응 분야에서 대통령의 자문 역할을 수행함.

(2) 국방 및 국가안전보장회의(CSDN)와 국가정보위원회(CNR) 보고

국가정보 및 대테러조정관은 국방 및 안보 보좌관과 협의하여 국방 및 국가안전보장회의에서 결정한 사항의 이행을 준비하고, 이행상황을 점검하여 보고함.

(3) 국가정보위원회(CNR) 소집 준비

회의 소집에 필요한 사항을 준비하고, 의안 상정 및 심의를 지원함.

(4) 정보기관 업무 조정

정보기관들의 업무를 조정하며, 필요 시 정보 및 테러 대응을 위한 조정 역할을 수행함.

(5) 대통령 지시 사항 전달

정보기관장에게 대통령의 지시를 전달하고, 정보기관장들은 대통령 및 총리에게 정보 및 활동 상황을 보고함.

(6) 의회 정보 대표단 의견 청취

의회 정보 대표단의 의견을 수렴할 수 있음.

7. 국가대테러센터(CNCT)

(1) 의의

① 국가대테러센터(National Counter-Terrorism Centre, CNCT)는 테러 위협 분석 및 대테러 전략을 담당함.

② 국가정보 및 대테러 조정권(CNRLT)에 근거하여 설립됨.

③ 국가대테러센터의 책임자는 국가정보 및 대테러조정관임.

(2) 국가정보 및 대테러 조정관의 임무

① 정보공동체 내 정보 공유와 협력을 촉진함.

② 정보기관 간 정보 교환 및 조정을 위한 절차를 확립하고 관련 회의에 참석함.

③ 대테러 활동 관련 정보자산의 통합 및 공동 사용을 촉진하고, 방법을 모색하여 대통령과 총리에게 보고함.

(3) 대테러 전문기관장의 임무

① 대통령 및 총리가 관심을 가질 수 있는 정보와 활동 상황을 국가정보 및 대테러조정관에게 보고함.

② 국제 안보 및 정치·경제에 미치는 안보위협을 분석하고, 대테러 활동 방향 및 우선순위를 대통령에게 제안함.

③ 관련 부처와 협력하여 정보 및 대테러 활동의 유럽 및 국제 협력 계획을 조정하고 발전 방안을 모색함.

Ⅲ 해외안보총국(DGSE)

1. 의의

(1) 개념 및 소속

① 해외안보총국(Direction Generale de la Securite Exterieure, DGSE)은 프랑스의 국가정보기관으로 국방부 소속임.

② 해외에서의 첩보수집, 비밀공작 수행, 수집된 첩보의 종합 및 분석 기능을 담당함.

(2) 주요 특징

① 간첩, 반국가사범, 테러범에 대한 수사권 보유.

② 국내정보 및 수사권은 내무부 산하 국내안보총국(DGSI)이 담당하나, 외국공관, 국제공항, 외국인 숙박시설, 국제항만 등에서는 DGSE의 활동 인정됨.

2. 조직

① 조직 및 정원은 국방비밀로 규정되었으나, 전략국, 정보분석국, 기술정보수집국, 행정지원국, 공작국 등 5개 국으로 구성됨.

② 공작국 산하 '공작처(Action Division)'는 비밀공작임무 계획 및 수행 담당.

Ⅳ 국내안보총국(DGSI)

1. 개념 및 설립 과정

① 2008년 프랑스 경찰청 중앙정보총국(RG)과 국토감시국(DST)을 통합하여 국내중앙정보국(DCRI) 창설.

② 2014년 국내중앙정보국(DCRI)의 조직과 기능을 확대·개편하여 내무부 장관 직속 기관인 국내안보총국(DGSI) 설립.

2. 조직

① 경제보호국, 대테러국, 정보기술국, 대전복국, 대간첩국, 국제국 등 8개 국으로 구성됨.

② 대간첩, 대테러, 사이버테러 대응 등의 임무 수행.

3. 임무

국내안보총국(DGSI)은 국토감시국(DST)과 경찰청 중앙정보총국(RG)의 기능을 계승하며, 두 기관의 과거 역할을 통해 DGSI의 임무 개략적 파악 가능.

Ⅴ 국토감시국(DST)

1. 개념 및 역할

① 내무부 산하 정보기관으로 국내보안 및 방첩활동 담당.

② 대간첩, 반테러, 산업보안, 반확산, 조직범죄 대응활동 수행.

③ 1982년 법령에 따라 국가안보 위협 요소에 대한 조사, 예방, 진압 임무 수행.

2. 냉전시대

(1) 대공산권 정보활동 대응

① 프랑스 내 구소련 및 동구 공산권 국가들의 정보활동 대응에 주력.

② 1978~1985년 프랑스 내 간첩활동 적발 사건 29건 중 27건이 바르샤바 조약국 관련, 2건이 알제리 및 중국 관련.

(2) KGB 정보활동 대응

① 구소련 KGB가 프랑스 내에서 대규모 스파이활동 수행, 약 700명의 요원 활동.

② DST가 KGB 내부 첩자를 통해 간첩활동 전모 파악 및 방첩공작 수행.

(3) Farewell 사건

① KGB 과학기술정보 수집부서 요원을 포섭하여 'Farewell' 암호 부여.

② KGB의 서구 과학기술 탈취 계획 관련 서류 4,000건 입수.

③ 1983년 이를 기반으로 47명의 소련 외교관을 간첩 혐의로 추방.

3. 냉전 이후

(1) 활동 방향 변화

산업보안 및 대테러 대응 중심으로 변화.

(2) 첨단기술 보호

① '경제보안과 국가기술보호국'이 프랑스 방위산업, 의약, 통신, 자동차 등 첨단기술 보호 담당.

② 22개 지역에 지부를 설치하여 20년 이상 운용.

(3) 테러 대응

① 예산의 약 1/4이 테러 대응 활동에 사용됨.

② 한때 5,000명 수준의 인력 유지했으나, 2000년경 1,500명 수준으로 감소.

Ⅵ 경찰청 중앙정보총국(RG)

1. 의의

① 공식 명칭은 Direction Centrale des Renseignements Generaux(Central Directorate of General Intelligence)

② 프랑스 내무부 장관 지휘하 경찰청 산하 정보부서

③ 2008년 7월 1일 국토감시국(DST)과 통합되어 국내 중앙정보국(DCRI)으로 개편됨

2. 조직 및 권한

(1) 조직

① 연구실(Research)

② 사회문제 분석실(Analysis, Prospective and Society Facts)

③ 행정 지원실(Resources and Methods)

④ 카지노 및 도박 담당실(Games and Casinos)

(2) 권한

① 총 3,850명의 경찰 인력 근무, 도박 및 카지노 업무 담당 제외 수사권 부재

② 연구실: 테러 조직 감시, 테러 관련 정보 수집·분석 담당

③ 사회문제 분석실: 사회단체 및 금융기관 첩보 분석 및 융합 수행

④ 행정지원실: 신규직원 모집·교육훈련 및 군수품 지원 담당

⑤ 카지노 및 도박 담당실: 경마 등 게임 산업 감시활동 수행

Ⅶ 군 정보기관

1. 의의

프랑스의 대표적 군 정보기관: 군사정보부(DRM), 국방보안국(DPSD)

2. 군사정보부(DRM)

(1) 의의

① Direction du Renseignement Militaire(DRM)

② 1992년 6월 창설, 군 참모총장 지휘 감독

(2) 기능

① 미국 국방정보국(DIA)와 유사, 군사정보 종합 분석 및 보고서 생산 수행

② 생산된 정보보고서는 국방장관, 합참의장, 각 군 사령관 등에게 제공

③ 1993년 9월 설립된 '정보 및 전자전 여단(BRGE)'의 지원을 받음

3. 국방보안국(DPSD)

(1) 의의

① Direction de la Protection et de la Securite de la Defense(DPSD)

② 국방부 소속, 국방부 장관에게 직접 보고

③ 국방참모부(Defense Staff) 소속 정보기관

④ 1981년까지 'Military Security(SM)'로 불리던 군 보안기관에서 출발

(2) 기능

① 한국의 국군방첩사령부와 유사, 군 방첩 및 군내 정치동향 감시 수행

② 군사시설 및 방위산업 시설 포함, 국가안보에 중요한 자산 보호 담당

Ⅷ 합동정보위원회(CIR)

① Comite Interministeriel de Renseignement(CIR), 정보공동체 간 업무 조정 수행

② 대통령, 총리 및 관련 부처 장관들에게 필요한 정보 제공

③ 총리를 최고책임자로 하며, 주요 구성원: 군 참모총장, 외교단장, 대통령실장, 경찰청장, DGSE 국장, 국방장관 등

I 프랑스 정보기구의 역사적 배경

1. 초기 역할

① 프랑스 정보기구는 설립 당시 정권안보를 목적으로 반란 감시, 암살음모 탐지 및 정적 탄압 도구로 활용됨.

② 이러한 전통이 이후 국가안보 차원의 정보기구로 발전하는 데 장애요인으로 작용함.

2. 보불전쟁 이후 변화

① 1871년 보불전쟁 패배 이후 군 정보기관 설립을 통해 국가 차원의 정보활동 강화 시도.

② 그러나 드레퓌스 사건으로 정보기관의 신뢰도 하락, 장기간 회복되지 못함.

II 제1·2차 세계대전 시기

1. 정보기구의 발전

① 프랑스 정보기구는 두 차례 세계대전을 거치며 현대적 형태로 발전함.

② 군 정보기관들은 주변국의 군사동향 수집 및 방첩활동 수행.

2. 전쟁 중 정보활동

① 독일, 이탈리아, 러시아 등의 무선통신 감청 및 암호해독 수행.

② 이를 통해 전쟁 수행에 기여함.

III 냉전시대

① 냉전 시기 국토감시국(DST)은 프랑스 내 구소련 및 동유럽 공산국가 스파이 색출에 주력함.

② 이를 통해 프랑스 국가안보 체제 유지에 핵심적인 역할 수행.

IV 해외안보총국(DGSE)의 과제

1. 대테러 대응

해외안보총국(DGSE)은 지하드 등 테러조직의 다차원적·광범위한 활동에 대응하기 위해 지속적으로 대응 능력을 강화함.

2. 반확산 노력

① 대량살상무기 확산이 국제 안보에 미치는 위협을 인식하고 적극적인 대응 필요성을 강조함.

② 대량살상무기 확산 가능성이 있는 국가를 감시하고, 민감한 기술 및 물질의 유입 차단 활동 수행.

3. 북아프리카 지역 개입 강화

(1) 프랑스의 전략

프랑스는 북아프리카 지역에서의 영향력 확대를 목표로 군사개입 및 정보역량 강화를 추진함.

(2) 바졸렛(Bernard Bajolet)의 DGSE 국장 임명과 외교관 영입

① 2013년 프랑스 대통령 올랑드(Francis Hollande)는 바졸렛(Bernard Bajolet)을 DGSE 국장으로 임명함.

② 냉전 시기 DGSE의 정보 목표가 소련 및 동구권이었다면, 이후 북아프리카 비국가행위자들로 변화됨.

③ 이에 따라 북아프리카 지역에 정통한 외교관이 DGSE에 대거 영입되어 군 출신 인력을 대체함.

4. 정보수집 역량 약화 문제

(1) 정권 교체와 정보기구 약화

① 2001년 이후 빈번한 정권 교체로 DGSE의 정보수집 역량 약화 우려 제기됨.

② DGSE 고위직 요원들의 정치적 임명 사례 증가, 기관의 정치적 개입 문제 발생.

(2) 정보기관의 중립성 필요

① 향후 DGSE의 정보 역량 강화를 위해서는 정치적 중립성이 보장되어야 함.

② 이를 위한 제도적 개선이 필요함.

I 기원

① 독일 정보기구의 뿌리는 1815년 프로이센의 참모조직에서 시작됨.

② 1866년 3월 독일 육군 총참모부 산하에 '정보국(Intelligence Bureau)'이 설립됨.

③ 프로이센이 1866년과 1870년 오스트리아 및 프랑스와의 전쟁에서 승리하면서 참모조직이 명성을 얻게 됨.

④ 적정 정보 수집이 프로이센 참모조직의 주요 임무였으며, 이후 정보기구로 발전하는 전환점이 됨.

II 제1차 세계대전

1. 정보활동 강화

① 전쟁 발발과 함께 독일 육·해군 내 정보기구의 활동이 활발해짐.

② 전시 통신첩보 수집, 암호해독, 항공정찰뿐만 아니라 종합분석 및 해외공작 수행.

2. 전후 영향

독일의 패배로 군사력이 제한되면서 정보기구와 활동이 위축됨.

Ⅲ 히틀러 집권

1. 군사력 증강과 정보기구 확대

① 히틀러 집권 이후 육·해·공군뿐만 아니라 외무부, 경제 부처 등 다양한 정보기구 설립.
② 주요 정보기구로 '독일제국 치안본부(RSHA)'와 '압베르(Abwehr)'가 활동함.

2. 독일제국 치안본부(RSHA)

① 1939년 9월 27일 나치당과 정보, 보안 및 비밀경찰 기구들이 연합하여 설립됨.
② 첩보수집, 범죄수사, 외국인 감시, 여론동향 파악, 나치 이념 선전 및 세뇌 등의 임무 수행.
③ 7개 부서로 구성되었으며, 그중 제4부는 게슈타포(Gestapo)로서 유태인 대학살을 주도함.

3. 압베르(Abwehr)

(1) 창설 및 의의

① 1921년 독일 국방부 산하 정보기관으로 창설됨.
② 1928년 해군정보부를 병합하여 조직이 확대됨.
③ 방첩기관으로 인간정보 수집을 통한 군사정보 획득이 주요 임무였음.

(2) 제2차 세계대전 활동

① 빌헬름 카나리스(Wilhelm Canaris) 제독 지휘하에 군사정보 수집, 방첩, 사보타주 대응 수행.
② 겔렌(Reinhard Gehlen) 중령이 소련 관련 정보를 전문적으로 수집하였으며, 방대한 정보를 마이크로필름으로 보관함.

Ⅳ 겔렌 조직

1. 설립

① 1945년 4월 미군에게 투항한 겔렌이 보관 중인 정보를 활용하여 독자적인 정보기구 설립을 요청함.
② 1946년 7월 미국 정보기관과 협약하여 '겔렌 조직(Gehlen Organization)' 설립.

2. 조직 구성의 문제점

① 주요 요원들이 압베르 출신이며, 일부는 나치 친위대(SS) 및 게슈타포 경력을 가짐.
② 과거 잔혹행위로 인해 독일 내 논란을 야기함.

3. 활동

① 1950년대 소련 및 동구권 정보 수집 활동 수행.
② CIA가 예산 및 장비 지원을 제공함.

Ⅴ 연방정보부(BND)

① 1956년 4월 1일 겔렌 조직을 기반으로 서독 내 연방정보부(Bundesnachrichtendienst, BND) 창설.
② 초대 국장으로 겔렌이 임명됨.

Ⅵ 헌법보호청(BfV)

1. 설립 배경

1949년 4월 14일 연합군 군사정부가 "치안서신(Police Letter)"을 통해 연방경찰 및 정보기관 설립을 승인함.

2. 권한 제한

① 영국 MI5를 모델로 경찰과 완전히 분리됨.
② 체포권, 가택 수색권 등의 권한을 가지지 않도록 설계됨.

3. 임무

① 1950년 9월 제정된 법에 따라 헌법 질서를 위협하는 동향에 대한 정보 수집 및 평가를 수행함.
② 1950년 11월 7일 공식 설립됨.
③ 초기에는 공산주의자 및 극우집단 감시를 주요 임무로 수행하였으며, 이후 방첩 임무가 추가됨.

Ⅶ 독일의 정보기구

1. 슈타지(STASI)

(1) 개요

① 동독의 비밀경찰 겸 정보·보안기구로, 공산당 충성을 목표로 운영됨.
② 복무 방침은 '당의 방패와 창(Shield and Sword of the Party)'이었음.

(2) 주민 감시 체제

1989년 기준, 주민 50명당 1명의 요원이 존재하여 역사상 최고 수준의 감시 체제 구축.

(3) 비밀문서 파기와 CIA 개입

① 동독 멸망 직전(1989~1990년) 다량의 비밀서류를 파쇄했으나, CIA는 이미 상당한 기밀자료를 확보한 것으로 알려짐.
② 확보된 자료에는 독일 지도자의 신상 정보 및 동독이 서독에 대해 파악한 정치·경제·사회·문화 정보 등이 포함됨.

2. 헌법보호청(Protection of the Constitution, BfV)

(1) 개요

① 독일은 역사적 경험을 바탕으로 헌법질서 수호가 국가 발전에 필수적임을 인식함.

② 연방헌법보호청과 16개의 주헌법보호청이 존재함.

(2) 방첩 활동

① 1993년까지 377개의 반체제 · 이적단체 · 극렬분자 단체를 적발하여 조직 해체 및 재산 몰수 진행.

② 1986년까지 공무원 지원자 350여만 명의 '헌법 충성도' 심사를 통해 2250명을 탈락시킴.

③ 현직 공무원 및 교사에 대한 헌법 충성도 조사로 2000여 명을 중징계, 256명을 파면함.

(3) 반체제자 탄압

① 독일 정부는 헌법체제를 부정하는 이들을 사회적 통합의 대상으로 간주하지 않음.

② 이에 따라 강경한 반체제자 탄압 정책을 시행함.

3. 연방정보부(Federal Intelligence Service, BND)

(1) 개요

① 연방수상청 직속 해외정보기구로, 독일의 대외정보 수집을 담당함.

② 전신은 겔렌(Gehlen) 장군이 이끌었던 동부군 정보국(German eastern military intelligence agency)임.

(2) 겔렌조직(Gehlen Organization)

① 겔렌은 미국의 후원하에 1946년 7월 비밀정보조직 '겔렌조직'을 창설함.

② 겔렌조직은 냉전 시기 소비에트 블록에 대한 주요 정보 제공자로 활동함.

③ 1956년 연방정보부(BND)로 개편되었으며, 겔렌은 1968년까지 초대 부장으로 재직함.

4. 군 정보부(Military Protective Service, MAD)

(1) 개요

① 1956년 창설된 군정보기구로, 헌법보호청 및 연방정보부와 함께 독일의 3대 정보기관에 해당함.

② 군 방첩 활동, 군 관련 정보 수집 및 분석, 반헌법적 활동 감시, 적대국 비밀정보 활동 수행.

③ 독일 및 동맹국의 안보 상황 관련 정보 업무 담당.

(2) 조직적 특징

연방헌법보호청의 군대 내 조직으로 비유됨.

5. 연방정보보호청(Federal Office for Information Security, BSI)

① 컴퓨터 및 통신보안을 담당하는 주무 정보기구임.

② 미국 국가안보국(NSA) 및 영국 정부통신본부(GCHQ)와 유사한 임무 수행.

Theme 95 독일 정보기구의 구성과 기능

I 독일 정보기구의 구성

독일 정보기구에는 연방정보부(BND), 헌법보호청(BfV), 연방범죄수사청(BKA), 군 정보부(MAD) 등이 있음.

II 연방정보부(BND)

1. 의의

연방정보부(Bundesnachrichtendienst, BND)는 수상 직속 기구로서 해외정보활동을 수행하는 독일의 국가정보기관이며, 민간 및 군사 분야의 첩보를 수집함.

2. 임무

① 연방정보부(BND)는 독일 국내외 300여 개 지부를 두고 전 세계를 대상으로 첩보수집활동을 수행함.

② 독일 「연방정보부법」 제1조는 연방정보부(BND)의 임무를 "독일의 대외 및 안보정책에 중요한 의미가 있는 해외정보를 획득하는 데 요구되는 첩보를 수집 및 분석하는 것"으로 규정하고 있음.

③ 해외 정보수집, 연방정부의 해외 특수임무 수행(인질 구출 등), 대간첩 업무, 산업정보수집 등의 임무 수행

④ 국제 테러리즘, WMD 확산, 첨단기술 불법 유출, 조직범죄, 불법 무기 및 마약 거래, 자금세탁, 불법 이민, 정보전 등 다양한 문제 대응

⑤ 독일 통일 이후 구동독 정보기관 슈타지(Stasi) 청산 업무 수행

3. 냉전시대

(1) 의의

① 나치 치하에서 게슈타포의 감시를 경험한 서독 국민들은 스파이활동 자체를 부정적으로 인식함.

② 이에 따라 초기 연방정보부(BND)의 정보활동은 소련 및 동유럽 국가들(폴란드, 체코슬로바키아, 헝가리, 유고슬라비아)에 집중됨.

(2) 소련과 동유럽 국가들에 대한 임무 수행

① 독일군과 협력하여 동유럽 지역 내 소련과 동구 공산 국가들에 대한 신뢰성 있는 정보 제공

② NATO의 소련군 군사작전에 대한 경보체계(warning system) 구축에 기여

(3) 성과

① 초대 국장 겔렌 장군 퇴임 후 조직 효율성이 약화되었다는 평가가 있으나, 여러 어려운 여건 속에서도 성과를 거둠.

② 냉전시절 NATO에 제공된 바르샤바 조약기구 관련 정보의 약 70%를 연방정보부(BND)가 제공함.

③ 1962년 소련의 쿠바 미사일 배치 사실을 파악하여 미국에 통보함.

④ 6일 전쟁 발발 직전, 이스라엘의 공격 날짜와 시간을 정확히 파악하여 미국에 제보함.

⑤ 1968년 소련의 체코 침공을 사전에 파악하여 CIA보다 먼저 정보를 입수함.

(4) 대테러 역량 강화

1972년 뮌헨 올림픽 테러 사건을 계기로 대테러 역량을 대폭 강화함.

4. 조직 개편

(1) 의의

2009년 조직 개편을 통해 연방정보부(BND)는 12개국을 두고 운영함.

(2) 주요 부서

① 상황실(GL): 각종 보고서 최종 편집 및 발간 업무 담당

② 첩보지원국(UF): 영상정보(IMINT), 지구공간정보 (Geospatial Intelligence), 공개출처정보(OSINT) 수집

③ 신호정보국(TA): 신호정보 수집 담당

④ 정보협력국(EA): NATO 국가 포함 외국 정보기관과 정보협력 업무 수행

⑤ 반확산국(TW): 핵, 화학, 생물무기 확산 방지 업무 수행

Ⅲ 연방헌법보호청(BfV)

1. 의의

독일 연방헌법보호청(Bundesamt für Verfassungsschutz, BfV)은 독일 내무부 산하의 국내 보안정보 기관임.

2. 임무

(1) 「연방헌법보호청법」에 따른 임무

① 자유와 민주주의 기본질서 또는 연방정부 존립을 위협하는 행위 및 불법적으로 연방헌법보호청 기능을 약화시키려는 행위에 대한 첩보 수집 및 평가

② 독일 안보를 위태롭게 하는 행동 및 스파이 활동 등의 이적 행위 감시

③ 독일의 국제적 이익을 위태롭게 할 수 있는 폭력행위 또는 폭력 행사 준비 활동 감시

(2) 1972년 뮌헨 올림픽 테러사건 이후 변화

1972년 뮌헨 올림픽 테러사건을 계기로 연방헌법보호청법을 확대·개정하였으며, 외국인 과격단체 감시 임무가 추가됨.

(3) 핵심 요약

연방헌법보호청(BfV)은 간첩 행위 및 반국가 활동 등 자유민주주의 질서를 파괴하는 세력들을 감시하고 사찰하여 국가안보 위해 요인을 조기에 탐지·예방하며 헌법질서를 수호하는 역할을 수행함.

3. 냉전시대 이후

(1) 냉전 시대의 주요 임무

① 냉전 기간 동안 연방헌법보호청(BfV)은 서독 내 동독 스파이 추적 및 색출에 주력함.

② 동독과 구소련 해체 이후 연방헌법보호청의 정보활동 목표가 변화함.

(2) 극단주의자 감시로의 변화

① 냉전 이후 동독 및 소련을 포함한 동구권 국가들은 주요 감시 대상에서 제외됨.

② 대신 독일 내 극좌·극우 급진주의자들이 새로운 감시 대상으로 부각됨.

③ 연방헌법보호청(BfV)은 극좌 공산주의자, 신나치주의 극우파, 이슬람 극단주의자, 테러 단체 및 조직범죄 단체를 감시하고 대응함.

④ 극단주의 조직의 구조, 자금 출처, 무기 보유 현황, 행동 계획 등을 파악하며, 조직 내부에 협조자를 침투시키는 방식으로 감시활동을 수행함.

4. 헌법 수호 기능

(1) 연방헌법보호청의 존재 이유

① 일부 좌익 시민운동 세력은 연방헌법보호청의 활동을 비판하며 폐지를 주장함.

② 그러나 연방헌법보호청은 독일 자유민주주의체제 수호의 핵심 기반으로 폐지 대상이 될 수 없음.

③ 독일 「기본법(Basic Law)」에 따르면 헌법 수호는 민주주의 보호와 동일한 의미를 가짐.

(2) 헌법 수호 활동

① 연방헌법보호청(BfV)은 급진 과격분자의 활동과 국가안보 위협 요소에 관한 정보를 수집·분석·평가하여 국가안보 정책 수립을 지원함.

② 국민들의 안보 의식을 높이기 위해 헌법질서를 위협하는 세력들의 동향을 담은 연례보고서를 발간하고 학술세미나를 개최함.

③ 연방헌법보호청(BfV)은 독일 자유민주주의체제 수호를 위한 조기경보체계 역할을 수행함.

5. 권한

① 연방헌법보호청(BfV)은 경찰과 달리 체포, 수색, 신문 등의 사법 경찰권(수사권)을 보유하지 않음.

② MI5와 마찬가지로 혐의자를 체포하거나 신문할 권한이 없으며, 가택수색 및 압수도 불가능함.

③ 수사권이 없기 때문에 혐의자의 범죄행위를 입증할 증거 수집에 집중하며, 충분한 증거가 확보되면 사건을 검찰이나 범죄수사청에 이관함.

④ 수집된 정보는 연방 및 주 정부 기관에 제공되며, 법정 증거로 활용될 수 있음.

6. 주헌법보호청(LfV)과의 관계

① 독일 연방은 16개 주로 구성되어 있으며, 각 주는 「주헌법보호법」에 따라 주헌법보호청(LfV)을 설치·운영함.

② 주헌법보호청(LfV)은 개별적 관할과 책임을 가지며, 연방헌법보호청(BfV)과 협조 관계를 유지하나 종속되지 않음.

③ 연방헌법보호청(BfV)은 주헌법보호청(LfV)에 명령이나 지시할 권한은 없으나, 활동을 조정하는 역할을 수행함.

7. 조직

연방헌법보호청(BfV)은 총무과, 정보기술과, 좌익 급진주의자 대응과, 우익 급진주의자 대응과, 대간첩 및 예방보안과, 이슬람 극단주의 및 테러 대응과 등 8개 부서로 편성됨.

Ⅳ 군 정보부(MAD)

1. 의의

① 독일 정보기구는 해외 및 국내 부문, 민간 및 군 부문을 엄격히 구분함.

② 군 부문의 정보기관으로 군 정보부(Militarischer Abschirmdienst, MAD)가 존재함.

③ MAD는 연방 국방부 및 육·해·공군 정보기관과 협력하여 군사 정보활동을 수행함.

2. 임무

① MAD는 1956년 연합군과 독일 정부 간 연락사무소를 기반으로 창설됨.

② 1986년까지 연방군 보안국(Amt für Sicherheit der Bundeswehr, ASBw)으로 알려졌으며, 1990년 MAD로 개칭 후 활동 영역을 확장함.

③ MAD는 외국 스파이 및 국내 안보 위해 세력(주로 좌익)의 연방군 침투를 차단하고, 군사 분야 보안 감사 및 감찰활동을 수행함.

Ⅴ 연방수사청에 의한 통제

1. 연방정보부(BND) 통제

연방정보부(BND)는 상급 기관인 연방수상청의 감시를 받으며, 연방수상청 제6국이 법규 준수 여부 및 합목적성을 감독함.

2. 정보조정위원회

(1) 의의

① 정보조정위원회는 연방수상청 차관을 위원장으로 하며, 연방정보부(BND), 연방헌법보호청(BfV), 군 정보부(MAD) 간 협조 및 조정 업무를 수행함.

② 연방수사청 차관은 정보기관 간 조정을 위한 권한을 가짐.

(2) 권한

① 업무방법, 정보, 조직·인사·예산 등에 대한 정보요구권

② 정보기관 관련 법률 및 규정 제정 업무 참여권

③ 정보기관장과의 면담 및 토의권

(3) 구성

정보조정위원회는 '정보보안업무조정통제규정'에 따라 내무차관, 국방차관, 연방정보부(BND) 장, 연방헌법보호청(BfV) 장 등이 참석하여 정보기관 활동을 조정·통제함.

Theme 97 독일 정보기구의 최근 동향과 전망

Ⅰ 의의

1. 독일의 국제적 역할

독일은 NATO 및 EU의 핵심 회원국으로서 국제 경제, 정보, 안보 문제에서 미국과 유럽 국가들과 긴밀한 협력 관계를 유지함.

2. 과거 독일의 역사적 배경

① 독일은 과거 제1, 2차 세계대전을 일으켜 대규모 살상을 감행하였으며, 나치 치하에서 유대인 대학살(Holocaust)과 같은 반인륜적 범죄를 저질렀음.

② 히틀러의 친위대인 게슈타포는 시민을 체포, 구금, 고문, 강제추방하는 등 악명을 떨침.

③ 동독 공산주의 체제하에서 대다수 국민이 슈타지 (STASI)의 감시와 탄압으로 인해 극심한 고통을 겪음.

Ⅱ 최근 동향

1. 정보기관 개혁

독일 정부는 과거 게슈타포 등의 부정적 이미지를 극복하고 자유민주주의에 부합하는 정보기관 체제를 정립하기 위해 노력하고 있음.

2. 정보기관의 기능 및 권한 분산

① 과거 나치 정권의 경험으로 인해 독일 국민은 정보기관에 대한 거부감을 가짐.

② 1949년 서독 정부 수립 당시, 정보기관 권력 집중을 방지하기 위해 기능과 권한을 분산함.

③ 이에 따라 해외정보 업무는 연방정보부(BND), 국내보안 및 방첩 업무는 연방헌법보호청(BfV), 군 방첩 업무는 군 정보부(MAD)가 각각 담당하게 됨.

3. 독일 통일 이후의 변화

① 1990년 독일 통일 이후 동독 정보기관 슈타지의 청산 및 내부적 갈등 해결 등 다양한 도전에 직면.

② 연방정보부(BND)를 비롯한 독일 정보기관들은 이러한 과제 해결에 긍정적인 역할을 수행함.

4. 냉전 종식과 새로운 안보환경

① 냉전 종식 후 소련과 동구권 국가로부터의 안보위협이 감소한 반면, 테러리즘, WMD 확산, 국제조직범죄, 마약 밀매 등의 새로운 안보위협이 부각됨.

② 독일은 EU의 주요 국가로서 유럽의 안보위협에 공동 대응할 필요성이 커지면서 정보 협력을 강화하고 있음.

③ 연방정보부(BND) 등 독일 정보기관들은 NATO 및 서유럽동맹(WEU) 국가들과 협력하여 인적 정보 및 기술 정보 분야에서 긴밀한 협조체제를 유지함.

Ⅲ 전망

1. 국내 안보 과제

극우 및 극좌 과격주의로부터 자유민주주의적 헌법 질서를 유지하는 것이 중요한 과제임.

2. 대외적 안보 대응

① 독일은 테러리즘, WMD 확산 등 새로운 안보위협에 효과적으로 대응하기 위해 유럽 국가들의 적극적인 협력을 이끌어 내야 함.

② 독일 정보기구들이 이러한 도전을 극복하고 국익을 증진시키는 역할을 수행할 것인지가 주목됨.

Theme 98 이스라엘 정보기구의 기원과 발전

Ⅰ 구약성서

1. 의의

① 이스라엘은 오랜 옛날부터 정보활동을 수행함. 기원전 1,400년경 모세가 가나안 정복을 위해 12명의 정탐꾼을 보냄.

② 여리고성 정복 등 구약성서에서 정탐활동이 여러 차례 등장함.

2. 스파이활동의 종교적·윤리적 정당화

① 적대세력뿐만 아니라 종족 간에도 정탐행위가 빈번하게 이루어짐.

② 스파이활동이 신의 인정을 받은 행위로 간주되어 윤리적으로 정당화됨.

③ 이러한 의식과 전통이 현대 이스라엘 정보기관(예 모사드)의 탄생으로 이어짐.

Ⅱ 시오니즘(Zionism)

1. 의의

① 현대 이스라엘 정보기구 창설의 계기는 시오니즘과 밀접한 관련이 있음.

② 시오니즘은 '시온 언덕으로 돌아가자'는 사상을 의미하며, 유대인들의 민족운동으로 발전함.

2. 시오니즘 탄생의 계기

① AD 70년 로마에 의해 이스라엘이 멸망한 후 유대인들은 박해와 고난을 겪음.

② 1882년 러시아에서 조직적인 유대인 학살이 발생하며 민족국가 건설의 필요성이 대두됨.

③ 유대인들 사이에서 생명과 재산을 보호할 국가 건설의 필요성이 인식되며, 시오니즘 사상으로 발전함.

3. 발포어 선언(Balfour Declaration)

① 1917년 11월 영국 발포어 수상이 '발포어 선언'을 통해 팔레스타인 지역에 유대인 민족국가 건설을 약속함.

② 이를 계기로 유대인들의 팔레스타인 이주가 본격화되었으며, 이에 대한 아랍인들의 반발이 거세짐.

Ⅲ 1920~1948년

1. 하쇼메(Hashomer)

① 유대인의 증가로 팔레스타인 원주민인 아랍인들과의 대립이 심화됨.

② 이에 대응하여 1909년 유대인들은 집단농장을 보호하기 위한 자위기구 '하쇼메(Hashomer)'를 설립함.

2. 하가나(Hagana)

① 유대인들은 아랍인과의 무력충돌에 대비하여 촌락별 방위대를 조직함.

② '하쇼메'에서 발전한 조직으로, 후일 이스라엘 군의 기초가 됨.

③ 제1차 세계대전 전후 유대인들이 아랍인의 공격을 받으며, '하가나'라는 개념으로 전환됨.

3. 쉐이(SHAI)

하가나는 자체 정보조직인 '쉐이(SHAI)'를 운영하였으며, 이는 현대 이스라엘 정보기관의 기초가 됨.

4. 히틀러의 유대인 박해

① 1933년 이후 히틀러의 지배가 유럽 전역으로 확산되며 유대인 박해가 심화됨.

② 이에 따라 유대인들의 시오니즘 운동이 더욱 본격적으로 전개됨.

5. 모사드 르 알리야 베트(Mossad le Aliyah Bet)

(1) 의의

① 유대인 이주 증가와 토지 매입 확대로 아랍인과의 마찰이 무력충돌로 발전함.

② 하가나는 유대인 소부대를 조직하여 훈련하고, 외국에서 무기를 밀수입하는 활동을 수행함.

(2) 이민협회 B(Institute of Immigration B)

① 제2차 세계대전 중 영국은 아랍세계의 지지를 확보하기 위해 유대인의 팔레스타인 귀환운동을 억제함.

② 이를 타개하기 위해 1937년 하가나는 '모사드 르 알리야 베트'를 조직하여 비합법적인 유대인 이민 사업을 전개함.

6. 팔마(Palmach)

(1) 의의

① 1941년 5월 하가나는 '팔마(Palmach)'라는 군대조직을 설립함.

② 이는 이스라엘 최초의 군대로, 간부들이 후일 이스라엘 군의 주축이 됨.

③ 팔마의 아랍과에서는 유대인 젊은이들이 아랍인처럼 생활하며 활동할 수 있도록 훈련함.

(2) 팔리얌(Palyam)

① 팔마의 해상파견대로, 불법 이민선의 항해사 감시 및 배신 방지 등의 임무를 수행함.

② 후일 이스라엘 해군 정보부대의 기초가 됨.

Ⅳ 이스라엘 건국 후 정보기관 발전

1. 군사, 국내, 해외 정보기관 설립

(1) 의의

1948년 5월 14일 이스라엘 독립 이후, 벤 구리온(David Ben-Gurion)은 기존 정보조직인 쉐이를 해체하고 군사, 국내, 해외를 담당하는 3개의 정보기관을 설립함.

(2) 군 정보부(MI)와 신베트(Shin Beth)

① 이스라엘군(IDF) 총참모부 산하에 군 정보부(Military Intelligence, MI) 창설

② 국내보안 업무를 담당하는 신베트(Shin Beth) 설립

(3) 정치국(Political Department)

해외정보 담당 기관으로 외무부 산하에 정치국(Political Department) 설치

2. 정보기관장위원회(VARASH)

1949년 4월, 영국 합동정보위원회(Joint Intelligence Committee)를 모방하여 정보기관 간 통합·조정을 담당하는 정보기관장위원회(VARASH) 설립

3. 모사드(Mossad)

(1) 의의

① 1949년 12월 13일, 벤 구리온이 외교부 정치국을 감독하고 보안부 및 군 정보기관을 조정하는 정보조정연구소(Mossad, Institute for Co-ordination) 설립을 지시함.

② 1951년 이를 해외정보활동 전담 조직으로 재편하여 오늘날의 모사드(Mossad)로 발전함.

(2) 실로아(Reuven Shiloah)

① 초대 모사드 부장으로 실로아 임명, 수상 직속기구로 개편됨.

② 1952년 5월, 모사드의 바그다드 첩보망이 이라크 보안당국에 의해 적발되고, 로마 소재 첩자가 이집트 이중첩자로 드러나 실로아 사임.

(3) 이써 하렐(Isser Harel)

① 후임으로 신베트 부장이었던 이써 하렐이 제2대 모사드 부장으로 취임.

② 하렐의 지휘 아래 모사드가 기반을 확립하고 세계적인 명성을 얻음.

4. 아만(AMAN)

1948년 이스라엘 군 총참모부 산하의 군 정보부(MI)로 설립됨. 1953년 독립적 기구로 격상되면서 기능이 확대되어 오늘날의 아만(AMAN)으로 발전함.

5. 라캄(LAKAM)과 정치연구센터

(1) 의의

이스라엘 정보기관으로 라캄(LAKAM)과 정치연구센터(Center for Political Research) 존재함.

(2) 라캄(LAKAM)

1957년 국방부 산하기관으로 창설되어 공개 및 비밀출처를 통한 과학기술정보 수집을 담당함.

(3) 정치연구센터

① 1948년 6월 외무부 산하 정치국(Political Department)을 기반으로 함.

② 1951년 모사드 설립 후 해외정보수집 기능이 박탈되어 연구국으로 축소됨.

③ 1973년 욤 키푸르 전쟁 후 정보실패 조사 목적으로 구성된 아가니트위원회(Arganat Commission) 건의에 따라 외교부 산하 정치연구센터(Center for Political Research)로 확대 · 개편됨.

Ⅴ 이스라엘의 정보기구

1. 모사드(Mossad)

(1) 개요

① 총리 직속 해외정보기구로, 미국 CIA, 영국 MI6과 유사한 역할을 수행함

② 군 정보기관 아만, 국내 보안기구 샤박과 함께 이스라엘 3대 정보기구에 속함

③ '모사드'는 히브리어로 '조직(Institute)'을 의미함

(2) 주요 역할

① 해외 비밀공작 수행(암살 포함)

② 해외 유대인의 본국 정착 지원

(3) 특징

부훈: "조언자가 없으면 멸망한다. 그러나 다수의 조언자가 있으면 안전하다."

2. 샤박(Shabak 또는 Shin Bet)

(1) 개요

① 방첩공작을 수행하는 국내 보안기구로, 이스라엘의 FBI에 해당함

② 모사드와 함께 총리실 산하에 소속됨

(2) 주요 역할

① 방첩공작 및 극우 · 극좌세력의 정부전복 · 사보타주 대응

② 대테러 작전 수행

③ 요주의 방문객 및 그들과 접촉한 내 · 외국인에 대한 조사

(3) 모토

"눈에 보이지 않는 수호자"

3. 아만(Aman)

(1) 개요

이스라엘 군 소속의 독립적인 군정보기구로, 전투형 정보기관의 성격을 가짐

(2) 주요 역할

전쟁 시 이스라엘의 존립을 지키는 군사정보 활동 수행

(3) 특징

산하에 신호정보를 담당하는 8200부대 운영

4. 외무부 정치연구센터(Center for Political Research)

(1) 개요

외무부 소속 정보기구로, 전 세계 정치정보 수집 · 분석 · 평가 수행

(2) 주요 역할

① 이스라엘의 미션 홍보 및 해외 유대인 공동체(다이아스포라 공동체)와의 관계 증진

② 해외 이스라엘 국민들의 권익 보호

Theme 98-1 팔레스타인 해방기구(PLO)

Ⅰ 의의

① 1964년 팔레스타인 독립국 수립을 목표로 설립된 기구로, 유엔과 100개 이상의 국가로부터 "팔레스타인을 대표하는 유일한 법적 조직"으로 인정받음.

② 1974년 유엔 참관국이 되었으며, 미국과 이스라엘이 한때 국제 테러 조직으로 지정했으나 1991년 마드리드 조약 이후 해제됨.

③ 1993년 이스라엘과 상호 합의하여 유엔 안전 보장 이사회의 결의문 제242호 및 제338호를 수용하고, 상호 인정함.

Ⅱ 설립

① 1964년 카이로 아랍 연맹 정상 회담에서 아랍 정상들이 무장 투쟁을 통한 "팔레스타인 해방"을 결의하고 PLO를 설립함.

② 같은 해 5월 28일 헌장을 발표하여 팔레스타인 영토를 영국 위임통치령 팔레스타인에 준한다고 선포하고, 시오니즘 활동을 금지함.

③ 설립 당시 민족 자결권과 회복권을 주장하였으며, 팔레스타인 독립 선언은 1974년에 이루어짐.

Ⅲ 조직

① 팔레스타인 민족회의가 명목상 법적 최고 조직이나, 실질적 의사 결정은 민족회의에서 선출된 18인의 집행위원회에서 이루어짐.

② 다양한 이데올로기를 포괄하는 비종교적 정치 조직으로, 팔레스타인 독립을 목표로 활동함.

③ 현재 아랍 연맹과 유엔의 참관국 지위를 가짐.

Ⅳ 정당 및 단체

1. 의의

① 중앙집권적 정치 조직이 아닌 여러 정당 및 단체의 연대 조직으로 구성됨.

② 산하 단체를 직접적으로 지도하지 않으나, 가입 조직들은 팔레스타인 민족회의에 참여하고 집행위원회의 결정을 존중함.

2. 팔레스타인 입법부 내 주요 정당

(1) 파타(Fatah)

① 1957년 조직, 야세르 아라파트 지도하에 팔레스타인 독립국가 건설을 위해 활동함.

② 2005년 총선에서 하마스에 패배하기 전까지 PLO 내 여당이었으며, 비폭력 독립운동 단체로 활동함.

(2) 하마스(Hamas)

① 정당이자 준군사단체로, 이스라엘과의 평화 협상이 아닌 무장 투쟁을 통한 팔레스타인 해방을 목표로 함.

② 2006년 2월 팔레스타인 자치 정부 총선에서 승리하여 PLO 내 여당이 됨.

③ 팔레스타인 인민해방전선과 달리 급진 이슬람 원리주의를 추구함.

(3) 팔레스타인 인민해방전선 (PFLP)

① 1967년 하반기 아랍 민족주의자들을 중심으로 결성됨.

② 1970년대 이후 마르크스-레닌주의를 표방하며 세속적, 탈이슬람적 성격을 강화함.

Theme 99 이스라엘 정보기구의 조직과 운영체계

Ⅰ 이스라엘 정보공동체

① 이스라엘 정보공동체는 해외정보를 담당하는 모사드, 국내보안을 담당하는 신베트, 군사정보를 담당하는 아만, 외무부 산하의 정치연구센터, 내무부 산하의 경찰청으로 구성됨.

② 1957년 설립된 라캄(LAKAM)은 과학기술 정보수집을 담당했으나 1986년 해체됨.

③ 1949년 설립된 정보기관장위원회(VARASH)는 정보기관 통합·조정 역할을 하며, 모사드 부장이 의장을 맡음.

Ⅱ 모사드(Mossad)

1. 의의

① 모사드는 이스라엘 최고 정보기관으로, 공식명칭은 'ha Mossad le Modiin ule Tafkidim Meyuhadim'이며, '정보 및 특수임무 연구소'를 의미함.

② 인간정보를 활용하여 해외 첩보수집 및 비밀공작을 수행하며, 주요 목표는 아랍국 군사력, 지휘체계, 국내정치 동향, 외교활동 등에 관한 정보수집임.

2. 프로미스(PROMIS)

① 모사드는 전자기술 분야에서 세계적 수준을 보유하며, 강력한 컴퓨터 데이터베이스인 '프로미스(PROMIS)'를 개발함.

② 해당 시스템은 대량의 자료를 저장·처리할 수 있으며, 외국 정보기관에서도 활용함.

3. 임무

① 유대인 난민 구출, 팔레스타인 민족운동 단체 침투 및 사보타주, 방첩활동 수행.

② 국경 밖 첩보수집, 특정 국가와의 외교관계 유지, 적대국 비재래식 무기 개발 저지, 해외 테러행위 저지, 국경 밖 특수임무 수행 등으로 업무영역 확장.

4. 조직

(1) 개요

모사드는 8개 과(department)로 구성됨.

(2) 수집과(Collection Department)

① 모사드 내 최대 규모 부서로, 인간정보 네트워크를 운영함.

② 해외 공관에서 정보관으로 근무하며 첩보수집을 수행함.

③ 본부는 각 지역 데스크를 두고 공작관을 관리하며, 협조자들을 통제함.

④ 2000년부터 신문 등에 수집관 모집광고를 게재함.

(3) 정치 및 정보협력과(Political Action and Liaison Department)

해외 이스라엘 대사관 내 사무실을 두고 외국 정보기관과 정보협력 담당.

(4) 연구과(Research Department)

① 모사드 내 세 번째 규모 부서로, 첩보자료 처리 및 분석을 담당함.

② 공개출처정보를 활용하여 보고서를 작성하고, 이를 군과 정부기관에 배포함.

③ 주요 보고서로 일일상황보고서, 주간요약보고서, 월간 상세보고서 등이 있음.

④ 전 세계를 15개 지역으로 나누어 담당 사무실을 운영함.

⑤ 반확산 문제 전담 부서를 운영함.

(5) 기술과(Technology Department)

① 공작임무 수행에 필요한 첨단과학기술 장비 개발 담당.

② 2001년 전기기술자 및 컴퓨터 과학자 채용 광고를 게재함.

(6) 메사다(Metsada)

① 특수공작부서로, 활동 내용은 비공개이나 암살, 사보타주, 준군사공작, 심리전 등을 수행함.

② 하위 조직으로 암살을 담당하는 키돈(Kidon)과가 존재함.

(7) 심리전국(LAP)

전 세계 언론 접촉망을 통해 심리전, 선전공작, 기만공작 등을 수행함.

5. 규모

(1) 개요

① 모사드 요원의 수는 1980년대 1,500~2,000명에서 최근 1,200명으로 감소함.

② 전 세계적 비밀공작 수행에도 불구하고 요원 수는 제한적임.

(2) 사야님(sayanim)

① 모사드는 전 세계에 자발적 유대인 협조자망인 사야님을 운영하여 소수 요원으로 광범위한 활동 수행 가능.

② 사야님은 숙소제공, 차량지원, 자금융통, 의료서비스, 정보제공 등을 지원함.

Ⅲ 신베트(Shin Beth)

1. 의의

① 사바크(Shabak) 또는 신베트(Shin Beth)는 이스라엘 총리 직속 정보기관으로서 방첩 및 국내보안 임무 수행 기관임.

② 활동영역은 국내로 한정되나, 인적 네트워크는 전 세계적으로 광범위함.

2. 조직

(1) 조직 구성

신베트는 공작(operation) 임무를 수행하는 3개 과(department)로 구성됨.

(2) 아랍과(Arab Affair Department)

① 아랍 테러조직 네트워크 정보 수집 및 반테러 공작 임무 수행.

② 아만 소속 '미스타라빔(Mist'aravim)'과 협력하여 대정부전복활동 대응.

③ 하마스 군부 세력에 대한 대응 활동 수행.

(3) 비아랍과(NonArab Affairs Department)

① 아랍권 외 지역 문제 담당, 공산권과 비공산권 분과로 구분됨.

② 동구권과 러시아 지역 정보 수집에 중점.

③ 외국 정보기관 및 상대국 외교부 조직 침투를 통한 정보 수집 수행.

④ 구소련 및 동구권 출신 유태인 심문 임무 수행.

(4) 방호보안과(Protective Security Department)

이스라엘 정부 건물, 대사관, 방위산업체, 과학기술 시설, 민간 산업시설, 국영 항공사 등 보호 임무 수행.

3. 국내 정치공작임무

(1) 의의

이스라엘 국내에서 정치공작을 수행하는 기관으로 기능함.

(2) 특수한 안보환경

자유민주주의 국가에서 국내 비밀공작이 금지되는 것과 달리, 이스라엘은 테러 및 극단주의 세력의 활동으로 인해 국내 비밀공작이 허용됨.

(3) 활동

① 극우세력 및 정부 전복을 시도하는 좌파운동 단체 감시 임무 수행.

② 극좌 성향 정당 내부 조직에 공작원 침투 사례 존재.

③ 주변 아랍국 및 소련을 위한 스파이 활동을 수행한 외국인 기술자 색출.

4. 이스라엘의 안보환경과 신베트의 중요성

(1) 의의

이스라엘의 특수한 안보환경에서 신베트의 역할은 국가 생존과 직결됨.

(2) 특수한 안보 환경

① 귀국한 유태인 중 적의 스파이 존재 가능성 배제 불가.

② 이스라엘 국적을 보유한 30만 명의 아랍인은 '트로이의 목마'로 작용할 가능성 존재.

(3) 이스라엘 내 아랍인들의 지위

① 이스라엘은 아랍인에 대한 대규모 숙청이나 마녀사냥을 시행하지 않음.

② 1967년 6일 전쟁 이후 일시적인 활동 제한 조치가 있었으나, 이후 지속적인 제한은 없음.

③ 이스라엘 내 아랍인은 완전한 동등한 지위는 아니나 큰 차별 없이 대우받고 있음.

5. 권한

(1) 의의

반정부 활동 혐의자 체포 및 구금 권한 보유.

(2) 고문 등 위법행위에 대한 비판

① 1980년대 신베트의 잔혹행위가 공개되며 여론의 비난을 받음.

② 협박, 고문, 법정에서의 거짓 증언 등 문제점 노출.

③ 이스라엘 정부는 신베트의 가혹행위를 묵시적으로 용인하는 입장을 유지함.

Ⅳ 아만(Aman)

1. 의의

① 이스라엘 군 소속 군 정보기관으로 육·해·공군과 동등한 위상을 가짐.

② 국방부 산하 기관으로 국방부 장관의 지휘·감독을 받으며 군사정보의 처리·작성·배포 및 통신감청을 통한 인근 국가 동향 파악을 수행함.

③ 모사드 및 신베트와 달리 국방부를 통해 지휘·감독을 받음.

2. 임무

① 국가정보판단보고서, 일일정보보고서, 전쟁위험평가보고서를 생산하여 수상과 내각에 제공함.

② 군과 정부 간 업무 협력 담당 및 민간·군 정보기관 간 정보 흐름 조정 수행함.

③ 약 7,000명의 요원이 근무하며, 주변 적대국들의 전쟁 위험을 판단하는 것이 핵심 임무임.

3. 공작임무

(1) 아만 산하 공작지원 분과

공작임무를 지원하는 2개의 분과 운영.

(2) 대외관계과(Foreign Relations Department)

외국 군 정보기관과의 정보협력 및 해외 주재 이스라엘 무관 활동 조정 담당.

(3) 사이렛 매트칼(Sayeret Matkal)

① 총참모부 소속 수색정찰부대로 반테러 공작임무 수행.

② 1976년 7월 엔테베 작전 수행으로 유명함.

4. 이스라엘의 군 정보기관

(1) 각 군별 정보기관

① 공군정보국(Air Intelligence Directorate): 이스라엘 공군 정보부대.

② 해군정보과(Naval Intelligence Department): 이스라엘 해군 정보부대.

③ 아만 소속이지만 일정 수준의 독립성을 인정받는 준자치 부서임.

(2) 지역 사령부별 정보부대

중앙, 북부, 남부, 본부 등 4개의 지역 사령부 예하에 정보부대 배치.

5. 서방 군 정보기관들과 구별되는 아만의 특징

(1) 군사정보 중요성

건국 초기부터 주변 아랍국들의 군사적 위협으로 인해 아만의 역할이 매우 중요했음.

(2) 민간 정보 업무 수행

① 군사정보뿐만 아니라 정치정보 등 민간 정보기관 담당 영역까지 수행함.

② 민간 정보기관들과의 업무 조정 필요성이 지속적으로 제기됨.

③ 그럼에도 불구하고 이스라엘 안보의 핵심 역할을 지속적으로 수행할 전망임.

6. 이스라엘 정보공동체에서 아만의 비중과 중요성

(1) 유리한 정보활동 여건

① 적과 대치하고 있어 적의 동향을 지속적으로 관찰 가능함.

② 다수의 포로 확보를 통해 적의 실정을 효과적으로 파악할 수 있음.

(2) 뛰어난 정보수집 역량

① 인간정보 및 최첨단 기술정보 수집 역량을 보유함.

② 아랍국들의 군사동향, 전투력, 전술에 관한 정보를 효과적으로 수집·분석하여 전쟁 위험성을 사전 경고하는 역할 수행함.

③ 이스라엘 정보공동체 내 아만의 비중과 중요성이 지속적으로 강조됨.

7. 욤 키푸르(Yom Kippur) 전쟁

① 1973년 욤 키푸르 전쟁 당시 이집트·시리아 군의 기습공격을 사전에 파악하지 못함.
② 공격 징후가 있었음에도 불구하고 아만 지휘부가 심각성을 인식하지 못하고 무시함.
③ 이로 인해 이스라엘 군이 대비 없이 공격을 받아 심각한 피해를 입음.

8. 조직체계의 변화

(1) 연구부서 위상 강화

욤 키푸르 전쟁 이후 연구부서의 위상이 '과(department)'에서 '처(division)'로 승격됨.

(2) 사이먼-토브 절차(Siman-Tov Procedure)

하위직 정보관이 직속상관보다 더 높은 직위의 정보관에게 자신의 견해를 직접 호소할 수 있도록 제도적 보장 제공됨.

(3) 통제단(Control Unit) 편성

'악마의 변론(Devil's Advocacy)' 역할을 수행하며, 필요시 부장에게 직접 보고하는 것이 허용됨.

(4) 기술정보 수단 활용 증가

① 1973년 이전까지 인간정보 중심이었으나 이후 신호정보 등 기술정보 수단 활용 증가함.
② 8200단(Unit 8200)이 세계 최고 수준의 신호정보활동을 수행하며 명성을 얻음.
③ 이스라엘은 예산과 인력의 한계를 극복하고 첩보 위성을 개발하여 영상정보 분야에서도 세계적 역량을 보유함.

Ⅴ 라캄(LAKAM)

1. 의의

(1) 설립과 목적

① 1957년 핵개발을 목적으로 설립됨.
② 이후 군사 과학기술 정보 수집 활동을 담당하게 됨.

(2) 정보 수집 활동

① 해외 과학기술 정보 수집을 위해 미국과 유럽의 대사관 및 영사관에 '과학담당관(Science Attaches)'을 배치함.
② 위장 업체를 설립하여 정보 수집 활동을 전개하기도 함.
③ 1967년 6일 전쟁 이후 프랑스 미라주 폭격기의 중요 설계도를 획득하는 등의 성과를 거둠.

④ 1985년 뉴욕, 보스턴, 로스앤젤레스 등지의 이스라엘 영사관 내에 라캄 사무실을 운영하며 활발한 군사 과학기술 정보 수집 활동을 수행함.

2. 라캄의 해체

(1) 의의

라캄은 폴라드(Jonathan J. Pollard) 사건으로 인해 1986년 해체됨.

(2) 폴라드 사건

① 폴라드는 미 해군 정보국 소속 정보요원으로, 워싱턴 소재 미 해군 반테러경보센터(Naval Anti Terrorist Alert Center)에 근무함.
② 라캄 소속 공작원에게 군사과학기술 관련 기밀문서를 다량 전달하고, 그 대가로 금전적 보상을 받음.
③ 1986년 미 정보기관에 의해 스파이 행위가 적발되어 체포됨.
④ 종신형을 선고받았으며, 이에 대해 이스라엘 정부는 미국 내 스파이 활동을 하지 않는 것이 원칙임을 강조하면서, 해당 사건이 개인적 일탈이라고 주장함.
⑤ 이스라엘 정부는 사건과의 무관함을 지속적으로 주장하였으나, 의혹이 해소되지 않음.
⑥ 결국, 1986년 라캄이 해체되었으며, 그 임무와 기능이 과학기술국과 국방부로 이관됨.

Ⅵ 정치연구소(The Center for Political Research)

1. 조직

① 외무부 산하 기관으로, 미국 국무부의 정보조사국(INR)과 유사한 기능을 수행함.
② 산하에 10개의 과(departments)를 운영함.

2. 임무

(1) 중동 정치 동향 파악

이스라엘의 특수한 안보 상황에서 중동 지역의 정치 동향을 분석하는 역할을 수행함.

(2) 정보 수집 및 분석

① 인접 중동 국가 지도자들의 정치적 성향을 분석함.
② 주요 정당 및 정치 집단의 활동을 파악함.
③ 국민 여론 동향을 수집하고 분석함.

I 엘리 코헨(Elie Cohen)

1. 주요 정보 획득

① 시리아 고위층과의 교류를 통해 다양한 군사정보 수집
② 소련고문단이 작성한 이스라엘 공격계획
③ 골란고원의 시리아군 배치도
④ 소련이 시리아에 제공한 무기들의 사진
⑤ 이스라엘의 물 공급 단절을 위한 시리아의 단수계획

2. 정보 보고 및 체포

① 초단파를 이용해 모사드에 정보 전달
② 인도 대사관의 무선통신 방해로 시리아 방첩부대의 주목을 받음
③ 소련의 전파 탐지기로 발신지 추적 후 1965년 1월 체포됨

3. 최후

이스라엘 정부의 구명 노력에도 불구하고 1965년 5월 18일 교수형 집행

II 볼프강 로츠(Wolfgang Lotz)

1. 주요 정보 획득

① 이집트의 미사일 개발 관련 정보 수집
② 독일과학자들의 명단, 주소, 가족상황
③ 미사일 전자통제시스템
④ 오즈만 장군의 안내로 미사일 기지 및 시나이 반도 미사일 발사대 관찰 후 첩보 보고

2. 정보 보고 및 체포

① 목욕탕에 설치된 송신기를 통해 모사드에 첩보 전달
② 이집트 방첩부대가 전파 탐지 후 1965년 2월 체포
③ 이스라엘 협조자로 잘못 인식되어 사형을 면하고 종신형 선고

3. 석방

6일 전쟁 후 500명의 이집트 포로와 교환되어 석방됨

III 슐라 코헨(Shula Cohen)

1. 주요 활동

① 모사드 여성 정보요원으로 '중동의 마타하리'로 불림
② 1940년대부터 유태인 난민을 팔레스타인으로 이송

③ 1950년대 초 모사드에 합류, 암호명 '진주(Pearl)'로 활동
④ 사교활동을 통해 레바논 및 시리아의 정부·정치 문서를 확보하여 모사드에 제공

2. 체포 및 석방

① 레바논 정보장교의 침투로 첩보망 붕괴 및 체포
② 교수형 선고 후 7년형으로 감형
③ 1967년 6일 전쟁 이후 레바논 포로들과 교환되어 석방

1. 커트 시트(Kirt Sitte) 교수 사건

(1) 배경

① 시트 교수는 핵물리학자로 하이파 과학기술연구소에서 근무함.
② 1954년 연구소 근무 이전에 체코 정보부의 첩자가 됨.

(2) 첩보 활동 및 체포

① 체코 및 소련에 정보를 제공해 오다가 1961년 체포됨.
② 5년형을 선고받음.

2. 아론 코헨(Aharon Cohen) 사건

(1) 배경

코헨은 마팜(Mapam)당의 중동 전문가로 활동함.

(2) 첩보 활동 및 체포

① 14개월간 간첩행위를 했다는 혐의로 1962년 체포됨.
② 5년형을 선고받음.

3. 이스라엘 비어(Israel Beer) 사건

(1) 배경

① 비어는 아만(군 정보기관) 차장과 국방부 정보연락장교를 역임함.
② 벤-구리온 총리와 친분이 있었으며, 이스라엘 보안 당국은 그를 소련 스파이로 의심함.

(2) 첩보 활동 및 체포

① 1959년 KGB 요원 미하일 골레니우스키(Mikhhail Goleniewski)가 서방으로 망명하며 비어가 소련 스파이임을 입증하는 단서를 제공함.
② 비어가 보고 없이 동베를린에 잠입한 사실을 서독 BND가 이스라엘에 제공함.

③ 1962년 3월, 소련 외교관에 비밀문서를 제공한 혐의로 체포됨.

④ 10년형을 선고받고 복역 중 1966년 사망함.

(3) 비어의 신원 논란

① 비어는 자신을 오스트리아 출신 유대인 사회주의자로 위장함.

② 스페인 내전 국제여단 참전 및 팔레스타인 이주 경력을 주장했으나 조사 결과 거짓으로 밝혀짐.

③ 이스라엘 당국은 그가 1938년 스페인 내전에서 실종된 '진짜 비어'의 신원을 도용한 소련 비밀침투요원(mole)이라고 판단함.

④ 비어가 끝까지 침묵을 지켜 신원은 영구 미제로 남음.

4. 피터 풀만(Peter Fulman) 사건

① 1972년 11월, 독일 출신 전자공학자로 이스라엘로 이주함.

② 레바논을 위한 첩보활동 혐의로 체포됨.

Theme 99-3 라캄의 경제공작 개혁과 이스라엘 전투기 개발

I 라캄의 발전과 경제공작 개혁

1. 블룸버그(Binyamin Blumberg)의 초기 기틀 마련

① 라캄은 초대 책임자 블룸버그의 지도 아래 프랑스 미라지(Mirage) 전투기 기술 습득에 성공하며 기초를 확립함.

② 1981년, 블룸버그는 라피 아이탄(Rafi Eitan)에게 책임을 넘김.

2. 라피 아이탄(Rafi Eitan)의 개혁

(1) 경제공작 역량 강화

① 아이탄은 라캄의 경제정보 분야가 비효율적이라고 판단하고 전문성 제고와 체계화를 위한 개혁을 단행함.

② 경제·과학 전문가를 대거 채용하고, 경제공작 활동을 집약하여 체계적인 공작을 추진함.

③ 결과적으로 1986년 라캄 해산 전까지 경제스파이 역량을 10배 이상 증진시켰다는 평가를 받음.

(2) 공작 대상의 다변화

아이탄은 보안 및 방첩 측면에서 미국 중심의 "강성 타깃(hard target)"에서 유럽 등의 "연성 타깃(soft target)"으로 다변화하는 전략을 활용함.

II 이스라엘 전투기 개발과 라캄의 공헌

1. 프랑스 미라지 전투기 기술 확보

(1) 6일 전쟁 이후 프랑스의 금수조치

① 6일 전쟁 후 프랑스는 이스라엘의 선제공격을 비난하며 모든 무기 수출을 금지함.

② 이에 이스라엘은 독자적인 전투기 개발을 추진하게 됨.

(2) 스위스에서의 정보획득 작전

① 라캄은 프랑스 미라지 전투기의 엔진 제조사에 침투하여 기술을 확보함.

② 핵심 엔지니어 알프레드 프라우엔크네흐트(Alfred Frauenknecht)를 포섭하여 전투기 청사진과 엔진 설계도를 입수함.

③ 프라우엔크네흐트는 1971년 4월 23일 체포됨.

2. 이스라엘 전투기 개발 성과

① 1971년: 이스라엘 최초의 전투기 네셔(Nesher) 개발 성공.

② 1975년: 주력 전투기 크필(Kfir) 개발.

③ 1982년: 주력 전투기 라비(Lavi) 개발.

III 정리

① 블룸버그는 라캄의 기반을 구축하였으며, 아이탄은 경제공작 역량을 강화하고 공작 대상을 다변화함.

② 라캄은 6일 전쟁 이후 프랑스의 무기 금수조치에 대응하여 스위스에서 미라지 전투기 기술을 확보함.

③ 이 기술을 바탕으로 이스라엘은 네셔, 크필, 라비 등 독자적인 전투기를 개발함.

Theme 100 이스라엘 정보기구의 전망과 과제

I 이스라엘 정보·보안체계의 평가

① 모사드, 신베트, 아만을 중심으로 한 이스라엘 정보·보안체계는 세계적으로 높은 전문성과 효과성을 인정받음.

② 이들 기관은 적대적인 아랍 국가들과의 전쟁 등 안보위기에서 핵심적 역할을 수행해 왔으며, 모사드는 아이히만 납치공작, 엔테베 작전, 미그 21기 탈취공작 등으로 세계적 명성을 획득함.

Ⅱ 이스라엘 정보체계의 정보실패와 공작실패

1. 정보·공작 실패의 사례

① 1990년대 이후 라빈 총리 암살, 암만 암살공작 실패, 스위스 도청 스캔들 등 정보 및 공작 실패가 발생함.

② 1996년 신베트는 폭탄테러 사건을 방지하지 못했으며, 이로 인해 신베트와 아만 간 공개적인 비난전이 벌어짐.

2. 욤 키푸르 전쟁 당시 정보실패

(1) 의의

이스라엘 정보·보안체계의 문제점은 1973년 욤 키푸르 전쟁에서 비롯됨.

(2) 정보판단의 실패

① 이스라엘은 이집트와 시리아의 기습을 예측하지 못했으며, 이는 첩보수집 실패가 아니라 수집된 첩보에 대한 정보판단 오류에서 기인함.

② 아만과 모사드 간의 정보 해석 갈등을 조정하지 못하여 정보판단상의 치명적인 오류를 범함.

3. 욤 키푸르 전쟁 이후의 문제점

(1) 의의

전쟁 이후 문제점을 개선하려 했으나, 정보 및 공작 실패가 지속적으로 발생함.

(2) 정치지도자와 정보기관 간 갈등

이스라엘 정치지도자들은 정보기관의 정보판단을 불신하였으며, 정보기관들은 정치지도자의 정책에 도전하는 태도를 보임.

(3) 정보기관 간 경쟁

모사드, 신베트, 아만 간 과도한 경쟁과 비협조로 인해 정보활동의 효율성이 저하됨.

Ⅲ 이스라엘 정보공동체의 개혁 조치

1. 개혁의 필요성

기존 문제를 해결하기 위해 이스라엘 정보공동체는 개혁 조치를 단행함.

2. 주요 개혁 조치

(1) 공개성 강화

① 비밀주의로 인한 비효율성을 개선하기 위해 정보기관의 존재를 공개하는 방향으로 변화함.

② 모사드와 신베트 부장의 임명 사실을 언론에 공개하는 정책을 도입함.

(2) 공개채용 방식 도입

① 기존의 비밀주의를 탈피하여 정보요원 채용을 공개채용 방식으로 전환함.

② 모사드는 2000년 7월 30일 최초로 신입직원 채용을 위한 공채 광고를 발표함.

(3) 기술정보 수집능력 강화

① 기존의 인간정보 중심 활동에서 벗어나 기술정보 수집능력을 강화함.

② 1988년 '오펙(Ofeq) 1' 위성 발사를 시작으로 후속 위성 발사를 지속하여 독자적인 영상정보 수집능력을 확보함.

Ⅳ 이스라엘의 안보상황

1. 자원과 인력의 제약

① 이스라엘은 제한된 자원과 인력으로 적대국들과 대치하는 국가임.

② 대부분의 군 병력이 예비역으로 편성되며, 평상시에는 민간 부문에 종사하다가 전쟁 시 소집됨.

2. 조기경보의 필요성

(1) 의의

① 이스라엘 정보기관은 적의 공격 징후를 조기에 포착하고 경보를 발령하는 역할을 수행함.

② 예비군 동원을 위해 전쟁 발발 48~72시간 전에 조기경보가 필요함.

(2) 정보기관의 조기경보 역할

이스라엘의 특수한 안보상황에서 정보기관의 조기경보는 국가 생존과 번영을 유지하는 핵심 요소임.

3. 변화된 안보환경

(1) 테러리스트 및 핵개발 위협

전 세계적으로 테러리스트의 위협이 증가하며, 이란과 북한 등에서 비밀리에 핵개발이 진행됨.

(2) 비재래식 무기의 확산

생화학무기 및 미사일 등의 비재래식 무기 확산이 이스라엘 안보에 심각한 위협이 됨.

(3) 군사적 위협의 복잡성

테러 및 주변국의 군사적 위협이 과거보다 더욱 복잡한 양상으로 전개됨.

4. 대테러 전쟁

(1) 의의

① 과거의 전쟁은 중앙집권적 정부와 정규군 간의 전투로 진행됨.

② 대테러 전쟁은 전통적인 전쟁 방식과 다른 양상을 보임.

(2) 대테러 전쟁의 특징

① 사회 전체가 전투에 참여하며, 적의 정책결정 과정이 불명확함.

② 정보통신 기술 발달로 인해 적의 통화 감청이 어려워짐.

③ 인터넷과 소셜 미디어를 이용한 심리전이 활발해짐.

5. 이스라엘 정보기관의 개혁 추진

(1) 의의

정보기관 지도자들은 기존 방식의 한계를 인식하고, 국가 정보 개념과 활동 방향을 대폭 개혁함.

(2) 이스라엘 정보 네트워크 실태 조사

① 2003년, 이라크 전쟁 직후 정보 네트워크 실태 조사 위원회 구성됨.

② 과거 부여된 정보기관의 임무가 변화된 안보환경에 부적합하다는 결론 도출됨.

③ 정보기관 임무를 새로운 안보환경에 맞게 재조정할 필요성이 제기됨.

④ 정보기관을 국가안전보장회의(NSC) 중심으로 운영하고, 모사드, 신베트, 아만의 업무를 명확히 구분하는 개혁안이 제시됨.

(3) 정보협력소위원회 구성

① 모사드, 신베트, 아만 간 업무 중복과 충돌 방지를 위해 협력 체계 구축이 필요함.

② 정보공유 강화를 위한 합의문 서명 및 협력 유지 노력이 진행됨.

③ 정보기관 간 업무 조정을 위해 정보협력소위원회 (Intelligence Subcommittee)가 활용됨.

(4) 체계적 사고(Systemic Thinking) 도입

① 정보분석의 효율성을 높이고 오류를 줄이기 위해 아만이 체계적 사고 개념을 도입함.

② 체계적 사고는 복잡한 현상을 총체적으로 판단할 수 있도록 함.

③ 복잡한 전쟁 양상 분석 및 평가에 유용하게 활용됨.

6. 아만의 분석조직 개편

(1) 의의

① 아만은 체계적 사고 개념을 적용하여 분석조직을 9개 팀으로 개편함.

② 기존의 국가 및 지역 기반 분석에서 체계 기반 분석으로 전환됨.

③ 분석 범위가 개별 국가에서 국제적 영향력, 미디어, 문화 등 전체적 체계를 파악하는 방향으로 확장됨.

(2) 정보체계장(Head of Intelligence System)

① 각 체계별로 정보체계장을 배치하여 보고서 생산, 업무 분장, 첩보 수집을 담당함.

② 정보체계장은 수집과 공작을 총괄하여 협업을 조율하며, 정보누락 가능성을 최소화함.

(3) 소결

① 이스라엘 정보기관은 정보실패를 교훈 삼아 지속적인 개혁을 추진함.

② 이러한 노력은 어려운 안보상황을 극복하는 원동력이 되었으며, 이스라엘 정보기관이 세계 최고 수준으로 평가받는 요인이 됨.

7. 이스라엘 정보공동체의 평가 및 전망

(1) 의의

① 과거 수많은 정보실패를 경험한 이스라엘은 여전히 어려운 안보상황에 직면함.

② 테러, WMD 확산 등 복잡한 안보위협에 대응해야 함.

(2) 개혁의 성과

① 이스라엘 정보공동체는 21세기 들어 심각한 정보실패를 겪지 않음.

② 모사드, 신베트, 아만의 정보활동이 성공적으로 수행되었다는 평가를 받음.

③ 아랍국들의 군사동향 파악 및 테러 차단에서 효과적인 역할을 수행함.

④ 과거의 정보실패를 개선하기 위한 지속적인 노력이 성과로 이어짐.

(3) 전망

이스라엘의 미래 안보상황은 더욱 불안정하고 불확실할 것으로 예상되며, 정보공동체의 대응이 주목됨.

Theme 101 한국 정보기구의 기원

I 삼국시대

1. 의의

① 삼국시대(고구려, 백제, 신라)에서 기록상 최초의 정보활동이 나타남.

② 삼국시대는 전쟁이 빈번했던 시기로, 약 700년 동안 460회 이상의 전쟁이 발발함.

③ 589년 수나라의 중국 통일 이후 국제 질서가 재편되면서 국제전 양상으로 변화, 전쟁의 규모와 빈도 증가.

④ 삼국은 국제 정세를 정확히 파악하고 생존을 확보하기 위해 정보활동을 활발히 전개함.

2. 고구려

(1) 의의

① 고구려는 기원전부터 첩자를 활용하여 정보활동을 활발히 수행함.

② 중원 왕조 및 북방민족과 국경을 접하여 백제 · 신라보다 첩보 대상국이 많았음.

③ 첩보 대상국: 백제 · 신라뿐만 아니라 수 · 당나라, 북위, 북연, 선비, 돌궐, 말갈 등 다양한 국가 포함.

(2) 호동왕자와 낙랑공주

「삼국사기」 대무신왕 15년 조에 기록된 이야기로, 사실성은 낮지만 고구려가 첩자의 중요성을 조기에 인식했음을 보여줌.

(3) 승려 도림

장수왕 시기, 승려 도림을 백제에 첩자로 침투시켜 개로왕과 백제를 파탄에 빠뜨리는 첩보전을 수행함.

(4) 을지문덕

① 을지문덕, 연개소문(고구려), 김유신, 김춘추(신라) 등 첩보전의 대가들이 존재함.

② 을지문덕은 수나라 침략 시 포로로 잡혀 적정을 탐지 후 심리전과 교란작전을 수행하여 수나라 군대 30만 명을 전멸시킴.

③ 살수대첩에서 첩보전과 용병술을 활용하여 수나라에 완승을 거둠.

Ⅱ 통일 신라 시대

1. 의의

① 삼국 통일 후 신라는 외부 적을 대상으로 한 첩보활동을 거의 수행하지 않음.

② 당나라 · 발해를 대상으로 한 첩보활동 기록이 거의 없음.

③ 신라 말기 귀족 세력이 사병을 확대하고 지방 세력도 중앙정부에 대항하는 모습이 나타남.

2. 첩자의 이미지와 위상의 변화

(1) 의의

① 외부 적을 대상으로 했던 첩자 조직이 내부 권력 다툼에 활용되면서 이미지 변화 발생.

② 과거 국가 생존과 번영에 기여했던 첩자가 점차 부정적 이미지로 전환됨.

(2) 삼국시대 첩자에 대한 인식

첩자는 군사행위의 일환으로 인식되어 긍정 · 부정이 아닌 중립적 존재로 여겨짐.

(3) 삼국시대 이후 첩자에 대한 인식

① 첩자가 귀족 세력 간 내부 권력 투쟁에 이용되면서 비열하고 탐욕스러운 존재로 변질됨.

② 국가 생존과 안위를 지키던 애국적인 모습이 사라짐.

③ 첩자가 국가 · 민족을 이간시키는 비열한 인물로 낙인찍혀 부정적 이미지가 강화됨.

Ⅲ 후삼국시대

① 후백제 · 신라 · 고려 간 전쟁 수행과 중국 정권과의 대외 관계 형성 과정에서 첩보활동이 빈번하게 수행되었을 것으로 추측됨.

② 기록이 거의 남아 있지 않아 정확한 내용 파악이 어려움.

Ⅳ 고려시대

1. 첩보활동의 목적

① 고려시대 첩자는 외부의 적보다는 왕권 유지 및 귀족 간 세력 다툼을 위해 활용됨

② 송나라, 거란족, 여진족, 몽골족 등을 대상으로 한 첩보활동에 대한 기록은 미비함

2. 지배계층의 안보의식 결여

(1) 무책임한 정책

① 987년(성종) 태평성대를 선언하며 전국의 병기를 거둬 농기구로 제작함

② 거란의 1차 침략(993년) 직전에도 안보 대비 태만

(2) 첩보활동 소홀

① 왕권과 기득권 유지에만 집중하여 외부 적의 동향을 파악하지 못함

② 그 결과, 거란족, 여진족, 몽골족의 연이은 침략으로 국토 유린 및 백성 희생 발생

Ⅴ 조선시대

1. 외교적 특징

① 이성계의 위화도 회군으로 건국된 조선은 친명사대주의를 표방함

② 명나라와 일본의 해외 진출과 대비되는 소극적 외교정책 유지

2. 유교적 사고방식과 첩보활동 경시

(1) 사대주의와 폐쇄성

① 지배층이 사대주의에 안주하여 국제 정세에 대한 관심 부족

② 국가 생존과 번영을 위한 첩보활동의 중요성을 인식
하지 못함

(2) 첩보활동 경시

① 유교적 사고방식으로 인해 첩보활동을 경멸하는 사회
적 분위기 조성

② 첩자는 권력자의 도구로 악용되어 부정적 이미지로
고착됨

3. 이이의 '징병 10만 양성' 건의

(1) 배경 및 내용

① 조선 건국 후 200년간 외침이 없어 지배층이 안일함
에 빠짐

② 1582년(선조 15년) 이이가 북방 여진과 남방 왜구에
대비해 '징병 10만 양성' 건의

(2) 반대와 결과

① 조정 대신들이 평화시대의 국가 재정 소모를 이유로
반대

② 정보력 부족으로 인해 왜와 청의 침략을 예측하지 못
하고 국가 위기 발생

4. 임진왜란

(1) 김성일과 황윤길의 정보보고

① 일본 사정을 조사한 김성일과 황윤길이 상반된 보고를
제출함

② 당파싸움으로 인해 황윤길의 경고가 무시되고 김성일
의 낙관적 의견이 채택됨

(2) 전쟁 피해

① 조선군 및 백성 대규모 학살(추정 피해: 18만~100
만 명)

② 경작지 2/3 파괴, 문화재 및 서적, 미술품, 도자기 등
의 손실 심각

5. 비변사(備邊司)

(1) 의의 및 초기 역할

① 국경 지역의 외적 동향을 감시하는 군사대책 협의 기
구로 출발

② 1517년(중종 12년) 비상사태 발생 시 대응을 위한 비
상설기구로 설치됨

③ 1555년(명종 10년) 을묘왜변을 계기로 상설기구로
발전

(2) 권한 강화 및 한계

① 1592년 임진왜란 이후 조선 최고 전쟁 수행 기관으로
발전

② 국정 전반을 총괄하며 의정부를 제치고 최고 정치·
군사 기관이 됨

③ 권한 강화로 인해 의정부와 육조의 실권 약화 및 행정
체제 혼란 초래

④ 국가 안보 및 위기관리 기능을 효과적으로 수행하지
못함

(3) 낭청(郎廳)의 정보활동

① 비변사는 낭청을 변경 지역에 파견하여 외적의 동향
을 파악하려 했으나 효과 미비

② 낭청의 신분과 업무가 공개되어 비밀 정보활동 수행
이 불가능함

③ 조선의 정보활동 부족으로 임진왜란, 병자호란, 구한
말 일본의 침략을 예측하지 못함

④ 결국 조선은 정보력 부족으로 인해 패망함

Theme 102 근대 한국의 정보기구

I 개항과 근대화

① 조선은 1876년 일본과의 강화도조약 체결로 개항함.

② 개항 이후 서구 문물의 유입과 함께 조선의 근대화가
시작됨.

③ 당시 집권세력은 청의 양무운동을 참고하여 '동도서
기론(東道西器論)'을 바탕으로 근대화정책을 추진함.

④ 자주적 근대화에 실패하면서 제국주의 침탈을 겪었
고, 최종적으로 일제에 국권을 강탈당함.

II 구한말 정보활동의 양상

1. 의의

① 구한말 정보활동은 외세의 침탈을 방어하고 국권을
수호하는 데 초점이 맞춰짐.

② 일제강점기에는 국내외 항일단체가 조직되어 정보수
집, 선전활동, 비밀단체 결성, 일제 주요 시설 파괴,
요인 암살 등 다양한 비밀정보활동을 수행함.

2. 구한말 개항 이후 정보활동의 변화

(1) 의의

① 근대화와 함께 정보활동에도 획기적인 변화가 발생함.

② 변화의 주요 요인은 서양식 외교제도의 도입과 교통·
통신의 발달임.

(2) 서양식 외교제도의 도입

① 개항 후 조선은 서양식 외교제도를 도입하면서 국가
적 정보활동의 틀을 변화시킴.

② 전통적인 외교방식은 사신이나 통신사를 파견하는 방
문외교 형태였음.

③ 개항 이후 각국과 조약을 체결하면서 일본, 영국, 중국, 미국, 독일, 러시아, 프랑스 등 각국 공관이 조선 내에 설치됨.

④ 외국 공관들은 공식 외교활동뿐만 아니라 자국의 이익 확보를 위한 정보활동도 수행함.

⑤ 조선 정부 역시 세계 각국에 상주공관을 설치하고 외교 및 정보활동을 전개함.

(3) 교통 및 통신의 발달

① 구한말 서양의 과학기술 도입으로 경인선, 경부선 등 철도가 개설되고, 우편, 전신, 전화 등 통신시설이 확충됨.

② 교통 및 통신의 발전으로 정보활동의 범위가 국내뿐만 아니라 중국, 일본, 미국, 영국, 러시아 등으로 확대됨.

③ 통신수단의 발전으로 정보의 신속한 대량 유통이 가능해졌고, 이에 따라 필요한 정보 수집과 감시를 위한 비밀정보활동의 필요성이 증가함.

Ⅲ 제국익문사

1. 설립 배경

① 19세기 말~20세기 초 일본의 한반도 침탈과 국내 지도층의 분열로 국가 기밀이 유출됨.

② 고종 황제의 어전회의에서 논의된 기밀 정보가 일본 공관에 유출되는 사례 빈번함.

③ 1902년 6월 고종의 지시로 설립된 우리나라 최초 근대적 형태의 비밀정보기관임.

④ 방첩활동과 국권수호를 위한 정보활동 전담.

2. 기능과 역할

(1) 비밀정보기관으로서의 활동

① 공식적으로는 사보(社報) 발간 및 서적 인쇄 등의 통신사 기능 수행.

② 실질적으로는 고위관리 감시, 외국인 출입국 동향 파악 등 방첩활동 수행.

(2) 임무

① 외국과 결탁한 정부 고위관리 색출 및 단속.

② 외국인 체류 동향 및 출입국 관리.

③ '한국정미정변사'(1907)에서 고종이 친일 대신들을 의심하여 밀정을 활용했다고 기록됨.

④ 1996년 발견된 '제국익문사비보장정(帝國益聞社秘報章程)'에 따르면, 황제에게 기밀 정보를 직접 보고하는 것이 주 임무였음.

3. 조직

(1) 체계

① 소규모 조직이나 현대적 정보기관과 유사한 체계를 갖춤.

② 총책임자로 '독리(督理)'를 두고, 그 아래 '사무(司務)', '사기(司記)', '사신(司信)' 등의 임원을 배치.

(2) 통신원

① '상임통신원', '보통통신원', '특별통신원', '외국통신원', '임시통신원' 등으로 구분됨.

② 총 인원 61명으로 구성됨.

③ 주요 정보수집 대상: 일본 정부 및 일본인의 동향, 외국과 결탁한 고위관리, 국가전복 세력, 외국 정부의 정치 및 군사 동향, 국내 외국인들의 특이 행동 등.

4. 보안

(1) 신분 위장

① 통신원, 밀정, 밀사 등으로 위장하여 활동.

② 철저한 보안 유지 속에서 임무 수행.

(2) 비밀문서 관리

① 보고서는 '화학비사법(化學秘寫法)'을 사용하여 황제만이 확인 가능하도록 작성됨.

② 비밀보고서를 담은 봉투에는 '성총보좌(聖聰補佐)' 문양을 새겨 보안 유지.

5. 활동

① 일본의 감시 속에서도 미국, 영국, 러시아, 프랑스, 독일 등에 고종 황제의 친서를 전달.

② 을사조약 무효를 세계 각국에 알리고 여론 조성 활동 지원.

6. 해체

① 국권회복을 위한 노력에도 불구하고 성과를 거두지 못함.

② 1907년 고종 퇴위 후 해체됨.

Ⅰ 의의

① 1910년 한일합방 이후 일제는 헌병, 경찰, 행정기관, 밀정 등을 동원하여 국내외 항일운동 세력을 색출하고 탄압함.

② 일제의 감시를 피해 비밀결사 형태의 항일운동이 전개되었으며, 독립운동가들은 연해주, 북간도, 미주 지역 등으로 이주하여 항일민족단체를 조직함.

Ⅱ 임시정부

1. 의의

① 1919년 4월 중국 상해에서 임시정부 창설됨.

② 독립운동을 지휘하는 최고기구로서 국민적 지지기반 확보가 필요했으며, 이를 위해 다양한 정보기구를 운영함.

2. 연통제

1919년 7월 임시정부 내무부 주관하에 도(道) – 부(府) – 군(郡) – 면(面) 단위로 책임자를 임명하여 운영된 비밀행정체계임.

3. 교통국

① 1919년 8월 임시정부 교통부 관할로 설치됨.

② 국내와의 통신연락을 담당하며, 국내 실정 조사 및 보고 기능 수행함.

4. 특파원

특수임무를 수행하기 위해 국내에 파견된 정보요원임.

5. 지방선전부

1920년 3월 조직되어 연통제, 교통국, 특파원 등의 비밀 정보활동을 총괄하는 정보기구 역할을 수행함.

Ⅲ 선전대

1. 의의

① 1920년 6월 지방선전부 산하에 선전대 조직됨.

② 국내로 파견된 선전대원들은 총독부 정책 및 관리 동향, 국민 민심, 독립운동 상황 등을 조사·보고함.

③ 행동규율이 엄격하게 적용되었으며, 상관의 명령을 반드시 수행해야 함.

2. 임무

① 유력인물의 국외 탈출 지원, 국내 독립운동 단체 결성, 독립시위운동 유도, 독립자금 전달, 일제 통치시설 파괴, 요인 암살 등의 정보활동 수행함.

② 「독립신문」, 「임시정부 공보」, 「신한청년」, 「신대한」 등의 신문·잡지를 발간하여 국내외에 배포하는 선전공작 수행함.

Ⅳ 의열단과 한인애국단

1. 의의

① 임시정부와 함께 항일 무장투쟁을 전개한 대표적인 독립운동 단체로 의열단과 한인애국단이 있음.

② 첩보수집 및 비밀공작 등의 정보활동을 수행함.

2. 의열단

① 1919년 11월 김원봉 등이 만주 길림에서 조직함.

② 일본인 및 친일 매국노 암살, 일제 시설 파괴, 폭동 등의 활동 전개함.

③ 부산경찰서 폭탄투척(1920), 밀양경찰서 폭탄투척(1920), 조선총독부 폭탄투척(1921), 상해 황포탄 부두 다나까 기이치 암살 시도(1922), 동양척식주식회사 폭탄투척(1926) 등의 사건 발생함.

④ 오늘날 정보기관의 준군사공작과 유사한 활동 수행함.

3. 한인애국단

(1) 의의

① 1931년 10월 임시정부 국무령 김구가 설립한 특무공작단체임.

② 김구는 「백범일지」에서 한인애국단이 암살 및 파괴 공작을 실행하기 위한 조직임을 밝힘.

(2) 특무공작기관

① 한인애국단은 임시정부의 비밀공작을 수행하는 특무공작기관으로서 준군사공작을 수행함.

② 최소 비용으로 효과를 극대화하려는 전략적 선택이었음.

(3) 규모

① 철저한 신분 위장으로 인해 정확한 규모는 확인되지 않음.

② 일제 정보기관 기록에 따르면 핵심 단원 약 10명, 총 인원 약 80명으로 추정됨.

(4) 활동

이봉창의 일본천황 폭탄투척(1932), 윤봉길의 상해 홍구 공원 폭탄투척(1932) 등의 활동을 통해 한국 독립운동의 의지를 세계에 알리는 데 기여함.

V 광복군

1. 창설 배경

① 1940년 9월 17일, 임시정부는 항일 독립운동을 위한 무장 세력으로 광복군을 창설함.

② 1936년 장제스의 제안으로 중국 내 조선인 무장세력 규합을 추진함.

③ 1939년 1월 8일 창립된 한국독립당 당군을 모태로 삼아 광복군 조직을 준비함.

④ 지청천, 이범석 등이 이끌던 만주 독립군과 연합하여 1940년 9월 성립전례식을 계획함.

⑤ 1940년 5월, 임시정부가 중국 국민정부 장제스에게 광복군 활동 승인을 요청함.

⑥ 국민당군 지휘하에 두는 조건으로 창립이 승인됨.

⑦ 1944년 8월, 광복군의 통수권이 임시정부로 이양됨.

2. 대적선전공작 임무 수행

① 일부 광복군 대원들이 영국군과 함께 대적선전공작을 수행함.

② 인도 전선에서 일본군을 상대로 대적방송, 적문서 번역, 전단 제작 및 살포, 포로 심문 등을 담당함.

3. 국내 진입작전 추진

(1) 의의

① 광복군은 미국 전략첩보기구 OSS(Office of Strategic Services)와 합작하여 국내 진입작전을 추진함.

② OSS는 한반도의 전략적 가치를 고려하여 한국인을 첩보활동에 활용하려 함.

(2) 독수리계획(Eagle Project)

① OSS 비밀정보국은 광복군 대원을 일본군 후방으로 침투시켜 비밀공작을 수행하는 '독수리계획'을 입안함.

② 1945년 4월 3일, 김구 주석과 광복군 총사령관 지청천의 최종 승인을 얻어 실행 결정됨.

③ 광복군 대원들은 1945년 5월부터 3개월간 OSS 훈련을 받고 8월 중 국내 진입을 계획함.

④ 1945년 8월 10일 일본이 포츠담선언의 무조건 항복 요구를 수용하면서 광복군의 국내 진입작전은 실행되지 못함.

I 미군정 시기의 정보기구

1. 미 제24군단

1945년 8월 15일 해방과 함께 남북이 분단되어 미·소 양군이 진주함. 1945년 9월 9일 미 제24군단이 한국에 진입하여 미군정을 실시함.

2. G-2와 CIC

(1) 의의

미 제24군단 예하의 정보활동 담당 조직으로 G-2(정보참모부)와 CIC(방첩대)가 존재함.

(2) G-2

군사 분야 정보 수집을 담당함.

(3) CIC

① 방첩업무 외에도 미군정 운영을 위한 정보 수집, 북한 정보 수집, 대북 공작 수행함.

② 민간정보통신대(Civil Communications Intelligence Group)를 운영하며 통신감청 및 우편물 검열 임무 수행함.

II 육군본부 정보국의 형성과 발전

1. 초기 정보기관

(1) 국방사령부

1945년 11월 미 군정법령 제28호에 따라 국방사령부 설치됨.

(2) 조선경비대 총사령부 정보국

1946년 1월 국방사령부 산하 정보과가 발족하고, 1946년 8월 조선경비대 총사령부 정보국으로 개편됨. 1948년 8월 15일 대한민국 정부 수립 후 육군본부 정보국으로 편입됨.

(3) 육군본부 정보국

① 1948년 대한민국 정부 수립과 함께 주한 미 CIC의 업무 대부분을 인수하여 중추적인 정보기구 역할 수행함.

② 방첩대(CIC)와 첩보대(HID)를 직접 지휘하며, 대한민국 정보비 예산의 절반 이상을 사용함.

2. 조직 구성

(1) 초기 구성

1949년 6월 1일 1과(전투정보과), 2과(첩보과), 3과(방첩과)로 구성됨.

(2) 개편

한국전쟁 발발 후 1과(전투정보과), 2과(방첩과), 3과(첩보과)로 재편됨.

(3) 주요 임무

① 1과(전투정보과): 남북한 상황 분석 및 예측 담당. 박정희, 이후락, 김종필, 박종규 등 5.16 주도세력 배출함.

② 2과(방첩과): 간첩 및 이적분자 수사 담당. 명칭이 '특별조사과'에서 '특무과', '특별조사대', '방첩대'로 변경됨.

③ 3과(첩보과): 대북 공작 및 심리전 수행. 1951년 3월 25일 육본 직할부대인 첩보부대(HID)로 독립함.

(4) 정보참모부로 개편

1959년 1월 1일 육군본부 일반참모부 산하 정보참모부로 개편됨.

Ⅲ 한국 근대 정보 · 보안체계의 기원

1. 육군본부 정보국의 역할

① 한국군 정보체계의 근간을 형성하고, 이후 중앙정보부 창설의 핵심 인력을 배출함.

② 군의 주력이 육군이었기 때문에 군 정보체계의 중심역할 수행함. 5.16 군사정변 및 중앙정보부 창설의 중추세력(박정희, 김종필, 이후락, 박종규 등)이 육군 정보국 출신임.

2. 숙군작업

① 1948년 10월 19일 여순반란사건을 계기로 군 내 좌익세력을 제거하는 숙군작업을 실시하여 국가체제 안정화에 기여함.

② 군사정보뿐만 아니라 민간 부문에서도 광범위한 정보활동을 전개하여 정부 수립 초기 가장 강력한 정보기관으로 자리함.

Ⅳ 대한관찰부

1. 창설과 개편

① 1948년 7월 대통령령 제61호로 민간부문 정보기구인 대한관찰부(Korea Research Bureau) 창설됨.

② 1949년 1월 정부조직법상 "부(部)" 명칭 사용이 불가하여 사정국(司正局)으로 개칭됨.

2. 해체

① 군경 동원 가능하였으나, 1949년 수원청년단 사건 조작 및 고문 등으로 국회에서 정치적 악용 가능성이 지적됨.

② 예산 배정 거부로 인해 1949년 10월 해체되었으며, 이후 육군본부 정보국이 국가정보를 관장함.

Ⅴ 제1공화국 중앙정보부

1. 의의

① 1950년대 중반, 미 CIA는 한국과 협력하여 소련의 대외팽창을 저지하는 임무 수행을 계획하고, 이승만 대통령에게 중앙정보기구 창설을 요청함.

② 1959년 1월, 이승만 대통령이 이를 수용하여 이후락을 책임자로 임명하고, 육 · 해 · 공군에서 선발된 40여 명의 장교 및 사병들로 구성된 '중앙정보부'를 설립함.

2. 임무

① 국방장관 직속기관으로서 존재했으나, 실질적으로 CIA와의 정보협력 창구 역할을 수행함.

② 각 군 정보부대에서 수집된 정보를 정리하고, CIA에서 제공하는 정보를 분석하여 국방장관에게 보고하는 역할을 수행함.

③ CIA의 정보제공에 상응하여 북한 관련 정보를 CIA에 제공함.

④ 1960년, 이승만 정부의 몰락과 함께 중앙정보부 해체됨.

Ⅵ 중앙정보연구위원회

1. 의의

① 1960년 4.19 혁명 이후 장면 총리가 집권하자, 당시 CIA 한국 지부장 실버(Peer de Silva)가 중앙정보기구 설립을 강력히 요청함.

② 1961년 1월, 장면 정부가 '중앙정보연구위원회'를 설립하고 이후락을 중앙정보연구실장으로 임명함.

2. 조직

① 총리 직속 기구로, 소수의 대령급 정보장교 및 서울대 졸업자 20여 명으로 구성됨.

② 제1공화국 중앙정보부가 국방장관 산하 조직이었던 것과 달리, 총리 직속으로 격상되었으나 실질적인 중앙정보기구의 위상이나 기능을 부여받지 못함.

③ 국회의 견제로 법적 근거를 마련하지 못했으며, 공식적인 예산 편성 없이 총리실 예산을 지원받아 운영됨.

3. 임무

① 매주 1회 총리에게 해외정보를 보고하는 역할을 수행하였으나, 본격적인 정보활동을 수행하지 못함.

② 1961년 5.16 군사정변 이후 중앙정보부가 설립되면서, 중앙정보부 산하 해외담당 부서로 흡수됨.

Theme 105 중앙정보부의 창설과 변천

I 중앙정보부 창설

1. 5월 16일 군사정변과 창설

1961년 5월 16일 군사정변 발생 후 같은 해 6월 10일 「중앙정보부법」 공포와 함께 중앙정보부가 창설됨.

2. 창설 주역

① 5.16 군사정변의 주체세력인 박정희, 김종필, 박종규 등은 육군본부 정보국 출신으로 정보의 중요성을 인식하고 있었음.

② 김종필은 5.16 이전부터 정보기구 설립을 계획하였으며, 정변 직후 혁명 사업 수행을 위한 전위조직으로 중앙정보부를 설립함.

3. 설치 근거 및 권한

① 「국가재건최고회의법」 제18조에 따라 공산세력의 간접 침략 방지와 혁명과업 수행을 목적으로 중앙정보부 설치가 규정됨.

② 「중앙정보부법」 제4조에 따라 중앙정보부장은 군 정보수사기관 및 검찰·경찰을 지휘·감독할 권한을 부여받음.

II 최초의 국가적 차원 정보기관

1. 의의

① 중앙정보부는 우리나라 최초의 국가적 차원 정보기관으로 창설됨.

② 삼국시대 및 광복 이후 정보활동은 존재했으나, 국가적 차원의 상설 정보기관은 없었음.

③ 기존 정보기관은 군과 경찰을 중심으로 운영되었으며, 전술적 차원에 머물렀음.

④ 육본 정보국이 광범위한 정보활동을 수행했으나, 국방부 소속으로 전략정보 기능 수행에 한계가 있었음.

2. 국가정보기구로서의 위상

(1) 의의

① 「중앙정보부법」 제1조에 따라 정보수사기관 조정 및 감독 권한을 가지며, 법적으로 국가정보기구로 인정됨.

② 군·경찰·검찰 등 정보수사활동을 실질적으로 조정·감독하며 국가정보기구로서 기능을 수행함.

(2) 창설 멤버

김종필 초대 부장을 중심으로 육사 8기 출신 장교들이 주축이 되었으며, 육군 정보국, 방첩부대, 첩보부대, 헌병대, 경찰 등에서 요원을 충원함.

(3) 「중앙정보부법」 일부 개정

① 1963년 10월 군정 종식과 민정 이양을 앞두고 5.16 주체세력은 민심 수습 차원에서 「중앙정보부법」 개정을 공약으로 제시함.

② 1963년 12월 14일 개정법 공포를 통해 중앙정보부의 정치 개입 시비를 방지하기 위한 직무 범위 명확화가 이루어짐.

③ 국내정보 범위를 국내보안정보(대공 및 대정부전복)로 제한하고, 범죄수사 범위를 내란·외환죄, 「국가보안법」 및 「반공법」 위반 범죄로 구체화함.

④ '정치활동 금지' 조항을 신설하여 중앙정보부의 부장, 차장, 기획조정관의 정당 가입 및 정치활동을 금지함.

III 10.26 사건과 국가안전기획부

1. 의의

① 박정희 대통령 집권 기간 동안 중앙정보부는 정권 유지의 중추 역할 수행.

② 1979년 10월 26일 김재규 중앙정보부장의 박대통령 시해사건을 계기로 중앙정보부에 급격한 변동 발생.

2. 합동수사본부

① 1979년 10월 27일 계엄 선포 후 계엄사령부 내 합동수사본부 설치. 합동수사본부는 중앙정보부를 대체하여 검찰·경찰 등 모든 정보수사기관의 조정·감독 권한 행사.

② 합동수사본부장은 전두환 보안사령관이 겸임. 이후 보안사령부가 모든 정보수사기관을 장악하며, 1980년 4월 14일 전두환 보안사령관이 중앙정보부장 서리로 취임.

3. 「국가안전기획부법」 제정

① 1980년 12월 19일 전두환과 노태우를 중심으로 한 신군부세력이 집권하면서 중앙정보부 명칭을 국가안전기획부로 변경. 12월 31일 「국가안전기획부법」 제정.

② 「국가안전기획부법」에서 중앙정보부의 '정보 및 보안업무의 조정·감독' 조항을 '정보 및 보안업무의 기획·조정'으로 변경하여 국가안전기획부의 정보수사기관 감독권한 제외.

4. 보안사

(1) 의의

① 보안사는 군내 보안뿐만 아니라 정치에도 깊이 개입.

② 10.26 사건을 계기로 중앙정보부를 접수, 전두환 보안사령관이 합동수사본부장을 겸임하며 모든 정보수사기관 장악.

③ 12.12 신군부 쿠데타를 통해 전두환 보안사령관이 대통령이 되는 과정에서 핵심 역할 수행.

(2) 윤석양 이병의 보안사 민간인 사찰 폭로

① 보안사는 간첩 및 시국사건까지 수사하며 막강한 권력 행사.

② 1987년 민주화 이후 보안사 역할 축소 요구 증가, 1990년 10월 4일 윤석양 이병이 보안사의 민간인 사찰 폭로.

③ 이 사건을 계기로 보안사는 국군기무사령부로 명칭 변경, 국내 정치 개입 불가.

5. 국가안전기획부의 권한 강화

(1) 의의

① 10.26 사건 이후 보안사에 통제되었던 국가안전기획부는 1984년부터 기능을 상당 부분 회복.

② 권한 강화로 인해 불법적 정치 개입 및 권한 남용 등의 문제 발생.

(2) 국가안전기획부에 대한 비판

① 국가정보기관이 국가정책을 지원하는 역할을 넘어 직접 정책 집행에 개입.

② 중앙정보부 시절부터 이어진 고문, 불법 도감청 등 인권 침해 지속.

③ 불법적으로 선거 개입 및 정치사찰을 통해 정치적 영향력 행사.

6. 김영삼 대통령의 「국가안전기획부법」 개정

(1) 의의

1993년 2월 김영삼 대통령 취임 후 국가안전기획부의 기능을 조정하여 1994년 1월 「국가안전기획부법」 개정.

(2) 정치개입 금지 규정 확대

정무직에 한정되었던 정치개입 금지 규정을 전 직원으로 확대.

(3) 직권남용행위의 구체적 적시

직권남용행위를 명확히 규정하고, 위반 시 형사 처벌 근거 마련.

(4) '정보조정협의회' 규정 삭제

① 「국가안전기획부법」에서 '정보조정협의회' 규정 삭제.

② 국가안전기획부가 국가정책에 직접 개입할 법적 근거 제거.

(5) 행정부처에 대한 보안감사 제도 폐지

행정부처의 보안감사 제도를 폐지하여 국가안전기획부의 개입 차단.

(6) 국회 정보위원회 설치

국회에 정보위원회를 설치하여 국가안전기획부의 정보 활동을 감시 및 통제할 법적 기반 마련.

Ⅳ 국가정보원

1. 의의

1997년 대통령 선거에서 국가안전기획부는 북풍공작사건의 배후로 지목되며 개혁 논란이 제기됨.

2. 김대중 정부

(1) 명칭 변경 및 개혁 조치

① 국가안전기획부를 '국가정보원(NIS)'으로 변경하고, 부훈을 "정보는 국력이다."로 개정함.

② 정치개입 중단을 지시하고, 예산 집행의 투명성 강화 조치를 시행함.

(2) 국회의원 사찰 의혹

1998년 12월 31일 한나라당 의원들이 국정원이 국회 내 비밀사무실을 통해 국회의원들을 사찰했다고 주장하며 논란이 발생함.

(3) 불법 감청 사건

임동원, 신건 국정원장이 휴대폰 불법 감청으로 유죄 판결을 받음.

3. 노무현 정부

(1) 국정원의 정치적 중립성 강화

① 고영구 원장은 '탈정치화, 탈권력화'를 통한 국정원 정상화를 강조함.

② 노무현 대통령은 국정원으로부터 국내 정치 관련 보고를 받지 않았으며, 정치사찰로 이어질 수 있는 정보 수집 활동을 금지함.

(2) 국가안전보장회의(NSC) 기능 강화

① NSC의 위상 및 기능을 강화하여 국가안보 위기관리 사령탑 역할을 수행하도록 개편함.

② 국정원의 외교·안보 정보 보고 체계를 NSC를 거쳐 대통령에게 전달하는 방식으로 변경함.

③ NSC를 통한 정보 점검이 가능해지면서 국정원의 활동을 간접적으로 통제하는 효과를 가져옴.

4. 이명박 정부

(1) 조직 개혁 추진

① 국정원의 조직 및 인적 쇄신을 추진함.

② 대공수사권이 약화된 반면 남북대화 및 교류협력 지원 업무가 확대되었다는 비판이 제기됨.

③ 국정원의 탈정치화를 제도화하는 방안을 검토함.

(2) 정치 개입 논란

① 2012년 대통령 선거를 앞두고 원세훈 원장이 국정원 직원들을 동원해 인터넷 및 SNS에 정치 관여 글을 게시함.

② 2013년 7월 3일 해당 혐의로 불구속 기소됨.

③ 2013년 7월 10일 건설업자로부터 금품을 수수한 혐의로 구속됨.

5. 박근혜 정부

(1) 자체 개혁 추진

① 국정원은 정치개입 논란 해소 및 탈정치화를 위한 개혁 작업을 추진함.

② 2013년 7월 10일 박근혜 대통령의 지시에 따라 방첩 및 대테러 부문을 강화하고, 정치 개입을 방지하는 '제2의 개혁작업'을 추진함.

(2) 국정원 관련 사건 발생

국정원 여론조작 사건, 정상회담록 무단공개, 간첩 조작 사건, 카카오톡 사찰 논란, 진보성향 민간인 비하 사건 등이 연이어 발생함.

Theme 105-1 「국회법」 정보위원회 관련 규정 중요 내용

1. 정보위원회의 소관 사항

① 국가정보원 소관 사항

② 정보 및 보안 업무의 기획·조정 대상 부처 소관 정보 예산안과 결산 심사

2. 정보위원회의 위원 정수

정보위원회의 위원 정수는 12명으로 함

3. 정보위원회의 위원 선임 및 개선

① 의장이 각 교섭단체 대표의원으로부터 후보를 추천받아 부의장 및 각 교섭단체 대표의원과 협의하여 선임 또는 개선

② 각 교섭단체 대표의원은 정보위원회의 위원이 됨

4. 정보위원회에 대한 특례

(1) 회의 비공개 원칙

① 정보위원회의 회의는 비공개로 진행

② 공청회 또는 인사청문회는 위원회의 의결로 공개 가능

(2) 기밀 유지 의무

정보위원회의 위원 및 소속 공무원은 국가기밀을 공개하거나 누설해서는 안 됨

(3) 신원조사 의뢰

정보위원회의 활동을 보좌하는 소속 공무원은 국가정보원장에게 신원조사를 의뢰해야 함

(4) 기타 사항

정보위원회의 구성 및 운영 등 필요한 사항은 국회규칙으로 정함

5. 정보위원회의 예산안 및 결산 심사

① 정보위원회는 국가정보원 소관 예산안과 결산, 정보 및 보안 업무 관련 부처의 정보 예산안과 결산을 심사하여 의장에게 보고

② 정보위원회의 심사는 예산결산특별위원회의 심사로 간주

Theme 105-2 「국가정보원법」 정보위원회 관련 규정 중요 내용

1. 직무 수행 관련 규정

① 원장은 직무 수행 원칙, 범위, 절차 등을 규정한 정보활동기본지침을 정하여 국회 정보위원회에 보고해야 함

② 정보활동기본지침 개정 시에도 동일하게 보고해야 함

③ 국회 정보위원회는 위법 또는 부당한 사항이 있을 경우 재적위원 3분의 2 이상의 찬성으로 시정 또는 보완을 요구할 수 있음

④ 원장은 특별한 사유가 없는 한 국회 정보위원회의 요구에 따라야 함

2. 원장 및 주요 보직 임명

① 원장은 국회의 인사청문을 거쳐 대통령이 임명함

② 차장 및 기획조정실장은 원장의 제청으로 대통령이 임명함

③ 원장은 정무직이며 국정원의 업무를 총괄하고 소속 직원을 지휘·감독함

④ 차장과 기획조정실장은 정무직이며 원장을 보좌하고, 원장이 직무 수행이 불가능한 경우 직무를 대행함

⑤ 원장·차장·기획조정실장 외 직원의 인사에 관한 사항은 별도 법률로 규정함

3. 국회 보고 의무

① 원장은 국가 안전보장에 중대한 영향을 미치는 상황 발생 시 즉시 대통령과 국회 정보위원회에 보고해야 함

② 국회 정보위원회가 재적위원 3분의 2 이상의 찬성으로 특정 사안 보고를 요구할 경우, 원장은 지체 없이 보고해야 함

4. 예산 및 회계 관련 규정

① 국정원은 독립기관으로 함

② 세입·세출예산 요구 시 총액으로 기획재정부장관에게 제출하며, 예산안의 첨부 서류는 제출하지 않을 수 있음

③ 비밀활동비는 총액으로 다른 기관 예산에 계상 가능하며, 국회 정보위원회에서 편성과 집행결산을 심사함

④ 국정원은 국회 정보위원회에 실질 심사를 위한 세부 자료를 제출해야 함

⑤ 예산 집행 시 지출 증빙서류를 첨부해야 하나, 국가 안전보장을 위한 기밀 요구 시 예외 적용 가능함

⑥ 원장은 예산 집행 현황을 분기별로 국회 정보위원회에 보고해야 함

⑦ 국회 정보위원회는 예산 심사를 비공개로 하며, 정보위원회 위원은 예산 내역을 공개 또는 누설할 수 없음

5. 국회에서의 증언 및 자료 제출

① 원장은 국회 예산결산 심사, 안건 심사 및 감사원의 감사 시 성실히 자료를 제출하고 답변해야 함. 다만, 국가 기밀 사항에 대해서는 사유를 밝히고 자료 제출 또는 답변을 거부할 수 있음

② 국회 정보위원회에서 요구한 자료 제출 및 증언 요청에 대해서는 군사·외교·대북관계의 국가 기밀에 관한 사항으로서 그 발표로 인하여 국가 안위에 중대한 영향을 미치는 사항에 대하여는 그 사유를 밝히고 자료의 제출, 증언 또는 답변을 거부할 수 거부할 수 있음

③ 국회 정보위원회는 의결을 통해 국무총리의 소명을 요구할 수 있으며, 7일 이내 소명이 없으면 자료 제출 및 증언 거부 불가함

④ 원장은 국가 기밀 관련 자료 및 증언의 공개 금지를 요청할 수 있음

6. 회계검사 및 직무 감찰

① 원장은 소관 예산에 대한 회계검사 및 직원 직무 감찰을 수행해야 함

② 그 결과를 대통령과 국회 정보위원회에 보고해야 함

Theme 105-3 「헌법」 및 「국가안전보장회의법」 중요 내용

Ⅰ 헌법

① 국가안전보장에 관련되는 대외정책·군사정책 및 국내정책의 수립에 관하여 국무회의의 심의에 앞서 대통령의 자문을 위한 국가안전보장회의를 둠.

② 국가안전보장회의는 대통령이 주재함.

③ 국가안전보장회의의 조직, 직무 범위 및 기타 필요한 사항은 법률로 정함.

Ⅱ 국가안전보장회의법

1. 총칙

국가안전보장회의의 구성과 직무 범위 및 기타 필요한 사항을 규정함을 목적으로 함.

2. 구성

국가안전보장회의는 대통령, 국무총리, 외교부장관, 통일부장관, 국방부장관, 국가정보원장 및 대통령령으로 정하는 위원으로 구성함.

3. 기능

회의는 국가안전보장에 관련되는 대외정책, 군사정책 및 국내정책의 수립에 관하여 대통령의 자문에 응함.

4. 의장의 직무

① 의장은 회의를 소집하고 주재함.

② 의장은 국무총리로 하여금 그 직무를 대행하게 할 수 있음.

5. 출석 및 발언

의장은 필요하다고 인정하는 경우 관계 부처의 장, 합동참모회의 의장 또는 기타 관계자를 회의에 출석시켜 발언하게 할 수 있음.

6. 상임위원회

① 회의에서 위임한 사항을 처리하기 위하여 상임위원회를 둠.

② 상임위원회는 위원 중에서 대통령령으로 정하는 자로 구성함.

③ 상임위원회의 구성과 운영 및 기타 필요한 사항은 대통령령으로 정함.

7. 사무기구

① 회의의 운영 지원 등의 사무를 처리하기 위하여 국가안전보장회의사무처를 둠.

② 사무처에 사무처장 1명과 필요한 공무원을 두며, 사무처장은 정무직으로 함.

③ 사무처의 조직과 직무 범위, 공무원의 종류와 정원 및 기타 필요한 사항은 대통령령으로 정함.

8. 관계 부처의 협조

회의는 관계 부처에 자료 제출 및 기타 필요한 사항에 대한 협조를 요구할 수 있음.

9. 국가정보원과의 관계

국가정보원장은 국가안전보장에 관련된 국내외 정보를 수집 · 평가하여 회의에 보고함으로써 심의에 협조하여야 함.

Theme 105-4 「국가안전보장회의 운영 등에 관한 규정」 중요 내용

Ⅰ 총칙

「국가안전보장회의법」에서 위임된 사항과 그 시행에 필요한 사항을 규정하는 것임.

Ⅱ 국가안전보장회의

1. 위원 구성

행정안전부장관, 대통령비서실장, 국가안보실장, 국가안전보장회의사무처장, 국가안보실의 제2차장 및 제3차장은 국가안전보장회의의 위원이 됨.

2. 회의 운영

① 안보회의는 필요 시 의장이 소집함.

② 회의는 비공개로 진행하되, 의결을 통해 공개 가능함.

③ 위원이 참석하지 못할 경우, 해당 기관의 차관급 공무원이 대리 참석 가능함.

3. 의안 처리

① 의안은 심의사항과 보고사항으로 구분됨.

② 심의사항: 대통령이 자문한 사항과 위원이 제안한 사항.

③ 보고사항: 위원이 심의를 위해 필요하다고 인정하여 보고하는 사항.

④ 의안 제출 기한: 원칙적으로 회의 5일 전까지 사무처장에게 제출, 긴급 의안은 예외 적용.

⑤ 사무처장은 의안을 회의 3일 전까지 위원과 관련 참석자에게 배부해야 하며, 긴급 의안은 예외 적용됨.

4. 의사정족수 및 의결정족수

안보회의는 재적위원 3분의 2 이상 출석으로 개의하고, 출석위원 과반수 찬성으로 의결함.

5. 회의록 작성 및 보고

① 사무처장은 회의록을 작성하여 보관하며, 서명 · 날인해야 함.

② 의결 사항과 소수의견을 첨부하여 대통령에게 문서로 보고하고, 부본을 위원에게 배부함.

Ⅲ 상임위원회

1. 구성

① 상임위원회는 위원장 1명과 8명의 위원으로 구성됨.

② 위원장은 국가안보실장이 맡음.

③ 위원은 외교부장관, 통일부장관, 국방부장관, 국가정보원장, 대통령비서실장, 사무처장, 국가안보실의 제2차장 및 제3차장임.

④ 국무조정실장은 출석하여 발언 가능함.

2. 기능

안보회의의 위임을 받아 국가안전보장 관련 대외정책 · 군사정책 · 국내정책을 협의함.

3. 운영

① 위원장이 회의를 소집함.

② 필요 시 관계 부처 장 및 관련자를 참석시켜 의견 청취 가능함.

③ 회의록 작성 및 보고 절차는 안보회의와 동일하게 적용됨.

④ 기타 운영 사항은 상임위원회 의결을 거쳐 위원장이 정함.

Ⅳ 실무조정회의

1. 의의

(1) 설치

상임위원회 운영을 지원하기 위해 실무조정회의를 둠.

(2) 역할

① 상임위원회 협의 안건의 사전 실무 협의 · 조정

② 상임위원회 위임 사항

③ 위원장이 요청한 실무 협의 사항

2. 구성

① 실무조정회의 의장은 사무처장이 맡음.
② 위원은 협의 안건과 관련된 행정기관의 차관급 공무원임.
③ 부득이한 사유로 참석이 어려울 경우, 해당 기관의 차관보급 공무원이 대리 참석 가능함.

Ⅴ 국가안전보장회의사무처

1. 안보회의 운영 관련 업무 수행

① 의안 상정 및 심의
② 심의사항 이행 점검
③ 심의 관련 조사 · 연구
④ 안보회의, 상임위원회 및 실무조정회의 운영 지원

2. 사무처장 및 사무차장

① 사무처장은 국가안보실 제1차장이 겸임함.
② 사무처장은 안보회의 의장의 명을 받아 운영 관련 업무를 수행하며, 소속 공무원을 지휘 · 감독함.
③ 사무처장을 보좌하기 위해 사무차장 1명을 두며, 사무차장은 국가안보실장이 지정하는 비서관이 겸임함.

3. 하부조직 및 정원

① 사무처 하부조직 및 직무는 사무처장이 정함.
② 사무처 공무원 정원은 별표에 따름.

Ⅵ 기타

본 규정에서 정하지 않은 사항은 안보회의 의결을 거쳐 의장이 정함.

Theme 105-5 「국가정보원법」정치 관여 금지 관련 규정 중요 내용

1. 정치활동 관여 금지

원장 · 차장 · 기획조정실장 및 직원은 정당이나 정치단체에 가입하거나 정치활동에 관여하는 행위를 금지함.

2. 정치활동 관여 행위의 범위

① 정당이나 정치단체의 결성 또는 가입을 지원하거나 방해하는 행위
② 직위를 이용하여 특정 정당이나 정치인에 대한 지지 또는 반대 의견을 유포하거나, 여론을 조성할 목적으

로 특정 정당이나 정치인을 찬양하거나 비방하는 의견 또는 사실을 유포하는 행위
③ 특정 정당 · 정치인 · 정치단체를 위하여 기부금 모집을 지원하거나 방해하는 행위, 기업 · 국가 · 지방자치단체 또는 공공기관의 자금을 이용하거나 지원하게 하는 행위
④ 특정 정당이나 특정인의 선거운동을 하거나 선거 관련 대책회의에 관여하는 행위
⑤ 특정 정당 · 정치단체나 특정 정치인을 위하여 집회를 주최 · 참석 · 지원하도록 사주 · 유도 · 권유 · 회유 또는 협박하는 행위
⑥ 정보통신망을 이용하여 위의 행위를 수행하는 행위
⑦ 소속 직원이나 다른 공무원에게 위 행위를 하도록 요구하거나, 보상 · 보복으로 이익 또는 불이익을 주거나 약속 · 고지하는 행위

3. 정치 관여 지시에 대한 대응

① 직원은 상급자로부터 정치활동 관여 행위의 집행을 지시받은 경우, 내부 절차에 따라 이의 제기 가능하며 시정되지 않을 경우 직무 집행을 거부할 수 있음.
② 이의 제기 후에도 시정되지 않을 경우, 공익을 목적으로 해당 지시 사실을 수사기관에 신고할 수 있으며, 이 경우 비밀의 엄수에 관한 규정은 적용되지 않음.
③ 직원이 수사기관에 신고한 경우, 원장은 지체 없이 국회 정보위원회에 보고해야 함.
④ 누구든지 신고자에게 신고를 이유로 불이익 조치를 해서는 안 됨.

Theme 106 국가정보원의 기획 조정 권한 변천

Ⅰ 의의

① 국가정보원은 국가정보기구로서 존재하며, 군의 부문 정보기관으로 국군방첩사령부, 국군정보사령부, 국방정보본부 등이 있음.
② 민간 정부부처에는 통일부 정세분석국, 외교부 외교정책실, 행정안전부 경찰청 등이 부문정보기관으로 기능함.
③ 국가정보기관과 부문정보기관의 관계 및 정보 · 보안 체계 운용은 정권과 시대적 상황에 따라 변화해 왔음.

Ⅱ 중앙정보부

1. 중앙정보부 창설(1961년)

중앙정보부는 국가정보기구로서 부문정보기관(군, 검찰, 경찰, 행정 부처)의 정보 관련 부서를 기획 · 조정 · 감독하는 역할을 수행함.

2. 정보위원회(1973년)

① 「중앙정보부법」 제5조에 근거하여 중앙정보부 산하에 정보위원회를 설치하여 부문정보기관을 조정 · 감독함.

② 1973년 「정보 및 보안업무조정 · 감독 규정」을 통해 중앙정보부의 조정 · 감독 권한 및 부문정보기관의 정보 · 보안 업무를 구체화함.

③ 중앙정보부장은 한국 정보 · 보안체계의 최고 수장으로서 실질적인 조정 · 감독 기능을 행사함.

Ⅲ 국가안전기획부

1. 국가안전기획부 전환(1980년)

① 1980년 중앙정보부의 명칭을 국가안전기획부로 변경하고 「국가안전기획부법」을 제정함.

② 중앙정보부의 정보 · 보안기관 조정 · 감독 기능을 '기획 · 조정'으로 축소함.

2. 전환 배경

① 중앙정보부의 독점적 조정 · 감독 기능에 대한 군 · 경의 불만이 존재함.

② 1978년 보안사의 민간 대상 정보활동 금지 조치에 대한 보안사의 반발이 컸음.

③ 1980년 신군부가 권력을 장악하면서 중앙정보부의 부문정보기관 감독 기능을 배제함.

3. 정보조정협의회 도입

(1) 의의

신군부는 1개 기관이 정보 · 보안기관을 조정 · 감독하는 대신 정보조정협의회를 도입하여 정보정책을 협의하는 구조로 변경함.

(2) 정보위원회와 비교

① 정보위원회는 중앙정보부장을 위원장으로 하고 군 · 검 · 경 기관의 국 · 실장이 참석함.

② 정보조정협의회는 국가안전기획부장을 위원장으로 하고 외무 · 내무 · 법무 · 국방 · 문공부 장관들이 참석함.

(3) 평가

① 정보조정협의회는 제5공화국 시기 국가안보 관련 정보정책 기획 · 조정에 기여함.

② 그러나 국가안전기획부의 행정부처 업무 개입에 대한 비판이 제기됨.

4. 「국가안전기획부법」 개정(1994년)

(1) 개정 내용

김영삼 정부는 국가안전기획부의 행정부처 개입 및 권한 남용 논란을 반영하여 「국가안전기획부법」을 개정하고 정보조정협의회를 폐지함.

(2) 문제점

① 정보조정협의회는 국가위기 발생 시 관계부처 책임자들이 신속히 대응책을 마련하는 기능을 수행했음.

② 대체 방안 없이 폐지되면서 국가위기 대응 체계에 어려움이 발생함.

③ 2003년 화물차 전국 동시 파업 당시 노무현 대통령이 국가적 위기 대처 시스템의 부재를 지적함.

(3) 안전기획본부 신설 추진

노무현 정부는 국가위기 관리 기능을 담당할 '안전기획본부'를 국무총리 또는 행정자치부 장관 직속으로 신설하려 했으나, 부처 간 업무 중복 문제로 무산됨.

Ⅳ 국가정보원

① 국가정보원은 국가정보기관으로서 부문정보기관의 정보 · 보안업무 기획 및 조정 권한을 보유함.

② 「정보 및 보안업무기획 · 조정규정」에 따라 국정원장은 국가정보 및 보안업무 정책 수립과 정보 · 보안업무 통합 기능을 수행함.

③ 그러나 부문정보기관에 대한 감독 권한이 배제됨에 따라 실질적인 조정 기능은 제한적임.

Theme 107 국가정보원의 임무와 기능

Ⅰ 의의

① 국가정보원은 대통령 소속 국가정보기관으로 대통령의 지시 · 감독을 받음.

② 국가정보원장은 국가안전보장회의에서 국내외 정보를 수집 · 평가하여 보고함.

③ 국가정보원은 대통령의 안보정책을 지원하는 중추기관으로 제도화됨.

Ⅱ 직무와 역할

1. 의의

국가정보원의 직무와 역할은 「정부조직법」 및 「국가정보원법」에 규정됨.

2. 「정부조직법」 제17조

① 개정 전: 국가안전보장 관련 정보·보안·범죄수사를 관장하도록 규정됨.
② 개정 후: 범죄수사 기능이 제외되고, 정보 및 보안 관련 업무만 수행하도록 변경됨.

3. 「국가정보원법」 제4조

(1) 개정 전 「국가정보원법」 제3조에 따른 국가정보원의 직무

① 국외 정보 및 국내 보안정보(대공, 대정부전복, 방첩, 대테러, 국제범죄조직) 수집·작성·배포
② 국가기밀 문서·자재·시설·지역 보안 업무
③ 내란·외환의 죄, 군형법상 반란의 죄, 암호부정사용죄, 군사기밀보호법·국가보안법 위반죄에 대한 수사
④ 국정원 직원의 직무 관련 범죄 수사
⑤ 정보 및 보안업무 기획·조정

(2) 개정 후 「국가정보원법」 제4조에 따른 국가정보원의 직무

① 국외 및 북한 관련 정보, 방첩(산업경제정보 유출, 해외 연계 경제질서 교란, 방위산업침해 포함)
② 대테러 및 국제범죄조직 관련 정보
③ 내란·외환의 죄, 군형법상 반란의 죄, 암호부정사용죄, 군사기밀보호법 관련 정보
④ 국가보안법 위반죄 및 반국가단체 연계 또는 의심되는 안보침해행위 관련 정보
⑤ 사이버안보, 위성자산 등 안보 관련 우주 정보

4. 「국가정보원법」 부칙 제3조

① 2023년 12월 31일까지 개정 전 「국가정보원법」의 수사권 규정이 유효함.
② 이 기간 동안 국정원은 내란·외환의 죄, 군사기밀보호법·국가보안법 위반죄, 국정원 직원 직무 관련 범죄에 대한 수사 가능.

Ⅲ 임무

1. 의의

① 국가정보원은 창설 이후 정보활동을 통해 대한민국 국가안보를 수호하는 핵심 역할을 수행함.
② 국내외 정치·경제·군사 동향 등의 정보를 수집·분석하여 국가안보 위협을 예측하고 대비하는 역할을 수행함.

③ 개정 전 「국가정보원법」에 따라 범죄 수사권을 보유하였으나, 법 개정으로 인해 해당 권한이 제외됨.

2. 정보의 수집·작성·배포

① 국외 및 북한에 관한 정보
② 방첩(산업경제정보 유출, 해외 연계 경제질서 교란, 방위산업침해 포함), 대테러, 국제범죄조직 관련 정보
③ 내란·외환의 죄, 군형법상 반란의 죄, 암호부정사용죄, 군사기밀보호법 관련 정보
④ 국가보안법 위반죄 및 반국가단체 연계 또는 의심되는 안보침해행위 관련 정보
⑤ 사이버안보, 위성자산 등 안보 관련 우주 정보

3. 보안 업무

① 국가기밀 문서·자재·시설·지역 및 국가안전보장 관련 국가기밀 취급 인원에 대한 보안 업무 수행
② 국가기밀: 국가 안전에 중대한 영향을 미치는 사항으로 제한된 인원만이 접근 가능함.
③ 각급 기관에 대한 보안 감사 제외됨.

4. 정보 수집·작성·배포 및 보안 업무 관련 조치

국가안보 및 국익을 위협하는 북한·외국·외국인·외국단체·초국가행위자 및 연계 내국인의 활동을 확인·견제·차단하고, 국민 안전을 보호하기 위한 대응 조치 수행.

5. 중앙행정기관 등에 대한 사이버공격 및 위협 예방 및 대응

① 중앙행정기관(대통령·국무총리 소속기관 포함) 및 그 소속기관, 국가인권위원회, 고위공직자범죄수사처, 행정기관 소속 위원회
② 지방자치단체 및 그 소속기관
③ 한국은행, 국립·공립 학교 등 대통령령으로 정하는 공공기관

6. 정보 및 보안업무의 기획·조정

① 국정원장은 국가정보 및 보안업무 관련 정책 수립 등의 기획 업무 수행.
② 국가정보 및 보안업무 통합 기능 수행을 위해 각 정보수사기관 및 행정기관의 업무 조정.

Ⅳ 국가정보원의 대공수사권 경찰청 이관

1. 의의

① 개정 전 「국가정보원법」 제16조에서 국가정보원 직원이 사법경찰관리·군사법경찰관리 역할 수행 가능하도록 규정됨.

② 개정 「국가정보원법」 제4조에서 직무 조정되면서 기존 「국가정보원법」 제16조 삭제됨.

2. 문제점

① 경찰은 법적 제약이 많아 적국의 스파이 식별·검거에 실효성 문제가 제기됨.

② 국가정보원을 미국 CIA 모델이 아닌 FBI 모델로 전환하는 것이 현실적으로 바람직하다는 주장 존재.

③ FBI는 1908년 범죄수사·정보수집 목적으로 설립되었으며, 현재 56개 국외 지국과 500여 개 출장소 운영.

④ FBI는 수사·인사 관련해 대통령·의회 등 외부 개입 없이 독립적으로 운영되며, 소속 직원은 약 2만여 명에 달함.

3. FBI의 수사권 범위

(1) 국가안보 관련 범죄
내란, 간첩, 태업 및 군대 방해 행위

(2) 강력 범죄
① 약취유괴죄

② 은행강도, 절도 및 은행 임직원의 횡령·부정 사건

(3) 주간 범죄
2개 주에 걸친 자동차 절도 및 강도범죄

(4) 공무원 관련 범죄
연방공무원이 연루된 증수뢰 범죄

(5) 기타 연방 범죄
① 도난품의 주간 운반죄

② 수표위조 및 행사범죄

③ 항공기 및 여객용 자동차 파괴범죄

④ 중요 도망범죄자의 수사

⑤ 연방정부 대상 사기범죄 및 민사사건

Ⅴ 개정 전 「국가정보원법」에 따른 국가정보원의 수사범위

1. 국가안보 관련 범죄

(1) 「형법」에 규정된 범죄
① 내란의 죄

② 외환의 죄

(2) 「군형법」에 규정된 범죄
① 반란의 죄

② 암호부정사용죄

(3) 기타 법률에 규정된 범죄
① 「군사기밀보호법」 위반죄

② 「국가보안법」 위반죄

2. 정보수사기관으로서의 지위

(1) 수사 및 정보 업무 수행
① 국가정보원은 정보 및 보안 업무와 더불어 정보사범에 대한 수사 업무를 수행함.

② 따라서 국가정보원은 '정보수사기관'으로서의 지위를 가짐.

(2) 타 기관과의 수사권 공유
① 국가정보원이 정보사범 수사권을 독점하지 않음.

② 검찰, 일반사법경찰관리(경찰), 군검찰 및 군사법경찰관리(국군방첩사령부 요원)도 관련 법령에 따라 정보사범에 대한 수사권을 가짐.

③ 이들 기관도 정보수사기관으로서의 지위를 가짐.

Ⅵ 북한의 안보위협

1. 의의

남북대치가 지속되는 가운데, 북한 공산집단은 지속적으로 공작원을 남파하여 국가기밀을 탐지·수집하고, 대남방송을 통해 자생적 공산주의자 및 좌익용공세력을 선동하여 국론을 분열시키고 대한민국의 자유민주주의 체제를 위협함.

2. 북한의 도발

(1) 과거 도발 사례
① 1950년 6.25 전쟁을 통해 대한민국을 적화통일하려 시도함.

② 1968년 통혁당 사건

③ 1979년 남민전 사건

④ 1983년 미얀마 아웅산 묘소 암살폭파 사건

⑤ 1987년 대한항공 공중폭파 사건

⑥ 1992년 조선노동당 중부지역당 사건

⑦ 1998년 민족민주혁명당 사건

(2) 2000년대 이후 도발
① 2006년, 2007년 일심회 사건

② 2011년 왕재산 사건

3. 국정원의 정보수집과 대간첩활동

(1) 국정원의 역할
① 북한의 대남적화통일 전략과 안보위협에 대응하기 위해 정보수집과 대간첩활동 수행이 필수적임.

② 국정원의 핵심 임무로 자리 잡음.

(2) 간첩 검거 실적
1990년부터 2007년까지 검거된 전체 간첩 123명 중 109명(89%)을 국정원이 적발함.

검거자 중 경찰 12명, 방첩 2명 포함.

4. 안보수사의 요구 조건

(1) 첨단 과학 장비와 전문성을 갖춘 수사관

① 2011년 왕재산 간첩사건 사례에서 확인된 바와 같이, 관련자들의 묵비권 행사, 범죄 수법의 첨단·지능화로 인해 증거 수집이 어려운 상황 발생함.

② 북한 공산집단과 그 추종세력의 범죄 수법이 날로 지능화됨에 따라, 이에 대응하기 위해 첨단 과학 장비와 최고 수준의 전문성을 갖춘 수사관이 요구됨.

(2) 고도의 보안

안보수사 업무는 고도의 보안이 필수적이며, 일반 수사기관에서 이를 취급할 경우 국가기밀 누설 우려가 존재함.

(3) 첩보자료를 체계적으로 수집·분석할 수 있는 정보수사기관

① 북한 공작 조직 등의 공세에 효과적으로 대응하기 위해 정보사범 수사를 통해 획득한 첩보자료를 체계적으로 수집·분석할 수 있는 기관이 필요함.

② 안보수사분야에서 최적의 역량을 발휘하기 위해서는 최고의 정보력, 고도의 보안성, 전문적 수사 역량을 갖춘 조직이 요구됨.

③ 일반 경찰이나 검찰보다 전문성을 갖춘 정보기관이 안보수사 업무를 수행하는 것이 바람직함.

Ⅶ 새로운 안보위협

① 국가정보원(국정원)은 전통적 정보활동 외에도 테러, 마약, 국제조직범죄, 산업보안 등 새로운 안보위협에 대응하는 역할 수행.

② 2005년 4월 '테러정보통합센터' 신설을 통해 테러정보 수집·전파체제 구축 및 국가 차원의 대테러활동 강화.

③ 국제범죄, 사이버테러, 산업기밀 유출 등의 대응을 위해 '국제범죄정보센터', '국가사이버안보센터', '산업기밀보호센터', '방첩정보공유센터' 운영.

Theme 107-1 국가정보원 산하 기관

Ⅰ 국가사이버안보센터

1. 의의

① 해킹, DDoS 공격 등의 사이버 위협으로부터 국가기밀 보호 및 국가정보통신망 방어 수행.

② 사이버 공격 탐지·예방, 해킹 사고 조사·복구 지원, 국가사이버정책 총괄 업무 수행.

2. 연혁

① 2004년 2월 국가사이버안전센터 설립

② 2020년 12월 국가사이버안보센터로 명칭 변경

3. 임무

① 국제·국가 배후 해킹조직 등 사이버안보 관련 정보 수집·작성·배포.

② 북한·외국·외국인·외국단체·초국가행위자 및 관련 내국인의 안보 위협 활동 차단.

③ 중앙행정기관 등을 대상으로 사이버공격 예방 및 대응 업무 수행.

4. 기능

(1) 정책수립·컨설팅

① 사이버안보 정책·전략 및 가이드라인 수립

② 정보통신망 보안진단 및 컨설팅

(2) 정보공유·협력

① 국내외 사이버 위협 및 대응 정보 공유

② 대국민 인식제고 및 국내외 협력채널 구축

(3) 위협 탐지·대응

① 주요 정보통신망 상시 보안 관제

② 사이버위협 실시간 탐지 및 위기경보 발령

(4) 사고조사·피해최소화

① 침해사고 원인분석 및 공격주체 규명

② 피해복구 및 재발방지 대책 지원

(5) 교육훈련

① 국가·공공기관 대상 사이버보안 교육 운영

② 공공기관·기반시설 대상 사이버공격 대응 훈련 실시

Ⅱ 방첩정보공유센터

1. 설립 배경

① 각국은 자국 이익을 위해 군사·외교·경제정보를 수집하며, 우방국·적대국 구분 없이 정보활동 수행.

② 외국·외국단체·초국가행위자의 정보활동 대응을 위해 2020년 12월 법무부·관세청·경찰청·해양경찰청·국군방첩사령부 등과 합동으로 설립.

③ 방첩 관련 정보 공유 및 유관기관 협업을 통해 외국 등의 정보활동 예방·차단 수행.

2. 주요 임무

① 외국·외국단체·초국가행위자의 국내 정보활동 탐지.

② 외국인 접촉 특이사항 신고 및 외국 스파이 관련 상담 운영.

③ 방첩 관련 교육 지원 및 홍보 활동 전개.

④ 기관별 방첩 관련 정보 종합 · 공유.

⑤ 정부부처 · 공공기관 대상 방첩 상황 전파.

⑥ 방첩 상황 발생 시 유관기관 합동대응 지원.

Ⅲ 산업기밀보호센터

1. 의의

① 2003년 10월 설립, 첨단기술 보호 및 안전한 기업활동 지원을 통한 산업보안 수행.

② 산업스파이 적발을 통한 첨단산업기술 해외 유출 방지 및 국부유출 차단.

2. 주요 업무

(1) 첨단기술 해외유출 차단활동

① 첨단기술 및 영업비밀의 해외 불법 유출 시 산업스파이 적발을 통해 국부유출 차단.

② 기술유출 관련 정보를 업체 · 검찰 · 경찰 등 수사기관에 제공.

(2) 방산기술 · 전략물자 불법 수출 차단활동

산업부 · 방위사업청 등 유관기관과 협력하여 방산 · 군사기술 해외 유출 및 전략물자 불법 수출 차단.

(3) 외국의 경제질서 교란 차단활동

외국 투기자본 등에 의한 경제안보 침해행위 및 인수합병(M&A) 위장 기술유출 대응.

(4) 산업보안 교육 · 컨설팅 및 설명회 개최

① 기업 · 연구소 대상 산업보안 교육 및 진단 실시.

② 중소벤처기업부 · 특허청 등과 합동으로 산업보안 설명회 개최 및 기업의 자율보안체계 구축 지원.

(5) 지식재산권 침해 대응 활동

해외 지식재산권 피해 발생 시 특허청 · KOTRA · 외교부 · 문화부와 협력하여 대응.

(6) 산업스파이 신고상담소 운영

전화(111번), 홈페이지(111 신고하기), 모바일 홈페이지를 통한 24시간 신고 · 상담 운영 및 신고자 신원 보호.

Ⅳ 국제범죄정보센터

1. 의의

① 국제범죄조직은 국가 간 연결망을 통해 마약 · 위폐 · 금융사기 등 범죄를 자행하며 국가안보 위협.

② 이에 대응하기 위해 1994년 1월 국제범죄정보센터 설립, 국제범죄 정보수집 · 분석, 해외 정보기관 협력, 대국민 예방활동 수행.

2. 주요 업무

① 국제범죄 정보 수집 · 분석을 통해 국내 침투 및 확산 차단.

② 세계 각국의 국제범죄 대응 실태 분석 및 정부의 대응정책 수립 지원.

③ 국제기구 · 해외 정보 · 수사기관과 협력하여 국제범죄 차단 및 대응정책 수립.

④ 마약 · 위폐 등 국제범죄 대응 교육 제공.

⑤ 전화(111번), 홈페이지(111 신고하기), 모바일 홈페이지를 통한 24시간 국제범죄 신고 · 상담 운영 및 대국민 예방활동 수행.

Ⅴ 테러정보통합센터

1. 설립 배경

① 국제화로 인해 국가 간 경계가 약화되며 테러 위협 증가.

② 국내외 유관기관과 협력하여 국민의 생명과 재산 보호 수행.

2. 주요 업무

① 국내외 테러 관련 정보 수집 · 분석 · 작성 · 배포.

② 테러 관련 정보 통합관리 및 24시간 상황 처리체제 유지.

③ 국내 침투 테러 조직 및 국제테러조직 색출.

④ 대테러센터, 軍 · 警 특공대 등과 협력하여 대테러 활동 수행.

⑤ 외국 정보수사기관과 정보 협력.

⑥ 주요 국제행사 대테러 · 안전대책 수립 지원.

Theme 107-2 국가정보원 직무범위에 대한 학설

Ⅰ 의의

국가정보원의 임무를 「국가정보원법」에 한정할 경우, 해당 법률이 단순한 예시인지 또는 한정적으로 열거된 것인지에 대한 논란이 존재함.

Ⅱ 국가정보원 직무범위에 대한 학설

1. 대표적 예시설

① 국가정보원의 임무는 「국가정보원법」에 열거된 일부 임무만을 포함하는 것이 아니라, 법률에 명시되지 않은 다양한 임무도 포함될 수 있다는 견해임.

② 법률에서 나열된 임무는 대표적인 일부에 불과함.

③ "기타" 포괄조항이 없는 법 형식에서도 현실적 필요성으로 인해 해당 견해가 제기됨.

2. 한정적 열거설

① 국가정보원의 임무는 근거법에 명확히 열거된 사항으로 국한된다는 견해임.

② 국가정보원은 국민의 세금으로 운영되며, 국민의 권리·의무와 직결된 기관이므로, 법률에 명시되지 않은 사항은 임무로 인정될 수 없음.

③ 아무리 목적이 타당하고 필요성이 크더라도 법률에 근거하지 않은 임무는 수행할 수 없음.

Ⅲ 검토

1. 미션 크립(Mission Creep)과 법치주의

① 과거 여러 국가에서 국가정보기구가 임무를 확대하여 법적 근거 없이 업무범위를 확장한 사례가 존재함.

② 법치주의 원칙상, 국민의 권리·의무와 직결된 국가정보기구의 임무는 법률에 근거해야 함.

③ 정보기관의 임무는 국가안보와 국가이익 개념과 연결되며, 시대·국제관계·경제·과학기술 발전에 따라 가변성을 가짐.

2. 한정적 열거설의 타당성

① 국가정보기구의 새로운 임무가 필요할 경우, 국회에서 법을 제·개정하여 명확한 법적 근거를 마련해야 함.

② 법적 근거 없이 수행되는 임무는 불법적 업무로 간주됨.

③ 이란-콘트라 사건은 법적 근거 없는 정보활동의 위험성을 보여주는 사례임.

Ⅳ 결론

한정적 열거설이 법치주의 원칙에 부합하며, 국가정보원의 임무 확대를 방지하는 타당한 견해로 평가됨.

Theme 107-3 북한 대남 도발

1. 121 사태(1968)

① 북한 민족보위성 정찰국 124부대 소속 공작원 31명이 박정희 대통령 암살을 목적으로 청와대 인근까지 침투한 사건.

② 종로구 세검정 고개까지 침투하였으며, 31명 중 29명 사살, 1명 미확인, 1명 투항(김신조).

③ 생존자의 이름을 따서 '김신조 사건'으로도 불림.

2. 푸에블로호 피랍 사건(1968)

① 미 해군 정보수집함 USS 푸에블로(AGER-2)가 동해 원산 앞바다에서 북한 해군에 나포된 사건.

② 승조원 83명 중 1명 사망, 82명 억류 후 미국으로 송환됨.

3. 대한항공 YS-11기 납북 사건(1969)

① 북한 공작원이 국내선 여객기를 강제 납북한 사건.

② 강릉발 서울행 여객기가 평창 상공에서 북한으로 강제 착륙됨.

③ 승객·승무원 50명 중 39명 귀환, 11명은 북한에 억류됨.

4. 육영수 여사 저격 사건(1974)

① 박정희 대통령이 광복절 기념식에서 연설 중 육영수 여사가 문세광의 총격으로 사망한 사건.

② 문세광은 재일 한국인으로, 북한과의 연계 의혹이 제기됨.

5. 휴전선 남침용 땅굴 발견 사건(1974)

① 연천군 고랑포 인근 비무장지대에서 발견된 남침용 땅굴.

② 너비 90cm, 높이 1.2m, 길이 약 3.5km의 규모로 무장 병력 및 중화기 이동 가능.

③ 서울과의 거리가 65km로, 대규모 기습이 가능했던 구조.

6. 판문점 도끼 만행 사건(1976)

판문점에서 미루나무 가지치기 작업을 지도하던 UN군 미국 장교 2명이 북한군에 의해 살해된 사건.

7. 아웅산 묘소 폭탄 테러 사건(1983)

북한이 미얀마를 방문 중이던 전두환 대통령 암살을 시도한 폭탄 테러.

8. 대한항공 858편 폭파 사건(1987)

① 북한 공작원 김승일, 김현희가 일본인으로 위장하여 대한항공 보잉 707 여객기를 공중 폭파한 사건.

② 인도양 상공에서 실종되었으며, 대한민국 정부는 북한 지령에 따른 폭발로 결론 지음.

9. 북한의 1차 핵실험(2006)

함경북도 길주군 풍계리에서 북한이 최초로 핵실험을 실시한 사건.

10. 천안함 피격 사건(2010)

대한민국 백령도 인근 해상에서 초계함 천안함이 북한 잠수정의 어뢰 공격으로 반파 · 침몰한 사건.

11. 연평도 포격전(2010)

① 북한군이 선전포고 없이 대한민국 연평도를 포격한 사건.

② 정전협정 이후 최초로 민간 거주 지역에 대한 공격이 발생함.

Theme 107-4 「국가정보원법」 및 「국가정보원직원법」 중요 내용

Ⅰ 국가정보원장 · 차장 · 기획조정실장

1. 임명 절차

① 원장은 국회의 인사청문을 거쳐 대통령이 임명함.

② 차장 및 기획조정실장은 원장의 제청으로 대통령이 임명함.

2. 직무 및 역할

① 원장은 정무직으로서 국정원의 업무를 총괄하고 소속 직원을 지휘 · 감독함.

② 차장과 기획조정실장은 정무직으로서 원장을 보좌하며, 원장이 부득이한 사유로 직무를 수행할 수 없을 때에는 그 직무를 대행함.

3. 직원 인사 관련 규정

원장 · 차장 · 기획조정실장 외 직원의 인사에 관한 사항은 별도의 법률로 정함.

Ⅱ 국가정보원 직원의 계급 및 임용

1. 계급 구분

① 직원은 1급부터 9급까지의 특정직직원과 일반직직원으로 구분됨.

② 일반직직원은 「국가공무원법」상 일반직공무원으로 간주됨.

2. 전문관 제도

① 특별한 전문지식과 경험이 필요한 분야에 근무하는 직원(전문관)에 대해서는 계급 구분을 적용하지 않을 수 있음.

② 전문관의 직무 분야, 대우 등은 대통령령으로 정함.

---

3. 임기제 직원

① 국가정보원의 직무 내용과 특수성을 고려하여 필요한 경우 임기제직원을 둘 수 있음.

② 임기제직원은 「국가공무원법」에 따른 임기제공무원으로 간주되며, 임용 요건 · 절차, 근무상한연령 등은 대통령령으로 정함.

Theme 107-5 「정부조직법」 및 「국가정보원법」 개정에 따른 국가정보원의 직무 변경

Ⅰ 「정부조직법」 개정에 따른 국가정보원의 직무 변경

1. 개정 전 국가정보원의 직무

① 국가정보원은 국가안전보장과 관련된 정보 · 보안 및 범죄수사 업무를 담당함.

② 국가정보원의 조직, 직무범위 및 기타 필요한 사항은 별도의 법률로 정함.

2. 개정 후 국가정보원의 직무

① 국가정보원은 국가안전보장과 관련된 정보 및 보안 업무를 담당함.

② 범죄수사에 관한 사항이 제외됨.

③ 국가정보원의 조직, 직무범위 및 기타 필요한 사항은 별도의 법률로 정함.

Ⅱ 「국가정보원법」 개정에 따른 국가정보원의 직무 변경

1. 개정 전 국가정보원의 직무

① 국외 정보 및 국내 보안정보(대공, 대정부전복, 방첩, 대테러 및 국제범죄조직) 수집 · 작성 · 배포

② 국가 기밀 문서 · 자재 · 시설 및 지역에 대한 보안 업무(단, 각급 기관 보안감사는 제외)

③ 내란, 외환, 반란, 암호 부정사용, 군사기밀 보호법 및 국가보안법 관련 범죄 수사

④ 국정원 직원 직무 관련 범죄 수사

⑤ 정보 및 보안 업무 기획 · 조정

2. 개정 후 국가정보원의 직무

(1) 정보 수집 · 작성 · 배포

① 국외 및 북한 관련 정보

② 방첩(산업경제정보 유출, 해외연계 경제질서 교란, 방위산업 침해 포함), 대테러, 국제범죄조직 관련 정보

③ 내란, 외환, 반란, 암호 부정사용, 군사기밀 보호법 관련 범죄 정보
④ 국가보안법 관련 반국가단체 연계 또는 의심되는 안보침해행위 정보
⑤ 국제 및 국가배후 해킹조직 등 사이버안보 및 안보 관련 우주 정보

(2) 국가 기밀 관련 보안 업무 수행(각급 기관 보안감사는 제외)

(3) 국가안보 및 국익을 위해 북한, 외국, 외국인·단체, 초국가행위자 및 연계 내국인 활동 확인·견제·차단 및 국민 보호 조치

(4) 국가 주요 기관 대상 사이버공격 예방 및 대응
① 중앙행정기관 및 소속기관
② 지방자치단체 및 소속기관
③ 대통령령으로 정하는 기타 공공기관

(5) 정보 및 보안 업무의 기획·조정

3. 원장의 직무 관련 규정
① 정보활동기본지침을 정하고 국회 정보위원회에 보고함. 개정 시에도 동일 절차 적용
② 국회 정보위원회는 재적위원 3분의 2 이상 찬성으로 시정·보완 요구 가능, 원장은 특별한 사유 없으면 준수해야 함.
③ 직무 수행 관련 세부 사항 및 기획·조정 범위·대상·절차는 대통령령으로 정함.

Theme 107-6 국정원 직무 관련 「형법」 중요 내용

Ⅰ 내란의 죄

1. 내란
① 국가권력을 배제하거나 국헌을 문란하게 할 목적으로 폭동을 일으킨 자에 대한 처벌 규정
② 우두머리: 사형, 무기징역 또는 무기금고
② 모의, 지휘, 중요 임무 수행, 살상·파괴·약탈 행위자: 사형, 무기 또는 5년 이상의 징역·금고
③ 단순 가담자: 5년 이하의 징역·금고

2. 내란목적의 살인
내란 목적의 살해 행위: 사형, 무기징역 또는 무기금고

3. '국헌문란 목적'의 정의
① 헌법·법률에 정한 절차 없이 헌법·법률 기능 소멸
② 국가기관을 강압으로 전복 또는 권능행사 불가능하게 함

Ⅱ 외환의 죄

1. 외환유치
외국과 통모하여 대한민국에 전쟁을 야기하거나 항적한 자: 사형 또는 무기징역

2. 여적
적국과 합세하여 대한민국에 항적한 자: 사형

3. 모병이적
① 적국을 위해 모병한 자: 사형 또는 무기징역
② 모병에 응한 자: 무기 또는 5년 이상의 징역

4. 시설제공이적
군사시설·설비·병기·탄약 등을 적국에 제공한 자: 사형 또는 무기징역

5. 시설파괴이적
적국을 위해 군사시설·설비 등을 파괴하거나 사용할 수 없게 한 자: 사형 또는 무기징역

6. 물건제공이적
군용에 공하지 않는 병기·탄약 등 전투용 물자를 적국에 제공한 자: 무기 또는 5년 이상의 징역

7. 간첩
① 적국을 위해 간첩행위 또는 간첩 방조한 자: 사형, 무기 또는 7년 이상의 징역
② 군사 기밀을 적국에 누설한 자: 사형, 무기 또는 7년 이상의 징역

8. 일반이적
대한민국의 군사상 이익을 해하거나 적국에 군사상 이익을 제공한 자: 무기 또는 3년 이상의 징역

9. 준적국
대한민국에 적대하는 외국 또는 외국인 단체를 적국으로 간주

10. 전시군수계약불이행
전쟁·사변 시 정당한 이유 없이 군수품·군용공작물 계약 불이행: 10년 이하의 징역
계약이행 방해자도 동일한 형 적용

11. 동맹국
본 장의 규정은 동맹국에 대한 행위에도 적용

Theme 107-7 국정원 직무 관련 「군형법」 중요 내용

Ⅰ 반란 관련 범죄

1. 반란

작당하여 병기를 휴대하고 반란을 일으킨 사람

① 수괴: 사형

② 반란 모의 참여, 반란 지휘, 반란에서 중요한 임무 수행, 반란 중 살상·파괴·약탈 행위: 사형, 무기 또는 7년 이상의 징역이나 금고

③ 반란에 부화뇌동하거나 단순 폭동 관여: 7년 이하의 징역이나 금고

2. 반란 목적의 군용물 탈취

반란을 목적으로 작당하여 병기, 탄약, 군용 물품을 탈취한 경우 반란죄와 동일하게 처벌

3. 반란 불보고

① 반란을 알고도 관계기관에 지체 없이 보고하지 않은 경우 2년 이하의 징역이나 금고

② 적을 이롭게 할 목적으로 보고하지 않은 경우 7년 이하의 징역이나 금고

4. 동맹국에 대한 행위

반란죄 및 관련 규정은 대한민국의 동맹국에 대한 행위에도 적용

Ⅱ 암호 부정사용

2년 이상의 유기징역 또는 유기금고에 처하는 사람

① 허가 없이 암호 발신한 사람

② 수신 자격이 없는 사람에게 암호 수신하게 한 사람

③ 수신한 암호를 전달하지 않거나 거짓으로 전달한 사람

Theme 107-8 「국가보안법」 중요 내용

Ⅰ 총칙

1. 목적

① 국가의 안전을 위태롭게 하는 반국가활동을 규제하여 국가의 안전과 국민의 생존 및 자유를 확보함.

② 법 적용 시 필요한 최소한도로 제한하며, 「헌법」상 보장된 국민의 기본적 인권을 부당하게 제한하지 않음.

2. 반국가단체

정부를 참칭하거나 국가를 변란할 것을 목적으로 하는 국내외 결사 또는 집단으로서 지휘통솔체제를 갖춘 단체.

Ⅱ 반국가단체 구성 및 가입

1. 반국가단체를 구성하거나 가입한 자를 처벌함.

① 수괴: 사형 또는 무기징역.

② 간부 및 지도적 임무자: 사형, 무기 또는 5년 이상의 징역.

③ 일반 구성원: 2년 이상의 유기징역.

2. 타인을 반국가단체에 가입하도록 권유한 자

2년 이상의 유기징역.

Ⅲ 목적수행 행위

1. 반국가단체의 구성원 또는 그 지령을 받은 자가 목적수행을 위한 행위를 한 경우 처벌함.

(1) 형법상 특정 범죄 행위: 해당 조항에 따른 형 적용.

(2) 국가기밀 관련 행위

① 중대한 국가안전 불이익 초래 가능 기밀 누설: 사형 또는 무기징역.

② 그 외 국가기밀 누설: 사형, 무기 또는 7년 이상의 징역.

(3) 중요 시설 파괴, 약취·유인, 군사·공공자산 탈취 등: 사형, 무기 또는 5년 이상의 징역.

(4) 허위사실 유포 및 선전·선동 행위: 2년 이상의 유기징역.

2. 자진 지원 및 금품 수수

(1) 반국가단체 지원 목적으로 자진하여 목적수행 행위를 한 자: 동일한 형 적용.

(2) 반국가단체 구성원으로부터 금품을 수수한 자: 7년 이하의 징역.

3. 잠입·탈출

(1) 반국가단체 지배 지역으로의 잠입·탈출: 10년 이하의 징역.

(2) 반국가단체의 지령을 받거나 목적수행 협의를 위한 잠입·탈출: 사형, 무기 또는 5년 이상의 징역.

4. 찬양·고무 등

(1) 반국가단체 활동을 찬양·고무·선전·동조하거나 국가변란을 선전·선동한 자: 7년 이하의 징역.

(2) 해당 목적 단체 구성 및 가입: 1년 이상의 유기징역.

(3) 허위사실 날조·유포: 2년 이상의 유기징역.

(4) 관련 문서·도화 등의 제작·소지·반포 등: 목적한 행위에 정한 형

5. 회합·통신 등

반국가단체 구성원과 회합·통신 등 연락을 한 자: 10년 이하의 징역.

6. 편의 제공

(1) 반국가단체 관련 범죄자에게 무기 제공: 5년 이상의 유기징역.

(2) 금품 제공, 연락 장소 제공 등 기타 편의 제공: 10년 이하의 징역.

(3) 본범과 친족관계인 경우 형 감경 또는 면제 가능.

7. 불고지죄

(1) 반국가단체 관련 범죄 사실을 알고도 수사기관에 신고하지 않은 자: 5년 이하의 징역 또는 200만 원 이하의 벌금.

(2) 본범과 친족관계인 경우 형 감경 또는 면제 가능.

Theme 107-9 국정원 직무 관련 「정보 및 보안업무 기획·조정규정」 중요 내용

Ⅰ 총칙

1. 목적

「국가정보원법」 제3조 제2항에 따라 정보 및 보안업무의 기획·조정에 필요한 사항을 규정하는 것을 목적으로 함.

2. 정의

① **국외정보**: 외국의 정치·경제·사회·문화·군사·과학 및 지지 등 각 부문에 관한 정보

② **국내보안정보**: 반국가활동세력 및 추종분자의 위해 행위로부터 국가 안전을 보장하기 위한 정보

③ **통신정보**: 전기통신수단을 이용하여 발신된 통신을 수신·분석하여 산출하는 정보

④ **통신보안**: 통신수단을 통한 비밀 누설을 방지 또는 지연시키기 위한 방책

⑤ **정보사범 등**: 국가보안법, 군사기밀보호법 등 관련 법률에 규정된 죄를 범한 자 및 혐의자

⑥ **정보·수사기관**: 국가정보원, 검찰청, 경찰청, 해양경찰청, 국군방첩사령부 및 국정원장이 지정하는 국가기관

Ⅱ 정보 및 보안업무의 기획·조정

1. 기획·조정의 역할

국가정보원장은 국가 정보 및 보안업무 정책을 수립하고, 정보·보안업무의 통합 기능 수행을 위해 각 정보·수사기관 및 행정기관의 정보·보안업무를 조정함.

2. 기획업무의 범위

① 국가 기본정보정책의 수립

② 국가 정보의 중·장기 판단

③ 국가 정보목표 우선순위 작성

④ 국가 보안방책 수립

⑤ 정보예산 편성

3. 조정업무의 범위

① **과학기술정보통신부**: 우편검열, 정보자료 수집, 전파감시

② **외교부**: 국외정보 수집, 출입국자 보안, 재외국민 실태, 통신보안

③ **통일부**: 국내외 통일 정세 조사·분석, 남북대화, 통일교육

④ **법무부**: 국내 보안정보 수집, 정보사범 검찰정보 처리, 출입국자 보안, 통신보안

⑤ **국방부**: 국외정보·국내보안정보·통신정보 및 통신보안업무, 군인 및 군무원 신원조사, 정보사범 내사·수사

⑥ **행정안전부**: 국내 보안정보 수집, 정보사범 내사·수사, 신원조사, 통신정보 및 통신보안

⑦ **문화체육관광부**: 공연·영화·신문·방송 검열 및 분석, 대공심리전, 대공민간활동

⑧ **산업통상자원부**: 국외정보 수집

⑨ **국토교통부**: 국내 보안정보 수집

⑩ **해양수산부**: 국내 보안정보 수집

⑪ **방송통신위원회**: 전파감시, 통신정보 및 통신보안

4. 조정의 절차

① 국가안보에 중대한 영향을 미치는 사안은 국정원장이 직접 조정

② 기타 사안은 일반지침을 통해 조정

Ⅲ 정보사범 등의 관리

1. 정보사범 내사·수사 통보

① 정보·수사기관이 정보사범에 대한 내사·수사를 착수하거나 검거·송치한 경우 즉시 국정원장에게 통보

② 검찰기관의 장은 정보사범의 처분 결과 및 각 심급별 재판결과를 국정원장에게 통보

2. 정보사범 신병처리

① 주요 정보사범 신병처리는 국정원장의 조정을 받아야 함
② 주요 정보사범·귀순자·불온문건 투입자·납북귀환자·망명자·피난사민의 신문 등은 국정원장의 조정을 받아야 함

3. 공소보류 및 불기소 협의

① 정보·수사기관장이 주요 정보사범의 공소보류 의견을 붙일 경우 국정원장에게 통보하고 조정받아야 함
② 검사가 공소보류 또는 불기소 처분을 할 경우 국정원장과 협의

4. 적성압수금품 처리

정보·수사기관이 주요 적성장비·불온문건·기타 금품을 압수·취득한 경우 즉시 국정원장에게 통보하고 정보수집 조정을 받아야 함

Ⅳ 감사 및 시행

1. 정보사업·예산 및 보안업무 감사

① 국정원장은 조정 대상기관을 대상으로 연 1회 이상 정보사업·예산·보안업무 감사를 실시
② 보안업무 감사는 중앙단위 기관에 한정
③ 감사 결과를 대통령에게 보고하고 피감사기관에 통보
④ 피감사기관장은 감사결과에 대한 필요한 조치를 강구해야 함

2. 시행규칙

「정보 및 보안업무 기획·조정규정」 시행에 필요한 규칙은 국정원장이 정함

Theme 107-10 「방첩업무규정」 중요 내용

Ⅰ 총칙

1. 목적

국가정보원의 직무 중 방첩업무의 수행과 기관 간 협조 등을 규정하여 국가안보에 이바지하는 것임.

2. 정의

① 방첩: 외국 등(외국, 외국인·외국단체·초국가행위자 및 이들과 연계된 내국인)의 정보활동을 탐지, 확인, 견제, 차단하기 위한 정보 수집, 작성, 배포 등의 대응활동

② 외국등의 정보활동: 대한민국의 국가안보 및 국익에 영향을 미칠 수 있는 외국 등의 정보수집활동과 기타 활동
③ 방첩기관: 방첩업무 수행 기관으로 국가정보원, 법무부, 관세청, 경찰청, 특허청, 해양경찰청, 국군방첩사령부
④ 관계기관: 방첩기관 외에 방첩업무 관련 국가기관, 지정 지방자치단체 및 지정 공공기관

Ⅱ 방첩업무

1. 방첩업무의 범위

① 외국등의 정보활동에 대한 정보 수집, 작성 및 배포
② 외국등의 정보활동 확인, 견제 및 차단
③ 외국등의 정보활동 관련 국민 안전 보호를 위한 대응조치
④ 방첩 관련 기법 개발 및 제도 개선
⑤ 방첩기관 및 관계기관에 대한 방첩 관련 정보 제공
⑥ 국가안보 및 국익을 지키기 위한 방첩활동

2. 기관 간 협조

① 방첩기관장은 방첩업무 수행을 위해 다른 방첩기관 및 관계기관에 협조 요청 가능
② 요청받은 기관은 특별한 사유가 없는 한 협조해야 함

3. 방첩정보공유센터

(1) 의의

① 방첩기관 간 정보 공유 및 방첩업무 수행 지원을 위해 국가정보원장 소속으로 설치
② 조직 및 운영은 국가방첩업무 기본지침으로 규정 가능
③ 국가정보원장은 방첩정보공유센터 운영을 위해 방첩기관등에 인력 지원 및 정보 공유 협조 요청 가능

(2) 주요 업무

① 방첩 관련 정보 공유 플랫폼 구축·운영
② 정보 분석·평가 및 대응 지원
③ 신고·제보 분석 및 처리
④ 기타 국가정보원장이 필요하다고 인정하는 업무

4. 방첩업무의 기획·조정

① 국가정보원장은 방첩정책을 기획하고, 방첩업무를 통합 수행하기 위해 방첩기관등의 업무를 합리적으로 조정
② 국가안보에 중대한 영향을 미치는 사안은 직접 조정, 그 외는 기본지침으로 조정

5. 국가방첩업무 지침

(1) 의의

① 국가정보원장은 국가 방첩업무 수행을 위해 기본지침을 수립·송부해야 함

② 국가정보원장은 매년 연도별 방첩업무 수행계획을 수립·송부해야 하며, 방첩기관등은 이에 따라 자체 계획을 수립·시행

③ 방첩업무 결과는 매년 11월 30일까지 국가정보원장에게 송부해야 함

(2) 기본지침 주요 내용

① 방첩업무 기본 목표 및 전략

② 방첩기관 간 협조 방안

③ 기타 국가 방첩업무 수행에 필요한 사항

Ⅲ 외국인 및 외국 기관 접촉 시 기밀 보호 및 신고 절차

1. 외국인 접촉 시 기밀 보호

① 방첩기관등의 구성원은 외국 방문 및 외국인 접촉 시 국가기밀, 산업기술, 국가안보 관련 정책 유출 방지

② 방첩기관등의 장은 기밀 유출 방지를 위한 규정을 마련·시행

③ 필요 시 기밀 보호 업무를 전담하는 직원을 지정 가능

2. 외국인 접촉 신고 의무

① 방첩기관등의 구성원은 외국인 접촉 시 국가기밀 탐지, 정보활동 이용 시도 등의 징후가 있으면 즉시 소속 기관장에게 신고해야 함

② 방첩기관장은 신고 내용을 국가정보원장에게 통보해야 함

③ 국가정보원장은 필요 시 관련 자료를 작성하여 방첩기관등에 배포

④ 국가안보 기여 인정 시 신고자 포상 가능

3. 외국 정보·수사기관 접촉 절차

① 방첩기관등의 구성원은 직무 외 목적으로 외국 정보·수사기관 구성원을 접촉 시 사전 보고 및 통보 필요

② 부득이한 경우 접촉 후 즉시 보고해야 하며, 방첩기관장은 이를 국가정보원장에게 통보

③ 보고 의무 위반 시 방첩기관등의 장은 처분·조치 가능

4. 외국 정보·수사기관과의 교류·협력

방첩기관은 방첩업무 수행을 위해 외국 정보·수사기관과 교류·협력 가능

Ⅳ 국가방첩전략회의와 국가방첩전략실무회의

1. 국가방첩전략회의의 설치 및 운영

① 국가방첩전략의 수립 등 중요 사항을 심의하기 위해 국가정보원장 소속으로 국가방첩전략회의(이하 "전략회의")를 둠.

② 전략회의는 의장 1명을 포함한 25명 이내의 위원으로 구성됨.

③ 전략회의 의장은 국가정보원장이 되며, 위원은 관련 기관의 차관급 공무원, 관계 기관의 차장, 국방정보본부장, 국군방첩사령관, 국가정보원 소속 공무원 등으로 구성됨.

④ 전략회의 의장은 회의를 소집하고 주재함.

⑤ 회의는 재적위원 과반수 출석과 출석위원 과반수 찬성으로 의결함.

⑥ 필요 시 안건 검토를 위한 소회의를 둘 수 있음.

⑦ 운영에 필요한 사항은 국가정보원장이 정함.

2. 국가방첩전략실무회의의 설치 및 운영

① 전략회의의 효율적 운영을 위해 국가방첩전략실무회의(이하 "실무회의")를 둠.

② 실무회의는 의장 1명을 포함한 25명 이내의 위원으로 구성됨.

③ 실무회의 의장은 국가정보원의 방첩업무를 담당하는 실장급 또는 국장급 부서장이 됨.

④ 실무회의는 전략회의의 의안을 검토·조정하고, 방첩업무 대책 수립 및 시행, 전략회의

⑤ 결정사항의 시행 방안, 위임받은 심의사항 등을 심의하여 전략회의에 보고할 수 있음.

⑥ 운영에 필요한 사항은 국가정보원장이 정함.

Ⅴ 지역방첩협의회

① 국가정보원장은 필요 시 방첩기관의 장과 협의하여 특별시·광역시·특별자치시·도 또 는 특별자치도별로 지역방첩협의회를 구성·운영할 수 있음.

② 운영 등에 필요한 사항은 국가정보원장이 지역방첩협의회의 심의·의결을 거쳐 정함.

I 국방정보본부

1. 의의

① 국방부 및 합동참모본부 산하 군 정보기관으로 군사 정보 및 군사보안 업무 총괄

② 1981년 10월 12일, 합동참모본부 제2국(J-2)을 모체로 창설됨

③ 창설을 통해 군사정보 및 보안업무의 효율적 관리와 체계적 발전의 기반 마련

2. 위상의 변화

(1) 초기 위상

① 합동참모본부는 군령권이 없는 자문기관으로 군사정 보 총괄 권한 미비

② 각 군 본부 정보국이 실질적으로 군사정보를 관장

(2) 「국군조직법」 개정과 위상 강화

① 1990년 7월 「국군조직법」 개정으로 국군이 합동군제로 개편됨에 따라 합동참모본부가 군령권을 보유하게 됨

② 1993년 시노하라 사건 이후 국방정보본부 권한 강화됨

③ 정보사령부, 제7235부대(777부대), 국군기무사령부에 대한 조정·통제권 확보

3. 임무

① 군사전략정보 수집·분석·생산·전파 수행

② 특수 군사정보 예산 편성 및 조정 담당

③ 군사보안·방위산업 보안정책, 군사 관련 지리공간정 보, 군사정보전력 구축 업무 수행

④ 재외 공관 주재 무관 파견 및 운영, 주한 외국 무관 협조, 군사정보 교류 수행

4. 조직

① 정보사령부(인간·영상·징후계측 정보 담당), 777사령부(신호정보 담당), 국방지형정보단(군사 관련 지리 공간정보 수집·생산) 예하 부대 운영

② 국군사이버사령부와 긴밀한 협력 유지, 적의 인터넷 공격 예방 및 대응

II 정보사령부

1. 의의

국방부 직할부대로서 신호정보를 제외한 모든 군사 관련 정보 수집·지원·연구 수행

2. 연혁

(1) 육군 정보국 내 2과(첩보과)

1949년 6월 1일, 육군 정보국 내 2과(첩보과)로 설립

(2) HID(Headquarters of Intelligence Detachment)

① 1950년 한국전쟁 발발 후 육군 정보국 3과로 개편

② 1951년 3월 25일, 육군본부 직할부대인 HID로 독립

(3) 육군 정보사(AIC)

① 북파공작원 양성 및 북한 침투 임무 수행

② 1961년 AIU(Army Intelligence Unit)로 명칭 변경 후 1972년 육군 정보사(AIC)로 확대 개편

(4) 국군정보사령부 창설

1990년 11월, 육군 정보사·해군 UDU·공군 20특무 전대를 통합하여 국군정보사령부 창설

3. 임무

(1) 보안성과 대북공작 활동

① 조직의 존재 여부 및 수행 임무가 일반에 공개되지 않음

② 과거 HID를 모체로 대북공작 및 첩보수집 활동 수행

(2) 북파공작원 명단 공개

① 2000년 10월 2일, 김성호 의원이 북파공작원 366명 명단 공개

② 명단을 국군정보사령부가 작성·보관한 사실이 확인 되면서 대북공작 수행 기관으로 알려짐

(3) 업무 영역 확장

① 인간정보(HUMINT) 및 대북공작 수행에서 영상·징 후계측 정보 수집으로 확대

② 군사 관련 영상·인간·기술·계측·기호 정보 수집· 지원 및 연구 수행

③ 적의 영상정보 수집 활동에 대한 대정보(對情報) 업무 수행

4. 주요 활동

(1) 인간정보(HUMINT)

탈북자·중국인 등을 통해 정보 수집

(2) 영상정보(IMINT)

금강정찰기, 글로벌호크 등 자산을 활용하여 정보 수집· 분석

(3) 공개정보(OSINT)

TV·통신사·인터넷 등을 통해 정보 수집·분석

(4) 징후계측정보(MASINT)

적 공격징후 감시, 전략미사일 발사 조기 경보, 핵폭발 실험 감시 수행

(5) 대정보(對情報)

적 영상정보 등 정보수집활동 방어 대책 수행

(6) 지형정보(GEOINT)

제935정보부대가 지형정보·영상정보 융합 및 합동작전 지원 수행

(7) 국제 협력

미 국방정보국(DIA) 등 미국 군 정보기관과 정보 협조체제 유지

Ⅲ 국방지형정보단

1. 의의

① 2011년 7월 1일, 국방정보본부 산하 부대로 창설됨.

② 육군지형정보단을 기반으로 해·공군·해병대 전문 인력을 추가하여 운영됨.

③ 군사 지리공간정보의 수집·생산·지원·연구개발 및 전구(戰區) 작전지원 업무 담당.

2. 국방개혁 기본계획(2014~2030)

① 국군정보사령부 제3여단의 영상정보업무와 중첩되는 문제 해결을 위해 제3여단의 업무를 국군지형정보단으로 이관하여 국군지리공간정보사령부로 재편성하는 계획 수립됨.

② 2017년 6월 18일, 국방부는 북한 지휘부 및 유도탄 시설 타격과 킬 체인 구축을 위해 국군정보사령부 예하 영상정보단과 국방지형정보단을 통합하여 국군지리공간정보사령부를 창설할 계획 발표함.

3. 제935정보부대로 대체

① 문재인 정부에서 두 차례 보류된 후, 2018년 12월 4일, 국방지형정보단 해단 및 정보사령부 제3여단이 지리공간 업무를 담당하는 것으로 결정됨.

② 제935정보부대로 대체됨.

4. 지리공간정보(Geospatial Intelligence, GEOINT)

① 지형과 시설물 및 연계된 활동을 영상 및 공간정보 기반으로 시각적으로 통합하는 정보 분야임.

② 2000년대 이후 가장 주목받는 영역 중 하나임.

5. 임무

① GEOINT 구현 및 합동작전 지원을 위한 지형정보 제공.

② 국방 지형정보 관련 국내외 협력 및 연구개발 수행.

③ 군의 통합 지리공간정보센터 역할 수행.

6. 평가

(1) 첨단 입체디지털 지형정보 관리체계 구축

단순한 군사지도 제작 수준에서 첨단 입체디지털 지형정보 관리체계 구축으로 발전함.

(2) 육·해·공군 동시 지원을 통한 합동성 강화

육군 중심 지원에서 육·해·공 전군 동시 지원으로 전환됨.

Ⅳ 777사령부

1. 의의

신호정보(SIGINT) 수집·지원 및 연구를 담당하는 군 정보기관임.

2. 연혁

① 1956년 1월 10일, 한미정보공유협정 체결.

② 1956년 3월 27일, 서울 종로구 삼청동에 777부대 창설, 이후 용산구 이태원(1959년) → 경기도 성남시(1979년)로 본부 이전됨.

③ 2014년에 272억 원을 투자하여 슈퍼컴퓨터를 도입하면서 북한 미사일 탐지 능력이 향상됨.

3. 미국 국가안보국(NSA)과의 정보 공유

NSA는 한국 내 거점 SUSLAK(Special U.S. Liaison Advisor-Korea)을 운영하며 777사령부와 정보 공유 수행.

4. 임무

백두정찰기 및 지상 감청 기지 운영 → 신호정보 수집·분석 및 암호체계 해독 수행.

NSA와 협력하여 신호정보 수집 체계·분석법·암호체계 연구 수행.

5. 조직

본부 및 예하 부대의 세부 사항은 특수 군사 Ⅱ급 비밀로 분류됨.

Ⅴ 사이버작전사령부

1. 의의

국방 사이버공간에서 사이버작전 시행 및 지원을 담당하는 국방부 직할 군 정보기관임.

2. 연혁

① 2010년 1월, 국방정보본부 예하 사이버사령부 창설.

② 2011년 9월, 국방부 직할 국군사이버사령부로 독립.

③ 2019년 2월, 사이버작전사령부로 명칭 변경됨.

④ 합동참모본부 통제하 합동부대로 운영됨.

3. 임무

① 사이버작전 계획 및 시행.

② 사이버보안 활동 수행.

③ 사이버작전 체계 개발 및 구축.

④ 사이버 전문인력 육성 및 교육훈련.

⑤ 사이버작전 유관기관 간 정보 공유 및 협조체계 구축.

⑥ 사이버 위협 정보 수집 · 분석 및 활용.

⑦ 그 외 사이버작전 관련 사항.

4. 조직

① 사령관 1명(장성급 장교), 부사령관 1명(2급 군무원) 배치.

② **사령관**: 합동참모의장 명령을 받아 사령부 업무 총괄, 예하 부대 지휘 · 감독 수행.

③ **부사령관**: 사령관 보좌, 사령관 부재 시 직무 대행.

④ 필요한 참모부서 및 부대 설치.

⑤ 참모부서 설치 및 사무분장은 합참의장이 결정.

⑥ 부대 설치 · 임무 · 조직은 국방부장관이 결정.

⑦ 군인 및 군무원 정원은 국방부장관이 결정.

5. 정치적 중립 의무

① 사령부 소속 군인 및 군무원은 정당 · 정치단체 가입 및 정치활동 금지.

② 상관이나 동료로부터 정치적 중립 의무 위반 지시를 받을 경우 이의 제기 가능, 시정되지 않으면 직무 집행 거부 가능.

6. 사이버작전상 긴급조치

① 사령관은 필요 시 예하 부대가 아닌 다른 부대를 일시적으로 지휘 · 감독 가능.

② 긴급조치 시행 시, 국방부장관 · 합참의장 보고 및 해당 부대의 상급부대 지휘관에게 통보해야 함.

Ⅵ 국군방첩사령부

1. 의의

국군방첩사령부는 국방부 직할부대로서 대한민국 국군 내 군사보안, 방첩, 범죄수사를 담당하는 군 정보기관임.

2. 연혁

(1) 조선경비대 정보처 특별조사과

1948년 5월 조선경비대 정보처 내 '특별조사과' 설치로 시작됨.

(2) 육군본부 정보국 특무대

① 1948년 11월 '특별조사대'로 개칭됨.

② 1949년 10월 육군본부 정보국 특무대로 개편되어 간첩 및 부정부패자 색출 업무 수행함.

(3) 육군 특무부대

한국전쟁 발발 후 대공전담 부서 확대 필요성에 따라 1950년 10월 21일 육군본부 직할 육군 특무부대로 개편됨.

(4) 해군 방첩대와 공군 특별수사대 창설

1953년 해군 방첩대 창설, 1954년 공군 특별수사대 창설로 육 · 해 · 공군 각 군이 방첩부대 보유함.

(5) 육군 보안사령부와 해 · 공군 보안부대

1968년 1.21 사태 이후 육군 방첩부대가 육군 보안사령부로, 해 · 공군 방첩부대가 해 · 공군 보안부대로 개칭됨.

(6) 국군보안사령부

① 1977년 10월 주한미군 철수 문제 등 안보환경 변화에 대응하여 육 · 해 · 공 보안부대를 통합, 국군보안사령부 창설됨.

② 대공활동 및 군내 비리척결 임무 수행함.

(7) 기무사령부

① 1990년 윤석양 이병의 민간인 불법사찰 폭로 사건 이후 '기무사령부'로 개칭됨.

② 부대 규모 축소 및 군내 방첩 업무에 주력함.

(8) 안보지원사령부

① 2018년 8월 국군기무사령부 계엄령 준비 사건 및 세월호 사건 민간인 사찰 논란으로 인해 폐지 결정됨.

② 2018년 9월 1일 군 보안 · 방첩 전문기관으로 출범함.

③ 기존 부대령을 폐기하고 새로운 부대령을 제정하여 독립된 조직으로 운영됨.

④ 장성 수(9명 → 6명), 인력(4200여 명 → 2900여 명), 예하부대(50여 개 → 30여 개) 등 기무사 대비 규모 축소됨.

⑤ 방첩 · 보안 업무 강화를 위해 보안처 · 방첩처 확대, 정치 개입 논란 부서 폐지됨.

3. 권한

(1) 의의

① 국군방첩사령부는 창설 이후 군 내부에서 강한 영향력을 행사함.

② 군 관련 수사권을 포괄적으로 적용하여 1960~1980년대 군 외부에도 영향력 확대됨.

(2) 군사정권 시절

① 보안사령관은 대통령과 독대하여 직접 보고하는 권한 가짐.

② 1979년 10.26 사건 이후 전두환 보안사령관이 중앙정보부장 서리 겸임, 국내 정보 통제함.

③ 1980년대 야당 정치인 · 재야인사 · 학생운동 · 노동운동 등에 대한 민간인 사찰 수행함.

4. 조직

(1) 의의

① 국방부장관 소속이나 대적 군사정보 · 보안 업무는 국방정보본부 조정을 받음.

② 조직 · 인원 정보는 극비로 분류됨.

(2) 국군방첩사령부의 조직

① 「국군방첩사령부령」 제6조에 따라 사령관(장성급) 1명, 참모장(장성급) 1명, 감찰실장(2급 이상 군무원) 1명 배치됨.

② 감찰실장은 감사 · 검열 · 비위 조사 · 민원 처리 업무 수행함.

③ 소속 부대로 군사안보지원부대, 정보보호부대, 군사안보지원학교, 국방보안연구소 등 포함됨.

(3) 국군방첩사령부 요원

① 장교는 임관 후 4~6년차 장기복무자 중 선발되며 필기 · 면접시험을 거쳐 선발됨.

② 병사는 육군훈련소 전산 추첨 및 신원조사 후 행정병 · 특기병으로 선발됨.

5. 임무

(1) 의의

군사보안 지원, 군 방첩, 군 및 군 관련 첩보수집 처리, 특정범죄 수사 수행함.

(2) 군사보안

① 군 대상 보안지원 업무 수행하여 군사기밀 보호 및 보안사고 예방 대책 수립함.

② 「정보통신기반보호법」에 따라 군 주요 정보통신기반시설 보호, 침해사고 예방 · 복구 기술지원 수행함.

(3) 군 방첩

안보위해 사범 검거, 대간첩 · 대테러 작전, 심리전 지원 등을 통해 외부 위협 대응함.

(4) 군 및 군 관련 첩보수집 처리

군 전투력 저해요인 조기 파악 및 대응 지원함.

(5) 특정 범죄 수사

① 군인 · 군무원: 「형법」상 내란 · 외환죄, 「군형법」상 반란 · 이적죄, 군사기밀누설죄 및 암호부정사용죄, 「국가보안법」 · 「군사기밀보호법」 위반죄 수사 수행함.

② 민간인: 대적 군사기밀누설죄, 군사지역 내 간첩죄, 「군사기밀보호법」 위반죄 수사 수행함.

(6) 국군기무사령부와의 차이점

① 모든 군인 · 군무원은 정치적 중립 유지 의무를 가짐.

② 정치단체 가입 · 정치활동 관여 금지, 민간인 정보 수집 및 수사 금지됨.

③ 상급자의 정치활동 지시 거부 및 이의 제기 가능함.

Theme 108-1 군사상의 기밀과 군사기밀

I 군사상의 기밀(92도 230)

1. 의의

① 법령에 의해 기밀로 규정되거나 명시된 사항에 한정되지 않음.

② 군사적 필요에 따라 기밀로 지정된 사항뿐만 아니라, 객관적으로 외부에 알려지지 않는 것이 상당한 이익이 있는 사항도 포함함.

2. 기밀 여부를 판단할 때 고려해야 할 요소

① 자료의 작성 경위 및 과정

② 누설된 자료의 구체적 내용

③ 자료 공개 시 군사적 위해 가능성

④ 실무적 활용 현황

⑤ 자료 공개 수준

⑥ 국민의 알권리와의 관계

II 군사기밀

1. 「군사기밀보호법」

① 일반인에게 알려지지 않은 군 관련 문서, 도화, 전자기록 등 특수매체기록 또는 물건을 포함함.

② 내용이 누설될 경우 국가안보에 명백한 위험을 초래할 우려가 있는 정보임.

③ 군사기밀로 표시 · 고지되거나 보호 조치가 이루어진 것과 그 내용을 포함함.

2. 구분

(1) 의의

군사기밀은 그 내용이 누설되는 경우 국가안전보장에 미치는 영향의 정도에 따라 구분함.

(2) 등급

① Ⅰ급비밀

② Ⅱ급비밀

③ Ⅲ급비밀

Theme 108-2 군사법경찰관의 직무 범위

1. 군사법경찰관

① 군사경찰과 소속 장교, 준사관 및 부사관과 법령에 따라 범죄수사업무를 관장하는 부대 소속 군무원 중 국방부장관 또는 각 군 참모총장이 임명한 자

② 군사안보지원부대 소속 장교, 준사관 및 부사관과 군무원 중 국방부장관이 임명한 자

2. 군사법경찰관의 직무범위

(1) 군사경찰과 소속 군사법경찰관

군사경찰과 소속 군사법경찰관은 군사안보지원부대 소속 군사법경찰관이 담당하는 죄 외의 사건을 수사함.

(2) 군사안보지원부대 소속 군사법경찰관

① 「형법」 제2편제1장 및 제2장의 죄

② 「군형법」 제2편제1장 및 제2장의 죄

③ 「군형법」 제80조 및 제81조의 죄

④ 「국가보안법」, 「군사기밀보호법」, 「남북교류협력에 관한 법률」 및 「집회 및 시위에 관한 법률」(「국가보안법」에 규정된 죄를 범한 사람이 「집회 및 시위에 관한 법률」에 규정된 죄를 범한 경우)

Theme 108-3 「국군조직법」 중요 내용

Ⅰ 총칙

1. 목적

국군의 조직과 편성의 기본 사항을 규정함.

2. 국군의 조직

① 국군은 육군, 해군, 공군(각군)으로 조직하며, 해군에 해병대를 둠.

② 국방부에 합동참모본부를 두고, 각군의 작전부대를 작전지휘·감독하며 합동작전·연합작전을 수행함.

③ 군사상 필요할 경우, 국방부장관의 지휘·감독하에 합동부대 및 필요한 기관을 설치할 수 있음.

3. 각군의 주임무

① 육군: 지상작전을 주임무로 하며, 이를 위한 편성, 장비, 교육·훈련 수행.

② 해군: 상륙작전을 포함한 해상작전을 주임무로 하며, 해병대는 상륙작전을 주임무로 함.

③ 공군: 항공작전을 주임무로 하며, 이를 위한 편성, 장비, 교육·훈련 수행.

4. 군인의 신분

① 군인은 전시·평시를 불문하고 군에 복무하는 사람을 의미함.

② 군인의 인사, 병역 복무 및 신분에 관한 사항은 별도의 법률로 정함.

5. 군기

① 국군은 군기를 사용함.

② 군기의 종류, 규격 및 관련 사항은 대통령령으로 정함.

Ⅱ 군사권한

1. 대통령의 지위와 권한

대통령은 헌법 및 법률에 따라 국군을 통수함.

2. 국방부장관의 권한

국방부장관은 대통령의 명을 받아 군사 관련 사항을 관장하고, 합동참모의장 및 각군 참모총장을 지휘·감독함.

3. 합동참모의장의 권한

① 합동참모본부에 합동참모의장을 둠.

② 합동참모의장은 국방부장관을 보좌하며, 국방부장관의 명을 받아 각군 작전부대를 작전지휘·감독하고 합동부대를 지휘·감독함.

③ 주요 군사사항(독립전투여단급 이상의 부대 이동 등)은 국방부장관의 사전승인을 받아야 함.

④ 작전부대 및 합동부대의 범위와 작전지휘·감독권의 범위는 대통령령으로 정함.

4. 각군 참모총장의 권한

① 육군·해군·공군에 각각 참모총장을 둠.

② 각군 참모총장은 국방부장관의 명을 받아 해당 군을 지휘·감독함. 다만, 작전부대의 작전지휘·감독은 제외함.

③ 해병대사령관은 해군참모총장의 명을 받아 해병대를 지휘·감독함.

5. 소속 부서의 장의 권한

각군의 부대 및 기관의 장은 편제 또는 작전지휘 · 감독 계통상의 상급부대 또는 상급기관의 명을 받아 소속 부대 · 기관을 지휘 · 감독함.

Ⅲ 합동참모본부

1. 합동참모본부의 구성

① 합동참모의장 외에 소속 군이 다른 3명 이내의 합동참모차장과 필요한 참모 부서를 둠.
② 합동참모차장은 합동참모의장을 보좌하며, 합동참모의장이 직무를 수행할 수 없을 경우 서열 순으로 직무를 대행함.
③ 합동참모본부의 직제는 대통령령으로 정하되, 각군의 균형 발전과 합동작전 수행을 보장해야 함.

2. 합동참모회의

① 군령 관련 주요 군사사항을 심의하기 위해 합동참모본부에 합동참모회의를 둠.
② 합동참모회의는 합동참모의장과 각군 참모총장으로 구성되며, 해병대 관련 사항 심의 시 해병대사령관도 구성원으로 함.
③ 특정 작전부대 관련 사항 심의 시 해당 작전사령관을 배석시킬 수 있음.
④ 합동참모회의는 월 1회 이상 정례화하며, 운영 사항은 국방부장관이 정함.

Ⅳ 육군 · 해군 · 공군

1. 각군본부 및 해병대사령부의 설치

① 육군본부, 해군본부, 공군본부 및 해병대사령부를 둠.
② 각군본부에는 참모총장 외에 참모차장 1명과 필요한 참모 부서를 둠.
③ 해병대사령부에는 사령관 외에 부사령관 1명과 필요한 참모 부서를 둠.
④ 각군 참모차장은 참모총장을, 해병대부사령관은 해병대사령관을 보좌하며, 해당 직무 수행이 어려울 경우 직무를 대행함.
⑤ 각군본부 및 해병대사령부의 직제와 관련 사항은 대통령령으로 정함.

2. 각군 부대와 기관의 설치

① 각군 소속으로 필요한 부대와 기관을 설치할 수 있음.
② 설치에 필요한 사항은 법률 또는 대통령령으로 정함.
③ 대통령령으로 정하는 단위 이하의 부대 · 기관 설치에 관한 사항은 국방부장관이 정하며, 일부 권한을 각군 참모총장에게 위임할 수 있음.

④ 해병대 관련 사항은 해군참모총장이 해병대사령관에게 권한을 재위임할 수 있음.

Ⅴ 기타

1. 군무원

① 국군에 군인 외에 군무원을 둠.
② 군무원의 자격, 임면, 복무 및 신분 관련 사항은 별도의 법률로 정함.

2. 공표의 보류

군 기밀상 필요할 경우, 이 법에 따라 제정되는 명령의 공표를 하지 않을 수 있음.

Theme 108-4 「국방정보본부령」 중요 내용

Ⅰ 국방정보본부의 설치

국방부장관 소속으로 국방정보본부(이하 "정보본부")를 두며, 군사정보 및 군사보안, 군사정보전력 구축에 관한 사항을 관장함.

Ⅱ 업무 및 조직

1. 정보본부의 업무

① 국방정보정책 및 기획의 통합 · 조정
② 국제정세 판단 및 해외 군사정보의 수집 · 분석 · 생산 · 전파
③ 군사전략정보의 수집 · 분석 · 생산 · 전파
④ 군사외교 및 방위산업에 필요한 정보 지원
⑤ 재외공관 주재무관의 파견 및 운영
⑥ 주한 외국무관과의 협조 및 외국과의 정보교류
⑦ 특수 군사정보 예산의 편성 및 조정(합동참모본부, 각 군 본부 및 작전사령부급 이하 부대 대상)
⑧ 사이버 보안을 포함한 군사보안 및 방위산업 보안정책
⑨ 군사정보전력의 구축
⑩ 군사기술정보 관리
⑪ 군사 관련 지리공간정보 관리
⑫ 기타 군사정보 관련 업무

2. 본부장의 임명 및 직무

① 정보본부에 본부장 1명을 두며, 장성급 장교로 임명함.
② 본부장은 국방부장관의 명을 받아 정보본부 업무를 총괄하고, 예속 · 배속된 부대를 지휘 · 감독함.

③ 본부장은 군사정보 및 전략정보 업무와 관련하여 합동참모의장을 보좌하고, 합동참모본부의 군령 업무 수행을 위한 정보 업무를 지원함.

④ 본부장이 직무 수행이 불가능한 경우, 정보본부 참모 부서의 장 중 선임자가 직무를 대행함.

3. 부서와 부대의 설치

(1) 의의

정보본부에 필요한 참모부서를 두며, 조직 및 사무분장은 국방부장관이 정함.

(2) 정보본부 예하 부대

① 정보사령부: 영상·지리공간·인간·기술·계측·기호 등의 정보("영상정보 등") 수집·지원 및 연구, 적 영상정보 등의 수집 방어 대책(대정보 업무) 수행

② 777사령부: 각종 신호정보의 수집·지원 및 연구 수행

(3) 정원

정보본부에 군인과 군무원을 두며, 그 정원은 국방부장관이 정함.

Theme 108-5 「사이버작전사령부령」 중요 내용

Ⅰ 총칙

1. 설치

국방 사이버공간에서 사이버작전 시행 및 지원 업무를 관장하기 위해 국방부장관 소속으로 사이버작전사령부 (이하 "사령부")를 둠.

2. 임무

① 사이버작전의 계획 및 시행

② 사이버작전 관련 사이버보안 활동

③ 사이버작전에 필요한 체계 개발 및 구축

④ 사이버작전 전문인력 육성 및 교육훈련

⑤ 사이버작전 유관기관 간 정보 공유 및 협조체계 구축

⑥ 사이버작전 관련 위협 정보 수집·분석 및 활용

⑦ 그 밖에 사이버작전과 관련된 사항

Ⅱ 조직 및 인사

1. 사령관 및 부사령관

① 사령부에 사령관 1명과 부사령관 1명을 둠.

② 사령관은 장성급 장교로, 부사령관은 2급 군무원으로 보함.

2. 사령관의 직무

① 사령관은 합동참모의장의 명을 받아 사령부 업무를 총괄하고, 예하 부대를 지휘·감독함.

② 부사령관은 사령관을 보좌하며, 사령관이 직무를 수행할 수 없는 경우 직무를 대행함.

3. 부서와 부대의 설치

① 사령부에 필요한 참모부서와 부대를 둠.

② 참모부서의 설치와 사무분장은 합동참모의장이 정함.

③ 부대의 설치·임무 및 조직은 국방부장관이 정함.

4. 정원

사령부에 군인과 군무원을 두며, 그 정원은 국방부장관이 정함.

Ⅲ 운영 및 의무

1. 정치적 중립 의무

① 사령부 소속 군인 및 군무원은 정당 또는 정치단체 가입 및 정치활동 관여 금지.

② 상관이나 동료로부터 정치활동 관여 지시를 받은 경우 사령관이 정한 절차에 따라 이의 제기 가능하며, 시정되지 않을 경우 직무 집행 거부 가능.

2. 사이버작전상 긴급조치

① 사령관은 긴급한 조치가 필요한 경우 예하 부대 외 다른 부대를 일시적으로 지휘·감독 가능.

② 긴급조치 시행 시 국방부장관 및 합동참모의장에게 지체 없이 보고하고, 해당 부대의 상급부대 지휘관에게 통보해야 함.

Theme 108-6 「국군방첩사령부령」 중요 내용

Ⅰ 총칙

1. 목적

국군방첩사령부(이하 "사령부")의 설치, 조직·운영 및 직무 범위 규정.

2. 설치

사령부는 국방부장관 소속으로 설치됨.

3. 기본원칙

(1) 의의

사령부 소속 군인 및 군무원(이하 "군인등")은 국민 전체에 대한 봉사자로서 법령 준수 및 정치적 중립 유지.

(2) 금지되는 행위

① 정당 · 정치단체 가입 및 정치활동 관여
② 직무 범위 외 민간인 정보 수집 · 수사 및 기관 출입
③ 직무 수행을 이유로 한 권한 오용 · 남용
④ 권한의 부당한 확대 해석 및 국민 기본권 침해

Ⅱ 직무

1. 군 보안 업무

① 군사보안 관련 인원 신원조사(「보안업무규정」 제45조 제1항)
② 군사보안 대상의 보안측정 및 보안사고 조사
③ 군 보안대책 수립 · 개선 지원
④ 군인 · 군무원, 시설, 문서, 정보통신 등에 대한 보안 업무 수행

2. 군 방첩 업무

① 군 관련 방첩업무 수행
② 외국 · 북한의 정보활동 대응 및 군사기밀 유출 방지
③ 군 방첩대책 수립 · 개선 지원

3. 군 관련 정보 수집 · 처리 업무

① 군사 · 방위산업 정보
② 대국가전복 · 대테러 · 대간첩 작전 정보
③ 국방부 · 방위사업청 · 병무청 등 국방 관련 기관 정보
④ 군인, 군무원 및 방위산업 종사자에 대한 불법 · 비리 정보
⑤ 공공기관 요청에 따른 군 관련 정보 제공

4. 「군사법원법」에 따른 범죄 수사

「군사법원법」 제44조제2호에 따른 범죄 수사 수행.

5. 지원 업무

① 사이버 방호태세 및 정보전 지원
② 국방 분야 주요정보통신 기반시설 보호 지원
③ 방위사업청에 대한 군사보안 업무 지원
④ 군사보안 연구 · 지원
⑤ 대테러 · 대간첩 작전 지원

Ⅲ 직무 수행 및 자료 요청

1. 직무 수행 시 이의제기

① 군인등은 부당한 지시를 받은 경우 국방부장관이 정한 절차에 따라 이의제기 가능.
② 지시가 시정되지 않을 경우 직무 집행 거부 가능.

2. 자료 제출 요청

사령관은 직무 수행을 위해 국방 관련 기관 및 단체에 자료 제출 요청 가능.

Ⅳ 조직 및 인사

1. 조직 구성

① 사령부에는 사령관, 참모장, 감찰실장 배치.
② 참모부서 설치

2. 사령관 소속의 부대 및 기관

① 국방부 본부 및 국방부 직할부대 · 기관의 국군방첩부대
② 합동참모본부 및 각 군 본부의 국군방첩부대
③ 국방부장관이 정하는 부대의 국군방첩부대(다만, 지방행정조직 단위로 별도의 국군방첩부대를 둘 수 없음)
④ 정보보호부대
⑤ 국군방첩학교
⑥ 방위사업청 소속 국군방첩부대
⑦ 국방보안연구소

3. 임명 기준

① 사령관 및 참모장은 장성급 장교로 보임.
② 감찰실장은 2급 이상 군무원, 검사 또는 고위감사공무원으로 보임.
③ 국방부장관은 필요 시 법무부장관 · 감사원장에게 공무원 파견 요청 가능.

4. 임무

① 사령관: 국방부장관 명을 받아 사령부 업무 총괄 및 부대 · 기관 지휘 · 감독.
② 참모장: 사령관 보좌 및 참모 업무 조정 · 통제.
③ 감찰실장: 감사 · 검열, 비위사항 조사 · 처리, 민원 및 진정사건 처리 담당.
④ 소속 부대장 · 기관장: 사령관 명을 받아 소관 업무 수행 및 부대원 · 기관원 지휘 · 감독.

5. 정원

사령부 군인 · 군무원 정원은 국방부장관이 정함.

Ⅴ 기타 규정

1. 무기 휴대 및 사용

① 사령관은 필요 시 소속 부대원 및 기관원에게 무기 휴대 허용.

② 무기 사용은 「군사경찰의 직무수행에 관한 법률」을 따름.

2. 위장 명칭 사용 금지

사령부 소속 부대 및 기관은 위장 명칭 사용 불가.

Theme 108-7 「군사기밀보호법」 중요 내용

Ⅰ 총칙

1. 목적

군사기밀 보호를 통해 국가안전보장에 이바지함.

2. 정의

① 군사기밀: 일반인에게 알려지지 않은 군 관련 문서, 도화, 전자기록 등으로, 누설 시 국가안전보장에 위험을 초래할 우려가 있는 것.

② 군사기밀의 공개: 적법한 절차를 거쳐 비밀 취급이 인가되지 않은 일반인에게 공표하는 행위.

③ 군사기밀의 제공·설명: 적법한 절차를 통해 군사기밀을 요청자에게 제공하거나 설명하는 행위.

Ⅱ 군사기밀의 지정 및 보호

1. 군사기밀의 구분

① 등급 구분: 군사기밀은 국가안전보장에 미치는 영향에 따라 Ⅰ급비밀, Ⅱ급비밀, Ⅲ급비밀로 구분함.

② 세부 기준: 대통령령으로 정함.

2. 지정 원칙 및 지정권자

① 지정 원칙: 군사기밀은 보호할 수 있는 최저등급으로 지정해야 함.

② 지정권자: 대통령령으로 정함.

3. 보호조치

① 군사기밀의 표시 및 고지: 군사기밀임을 명확히 표시하거나 고지해야 하며, 불가능한 경우 보호조치를 실시해야 함.

② 군사보호구역 설정: 군사기밀을 관리하는 기관장은 군사보호구역을 설정 가능함.

관리 및 취급 기준: 대통령령으로 정함.

4. 군사기밀의 해제

군사기밀 보호 필요성이 사라지면 지체 없이 해제해야 함.

Ⅲ 군사기밀의 공개 및 제공

1. 군사기밀의 공개

(1) 공개 권한

국방부장관 또는 방위사업청장이 대통령령에 따라 공개 가능함.

(2) 공개 사유

① 국민에게 알릴 필요가 있는 경우

② 공개 시 국가안전보장에 이익이 있는 경우

2. 군사기밀의 제공 및 설명

(1) 제공·설명 권한

국방부장관 또는 방위사업청장이 대통령령에 따라 제공 또는 설명 가능함.

(2) 제공·설명 사유

① 법률에 따른 요청이 있을 경우

② 군사외교상 필요할 경우

③ 국제조약에 따라 외국이나 국제기구가 요청한 경우

④ 연구기관이 기술개발·학문연구 등을 목적으로 요청한 경우

3. 요청 주체

모든 국민이 문서로 공개 요청 가능함.

Ⅳ 군사기밀 보호 관련 법적 책임

1. 보호조치 미이행

① 군사기밀 표시·고지 미이행: 2년 이하 징역.

② 군사기밀 손괴·은닉: 1년 이상의 유기징역.

2. 군사기밀 탐지·수집

① 불법 탐지·수집: 10년 이하 징역.

② 비인가자의 군사기밀 점유: 2년 이하 징역 또는 2천만 원 이하 벌금.

3. 군사기밀 누설

① 불법 탐지·수집 후 누설: 1년 이상의 유기징역.

② 우연히 습득 후 누설: 5년 이하 징역 또는 5천만 원 이하 벌금.

③ 업무상 취급자가 누설: 3년 이상의 유기징역.

④ 업무상 취급자가 아닌 자의 누설: 7년 이하 징역.

4. 가중처벌

① 금품·이익을 수수한 경우: 해당 형의 2분의 1 가중.

② 과실로 인한 누설: 2년 이하 징역 또는 2천만 원 이하 벌금.

③ 외국·외국인을 위한 범죄: 해당 형의 2분의 1 가중.

5. 신고·제출·삭제의무

① 군사기밀 분실·도난 미신고: 3년 이하 징역 또는 3천만 원 이하 벌금.

② 군사기밀 제출 요구 미이행: 2년 이하 징역 또는 2천만 원 이하 벌금.

③ 군사기밀 삭제 요구 미이행: 2년 이하 징역 또는 2천만 원 이하 벌금.

6. 군사보호구역 관련 처벌

① 군사보호구역 침입: 2년 이하 징역 또는 2천만 원 이하 벌금.

② 침입 후 군사기밀 절취·손괴: 1년 이상의 유기징역.

7. 기타 처벌 및 감면

① 자수 감면: 자수 시 형 감경 또는 면제 가능.

② 자격정지 병과: 징역형 선고 시 자격정지 가능.

V 특별 규정

1. 몰수 및 추징

① 범죄 관련 재산 몰수: 몰수 불가능 시 가액 추징.

② 압수된 군사기밀 처리: 삭제·폐기 또는 국고 귀속 가능.

2. 국제연합군 및 외국군 기밀 적용

국제연합군·외국군과 연합작전 수행 중인 군사기밀에도 적용함.

3. 검사의 수사 지휘 등

① 군사법경찰관리는 「군형법」 적용을 받지 않는 피의자의 범죄를 수사할 때 검사의 지휘를 사전에 받아야 하며, 검사의 직무상 명령에 복종

② 다만, 현행범이거나 긴급한 경우로 사전 지휘를 받을 수 없는 경우에는 사후 지체 없이 지휘를 받아야 함

③ 지방검찰청 검사장 또는 지청장은 피의자의 불법구속 여부를 조사할 필요가 있을 경우, 소속 검사에게 관할구역 내 군 수사기관의 피의자 구속장소 감찰을 지시할 수 있음

④ 감찰하는 검사는 피의자를 신문하고 구속 관련 서류 조사 가능

⑤ 검사는 피의자가 불법으로 구속되었을 가능성이 상당하다고 판단할 경우, 즉시 해당 사건을 검찰에 송치할 것을 명하여야 함

Theme 109 경찰청과 통일부의 정보기구

I 경찰청 정보국 및 보안국

1. 정보경찰의 조직체계

① 경찰청에 전국 정보경찰을 총괄하는 정보국이 있으며, 지방경찰청 및 일선 경찰서에 정보과와 정보계가 운영됨.

② 2010년 9월 기준, 정보경찰 인력은 본청과 지방을 포함하여 총 3,577명으로 구성됨.

2. 경찰청 내 정보 및 보안 담당 부서

(1) 의의

정보 및 보안을 담당하는 부서로 정보국, 보안국이 있으며, 외사방첩을 담당하는 외사국이 있음.

(2) 정보국과 보안국

정보국은 정보 1~4과로 편성되며, 보안국은 보안 1~3과로 구성됨.

(3) 외사국

외사국은 외사기획과, 외사정보과, 외사수사과로 구성됨.

3. 지방경찰청과 각급 경찰서

① 지방경찰청에는 정보관리과와 보안부가 있으며, 보안부는 보안 1~2과와 외사과로 구성됨.

② 각급 경찰서에는 정보과, 보안과 또는 정보보안과가 설치됨.

4. 임무

(1) 정보국

① 치안정보 업무 수행.

② 정치·경제·노동·사회·학원·종교·문화 등 각 분야 치안정보의 수집·작성·배포.

③ 정책정보의 수집·분석·작성·배포.

④ 집회·시위 등 집단사태 관리.

⑤ 신원조사 및 기록관리 수행.

(2) 보안국

① 보안경찰 업무 기획 및 교육.

② 북한이탈주민 관리 및 경호안전대책 수립.

③ 간첩 및 보안사범 수사 지도·조정.

④ 보안 관련 정보 수집 및 분석.

⑤ 남북교류 관련 보안경찰 업무 수행.

⑥ 중요 방첩수사 및 좌익사범 수사 수행.

(3) 외사국

① 외국 경찰기관과의 교류·협력.

② 외사정보 수집·분석·관리.

③ 외국인 관련 간첩 검거 및 범죄 수사지도.

④ 외사보안 업무 지도·조정.

⑤ 국제공항 및 국제해항 보안활동 계획·지도.

Ⅱ 통일부 정세분석국

1. 의의

① 통일 및 남북대화·교류·협력 정책을 수립하고 통일교육을 담당하는 정부 부처임.

② 북한 및 통일 관련 정책 총괄을 위해 북한의 정치·군사·경제·사회문화 등 다양한 정보 분석이 필요하며, 이를 담당하는 부서를 설치·운영해 옴.

2. 조직 개편

① 2008년 이명박 정부 출범 당시 통일부 존폐 논란이 있었으며, 2008년 2월 정보분석국이 폐지됨.

② 2009년 5월 12일, 기존 1실(기획조정실)-3국(통일정책국, 남북교류협력국, 인도협력국) 체제에서 2실(기획조정실, 통일정책실)-2국(남북교류협력국, 정세분석국) 체제로 개편됨.

③ 신설된 정세분석국은 기존 정보분석국의 기능을 계승한 조직임.

3. 임무

(1) 의의

① 정세분석국은 정세분석총괄과, 정치군사분석과, 경제사회분석과, 정보관리과로 구성됨.

② 부수적으로 북한자료센터 운영, 북한정세분석 관련 국내외 기관 협조, 북한 주요인물 DB 관리 등의 업무 수행.

(2) 주요 임무

① 국내외 방송·통신 청취를 통한 북한 정세 및 동향 파악.

② 통일 관련 자료 조사·수집·분류·정리 및 보존.

③ 북한 정치·외교·군사·경제·사회문화 및 주변 정세 분석.

④ 북한 정세 및 동향 종합평가 및 전망.

⑤ 통일정책 분석 및 평가.

Theme 109-1 국가수사본부

Ⅰ 의의

① 국가수사본부(National Office of Investigation, NOI)는 경찰 개혁의 일환으로 설립된 대한민국 경찰청의 하부조직임.

② 일반경찰과 수사경찰을 분리하여 수사의 독립성과 전문성을 강화하는 것을 목표로 함.

③ 「경찰청과 그 소속기관 직제」 제16조 제1항에 따라 경찰수사 관련 정책의 수립·총괄·조정, 경찰수사 및 수사 지휘·감독 기능을 수행함.

Ⅱ 연혁

1. 검경 수사권 조정 논의

① 경찰은 검찰의 지휘를 받아야 하며 자체적으로 수사를 종결하거나 영장을 청구할 권한이 없음.

② 검찰을 통제할 장치가 부족하다는 문제가 지속적으로 제기됨.

2. 문재인 정부의 검찰 개혁

① 검찰의 수사권과 기소권을 분리하여 일반적 수사권을 경찰에 이관하는 개혁 추진.

② 권력형 비리 수사를 담당하는 고위공직자범죄수사처(공수처) 신설.

③ 검찰은 기소 및 공소 유지에 집중하고 보충적 수사권만 보유하도록 함.

3. 경찰 수사권 조정과 자치경찰제 도입

① 1차 수사권을 경찰에 부여하고 검찰은 보충적 2차 수사권만 행사하도록 조정.

② 경찰 권력의 집중을 방지하기 위해 중앙집권적 구조를 자치경찰제로 개편.

③ 경찰의 인권 의식 부족과 수사권 남용 우려가 제기됨.

4. 국가수사본부 설치 결정(2020년 7월)

① 당정청 협의를 통해 국가수사본부를 신설하여 수사경찰 업무를 전담하도록 결정.

② 국가·자치경찰 조직을 일원화하는 과정에서 경찰청장의 일반적 수사 지휘권이 유지되며 권력 분산 취지가 약화되었다는 비판이 제기됨.

③ 경찰 조직의 혼합적 구조로 인해 현장의 혼란 가능성이 커짐.

5. 국정원의 대공 수사권 이관 및 경찰 수사 기능 통합

① 안보수사국 신설을 통해 국정원의 대공 수사권을 경찰이 담당하도록 조정.
② 경찰 내 여러 부서에 분산된 수사 기능을 통합하여 국가수사본부가 경찰 수사의 컨트롤타워 역할 수행.
③ 경찰의 권한이 강화되었으나 견제 장치가 미흡하다는 비판 제기.

6. 국가수사본부 출범(2021년 1월)

「국가경찰과 자치경찰의 조직 및 운영에 관한 법률」이 국회를 통과하며 국가수사본부 정식 출범.

Ⅲ 본부장

1. 계급 및 임기

① 본부장은 치안정감 계급으로 보하며, 임기는 2년이며 중임 불가.
② 임기 종료 후에는 당연퇴직.
③ 본부장 공석 시 경찰청장이 경찰청 차장 또는 국수본 산하 국장 중에서 직무대리 지정 가능.

2. 외부 인사 충원 요건

① 10년 이상 수사 업무 종사한 고위공무원단 소속 공무원.
② 3급 이상 공무원 또는 총경 이상 경찰공무원 경력자.
③ 판사 · 검사 · 변호사로 10년 이상 근무한 자.
④ 변호사 자격을 보유하고 공공기관에서 법률 업무를 10년 이상 수행한 자.
⑤ 대학 및 공인 연구기관에서 법률학 · 경찰학 분야 조교수 이상으로 10년 이상 근무한 자.
⑥ 이상의 경력 합산이 15년 이상인 자.

Theme 109-2 국가수사본부 관련 법령 중요 내용

Ⅰ 「경찰청과 그 소속기관 직제」

1. 국가수사본부

① 경찰수사 관련 정책 수립 · 총괄 · 조정 및 수사 지휘 · 감독 기능 수행
② 국가수사본부 내 수사국, 형사국 및 안보수사국 설치
③ 국가수사본부장 밑에 수사기획조정관 1명 배치

2. 수사국

(1) 의의

① 국장 1명 및 국장 밑에 정책관 등 1명 배치
② 국장은 치안감 또는 경무관, 정책관 등 1명은 경무관으로 보함

(2) 주요 업무

① 부패범죄, 공공범죄, 경제범죄 및 금융범죄 수사 지휘 · 감독
② 관련 범죄 수사 기획, 정책 · 수사지침 수립 · 연구 · 분석 및 수사기법 개발
③ 관련 범죄 통계 및 수사자료 분석
④ 중요 범죄 정보 수집 및 수사
⑤ 사이버범죄 정보 수집 · 분석, 신고 · 상담, 예방 및 수사
⑥ 사이버수사 기법 연구 및 국제공조
⑦ 디지털포렌식 관련 업무

3. 형사국

(1) 의의

① 국장 1명 및 국장 밑에 정책관 등 1명 배치
② 국장은 치안감 또는 경무관, 정책관 등 1명은 경무관으로 보함

(2) 주요 업무

① 강력범죄, 폭력범죄 및 교통사고 · 교통범죄 수사 지휘 · 감독
② 마약류 범죄 및 조직범죄 수사 지휘 · 감독
③ 성폭력범죄, 아동 · 청소년 대상 성매매, 가정폭력, 아동학대, 학교폭력 및 실종사건 수사 지휘 · 감독 및 단속
④ 관련 범죄 및 외국인 관련 범죄 수사 기획, 정책 · 수사지침 수립 · 연구 · 분석 및 수사기법 개발
⑤ 관련 범죄 통계 및 수사자료 분석
⑥ 과학수사 기획 및 지도, 범죄감식 및 증거분석
⑦ 범죄기록 및 주민등록지문 수집 · 관리

4. 안보수사국

(1) 의의

① 국장 1명 및 국장 밑에 정책관 등 1명 배치
② 국장은 치안감 또는 경무관, 정책관 등 1명은 경무관으로 보함

(2) 주요 업무

① 안보수사경찰업무 기획 및 교육
② 보안관찰 및 경호안전대책 업무 수행
③ 북한이탈주민 신변보호

④ 국가안보 및 국익에 반하는 범죄 수사 지휘 · 감독

⑤ 안보범죄정보 및 보안정보 수집 · 분석 · 관리

⑥ 국내외 유관기관과 안보범죄정보 협력

⑦ 남북교류 관련 안보수사경찰업무 수행

⑧ 국가안보 및 국익에 반하는 중요 범죄 수사

⑨ 외사보안업무 지도 · 조정

⑩ 공항 및 항만 안보활동 계획 및 지도

Ⅱ 「국가경찰과 자치경찰의 조직 및 운영에 관한 법률」

1. 경찰청장

① 경찰청장 임명: 국가경찰위원회 동의 후 행정안전부장관 제청, 국무총리를 거쳐 대통령이 임명(국회 인사청문 거침)

② 경찰청장은 국가경찰사무 총괄 및 경찰청 업무 관장

③ 경찰청장의 임기는 2년, 중임 불가

④ 경찰청장은 경찰 수사 사무에 대해 개별 사건의 구체적 지휘 · 감독 불가. 다만, 국민의 생명 · 신체 · 재산 또는 공공안전에 중대한 위험을 초래하는 긴급 · 중요 사건에 대해서는 국가수사본부장을 통해 지휘 · 감독 가능

⑤ 경찰청장이 개별 사건의 구체적 지휘 · 감독을 개시한 경우 국가경찰위원회에 보고해야 하며, 사유가 해소되면 즉시 중단해야 함

2. 국가수사본부장

① 경찰청에 국가수사본부를 두며, 국가수사본부장은 치안정감으로 보함

② 경찰청 소속 공무원 및 각급 경찰기관의 수사부서 공무원 지휘 · 감독 수행

③ 국가수사본부장의 임기는 2년, 중임 불가, 임기 만료 시 자동 퇴직

3. 하부조직

① 경찰청의 하부조직: 본부 · 국 · 부 또는 과로 구성

② 정책 기획 · 입안 · 연구 · 조사를 보좌하는 담당관 배치 가능

③ 하부조직 명칭 · 분장 사무 · 공무원 정원은 대통령령 또는 행정안전부령으로 정함

Ⅰ 국가정보원

① 1961년 중앙정보부로 창설되어 국가안전기획부를 거쳐 국가정보원으로 발전함.

② 군 정보사, 국군방첩사령부, 경찰청 정보국 등과 협조하여 자유민주주의체제 유지에 기여함.

Ⅱ 국가정보의 과제

1. 국가정보의 중립성 확보

(1) 의의

① 정보기관이 선진정보기관으로 도약하기 위한 최우선 과제임.

② 과거 권력남용과 인권침해로 인해 부정적 이미지 형성됨.

(2) 역대 정부의 노력

① 김영삼 정부: 「국가안전기획부법」 개정, 보안감사권 폐기, 정보 공개화 추진.

② 김대중 정부: 국가정보원으로 명칭 변경, 정치적 중립 유지 및 권력남용 방지 노력.

③ 노무현, 이명박 정부: 정보기관 개혁 의지 천명.

(3) 외국 사례

① 미국 FBI, 후버 국장 재임 시 부당한 선거 개입, 불법 도청 등 월권행위 발생.

② 미국은 「휴즈-라이언법」 도입 등 제도적 장치 마련, 의회의 통제 강화.

2. 대북정보수집과 대간첩활동 역량 강화

(1) 의의

① 남북대치 지속으로 대북정보수집과 대간첩활동이 핵심 임무임.

② 북한은 국지적 · 기습적 도발 가능성이 높음.

③ 사이버 테러, 무장공비 파견, 납치, 테러 등 다양한 도발 예상됨.

(2) 대북 정보수집 역량 강화

① 북한 급변사태 대비하여 내부 동향 정밀 분석 필요.

② 도발 징후 및 체제 변화 조짐을 사전 포착하여 철저히 대비해야 함.

(3) 대북심리전 활동 전개

북한 주민 대상 체제 모순 알리고 자유민주주의 사상 전파 필요.

(4) 안보수사 역량 강화

① 지하조직 활동 증가로 반국가적 범죄 색출 · 차단 어려움.

② 정보기관의 안보수사 역량 대폭 향상 필요.

3. 새로운 안보위협 대응 노력

(1) 의의

세계화, 정보화로 안보환경이 변화하고 있어 적극적 대응 필요.

(2) 세계화의 진전

① 대량살상무기, 사이버범죄, 테러, 마약밀매 등 초국가적 안보위협 증가.

② 첩보수집 목표 설정 및 실상 파악 필요.

(3) 정보화의 진전

① 첨단정보통신 장비 활용한 정보수집 및 방첩활동 확대.

② 첨단 과학 장비 연구개발 위한 지속적 투자 필요.

③ 사이버 테러 및 해킹 피해 방지를 위한 대응 강화 필요.

4. 대국민 정보서비스 확대

① 국민의 알 권리 요구 증가로 정보 공개성과 책임성 강화 필요.

② 보안 유지하되 공개 가능한 정보는 국민에게 제공해야 함.

③ 통제와 감독 속에서도 효과적 정보활동 수행 방안 모색 필요.

5. 정보활동을 위한 법과 제도 마련

(1) 의의

① 급변하는 안보환경에 대응하기 위해 법 · 제도 정비 필요.

② 테러리즘, 해킹, 사이버범죄 대응 위한 법체계 개편 필요.

③ 기존 법 개정 시도는 정치적 이해관계로 인해 무산됨.

(2) 비밀공작(covert action)의 법적 근거 마련

① 정보기관의 비밀공작이 법적 근거 없이 수행됨.

② 미국은 「국가안보법」 제503조에서 비밀공작을 규정하고 있음.

(3) 「형법」상 간첩죄 구성요건 개정 필요성

① 현행법상 '적국을 위하여' 간첩행위를 한 경우에만 처벌 가능.

② 학계에서 문제 제기했으나 법률 개정 미진함.

Theme 111 북한 정보기구의 기원과 변화

I 북한 정보기구의 기원

1. 보안국 창설과 변화

(1) 의의

북한 정보기구의 기원은 해방 직후 소련군이 창설한 보안국에서 비롯됨.

(2) 북조선 5도 행정국 창설

1945년 10월 28일 소련군이 '북조선 5도 행정국'을 창설하였으며, 보안국을 포함한 10개 부서로 구성됨.

(3) 보안국의 업무

① 정보업무, 국방경비, 대남공작 등을 수행함.

② 정보처와 정보공작대에서 군 관련 정찰 및 정보업무 담당함.

(4) 기능 변화

① 1946년 2월 8일 '북조선 임시인민위원회' 출범과 함께 보안국 기능 변화 발생함.

② 치안 및 국경경비 담당, 대남공작 · 정보업무는 정치보위부에서 수행함.

③ 1946년 5월 11일 보안국 내에 무장조직인 보안독립여단 신설됨.

2. 내무국과 민족보위국

(1) 내무국 신설

1947년 2월 27일 '북조선인민위원회' 출범과 함께 보안국이 내무국으로 개칭됨.

(2) 민족보위국 신설과 내무국 기능의 축소

1948년 2월 7일 민족보위국이 신설되면서 내무국은 경찰 및 비밀경찰 업무를, 민족보위국은 국방 및 군 관련 정보업무를 담당함.

3. 내무성과 민족보위성

(1) 의의

① 1948년 9월 북한 정권 수립과 함께 국가정보기구 창설됨.

② 내무국은 내각의 내무성으로 흡수되었으며, 민족보위국은 민족보위성으로 재편됨.

(2) 내무성 정치보위국과 민족보위성 정찰국

① 북한 정보활동은 노동당 조직부 지도하에 내무성 정치보위국과 민족보위성 정찰국이 담당함.

② 내무성 정치보위국은 38보위부, 대외정보부 등 다양한 부서를 운영함.

③ 민족보위성 정찰국은 대남 첩보기구를 두고 공작원 양성을 위한 밀봉아지트 운영함.

Ⅱ 한국전쟁과 정보기구의 변화

1. 사회안전성

(1) 출범
① 한국전쟁 중인 1951년 3월 내무성 정치보위국과 기타 조직을 통합하여 사회안전성이 출범함.
② 반체제 세력 통제 및 전시 치안업무 강화를 위해 신설됨.

(2) 업무 및 조직
반국가행위 감시, 지방 치안유지, 신원조사, 국가기관 경비, 교화소 운영 등 다양한 임무를 수행함.

(3) 내무성으로의 흡수 통합
① 1952년 10월 9일 사회안전성이 내무성으로 흡수·통합됨.
② 업무 복잡화 및 내무성과의 대립으로 인한 치안업무 혼란이 주요 원인임.
③ 방학세 사회안전상이 내무상으로 내정되면서 조직을 내무성에 흡수하려는 목적도 포함됨.

2. 대남 정보기구의 개편

(1) 의의
한국전쟁을 거치며 노동당 조직부 내 연락부를 독립된 부서로 분리하는 개편이 이루어짐.

(2) 조직
① 연락부 산하에 기요과, 연락과, 정보과, 유격지도과, 선전교양과, 조직지도과 등을 두었음.
② '526군부대'와 공작원 양성을 위한 '금강정치학원'을 운영함.
③ 대남 정보활동의 전략 변화에 따라 게릴라 부대와 지하당 공작을 결합시키는 방식으로 전술 변화가 이루어짐.

Ⅲ 한국전쟁 이후 정보기구의 변화

1. 내무성의 편제 확장

(1) 의의
① 1956년 북한은 내무성의 조직을 대폭 확장하여 방학세 내무상 아래 5명의 부상을 두고, 9개 국과 7개 처를 설치함.
② 9개 국: 사회안전국, 감찰국, 보안국, 정치국, 총무국, 후방국, 교화국, 경비국, 경위국(호위업무)
③ 7개 처: 간부처, 경비처, 반정찰처, 통신처, 반항공처, 경제안전처 등

(2) 사회안전국
① 기존 내무성 정치보위국 업무 중 대남·대외정보를 제외한 업무 수행
② 주민 감시, 인민군 정치사찰, 정부기관 주요인사 감시, 반체제 인사 감시·예심, 정당·사회단체·언론·출판·종교계 사찰, 대외정보 수집, 한국정부 참여 인사에 대한 감시 및 수사, 방첩 활동, 시·도 내무부 지도 담당

(3) 반정찰처
대남·대외공작을 전담하며, 산하에 대남부, 일본부, 극동부, 경리부, 통신부, 공작부, 구라파부 등을 둠

2. 사회안전성 신설
① 1962년 10월 23일 사회안전성을 신설하여 내무성의 치안업무를 이관함
② 내무성은 국토 및 자원 관련 관리 업무로 축소되어 1964년 12월 4일 국토관리성으로 개칭됨
③ 1968년 조선인민군 내에 정치안전국을 신설하여 군 내부 정보활동 전담

3. 대남 정보기구의 변화

(1) 의의
1960년대 북한 대남 정보기구는 세 차례의 변화를 거침

(2) 대남 정보활동 강화
① 4·19 혁명을 계기로 대남 정보활동을 강화하고, 1961년 제4차 당대회에서 지하당 조직 확대, 반미 통일전선 형성, 남북 통일전선 결합을 통한 공산화 통일 방침 결정
② 대남 전술 변화에 따라 내무성과 민족보위성의 정보기구를 노동당 연락국으로 통합

(3) 3대 혁명역량 강화
① 1964년 2월 27일 당중앙위원회 제4기 8차 전원회의에서 '3대 혁명역량 강화' 제시와 함께 정보기구 개편
② 3대 혁명역량 강화: 북한 사회주의 혁명역량, 남한 혁명역량, 국제 혁명역량과의 단결 강화
③ 김일성이 1965년 4월 14일 인도네시아 알리아르함 사회과학원 연설에서 대외적으로 발표
④ 3대 혁명역량 강화를 위해 노동당 연락국을 대남사업 총국으로 개칭하고 조직 규모 확대, 정보요원 증원

(4) 군사도발 공작 중심 정보활동 재편
① 1964년 9월 한국군의 월남 파병 이후 정보활동이 군사도발 공작 중심으로 전환되며 인민무력부 주도
② 인민무력부 작전국 산하 적공국이 대남공작, 대남침투, 대남도발, 대남심리전 담당

③ 1967년 283부대 게릴라 활동, 1968년 124부대 청와대 기습사건 및 삼척·울진 무장간첩 사건 실패로 군사파 숙청 및 정보기구 개편 단행
④ 대남사업총국 폐지, 당 중앙위원회 비서국이 정보활동 총괄하며 산하에 연락부, 문화부, 조사부 설치
⑤ 124부대와 283부대를 통합하여 제8군단이라는 특수 군단 창설

Ⅳ 국가정치보위부 신설과 '통합형'에서 '분리형' 정보기구로 전환

1. 의의

1972년 12월 27일 「사회주의 헌법」 채택과 함께 내각을 정무원으로 개편하면서 사회안전성을 사회안전부로 개칭

2. 국가정치보위부 신설

① 1973년 5월 김일성이 사회안전 업무와 정치보위 업무 분리 지시
② 사회안전부 정치보위국을 독립시켜 국가정치보위부 신설
③ 사회안전부는 치안질서 유지 담당, 국가정치보위부는 반혁명·반국가 범죄 대응, 방첩, 정치사찰, 대내외 정보업무, 정치범 수용소 운영 등 비밀경찰 역할 수행

3. 사회안전부 기능 축소

① 1982년 초 사회안전부장이었던 이진수가 국가정치보위부장으로 이동하면서 해안 및 국경 경비 업무가 국가정치보위부로 이관됨
② 이로 인해 사회안전부 기능이 대폭 축소됨

4. 당 중심 대남정책 결정과 정보기구 개편

(1) 의의
① 1970년대 북한은 김일성 권력 공고화와 함께 「고려연방제」를 통일방안으로 제시
② 대남정책 결정권을 인민무력성에서 노동당으로 이전

(2) 통일전선부 신설
① 김정일이 노동당 조직비서 역할 수행하면서 당 중심으로 대남정책 결정·집행 체계 구축
② 대남 정보기구 개편을 통해 대남침투, 인물포섭, 정보수집, 대남심리전, 교란, 파괴 등 업무 세분화
③ 1977년 10월 통일전선부 신설, 노동당 정보활동을 대외조사부, 사회문화부, 작전부, 통일전선부로 구분

(3) '통합형 정보기구'에서 '분리형 정보기구'로 전환
① 1970년대 이후 정보기구는 국가정치보위부(비밀경찰), 사회안전부(경찰), 조선인민군 정치안전국(군 정보기구), 대남 정보기구 등으로 구분

② 1948년 북한 정권 수립 당시 '통합형 정보기구'에서 기능별 '분리형 정보기구'로 변화
③ '통합형 정보기구': 첩보수집, 정보분석, 비밀공작, 방첩활동 등 모든 정보활동을 단일 기관에서 수행
④ '분리형 정보기구': 기능별로 특정 분야 임무 수행
⑤ 현재까지 북한 정보기구 체계의 기본골격 유지됨

Theme 112 김정은 시대 북한의 정보기구 체계

Ⅰ 정찰총국의 창설

① 2009년 김정은 후계체제 구축 과정에서 북한은 정보기구 개편을 단행함.
② 기존 정보기구 체계는 노동당, 내무성, 민족보위성을 중심으로 운영되었으며, 이후 국가안전보위성, 인민보안성, 군 보위사령부가 국내 정보활동을, 노동당과 군 정보기관이 대남·해외 정보활동을 담당하는 체계로 발전함.
③ 2008년 김정일의 와병 이후 김정은 시대를 대비한 정보기구 개편이 추진됨.

2. 당과 군 정보기관의 통·폐합

(1) 의의
① 국방위원회 산하에 정찰총국을 신설하고, 대남·해외 정보기관을 통합함.
② 노동당 작전부, 35호실, 군 참모부 정찰국, 총정치국 6·15국을 통합하여 정찰총국을 설립하고, 대외연락부를 내각 225국으로 이전함.

(2) 정찰총국의 조직
① 정찰총국은 군 정찰국, 6·15국, 노동당 35호실, 작전부 등 4개 부서를 통합한 정보기구임.
② 1961년 노동당 연락국 설립 및 1964년 대남사업총국 개편 사례와 유사한 구조를 가짐.
③ 정찰총국은 대남·해외 정보활동 총괄·지도 기능을 수행함.

(3) 신설 목적
① 대남·해외 공작과 정보수집 업무 강화를 위한 조직 효율성 증대.
② 기관 간 업무 조정 및 역할 재정립을 통해 효율성과 능률성 향상.
③ 노동당의 국제사회 이미지 개선을 위해 정보기관을 군으로 이전함.
④ 김정은 후계체제 구축의 안정적 추진이 최우선 목적임.

(4) 김정일 후계 구축과의 비교

① 1974년 김정일 후계자 결정 이후 1975년부터 대남 사업부서 개편 진행.

② 대남사업담당 비서직 폐지 후 김일성이 직접 대남사업부서를 지도하는 체제로 개편.

③ 김정일 후계 구축 당시 정보기구 개편과 유사하게, 김정은이 정보기구를 장악하도록 정찰총국을 창설함.

(5) 국방위원회의 위상 강화

① 2009년 헌법 개정을 통해 국방위원회를 국가 최고 지도기관으로 격상함.

② 당·정·군 핵심 간부를 국방위원회에 배치하여 통치 체계를 효율화함.

③ 정찰총국 창설을 통해 정보기구를 신속하게 장악하고 효율적으로 통제할 수 있도록 함.

④ 김정일의 권력 승계 경험을 바탕으로 김정은의 정보기관 장악 시스템을 구축함.

(6) 통일전선부의 세력 약화

① 정찰총국 신설로 대남·해외 정보활동의 주도권이 당에서 군으로 이전됨.

② 통일전선부는 작전부와 35호실을 정찰총국에, 대외연락부를 내각 225국에 이관하면서 세력이 약화됨.

③ 통일전선부는 남북대화 및 경협사업 등 공개적 역할에 집중하고, 정찰총국은 대남 정보활동의 핵심 부서로 자리 잡음.

Ⅱ 정보기관의 명칭 변경과 체계 변화

1. 225국의 통전부로 이동

① 2012년 225국을 내각에서 노동당 통일전선부 산하로 재편함.

② 정찰총국의 정보활동 범위를 사이버 공간으로 확대함.

③ 2015년 225국을 문화교류국으로 명칭 변경함.

2. 국무위원회 신설과 정보기관의 명칭 변경

① 2016년 국방위원회를 폐지하고 국무위원회를 신설함.

② 국가안전보위부를 국가보위성으로, 인민보안부를 인민보안성으로 변경함.

③ 2020년 인민보안성을 사회안전성으로 변경함.

④ 보위사령부를 2016년 보위국으로 명칭 변경함.

3. 김정은 시대 북한의 정보기구 체계

(1) 의의

① 명칭 변경에도 불구하고 정보기구의 역할과 기능에는 큰 변화 없음.

② 김정은 시대 '당' 중심 통치체제 구축을 위한 개편의 일환임.

③ 변경된 명칭이 김일성 시대 명칭과 유사하여 김정은의 '김일성 따라하기'의 일환으로 볼 수 있음.

(2) 정보기구 체계

① 노동당 통일전선부, 문화교류국, 국무위원회 국가보위성, 사회안전성, 정찰총국, 조선인민군 보위국으로 구성됨.

② 국내 정보기구는 국가보위성, 사회안전성, 군보위국으로, 대남·해외 정보기구는 정찰총국, 통일전선부, 문화교류국으로 구분됨.

Ⅲ 문화교류국의 조직 개편

1. 조직 개편 배경

① 김정은이 남북 관계를 '적대적인 두 국가 관계'로 규정하며 무력에 의한 적화통일 기조를 유지함을 시사함.

② 2024년 통일전선부가 '노동당 중앙위 10국'으로 개편됨에 따라 문화교류국도 명칭이 변경되며 분리됨.

③ 2016년 225국이 문화교류국으로 변경된 지 9년 만에 또다시 조직 개편이 이루어짐.

2. 조직 체계 변화

① 기존 문화교류국은 노동당 통일전선부 산하 기구였음.

② 노동당 중앙위 10국(구 통일전선부)과 별개로 운영되며 사실상 조직이 확대됨.

③ 북한은 대남 공작 강화를 위해 문화교류국의 명칭을 변경하고 조직을 확대함.

Theme 113 국가보위성

Ⅰ 의의

① 국가보위성은 북한의 대내외 정보업무를 통합 수행하는 기관으로, 한국의 국가정보원과 유사한 기능을 수행함.

② 북한의 최고 정보사찰기관으로 과거 소련 KGB 운용 시스템을 모델로 함.

Ⅱ 연혁

1. 내무성 정치보위국과 사회안전부 정치보위국

1952년 내무성 정치보위국으로 출발하여 1962~1973년 4월까지 사회안전부 정치보위국으로 운영됨.

2. 국가정치보위부 신설

① 1973년 5월, 정치보위 기능을 독립시켜 국가정치보위부 신설됨.

② 설립 배경: 1967년 갑산파 사건 이후 전문 감찰기구 필요성이 증대됨. 김정일의 권력 세습과 연계됨.

③ 주요 활동: 김정일 후계체제 구축을 위협하는 장애요인 적발 및 제거 수행.

3. 국가안전보위부로 명칭 변경

① 1982년 정무원 산하에서 독립하며 국가보위부로 개칭됨.

② 1993년 국가안전보위부로 명칭 변경됨.

4. 국가보위성으로 개칭

1996년 국가안전보위성 → 2010년 국가안전보위부 → 2016년 국가보위성으로 개칭됨.

Ⅲ 임무

1. 의의

① 창립일: 김일성이 남포 보안 간부 훈련소를 지도한 1945년 11월 19일.

② 주요 임무: 북한 최고지도자인 김정은과 노동당 및 국가 제도 보위.

③ 세부 역할: 주민 사상동향 감시, 반체제 인물 색출, 정치범수용소 관리, 반탐, 해외정보수집·공작, 국경 경비·출입국 관리 수행.

2. 정권과 체제 보위

① 김일성은 국가정치보위부 설립 당시 당의 직접 통제 하에 있으며, 3대에 걸쳐 종파분자와 계급의 적을 제거해야 한다고 지시함.

② 김정은 정권 출범 이후, 권력 세습 안정과 공고화를 위한 국가보위성 역할이 필연적으로 강화됨.

③ 2017년 2월 말레이시아에서 발생한 김정남 암살사건 역시 국가보위성의 소행으로 확인됨.

3. 정치사찰

① 정치사찰 수행 및 정치 사상범 체포·구금·처형 권한 보유.

② 북한 「형사소송법」 제46조에 따라 국가안보 사안 수사는 국가보위성이 담당함.

4. 김정은의 정치적 안정성 확보 수단

① 반국가사범에 대한 즉결 처형 및 관리소 처리 사례 증가함.

② 김원홍이 2012년 4월 국가안전보위부장 임명 후, 중앙당 고위층까지 수사 확대됨.

③ 김정일 급사 후 김정은의 취약한 정치적 안정성 확보를 위한 도구로 활용됨.

5. 노동당 본부 및 군부까지 업무 확장

① 김정은 특별지시를 받아 노동당 본부 및 군 핵심 인물까지 수사 확대됨.

② 군부 및 고위층에 대한 휴대전화 도청·감청 시행.

③ 주요 사건 발생 시 군 보위국도 국가보위성에 보고하도록 조치함.

④ 해외정보수집·공작 업무 수행하나 정찰총국과 역할 일부 중복됨.

6. 대남공작 활동 증가

① 탈북자를 위장간첩으로 활용하여 남한 사회에 침투하는 사례 증가함.

② 2008년 원정화, 2010년 김미화, 2012년 이경애 등이 위장 간첩으로 확인됨.

③ 중국 내 탈북자 첩보 수집 및 송환 업무 수행함.

④ 대남정보 활동은 적극적 방첩 차원에서 진행됨.

Ⅳ 김정은 정권의 국가보위상

1. 국가안전보위부장

① 김정은 정권 초기 국가안전보위부장 자리를 공석으로 유지함.

② 2012년 4월 김원홍이 부장으로 임명됨.

2. 김원홍 국가안전보위부장

① 1986년 이진수 사망 이후 2012년까지 국가안전보위부장 공석 유지됨.

② 김정은 정권 안정화를 위한 선봉 역할 수행함.

③ 2013년 12월 장성택 체포·처형을 주도하여 김정은의 신임을 얻음.

④ 2017년 총정치국 제1부국장으로 이동 후 권력에서 밀려남.

3. 정경택 국가보위상

① 2017년 김원홍 후임으로 임명됨.

② 2020년 5월 당 중앙군사위원회 회의에서 대장으로 승진함.

③ 현직: 국가보위상, 당 정치국 위원, 당 중앙군사위원회 위원, 국무위원회 위원.

Ⅳ 조직

1. 의의

① 국가보위성은 국무위원회 직속 기관으로 국무위원장 김정은이 직접 관장함.

② 노동당 조직지도부는 8과를 통해 당 생활을 장악·통제하고, 검열 2과를 통해 검열을 수행함.

③ 국가보위성은 대외적 노출을 최소화하기 위해 군부대 명칭을 사용하며, '조선인민군 제10215군부대'는 국가보위성 본부를 의미함.

2. 편제 및 규모

① 정경택 국가보위상 아래 리정록, 리용암 등 6명의 부상이 있으며, 본부는 평양시 대성구역 룡흥동에 위치함.

② 본부는 정치국과 행정부서로 구성되며, 행정부서는 35개 국, 13개 지역보위국, 국가보위성 정치대학으로 이루어짐.

③ 전체 인원은 약 4~5만 명이며, 본부 4,000~5,000명, 지역보위국별 1,500~2,000명 규모로 운영됨.

3. 정치국

(1) 의의

국가보위성 정치국은 당 생활지도, 조직, 인사 등의 기능을 수행하며 조직부, 선전부, 간부부, 총무부, 근로단체부, 청년부 등으로 구성됨.

(2) 조직부

조직부는 국가보위성원의 당 조직생활을 지도·통제하며, 혁명화 처벌 및 군인들의 노동당 입당 허가 권한을 보유함.

(3) 선전부

사상교양 사업과 학습총화 등 당 사상생활 지도 권한을 가지며, 본부 및 지역 보위부 내 김일성·김정일 연구실과 동상을 관리함.

(4) 간부부

신규 보위원 채용·승진, 보위원 후보생 선발 및 인사·표창 상신 업무를 담당함.

(5) 총무부

보위성의 보안서류 취급·관리 기능을 담당함.

4. 행정부서

(1) 의의

① 행정부서 35개 국은 정보부문, 기술정보부문, 후방부문으로 분류됨.

② 반탐, 수사, 통신국이 핵심부서에 해당함.

(2) 정보부문

작전종합지도국, 반탐정국, 수사국, 검찰국, 예심국, 중앙기관보위국, 보안기관보위국, 원자력총국보위국, 북남대화보위국, 해외대열보위국, 철도보위국, 농장관리국(정치범수용소 관리)으로 구성됨.

(3) 기술정보부문

화학국(도청국), 미행감시국, 무선반탐정국, 자료조사국, 정보기술연구국, 문서검열국으로 구성됨.

(4) 후방부문

통신국, 후방국, 무역관리국, 차량관리국으로 구성되며, 승용차관리소, 미술창작사, 문예창작사 등 10여 개 직속 단위가 존재함.

5. 지역보위국

(1) 의의

① 13개 지역보위국은 도 단위에 설치되며, 평양직할시, 남포·개성·나선 특별시, 9개 도에 운영됨.

② 본부와 유사한 조직구조를 가지며, 정치부와 행정부서로 구성됨.

③ 행정부서는 7~10개 처와 시·군·구역 보위부로 구성됨.

(2) 시·군·구역 보위부

① 3~5개의 과로 구성되며, 부장, 부부장 2~3명, 과장 3~5명, 부원 30~40명 규모로 운영됨.

② 농촌 리 단위 및 인민반에도 보위부 요원을 파견하여 감시 업무를 수행함.

③ 기관·기업소의 중요도에 따라 보위부 조직이 설치되며, 중요 기관의 경우 15~40명이 근무하고, 보위부가 없는 경우 1~3명의 보위원이 배치됨.

6. 김정은 시대 국가보위성 조직의 변화

(1) 의의

김정은 시대에 국가보위성은 조직 구조의 변화를 겪음.

(2) 국가보위성 특별군사재판소 신설

① 김정은 정권 출범 후 장성택 처형과 관련하여 '국가보위성 특별군사재판소'가 등장함.

② 형사 절차 없이 조기 처리를 위한 임시조직으로 설립되었으며, 기존 반국가사범 재판국과는 별개로 운영됨.

③ 설립 시점은 2013년 12월경으로 추정됨.

(3) 국경경비총국 흡수

① 2012년 4월, 대량 탈북 문제 해결을 위해 인민무력성 소속 국경경비총국을 이관받음.

② 국경경비와 탈북자 단속이 더욱 강화됨.

(4) 해외대열보위국의 탈북자 관련 정보활동 증가

① 해외대열보위국의 탈북자 관련 정보활동이 증가함.

② 기존에는 통전부 · 작전부 지시에 따라 움직였으나, 김정은 시대 이후 중국처를 중심으로 독자적 작전 수행이 가능해짐.

③ 탈북자 색출 · 송환, 위장 탈북자 양성, 한국 내 정보 수집 · 포섭, 반북 인사 테러 등의 활동을 수행함.

④ 김창환 · 김정욱 선교사 사건, 김국기 · 최춘길 유인납치, 한충렬 목사 암살 등에 개입한 것으로 알려짐.

⑤ 해외대열보위국은 방첩 임무를 수행하며, 대남 정보 활동보다는 탈북자 관련 활동에 집중함.

(5) 대남사업 부문 감시 · 통제

① 국가보위성 북남대화보위국이 대남사업 관련 감시 · 통제를 전담하며, 대남 대화 및 접촉에 참여하는 북한 인원을 관리함.

② 남북 행사 현장에서 북한 인원을 감시 · 통제하고, 남한 접촉자들을 통해 우리 정부의 대북정책 내부 동향을 파악하는 업무를 수행함.

③ 산하기관으로 금강산관광 보위부와 개성공단 보위부가 운영됨.

Theme 114 사회안전성

Ⅰ 의의

1. 기관의 성격

① 사회안전성은 북한의 경찰청에 해당하는 기관으로, 김정은 정권을 옹호 · 보호하기 위한 정보기관이자 치안 유지 기관임.

② 국가보위성이 비밀경찰로 은밀히 활동하는 반면, 사회안전성은 주민 감시 사업의 최일선에서 활동하는 일반경찰 조직임.

2. 구체적 활동

① 사회안전성의 주요 임무는 수령 옹호 보위, 당과 정권 보안사업 옹호보위, 인민 생명 · 재산 보호, 사회질서 유지 등임.

② 추가적으로 당의 정치사업, 소방사업, 지진관리, 철도 · 지하철 운영관리, 교화사업, 외화벌이 사업 등 일반 경찰의 범위를 초과하는 업무도 수행함.

Ⅱ 연혁

1. 내무성 시기

사회안전성은 소련 군정 시절 북조선 5도 행정국 산하 보안국에서 출발하였으며, 1948년 정권 수립과 함께 내무성으로 공식적인 경찰조직이 출범함.

2. 명칭 변경 과정

내무성(1948.9) → 사회안전성(1951.3) → 내무성(1952. 10) → 사회안전성(1962.10) → 사회안전부(1972.12) → 사회안전성(1998.9) → 인민보안성(2000.4) → 인민보안부(2010.4) → 인민보안성(2016.6) → 사회안전성(2020.5)

Ⅲ 대국민 사찰 전문 기관

1. 의의

① 사회안전성은 김정은 정권과 사회주의 체제 유지를 위한 대국민 사찰 전문 기관임.

② 주민 감시는 수직적 관계(감시자 – 감시대상자, 통제자 – 통제받는 자)와 수평적 관계(주민 상호 감시)가 복합적으로 작용하는 그물망식 체제로 운영됨.

③ 주민 사찰 외에도 감시 · 통제 · 처벌 업무를 수행함.

2. 시장 확산과 통제의 필요성 증가에 따른 역할 확대

① 김정은 시대 시장 확산과 함께 통제 필요성이 증가하면서 사회안전성의 위상이 상승하고 역할이 확대됨.

② 그러나 경제난 심화로 인해 사회안전원도 생존 문제에 직면하며, 시장을 매개로 한 부패가 만연하면서 사회통제가 느슨해지고 있음.

3. 김정은 시대 사회안전상과 사회안전성 요원

(1) 최부일

① 2013년 2월 리명수를 교체하여 사회안전상으로 임명됨.

② 북한군 총참모부 작전국장 출신으로 대장, 당 중앙위원, 당 정치국 후보위원, 국무위원회 위원, 최고인민회의 대의원 등을 겸임함.

③ 2013년 3월 인민보안부장으로 임명됨.

(2) 김정호

① 2019년 12월 당 제7기 5차 전원회의에서 최부일 후임으로 사회안전상으로 임명됨.

② 이전에는 사회안전성 부상으로 활동하였으며, 국무위원회 위원, 최고인민회의 법제위원장, 당중앙위원회 위원 등을 겸임하고 있음.

(3) 사회안전성 요원

① 충원 기준은 당에 대한 충성심과 출신성분임.

② 대부분 김정일인민보안대학 졸업생이며, 출신성분 및 사회성분 검증을 위한 신원조회 후 안전원으로 활동할 수 있음.

Ⅳ 조직

1. 사회안전성의 소속 및 감독

① 사회안전성은 국무위원회 직속 기관으로 김정은 국무위원장의 직접 통제하에 있음.

② 김정은 정권 초기에는 국방위원회 소속이었으나, 노동당 행정부가 정책지도까지 담당함.

③ 장성택 숙청 이후 노동당 조직지도부가 사회안전성을 지도·감독함.

2. 본부 및 주요 구성

① 사회안전성 본부는 평양시 서성구역 연못동에 위치하며 정치국, 보위부, 행정부서로 구성됨.

② 행정부서는 20여 개 국, 13개 지역 보안국, 김정일인민보안대학으로 구성됨.

③ 주요 인물로는 김정호 사회안전상, 리태철 제1부상 등이 있으며 보안·감찰·내부 담당 부상들이 존재함.

3. 정치국

(1) 의의

정치국은 사회안전성의 당 사업을 지도·감독하는 조직으로 노동당 조직지도부의 통제를 받음.

(2) 조직

정치국장, 조직·선전 담당 부국장 2명 및 조직부, 선전부, 간부부 등 다양한 부서로 구성됨.

(3) 업무

보안원의 당생활 지도·감독, 직무수행 감시, 인사관리 및 보안국·보안서 지도·감독 수행.

(4) 권한

사회안전성에 대한 업무감독권과 인사권을 보유하며 가장 강력한 부서로 평가됨.

4. 보위부

(1) 의의

국가보위성이 사회안전성에 파견한 요원들로 구성된 상주부서이며, 국가보위성의 한 국 역할 수행.

(2) 업무

① 사회안전성과 산하기관 및 보안원에 대한 보위사업 수행.

② 노동당 조직지도부는 정치국을 통해 당 사업·생활을 감독하고, 국가보위성은 보위부를 통해 동향 감시·통제.

5. 행정부서

(1) 의의

① 종합지휘국, 감찰국, 수사국, 예심국 등 다양한 부서로 구성됨.

② 지방조직으로 특별시·직할시·도 보안국, 시·군·구역 보안서, 동·리 보안소(분주소) 존재.

(2) 보안국

① 13개 지역에 조직되어 있으며, 한국의 지방경찰청과 유사함.

② 보안국은 국장, 참모장, 부국장 4명, 정치부장을 포함한 여러 부서로 구성됨.

③ 산하에 특별기동대, 정치학교, 여행자단속집결소, 무선통신결속소 등을 보유.

(3) 보안서

한국의 경찰서에 해당하며 전국에 200여 개 존재.

(4) 보안소

한국의 파출소에 해당하며 전국 리·동 및 공장기업소에 4,000여 개가 존재.

(5) 분주소

① 소장, 부소장 2명 및 담당보안원 등 7~10명의 보안원으로 구성됨.

② 주민 규모에 따라 두 개 동에 하나의 보안소가 설립되기도 함.

(6) 기관·기업소 보안부

① 공장 종업원의 출퇴근 관리 및 공장 내 범죄·사건사고를 담당함.

② 기관 및 기업소의 규모에 따라 보안원 배치 또는 별도 보안부 기구 설립.

6. 사회안전성 요원의 인원 규모

① 사회안전성 요원은 약 18만여 명으로 추정됨.

② 사회안전원 8만여 명, 사회안전군 8만여 명, 경비훈련국 2만여 명.

③ 사회안전성과 산하조직 근무 사민(노동자) 포함 시 총 30여만 명으로 추정됨.

Ⅴ 김정은 시대 사회안전성의 조직 변화

1. 의의
김정은 시대 사회안전성의 조직이 일부 변화함.

2. 인민보안대학 명칭 변경

(1) 배경
① 2012년 10월 5일, 인민보안대학을 김정일인민보안대학으로 변경함.
② 김정은 집권 이후 김정일의 이름이 들어간 최초의 대학이며, 대남 공작원 양성기관인 김정일정치대학에 이은 두 번째 사례임.

(2) 의미
김정일 시대의 인민보안부 신임을 강조하며, 김정은도 이를 적극 활용하겠다는 의지 표명.

3. 보안부부장 직제 폐지 및 참모장 직제 재도입

(1) 보안부부장 직제 폐지
① 2012년 초 인민보안성의 보안부부장 직제를 폐지하고 참모장 직제를 재도입함.
② 참모장은 1990년대 초 사회주의권 붕괴와 김일성 사망으로 인한 체제 위기 대응을 위해 도입됨.

(2) 참모장 직제 변화
① 2000년 4월 인민보안성 명칭 변경과 함께 폐지되었으나, 이후 국방위원회 산하 이동 및 인민보안부 개편 과정에서 재도입됨.
② 김정일의 군율 확립 의지에 따라 참모장 제도 부활됨.

Theme 115 보위국

Ⅰ 의의

1. 기관의 성격
보위국은 북한군 내 정보기관으로, 간첩·불순분자·사상적 동요자 색출 및 군사 범죄(살인·절도·탈영·성폭행 등) 수사·예심·처벌을 수행함. 국군방첩사령부와 유사한 기능을 수행함.

2. 구체적 임무
① 반당·반혁명·반국가 행위자 색출·검거
② 능동적·독자적 방첩 임무 수행
③ 최고지도자의 군부대 현지지도 시 경호
④ 군대의 주민등록 사업
⑤ 일반 범죄자 색출·처리

Ⅱ 연혁

1. 안전기관
① 1948년 2월 8일 인민군 창설 초기 반탐조직으로 출범하여 내무성 특수정보처 요원을 배치함.
② 한국전쟁 중 인민군 내 간첩·반당·반혁명 분자 색출을 담당하며, 전후 정치안전군관을 증원하여 기능 강화함.

2. 정치안전국
① 1968년 정치안전국 출범으로 보위국이 독립부서로 등장함.
② 1956년·1968년 군사쿠데타 적발로 김창봉·허봉학 등이 숙청되었으며, 김정일 후계체제 구축을 위한 군부 내 권력 강화와 연관됨.

3. 보위사령부로 확대·개편
① 1970년대 초 정치안전국에서 보위국으로 명칭 변경됨.
② 1995년 10월 국방위원회 직속 보위사령부로 확대·개편됨.

Ⅲ 김정은 시대의 보위국

1. 의의
2016년 보위사령부에서 보위국으로 명칭 변경됨.

2. 배경
① 김정일 시대 '선군정치'에서 김정은 시대 '선당정치'로 변화하는 과정과 연관됨.
② 노동당 중심의 통치체제 구축과 당-국가체제 지향에 따른 조직 개편 차원에서 진행됨.

3. 김정일 시대 보위사령부
① 선군정치와 맞물려 권한 강화, 군인뿐 아니라 민간인 감시·통제 확대함.
② 국가보위성·인민보안성 등 정보기관의 활동 감시 역할 수행함.
③ 2011년 노동당 39호실과 능라 888 무역회사를 감찰함.

4. 김정은 집권 이후 보위국
① 군부 주요 간부 및 군사지휘관 감시 수행(전화 도청·감청·미행 포함).
② 김원홍이 2003~2010년 보위사령관, 조경철 대장이 2010년 9월부터 국장직 수행 중임.

IV 조직

1. 의의

① 정치부 · 행정부서로 구성됨.

② 군단 · 사단 · 연대 · 대대별 보위부 및 보위 지도 체계 유지함.

2. 편제

① 국장(대장 1명), 부국장(상장 4명), 각 처장(중장), 정치부장(상장)이 주요 직책을 맡음.

② 정치부장은 국장과 동등한 권한 행사함.

3. 정치부

① 보위국 내부 행정부서 · 간부처 · 직속부대의 당 조직 · 사상생활 지도 · 관리 수행함.

② 총정치국은 공식 감시 · 통제, 보위국은 비밀정보 차원의 감시 · 통제 담당함.

4. 행정부서

(1) 의의

행정부서는 종합처 · 수사처 · 예심처 · 미행처 · 사건종합처 등 11개 부서로 구성됨.

(2) 주요 부서

① **종합처**: 보위사령부 계획작성 · 총화사업 · 군사훈련 조직 · 행정업무 지도 · 통제 수행.

② **수사처**: 간첩 · 반당 · 반혁명 분자 등 사상범 · 정치범 수사 담당.

③ **예심처**: 범죄자 심문 전담, 감찰처는 탈영 · 살인 · 군수물자 절취 · 횡령 사건 처리.

④ **사건종합처**: 수사처 · 예심처 · 감찰처 · 미행처에서 제기된 사건 분석 · 평가 수행.

⑤ **미행처**: 범죄자 비밀 감시 및 추적 · 잠복 조사 수행.

⑥ **기술처**: 고위 장성 사무실 · 자택 · 외국 군사대표단 숙소 도청 수행.

⑦ **공장담당부 · 특수기관 담당처**: 인민무력성 소속 공장 · 특수기관 관리, 군관 및 가족 주민등록 업무 담당.

⑧ **해외담당처**: 대외관계 담당, 외국인을 상대하는 인민군 장교 · 장성 감시 · 사찰 수행.

⑨ **교육과 · 자료실**: 보위장교 교육 · 양성 담당, 외부 서적 · 내부문서 보관 · 열람 관리.

I 의의

1. 기관의 성격

정찰총국은 대남 · 해외 정보기관으로 군사첩보 수집, 요인 암살, 테러, 무장간첩 남파, 중요 전략 시설물 파괴 등을 주요 임무로 수행함. 미국의 CIA와 유사한 역할을 담당함.

2. 구체적 활동

① 무기 수출, 마약 제조 및 거래, 위조지폐 유통 등 불법 행위 수행함.

② 디도스(DDos) 공격 및 주요 산업시설 전산망 해킹을 통한 사이버 공격 주도함.

II 연혁

1. 신설

2009년 2월 국방위원회 산하에 신설됨. 노동당 작전부와 35호실, 군 총참모부 정찰국, 총정치국 6 · 15국을 통합하여 구성됨.

2. 편제

총참모부 소속으로 편제되어 있으나, 총참모장이 아닌 국무위원장 김정은의 직접 지휘를 받는 독립부서적 성격을 가짐.

3. 업무

통일전선부가 대화와 협상 등 정치공작을 담당하는 반면, 정찰총국은 물리력을 기반으로 대남 · 해외 공작업무 수행함.

4. 대남 도발 사례

① 천안함 폭침(2010.3)

② 연평도 포격(2010.11)

③ 디도스 공격(2009.7, 2011.3)

④ 황장엽 암살 시도(2010.4, 10)

⑤ 농협 전산망 해킹(2011.4)

⑥ GPS 교란(2012.4~5.13)

III 조직

1. 정찰총국

① 북한의 대남 · 해외 정보활동 핵심 기관으로 본부는 평양시 형제산 구역에 위치하며, 북한 전역에 예하 부대가 존재함.

② 육·해상정찰국(1국), 정보종합분석국(2국), 기술정찰국(3국), 해외정보국(5국), 대적협상국(6국), 후방지원국(7국) 등 6개국으로 구성됨.

③ 과거 작전부, 35호실, 정찰국, 6·15국의 역할과 유사한 임무 수행 가능성 있음.

2. 육·해상정찰국

(1) 의의

① 공작원 교육훈련, 침투공작원 호송·안내·복귀, 대남 테러공작 및 침투루트 개척, 주요 군사기지 및 산업시설 파괴 임무 수행함.

② 5천여 명 규모로 육상처, 해상처, 지원본부로 구성됨.

③ 1990년대 경제난 이후 무기거래, 위조화폐, 마약거래 등 외화벌이 활동 수행함.

(2) 연혁

① 1960년대 초 노동당 조사부 설립, 1980년대 조사부를 대외정보조사부와 작전부로 분리함.

② 2009년 2월 정찰총국으로 통합됨.

③ 오극렬이 1989년부터 20여 년간 대남공작 총괄함.

(3) 김정일정치군사대학

남파 공작원 및 전투원 양성을 위한 교육기관 운영함.

(4) 남파 공작원 파견기지

① 개성·사리원(육상 연락소), 남포·해주·청진·원산(해상 연락소) 운영함.

② 남한 및 일본 주요 해역으로 공작원 침투 수행함.

(5) 지원본부

① 전국 50여 곳의 통신 연락소 운영하며 암호해독 전문 연구실 보유함.

② 해상침투 수단으로 잠수함, 반잠수정, 어선 위장 선박 활용함.

(6) 임무

DMZ 및 해안선을 통한 직접 침투 담당하며, 북한 정보기관 중 가장 위험한 임무 수행함.

(7) 주요 활동

① 속초 잠수정 침투(1998), 여수 해안 반잠수정 침투(1998) 등 수행함.

② 대한항공 858기 폭파사건(1987)의 김현희가 본 조직에서 교육받음.

3. 정보종합분석국

(1) 의의

① 무장공비 양성·남파, 요인암살, 파괴·납치, 게릴라 활동, 군사정찰 수행함.

② 김정일 직속으로 남한 군사정보 수집 및 주요 군사기지·산업시설 파괴 활동 수행함.

(2) 조직 및 규모

① 7개 정찰대대, 정치부, 계획부, 특수정찰부, 통신부 포함하며 4,500여 명 규모임.

② 3개 파견기지, 22전대, 198연락소, 907부대, 마동희군사대학 운영함.

③ 남한 산업시설, 비행장, 항만 등 전략목표 정찰 및 대간첩 작전능력 정보 수집 수행함.

(3) 주요 대남 공작활동

① 청와대 기습사건(1968), 울진-삼척 무장 게릴라 침투(1968), 아웅산 묘소 폭파(1983), 강릉 잠수함 무장공비 침투(1996) 수행함.

② 황장엽 암살지령 공작원 잠입(2010) 관련됨.

4. 기술정찰국

(1) 의의

① 사이버 테러, 해커양성, 암호통신 분석, 통신감청, 침투 장비 개발 담당함.

② 해킹 전담 '110연구소' 운영하며, 31소(해킹 프로그램), 32소(군 관련 프로그램), 56소(지휘통신 프로그램) 개발 수행함.

(2) 110연구소

사이버 전략정보 수집, 심리전, 디도스 공격, 사이버테러 담당함.

(3) 북한 해킹조직

① 라자루스 그룹, 블루노로프, 안다리엘 등 3개 해킹그룹 운영함.

② 미국 및 유엔 제재대상이며 정찰총국 통제 하에 있음.

(4) 기술국 요원

김일성군사종합대학, 지휘자동화대학, 모란봉대학 출신들이 활동함.

(5) 대남 사이버공격

① 디도스 공격(2009), 농협 전산망 해킹(2011), 선관위 디도스 공격(2011), 중앙일보 해킹(2012) 수행함.

② 소니픽쳐스 해킹(2014), 한국수력원자력 해킹(2014) 수행함.

5. 해외정보국

(1) 의의

① 대남 정보수집, 우회 침투, 요인 납치 및 테러 임무 수행함.

② 대사관 직원, 태권도 사범, 무역상사원 등으로 위장하여 활동함.

(2) 연혁

① 1960년대 초 노동당 조사부에서 시작됨.

② 1980년대 대외정보조사부로 개칭 후 35호실로 변경됨.

③ 2009년 정찰총국 신설과 함께 해외정보국으로 개칭됨.

(3) 편제 및 활동

① 남조선과, 미국과, 일본과 등 7개 과 운영하며 도쿄, 오사카, 마카오, 홍콩, 선양, 방콕 등에서 활동함.

② 유럽, 아프리카, 라틴아메리카 등지에서도 정보활동 수행함.

(4) 주요 활동

최은희 · 신상옥 납치(1978), KAL 858기 폭파(1987), 간첩 정경학 체포(1996), 간첩 이병진 검거(2009) 관련됨.

6. 대적협상국

① 6·15 선언 이후 남북 군사회담 대비 조직으로 6·15국 흡수·통합함.

② 대남 군사정책 및 군사회담 전략 수립, 협상 기술 개발 및 회의 조정 역할 수행함.

Theme 117 노동당 중앙위 10국(구 통일전선부)

I 의의

1. 개념

① 통일전선부는 대남 전략 및 전술을 총괄하는 노동당의 대남·해외 정보기관이었으며, 남북회담, 해외교포 공작, 대남 심리전 및 통일전선 사업 등을 수행함.

② 대외적으로는 통일외교기관의 역할을 담당함.

2. 개편

김정은이 남북 관계를 '적대적인 두 국가 관계'로 규정함에 따라 2024년 '노동당 중앙위 10국'으로 개편됨.

II 연혁

1. 문화부

(1) 출범

① 1956년 노동당 내 대남 선전·선동을 위한 부서로 신설됨.

② 문화연락부(1974.5) → 문화부(1974.10) → 문화부 폐지(1975.11) 과정을 거쳐 1977년 10월 통일전선부로 재편됨.

(2) 임무

① 대남 심리전 수행(방송·전단 제작 및 살포).

② 재일조선인총연합회 지도 및 남한 정세 분석·대책 수립.

③ 김일성의 결정으로 문화부 명칭이 확정됨.

④ 남조선연구소, 대남방송총국, 재북평화통일촉진협의회, 방송대학 등 대남 연구·선전 기구 보유.

2. 문화부 폐지

(1) 문화연락부 신설 및 분리

1974년 5월 문화부와 연락부를 통합하여 문화연락부로 개편되었으나, 10월 다시 분리됨.

(2) 김정일 후계체제 구축과 폐지

① 1975년 6월~11월 대남부서 검열을 실시하고 조직 개편을 단행함.

② 대남조직 책임자를 김정일 측근으로 교체하고 문화부를 연구소로 전환함.

③ 대남 연구 분야는 남조선연구소로 변경, 기존 남조선연구소는 강남문화사로 개칭됨.

④ 조총련 및 해외동포 사업은 국제부로 이관, 남북대화 업무는 외교부로, 대남 공작 일부는 연락부가 담당함.

3. 통일전선부

(1) 부활 및 기능 복원

① 1977년 10월 문화부가 통일전선부로 부활함.

② 김정일이 남북회담 및 통일전선 공작을 담당하는 조직으로 신설함.

③ 해체 시 국제부와 연락부로 이관된 기능을 복원함.

④ 남조선연구소를 통일전선부에 흡수하고, 강남문화사를 남조선연구소로 환원함.

(2) 역할 변화

① 2000년 남북정상회담 이후 공개적인 대남 사업을 담당하며 역할 강화됨.

② 2009년 국방위원회 정찰총국 신설과 대남 정보기구 개편으로 역할 축소됨.

(3) 요원의 특성

① 신분을 공개적으로 드러내며 활동함.

② 남북대화·교류 협력에 관여한 주요 인물로 김용순, 박영수, 원동연, 전금철(전금진), 안병수(안경호), 이종혁 등이 있음.

4. 노동당 중앙위 10국

① 김정은이 남북 관계를 '적대적인 두 국가 관계'로 규정함.

② 2024년 통일전선부를 '노동당 중앙위 10국'으로 개편하고, 대내적으로 '대적지도국'이라는 별칭을 사용함.

③ 대남 공작 및 심리전 기능이 강화됨.

Ⅲ 조직

1. 기본 구조

노동당 중앙위 10국은 통일전선부 시절 노동당 중앙위원회 19개 전문부서 중 하나로서 통일전선 공작과 남북대화·교류 사업을 주관하는 기관이었으나, 개편 이후에는 일부 조직이 외무성으로 흡수되고 심리전 중심의 기능을 수행하는 기관이 됨.

2. 산하 부서

① 대남정책 관련 부서: 정책과·대남과(대남정책 기획 및 생산).

② 해외 교류 관련 부서: 교류 1·2과(해외 교포 지도·관리).

③ 연고자 관리 부서: 연고자과(북한 연고 해외 교포 포섭).

④ 재일·재중 교포 조직: 재일총련과·재중총련과(일본·중국 내 총련 담당).

⑤ 조직 지도 부서: 간부과·조직과(통일전선부 산하 조직 관리).

Theme 118 문화교류국

Ⅰ 의의

1. 정보·공작업무 수행 기관

① 문화교류국은 간첩 남파, 공작원 밀봉교육, 고정간첩 관리, 지하당 구축 공작, 해외공작 등 정통적인 정보·공작업무 수행 기관임.

② 노동당 연락부의 후신으로 대남 정보기구 중 가장 역사가 오래된 부서이며, 북한 내 원조 기관으로 평가됨.

③ 통일전선부가 노동당의 선전선동부에 해당한다면, 문화교류국은 조직지도부에 해당하는 중요한 기관임.

2. 주요 임무 – 대남 공작 활동

① 공작원 남파 후 남한 내 지하당 조직 및 혁명 시 체제 전복 목표 설정함.

② 대남간첩 교육 및 파견 담당, 조총련 자금 관리 수행함.

Ⅱ 연혁

1. 명칭 변화

① 1946년 북로당 산하 '서울공작위원회'로 시작하여 1947년 북조선 노동당 5과로 개편됨.

② 이후 연락부(1975.9) → 사회문화부(1988.11) → 대외연락부(1998.1)로 변화함.

③ 2009년 대남정보기구 개편과 함께 내각으로 이동하여 225국으로 개칭됨.

2. 김정은 시대의 변화

(1) 통일전선부 통합과 재개칭

① 2012년 말 통일전선부로 통합됨.

② 2016년 4월 문화교류국으로 재개칭됨.

(2) 독립적 활동

① 내각 산하 225국은 대외연락부의 대남공작 및 조총련 업무를 유지한 채 독립적 활동 전개함.

② 문화교류국도 통일전선부 산하에서 독립적 운영 지속함.

3. 조직 개편

① 김정은이 남북 관계를 적대적 국가 관계로 규정하며 무력에 의한 적화통일 기조 유지 시사함.

② 2024년 통일전선부가 노동당 중앙위 10국으로 개편되면서 문화교류국도 명칭 변경 및 분리됨.

③ 2016년 225국에서 문화교류국으로 변경된 이후 9년 만에 추가 조직 개편 단행됨.

4. 주요 활동

① 1968년 통일혁명당 사건, 1992년 조선노동당 중부지역당 사건, 1999년 민족민주혁명당 사건, 2006년 일심회 간첩단 사건 등에 개입함.

② 2011년 적발된 북한 지하당 조직 왕재산을 통해 정치권 및 사회단체 동향, 군사 자료 수집·보고 수행함.

Ⅲ 조직

1. 임무

① 남한 정세 분석, 정보수집, 포섭공작 활동 교육 진행함.

② 공작원 남파 후 활동 지도 및 지원 수행함.

③ 공작원 교육을 위한 초대소와 공작원 파견·귀환을 위한 연락소 운영함.

2. 산하조직

(1) 공작원 양성 및 공작 장비 연구

① 봉화정치학원: 공작원 양성 전담 기관임.

② 314 연락소: 남한 자료 연구 및 위조 신분증 제작 등 공작 장비 연구 · 조달 담당함.

③ 남조선환경관: 남한 실상을 학습하기 위한 훈련 시설 운영함.

④ 공작자금 조달 및 외화벌이를 위한 무역상사 운영함.

(2) '신사'와 류경상점 운영

① 싱가포르 기반 '신사'를 통해 유럽 명품 · 사치품을 북한에 공급함.

② 39호실 운영 상점(북새상점, 류경상점)에 사치품 제공하고, 일부 수익을 문화교류국이 확보함.

③ '신사' 관리 공로로 리혁이 공화국 영웅 칭호를 받음.

3. 국장 및 공작원

(1) 국장

① 대외연락부 부장은 강관주(강주일)였으며, 1997년부터 활동하다가 225국 전환 후에도 유임됨.

② 현 문화교류국장은 윤동철이며, 2016년 4월 개칭 후 임명됨.

(2) 공작원

'선생'이라 불리는 공작원들은 남한의 정치 · 경제 · 국제 · 문화에 해박하며, 강한 공산주의 이념을 갖춘 자들로 선발됨.

Theme 119 김정은 시대 북한 정보기구의 특징

I 김정은 직할 체제를 통한 정보기구 운용

1. 의의

① 김정은은 조선노동당 위원장(당), 국무위원회 위원장(정), 공화국무력 최고사령관(군) 직책을 통해 당 · 정 · 군의 정보기관을 직접 통제 · 운영함.

② 북한의 국내 정보기구는 국가보위성, 사회안전성, 군보위국이며, 대남 · 해외 정보기구는 정찰총국, 통일전선부, 문화교류국으로 구성됨.

③ 기관별 소속은 통일전선부 · 문화교류국은 노동당, 국가보위성 · 사회안전성 · 정찰총국은 국무위원회, 보위국은 조선인민군 소속으로 분류됨.

④ 김정은은 직할 체제를 구축하여 정보기관 간 충성경쟁을 유도하며, 이들 기관은 김정은에게 직접 보고하는 '1호 보고 단위'로 기능함.

2. 김정은 시대 북한 정보기구의 운용

(1) 의의

① 김정은 시대의 정보기구 운용은 정보 사용자(최고 통치권자)가 직접 조직과 활동을 관장하는 방식으로 운영됨.

② 북한의 유일지배체제 특성에 따라 모든 정보기관은 김정은에 대한 직보 체제를 유지함.

(2) 중간기구를 통한 정보기관 통제

① 북한은 1960년대 중반 '대남사업총국', 1960~70년대 초반 '대남사업담당 비서'를 노동당에 두고 대남 정보활동을 총괄 · 관장함.

② 현재는 노동당 정무국 부위원장 김영철이 대남 · 해외 사업을 담당하고 있음.

(3) 상호 검열 · 감시 체제

① 각 정보기관의 수장들은 최고 통치자에게 직접 보고하며 지시를 받아 집행하는 구조를 유지함.

② 북한의 정보기관들은 최고통치자의 지도와 통제 속에서 상호 검열 · 감시하는 체제로 운영되며, 개별 기관의 절대권력 형성이 제한됨.

③ 김일성 · 김정일 시대에는 정보기관 간 충성경쟁을 유도하였으며, 과도한 충성경쟁은 숙청과 처벌로 이어짐.

④ 기관 본위주의 특성으로 인해 충성경쟁이 지속되었으며, 최고지도자의 신임을 얻기 위해 무리한 사찰을 강행하여 간부 · 주민들과 갈등이 발생하기도 함.

⑤ 최고지도자는 관심 사항에 따라 특정 정보기관에 힘을 실어주었으며, 이는 최고지도자의 정책 방향을 판단하는 척도로 작용함.

II 김여정과 조직지도부를 통한 정보기구 감시 · 통제

1. 의의

① 북한 노동당은 정책지도 기능과 생활지도(조직 · 사상) 기능을 통해 당의 영도기능 수행.

② 정책 수립 · 결정은 당 정치국과 당 중앙군사위원회가 담당하며, 정책 집행 · 감독은 당 정무국 산하 전문부서가 담당.

③ 조직생활 지도는 당 정무국 산하 조직지도부가, 사상생활 지도는 선전선동부가 담당.

2. 조직지도부

(1) 의의

① 당 · 정 · 군 내 정보기구 감시 · 감독 및 통제 기능을 노동당 조직지도부가 담당.

② 정보기관 내 독립부서인 정치국에 조직지도부 정치요원을 파견하여 개별 정보기관 감시 · 통제 수행.

③ 정보기관의 정치국장은 정보기관장과 동일 직급이나 정보업무 외 권한에서 정보기관장보다 우위.

(2) 정치국의 위상

① 인민군 총정치국, 국가보위성 정치국, 사회안전성 정치국은 도(직할시) 당 위원회와 동급의 위상 및 기능 보유.

② 반면 최고인민회의 상임위원회, 내각 사무국, 외무성 등 국가·정부기관 당 위원회는 지역당 위원회 산하 초급당위원회 형태로 운영.

(3) 편제

① 1990년대까지 여러 명의 제1부부장이 존재하며 종합, 당 생활지도, 검열, 간부(인사), 행정(사법·검찰), 본부당으로 역할 분담.

② 김정일 시대 이후 선군정치 표방과 함께 2000년대 초부터 제1부부장을 4~5명에서 2명으로 축소하고 사회·군 담당으로 이분화.

③ 사회담당 제1부부장은 국가, 정부기관, 지방행정기관, 공안·사법·검찰, 과학·교육, 문화·예술, 출판·보도, 해외공관 등의 당 위원회와 창광보안서 담당.

④ 군 담당 제1부부장은 조선인민군 총정치국과 각 군종·병종·군부대 등의 당 위원회 담당.

3. 북한 정보기구 감시·통제

(1) 의의

노동당 조직지도부와 행정부가 정보기구 감시·통제를 담당.

(2) 노동당 행정부의 해체

① 1980년대 말 사법·검찰·공안 부문 정책지도 담당을 위해 노동당 행정부 신설.

② 1990년대 초 사회안전부(현 사회안전성) 비리 사건 조사 과정에서 조직지도부와 마찰로 해체.

③ 당시 행정부장이었던 김시학은 좌천되었으며, 행정부 기능은 조직지도부로 흡수.

④ 조직지도부 내 행정부문 담당 제1부부장 직제 신설, 장성택 임명. 조직지도부 행정부문은 사법·검찰·사회안전 부문 정책·생활지도 담당.

(3) 장성택과 노동당 행정부의 부활

① 2007년 조직지도부 행정부문 기능을 독립시키면서 행정부 부활 및 장성택 행정부장 임명.

② 행정부는 조직지도부가 담당하던 사법·검찰·공안 부문의 당 생활지도 및 정책지도 기능 장악.

③ 장성택은 행정부를 기반으로 2008년 김정일 건강 악화 시 김정은의 후견인 역할 수행.

④ 2013년 12월 장성택이 반당·반혁명 종파행위 및 횡령·부패 혐의로 출당·해임 후 사형 판결, 행정부 해체 및 기능 조직지도부로 흡수.

⑤ 조직지도부 7과는 사법·검찰·사회안전성, 8과는 국가보위성, 11과는 대남·해외 정보기구 담당.

(4) 김여정과 조직지도부

① 김여정 제1부부장이 조직지도부 내에서 정보기구 감시·통제 담당. 과거 장성택이 조직지도부 행정부문을 맡았던 사례와 유사.

② 최근 북한이 '대남사업총화회의'에서 김영철과 김여정을 회의 주관자로 명기, 김여정이 대남·대미 부문 총괄 가능성 제기.

③ 현재 조직지도부 제1부부장은 사회담당(조용원), 군담당(김조국), 사법·검찰·공안 담당(김여정)으로 구성.

④ 제1부부장 체제가 김정일 시대의 2인 체제에서 김일성 시대의 다수 체제로 환원된 것으로 평가.

Ⅲ 정보기구의 사이버 공격 증가

1. 의의

북한은 김정은 시대 들어 대남·해외 정보활동의 선진화·고급화를 추진함. 정찰총국 기술정찰국을 중심으로 사이버 역량을 강화함.

2. 북한의 사이버 공격에 대한 인식

(1) 사이버 공간 개념

① 북한은 사이버 공간을 항일빨치산의 투쟁무대와 동일시하며, 적국보다 유리한 작전 공간으로 인식함.

② 북한의 정보 모략전, 해킹, 사이버심리전, 대남공작은 제3국에서 수행되어 적에게 노출될 위험이 적음.

(2) 비대칭 역량 강화

① 사이버 공격은 비대칭 전력으로 행위주체 특정이 어려워 위장부인(plausible deniability)이 가능함.

② 김정은은 사이버 공격의 중요성을 지속적으로 강조함.

3. 북한 사이버 공격의 유형

(1) 의의

북한의 사이버 공격은 정보수집, 사이버 심리전, 사이버 테러, 사이버 범죄 등으로 구분됨.

(2) 사이버 정보수집

① 국방과학연구소(ADD) 해킹(2014), 작계5027 유출(2016) 등 주요 해킹 사례 발생.

② 청와대, 국회, 정부 부처, 연구소, 언론사 대상 해킹 지속됨.

(3) 사이버 심리전

① 북한은 대남심리전을 위해 직영·해외 친북 사이트를 활용하여 허위정보 및 역정보를 확산함.

② 통일전선부가 주도하며, '우리민족끼리', '구국전선', '조선중앙통신' 등 140여 개 심리전 사이트 운영.

③ SNS(Twitter, Facebook, YouTube) 활용 심리전 지속됨.

④ 댓글팀 운영을 통한 조작 정보 확산, 여론 조작 및 Flame 기법 활용.

(4) 사이버 테러

① 디도스(DDos) 공격 및 해킹을 통한 사이버 테러 지속됨.

② 7·7 디도스 공격(2009), 농협 전산망 마비(2011), 6·25 사이버 공격(2013), 소니 픽쳐스 해킹(2014) 등 발생.

③ 금융기관 및 주요 기반시설 대상 디도스 공격 및 해킹 수행.

(5) 사이버 범죄

① 금전 탈취 목적의 해킹 수행. 유엔안보리 보고서(2019)에 따르면, 2015~2019년 17개국 금융기관·가상화폐 거래소 대상 35건의 사이버 공격으로 최대 20억 달러 탈취.

② 2017년 이후 북한의 가상화폐 거래소 공격 15건 중 10건이 한국 거래소를 대상으로 함.

4. 사이버 공격 시행 주체 및 배경

(1) 의의

① 북한의 사이버 공격 조직은 당·정·군 정보기관 소속이며, 총참모부, 정찰총국, 통일전선부, 문화교류국이 포함됨.

② 사이버 공격은 '저비용·고효율'의 비대칭 전력으로 활용됨.

(2) 북한 사이버 공간의 특징

① 대내적으로 인트라넷, 대외적으로 인터넷을 사용하여 폐쇄적 사이버 공간 유지.

② 북한의 사이버 공간 낙후성이 방어 측면에서 유리한 환경을 제공함.

Ⅳ 정보기구의 조직 변화

1. 의의

김정은 시대에 정보기구 조직과 기능이 변화함.

2. 정찰총국의 신설

① 김정은 후계체제 구축 과정에서 정찰총국 신설을 통해 대남·해외 정보활동이 '당' 중심에서 '군' 중심으로 전환됨.

② 정찰총국 창설 후 지하당 구축, 테러, 무력도발을 병행하는 공세적 정보활동 추진됨.

3. 정보기구의 명칭 변경

(1) 정보기구 명칭 변경 사례

① 국가안전보위부 → 국가보위성

② 군 보위사령부 → 보위국

③ 인민보안부 → 인민보안성 → 사회안전성

(2) 조직 개편 의도

① 김정은 시대에 사회주의 정상국가화를 위한 조직 개편 추진됨.

② 김정은의 '김일성 따라하기' 정책의 일환으로 김일성 시대 명칭 재사용.

4. 내각 225국의 통일전선부 문화교류국으로 명칭 변경

① 225국은 2009년 내각 기구로 편입되었으나 2012년 통일전선부에 속하는 형태로 운영됨.

② 내각 소속 당시에도 노동당 통제하에 있으며, 김정은에게 직보하는 체제 유지.

③ 통일전선부 소속으로 변경된 이후에도 주요 정보활동은 김정은에게 직보하는 구조 유지.

④ 2024년 통일전선부가 '노동당 중앙위 10국'으로 개편됨에 따라, 문화교류국도 명칭이 변경되며 분리됨.

5. 국가보위성의 '특별군사재판소' 설치

① 2013년 장성택 처형 과정에서 국가보위성 내 특별군사재판소 설치됨.

② 체제전복 사건 등 반국가사범의 신속한 재판과 처벌을 위한 목적.

③ 상설조직이 아닌 비상설조직으로 반국가·반체제 범죄에 적용됨.

Ⅴ 국가보위성의 대남 정보활동 강화

1. 김정은 시대의 국가보위성 역할 변화

① 김정은 시대에 들어서면서 국가보위성을 활용한 대남 정보활동이 강화됨.

② 기존에는 국내 및 해외 정보활동을 담당하였으며, 대남 정보활동은 정찰총국, 통일전선부, 문화교류국이 수행함.

③ 김정은 시대 이후 국가보위성 내 반탐정국, 해외반탐국, 북남대화보위국을 활용하여 대남 정보활동을 확대함.

2. 탈북자 문제

(1) 의의

① 2009년 김정은 후계자 등장 이후 '비법월경자' 및 '행불자' 문제가 주요 정치적 현안으로 부각됨.

② 북한은 국가안전보위부를 중심으로 인민보안부 및 기타 기관과 협조하여 탈북자 문제를 해결하고자 함.

(2) 국경경비 업무의 국가안전보위부 이관

① 김원홍을 국가안전보위부장으로 임명하고, 군부에서 담당하던 국경경비 업무를 국가안전보위부로 이관함.

② 2010년경 국경경비총국과 세관 통행 관리를 국가안전보위부가 전담하게 됨.

③ 변경지역에서의 정보활동이 기존 탈북자 신원 확인에서 대남 정보활동 영역으로 확대됨.

(3) 탈북자와 대남 정보활동

① 국가보위성은 탈북자 관련 정보활동을 통해 위장 탈북 및 북한이탈주민의 재입북 공작을 수행함.

② 중국 내 탈북자 첩보 수집 및 송환 업무를 병행하며, 소극적 방첩활동에서 적극적 방첩활동으로 전환함.

(4) 해외공관 안전대표부 인원 확대

① 김정은 시대에 해외공관 및 파견근로자에 대한 감시와 탈북 방지를 위해 해외공관 안전대표부 인원을 증원함.

② 이는 해외 주재 외교관 및 무역대표부 인원의 탈북 증가를 막기 위한 조치임.

(5) 탈북자 관련 정보활동 체계

① 대내적으로는 국가보위성이 주관하고 사회안전성과 정찰총국 등 유관 정보기관이 협조하는 체제임.

② 해외에서는 국가보위성이 탈북자 관련 업무를 전담하며, 한국 및 해외 정보수집과 확인은 대남 정보기관이 협조하는 방식으로 업무를 세분화함.

(6) 대남사업 부문 감시·통제

① 국가보위성 북남대화보위국이 대남사업 관련 감시·통제를 전담하며, 대남 대화 및 접촉에 참여하는 북한 인원을 관리함.

② 남북 행사 현장에서 북한 인원을 감시·통제하고, 남한 접촉자들을 통해 우리 정부의 대북정책 내부 동향을 파악하는 업무를 수행함.

③ 산하기관으로 금강산관광 보위부와 개성공단 보위부가 운영됨.

I 국가안보

1. 의의

① 안보는 안전보장의 줄임말로, 영어 "security"에 해당함.

② "security"는 안보 또는 보안의 의미를 가지며, 위험과 손해로부터 보호되는 상태를 의미함.

③ 안보는 외부 위험으로부터 보호되는 외부지향적 개념이며, 안전(safety)은 내면지향적 개념임.

④ 국가안전보장(National Security)은 외부 침략, 위협, 공포에서 벗어나 평온한 상태를 유지하는 것임.

2. 전통적 협의의 안보

① 민족국가 출현 이후, 현실주의적 관점에서 국가 존립을 우선하는 개념으로 정립됨.

② 국가안보 위협을 외부 요인으로 한정한다는 점에서 비판이 존재함.

③ 국방 중심의 군사력 강화 개념으로 정의되며, 이를 전통적 협의의 안보 개념이라 함.

3. 아놀드 월포스(Arnold Wolfers)

① 국가안보 개념은 절대적이지 않으며, 시대와 환경에 따라 변함.

② 국가이익을 기준으로 정의되며, 최선의 국가이익은 시대 상황에 따라 변화함.

③ 국가안보 개념 정의는 현실적으로 필요하며, 국가정보학 관점에서도 중요함.

④ 오늘날 국가안보는 일반적으로 "외부 위협으로부터 국가의 안전이 보호되는 상태"로 정의됨.

⑤ 사전적으로는 "국가 방위 수단 및 대외관계" 또는 "영토의 순수성, 주권, 국제적 자유"를 의미함.

4. 로버트 맨델(Robert Mandel)

① 국가안보를 "국가 및 시민의 핵심 가치가 대내외 위협으로부터 보호되는 것"으로 정의함.

② 핵심 가치는 생존(survival), 번영(prosperity), 국가위신(prestige), 국민의 생명과 재산을 포함함.

③ 시대 변화와 관계없이 적용 가능하다는 점에서 강점을 가짐.

5. 「UN 헌장」 제2조 제4호

(1) 국제법적 국가안보 개념

① 2007년 기준 192개국이 서명한 「UN 헌장」 제2조 제4호에 국가안보 개념이 포함됨.

② 회원국은 국제관계에서 영토의 순수성과 정치적 독립성을 보호받아야 함.

③ 외국의 협박과 무력 사용의 위협을 받지 않아야 함.

④ 국제법적으로 국가안전보장은 외부 협박과 무력 사용으로부터 안전한 상태를 의미함.

(2) 결론

① 국가안보는 국가가 물리적 · 심리적 공포에서 완전히 해방된 상태를 의미함.

② 국가안보는 국가이익을 추구할 수 있는 조건을 확보하는 것과 직결됨.

Ⅱ 국가이성(Raison d'etat)

1. 의의

① 국가이익(National Interests, NI)은 국가의 보존, 번영 · 발전, 국위선양 및 국민이 중시하는 국가가치(national values)와 국가체제의 순수성 유지 · 신장을 포함하는 개념임.

② 이는 국가가 국제적으로 내세우는 이념 및 가치를 의미하며, 국가 유지와 강화를 위한 행동기준, 국가이성(Raison d'etat)에서 유래한 용어임. 국가목표, 국가야망, 국익으로도 불림.

2. 레종 데타(Raison d'etat)

(1) 개념

① 레종 데타는 국가이익과 동일한 개념으로, 국제무대에서 경쟁적 국가이익을 추구하는 과정에서 식민지 확보 경쟁의 정당성을 부여하는 역할을 가짐.

② 초기 국가이익 개념은 현실적 경쟁 가치를 포함하며, 역사 · 문화 · 전통 · 규범 · 시대상황에 따라 변화함.

③ 민주국가에서는 국민의 정치 · 경제 · 문화적 욕구가 반영된 최고정책결정 과정에서 표명됨.

(2) 국가이익과 국가안보

① 국가안보는 국가이익을 수호하기 위한 핵심 요소이며, 국가안보를 지키는 것이 가장 중요한 국가이익 중 하나임.

② 국가이익이 외교정책의 중심 개념으로 사용된 것은 16세기 주권국가 등장 이후이며, 체계적 연구는 20세기부터 시작됨.

③ 초기 인류 역사에서는 국가이익이 종교 · 도덕 등 정신적 · 이념적 문제에 집중되었으며, 물질적 요소는 부차적 개념으로 취급됨.

Ⅲ 국가이익의 개념

① 국가이익은 국가의 위신, 명예, 자존과 연결된 개념으로 포괄적이고 추상적이지만, 현실적으로 보호되고 확보되어야 하는 명제임.

② 국가이익 실현을 위해 주요 분야별로 설명되며, 정치적 안정, 영토적 독립성, 안정적 국제관계 유지가 모든 국가에 공통된 핵심 요소임.

③ 경제발전, 안보 확립, 국위선양은 국가이익의 경제적 · 정치군사적 · 외교적 측면을 대표하며, 한 국가가 고려해야 할 이익을 포괄함.

Ⅳ 도널드 네털라인(Donald Nuechterlein)의 국가이익

1. 의의

국가이익을 중요도에 따라 4가지로 구분함.

2. 국가이익의 분류

① 존망의 이익(survival interests): 국가 존립이 걸린 이익으로, 국가 간 전쟁과 같은 위협적인 상황 포함.

② 결정적 이익(vital interests): 국가 안전보장, 안녕질서, 경제적 기반에 치명적 손실을 초래할 가능성이 있는 이익.

③ 중요한 이익(major interests): 적절한 대응이 없을 경우 심각한 손실이 예상되는 이익.

④ 지엽적 이익(peripheral interests): 국가에 직접적인 영향은 없으나 외국에 거주하는 국민이나 기업에 부정적 영향을 미칠 수 있는 이익.

Ⅴ 구영록의 「한국의 국가이익」

1. 사활적 이익

(1) 개념

① 국가의 존립을 위협하는 사태와 관련된 이익

② 일반적으로 국가 간 전쟁과 같은 상황 포함

(2) 대응 방안

① 대통령의 깊은 주의와 결단 필요

② 신속한 조치 요구됨

2. 핵심적 이익

(1) 개념

국가 안전보장, 안녕질서, 경제적 기반 등에 치명적 손실을 초래할 우려가 있는 이익

(2) 대응 방안

① 대통령의 깊은 관심과 주의 필요

② 행정부가 단시일 내 강력한 대응방안 강구

3. 중요한 국가이익

(1) 개념

적절한 대응이 없을 경우 심각한 손실이 예상되는 이익

(2) 대응 방안

정부의 지속적이고 광범위한 대책 강구 필요

4. 지엽적 이익

(1) 개념

방치하더라도 비교적 적은 손실이 예상되는 이익

(2) 대응 방안

주의 깊은 관망 자세 요구됨

Ⅵ 국익검토위원회의 국가이익

1. 의의

① 국익검토위원회(The Commission on America's National Interests)는 미국의 국가이익을 체계적으로 분류한 보고서를 작성함.
② 기존 연구와 달리 국가이익의 중요도별 세부 현안을 제시하여 현실적 인식을 강조함.

2. 국가이익의 4단계 분류

(1) 결정적 이익(Vital Interests)

① 국가의 존립과 직결됨.
② 자유롭고 안전한 국가 유지, 국민 생활 보장 및 증진에 필수적임.
③ 미국의 외교력, 군사력, 신뢰성 증진이 필요함.

(2) 핵심적 이익(Extremely Important Interests)

① 양보할 경우 미국의 능력에 심각한 손상을 주지만, 국가 존립 자체는 위태롭지 않음.
② 대량파괴무기 사용 방지, 국제규범 강화, 동맹국 방어가 포함됨.
③ 유럽 및 일본과 강력한 전략적 제휴가 필요함.

(3) 중요한 이익(Important Interests)

① 국가 존립이나 번영과 무관하지 않으나 핵심적이지는 않음.
② 인권 침해 방지, 전략적 지역에서 민주주의 증진, 국제테러로부터 국민 보호가 포함됨.
③ UN 및 지역·기능적 협력 장치 유지가 필요함.

(4) 부차적 이익(Secondary Interests)

① 본질적으로 바람직하지만, 국가 능력에 중대한 영향을 미치지는 않음.
② 무역역조 시정, 범세계적 민주주의 확산이 포함됨.

3. 국가이익 우선순위 설정

미국은 국익검토위원회의 국가이익 분류를 기반으로 매년 국가이익의 우선순위를 결정함.

Theme 120-1 국력방정식

1. 국력방정식의 개념

① 국력 분석 방법 중 하나로, 레이 클라인(Ray S. Cline)이 제시한 방정식[P=(C+E+M)×(S+W)]을 의미함.
② 국력(Power)을 구성하는 요소로 임계량(C), 경제력(E), 군사력(M), 정치 지도자의 전략(S), 국민의 의지(W)를 포함함.

2. 주요 구성 요소

(1) 고정 변수

임계량(Critical Mass, C): 국토 면적, 인구 규모 등 국가의 자연적 조건을 포함하는 고정 변수.

(2) 가변 변수

① 경제력(E): 국가의 경제적 능력.
② 군사력(M): 국가의 군사적 역량.
③ 정치 지도자의 전략(S): 국가 지도자의 전략적 판단과 정책 방향.
④ 국민의 의지(W): 국민의 단합된 힘과 국가에 대한 헌신.

3. 국력방정식의 특징

① 정치 지도자의 전략(S)과 국민의 의지(W)가 0이 되면 전체 국력(P)이 0이 될 수 있음.
② 국민의 단합된 의지와 지도자의 전략이 국력 유지 및 강화에 결정적 역할을 함.

4. 사례 분석 – 미국과 베트남 전쟁

① 미국은 경제력(E)과 군사력(M)에서 우위를 점했으나, 베트남을 향한 의지(W)와 전략(S)이 미약하여 전쟁에서 패배함.
② 베트남은 독립을 위한 강한 의지(W)와 전략(S)을 바탕으로 승리함.

5. 결론

① 경제력(E)과 군사력(M)이 강하더라도, 정치 지도자의 전략(S)과 국민의 의지(W)가 없으면 국력은 약화될 수 있음.
② 국력 유지 및 증대를 위해 정치적 전략과 국민 통합이 필수적임.

I 국가비밀특권(State Secrets Privilege)

1. 개념

(1) 정의

① 국가비밀특권은 국가가 국가안보를 위해 비밀로 분류된 민감한 정보를 공개하지 않을 권한을 의미함.

② 국가정보 보안정책(security of information policy, SOI)이라고도 하며, 재판을 통해 증거법상의 규칙으로 발전한 개념임.

(2) 기능과 절차

① 국가안보가 개입된 사건에서 일반 공개증거심리주의를 제한하는 것이 주된 내용임.

② 국가는 국가안보를 이유로 비밀권을 주장할 수 있으며, 이를 위해 절차 비공개를 요구하는 진술서(affidavit)를 법원에 제출할 수 있음.

③ 법원이 국가비밀특권 주장을 받아들이면 판사의 집무실에서 비공개 증거심리가 이루어지며, 경우에 따라 구두변론만으로 심리가 종결될 수 있음.

2. 레이놀즈 사건(Reynolds Case)

(1) 사건 개요

① 1953년 미국 연방 대법원은 레이놀즈 사건에서 국가비밀특권을 인정함.

② 대통령에게 국가비밀특권을 인정한 기념비적 판결이지만, 국가비밀특권은 헌법상의 개념이 아니라 사법부의 판결을 통해 형성된 개념임.

(2) 사건 경과

① 1948년 미 공군의 B-29 폭격기가 소련 영공에서 비밀 정탐활동 수행 중 추락함.

② 조종사의 미망인과 유족들은 국가를 상대로 손해배상 소송을 제기함.

③ 원고 측은 사고 원인 규명을 위해 운항기록지 공개를 요구했으나, 국가는 해당 기록에 기밀 임무가 포함되어 있어 공개 시 국가안보가 위협받는다고 주장하며 거부함.

④ 법원은 국가안보를 이유로 한 정보 비공개 권한을 인정하여, 국가비밀특권을 공식적으로 확립함.

II 국가안보와 시민의 자유 및 권리

1. 국가안보와 국가이익

(1) 국가안보의 중요성

① 국가안보와 국가이익은 국가 존립의 핵심 과제이며, 현실적 필요성에 의해 중요성이 형성됨.

② 국가안보는 사회를 방위하고 외부 위협으로부터 국가를 보호하여 국민의 안녕과 평화를 보장하는 역할을 함.

(2) 자유와 권리에 대한 영향

① 국가안보 유지를 위한 조치와 수단은 개인의 자유와 권리를 제한하는 역설적 요소를 포함함.

② 국가정보 활동 역시 민주주의 원칙(국민을 위한 정부, 법의 지배, 권력분립)에 기속됨.

2. 로벨 사건(Lovell Case)

(1) 사건 개요

1968년 미국 연방 대법원은 로벨 사건에서 국가안보와 시민의 자유 간 균형의 중요성을 강조함.

(2) 주요 판결 내용

① "국가방위는 그 자체가 목적이 될 수 없으며, 국민 보호를 위한 수단임."

② "국가안보를 이유로 국민의 자유를 억압하는 것은 모순이며, 그러한 국가방위는 아무런 가치가 없음."

Theme **121** 국가정보와 국가안보의 연계

I 국가정보

1. 국가정보의 궁극적인 목표

① 국가정보는 지식, 활동, 조직으로 구성되며, 그 궁극적인 목표는 국가안보 증진에 있음.

② 셔먼 켄트(Sherman Kent)는 국가정보를 "국가존립에 절대 불가결한 지식"으로 정의하며, 이는 군사정보뿐만 아니라 외교, 경제, 자원·환경 등 다양한 분야의 정보를 포함함.

2. 국가안보 목표 달성에 필요한 수단

(1) 국가정보의 역할

국가정보는 국가안보 목표 달성에 필요한 여러 수단(경제, 과학기술, 경찰, 외교, 군사력 등) 중 하나임.

(2) 국가안보 정책 수립과 집행의 필수 요소

① 국가정보는 국가안전보장과 관련된 외교, 국방, 경제 등의 정책 수립과 집행에 필요하며, 대내외 국가적

안보위협으로부터 국가이익을 보호하는 데 필수적인 수단임.

② 국가정보는 국가안보 목표 달성을 위한 핵심 수단이자 투입변수로서 국가안보에 종속됨.

③ 국가정보기관의 존재 이유는 국가안보 목표 달성에 있으며, 국가안보 목표가 변화하면 정보활동의 성격과 범위도 조정되어야 함.

Ⅱ 국가안보

1. 국가안보 개념의 불명확성

① 국가안보 개념이 모호하여 국가정보의 범위와 성격을 규정하기 어려운 문제 발생.

② 국가적 생존과 관련된 개념으로 국제정치학에서 오랫동안 연구되었으나, 명확히 정립된 개념은 없음.

③ 월포스(Arnold Wolfers)는 안보 개념이 절대적이지 않으며, 시대와 상황에 따라 변화한다고 지적함.

2. 로버트 맨델(Robert Mandel)의 국가안보 정의

(1) 국가안보의 정의

로버트 맨델은 국가안보를 "국가정부의 책임으로서 국가 및 시민의 핵심적 가치가 대내외적 위협으로부터 보호받고, 심리적 및 물리적 안정이 유지되는 것"으로 정의함.

(2) 핵심적 가치

국가안보에서 '핵심적 가치'는 국민 차원에서는 개인의 생명과 재산, 국가 차원에서는 생존, 번영, 국가적 위신 등을 포함함.

(3) 심리적 차원

심리적 차원의 국가안보는 주관적 판단에 크게 의존함.

Ⅲ 국가안보와 국가정보의 관계

1. 국가안보의 의의

(1) 개념

① 국가안보의 핵심 요소는 국력이며, 군사력, 경제력, 과학기술력이 국가안보 유지의 결정적인 요소임.

② 국가안보는 자국의 능력만으로 확보될 수 없으며, 외부 환경의 영향을 받음.

③ 국가안보에 영향을 미치는 주요 요인으로 정책결정자의 인식력(perception filter)과 정보력(information filter)이 있음.

(2) 외부환경

① 부정적 요소: 적대 국가의 군사 · 경제 · 자원 · 환경적 위협

② 긍정적 요소: 군사동맹 및 경제 · 자원 · 환경 협력 관계

2. 인식력(perception filter)

(1) 의의

① 인식력은 외부 상황을 판단하는 시각으로, 정책결정자가 안보 문제를 결정하기 위한 기본 요소임.

② 역사적으로 정책결정자의 오판이 전쟁과 위기를 악화시킨 사례가 존재함.

(2) 사례

① 적대국 군사력에 대한 과대 · 과소평가, 제3국 개입 가능성 오판, 전쟁 불가피성에 대한 잘못된 인식

② 제1차 세계대전, 한국전쟁에서 중국의 개입, 1965년 인도－파키스탄 카슈미르 분쟁, 1967년 중동전쟁, 이라크의 쿠웨이트 침공에 따른 걸프전쟁 등.

3. 국가정보

(1) 의의

① 정책결정자의 외부 현상에 대한 인식(perception)이 현실과 다를 경우 오인(misperception)이 발생하며, 이는 국가안보에 치명적 손실을 초래함.

② 오인의 원인은 정책결정자의 성장배경, 가치관, 성격 등 다양하지만, 이를 최소화하는 핵심 요소가 정보력임.

(2) 정책결정자의 판단 왜곡 요인

① 정보화 시대에는 신문 · 방송 · 잡지 등 다양한 매체에서 과다한 정보가 제공되며, 이는 오히려 판단을 왜곡시킬 가능성이 있음.

② 특정 상황에서 반드시 필요한 정보가 부재할 경우 올바른 정책 판단이 어려워짐.

③ 국가정보는 공개 자료 수집 및 비밀공작 등을 통해 얻기 어려운 정보를 제공하여 정책 판단에 기여함.

(3) 국가정보의 기능

① 국가정보는 왜곡된 첩보 및 상호 모순된 정보를 분석 · 평가하여 정확한 정보를 생산하고, 정책결정자가 올바른 판단을 하도록 지원함.

② 국가안보의 최종 책임자인 최고 정책결정권자에게 필요한 정보를 제공함으로써 국가안보 기능을 수행함.

③ 정책 입안 · 계획 · 집행 · 실행 결과 예측 등 정책결정의 전 과정에서 필수적인 정보 제공을 통해 국가안보에 기여함.

4. 국가안보와 국가정보의 관계

(1) 국가정보의 중요성

① 정책결정자는 국가정보를 바탕으로 올바른 선택과 판단을 내릴 수 있음.

② 정보의 질이 높더라도 최적의 정책이 보장되는 것은 아니지만, 훌륭한 정보가 없으면 국가정책이 실효성을 갖기 어려움.

(2) 국가의 능력과 국가정보의 관계

① 국가는 자원·경제력·군사력을 통해 대외 협력을 유지하고 외부적 위협을 통제할 능력을 보유해야 국가안보 목표 달성에 유리함.

② 그러나 국가정보 기능이 제대로 작동하지 않으면 외부 상황을 정확히 분석할 수 없으며, 강한 국력도 비효율적으로 운영될 위험이 있음.

5. 국가정보와 심리적 안정감

(1) 국가정보와 심리적 안정감

국가안보는 물리적 안정뿐만 아니라 심리적 안정까지 포함하며, 국가정보는 심리적 차원의 안보 유지에도 기여함.

(2) 정책결정자와 국민에게 주는 심리적 안정감

① 정확한 정보가 없으면 정책결정자와 국민이 위기가 아닌 상황을 위기로 오인하고 불안감을 가질 가능성이 있음.

② 신뢰할 수 있는 국가정보는 정책결정자와 국민에게 심리적 안정감을 부여하여 국가안보에 기여함.

③ 반대로 국가정보의 부재 또는 불신이 증가하면 위기가 발생해도 이를 인식하지 못하는 '안보 불감증'이 발생하여 국가안보에 치명적인 영향을 미칠 수 있음.

Ⅳ 결론

1. 국가정보의 역할

① 국가정보는 국가안보의 핵심 요소인 자원·군사력·경제력을 활용하여 국가 간 동맹 및 외교 협력을 유지하고, 적대국의 동향을 파악하며, 국민의 심리적 안정감을 제공하는 등의 역할을 수행함.

② 이를 통해 국가안보 목표 달성에 필수적인 기능을 담당함.

2. 국가안보 개념 변화에 따른 국가정보의 변화

(1) 국가안보 개념의 변화

① 냉전 시대에는 군사안보가 국가안보의 핵심 요소였으나, 현대에는 경제·자원·환경·사회 분야까지 확대됨.

② 냉전 시기 국가안보는 국가방위(national defense) 개념과 동일시되었으며, 군사적 침략과 위협 대응이 주된 목표였음.

③ 그러나 현대에는 에너지 파동, 무역마찰, 식량위기, 환경 파괴 등 비군사적 요소도 국가안보 위협으로 인식됨.

(2) 국가정보 개념의 변화

① 안보 개념의 변화는 탈냉전 이후 국제 질서의 재편과정과 연계됨.

② 이에 따라 국가안보를 강화하는 수단으로서 국가정보의 성격, 범위, 역할 또한 변화할 수밖에 없음.

Theme 122 탈냉전기 대외 환경의 변화

Ⅰ 대외 안보 환경의 변화

1. 의의

냉전 이후 국제질서가 재편되면서 안보환경이 급변함. 이에 따라 안보 개념과 목표도 변화함.

2. 냉전기의 안보개념

① 냉전기 안보는 국가방위(national defense)와 유사한 개념으로, 군사적 위협에 대한 대응을 중심으로 국가안보를 정의함.

② 국가정보 활동은 적대국의 군사력 현황, 전쟁 징후, 주변 안보환경 변화 탐지 등에 초점을 맞춤.

3. 탈냉전기의 국가안보

① 탈냉전기 국가안보 개념은 군사전략적 측면을 넘어 경제, 자원, 환경, 사회 문제 등 비군사적 요소를 포함하는 개념으로 확장됨.

② 대외 안보현안이 확대됨에 따라 국가정보의 범위도 무역 및 경제 동향, 국제 에너지 문제, 식량위기, 마약, 테러, 국제범죄, 환경문제 등으로 확대됨.

Ⅱ 탈냉전기 안보환경

1. 의의

탈냉전기 안보환경 변화는 단순히 안보 이슈의 다양화가 아니라 국가안보 능력의 상대적 약화, 안보 영역 및 대상국 확대 등의 변화를 초래함.

2. 국가 안보능력의 상대적 약화

(1) 의의

국제사회가 지구촌화되면서 국가의 영토 통제력을 기준으로 평가할 때 안보능력이 상대적으로 약화됨.

(2) 정보화

정보화 시대의 교통·통신 발달, 다국적기업 활동 증가, 국제기구 역할 증대 등으로 국경의 의미가 점차 희석됨.

(3) 초국적 행위자들의 역할 증대

개인, 다국적기업, 국제기구 등 국경을 초월한 행위자의 수 증가 및 영향력 확대로 국가의 통제력이 약화됨. 이에 따라 국가의 영토 내 영향력도 감소하여 궁극적으로 안보능력이 저하됨.

3. 국가안보의 관심 영역 확대

(1) 의의

국제사회에서 국가 간 상호 의존성이 증가하면서 국가안보의 관심 영역이 확대됨.

(2) 국내 정책과 대외 정책의 관련성 증대

① 국가 간 상호 의존성 증가로 국내 정책이 직접적인 대외적 영향을 미치면서 국내·대외 정책의 구분이 모호해짐.

② 이에 따라 국가안보의 관심 대상이 상대국의 외교뿐만 아니라 국내 정치·경제·사회·문화 등으로 확대됨.

③ 안보문제에서 대외문제와 국내 상황의 연계성을 파악해야 하므로 과거보다 안보문제 해결이 복잡해짐.

4. 국가안보에 영향을 줄 수 있는 관련 대상국 범위 확대

(1) 의의

냉전기에는 적대국과 우호국의 구분이 명확했으나, 냉전 후 국가 간 교류가 확대되면서 구분이 모호해짐. 이에 따라 국가안보에 영향을 미치는 대상국 범위가 확대됨.

(2) 예시

미국과 일본은 안보동맹을 유지하면서도 무역·경제 분야에서는 경쟁적 관계를 형성함.

한·중 관계는 경제적 협력 증가에도 불구하고 사회주의·자본주의 체제 간 이념적 대립으로 인해 정치·군사적으로 긴장된 관계를 유지함.

Ⅲ 국가정보 활동의 성격 및 역할 변화

1. 의의

안보환경의 변화에 따라 국가정보 활동의 성격 및 역할 범위도 변화함.

2. 국가정보수집 목표의 확대

① 국가안보 개념이 확대됨에 따라 국가정보수집 목표도 군사적 요소뿐만 아니라 비군사적 요소까지 포함하여 다양한 분야로 확장됨.

② 정보 분야 간 연계성이 증가하면서 종합적 정보체계 확립이 필요함.

Ⅳ 전략정보

1. 의의

셔먼 켄트(Sherman Kent)는 국가정보가 '운용정보(Operational Intelligence 또는 Tactical Intelligence)'를 넘어 '전략정보(Strategic Intelligence)'가 되어야 한다고 주장함.

2. 종합적·포괄적 정보

① 전략정보는 경제, 정치, 사회, 과학기술 등 다양한 분야의 연구·분석을 종합한 체계적이고 포괄적인 정보로서, 정책담당자에게 장기적인 미래 예측을 제공하는 '큰 그림(Big Picture)' 역할을 함.

② 국가안보 개념이 확대됨에 따라 국가정보도 국방, 경제, 외교 등 모든 분야를 총괄하는 종합적 정보로 발전해야 함.

③ 국가정보활동은 특정 부처의 권한이나 이익을 초월하여 국가안전보장과 국가이익 차원에서 수행되어야 함.

3. 관련국의 국내외 문제를 포함한 정보

① 국가 간 상호 의존성이 증가하면서 한 국가의 국내문제가 타국의 국가안보에 직접적인 영향을 미침. 이에 따라 외교정책뿐만 아니라 국내 정치 동향, 군사력 현황, 경제활동 등 다양한 요소를 포함한 정보수집·분석이 필요함.

② 정보실패 사례로 1978년 이란 팔레비 국왕의 정치적 위기를 미국이 과소평가하여 이후 이란 사태로 곤혹을 치름.

③ 1973년 오일쇼크(Oil Shock) 당시 사우디아라비아와 OPEC 회원국 정부의 정치·경제 동향에 대한 정보 부족으로 인해 경제상황의 급변을 예측하지 못함.

4. 국내외 연계부문에 대한 정보활동 강화

국내 불법 반체제·반정부활동뿐만 아니라 마약, 국제테러범죄, 국제 조직범죄 등이 국외 조직과 연계되어 수행됨을 감안하여 국내외 연계부문에 대한 정보활동이 강화되어야 함.

5. 국제조직 범죄와 정보기관의 역할(슐스키)

① 국제조직 범죄는 국내 사법기관의 관할권을 벗어나는 경우가 많아 정보기관의 개입이 필요함.

② 사법기관은 범죄가 실행된 이후 대응하는 경향이 있어, 광범위한 파장을 고려할 때 예방이 중요함.

③ 국제조직 범죄는 개별 사건 해결보다 조직 전체에 대한 정보가 필요하며, 정보기관의 역할이 필수적임.

V 경제 및 무역에서의 경쟁국 정보

1. 의의

다국적기업, 테러조직, 범죄조직 등 다양한 행위자들이 국경을 초월하여 활동하면서 국가안보와 국익에 미치는 영향이 커짐. 이에 따라 정보활동의 범위도 확대되어야 함.

2. 적과 우군의 구분이 명백하지 않은 상황

① 냉전 시대에는 소수의 적국을 대상으로 정보활동을 집중할 수 있었으나, 현재는 군사적으로 우호적이지만 경제 및 무역에서 경쟁관계에 놓인 국가들도 정보활동 대상이 되어야 함.

② 한국의 경우 냉전 시대에는 북한, 중국, 소련 등에 집중했으나, 현재는 일본, 미국 등과도 경제·무역 분야에서 정보경쟁을 수행해야 함.

3. 경제적 첩보전과 우방관계의 문제

① 군사적 적대국이 아닌 국가에 대해 경제적 첩보전을 수행하는 것이 타당한지에 대한 논란이 존재함.

② 그러나 경제문제가 국가안보에 중요한 영향을 미치므로 경제·무역 관련 정보활동은 필수적임.

③ 국가 간 산업 스파이 활동, 무역협상에서의 도청 등이 빈번하게 발생하며, 정보활동의 필요성이 증가함.

④ 적과 우군의 구분이 모호해지면서 정보활동 대상국이 증가하고, 이에 따라 국가의 정보력이 분산될 수밖에 없음.

Theme 122-1 탈냉전기 국가안보의 다원적 구조

I 군사안보

1. 개념

① 주권국가의 생존과 영토·주권 보존을 목표로 함

② 국제질서에서 현실주의 논리에 기반하여 중요성 유지

2. 변화와 필요성

① 탈냉전 이후 군사안보의 중요성 약화

② 베스트팔렌 체제의 주권 개념 약화, 경험적 주권 (empirical sovereignty) 확산

③ 강대국 논리에 따른 군사안보 필요성 증대

3. 주요 요소

① 주변 안보환경과 장차전 대비 전략·전술 수립

② 전력구조, 무기체계, 군사배치 기획 및 군사력 확보

③ 국력 신장, 유연한 안보전략 구축, 신뢰할 수 있는 동맹체제 확보 필요

④ 경제·외교정책을 군사안보정책의 일부로 인식

II 경제안보

1. 개념과 변화

① 전통적으로 군사안보의 하위개념으로 간주됨

② 탈냉전·세계화로 인해 독립적인 국가안보 목표로 부상

2. 중요성 증대 배경

① 핵전쟁 등의 명시적 군사위협 감소

② 국가 번영, 복지, 경제적 안정이 주요 국가 목표로 대두

③ 국제경쟁력 확보가 생존의 필수 요소로 인식됨

3. 학자 및 연구

① BRIE(버클리 국제경제라운드 테이블): 국가안보가 경제변수, 특히 과학기술력에 의해 좌우될 것이라 예측

② Lester Thurow: 세계경제질서가 미국, 유럽, 일본 3개 영향권으로 재편될 것으로 전망

4. 한국의 사례

1997년 외환위기 경험으로 경제안보의 중요성 부각

III 생태안보

1. 개념

① 국가 구성단위인 국민을 유기체로 보고 안정적 삶 보장을 목표로 함

② 인구·자원·소비 간 상호작용에 의해 생태안보가 결정됨

2. 위협 요인

① 제한된 자원 속 인구와 소비 증가로 인한 생태안보 위협

② North & Choucir: 편무적 압력(lateral pressure) 개념을 통해 식민주의 팽창 설명

③ 토인비 · 슈펭글러 · 맥닐: 국가 · 제국의 흥망이 생태적 요인에 의해 결정됨을 강조

3. 현대적 사례

① 사하라 남부 국가들의 생태위기 및 생태난민 발생
② 오존층 파괴, 온실효과, 전염병(AIDS) 확산 등의 환경문제
③ 북한의 식량 · 에너지 위기 사례

Ⅳ 사회안보

1. 개념과 변화

① 사회적 안정과 총체적 국가안보 강화 목표
② 기존에는 국내치안 영역으로 분류되었으나, 세계화로 인해 위협 요소가 초국가적 성격을 띠며 국가안보 차원에서 논의됨

2. 주요 위협 요소

① 국제 마약조직과 테러리즘 연계 증가
② 국제조직범죄가 단순한 국내치안 문제가 아닌 국가안보 사안으로 확대됨

3. 사례

① 미국: 대량살상무기 확산과 국제테러리즘을 국가안보의 핵심 사안으로 규정
② 한국: 월드컵 · 아시아게임 대비하여 테러리즘 방지법 재정비

Ⅴ 사이버안보

1. 개념

① 정보전(information warfare)을 통한 국가안보 위협 대응
② 적의 정보, 정보처리과정, 정보체계, 컴퓨터 네트워크를 교란하여 정보 우위 확보

2. 위협 요소

① 군사부문: 지휘 · 통제 · 통신 · 정찰 · 감시 체계 교란, 사이버공간 침투 및 컴퓨터 체계 파괴
② 비군사부문: 경제 · 사회 · 문화 · 과학기술 영역까지 영향 확대
③ 컴퓨터 해킹, 바이러스 · 웜 확산으로 국가 운영체계와 생활공간 마비 가능

3. 결과

국가사회 작동원리를 마비시켜 혼란과 불안정 초래

Theme 123 민주화의 확산

Ⅰ 의의

국내정치의 민주화는 국가안보 정책 수행에 중요한 영향을 미침.

Ⅱ 냉전의 붕괴와 범세계적 민주화

① 냉전 붕괴 이후 민주화가 확산되는 경향을 보임.
② 소련 및 동구권: 전체주의 독재체제에서 자본주의적 시장경제체제와 민주주의 체제로 변화됨.
③ 아시아 및 중남미: 한국, 대만, 중남미 국가들도 권위주의 정권이 몰락하고 민주화가 진행됨.

Ⅲ 국민 여론의 영향력 증가

1. 의의

① 민주화로 인해 국가안보와 정보기관의 기능 및 활동에도 변화가 요구됨.
② 과거 권위주의 정권은 비밀유지를 명분으로 안보정책을 자유롭게 추진할 수 있었음.
③ 민주화가 진행됨에 따라 정책결정자는 의회와 대중의 반응을 고려해야 하는 상황에 놓이게 됨.

2. 정책결정권자의 재량권 축소

① 민주화된 체제에서는 여론과 이익집단의 개입으로 정책결정권자의 재량권이 축소됨.
② 정책의 공개성과 책임성이 요구됨에 따라 안보정책의 효율성이 저하될 가능성이 있음.

3. 대중 매체의 영향력 증가

(1) 의의

① 민주화가 안보정책의 효율성을 저하시킬 수 있으나, 안보정책에 대한 견제와 통제는 강화되는 추세임.
② 민주주의 국가에서는 정부의 비밀성에 대한 회의감으로 인해 의회의 정부기관 감독활동이 이루어짐.
③ 대중 매체의 영향력 증가로 인해 안보정책결정에 대한 국민 여론의 영향력이 확대됨.

(2) 대중매체의 여론 주도

① 과거에는 일부 대중만이 안보정책에 관심을 가졌으며, 정부는 대국민 홍보활동을 통해 정책 지지를 유도할 수 있었음.
② 대중매체가 발전하면서 정부의 홍보 효과는 감소하고, 오히려 대중매체가 여론 형성의 주도적 역할을 수행하게 됨.

③ 국민의 안보정책에 대한 관심과 이해가 증가하며, 정부는 외교 및 국방정책 실패에 대한 국민 비판을 무시할 수 없는 상황에 놓이게 됨.

④ 외교, 국방 등 안보정책결정 관련 기관에 대한 여론의 감시가 강화되며, 정보기관도 예외가 아님.

(3) 정보활동 여건의 악화

① 민주화로 인해 정보기관에 대한 의회, 대중매체, 국민의 감시가 증가하면서 정보활동 여건이 악화됨.

② 정보기관의 존립마저 위협받는 상황이 발생함.

③ 사례: 소련 붕괴 후 러시아의 민주화 과정에서 KGB가 해체됨.

Ⅳ 미국의 사례

1. 의의

① 냉전 종식과 소련 붕괴 이후 CIA, FBI 등 미국 정보기관에 대한 의회 및 대중의 정보감독이 강화됨.

② 정보감독 강화의 원인은 민주화보다는 적대국 소멸로 인한 안보위협 감소 때문임.

③ 안보상황 개선 후 민주성을 회복하는 과정에서 정보기관 감독이 강조됨.

2. 워터게이트 사건

(1) 의의

냉전기 이전부터 미국 의회는 일반 정부기관에 대한 감시활동을 수행했으나, 정보기관의 비밀활동은 예외로 인정함.

(2) 「휴즈 – 라이언 수정법」과 「정보자유법」 제정

① 닉슨 대통령 시기 워터게이트 사건으로 정보기관의 도덕성에 대한 의문이 제기되면서 미 의회가 특별위원회를 구성함.

② 1974년 「휴즈 – 라이언 법안(the Hughes – Ryan Amendment)」과 「정보자유법(the Freedom of Information Act)」이 제정됨.

③ 휴즈 – 라이언 법안은 정보기관 활동에 대한 의회의 감시를 공식적으로 요구한 최초의 법안이며, 이로 인해 정보기관의 비밀활동이 제한됨.

3. 상 · 하 양원의 정보위원회

① 1970년대 중반부터 미 의회 상 · 하 양원에 정보위원회가 설립되어 정보기관 감독을 수행함.

② 정보위원회는 정보활동 예산 통제권을 행사하며, 미국 정보공동체 기관들의 활동을 파악함.

③ 전 CIA 부국장 로버트 게이츠(Robert M. Gates)는 정보위원회가 CIA 및 정보기관의 예산 지출과 정보 우선순위에 대해 행정부 내 인사들보다 더 많은 지식과 영향력을 가진다고 평가함.

4. 이란 – 콘트라 스캔들

(1) 개요

① 1986년 11월 3일 레바논의 알 쉬라(Al – Shiraa) 신문이 미국이 이스라엘을 중개자로 내세워 이란에 무기를 판매하고, 이를 통해 레바논에 억류된 미국인 인질을 석방하려 했음을 보도함.

② 국가안보 보좌관 맥팔레인(Robert McFarlane), 해군 장군 포인덱스터(John Poindexter), 실무 총책임자 올리버 노스 중령(Oliver North), CIA가 주도하여 이란과의 비밀 거래를 통해 무기 판매 자금을 조성함.

③ 해당 자금은 "니카라과 반군(Contra)"을 지원하는 데 사용되었으며, 이는 산디니스타(Sandinista) 정부 전복을 목표로 한 비밀공작임.

(2) 타워위원회(Tower Commission) 구성

① 사건이 언론에 보도되자 미국 법무부가 초기 조사를 진행하여 일부 사실이 밝혀짐.

② 레이건 대통령이 전 상원의원 타워(John Tower)를 위원장으로 하는 타워위원회(Tower Commission)를 구성하여 추가 조사 진행.

③ 1987년 1월 6일, 미국 의회가 상 · 하원 합동으로 조사위원회를 구성하여 진상 규명 착수.

(3) 조사 결과 및 판단

① 행정부 및 의회의 조사위원회는 국가안보체계의 법적 · 제도적 문제 때문이 아니라는 점에서 동일한 결론을 도출함.

② 타워위원회는 대통령의 정보공동체 관리 방식에 대한 비판을 제기하고, 일부 정보운용 시스템상의 문제는 확인되었으나, 핵심 문제는 국가안보위원회(NSC) 시스템의 구조적 결함이 아닌 인간실패(human failure)라고 판단함.

(4) 의회 감독 강화와 정보기관의 어려움

① 이란 – 콘트라 사건을 계기로 정보기관의 비밀활동에 대한 의회 감독의 문제점이 드러남.

② 의회 감독이 강화되면서 정보기관이 국가안보 목적의 비밀활동 수행에 어려움을 겪어 정보역량이 약화된다는 비판이 제기됨.

③ 이후 미 의회 정보위원회의 정보기관 감독 및 통제 기능이 더욱 강화됨.

(5) 「CIA 감사실장법」(CIA Inspector General Act) 제정

① 1989년, CIA 내부 감찰 기능 강화를 위해 「CIA 감사실장법」 제정.

② CIA 감사실장(Inspector General) 직위를 신설하여, CIA의 정보활동을 감시하고 감찰활동 내용을 의회에 직접 보고하도록 의무화함.

③ 감사실장은 CIA 내부 조직에 소속되면서도 독립적인 지위를 보장받아, CIA의 정보활동을 보다 면밀하게 파악하고 의회에 보고할 수 있는 장점을 가짐.

5. 의회를 통한 정보감독제도의 확산

① 1970년대 중반 미국이 의회를 통한 정보감독제도를 도입한 이후, 여타 민주주의 국가에서도 유사한 정보 감독제도를 도입함.

② 캐나다는 보안정보검토위원회(SIRC)를 설립하여 국내정보기구를 감독하고, 민간 기구로서 캐나다 보안 정보국을 창설함.

③ 한국은 김영삼 문민정부 출범 후 국회에 정보위원회를 상임위원회로 설치하여 국가안전기획부 등 정보기관의 예산 권한을 통해 감독권을 행사함.

Ⅴ 의회의 정보기관 감독제도

1. 의의

① 의회의 정보기관 감독제도는 정보기관의 비밀성을 유지하면서도 대중의 여론을 반영하기 위한 제도임.

② 민주적 의사결정으로 인해 정보기관의 비밀성이 파괴되는 것을 방지하면서, 불법적인 활동을 통제하는 최선의 대안으로 기능함.

2. 정보활동의 비밀성을 보장하면서 통제를 수행할 수 있는 수단

① 정보기관은 대중의 공개성과 책임성 요구에 대응하여 불법적 목적을 추구하지 않음을 증명해야 하나, 이로 인해 비밀성이 제한됨.

② 의회 및 대중의 감독이 강화될수록 정보활동의 자율성이 축소되고 보안 유지가 어려워지는 문제가 발생함.

③ 이러한 상황에서 정보기관의 비밀성과 효율성을 훼손하지 않으면서 통제 및 감독을 효과적으로 수행하기 위한 방안으로 의회의 정보감독제도가 도입됨.

Ⅵ 정보기관의 목적과 민주주의

1. 정보기관과 민주주의의 관계

① 정보기관은 비밀과 보안을 중시하는 반면, 민주주의는 정보 공개를 원칙으로 하여 양립이 어려운 특성이 있음.

② 민주주의는 비밀활동의 수단과 방법의 문제점을 강조하는 반면, 정보기관은 국가안보를 위한 목적의 정당성을 강조함.

③ 정보기관은 국가안보를 명목으로 세부 공작사항을 비밀에 부치는 과정에서 불법행위를 은폐할 가능성이 있으며, 이는 민주주의 가치를 위협할 수 있음.

2. 정권적 이익을 위한 정보기관의 악용

(1) 의의

① 정보기관이 국가안보가 아닌 특정 정권의 이익을 위해 악용될 소지가 있음.

② 권위주의 정권에서 빈번하게 발생하며, 민주주의 국가에서도 유사한 사례가 존재함.

(2) 정보기관의 보고서 내용의 과장

미국에서도 대통령이 자신의 정권적 이익을 위해 정보기관 보고서를 과장 발표하는 사례가 발생함.

3. 정보출처 공개의 필요성과 위험성

(1) 의의

① 국민의 불신 해소 및 정책 신뢰 확보를 위해 국가정보의 공개성과 책임성이 강조되지만, 이는 정보활동의 효율성 감소로 이어지는 딜레마를 초래함.

② 민주주의 정부는 정책의 합리성을 입증하기 위해 정보 공개 압력을 받으며, 정보출처 공개로 인해 정보자산을 상실하는 위험이 존재함.

(2) 미국의 레이건 대통령 사례

① 1986년 서베를린 나이트클럽 폭파 사건과 관련하여 레이건 대통령과 최고위 참모들이 민감한 정보를 공개함.

② 공개된 정보는 미국이 리비아의 외교적 통신을 가로채서 해독할 수 있는 능력을 보유하고 있음을 명확히 함.

③ 레이건 대통령은 리비아 폭격을 정당화하기 위해 미국의 암호해독 능력을 공개함.

④ 미국은 암호화된 메시지를 통한 정보획득 기회를 완전히 상실함.

Ⅶ 결론

① 민주주의는 국가정보의 효율성을 저해할 가능성이 있으며, 정보 공개와 책임성 요구는 정보활동의 여건을 악화시킴.

② 그러나 정보기관의 효율성이 저해되더라도 민주주의적 가치는 절대적으로 존중되어야 하며, 국가정보활동은 민주적 가치를 최대한 존중하는 방향에서 이루어져야 함.

③ 민주사회에서 국민적 신뢰와 지지 없이 정보기관은 존립할 수 없으며, 민주주의적 가치와 정보기관의 비밀성을 조화하는 방안을 모색해야 함.

I 국가정보의 의의

손자병법에서 정보활동이 군사적 승리를 결정짓는 핵심 요소임을 강조하며, 정보의 중요성이 오래전부터 인정됨.

II 국가정보의 중요성

1. 의의

탈냉전 이후 안보 개념이 변화했으나, 국가안보의 핵심은 여전히 군사안보이며, 이를 유지하는 결정적 요소는 정보활동임.

2. 탈냉전기 안보환경에서의 중요성

① 손자는 정보활동이 직접적인 전쟁보다 더 중요하다고 보았으며, 이는 경제·무역전쟁에도 적용됨.
② 전쟁뿐만 아니라 외교·무역협상에서도 상대 정보가 필수적이며, 국가 간 정보전이 심화됨.
③ 정보활동은 전쟁과 동일한 수준의 중요성을 가지며, 국가안보 유지의 필수 요소임.

III 안보환경 변화와 민주화 속의 국가정보

1. 의의

① 탈냉전과 국내 민주화는 국가정보체계에 도전이자 기회를 제공함.
② 안보환경이 복잡해짐에 따라 정보의 중요성이 증가하고, 기능과 역할이 확대됨.

2. 정보활동 여건의 악화

① 예산과 인원의 한정으로 정보 능력이 분산되는 문제 발생.
② 민주화에 따라 정보활동의 공개성과 책임성이 강조되며, 비밀성이 위협받음.

3. 서방 정보기관들의 대응

① 미국(CIA), 프랑스(DGSE), 독일(BND) 등은 냉전 종식 후 국제테러, 조직범죄, WMD 확산 등을 새로운 정보활동 목표로 설정하고 대응 강화.
② 민주화 및 정보화에 적응하기 위해 조직과 기능을 개혁하며, 단순한 정부조직이 아닌 정책 수립과 미래 정보사회 선도를 목표로 변화함.

4. 우리나라 정보기관의 상황과 대응

(1) 의의

① 우리나라 정보기관은 북한의 군사적 위협과 글로벌 경제·산업 정보전의 이중 과제를 부담함.

② 민주화로 인해 예산·인원 감축 및 정보활동의 공개성 요구가 증가하면서 정보활동이 위축됨.

(2) 과제

① 새로운 안보위협과 정보환경 변화에 대응하기 위해 국가정보체계 개혁이 필요함.
② 국가정보목표우선순위(PNIO) 조정, 정보 수집의 과학화, 분석방법 체계화, 정보활동 공개성 확보, 인력·조직관리 효율화 등 획기적 변화 요구됨.

I 의의

① 정보실패(intelligence failure)는 '정부의 실패(government failure)'나 '시장의 실패(market failure)'처럼 미국 학계에서 일반적으로 사용되는 개념임.
② 국가안보와 이익에 치명적인 영향을 미칠 수 있다는 점에서 현실 정치와 학계에서 많은 연구가 이루어지고 있으나, 개념과 이론적 논의는 부족한 상황임.

II 구별 개념

1. 의의

정보실패의 개념에 대한 일반적으로 인정되는 정의가 부재하며, 개념적 모호성으로 인해 몇 가지 문제점이 발생함.

2. 정책실패(policy failure)

① 정보실패로 보이는 사례 중 상당수가 정책결정권자의 편견이나 왜곡된 판단에서 비롯됨.
② 정보기관이 적시에 정확한 정보를 제공했음에도 최고 정책결정권자가 이를 무시하거나 왜곡하여 실패하는 경우, 이는 정보실패가 아니라 정책실패로 보는 것이 타당함.
③ 정책결정권자가 자신의 정책실패를 정보실패로 규정하고 정보기관에 책임을 전가하는 경우도 존재함.

3. 정보의 정치화

정책결정권자가 자신의 정치적 목적을 위해 정보기관의 판단을 의도적으로 왜곡하는 경우를 정보의 정치화라 함.

4. 개념 구별의 필요성

(1) 의의

정보기관의 실책뿐만 아니라 정책결정권자의 오류까지 포함하여 정보실패로 통칭하는 경향이 있음.

(2) 정보실패의 개념 정립

① 정보기관의 부정확한 첩보자료 및 잘못된 정보분석만을 정보실패로 규정하는 것이 타당함.

② 정보실패는 단일 요인보다는 여러 요인이 복합적으로 작용하여 발생함.

③ 정보실패, 정책실패, 정보의 정치화를 구분하는 것이 필요함.

Ⅲ 학설

1. 의의

정보실패는 '기습(surprise)을 제때에 예측하지 못하는 것'으로 인식됨.

2. 라쿠어(Walter Laqueur)

(1) 의의

정보실패를 야기하는 기습을 다음과 같이 구분함.

(2) 기습의 구분

① 군사적 기습(Strategic Military Surprise)

② 정치적 기습(Political Surprise)

③ 경제 · 과학기술적 기습(Economic and Scientific−Technological Surprise)

3. 로웬탈(Mark M. Lowenthal)

정보기관의 가장 중요한 임무는 기습에 대비하는 것이라고 강조함.

4. 슐스키(Abram N. Shulsky)

정보실패를 상황에 대한 오판(misunderstanding)으로 정의하며, 이로 인해 정부 또는 군대가 부적절한 행동을 취하게 된다고 설명함.

5. 결론

정보실패는 국가이익과 안보에 치명적인 영향을 미칠 수 있는 현상을 예측하거나 판단하지 못해 국가적 손실이 발생하는 상황을 의미함.

Ⅳ 정보실패의 책임 소재에 따른 구분

1. 의의

정보실패의 책임이 정보기관에만 있는지, 정책결정권자까지 포함하는지에 대한 논란이 존재함.

2. 협의의 정보실패

엄밀한 의미에서 정보실패는 정보기관의 실책을 의미하지만, 현실적으로 정책결정권자의 오판과 의도적 왜곡 등이 복합적으로 작용함.

3. 광의의 정보실패

일반적으로 정보실패는 정보기관의 실책뿐만 아니라 정책결정권자의 정책적 실책 및 정보의 정치화까지 포함하는 넓은 의미로 사용됨.

Ⅴ 경고실패와 정보오판

1. 의의

① 경고실패(warning failure): 기습공격을 사전에 감지하지 못하는 경우를 의미함.

② 정보오판(intelligence misjudgment): 적의 능력을 과대 · 과소평가하거나 동향을 잘못 파악하는 경우로, 넓은 의미의 정보실패에 포함됨.

2. 경고실패의 사례

① 1941년 일본의 진주만 기습, 1941년 독일의 러시아 침공, 1950년 한국전쟁 발발, 1951년 중국의 한국전쟁 개입

② 1962년 중국의 인도 공격, 1968년 체코슬로바키아 사태, 1973년 욤 키푸르 전쟁, 1979년 중국의 베트남 침공

③ 1982년 포클랜드(Falklands) 전쟁, 1990년 이라크의 쿠웨이트 침공, 2001년 9 · 11 테러

④ 모든 사례에서 정보기관이 적의 기습을 감지하지 못하고 대응하지 못한 것으로 평가됨.

3. 정보오판의 사례

(1) 의의

① 상대방의 능력 · 취약점 · 동향을 잘못 판단하여 낭패를 본 사례가 다수 존재함.

② 1979년 이란 샤 정권의 몰락과 정치적 변화 예측 실패, 1973~1974년 OPEC의 석유 무기화 예측 실패 등이 대표적인 사례임.

(2) '미사일 갭(missile gap)' 논쟁

① 냉전 시기 미국 정보기관은 소련의 의도 및 군사 능력을 과대 · 과소평가했다는 비판을 받음.

② 1950년대 말 소련의 ICBM 위협을 과대평가하며 '미사일 갭' 논쟁이 발생함.

(3) 소련 경제체제 붕괴 예측 실패

1990년대 초 소련 경제체제 붕괴와 국가 분할을 예측하지 못해 CIA 해체 요구가 제기됨.

I 정보조작(Intelligence manipulation)

1. 특정 행동 유도 및 판단 오류 초래 목적

① 정책결정권자의 판단을 오도하거나 특정 행동을 유도하기 위한 목적

② 정책결정권자의 정치적 선호도에 부응하기 위한 기만적 정보 생산 및 전달

2. 정보조작 방식

① 부작위적 방법: 진실한 정보를 공개하지 않는 방식

② 작위적 방법: 의도적으로 거짓 정보를 생산하고 제공하는 방식

3. 맥코넥(McCornack)

① 협력적 커뮤니케이션을 위반하여 상대를 잘못된 방향으로 유도하는 행위

② 정보조작은 정보전달 과정에서의 합리적 기대(truthful, informative, relevant, clear)에 대한 위반

4. 정보조작의 영향

① 정부와 국민 간 커뮤니케이션 왜곡

② 정보공동체와 정책공동체 간 의사소통 과정에서 발생 가능

II 정보조작의 유형

1. 개념 및 분류

(1) 터너(Turner)

① 왜곡(Distortion)과 은폐(Concealment)로 구분

② 거짓말, 과장, 반 진실, 비밀유지, 양동(兩動)반응 포함

(2) 호퍼와 벨(Hopper & Bell)

방법 중심으로 날조, 연극, 거짓말, 범죄, 가장(masks)의 5가지 유형 제시

(3) 메츠(Metts)

정보위작, 정보왜곡, 정보누락으로 구분

(4) 정보조작의 기술적 측면

① 정보량 조절, 정보전달 순서 변경 등을 통해 정보의 연관성 혼란 유발

② 모호한 표현 사용으로 정보 명료성 저하

③ 정보전달 시기 조절을 통한 간접적 조작 효과 증대

2. 주요 유형

(1) 정보위작(falsification)

허위 정보를 창작하여 제공하는 방식

(2) 정보왜곡(distortion)

정보의 과장, 축소, 모호화 등을 통해 수용자가 논리적 오류를 범하게 만드는 방식

(3) 정보누락(omission)

일부 정보를 의도적으로 제외하여 진실성 판단을 어렵게 만드는 방식

I 실패에 주목하는 경향

1. 정보 실패에 대한 인식

① 정보기관의 성공보다 실패가 더 주목받는 경향이 있음.

② 실패 사례는 방송매체에 노출되어 공식적인 조사가 이루어짐.

2. 정보 성공과 보안 문제

① 성공 사례는 보안상의 이유로 오랜 기간 비밀에 부쳐짐.

② 제2차 세계대전 당시 성공적인 정보활동이 있었으나 수십 년간 공개되지 않음.

③ 위험 상황을 회피하는 데 정보활동이 결정적인 역할을 했음에도 불구하고 시간이 지나면 기여도가 잊혀지는 경향이 있음.

3. 사례 비교

① 1990년 걸프전에서 정보기관이 이라크의 쿠웨이트 침공을 예측하지 못한 것은 비판받았으나, 1961년 영국 정보기관이 같은 상황을 예측하고 대응한 사례는 잘 기억되지 않음.

② 1968년 체코 침공 시 정보기관이 군사준비 여부를 판단하는 데 실패한 사례는 주목을 받았으나, 1980~1981년 미국이 소련의 폴란드 개입을 효과적으로 대응한 사례는 크게 알려지지 않음.

II 정보활동에 대한 평가의 어려움

1. 베츠(Richard K. Betts)

① 같은 사례라도 보는 관점에 따라 성공과 실패로 다르게 평가될 수 있음.

② 예: 유리병의 물이 반이 찼는지, 반밖에 없는지에 대한 해석 차이.

2. 1962년 쿠바 미사일 위기

① 미국 정보기관은 초기에는 소련의 미사일 배치 가능성을 낮게 평가했으므로 정보 실패로 볼 수 있음.

② 그러나 U-2기의 정찰을 통해 미사일 배치를 탐지한 것은 정보의 성공 사례임.

3. 1982년 아르헨티나의 포클랜드 침공

① 영국 정보기관이 침공을 사전에 파악하지 못한 것은 실패로 평가됨.

② 그러나 침공 2~3일 전에 경고를 발령하여 영국이 즉각 대응하도록 준비시키고, 미국이 영국을 외교적으로 지원하도록 유도한 것은 성공적인 정보활동이었음.

③ 그러나 이러한 긍정적 역할은 충분한 평가를 받지 못함.

Ⅲ 비정보적 요소(non-intelligence elements)

1. 의의

정보실패로 보이지만 실상은 정보기관의 문제가 아닌 비정보적 요소로 인해 발생하는 경우가 존재함.

2. 지휘통제 시스템

진주만 기습 당시, 워싱턴의 경고 전문 발송이 지체되어 진주만에 상업용 전보가 도착함. 이는 정보실패가 아닌 지휘통제 시스템의 문제로 해석됨.

3. 정책결정권자

(1) 의의

① 정책결정권자가 정보의 중요성을 간과하거나 반응하지 못할 경우 정보실패로 이어질 수 있음.

② 경고를 무시하거나 의도적으로 결정을 지연시키는 경우가 이에 해당됨.

(2) 존슨 행정부

① CIA의 베트남 상황 평가를 무시한 결과, 베트남 전쟁에 지나치게 개입하여 실패함.

② 정보기관은 정책결정권자의 관심을 유도할 의무가 있으나, 경고를 무시한 정책결정권자에게 더 큰 책임이 있음.

(3) 독일의 소련 침공

① 1941년 독일의 소련 침공과 관련해, 스탈린은 84건의 경고를 받고도 이를 무시함.

② 스탈린의 오판은 정보실패가 아닌 독재적 성향 때문이라는 해석이 타당함.

(4) 결론

① 정보기관이 정책결정권자와 긴밀한 관계를 유지하지 못하거나 정보의 중요성을 충분히 강조하지 못한 경우 정보실패로 볼 수 있음.

② 그러나 정보실패의 많은 부분은 정책결정권자의 미흡한 대응에서 비롯됨.

Ⅳ 정보 예측과 판단의 한계

1. 의의

① 정보는 항상 올바르게 판단할 수 없으며, 일정 부분 오차를 감안해야 함.

② 자국의 행동도 예측하기 어려운데, 타국의 행동을 예측하는 것은 더욱 어려움.

③ 독재자의 사고를 파악하는 것은 거의 불가능함.

2. 정보판단이 어려움

(1) 의의

월스테터(R. Wohlstetter)는 진주만 기습사건을 예로 들어 정보 예측의 어려움을 설명함.

(2) 진주만 기습사건

① 당시 책임자들의 부주의나 우매함이 아니라 인간의 인지적 한계에서 비롯된 문제임.

② 기존 예측과 일치하는 정보만을 받아들이는 경향이 작용함.

③ 전혀 예상하지 못한 목표에 대한 정보를 감지하는 것은 어려움.

3. 장기 정보판단의 어려움

① 가까운 미래의 예측은 어느 정도 가능하나, 장기적인 예측은 매우 어려움.

② 정치학에서도 특별히 우수한 판단 능력을 지닌 사람이 구별될 정도로 명확하지 않음.

③ 저비스(Robert Jervis)는 제대로 판단하는 사람도 단지 현실과 조금 더 유사한 예측을 할 뿐이라고 지적함.

4. 결론

① 베츠(Richard K. Betts)에 따르면 정보실패는 피할 수 없는 자연스러운 현상임.

② 분석관의 실수에 대해 어느 정도 관용이 필요함.

③ 역사적으로 다양한 유형의 정보실패가 존재함.

④ 9/11 테러 조사 결과, 분석관의 경직된 사고와 정보공유 미흡 등이 주요 정보실패 요인으로 지적됨.

Theme 127 정보실패의 요인

I 의의

① 정보는 상대국이 비밀로 유지하려는 사항과 상황을 파악하여 미래의 사태를 예측하는 고위험 행위 결과물이며, 본질적으로 정확한 정보파악이 어려움.

② 따라서 정보실패 가능성은 정보활동의 내재적 속성이며, 그 외에도 다양한 요인이 존재함.

II 정보속성에 기인한 구분

① 정보실패의 요인은 내적 요인과 외적 요인으로 구분됨.

② 특히 정보책임자가 정책결정권자에게 지나치게 복종하는 경우, 내·외적 요인이 복합적으로 작용하여 정보실패가 발생할 가능성이 높음.

III 정보의 내적 요인

1. 정보공동체 수집능력상의 한계

정보자료(첩보) 수집 실패에서 비롯됨.

2. 정보공동체 분석능력상의 문제

(1) 의의

정보실패는 정보분석 오류에서 비롯되며, 정보분석관의 능력 부족 또는 내적·심리적 요인에 기인함.

(2) 정보분석상의 오류

① 정보분석관은 수집된 증거를 바탕으로 상대세력의 의도와 능력을 분석함.

② 그러나 상대세력의 의도와 능력은 가변성이 높아 정보환경에 따라 변동 가능성이 있어 분석 오류를 초래할 수 있음.

(3) 정보분석관의 내적 문제

① 정보분석 실패는 "인지적 오류(cognitive failure)"와 "능력 부족(capability failure)"으로 구분됨.

② 인지적 오류는 유능한 정보분석관도 지적·정신적 장애로 인해 정상적인 정보분석이 어려운 경우를 의미함.

IV 정보외적 요인

1. 정보의 정치화

정보가 정책결정권자의 선호에 맞게 각색되어 분석·생산되는 현상임.

2. 관료주의적 경직성

① 관료주의는 비능률, 보수주의, 책임전가, 비밀주의, 파벌주의로 나타남.

② 정보기구 내 관료주의는 정보공유 기피, 조직 확대 및 권한 강화 추구, 정보왜곡 등의 문제를 야기하여 정보실패로 이어질 수 있음.

3. 정보공동체 정보공유상의 문제

① 정보기관은 비밀보안을 중시하여 기관 간뿐만 아니라 내부적으로도 정보공유가 원활하지 않음.

② 중요한 정보를 독점하여 기관의 존재가치를 부각하려는 경향이 있어 정보공유를 기피하는 특성이 있음.

4. 정보배포상의 문제

① 적절한 정보분석과 판단이 이루어졌음에도 정보 배포 지연으로 인해 적시에 대응하지 못하여 정보실패가 발생할 수 있음.

② 새로운 증거 수집, 분석, 평가 과정에서 시간이 소요되며, 정보 생산 및 사용자 설득 과정이 지연되어 적시에 경고 발령이 어려운 경우가 있음.

Theme 128 첩보수집수단 및 자료의 신빙성

I 의의

정보실패의 주요 요인은 일반적으로 분석에 있다고 여겨지나, 첩보수집 또한 중요한 요인임.

II 학설

1. 레빗(A. Levite) – 첩보수집의 중요성

① 정보실패의 주요 원인은 분석보다 첩보수집에 있다고 주장함.

② 진주만 기습과 미드웨이 해전을 비교하여 분석의 질은 증거자료의 질에 달려 있다고 결론지음.

③ 진주만 기습 당시 미국은 암호해독이 미흡했으나, 미드웨이 해전에서는 일본 해군의 암호를 해독하여 승리할 수 있었음.

2. 크노르(K. Knorr) – 위성 감시의 필요성

미국이 현대적인 해양감시 위성을 보유했더라면 진주만 기습은 발생하지 않았을 것이라 주장함.

3. 허만(M. Herman) – 수집활동의 우선순위 문제

① 영국 정보기관이 아르헨티나의 포클랜드 침공계획을 사전에 알지 못한 원인은 부분적으로 수집이 충분치 못했기 때문임.

② 영국은 아르헨티나를 정보 목표로서 낮은 우선순위로 설정하여 충분한 수집활동을 수행하지 않음.

Ⅲ 소련의 체코슬로바키아 및 아프가니스탄 침공

1. 의의

1980년대 이후 실시간 전송 가능한 위성사진 기술이 있었다면, 미국의 소련 군사행동 평가보고서가 달라졌을 것이라는 주장 제기됨.

2. 열악한 위성 기술

① 당시 위성 기술이 열악하여 구름에 가려지면 영상을 확보할 수 없었고, 필름을 현상해야 했기에 시간이 지체됨.

② 이로 인해 소련의 군사행동을 적시에 판단하기 어려웠으며, 첩보수집의 한계로 인해 정확한 정보 판단이 불가능했음.

Ⅳ 첩보수집수단의 종류에 따른 장·단점

1. 의의

첩보수집수단은 각기 장·단점이 있으며, 이를 어떻게 활용하는가에 따라 정보의 성공과 실패가 결정됨.

2. 현상정보(observational intelligence)

항공기 및 위성 정찰로 획득되며, 군대의 훈련, 정치적 동원, 실전 공격 여부를 명확히 구분하기 어려움.

3. 의미정보(message-like intelligence)

군사비밀문서 및 암호 메시지 해독에 유용하나, 수집이 매우 어려운 단점이 있음.

Ⅴ 1962년 쿠바 미사일 위기에서의 올바른 정보 판단

1. 의의

① 현상정보와 의미정보를 적절히 활용하면 정확한 정보 판단이 가능함.

② 냉전 시기 미국의 위성영상정보는 물리적 시설에 대한 신뢰성 높은 정보를 제공하나, 소련의 의도나 계획은 의미정보를 통해 파악해야 함.

2. 쿠바 미사일 위기 사례

① 1962년 10월 미국은 U-2 정찰기를 이용해 쿠바 내 소련 미사일 기지 건설을 탐지함.

② 사진 판독을 통해 소련 본토의 미사일 기지와 비교하여 쿠바에 배치된 미사일의 종류를 파악함.

③ 현상정보와 의미정보를 결합하여 소련의 의도를 정확히 분석하고, 이에 따른 대응 조치를 취함.

Ⅵ 1960년대 소련의 미사일 무기 증강에 대한 정보실패

1. 의의

현상정보나 의미정보 중 하나에 지나치게 의존하면 정보실패 또는 왜곡이 발생함.

2. 영상정보에 대한 과의존의 문제점

(1) 의의

영상정보는 보이는 정보만 제공하며, 숨겨진 정보나 외형적으로 존재하지 않는 정보는 파악할 수 없음.

(2) 소련의 미사일 무기 증강 사례

① 영상정보는 ICBM 기지 및 비행기 격납고 탐색에는 유용하지만, 미사일 개발 계획과 같은 비가시적 정보는 제공할 수 없음.

② 비행기 격납고 내부에 무엇이 있는지, 설계자의 의도는 파악할 수 없음.

③ 미국이 1960년대 소련의 미사일 무기 증강을 과소평가한 원인은 영상정보에 지나치게 의존한 데 있음.

Theme 129 분석관의 오류와 자질

Ⅰ 의의

정보실패는 효과적인 수집수단의 부재 외에도 정보와 사용자 간의 관계, 조직의 경직성, 분석관의 인지적 오류, 비밀보안 여부 등 다양한 요인에 의해 발생함.

Ⅱ 정보분석의 실패

1. 의의

노르망디 상륙작전에서 독일의 실패 원인은 10개의 오판(misperception)과 50개의 기타 사소한 실수들이 복합적으로 작용한 결과로 설명됨. 이 중에서도 정보실패의 가장 결정적인 원인은 정보분석임.

2. 분석관

(1) 정보실패와 분석관

① 학계에서는 정보실패가 다양한 요인의 복합적 작용으로 발생한다는 점을 인정하면서도, 분석관의 오류 등 인지적 차원의 문제를 특히 강조하는 경향이 있음.

② 정보분석의 실패는 1차적으로 분석관에서 비롯된다고 보며, 분석관의 오류는 정보실패의 핵심 요인으로 작용함.

(2) 분석관의 오류

① 분석관이 올바른 정보판단에 실패하는 원인은 크게 인지적 오류(cognitive failure)와 분석관의 자질 부족(capability failure)으로 구분됨.

② 인지적 오류는 분석관의 편향, 정보처리의 한계 등과 관련되며, 자질 부족은 분석관의 전문성 부족, 경험 부족 등과 관련됨.

Ⅲ 분석관의 인지적 오류

1. 의의

인지적 오류는 분석관이 정보를 해석할 때 발생하는 오류로, 대표적인 유형으로 거울이미지, 집단사고, 분석상의 편견 등이 있음.

2. 거울이미지

(1) 개념

① 거울이미지는 상대방의 동기나 가치를 자신과 동일한 것으로 착각하는 오류를 의미함.

② 냉전 당시 미국의 학계 및 정보분석관들이 미국사회의 기준을 적용하여 소련의 권력 엘리트를 강경파와 온건파로 구분하고 대립하는 구조로 인식한 사례가 대표적임.

3. 거울이미지와 유사한 인지적 오류들

(1) 개념

① 분석관들이 범하기 쉬운 오류로는 최초 개념을 고수하는 경향, 자신의 생각과 모순되는 정보 회피, 기대하는 바를 반영하려는 성향, 사고의 경직성, 인식론적 조화 유지 속성, 결론 도출 과정의 문제점, 집단 내 개인 의견이 무시되는 현상 등이 있음.

② 이러한 오류는 분석관뿐만 아니라 일반인에게도 나타나는 현상이며, 특히 편견이나 고정관념은 보편적으로 존재함.

(2) 정보요원의 편견과 고정관념이 초래하는 문제점

① 정보요원이 편견과 고정관념에 빠질 경우 치명적인 결과를 초래할 수 있음.

② 제2차 세계대전 당시 독일 보안당국은 에니그마 암호 체계가 해독되지 않을 것이라는 고정관념을 가졌으며, 이로 인해 패전에 영향을 미쳤음.

③ 만약 독일 보안당국이 연합군의 암호 해독 가능성을 고려하고 보안대책을 마련했더라면 전쟁 양상이 달라졌을 가능성이 있음.

4. 인식론적 경직성

(1) 개념

① 분석관뿐만 아니라 일반적으로 사람들은 동일한 자료를 각자의 방식으로 해석하는 '인식론적 경직성'을 갖고 있음.

② 이는 정보와 사용자 간의 관계 또는 정보공동체의 집단사고와 결합될 경우 더욱 심화됨.

(2) 정보사용자와 분석관의 관계

① 정보사용자와 분석관의 관계가 소원할 경우 정보사용자가 분석보고서를 제대로 이해하지 못하고 결과를 왜곡할 가능성이 있음.

② CIA 국장을 역임한 게이츠(Gates)는 정보분석관에게 정책결정권자의 입장에서 분석·판단할 것을 요구하며, 정책결정권자와의 밀접한 관계를 유지할 것을 강조함.

③ 반대로 분석관과 정보사용자의 관계가 지나치게 밀착되면 '정보분석의 정치화'가 발생할 위험이 있음.

5. 집단사고

(1) 개념

집단사고는 조직적 특성으로 인해 분석관 개인의 독립적인 의견이 배제되고 집단적 사고가 강요되는 경향을 의미함.

(2) 1961년 피그만 사건

CIA에서 훈련시킨 쿠바 망명객을 동원한 피그만 침공작전은 무리한 계획이었음에도 불구하고 집단적 분위기에 의해 반대 의견이 개진되지 못했던 사례임.

(3) 냉전 당시 미국 정보기관의 소련 분석

냉전 당시 미국 정보기관의 분석관들은 반공 이데올로기에 압도되어 강경한 입장을 취했으며, 온건한 입장을 취할 경우 동료들로부터 배척당할 가능성이 있었음.

(4) 1980년대 정보판단국장의 진술

당시 미국 정보기관은 적군의 군사적 강점에만 집중하였으며, 취약점에 대한 분석이 부족했음.

6. 늑대소년효과 (Crying Wolf Effect)

(1) 한희원

늑대소년효과는 정보분석관이 지속적으로 경고를 발령하였으나 실제 위험이 발생하지 않아 정책담당자와 일반인이 경고에 무감각해지고, 결국 결정적인 순간에도 적절한 대응을 하지 못하여 정보실패에 이르는 현상임.

(2) 전응

① 지속적인 경고로 인해 무감각(alert fatigue)이 발생하여 정보판단이 실패하는 현상임.

② 평소 사소한 경고가 반복되면서 결정적인 순간의 경고를 무시하여 적절한 대응을 하지 못하는 경우임.

③ 점진적으로 변화하는 상황에 몰입하여 전체적인 추세를 놓치는 문제와 관련됨.

(3) 지속적인 경고에 대한 무감각(Alert Fatigue)

① 사소한 경고가 반복될 경우 결정적인 순간의 경고를 무시하게 되어 적절한 대응이 어려워지는 현상임.

② 지속적으로 변화하는 상황 속에서 전반적인 추세를 놓치는 문제가 발생함.

(4) 사례

① 1968년 소련의 체코슬로바키아 침공

② 1973년 욤 키푸르(Yom Kippur) 기습

③ 두 사례 모두 위협이 장기간 지속되면서 정작 기습을 정확히 판단하지 못한 사례에 해당함.

(5) 결론

① 한희원: 늑대소년효과는 인지적 오류에 포함되지 않음.

② 전웅: 늑대소년효과도 인지적 오류에 포함됨.

7. NIH 증후군(Not Invented Here Syndrome)

① '여기서 개발된 것이 아니다(Not Invented Here)'라는 의미로, 외부에서 개발된 기술이나 연구 성과를 인정하지 않는 배타적 조직 문화를 의미함.

② 내부 역량만을 고집하여 문제를 해결하려는 경향이 나타남.

③ 외부 아이디어나 기술을 배척함으로써 소통과 협업을 저해하는 요인이 됨.

8. 정설이론(Received Opinion)

기존에 정설로 확립된 내용을 새로운 정보에 따라 수정하지 않고 기존 분석에 맞추려는 정보분석관의 경향을 의미함.

9. 후광 효과(Halo Effect)

① 특정 대상의 일부 긍정적 또는 부정적 특성이 전체 평가에 영향을 미쳐 비객관적인 판단을 하게 되는 심리적 특성을 의미함.

② 사회적 지각 오류의 일종으로, 특정 이미지가 전체 평가에 영향을 미치는 현상임.

Ⅳ 분석관의 자질 부족(capability failure)

1. 의의

① 분석관의 인지적 오류뿐만 아니라 능력 또는 자질 부족도 정보실패를 야기하는 주요 요인임.

② 분석관이 분석기법을 효과적으로 활용하지 못하거나 첩보자료를 적절히 처리하지 못하면 정보실패가 발생할 가능성이 큼.

2. 전문성 부족

(1) 의의

카터 대통령 시기(1970년대 말), 소련의 에너지 상황 분석에서 분석기법의 결함으로 인해 정보실패가 발생한 사례가 있음.

(2) 첩보 처리 능력 부족

① 수집된 첩보는 분석을 위해 요약, 분류, 번역, 암호 해독 등의 과정을 거쳐야 함.

② 전문성이 부족한 분석관은 적시에 필요한 첩보를 요약, 분류, 번역하는 작업을 원활히 수행하지 못함.

(3) 첩보 선별 능력 부족

① 분석관은 방대한 첩보 속에서 필요한 정보를 선별해야 하지만, 정보 과부하로 인해 선별이 어려움.

② 한국전쟁 당시 중국의 개입을 예측하지 못한 사례는 첩보의 홍수 속에서 중요한 정보를 추출하지 못한 결과라는 주장도 있음.

(4) 결론

언어적 능력, 직관력, 분석 업무에 대한 전문성이 부족하면 정보실패가 발생하며, 이는 국가안보에 치명적인 결과를 초래할 수 있음.

Theme 129-1 분석관의 3가지 오류

Ⅰ 경상 이미지 오류(Mirror Imaging)

1. 개념

① 상대방도 자신과 같은 사고방식과 동기를 가질 것이라는 가정에서 비롯된 분석 오류임.

② 분석관이 자신의 사고방식을 상대방에게 투영하여 판단하는 과정에서 발생함.

③ 정보 실패를 초래할 위험성이 있음.

2. 사례

(1) 1941년 일본의 진주만 공격 정보 분석 실패

① 미 정보기관은 일본군의 공격 의도를 감지했으나, 강대국인 미국을 공격할 가능성을 배제함.

② 일본은 예상과 달리 미국을 공격함.

(2) 냉전시대 미국의 소련 지도자 분류 오류

① 미국은 소련 인사들을 온건파(비둘기파)와 강경파(매파)로 분류함.

② 그러나 소련 내에는 강경파와 초강경파(독수리파)만 존재했음.

(3) 1980년대 미국의 이란 고위 인사 분류 오류

① 미국은 극단주의자와 온건주의자가 공존할 것이라 예상함.

② 그러나 호메이니 체제에서는 극단주의자와 초극단주의자만 존재했음.

Ⅱ 고객 과신주의(Clientism)

1. 개념

① 믿을 만한 첩보 출처 및 기존 경험에 대한 과신에서 비롯된 오류임.

② 출처 신뢰로 인해 비판적 시각이 약화되며, 새로운 접근이 소홀해질 위험성이 있음.

③ 정보분석 결과를 검증 없이 받아들이는 문제가 발생함.

2. 사례

(1) 미국 국무부의 정의

① 고객 과신주의를 정보분석관들의 순진한 신뢰인 '사대주의(clientitis)'로 설명함.

② 첩보출처 및 경험에 대한 과신이 분석 오류를 초래할 수 있음.

(2) 공신력 있는 보고서에 대한 맹목적 신뢰

청와대, 국방부, 미국 국가 보고서 등의 공식 문서를 검증 없이 받아들이는 경향이 존재함.

(3) 2003년 이라크 전쟁 정보 실패

① 미국 정보당국이 이라크 국가의회(INC)에서 제공한 정보를 의심 없이 수용함.

② INC는 후세인 정권 축출을 위해 미국의 군사 개입을 유도하고자 허위 정보를 제공함.

③ 미국 정보기관은 이를 비판적으로 검토하지 않고 수용하여 정보 실패가 발생함.

Ⅲ 겹층 쌓기의 오류(Layering)

1. 개념

① 최초의 잘못된 분석을 전제로 후속 분석이 동일한 방향으로 진행되는 오류임.

② 정보 분석의 객관성이 상실되며, 오류를 인정하지 않으려는 경향에서 비롯됨.

③ 경상 이미지 오류 및 고객 과신주의에서 시작되는 경우가 많음.

2. 2003년 이라크 전쟁 정보 실패

① 미국은 이라크에 대량살상무기가 존재한다는 정보를 당연한 전제사실로 설정함.

② 이후의 정보 분석은 이 가정을 검증하는 방향으로 진행됨.

③ 결과적으로 정보 오류가 누적되어 이라크 전쟁의 정당성을 형성하는 근거가 됨.

④ 고객 과신주의와 결합하여 정보분석의 실패를 초래함.

Theme 129-2 정보분석의 협업과정에서 발생하는 오류

1. 집단사고(Group – think)

조직적 특성으로 인해 분석관 개인의 개별적 의견이나 판단이 허용되지 않고, 집단적으로 사고하는 경향을 의미함.

2. 겹층 쌓기의 오류(Layering)

① 잘못된 정보분석을 진실로 믿은 후, 반대되는 증거가 제시되더라도 기존 분석 결과를 뒷받침하는 방향으로만 분석을 수행하는 오류를 의미함.

② 자기 오류를 인정하지 않으려는 인간본성에서 유래함.

③ 최초의 정보분석 오류는 경상 이미지, 고객 과신주의 등에서 발단되는 것이 일반적임.

3. Swarm Ball

여러 정보기관이 본래의 임무와 우선순위를 무시하고, 정책결정자의 주요 관심 분야나 선호하는 정책에 필요한 정보를 제공하기 위해 경쟁적으로 첩보수집 수단을 집중하는 현상을 의미함.

4. 주석 달기 경쟁(Footnote Wars)

① 정보공동체 내에서 이견을 조정할 수 없는 경우, 각 정보기관이 주석을 통해 자신들의 이견을 제시하는 현상을 의미함.

② 특정 이슈에 대해 여러 정보기관이 각기 다른 견해를 주석으로 표출하기도 함.

③ 본문에 포함될 기관의 견해와 주석으로 처리될 기관의 주장을 두고 기관 간 치열한 경쟁이 발생함.

5. 정설이론(Received Opinion)

① 기존의 정설이 굳어진 경우, 새로운 의심스러운 상황이 발생하더라도 기존 분석을 뒤집고 새로운 정보분석을 시도하지 못하는 경향을 의미함.

② 분석관이 기존 정보분석에 맞춰 판단하려는 심리적 특성이 반영됨.

Theme 130 정보의 정치화

I 의의

① 정보분석의 정치화는 분석관의 자질이나 인지적 오류를 넘어서는 심각한 문제임.

② 정책결정권자의 선호에 맞춰 분석보고서를 작성하는 현상을 의미함.

II 분석보고서의 정치적 편향

1. 1991년 미 상원 정보위원회 청문회의 게이츠 인준

(1) 의의

게이츠(Robert M. Gates)의 DCI(미국 정보공동체 의장) 인준 과정에서 정보분석의 정치화 문제가 쟁점으로 부각됨.

(2) 레이건 행정부 반소정책 지지 보고서 작성

① 게이츠는 CIA 분석부서를 관장하는 부국장 경력을 보유함.

② 분석관으로서 레이건 행정부의 반소정책을 지지하는 성향의 보고서를 작성했다는 비판이 제기됨.

③ 분석관이 정치적 중립을 유지하는 것이 어려워 집권 여당에 유리한 분석보고서가 작성될 가능성이 높음.

2. 1981년 미 상원 외교관계 위원회의 CIA 중남미 지역 브리핑

① CIA가 중남미 지역 보고서를 작성하여 브리핑을 실시함.

② 민주당 출신 상원의원들은 보고서 내용이 객관적이지 않다고 반발하며 강하게 불만을 표출함.

③ 공화당 출신 상원의원 헬름스(Jesse Helms)는 브리핑을 극찬함.

III 미국의 대(對) 이라크 전쟁

1. 의의

미국이 이라크 전쟁의 명분으로 내세운 대량살상무기의 존재 여부가 2004년 미 대선의 핵심 쟁점으로 부각됨.

2. CIA의 왜곡된 정보판단과 전쟁 개입

① 미 CIA는 이라크의 대량살상무기(WMD)에 대해 왜곡된 정보판단을 내림.

② 2002년 보고서에서 이라크가 WMD 프로그램을 은밀히 추진 중이라고 결론지음.

③ 해당 정보가 미국의 이라크 전쟁 개입의 핵심 요인으로 작용함.

3. 정보실패에 대한 연구

(1) 의의

이라크에 대량살상무기가 존재하지 않았으며, 전쟁이 잘못된 정보에 근거했다는 연구결과들이 발표됨.

(2) 영·미 안보정보위원회 보고서

미국과 영국 정보기관이 이라크의 WMD 보유를 확신했으나, 결국 존재하지 않았다고 결론지음.

(3) 2004년 카네기 국제평화재단 보고서

① "이라크가 WMD를 폐기, 이동, 은닉했을 가능성이 없음."

② "부시 행정부가 이라크의 WMD 위협을 조직적으로 왜곡함."

(4) 2004년 이라크 서베이그룹(ISG) 보고서

① 918쪽 분량의 보고서에서 이라크의 WMD 프로그램이 1991년 걸프전 직후 폐기되었음을 밝힘.

② 미국의 공격 당시 이라크는 생화학무기를 보유하지 않았고, 핵무기 프로그램 재건도 추진하지 않았음.

③ 2002년 CIA 보고서는 실상을 완전히 오판한 것으로 평가됨.

IV 정보의 정치화에 대한 여론과 정보기관의 운명

1. 의의

정보의 정치화가 여론의 비난을 받게 되면, 정치가들은 정보기관을 희생양으로 삼아 책임을 회피하려 함.

2. 조지 테닛 미 CIA 국장의 사임

(1) 의의

① 2004년 6월 2일 테닛 국장은 '개인적인 이유'로 사임을 발표함.

② 그러나 실제로는 이라크 WMD 관련 정보판단 실수와 9/11 사태 대비 실패에 대한 책임으로 해석됨.

③ CIA만의 실책인지 여부에 대한 논란이 제기됨.

(2) 부시 대통령과 럼스펠드 국방장관의 곤란한 입장

① 테닛의 사임이 여론의 비난을 잠재우고, 럼스펠드 국방장관에 대한 사임 압력을 희석시키기 위한 조치였을 가능성이 있음.

② 이라크에 WMD가 없었음이 밝혀지면서 부시 대통령과 럼스펠드는 강한 비난을 받음.

③ 테닛은 부시 행정부의 정책 실패를 무마하기 위한 희생양이 되었을 것으로 추정됨.

V 정보분석의 정치화에 대한 책임 주체

1. 의의

① 정보분석의 정치화 사례는 과거부터 지속되어 왔으며, 정보가 정책결정권자와 밀접한 관계를 유지하는 한 계속될 가능성이 높음.

② 정보기관이 정부를 지원하는 조직이므로 정권과의 관계가 밀접할수록 보고서 내용이 왜곡될 위험이 커짐.

2. 분석관들에게 전가되는 책임

(1) 의의

정보의 정치화로 인한 정보 왜곡이 드러나면, 정치가들에게도 책임이 있음에도 불구하고 분석관들에게 비난이 집중됨.

(2) 정보분석의 정치화에 대한 분석관들의 책임

① 분석관들은 단순한 관찰자가 아니라 정책을 지원하는 역할을 수행함.

② 단순히 정책에 봉사한다는 이유로 분석관이 비난받아서는 안 됨.

③ 정보분석의 정치화로 인한 책임을 분석관에게 전가하는 것은 불합리함.

Theme 131 정보조직체계와 관료주의적 경직성

I 정보체계의 결함과 정보실패

① 정보조직체계의 구조적 문제와 절차적 결함으로 인해 정보실패 또는 왜곡 발생 가능성 존재함.

② 미국이 일본의 진주만 공격을 예측하지 못한 주요 원인은 정보기관 간 정보 공유 부재 때문임.

II 미 의회 9/11 진상조사위원회 최종보고서

1. 의의

① 1947년 CIA 창설의 배경은 정보체계의 조직구조와 절차적 문제를 해소하기 위함이었음.

② 그러나 정보기관 간 정보공유 문제는 여전히 해결되지 않았으며, 9/11 테러도 이로 인해 사전 저지 기회를 놓쳤음.

2. 정보통합관리의 실패

(1) 의의

미 의회 9/11 진상조사위원회(National Commission on Terrorist Attacks upon the United States, 일명 9/11 Commission) 최종보고서에 따르면, 정보통합관리 실패로 인해 미국은 9/11 테러를 막을 수 있었던 10번의 기회를 상실한 것으로 분석됨.

(2) 통합된 정보공유체제의 부재

① 미 NSA는 2000년 1월 테러분자 3명의 통화를 감청하고도 유관기관에 정보를 전파하지 않았음.

② CIA는 2001년 3월 테러범 중 1명이 LA행 UA편에 탑승했다는 정보를 입수하고도 FBI와 공유하지 않아 사전 대응 기회를 상실함.

③ FBI 본부는 미니애폴리스 지부가 체포한 이슬람인 비행 훈련생을 CIA의 알 카에다 정보와 연계하지 않고 단순 추방 조치하여 추가 정보를 얻을 기회를 놓침.

④ CIA, FBI, 국무부, 군, 국토안보 관련 부처 등 미국 내 기관 간 통합된 정보공유체제 부재가 9/11 테러를 막지 못한 결정적 요인으로 지적됨.

3. 정보와 관련된 관료조직의 경직성

(1) 의의

정보조직체계의 결함뿐만 아니라 관료조직의 경직성도 정보실패 및 왜곡을 초래하는 주요 요인으로 작용함.

(2) 정부 부처 관료들의 '상상력의 부재'

① 9/11 최종보고서에서는 9/11 테러를 막지 못한 요인으로 창의력, 정책, 대응능력, 관리 등 네 가지를 지적하며, 그중 첫 번째 요인을 '상상력의 부재'로 평가함.

② 미국 정보공동체와 항공보안 전문가들은 피랍 항공기를 이용한 자살테러 가능성에 대한 체계적 분석을 수행하지 않았음.

③ 대테러센터는 자살테러가 중동 테러분자들의 주요 전술임에도 불구하고, 테러분자의 시각에서 분석을 시도하지 않았음.

④ 정보공동체 내 관료들의 경직된 사고와 상상력 부족으로 인해 테러 가능성을 과소평가하였으며, 그 결과 9/11 테러에 대한 적절한 대응책 마련에 실패함.

III 냉전시대 소련의 군사력에 대한 왜곡된 평가

1. 의의

(1) 관료정치와 정보 왜곡

① 정부 부처 간 경쟁, 부처 이기주의, 관료들의 경직된 사고 등으로 인한 정보 왜곡이 지속됨.

② 관료들은 사후 책임 회피를 위해 최악의 시나리오를 기초로 보고서를 작성하거나, 국방 예산 증액을 위해 상대국의 군사력을 과장하는 경향이 있음.

③ 냉전기간 미국 정보기관은 소련의 전략무기체계를 과소 또는 과대평가하는 실수를 범함.

(2) 미국 정보기관의 평가 실수

① 1960년대 말 소련의 ICBM 증강 속도, 1970년대 소련 SLBM 증강, 1970년대 말 소련 미사일 정확도와 방위비 지출을 과소평가함.

② 1950년대 소련의 전략폭격기 능력과 ICBM 배치 상태를 과대평가함.

③ 전략폭격기 능력에 대한 과대평가는 3년, ICBM 배치 상태 과장은 5년간 지속됨.

④ 1967~1972년 소련 미사일 배치 속도를 과소평가했으나, 같은 기간 MRV 능력, 이동식 ICBM 배치, 전략폭격기, 국방물자 조달 상태를 과대평가하는 실수를 범함.

2. 소련 군사력에 대한 과대평가와 군비 경쟁

(1) 소련의 전략핵무기 능력에 대한 과대평가

① 미국 정보기관은 1950년대 말부터 소련의 전략핵무기 능력을 과대평가함.

② 이로 인해 약 30년간 미국과 소련 간 군비 경쟁이 지속됨.

(2) 소련 사단의 편제에 대한 과대평가

① 1940년대 말~1960년대 초 소련 사단 175개가 완전편제(full-strength)로 평가됨.

② 실제로는 약 1/3만 완전편제, 1/3은 부분편성(partial strength), 1/3은 기간편성(cadre formation)이었음.

(3) 소련 전략미사일 능력에 대한 과대평가

① 1940년대 후반 왜곡된 평가가 10여 년간 지속되며 미국 내 '미사일 갭' 논쟁을 야기함.

② '미사일 갭' 논쟁으로 인해 미국이 ICBM 증강을 가속화하자, 소련도 대응하여 미사일 생산을 증강함.

③ 그 결과, 미국과 소련 간 전략무기 경쟁이 본격화됨.

Ⅳ 냉전시대 소련 군사력에 대한 왜곡된 평가 요인

1. 의의

냉전시대 소련 군사력에 대한 왜곡된 평가에는 다양한 요인이 작용함.

2. 소련 군사력에 대한 객관적 관찰 방법 부재

(1) 의의

① 1945년 이후 소련 군사력에 대한 객관적 관찰 방법이 부족함.

② 소련은 폐쇄적 사회체제였으며, 군대의 능력, 취약점, 의도, 계획, 동향 등 의미정보(message-like intelligence) 획득이 어려웠음.

(2) 최악의 시나리오 가정

① 정보 분석관들은 실수를 줄이기 위해 최악의 시나리오를 가정하여 정보 판단을 내렸고, 이로 인해 정보가 왜곡됨.

② 적의 군사 위협을 정확히 파악할 수 없는 상황에서 과소평가보다는 과대평가가 용인되었음.

③ 분석관들은 사후 책임 회피를 위해 적의 능력을 과대평가하는 경향을 보였음.

④ 관료적 책임 회피와 무사 안일한 태도가 정보 왜곡을 야기함.

3. 국방 관련 부서들의 관료주의적 집단 이기주의

(1) 의의

① 적의 위협 및 군사력 평가가 왜곡되는 핵심 요인은 국방 관련 부서들의 집단 이기주의임.

② 평화 시 적의 위협을 과장할 경우 국방부는 인력과 예산을 증액할 수 있음.

③ 군대는 정보의 사용자이자 생산자로서, 적의 능력 및 위협을 과장하여 국방비 증액을 유도하는 유혹에 빠질 위험이 큼.

(2) 1998년 럼스펠드 보고서

① 럼스펠드 보고서는 북한이 향후 5년 내 미국 본토까지 도달할 미사일을 개발할 것이라 판단함.

② 이는 당시 미국 내 논란이었던 미사일 방어계획(MD)을 추진하기 위한 명분으로 활용되었으며, 과장된 평가로 드러남.

(3) 1950년대 말 '미사일 갭' 논쟁

① CIA 등 정보기관은 U-2 정찰기를 통해 소련의 미사일 능력이 과장되었음을 인지하고 있었음.

② 그러나 국방부와 군산복합체는 국방비 증액을 위해 소련 미사일 능력에 대한 명확한 정보 판단을 유보함.

Theme 132 정보배포와 조직 운영체계의 문제점

Ⅰ 정보배포의 문제

① 정보 배포 과정에서 정보의 실패가 발생할 수 있으며, 사용자를 설득하는 과정에서 시간이 지체되어 적시에 대응하지 못하는 문제가 발생함.

② 일본의 진주만 기습 당시 경고 전문이 늦게 도착하여 피해를 입었으며, 이는 정보분석의 실패보다는 배포 과정의 실패로 평가됨.

Ⅱ 정보조직 및 절차상의 문제

1. 의의
① 전직 정보분석관들의 회고에 따르면, 지속적인 경고 실패는 정보조직과 절차상의 문제에서 비롯됨.
② 새로운 증거자료의 분배 및 평가, 모순되는 결론에 대한 초안 작성 및 사용자 설득 등의 과정에서 시간이 지체됨에 따라 적시 경고가 어려워짐.
③ 정부조직이 과도하게 세분화될 경우 정보 실패를 초래할 수 있음.

2. 영국 정보기관의 실패 사례
(1) 영국 정보공동체의 구조적 문제
영국은 미국과 달리 정보공동체가 통합되지 않고 합동정보위원회(JIC) 체제로 운영되므로 정보 생산 및 배포 과정이 지연됨.

(2) 포클랜드 전쟁 사례 (1982년)
영국 정보기관은 아르헨티나의 태도가 강경해지는 상황을 보고하였으나, 해당 보고서가 영국 내각사무처(Cabinet Office)에 배포되지 않아 포클랜드 위협을 인지하지 못함.

(3) 히틀러 정권 초기 독일 재무장 사례
영국이 독일의 재무장을 조기에 파악하지 못한 원인은 '산업 정보센터(Industrial Intelligence Centre)'에서 관련 보고서를 적시에 배포하지 못했기 때문임.

Ⅲ 분석관의 개인적 실책

① 조직적 문제뿐만 아니라 분석관 개인의 실책도 경고 실패의 요인이 될 수 있음.
② 불확실한 상황을 보고하기보다는 확실한 정보를 확보한 후 보고하려다가 시기를 놓치는 경우가 발생할 수 있음.

Ⅳ 정보공동체의 인사관리 문제

1. 의의
① 정보공동체의 인사관리는 정보 왜곡과 실패에 영향을 미치는 요인으로 작용함.
② 국방정보분야 분석관은 민간 정보기관 분석관에 비해 전문성과 자질이 부족하며, 이는 인사관리의 문제에서 기인함.

2. 국방정보분야 분석관들의 전문성 부족 원인
(1) 국방정보분야의 인사구조
① 영국과 미국의 정보기관은 민간 주도로 운영되지만, 국방정보분야는 핵심 직책이 군인으로 구성됨.
② 국방정보분야는 야전 군사활동에 비해 중요도가 낮게 평가됨.

(2) 유능한 군인의 국방정보 근무 회피
전투조종사 등 유능한 군인들은 승진 및 경력 관리를 고려하여 국방정보분야 근무를 기피함.

3. 보직 순환으로 인한 전문성 부족
(1) 의의
군 출신 정보분석관들은 보직 이동이 잦아 한 분야에서 전문성을 축적하기 어려움.

(2) 영국의 사례
영국에서는 군 출신 정보전문가가 거의 없으며, 국방정보 요원들은 군 복무 중 단기간만 정보업무를 수행함.

(3) 미국의 사례
① 미국은 군대 규모가 크기 때문에 정보업무의 전문화가 가능하나, 근무 기간이 짧아 일관성과 전문성이 부족함.
② 보직 순환이 잦아 장기간 정보업무를 수행하는 경우가 드물어 국방정보분석의 전문성이 낮음.

4. 군 출신 정보분석관의 출신 부대 이익 고려 문제
① 군 출신 분석관들은 각기 다른 부대에서 차출되므로, 출신 부대의 이익을 고려하는 경향이 있음.
② 독립적이고 신뢰할 수 있는 정보 판단을 내리기 어려움.

5. 민간 출신 정보분석관의 야전 군사경험 부족
① 민간인 분석관은 객관적 정보 판단이 가능하지만, 야전 군사경험이 부족하다는 한계가 있음.
② 영국 국방참모장(Chief of the Defense Staff)은 민간 분석관들이 야전훈련 경험이 없으며, 무기체계나 장비 운영에 대한 이해가 부족하다고 지적함.

6. 결론
국방정보분야에서 정보판단 실패가 발생하는 주요 원인은 보직 및 인사관리상의 문제이며, 전문성 있는 분석관 확보가 어려운 점이 가장 큰 원인임.

I 의의

① 냉전시대 동안 미국 정보공동체가 소련의 군사력을 과대평가하여 군비증강을 유도한 사례처럼, 왜곡된 정보는 정책결정에 오류를 초래함.
② 9/11 테러 사건에서처럼 적시에 정확한 정보판단이 이루어지지 않으면 국가적 피해가 막대함.
③ 정보의 왜곡이나 실패는 국가 안보와 이익에 치명적인 결과를 초래하므로, 분석의 객관성과 정확성을 높이는 노력이 요구됨.

II 분석관의 자질향상

1. 의의

① 정보분석의 객관성과 정확성을 높이는 가장 중요한 방안은 분석관의 자질향상임.
② 위성정찰, 신호정보 등 기술이 발전했으나, 최종적인 정보판단은 인간이 수행함.

2. 라쿠어(Walter Laqueur)

① 라쿠어는 분석관의 자질이 과거뿐만 아니라 앞으로도 결정적 요소라고 주장함.
② "천재적인 정보분석관은 태어나는 것이 아니라 만들어지는 것"이며, 유능한 인력을 채용하고 훈련하는 것이 분석관 능력 향상의 핵심이라고 강조함.
③ 천재적인 정보요원은 소수로 충분하며, 교육을 통해 분석관의 정치적 판단력과 이해력을 일정 수준까지 끌어올릴 수 있다고 언급함.

III 정보의 정치화 현상 개선

1. 의의

① 정보의 정치화를 막기 위해 정보분석관과 정책결정자의 관계 설정이 필요함.
② 이 관계에 대한 두 가지 상반된 접근법이 존재함.

2. 갓슨(Roy Godson)

갓슨은 기회분석기법(opportunity-oriented analysis)에 근거하여, 분석관이 정책결정자와 밀접한 관계를 유지하고, 그들의 선호에 맞는 분석 자료를 제공하는 것이 바람직하다고 주장함.

3. 베츠(Richard Betts)

① 베츠는 분석관에게 자율성을 보장해야 객관적인 중장기 정보판단이 가능하다고 주장함.

② 자율성이 확보될 때 적대국의 능력과 취약점을 가감 없이 평가할 수 있음.
③ 국가정보판단보고서(NIE) 작성 시, 특정 기관의 입장과 다른 독창적인 견해를 제시할 수 있도록 자유로운 분위기 조성이 필요함.

4. 결론

(1) 의의

① 분석관과 정책결정자의 관계 설정에 대한 상반된 입장이 존재하며, 절충적인 접근이 필요함.
② 보고서 작성 시 한쪽 입장에 편향될 가능성이 있음.

(2) 객관성 유지를 위한 노력

① 분석관은 객관성을 유지해야 하지만, 정책 반영을 지나치게 회피하는 것도 바람직하지 않음.
② 분석관이 정책과 부합하는 보고서를 작성할 수 있도록, 자율적인 분위기를 조성해야 함.

IV 집단사고 등 인지적 오류 방지

1. 의의

분석관과 정책결정자의 인지적 오류를 방지하기 위한 방안으로, 비전문가 활용과 정책결정권자와 전문가 간 빈번한 접촉이 제시됨.

2. 베츠(Richard K. Betts)

① 일반적인 상식이나 고정관념을 극복하기 위해 분석 부서에서 비전문가를 활용하는 방안을 제안함.
② 적국의 능력에 대한 오판을 최소화하는 데 효과적임.

3. 헨델(M.I. Handel)

① 관료조직의 계층질서효과(the effects of hierarchy)로 인해 상위 정책결정자가 하위 분석관의 판단을 왜곡할 가능성을 지적함.
② 이를 방지하기 위해 고위 정책결정자와 하위 전문가 간의 빈번한 접촉이 필요함.

4. 결론

분석관과 정책결정자 모두 인간이므로 인지적 오류를 완전히 방지할 해결책은 존재하지 않음.

V 정보기관들의 조직 개편

1. 의의

① 정보판단의 왜곡이나 실패가 발생할 경우, 정보기관의 조직 개편이 고려될 수 있음.
② 미국에서는 정보실패가 명백할 경우, 정보기관 수장의 사임이나 부서 개편이 이루어짐.

2. 미국의 사례

(1) 조지 테닛 CIA 국장의 사임

2004년 6월, 조지 테닛 CIA 국장이 이라크 대량살상무기 정보판단 실패 및 9/11 테러 위협 정보 파악 실패의 책임을 지고 사임함.

(2) CIA 창설

1941년 진주만 기습 이후, 세분화된 정보기관을 통합하고 정보공유를 확대하기 위해 중앙정보국(CIA) 창설됨.

(3) 국토안보부(DHS) 창설

9/11 테러 이후, 미국은 국토안보부(DHS)를 창설하여 국가안보 강화를 도모함.

(4) 9/11 진상조사위원회의 제안

① 9/11 진상조사위원회 최종보고서에서 냉전 종식 이후에도 미국의 국가안보 체제가 냉전 모델을 유지하고 있음을 지적함.
② 국제테러리즘과 같은 새로운 위협에 대응하기 위해 정부조직 개편과 정보활동 방향 변화를 제안함.

Ⅵ 조직 개편에 대한 상반된 시각

1. 의의

정보실패 해결책으로 조직 개편의 효과에 대한 찬반 논쟁이 존재함.

2. 조직 개편 비판론

(1) 헨델

정보판단 실패의 원인을 조직 개혁으로 해결하는 것은 효과가 없다고 주장함.

(2) 베츠

① 미국이 정보실패 해결을 위해 조직 개편을 했지만, 기대만큼의 성과를 얻지 못했다고 평가함.
② 베츠: 조직 개편이 장기 예측판단의 자료 생산을 약간 개선할 수 있으나, 근본적인 변화를 이루지는 못한다고 주장함.

3. 조직 개편 필요론

코드 빌라(A. Codevilla)는 특정 시기에 적합한 조직 개편이 필요하며, 정보조직 개편은 특정한 상황에 따라 요구될 수 있다고 주장함.

4. 소결

① 조직 개편의 효과에 대한 합의는 어려우며, 정보조직 개편에 대한 과도한 기대는 지양해야 함.
② 전면적인 개편보다 점진적인 개선이 보다 효과적인 방향임.

Ⅶ 경고정보 업무 전담 기구 설치

1. 의의

경고정보 발신 실패(warning failure)를 개선하기 위해 경고정보 업무 전담 기구 설치가 제안됨.

2. 미국

① 1950년부터 25년간 '워치위원회와 국가지수센터(Watch Committee and National Indications Center)'가 경고 업무를 수행함.
② 1970년대 이후, '국가정보관(National Intelligence Officer, NIO)'이 경고 업무를 담당함.

3. 영국

포클랜드 사태 이후, '판단국(Assessment Staff)'의 고위직 요원들에게 경고임무 부여됨.

4. 경고 기구의 효과

(1) 의의

경고 업무 전담 기구가 경고실패를 완전히 방지할 수는 없으나, 일정한 장점이 존재함.

(2) 장점

① 경고기구는 경고 목표에 대한 첩보수집 방향을 제시하여 수집 활동의 효율성을 높일 수 있음.
② 정보기관 간 협력을 유도하여 모든 출처에서 수집된 첩보를 종합, 효과적인 경고정보 보고서를 작성할 수 있음.
③ 첩보자료의 철저한 검토를 통해 모순되는 자료를 평가하여 경고정보 판단의 정확성을 향상할 수 있음.

Ⅷ 결론

1. 의의

① 정보실패 및 왜곡을 개선하는 다양한 방안을 검토함.
② 모든 방안이 실행된다면 정보분석의 질적 수준이 향상될 가능성이 있음.
③ 그러나 현실적으로 모든 방안을 실행하는 것은 불가능하며, 실행하더라도 정보실패와 왜곡을 완전히 방지할 수는 없음.

2. 저비스(R. Jervis)

① 정보조직 결함이나 정보의 정치화가 없더라도, 현실을 이해하는 데 장애요소가 많아 정보는 종종 부정확한 결론을 내린다고 지적함.
② 중장기 예측과 정보판단에는 인간의 한계가 존재함.
③ 정책결정권자는 정보실패와 왜곡의 가능성을 인정하고, 이를 고려하여 신중한 정책결정을 내려야 함.

Theme 134 정보통제의 개념과 기원

I 'intelligence oversight'와 'intelligence control'

1. 의의

① 영미 학계에서 '정보통제'를 의미하는 용어로 'intelligence oversight' 또는 'intelligence control'이 사용됨.

② 일부 학자들이 'intelligence control'을 사용하지만, 일반적으로 'intelligence oversight'가 더 널리 통용됨.

③ 두 용어는 의미상 차이가 있으며, 'control'은 '통제 · 관리'의 의미를, 'oversight'은 '감독 · 감시'의 의미를 포함함.

2. intelligence control

대통령이나 행정부가 정보기관을 관리 · 조정 · 통제하는 역할을 강조하는 개념으로 사용됨.

3. intelligence oversight

의회가 정보기관 및 정보활동을 감시 · 감독하는 역할을 강조하는 개념으로 사용됨.

II 정보통제의 기원

1. 군주 또는 행정수반의 정부기관 통제(control)

국가 형성 이후, 군주 또는 행정수반은 국가체제 유지를 위해 정부기관을 통제해 왔음.

2. 의회의 정부기관 감독(oversight)

(1) 의의

민주주의와 삼권분립 원칙이 정착되면서, 의회가 정부기관을 감독하는 역할을 수행하게 됨.

(2) 의회의 감독(oversight) 개념

조직 · 활동 · 계획 · 정책 이행 실태 등에 대한 검토(review), 감시(monitoring), 감독(supervision)을 포함함.

(3) 밀(J. S. Mill)

의회의 가장 중요한 역할이 정부 감시 및 통제임을 강조.

(4) 윌슨(Woodrow Wilson)

의회의 가장 중요한 임무는 행정부를 감시하고 국민에게 정보를 제공하는 것이라고 주장.

3. 정보기관에 대한 대통령과 행정부의 독점적 통제

(1) 의의

① 정부 일반 부처 · 기관에 대한 의회의 감독은 오래전부터 시행됨.

② 그러나 정보기관은 비밀성이 중요하여 의회의 감독에서 예외적 영역으로 남아 있음.

(2) 의회의 감독 대상에서 예외적인 영역

① 미국 · 영국 · 프랑스 등 선진국에서는 대통령과 행정부가 정보기관을 독점적으로 통제해 왔음.

② 행정수반이 제안한 정보활동에 대해 의회는 거의 제한을 두지 않았으며, 국민들도 이를 자연스럽게 받아들임.

(3) 영국 · 프랑스 등 유럽 국가의 사례

① 근대 이후, 영국 · 프랑스를 중심으로 초보적인 정보기관이 등장함.

② 20세기 초, 강대국들이 국가 차원의 정보기관을 설립하고 본격적인 정보활동을 수행함.

③ 그러나 정보기관은 의회의 감독에서 예외적인 영역으로 간주되어 실질적인 통제나 감독이 이루어지지 않음.

III 정보기관에 대한 의회의 감독 필요성

1. 워터게이트 사건과 CIA 비밀공작의 불법성

① 1970년대 미국에서 워터게이트 사건이 폭로됨.

② 제3세계에서 CIA의 비밀공작이 불법적 · 비윤리적으로 수행됨이 드러남.

③ 정보기관이 "보이지 않는 정부" 또는 "통제 불능의 광포한 코끼리"로 비판받음.

2. 여론의 변화

① 미국 국민들은 정보활동이 국가안보에 필수적임을 인정함.

② 외국 법을 위반하는 스파이활동은 불가피하지만, 미국 법 위반은 용인할 수 없다는 입장 유지.

③ 행정부의 독점적 통제를 반대하며, 권력분립 원리에 따른 의회의 감독 필요성을 주장함.

3. 정보활동의 비밀성 보장과 감독 방안

① 정보활동의 비밀성을 유지하면서도 효과적으로 감독하는 방법이 문제로 대두됨.

② 수년간 시행착오 끝에 의회의 정보기관 감독 권한을 명시한 법률이 마련됨.

③ 상원과 하원에 정보위원회를 설치하여 정보기관의 조직과 활동을 실질적으로 감독하는 제도적 장치 마련됨.

4. 미국식 모델의 확산

(1) 의의

미국의 정보기관 감독 제도는 민주주의 국가들에 영향을 미쳐 각국이 이를 자국 상황에 맞게 도입함.

(2) 호주와 캐나다

호주(1979년)와 캐나다(1984년)가 정보기관 통제법을 제정함.

(3) 유럽

영국을 시작으로 덴마크(1988년), 오스트리아(1991년), 루마니아(1993년), 그리스(1994년), 노르웨이(1996년), 이탈리아(1997년) 등이 개혁 조치를 시행함.

(4) 기타 지역

아르헨티나와 남아프리카공화국을 제외한 여타 지역에서는 정보감독 노력이 미흡함.

Ⅳ 결론

1. 정보감독 개념의 등장

① 정보기관은 오래전에 설립되었으나 정보감독 개념은 비교적 최근에 등장함.
② 1970년대부터 미국 정치권과 학계에서 '의회의 정보감독' 개념이 본격적으로 논의됨.
③ 'intelligence control'보다 'intelligence oversight'가 적절한 용어로 평가됨.

2. 정보감독, 정보통제, 정보감시

① 'intelligence oversight'는 국내에서 '정보통제'로 번역되었으나, 보다 정확한 번역은 '정보감독' 또는 '정보감시'임.
② 엄밀한 의미에서 '정보감독'은 입법부, '정보통제'는 행정부, '정보감시'는 언론의 역할을 의미함.
③ 그러나 국내 학계에서는 이를 명확히 구분하지 않고 '정보통제'로 통칭하는 경향이 있음.

3. 협의와 광의의 정보통제

① 협의의 정보통제는 행정부의 정보기관 관리 · 감독을 의미함.
② 광의의 정보통제는 입법부, 행정부, 사법부, 언론 등이 수행하는 감시 · 감독을 포함함.
③ 정보통제는 입법부가 주도하지만, 행정부 · 사법부 · 언론도 실질적 감시 및 통제 역할을 수행함.

Ⅰ 학설

1. 의의

① 정보통제에 대한 다양한 학자들의 견해가 존재함.
② 랜섬(Harry Ransom)은 정보통제를 "정보정책에 대한 주도권을 두고 의회와 대통령 간의 힘겨루기"로 설명하고, 이들의 관계에 따라 정보통제의 양상이 달라질 수 있다고 주장함.
③ 정보통제에 관한 논의는 접근방법, 필요성, 효과적인 방법 등에 따라 다양한 입장이 존재하며, 때로 상반된 견해가 제시됨.

2. 정보통제의 접근방법

(1) 의의

학자들이 제시하는 정보통제 접근방법은 공식적 · 법적인 접근방법과 정보요원의 가치관 변화에 중점을 둔 접근방법으로 구분됨.

(2) 공식적 · 법적인 접근방법

정보규제법, 엄격한 예산감독, 행정명령, 조직개편, 특정 정보활동의 의회 금지조치 등을 통해 정보활동을 규제하는 방식임.

(3) 정보요원의 가치관 변화에 중점을 둔 접근방법

① 정보기관 내 정보요원의 가치 기준과 비공식적 규범을 변화시키는 데 초점을 둠.
② 공식적 · 법적 통제는 사후조치에 불과하며, 정보업무의 비밀성과 자유재량권을 보장하지 못하므로 효과적이지 않다는 견해가 존재함.
③ 정보요원의 태도 변화가 직권남용 및 초법적 행위를 예방할 수 있다는 입장을 취함.

(4) 비판

정보통제는 일반적으로 공식적 · 법적인 접근방법을 의미하며, 정보요원의 가치관 변화 접근방법은 정보활동의 윤리성과 관련된 문제로 간주됨.

3. 공식적 · 법적 접근방법에 대한 논의

(1) 의의

① 공식적 · 법적 접근방법의 필요성을 두고 찬반 의견이 존재함.
② 찬성 측은 정보기관 통제를 강화하여 불법 및 비윤리적 행위를 방지해야 한다고 주장함.
③ 반대 측은 지나친 통제가 국가안보를 위협할 수 있다고 우려함.

(2) 앤드류(Christopher Andrew)

① 정보통제의 필요성을 강조하며, 정보체계가 민주사회에서 정부 주도 없이 성장했다고 주장함.

② 정보기관 통제는 정책결정자의 무관심과 무지를 극복하는 과정이라고 설명함.

(3) 코드빌라(Angelo Codevilla)

① 정보기관 통제가 반드시 바람직한 것은 아니라는 입장을 취함.

② 국제사회에서 적대국이 존재하는 현실을 고려할 때, 정보기관의 능력을 극대화할 수 있도록 통제장치를 완화해야 한다고 주장함.

4. 의회의 정보감독(intelligence oversight) 역할

(1) 의의

의회의 정보감독 역할에 대해 찬반 의견이 존재함.

(2) 올스테드(Kathryn Olmsted)

① 의회의 정보감독 필요성을 인정하지만, 실질적인 수행이 부족했다고 지적함.

② 처치위원회(Church Committee), 파이크위원회(Otis Pike Committee), 록펠러(Rockefeller) 보고서 등이 개혁안을 제시했으나 정보조직이 개선되지 않았다고 주장함.

③ 의회가 정보감독 기능 수행을 부담스럽게 여기며 제대로 시행하지 못했다고 결론지음.

(3) 노트(Steven F. Knott)

① 의회의 정보감독이 불필요하다는 입장을 강력히 주장함.

② 워싱턴, 제퍼슨, 링컨 등의 대통령이 의회 감독 없이 비밀공작을 효과적으로 수행했다고 설명함.

③ 정보활동의 특성상 비밀성, 시의성, 융통성, 효율성이 중요하므로 의회 개입은 실패 위험을 초래한다고 주장함.

④ 1947~1974년 시스템으로 복귀하여 의회의 정보감독을 해제하는 것이 바람직하다고 제안함.

Ⅱ 민주주의와 정보통제

1. 민주주의와 정부의 책임성

① 정부의 투명성과 책임성은 민주주의 유지의 핵심 요소이며, 이에 따라 정부기관의 철저한 감시와 감독이 요구됨.

② 행정부 각급 기관은 감사기관의 감사, 의회의 국정감사 등 다양한 방법으로 감시받으나, 정보기관은 비밀주의 속성으로 인해 예외적인 영역으로 남아 있음.

③ 정보기관은 활동의 특성상 모든 정보를 공개할 수 없으며, 조직과 활동이 노출될 경우 정보활동 수행이 어려워짐.

2. 정보기관과 민주주의

(1) 정보기관의 민주적 통제 문제

① 민주주의 체제에서는 국민이 정부 정책과 활동을 통제해야 하지만, 정보기관의 활동은 비공개적이므로 통제가 어려움.

② 정보기관의 비밀주의는 민주주의의 기본원칙과 충돌할 가능성이 있음.

(2) 비밀성과 책임성의 모순

① 민주주의는 공개성과 책임성을 요구하는 반면, 정보기관은 비밀보안을 유지하며 책임 회피 속성을 보임.

② 민주주의 국가에서도 일부 정책(부동산, 금융통화, 협상전략 등)은 기밀 유지가 필요하며, 정보기관의 비밀 유지도 국가안보 차원에서 정당화될 수 있음.

3. 국가정보활동과 민주주의

(1) 의의

① 현대 국가는 국가안보와 국가이익 보호를 위해 정보기관을 운용하며, 민주주의 국가에서도 정보활동의 필요성을 인정함.

② 그러나 정보활동과 민주주의는 기본 원칙에서 충돌하며 긴장 관계를 형성함.

(2) 주요 충돌 지점

① 투명성과 비밀성: 민주주의는 정책 투명성을 요구하지만, 정보활동은 비밀성을 유지해야 함.

② 분산과 집중: 민주주의는 권력 분산을 지향하지만, 정보기관은 권력을 집중시킴.

③ 법의 지배: 민주주의는 법의 지배를 원칙으로 하지만, 정보활동은 국내외 법률을 배제할 가능성이 있음.

④ 사생활 보호: 민주주의는 개인의 사생활을 보호하지만, 정보활동은 정보요원의 사생활을 제한함.

⑤ 신뢰의 문제: 민주주의는 정부와 시민 간 신뢰를 요구하지만, 정보기관은 지속적인 감시와 경계를 필요로 함.

(3) 소결

정보활동은 민주주의 원칙을 제약할 가능성이 있으며, 민주주의 체제하에서 정보활동의 과제는 민주주의를 유지하면서도 효과적인 정보활동을 수행하는 데 있음.

4. 미국의 건국 초기와 냉전시대

(1) 건국 초기

조지 워싱턴은 국가정책 수행 시 중요한 정책결정에 대해 철저한 비밀 유지가 필요하다고 주장함.

(2) 냉전시대

① 냉전기 미국에서는 정보활동이 국가안보의 핵심 수단으로 여겨졌으며, 대통령과 행정부가 이를 독점적으로 통제함.

② 의회는 정보활동에 대한 통제를 거의 하지 않았으며, 국민도 정보기관의 필요성을 자연스럽게 받아들임.

5. 민주주의와 정보기관의 관계

(1) 민주주의 국가에서의 정보기관

① 정보기관과 비밀정보활동은 국가안보 유지의 핵심 요소로 간주됨.

② 민주주의 국가에서도 정보기관을 운용하며, 정보기관에 대한 통제와 비밀보안 유지가 병행됨.

③ 미국, 캐나다, 영국 등은 정보기관 통제 제도를 시행하고 있음.

(2) 민주주의와 정보활동의 상호 교환 관계

① 민주주의와 정보활동은 상호 교환적인 관계(trade-off)로, 한쪽이 강화되면 다른 한쪽이 약화됨.

② 정보기관의 통제를 강화하면 비밀정보활동이 위축되고, 감시감독이 소홀하면 정보기관의 재량권이 확대됨.

6. 정보기관에 대한 통제 수준

(1) 의의

국가정보의 궁극적 목표는 국가안보이며, 정보활동은 이를 달성하기 위한 수단임.

(2) 시대적 상황에 따른 통제 수준 차이

① 안보위협이 클수록 정보활동이 강화되고, 민주주의적 통제가 약화됨.

② 안보위협이 적을수록 민주주의 절차를 강조하며 정보기관 통제를 강화하는 경향이 있음.

③ 정보기관에 대한 통제 수준은 민주주의와 국가안보 중 어느 가치를 우선하는지에 따라 결정됨.

7. 소결

① 정보기관 통제는 국가안보와 민주주의를 균형 있게 유지하는 것이 핵심 과제임.

② 민주주의 국가에서는 정보기관에 대한 통제가 필수적이며, 이를 소홀히 하면 정권안보의 도구화 및 비효율적 정보활동으로 국가예산 낭비 가능성이 있음.

③ 반대로 지나친 통제는 정보활동을 위축시켜 국가안보에 부정적 영향을 미칠 수 있음.

④ 따라서 정보기관의 효율성을 유지하면서 민주주의 원칙을 훼손하지 않는 통제 방안이 필요함.

⑤ 정보기관 통제에 관한 연구는 미국과 영국에서 활발히 이루어지고 있으나, 다른 국가에서는 자료 접근이 제한적임.

Ⅲ 정보통제의 필요성

1. 의의

① 민주국가와 독재국가를 막론하고 정보기관에 대한 통제와 감시감독이 필수적임.

② 정보기관은 첩보수집, 감시, 도청, 파괴, 테러, 전복공작 등 다양한 정보활동을 수행함.

③ 이러한 활동 과정에서 비합법적 · 반윤리적 행위가 발생할 가능성이 있으며, 정보기관의 비효율성과 부정행위가 통제되지 못하는 상황이 발생할 수 있음.

2. 정보활동의 특성과 통제 필요성

① 정보활동은 철저한 비밀 유지가 요구되므로 통제 및 감독이 어려움.

② 정보기관을 효과적으로 통제하지 않으면 정권과 국가체제에 심각한 위협이 초래될 수 있음.

③ 따라서 정보기관의 적절한 감독 및 통제는 정권 유지뿐만 아니라 국가 운영의 필수 요소임.

3. 민주주의 국가에서 정보통제의 기본 목표

① 정보기관의 비밀성을 유지하면서 시민의 알 권리와 인권을 보호하는 것이 핵심 목표임.

② 상반된 가치를 동시에 추구하는 것이 어렵지만, 어느 한쪽의 희생은 허용될 수 없음.

③ 민주국가에서 정보통제는 안보위협 대응을 위해 정보활동의 비밀성을 보장하면서도, '기본권(civil liberties)', '투명성(transparency)', '책임성(accountability)'을 보호하는 역할을 수행함.

4. 국민의 기본권 보호

(1) 의의

① 정보통제는 국민의 기본권을 보호하는 역할을 하며, 민주주의 국가의 헌법에서 이를 보장함.

② 기본권은 정부가 적법 절차 없이 개인의 생명, 자유, 재산을 박탈할 수 없음을 의미함.

(2) 정보활동 수행 과정에서의 기본권 침해

① 정보기관의 첩보수집 및 방첩활동 과정에서 국민의 기본권이 침해될 가능성이 존재함.

② 사생활권(privacy rights) 침해 사례가 발생하며, 미국의 CIA와 FBI도 과거 불법 감청과 미행을 수행한 사례가 있음.

③ 이는 불법적이고 비윤리적인 행위로, 의회의 정보감독 및 사법부 판결을 통한 적절한 통제가 필요함.

5. 정보활동의 투명성 보장

(1) 의의

정보통제는 정보기관 및 정보활동의 투명성을 보장하여 민주주의적 가치를 보호하는 역할을 수행함.

(2) 투명성

① 투명성은 민주주의의 핵심 가치로, 보장되지 않으면 민주주의 유지가 불가능함.

② 민주주의 국가는 조직, 계획, 활동을 가능한 한 투명하게 공개할 의무가 있음.

(3) 투명성의 예외

① 국가안보에 중대한 피해를 초래할 수 있는 정보는 비밀로 분류하여 공개하지 않을 수 있음.

② 정책 집행 과정에서 효율성을 위해 비밀 유지가 필요한 경우도 존재함.

(4) 공개 의무화 통제장치 필요성

① 정보기관의 활동이 정권 보호 또는 개인 권력 유지 수단으로 악용될 가능성이 있음.

② 정보기관은 비밀보안을 구실로 조직과 활동을 공개하지 않는 경향이 있음.

③ 따라서 불법적·비윤리적 행위를 방지하기 위해 적절한 수준의 공개를 의무화하는 통제장치가 필요함.

6. 정보기관 정책결정 및 행위에 대한 책임성 요구

(1) 의의

정보통제는 정보기관이 내린 정책결정과 수행한 행위에 대한 책임성을 요구하여 오류의 반복을 방지함.

(2) 책임성

① 민주주의는 정부 정책결정 및 행위에 대한 책임성을 요구함.

② 국민의 기본권 침해나 공적 자금 낭비에 대한 책임 소재가 명확해야 함.

(3) 정보기관의 책임 회피 경향

① 정보기관은 활동을 공개하지 않으므로 책임 소재를 파악하기 어려움.

② 종종 배후에서 은밀히 활동하며 책임을 회피하는 태도를 보임.

(4) 책임 소재 파악의 필요성

① 잘못된 행위를 밝혀내고 책임자를 처벌함으로써 유사한 사태의 반복을 방지함.

② 정보기관의 정책결정과 행위에 대한 책임 소재를 명확히 하는 통제장치가 요구됨.

7. 정보활동의 정당성(validity) 보장

(1) 의의

① 정보기관에 대한 통제는 정보활동의 정당성을 보장하는 역할을 수행함.

② 의회가 정보기관의 계획 및 활동을 사전에 승인하면 정보기관은 책임을 회피할 수 없음.

(2) 국민들의 지지

① 의회가 효과적으로 정보기관을 감독하면 국민들은 정보활동을 적극 지지함.

② 반면, 통제가 미흡하면 불확실한 정보활동에 막대한 예산이 낭비된다고 인식할 가능성이 높음.

(3) 부당한 압력으로부터 정보기관 보호

① 정보통제는 정보기관이 행정수반 또는 정보기관 수장의 사적 목적을 위한 도구로 악용되는 것을 방지함.

② 적정 수준의 정보통제를 통해 정보활동의 정당성이 인정되면 국민들의 신뢰와 지지를 받을 수 있음.

Ⅳ 결론

1. 정보통제와 정보기관의 관계

① 정보기관에게 통제와 감시감독이 부담이 될 수 있으며, 과도한 통제는 정보활동의 효율성을 저해함.

② 그러나 민주적 절차와 가치는 희생될 수 없으며, 법이 정한 원칙을 준수해야 함.

③ 정보기관의 비밀성과 효율성을 유지하면서 효과적으로 통제할 방안을 모색해야 함.

2. 입법부의 정보통제

① 민주주의 국가에서 입법부는 정보자산(intelligence resource)이 남용되지 않도록 행정부를 견제하는 역할을 수행함.

② 정보기관의 정책, 예산, 활동을 검토하고, 대통령과 정보기관 수장의 인권 침해 및 불법행위를 방지함.

③ 정보기관의 비정상적인 조직구조, 예산 낭비, 비효율적 정보활동을 예방하는 역할을 수행함.

④ 효과적인 정보통제는 국민들에게 정보활동의 정당성과 합법성을 인정받게 하며, 정보기관에 대한 신뢰와 지지를 형성함.

⑤ 장기적으로 보면 정보통제는 정보기관에게도 긍정적인 결과를 가져올 수 있음.

I 의의

① 정보기구는 국가 정보활동을 위해 사적 비밀공간을 보유하며, 이는 기동성과 탄력성 확보에 필요함.
② 정보기구의 사적 자산운용은 공식 예산 결산과 감사 체계를 벗어나며, 법적 문제를 야기함.

II 정보기구의 물적 자산

1. 법적 근거 부족

① 「예산회계법」상 정보기구의 사적 소유를 인정할 근거가 없음.
② 비밀금고 운영은 국가 감독을 벗어나 책임예산 원칙에 위배됨.

2. 정보활동을 위한 자산 활용

① CIA는 창설 이후 비밀공작 수행을 위해 비밀기업 및 준정부기업을 설립함.
② 외국 지부 및 지사를 활용하여 정보요원들이 직원으로 가장하여 활동 거점을 확보함.

3. 정보기관이 운영하는 기업 및 기관

① 정보기관 소유 은행·보험회사는 사회 지도층 정보를 수집하는 창구 역할을 함.
② 정보기관 소유 비행기는 비밀공작 수행 시 기동성을 보장함.
③ CIA 소유 방송사(Radio Free Europe, Radio Liberty)는 선전공작에 활용됨.

4. 정보요원의 활용 및 복지

① 정보기관 소유 기업은 요원의 퇴직 후 취업처로 활용됨.
② 요원들의 복지 문제 해결 방안으로도 기능함.

5. CIA의 항공회사

① 에어 아메리카(Air America)는 CIA가 운영하는 항공회사로 알려짐.
② 마약 운송을 통해 상당한 이익을 창출한 사례가 있음.

III 정보기구의 물적 자산에 대한 통제

① 미국에서는 일정 범위 내에서 정보기구의 물적 자산을 인정함.
② 영업이득은 합리적 조직운영 비용 외에는 의회의 예산 통제를 받아야 함.

③ 비밀공작금 조달에 활용할 경우, 의회의 입법권·예산권을 무력화하고 통제를 회피하는 문제가 발생함.
④ 최소한 대통령 명령 등의 규범 통제가 마련되어야 함.

I 의의

1. 정보기관의 통제

① 1970년대까지 미국에서 정보기관에 대한 통제는 행정부의 독점적 권한이었음.
② 이후 민주주의 국가에서는 삼권분립 원칙에 따라 의회가 정보기관 감독 권한을 법적으로 부여받아 행사함.
③ 그러나 여전히 행정부는 자체적으로 정보기관을 통제하며, 이는 의회가 가지지 못한 권한과 역할을 수행하여 의회 감독을 보완하는 기능을 함.

2. 정보기관의 특수성

① 정보기관은 첩보수집, 감시, 도청, 파괴, 테러, 전복공작 등 다른 행정기관이 수행할 수 없는 특별한 활동을 수행함.
② 정보활동 과정에서 비합법적이거나 윤리적 문제가 발생할 가능성이 존재함.
③ 조직이 비밀에 싸여 있어 비효율성이 심화될 위험이 있으며, 정보기관의 무능·부패·비효율성을 개선하지 않으면 국가 예산 낭비로 이어질 수 있음.

II 행정부의 정보기관 통제

1. 통제의 필요성

① 정보기관이 적절히 통제되지 않으면 정권 유지에 부담이 될 수 있으며, 무능과 비효율성이 국가체제에 심각한 위협을 초래할 수 있음.
② 따라서 행정부의 효과적인 감독과 통제는 정권 유지뿐만 아니라 국가체제의 안정적 운영을 위해 필수적임.

2. 행정수반의 통제 권한

① 대통령과 수상 등 행정수반은 행정부 산하기관을 통제할 권한과 의무를 가짐.
② 정보기관도 행정부 산하기관으로서 행정수반의 감독·통제를 받으며, 인사권·조직개편·행정명령권 등 다양한 수단을 통해 통제됨.

I 인사권

1. 의의

① 대통령이나 수상 등 행정부 수반이 관료조직을 장악하는 핵심 수단은 인사권임.
② 행정수반은 장·차관 및 정보기관장의 임명·해임권을 통해 조직을 통제함.

2. 정보기관 수장의 인사

(1) 의의

① 정보기관장은 막강한 권한과 비밀성을 가지므로 신중하게 인사 결정됨.
② 일반적으로 행정수반이 신뢰하는 측근을 정보기관장으로 임명하는 경향이 있음.

(2) 미국 사례

① 카터(1977~1981): 고향 친구 터너(Stansfield Turner)를 CIA 국장으로 임명.
② 레이건: 절친한 친구 케이시(William J. Casey)를 CIA 국장으로 임명하여 소련 와해 공작을 주도하게 함.

3. FBI 후버 국장 사례

(1) 의의

① 정보기관이 불법적 활동을 수행할 경우 최고정책결정자가 이를 통제하지 못하는 사례가 발생할 수 있음.
② 정보기관장 임명이 잘못될 경우 정권 유지와 체제 안위에 심각한 위협을 초래할 수 있음.
③ 따라서 정보기관장 임명은 일반 행정부 장관보다 더욱 신중해야 함.

(2) 미국 FBI 사례

① 후버 국장 재임 시기: 선거 개입, 불법 도청 및 감시 등 비윤리적 행위 발생.
② 트루먼·케네디 대통령이 해임을 시도했으나, 보복 우려로 실패.
③ 후버는 47년간 FBI 국장으로 재직하며 불법 행위를 지속하였고, 해임되지 않은 채 사망함.

II 조직개편

1. 의의

① 대통령이나 수상은 정보기관의 효율성을 제고하고 장악력을 강화하기 위해 조직 개편을 단행할 수 있음.
② 때로 정보기관을 통제할 별도 기구를 설립하여 견제·감독 기능을 수행하게 함.

2. 1947년 CIA 설립

① 미국은 정보 실패를 경험할 때마다 정보기관 개편을 단행함.
② 진주만 기습(1941년) 실패: 군 정보기관 간 정보 공유 부족 및 경쟁 심화로 사전 탐지 실패.
③ 국가 차원의 정보 분석 필요성이 제기되어 1947년 CIA 설립.

3. 9·11 테러 이후 개편

① 국토안보부(DHS) 신설: 9·11 테러 대응을 위한 전담 기관 설립.
② 국가정보장(DNI) 신설: 16개 정보기관을 강력히 통제할 장관급 직위 도입.

4. 정보기관 감독 기구 설립

① NSC(국가안전보장회의, 1947년): 정보활동 감독을 위한 대통령 직속 기구.
② 해외정보자문위원회(1956년): 아이젠하워 대통령이 설립한 정보 자문 기구.
③ 정보감독위원회(IOB, 1976년): 포드 대통령이 정보기관 감시를 위해 설립.

5. 조직구조 개편의 필요성

① 정보기관은 보안 유지를 위해 조직구조를 비밀에 부치지만, 이는 비효율성을 초래할 위험이 있음.
② 조직의 비효율성은 정보기관 본연의 임무(수집·분석·공작·방첩)를 약화시킬 수 있음.
③ 정보기관 조직을 효율적으로 개편함으로써 정보활동의 생산성을 제고할 수 있음.

6. 결론

정보기관 개편은 정보조직의 경쟁력을 향상시키고 통치권자의 통제력을 강화하는 효과적인 수단임.

III 행정명령권

1. 의의

① 행정명령권은 대통령이나 수상이 정보기관을 통제할 수 있는 핵심 수단 중 하나임.
② 법률 제정권은 의회에 있으나, 대통령은 행정명령을 통해 입법적 기능을 수행할 수 있음.
③ 행정명령은 법률보다 강제력이 낮고 영구성이 부족하지만, 의회 승인 없이 신속히 정책을 추진할 수 있음.

2. 미국 대통령의 행정명령권

(1) 의의

헌법에 명시되지는 않았지만, 미국 헌법 제2조 제1절 제1항에 근거하여 인정됨.

(2) 정보기관 관련 행정명령

① 포드(1976년), 카터(1978년), 레이건(1981년), 부시(2004년) 등 역대 대통령이 국가정보 관련 행정명령을 발동함.

② 카터(1978년)는 「행정명령 제12036호」를 통해 CIA 등의 국내 정보활동을 대폭 제한·금지.

(3) 정보기관 통제 기구를 설립을 위한 행정명령

① 정보기관을 간접적으로 통제할 기구를 행정부 내에 설립하기 위해 행정명령이 내려지기도 함

② 아이젠하워(1956년): 「행정명령 제10656호」로 해외 정보자문위원회 설치.

③ 포드(1976년): 「행정명령 제11905호」로 정보감독위원회(IOB) 설치.

Theme 137 행정부의 정보통제기구

I 의의

① 정보기관은 외부와 단절되어 경쟁이 적어 조직의 비효율성이 심화될 수 있으며, 권한 남용으로 불법·비윤리적 행동을 저지를 위험이 있음.

② 행정수반(대통령·수상)은 시간과 전문성이 부족하여 정보기관을 직접 통제하기 어려움.

③ 이에 따라 정보기관을 감독할 기구가 필요하며, 일반적으로 대통령이나 수상 직속으로 설치되어 독립성을 유지함.

II NSC(National Security Council)

1. 의의

NSC는 1947년 제정된 「국가안보법(National Security Act of 1947)」에 따라 설치된 대통령 자문기구로, 국가안보 및 외교정책 관련 임무를 수행함.

2. 구성

① 대통령을 의장으로 하며, 부통령, 국무부장관, 재무부장관, 국방부장관, 국가안보보좌관 등으로 구성됨.

② 합참의장은 군사 자문위원으로, 국가정보장(DNI)은 정보 자문위원으로 참석함.

3. 권한

정보공동체의 정보기관들로부터 정보활동 및 정책을 보고받고 이를 지휘·감독함.

4. 정보기획실(OIP)

① NSC 산하 '정보기획실(Office of Intelligence Programs, OIP)'은 행정부 내 정보활동을 감독하는 최고위급 기관으로 활동해 왔음.

② 2004년 「정보개혁법」에 따라 '합동정보공동체위원회(JICC)'가 설립되며, 정보공동체 감독 기능을 수행함.

5. 합동정보공동체위원회(JICC)

(1) 구성

DNI를 의장으로 하며, 국무부장관, 재무부장관, 국방부장관, 에너지부장관, 국토안보부장관, 검찰총장 등이 참여함.

(2) 역할

정보요구, 예산, 정보기관 활동성과 등에 대해 DNI에게 자문함.

(3) 권한

위원 중 누구든지 DNI가 제공한 정보와 상반되는 내용을 대통령에게 보고할 수 있는 권한을 가짐.

(4) 기대

서열이 높은 장관들이 대통령에게 직접 보고할 수 있어, DNI에 대한 견제 역할을 수행할 것으로 기대됨.

(5) 평가

① 대부분의 JICC 위원들은 정보기관 관리·운영에 집중할 시간이 부족하며, 정보업무 전문성도 미흡함.

② 기대와 달리 JICC가 실질적인 정보기관 감독 역할을 수행하는 데 한계가 있다는 지적이 있음.

III 대통령 정보자문위원회(PIAB)

1. 의의

PIAB(President's Intelligence Advisory Board)는 미국 고유의 독특한 정보통제기구임.

2. 연혁

① 1956년 아이젠하워 대통령이 「행정명령 제10656호」를 통해 '해외정보자문위원회'를 설치함.

② 케네디 대통령이 피그만 사건 이후 이를 '대통령해외정보자문위원회(PFIAB)'로 개칭하고 적극 활용함.

③ 닉슨 대통령 이후 활동이 위축되었고, 카터 대통령 시기에는 폐지됨.

④ 레이건 대통령이 위원회를 확대하며 부활시켰으며, 1993년 클린턴 대통령이 「행정명령 제12863호」에 따라 IOB를 PFIAB 소속 분과위원회로 흡수함.

⑤ 2008년 부시 대통령이 PFIAB를 PIAB로 개칭하여 현재에 이르게 됨.

3. NSC 정보기획실과의 비교
① 역대 대통령들은 국외정보활동 자문과 관련하여 NSC 정보기획실보다 PFIAB를 더 많이 활용해 왔음.
② PFIAB는 고위직 관료들로 구성되어 보다 객관적인 자문활동을 수행함.

4. 구성
① PIAB 위원은 대통령이 임명하며, 전직 정보관 및 정보 업무 경험이 있는 민간인들로 구성됨.
② 위원 수는 대통령 성향에 따라 5명~24명으로 변동됨.

5. 임무
(1) 의의
CIA의 정보활동 성과 및 효율성을 평가·감독하고 개선 방안을 대통령에게 조언하는 역할을 수행함.

(2) 사례
① PFIAB는 피그만 침공 실패 후 케네디 대통령에게 DIA(Defense Intelligence Agency) 창설을 권고함.
② 1976년 소련의 전략적 능력과 의도를 분석하는 기법으로 A팀 대 B팀의 경쟁분석을 제안함.

6. 권한
① 정보공동체 감독 권한은 의회에 있으며, PIAB는 법적으로 정보기관을 감독·관리할 권한이 없음.
② 그러나 비공식적으로 정보기관의 활동을 조사·평가·감독하는 역할을 수행하기도 함.
③ 대통령 직속 자문기구로서 대통령이 임명하는 구조로 인해 정치적 중립성을 유지하기 어려움.

Ⅳ 정보감독위원회(IOB)

1. 의의
① 1973년 칠레의 아옌데(Salvador Allende) 정권 붕괴 후, 미국 CIA가 비밀공작을 통해 불법적으로 개입한 사실이 드러남.
② CIA는 비밀공작 수행 과정에서 불법·비윤리적 행위를 저질렀다는 의혹을 받음.

2. 연혁
① 포드(Ford) 대통령이 정보기관의 정보활동 합법성 조사·평가를 위한 정보감독기구 설립을 지시함.
② 1976년 2월 18일, 「행정명령 제11905호」에 따라 정보감독위원회(IOB) 설치됨.

③ 클린턴(Clinton) 대통령 시기 「행정명령 제12863호」에 따라 PFIAB 소속 분과위원회로 편입됨.
④ 부시(George W. Bush) 대통령 시기 「행정명령 제13462호」에 따라 PFIAB가 PIAB로 개칭되면서 PIAB 소속 위원회로 편입됨.

3. 조직
① IOB는 PIAB의 부속기관이며, 위원은 PIAB의 위원이 됨.
② 대통령이 임명하는 5명 이하의 위원으로 구성되며, 행정부 부처나 정보기관에 소속되지 않고 관련 전문성을 갖춘 인사로 임명됨.

4. 권한
① 정보기관 감사관(Inspector General) 및 법률고문(General Counsels)으로부터 정기적으로 보고를 받고, 그들을 지휘·감독할 권한을 가짐.
② 정보활동의 위법성 여부를 조사할 권한이 있으나, 사건을 추적하거나 소환할 권한은 없음.
③ 정보기관의 불법적 정보활동 발견 시 즉시 대통령과 검찰총장(Attorney General)에게 통지해야 함.

Ⅴ 국방부의 정보감독단(IOP)
① 국방부 소속 정보감독기구로서 IOB와 유사한 기능을 수행함.
② 국방부가 자체적으로 설립한 기구로, 미국 국민의 기본권을 침해하지 않으면서 국방부의 정보·방첩 활동을 평가·검토하는 역할을 담당함.

Ⅵ 감사관실(Office of the Inspector General)

1. 의의
① 미국 행정부 각 부처와 정보기관 내부에 설치된 독립적 감사기구임.
② 감사관(Inspector General)이 최고위직으로 임명됨.

2. 조직
① 1978년 「감사관법(Inspector General Act of 1978)」에 따라 독립적 위상을 유지함.
② 미국 정보공동체 내 12명의 감사관이 정보기관을 감독하며, 독립성을 가짐.
③ CIA 및 국방부 담당 감사관은 의회 제정법에 따라 설치되었으며, DIA·NRO 등 기타 정보기관 담당 감사관은 국방부에서 설치함.
④ 감사관들은 행정부뿐만 아니라 의회에도 보고하는 역할을 수행함.

3. 임무

① 철저한 비밀보안을 원칙으로 업무를 수행함.

② 행정부에 대한 정보기관의 책임성을 강화하는 역할을 담당함.

③ 정보기관 내부 감찰을 수행하며, 비밀자료에 무제한 접근할 수 있는 법적 권한을 가짐.

④ 정보기관 활동 평가, 불만 조사, 회계감사 등의 업무를 수행함.

⑤ IOB 및 행정부 고위 담당자에게 정기적으로 활동 내용을 보고함.

4. CIA의 내부 감독 기관

(1) 의의

① CIA는 내부 감독기관으로 감사관실(Office of the Inspector General)과 법률고문실(Office of the General Counsel)을 운영함.

② CIA 감사관 및 법률고문(General Counsel)은 대통령이 지명하고, 상원 정보위원회의 인준을 받음.

(2) CIA 감사관의 권한

① CIA 감사관은 의회와 행정부로부터 정보기관 감독권을 부여받음.

② CIA 국장에게 직접 보고할 권한을 가지며, 상원 정보위원회의 지시에 따라 감찰·조사 활동을 수행하고 결과를 보고함.

(3) CIA 감사관과 법률고문의 임무

① CIA 감사관은 독립성을 유지하며 객관적이고 공정하게 조사·평가를 수행함.

② CIA 법률고문은 CIA 국장에게 정보활동 관련 법적 자문을 제공하는 역할을 담당함.

Ⅶ 내부 감찰기구

1. 의의

정보기관은 내부 감찰·감사 업무를 수행하는 부서를 운영함.

2. 업무

① 정보활동의 비효율성 및 불합리한 관행을 조사·평가함.

② 정보기관 요원의 직권남용, 불법행위, 비윤리적 행위를 감시·조사하고 처벌하는 임무를 수행함.

3. 장점과 한계

(1) 장점

정보기관 내부 감찰기구는 내부 비리 및 문제점을 가장 정확하게 파악할 수 있음.

(2) 한계

① 내부 조직 보호 및 동료애로 인해 조사 내용의 공정성·객관성이 저하될 가능성이 있음.

② 조직 보호를 위해 내부 비리를 외부에 알리지 않으려는 경향이 존재함.

③ 외부와 차단된 구조로 인해 내부 비효율성 및 잘못된 관행을 정확히 지적하지 못할 가능성이 있음.

Theme 138 정보기관에 대한 행정부 통제의 장점과 한계

Ⅰ 정보기관에 대한 행정부 수반의 고유권한

1. 직접적 통제 권한

대통령이나 수상은 행정부의 수반으로서 인사, 조직 개편, 행정명령을 통해 정보기관을 직접 통제함.

2. 간접적 통제 권한

① 행정부 수반은 정보기관을 감독하는 기구를 설치하여 간접적으로 통제력을 행사함.

② 직접적·간접적 통제 방식을 병행하여 정보기관을 효과적으로 관리할 수 있음.

3. 정보정책 수립 및 보고 권한

① 행정부 수반은 정보정책을 입안하고, 정보기관으로부터 보고를 받을 권한을 가짐.

② 정보기관은 행정부의 지시를 이행하고 비밀공작 등 주요 사안을 보고할 의무를 가짐.

③ 행정부는 정보활동목표우선순위(PNIO)를 설정하고, 예산 승인 및 회계감사 과정에 참여하여 정보기관을 통제함.

Ⅱ 정보기관에 대한 행정부 통제의 장점

1. 의의

① 행정부는 정보기관 통제에 필요한 전문성을 보유함.

② 전직 정보관, 관료, 학자 등 전문 인력을 활용할 수 있음.

2. 의회의 감독과 비교

① 의회는 정보기관 감독에 필요한 전문성이 부족하여 독자적 감독 기능 수행이 어려움.

② 일부 견해는 의회의 감독 기능이 행정부의 정보기관 통제력에 의존한다고 평가함.

3. 소결

행정부는 전문성과 경험을 활용하여 정보기관을 효과적으로 통제할 수 있음.

Ⅲ 정보기관에 대한 행정부 통제의 한계

1. 의의

① 행정부는 전문성과 경험을 갖추었으나, 정보기관 통제에 한계가 존재함.
② 정보기관의 비밀 유지 속성으로 인해 완벽한 통제는 어려움.

2. 카터 대통령 사례

① 미국에서 대통령조차 모르게 불법 정보활동이 발생한 사례가 있음.
② 1977년 2월 18일, 「워싱턴 포스트」는 CIA가 요르단 후세인 왕에게 불법 자금을 제공한 사실을 보도함.
③ 카터 대통령은 이 사실을 전혀 알지 못했다고 답변함.

3. 레이건 대통령 사례

① 이란−콘트라 사건 조사 결과, 레이건 대통령과 부시 부통령이 사건 진행을 파악하지 못했던 것으로 밝혀짐.
② 대통령조차도 정보기관의 핵심 정보를 파악하지 못하는 사례가 발생함.

Ⅳ 행정부 정보통제의 양면성

1. 의의

① 행정부가 정보기관을 확고히 통제하면 일탈행위를 방지할 수 있음.
② 그러나 정보기관이 정권적·사적 목적으로 악용될 위험이 존재함.
③ 독재정권에서는 정보기관이 정권 유지 도구로 전락하는 사례가 빈번함.

2. 구소련 KGB 사례

① KGB는 국가안보보다 독재자의 정권 유지 수단으로 활용됨.
② 반체제 인사 탄압과 주민 감시에 집중함.

3. 이라크전쟁 사례

(1) 부시 대통령

① 이라크전쟁 과정에서 부시 대통령과 핵심 관료들은 자신들에게 유리한 정보만을 선별적으로 활용함.
② 이라크 대량살상무기 정보를 조작 또는 왜곡했을 가능성이 있음.

(2) 블레어 수상

① 2005년 3월 20일, BBC는 블레어 정부가 이라크전쟁을 앞두고 정보를 조작했다고 보도함.
② 영국 정보기관이 직접 정보를 왜곡하지는 않았으나, 정책결정자의 의도를 묵인하여 '정보의 정치화'가 발생함.
③ 리(Ian Leigh)는 정책결정자가 정보기관과 밀착하면 정보의 정치화 위험이 증가한다고 경고함.

Ⅴ 결론

① 행정부는 정보기관을 효과적으로 통제할 능력이 있으나, 통제만으로 충분하지 않음.
② 정보기관이 최고정책결정자와 밀착할 경우 정권적 목적에 악용될 가능성이 있음.
③ 이를 방지하기 위해 의회를 통한 견제와 감독이 병행될 필요가 있음.

Theme 139 정보기관에 대한 행정부 통제의 과제

Ⅰ 행정부의 정보통제

1. 의의

① 행정부의 정보통제는 최고 정책결정자의 고유 권한임.
② 최고 정책결정자는 인사, 조직 개편, 행정명령 등의 수단을 활용하여 정보기관을 통제함.
③ 그러나 최고 정책결정자는 정보기관을 효과적으로 통제·감독할 시간과 전문성이 부족함.
④ 미국의 경우, 최고 정책결정자를 대신하여 정보기관을 감독하는 독립적 기구를 설치·운영함.

2. 행정부의 정보통제의 한계

① 다양한 제도적 장치를 활용하더라도 행정부의 정보통제는 완벽하지 않음.
② 최고 정책결정자 또는 정보기관 수장조차도 정보기관의 불법 행위를 제대로 파악하지 못하는 경우가 있음.
③ 반대로 정책결정자와 정보기관이 지나치게 밀착하여 정권에 악용되는 사례도 빈번함.
④ 따라서 행정부의 불완전한 정보통제를 보완하기 위한 다양한 방안이 필요함.

Ⅱ 정보기관에 대한 '통제'와 '조직운영'의 분리

1. 의의

정보기관이 정책결정자와 밀착하는 문제를 해결하기 위해 '통제'와 '조직운영'을 분리하는 방안이 고려됨.

2. 행정부의 수반과 정보기관 수장의 역할 분담

(1) 의의

① 행정부의 수반과 정보기관 수장은 각기 다른 역할을 수행해야 함.

② 정책결정자는 정보기관의 활동을 '통제'하고, 정보기관 수장은 조직을 '운영'하는 역할을 맡는 것이 바람직함.

(2) 정책결정자가 조직 운영에 지나치게 관여하는 경우의 문제점

정책결정자가 정보기관의 조직 개편과 인사에 지나치게 개입하면, 정보기관 수장이 조직 장악력을 유지하기 어려움.

(3) 정보기관 수장이 정보기관의 활동을 통제하는 경우의 문제점

정보기관 수장이 지나치게 통제 기능을 수행하면, 정보활동의 효과성이 저하됨.

(4) 카터 대통령 당시 터너 제독의 CIA 비밀공작 통제 사례

① 카터 대통령 시기, CIA의 비밀공작의 불법성과 비윤리성이 문제로 대두됨.

② CIA 국장 터너 제독은 비밀공작 통제를 강화하기 위해 베테랑 공작관들을 대거 해임하고 조직 개편을 단행함.

③ 이로 인해 인간정보망이 와해되었으며, CIA의 첩보수집 능력이 현저히 저하됨.

④ 결과적으로, 이는 2001년 9 · 11 테러를 사전에 방지하지 못한 원인 중 하나로 작용함.

Ⅲ 정치중립적인 정보활동을 위한 제도적 보완장치

1. 의의

① 정보기관이 정권에 악용되지 않고 정치중립적인 정보활동을 수행하도록 하기 위한 제도적 장치에는 정보기관 수장의 임기제, 비합리적인 지시 거부권, 내부고발(whistle blowing) 등이 포함됨.

② 이러한 장치는 정보기관의 정치적 중립성을 강화할 수 있는 이상적인 방안이나, 현실적으로 최고정책결정자 또는 정보기관의 입장에서 수용이 어려운 측면이 존재함.

2. 정보기관 수장의 임기제

정보기관 수장의 임기를 보장할 경우 최고정책결정자의 통제권이 약화될 가능성이 있음.

3. 비합리적인 지시사항 거부권

정보기관 관료에게 상부의 비합리적인 지시사항을 거부할 법적 권리를 부여할 경우, 조직 내 위계질서가 약화될 우려가 있음.

4. 내부고발 허용

내부고발이 허용될 경우 정보기관의 비밀보안 유지가 어려워져 정보기관 입장에서 수용이 쉽지 않음.

5. 소결

이러한 문제점을 최소화하면서 정보기관의 정치적 중립성을 극대화하기 위해 세부적인 시행규칙과 법률의 마련이 필요함.

Ⅳ 정보활동 관련 지시사항의 문서 작성 의무화

1. 의의

① 일부 정보기관은 불법 행위를 은폐하거나 부인하는 태도를 보임.

② 미국 CIA의 비밀공작 사례에서처럼, 행위 사실이 드러나더라도 배후를 숨기는 것이 원칙적으로 적용됨.

③ 이러한 정보기관의 불법행위로 국가적 피해가 발생해도 책임 소재를 밝히기 어려움.

④ 이는 정보기관의 비밀주의 속성에서 비롯되며, 반드시 개선이 필요함.

2. "그럴듯한 부인" 금지

① 비밀공작 등 정보활동 관련 지시사항을 문서화하도록 의무화하는 방안이 고려될 수 있음.

② 문서화를 통해 책임소재를 명확히 하여, 나중에 "그럴듯한 부인"을 하지 못하도록 제도화할 필요가 있음.

③ 미국, 캐나다, 헝가리는 이를 법으로 규정하여 실행하고 있으며, 캐나다와 호주는 행정부 고위정책결정자의 정보 관련 지시사항을 정보기관 외부에 공개하도록 규정함.

3. 효과

① 불법행위를 지시한 자가 처벌받을 위험이 커지므로, 신중한 판단을 하게 됨.

② 결과적으로 정보기관의 불법 정보활동이 자제 또는 억제될 가능성이 높아짐.

V 정보기관 외부의 독립적 감독기구 설치

1. 의의

① 정보기관에 대한 행정부의 통제력 강화를 위해 독립적 감독기구의 역할이 중요함.

② 미국의 정보감독위원회(IOB)와 감사관실(Office of Inspector Generals)이 대표적인 사례임.

2. 독립적 감독기구의 장점

① 정보기관 통제에 특화된 전문성을 보유하고 있음.

② 정보기관에 소속되지 않고 독립적 위상을 갖추고 있어 객관적이고 공정한 조사·평가가 가능함.

3. 정보감독기구의 성공 조건

① 사법적 판단, 독립성, 권한을 법적으로 보장해야 함.

② 객관적이고 효율적인 평가를 위해 비밀자료 접근 권한과 조사 대상 접촉 권한이 보장되어야 함.

VI 결론

1. 정보기관 통제의 한계와 보완책

① 모든 방안을 활용하더라도 정보기관을 완벽하게 통제하는 것은 어려움.

② 행정부의 정보통제는 부분적이며 한계를 가짐.

2. 의회의 정보감독 필요성

① 의회의 정보감독이 필수적이나, 의회는 전문성이 부족하여 행정부의 도움 없이 독자적인 감독 수행이 어려움.

② 효과적인 의회의 감독 기능은 행정부의 정보기관 통제 역량에 달려 있음.

3. 행정부와 입법부의 역할 조화

① 행정부의 정보통제는 의회의 정보감독 이상으로 중요한 의미를 가짐.

② 따라서 정보기관에 대한 행정부의 통제와 입법부의 감독 기능은 상호 보완적으로 운영되어야 함.

Theme 140 입법부의 정보통제

I 의의

1. 행정국가화 현상

① 20세기 행정부의 권력 확대에 따라 적절한 견제 필요성 대두

② 의회의 근본적 임무는 국민의 자유 보호를 위한 행정부 견제

2. 입법부의 행정부 견제

① 삼권분립 원칙에 따라 입법부는 행정부 견제 역할 수행

② 의회는 국가 자원의 적절하고 효율적인 사용을 감독할 책임을 가짐

③ 행정부 통제 목적: 국민의 기본권 보호 및 국가 자원의 효율적 사용

II 입법부의 정보기관 통제

1. 의의

① 삼권분립 원칙에 따라 행정부 통제는 일반화되었으나, 정보기관은 예외로 존재

② 정보기관의 비밀보안 특성으로 인해 의회의 통제 대상에서 제외됨

2. 미국의 정보기관에 대한 의회 통제제도 도입

① 1970년대 미국에서 최초로 정보기관에 대한 의회 통제제도 도입

② 이전까지 행정부가 독점적으로 정보기관 통제

3. 입법부의 정보기관 통제의 헌법적 근거

(1) 의의

① 삼권분립 원칙에 따라 의회는 정보기관 통제 권한을 법적으로 부여받음

② 헌법에 명시되지는 않았으나, 광의적 해석을 통해 통제 권한 인정

(2) 슐레진저(Arthur M. Schlesinger, Jr.)

의회는 법 제정 권한과 함께 법 집행 감독 권한도 포함한다고 주장

(3) 미국 사법부

① 행정부 감독 기능이 의회에 부여된 책임으로 해석됨

② 1946년 '입법부 재편법' 제정으로 의회 위원회에 감독 권한 위임

(4) 소결

대부분의 국가에서 의회는 헌법과 법률에 따라 정보기관 통제 권한과 책임을 가짐

4. 입법부의 정보기관 통제 기준

① 적절성: 정책의 타당성과 적합성을 심사하여 법률 및 윤리적 기준 준수 여부 확인

② 효율성: 정보기관의 국가 자원 활용의 적절성과 효율성 감독

③ 합법성: 불법 정보 수집 방지 및 국민 기본권 보호를 위한 감독

Ⅲ 의회의 국민과 정보기관 사이의 가교 역할

1. 의의
① 정보기관은 비밀보안 유지로 인해 국민과 직접 소통 어려움
② 의회는 정보기관 통제활동을 통해 국민과 정보기관 간 가교 역할 수행

2. 정보기관에 "제2의 견해" 제시
① 의회는 국민을 대표하여 정보기관에 국민이 허용하는 기준을 제시
② 정보기관은 외부 시각을 반영하여 책임 있는 정보활동 수행 가능

3. 정보활동에 대한 국민들의 관심과 이해 증진
① 의회 정보위원회는 청문회, 토론회, 보고서 등을 통해 국민의 관심과 이해를 증진
② 정보기관과 정보활동에 대한 국민 신뢰 향상에 기여

Theme 141 입법부의 정보통제 수단

Ⅰ 입법부의 정보통제 수단

① 민주주의 국가에서 의회는 입법과 조사활동을 통해 정보기관을 감독함.
② 입법 기능은 의회 감독의 핵심으로, 정보기관의 책임, 권한, 예산 편성 및 승인 절차 등을 법률로 규정함.
③ 조사활동을 통해 정보기관이 기본권 보호와 국가 목적에 부합하는지 평가함.

Ⅱ 입법권

① 입법권은 행정부를 견제하는 가장 강력한 수단이며, 정보기관 통제에 활용됨.
② 의회는 법률 제정을 통해 정보기관의 감독·통제 권한을 행사할 수 있음.
③ 대부분의 민주주의 국가에서 입법부의 행정부 감독 권한이 보장됨.
④ 미국 헌법 제1조 제8절 제18항은 의회의 입법권을 통한 행정부 감독을 명문으로 규정함.

Ⅲ 입법권을 통한 정보기관 감독 제도

1. 의의
① 입법권이 정보기관 감독에 실질적으로 활용된 것은 최근의 일임.
② 1970년대 미국에서 최초로 정보기관 감시 및 통제 시도가 이루어짐.

2. 워터게이트 사건과 아옌데 대통령 살해 개입
① 1974년 워터게이트 사건과 CIA의 칠레 아옌데 대통령 살해 개입이 폭로됨.
② 정보기관 통제 필요성이 대두되었고, 미 의회는 휴즈 −라이언법(Hughes−Ryan Act)을 제정함.

3. 「휴즈−라이언법(Hughes−Ryan Act)」
① 정보기관의 비밀공작 수행 시 대통령 승인 및 의회 보고를 의무화함.
② 불이행 시 처벌 조항은 미비하지만, 세계 최초로 의회의 정보기관 감독을 법제화한 시도로 의미를 가짐.
③ 이후 미 의회는 정보기관 감시 및 통제 강화를 위한 법제화 작업을 지속함.

Ⅳ 미국 의회의 정보통제 법제화

1. 정보공동체에 대한 각종 통제입법
① 휴즈─라이언 수정법(Hughes−Ryan Amendment)
② 정보감독법(Intelligence Oversight Act of 1980)
③ 정보자유법(Freedom of Information Act, FOIA)
④ 프라이버시법(Privacy Act, PA)
⑤ 해외정보감시법(Foreign Intelligence Surveillance Act, FISA)
⑥ 1999년 개정 정보수권법(Intelligence Authorization Act)

2. 해외정보감시법(Foreign Intelligence Surveillance Act, FISA)
1978년 「해외정보감시법」을 제정하여 감청 등 감시활동에 대해 영장심사를 의무화하여 부적절한 국내 정보활동을 금지함.

3. 정보감독법(Intelligence Oversight Act)
① 1980년 「휴즈−라이언법」을 개정하여 정보기관 감독을 강화함.
② 정보활동 전반을 의회의 주요 인사('8인방')에게 보고하도록 규정함.
③ 비상시 비밀공작은 대통령이 선행 후 의회 보고를 의무화함.

4. 정보신원법(Intelligence Identities Act)

1982년 「정보신원법」을 제정하여 정보기관 비밀요원의 신원공개를 금지함.

5. CIA 감사실장법(CIA Inspector General Act)

① 1989년 CIA 감사실장 직위를 신설하여 CIA의 독립적 감찰기능을 보장함.
② 감사실장은 정례적으로 의회에 정보활동 감찰 내용을 직접 보고하도록 의무화됨.
③ 조직 내부에서 독립성을 보장받아 보다 면밀한 감시가 가능함.

6. 정보수권법(Intelligence Authorization Act of 1991)

① 1991년 「정보수권법」을 제정하여 비밀공작의 개념을 명확히 규정하고, 추진 시 의회 사전 보고를 의무화함.
② 정보기관이 은밀히 비밀공작을 추진하며 의회 보고를 회피하는 것을 방지함.

7. 1999년 개정 정보수권법

(1) 정보기관 내부고발 절차 및 보호 규정

① 정보기구 내부 비리에 대한 내부 고발제도 활성화 규정
② 정보기관 직원이 감찰감을 통해 의회 정보위원회에 문제점 고발 가능
③ 내부고발자 보호를 위한 법적 장치 마련

(2) 정보기관 감시 강화

① 정보기관 내부 문제를 의회가 직접 조사할 수 있는 근거 제공
② 미국 정보공동체 내부에 대한 의회의 직접적 접근을 가능하게 하는 '현관문(Front Door)' 역할 수행

8. 미국 애국법(USA PATRIOT Act)

① 2001년 9/11 테러 이후 제정됨.
② 정보기관에 대한 의회의 통제를 완화하여 정보수집활동을 강화하려는 목적을 가짐.
③ 국내 전복세력 감시 강화를 위해 FISA 재판부의 영장심사 의무를 한시적으로 완화함.

[미국 의회에서 법제화되었던 정보감독 관련 주요 법률들]

법안	연도	핵심 내용
국가안보법 (National Security Act)	1947	CIA 창설과 업무, 활동에 관해 규정하고 있으나, 정보기관과 의회 관계가 모호한 상태
휴즈－라이언법 (Hughes－Ryan Act)	1974	비밀공작에 대해 대통령의 승인과 적절한 시점(2일내)에 의회에 보고 의무화 규정

해외정보감시법 (Foreign Intelligence Surveillance Act / RSA)	1978	감청 등 기타 감시활동에 대해 FISA 재판부의 영장심사를 의무화함으로써 부적절한 국내 정보 활동 금지
정보감독법 (Intelligence Oversight Act)	1980	비밀공작을 포함한 모든 정보활동에 대해 의회에 사전보고를 의무화
정보신원법 (Intelligence Identities Act)	1982	정보기관에서 활동하는 비밀요원의 신원공개 금지
CIA 감사실장법 (CIA Inspector General ACT)	1989	CIA로부터 독립적인 위상의 CIA 감찰실장 직위를 신설하여 CIA의 정보활동을 감시하고, 활동 내용을 정례적으로 의회에 보고하도록 의무화
정보수권법 (Intelligence Authorization Act)	1991	비밀공작의 개념을 보다 구체적으로 명료하게 규정하고, 대부분의 경우 대통령이 의회에 구두가 아니라 서면으로 사전보고하도록 의무화했음. 긴급한 경우에만 대통령의 보고 유보기간(2일) 기회 부여
미국애국법 (USA PATRIOTt Act)	2001	정보공유 증진과 국내 전복세력을 대상으로 정보수집 활동 강화를 위해 감청 등 기타 감시활동에 대한 FISA 재판부의 영장심사 의무를 한시적으로 완화
정보개혁 및 테러방지법 (Intelligence Reform and Terrorism Prevention Act)	2004	16개 정보기관들을 통합·관리할 강력한 조직으로서 DNI를 창설하고, 반테러활동으로 인해 사생활 및 인권 침해를 감독하는 임무를 수행하는 '사생활 및 기본권 감시위원회'를 행정부 산하 독립기구로 설립

V 예산안 심의권

1. 의의

① 예산안 심의권은 입법부가 행정부를 견제하는 중요한 수단임.
② 정부가 편성한 예산안은 의회의 심의 및 승인을 받아야 하며, 이를 통해 정보기관의 합법성과 효율성을 향상시킬 수 있음.
③ 정보기관이 비밀보안을 이유로 예산안 심의를 받지 않으면 불법적 정보활동 가능성이 커짐.
④ 예산안 심의 절차를 의무화하면 정보기관이 불법적 정보활동을 자제하고, 예산 집행의 투명성을 확보할 수 있음.

2. 정보활동 조정 및 통제

(1) 의의

① 의회는 예산안 심의를 통해 정보활동의 방향을 조정 및 통제할 수 있음.
② 예산 통제를 통해 첩보위성 제작, 정보기관 내 비밀공작 및 첩보수집 인원 조정 등에 영향을 미칠 수 있음.

(2) 방향 조정 및 효율성 향상

① 기술정보(TECHINT)보다 인간정보(HUMINT)를 강화해야 한다는 여론이 있을 경우, 의회는 기술정보 예산을 삭감하고 인간정보 예산을 증액하도록 요구할 수 있음.

② 비밀공작의 불법성과 비윤리성이 부각될 경우, 해당 예산이 심의 과정에서 삭감될 수 있음.

③ 정보기관은 의회 보고를 통해 불필요한 예산 지출을 자제하고 성과 극대화를 위해 노력하게 됨.

④ 예산 통제를 통해 정보활동 방향이 조정되고, 그 결과 효율성이 향상됨.

Ⅵ 청문회

1. 의의

청문회는 정부 관료에게 정보를 요구하고 외부 전문가의 의견을 청취하여 정보기관을 감독하는 핵심 수단임.

2. 정보위원회 청문회의 비공개

정보위원회 청문회는 보안 유지 필요성으로 인해 대부분 비공개로 진행됨.

3. 행정부의 청문회 활용

① 청문회는 반대파 공격 수단으로 활용될 경우 객관성이 저하될 수 있음.

② 행정부는 청문회를 정책 선전 및 홍보의 장으로 활용하려는 경향이 있음.

4. 의회의 청문회 활용

① 의회는 행정부의 청문회 활용 의도를 인식하고 청문회에서 제공되는 정보에 대해 의심하는 입장임.

② 이로 인해 청문회의 객관적인 검증 기능이 약화됨.

5. 정보기관 조직 및 활동 검증

(1) 의의

① 청문회는 정보기관 감독 및 통제에 효과적인 수단임.

② 정보위원회 청문회의 비공개 진행을 통해 정보기관 조직 및 활동 검증 가능함.

(2) 구체적 검증

① 정보활동의 성과, 조직 및 인원 배치의 비효율성, 예산 낭비 여부 등이 청문회를 통해 밝혀질 수 있음.

② 비밀보안을 구실로 한 불법 정보활동이 청문회를 통해 드러날 가능성이 있음.

③ 정보기관은 청문회를 대비하여 불법 및 비윤리적 정보활동을 자제하게 됨.

Ⅶ 임명 동의

1. 의의

정보활동은 국가안보 목표 달성의 핵심 수단이나, 정보기관이 정권안보 활동을 수행하면서 비밀보안을 구실로 은폐할 가능성이 있음.

2. 정보기관 수장에 대한 임명 동의

① 정보기관 수장은 조직을 장악하고 국가안보에 중대한 영향을 미칠 수 있음.

② 수장은 막강한 권한을 가지며, 대부분의 민주주의 국가에서 의회의 임명 동의를 받음.

③ 의회는 수장 지명자를 확정하거나 거부할 권한을 가짐.

3. 미국 사례

(1) 의의

미국에서는 상원이 정보기관 수장에 대한 임명 동의 권한을 보유함.

(2) 1977년 카터 대통령 당시 소렌슨(Theodore Sorenson) 사례

① 소렌슨은 중앙정보국장(DCI)으로 지명되었으나, 상원 청문회에서 자격 논란이 제기됨.

② 과거 양심적 병역거부 및 비밀문서 유출 관련 논란이 있었으며, 결국 대통령이 지명을 철회함.

③ 이 사례는 정보기관 수장 지명이 철회된 최초 사례임.

(3) 1977년 이후 상원 인사청문회

① 이후 몇 명의 DCI 지명자가 임명 동의를 받지 못함.

② 1987년 게이츠(Robert M. Gates)는 이란-콘트라 사건으로 인해 첫 번째 지명이 철회됨.

③ 1997년 클린턴 대통령 당시 레이크(Anthony Lake)는 청문회 통과가 어려워지자 자진 사퇴함.

(4) 미국 주요 정보기관의 장의 임명 절차

정보기관	임명권자	상원의 동의	제청권자
ODNI	대통령	O	-
CIA	대통령	O	DNI
DIA	대통령	O	국방장관, DNI
NSA	대통령	O	국방장관, DNI
NGA	대통령	O	DNI
NRO	대통령	O	DNI
FBI	대통령	O	법무부 장관
OICI	에너지부 장관	X	-
INR	국무부 장관	X	-
OIA	재무부 장관	X	-

4. 한국 사례

(1) 의의

한국에서는 국회 인사청문회가 개최되지만, 대통령이 의회 승인과 관계없이 임명을 강행할 수 있음.

(2) 노무현 대통령 당시 고영구 국정원장 사례

① 고영구 변호사는 이념적 편향성 논란으로 인해 국회 정보위원회에서 '부적절' 판정을 받음.

② 그러나 청와대는 인사위원회를 통해 임명을 강행함.

5. 인사청문회의 기능

(1) 의의

① 인사청문회는 지명자의 직무 수행 능력 및 경력을 검증하는 역할을 수행해야 함.

② 그러나 정치적 목적에 따라 개인 비리나 사생활을 문제 삼아 낙마시키는 사례가 빈번함.

(2) 직무 수행 능력 및 자격 검증

① 인사청문회는 지명자의 적격성을 검증할 유일한 수단임.

② 절차가 까다롭고 정치적 악용 가능성이 있지만 반드시 필요함.

③ 이 절차를 통해 임명권자는 신중하게 적격자를 선별할 수 있음.

Ⅷ 정보자료 요구

1. 의의

① 행정부는 자신들의 입장이나 정책을 지지하는 자료만을 선별적으로 제공하는 경향이 있음.

② 정보기관의 감독을 위해서는 행정부가 제공하는 정보만으로는 부족하며, 필요한 정보에 대한 접근을 보장해야 함.

③ 민주주의 국가에서 의회는 정보기관의 조직과 활동에 관한 정보를 요구할 수 있도록 법제화함.

2. 미국

(1) 의의

① 대통령은 비밀공작을 포함한 불법적 정보활동에 대해 의회 정보위원회에 즉시 보고할 의무가 있음.

② 의회 정보위원회가 요청하는 정책 및 정보활동 관련 정보와 자료를 제공해야 할 의무가 있음.

(2) 의회 정보감독기구의 권한

의회 정보감독기구가 증인 소환 및 청문회 개최 권한을 가질 경우 정보 공개를 강력하게 추진할 수 있음.

(3) 민감한 정보 제공 제한

국가안보를 위해 정보 공개보다 비밀 유지가 우선될 경우 일부 민감한 정보는 제공되지 않을 수도 있음.

3. 호주

의회 정보위원회(Parliamentary Committee)는 국가안보에 부정적 영향을 줄 수 있는 민감한 정보에 대해 공개 요구를 할 수 없도록 법제화되어 있음.

4. 의회 정보위원회 위원의 정보 공개 금지 의무

(1) 의의

① 정보위원회 위원의 정보 공개는 국가안보에 부정적 영향을 미칠 수 있음.

② 정보 유출은 의회와 행정부 또는 정보기관 간 신뢰를 저해하여 협력 관계를 어렵게 만듦.

(2) 정보 유출 금지 조치

① 미국, 노르웨이 등은 정보위원회 위원이 비밀정보를 당국 허가 없이 공개하지 못하도록 법적으로 규정함.

② 정보위원회는 정보공개 요구 권한을 가지지만, 동시에 무분별한 정보 유출을 방지할 책임이 있음.

Ⅸ 조사와 보고

1. 의의

① 민주주의 국가에서 의회는 행정부의 정책과 활동을 조사하고 보고할 권한을 가짐.

② 정보활동의 효율성, 합법성, 인권 남용 여부 등을 검증하기 위해 특별위원회를 구성하여 조사 수행함.

③ 조사 결과에 따라 정보기관의 문제점을 요약하고 개선 방안을 권고하는 보고서를 발표함.

2. CIA의 칠레 아옌데 정권 개입

(1) 의의

1974년 New York Times가 CIA의 칠레 아옌데 정권 개입 사건을 폭로하면서, 미 의회 상·하원에서 각각 조사위원회가 설치됨.

(2) 처치위원회(Church Committee)와 파이크위원회(Pike Panel)

① 1976년 미 상원에서 프랭크 처치(Frank Church) 의원이 위원장으로 처치위원회가 출범함.

② 하원에서는 오티스 파이크(Otis Pike) 의원이 위원장으로 파이크위원회가 구성됨.

③ 처치위원회와 파이크위원회는 정보기관을 상시 감시·감독할 기구의 설치를 제안함.

3. 이란 – 콘트라 사건

1986년 이란 – 콘트라 사건이 발생하자 의회는 상 · 하원 합동조사위원회인 이노우에 – 해밀턴 위원회(Inouye – Hamilton Committee)를 구성하여 NSC 및 CIA 직원들의 불법적 정보활동을 밝혀냄.

4. 9/11 테러 사건

2001년 9/11 테러 발생 후, 2002년 11월 미 의회는 '9/11 진상조사위원회(9/11 Commission)'를 구성하여 1년 8개월간 조사 후 9/11 Report를 발간함.

5. 이라크 전쟁

(1) 의의

2004년 미국 대선 당시 부시 행정부가 이라크의 대량살상무기(WMD) 정보를 조작했다는 의혹이 제기됨.

(2) 특별조사위원회

① 부시 대통령은 2004년 2월 6일 '특별조사위원회(The Commission on the Intelligence Capabilities of the United States Regarding Weapons of Mass Destruction)'를 구성함.

② 2005년 3월 31일 발표된 최종보고서(692쪽)에서 미 정보공동체의 WMD 정보판단이 '치명적인 실패'였다고 결론지음.

6. 의회 보고서의 한계

① 의회의 조사활동은 공정성과 객관성을 유지해야 하지만 현실적으로 행정부의 입장을 지지하는 방향으로 작성되는 경우가 많음.

② 의회는 여당과 야당으로 구성되어 있으며, 같은 이슈에 대해 각기 다른 견해를 제시하며 충돌하는 경우가 많음.

③ 이러한 당파성으로 인해 객관적이고 공정한 조사결과를 기대하기 어려움.

Theme 141-1 미국 의회의 정보기관 통제

1. 의의

1973년 칠레 아옌데(Allende) 정권 개입과 1974년 워터게이트 사건 이후, 정보기관에 대한 의회의 견제와 입법권이 본격적으로 작동하기 시작함. 기존에 예외적으로 취급되던 정보기관에도 '견제와 균형' 원칙이 적용되는 조짐을 보임.

---

2. 의회의 법제화 작업

(1) 휴즈 – 라이언 수정법 (1974년)

① 정보기관이 비밀작전을 수행하기 전 대통령의 확인을 받도록 규정함.

② '적절한 시기'에 의회의 관련 위원회에 보고하도록 명시하여 정보기관 감시를 공식화함.

③ 그러나 '적절한 시기'의 모호성, 보고 범위 불명확성, 미약한 처벌 조항 등의 한계 존재함.

④ 법 제정 후에도 CIA의 국내 사찰이 지속되었으며, 추가적인 법제화 작업이 계속됨.

(2) 해외정보감시법(1978년)

의회가 정보기관 감시 권한을 확대하도록 규정함.

(3) 정보기관 암살 금지법(National Intelligence Reorganization and Reform Act)

미국 정보기관이 암살 행위를 수행하는 것을 금지하는 법안 입법 시도함.

(4) 정보감독법 개정(1980년)

① 정보기관의 활동 전반, 특히 비밀공작을 '8인방(Gang of Eight)'이라 불리는 의회 주요 인사들에게 보고하도록 규정함.

② 사전 보고가 불가능한 경우, 그 사유를 명시하도록 함.

(5) 중앙정보국정보법(1984년)

CIA 관련 법률을 개정하여 정보기관의 활동을 더욱 명확하게 규정함.

(6) 정보수권법(1991년)

① 1986년 이란 – 콘트라 사건 이후, 정보기관에 대한 확고한 통제수단 필요성이 대두됨.

② CIA 요원의 의회 보고를 구두보고가 아닌 서면보고로 의무화하여 감시를 강화함.

Theme 141-2 「국회법」 인사청문회 관련 규정 중요 내용

I 인사청문특별위원회

1. 설치 목적

① 국회는 특정 공직자의 임명동의안 또는 선출안을 심사하기 위해 인사청문특별위원회를 둠.

② 대통령당선인이 국무총리 후보자에 대한 인사청문을 요청하는 경우, 국회의장은 각 교섭단체 대표의원과 협의하여 인사청문특별위원회를 구성함.

2. 심사 대상

① 헌법상 임명에 국회의 동의가 필요한 직위에 대한 임명동의안

  대법원장, 헌법재판소장, 국무총리, 감사원장, 대법관

② 국회에서 선출하는 공직자의 선출안

  헌법재판소 재판관, 중앙선거관리위원회 위원

3. 구성 및 운영

인사청문특별위원회의 구성과 운영에 관한 사항은 별도의 법률로 정함.

Ⅱ 인사청문회

1. 개최 목적

① 인사청문특별위원회의 심사 또는 인사청문을 위해 인사청문회를 개최함.

② 상임위원회는 관련 법률에 따라 특정 공직후보자에 대한 인사청문 요청이 있을 경우 인사청문회를 실시함.

2. 인사청문 대상

(1) 대통령이 임명하는 공직자의 후보자

  헌법재판소 재판관, 중앙선거관리위원회 위원, 국무위원, 방송통신위원회 위원장, 국가정보원장, 공정거래위원회 위원장, 금융위원회 위원장, 국가인권위원회 위원장, 고위공직자범죄수사처장, 국세청장, 검찰총장, 경찰청장, 합동참모의장, 한국은행 총재, 특별감찰관, 한국방송공사 사장

(2) 대법원장이 지명하는 공직자의 후보자

  헌법재판소 재판관, 중앙선거관리위원회 위원

Theme **142** 정보위원회

Ⅰ 의의

1. 의회의 정보기관 통제의 어려움

① 의회는 입법권 등을 활용하여 정보기관을 감독 및 통제함.

② 정보기관은 철저한 비밀 유지로 인해 직접적인 통제가 어려움.

③ 효과적인 감독을 위해서는 전문성과 시간이 요구됨.

2. 정보위원회 설치의 필요성

① 의원 개개인의 정보감독활동은 불가능하여 대부분의 민주주의 국가는 정보위원회를 운영함.

② 미국은 세계 최초로 상·하원에 정보위원회를 설치하였으며, 이후 다른 민주주의 국가들도 이를 모방함.

③ 국가별 정보위원회의 구성, 역할, 운영 방식은 차이가 있으나, 미국 상·하원의 정보위원회가 대표적 모델로 평가됨.

Ⅱ 연혁

1. 1970년대 이전

① 미국에서는 정보활동을 대통령과 행정부가 독점적으로 통제하는 것이 일반적이었음.

② 의회는 정보활동의 특수성을 인정하며 적극적인 통제를 시도하지 않았음.

2. 워터게이트 사건과 CIA 비밀공작의 불법성

(1) 의의

① 1970년대 워터게이트 사건과 CIA의 불법 공작이 폭로되면서 정보기관에 대한 비판이 증가함.

② 미국 여론은 정보기관을 '보이지 않는 정부' 또는 '통제 불능의 광포한 코끼리'로 비판함.

(2) 1974년의 언론 보도

① 「뉴욕 타임즈」는 1974년 6월부터 12월까지 CIA 관련 기사를 연속 보도함.

② 기자 시모어 허쉬(Seymour Hersh)는 CIA의 미국 내 반전인사 불법 내사 및 칠레 아옌데 정권 전복 공작을 폭로함.

③ 1974년 12월 「타임」지가 CIA 관련 9건의 기사를 커버스토리로 다룸.

(3) 미국 의회의 태도

① 칠레 아옌데 정권 전복 공작은 냉전 대응 조치로 일부 인정함.

② 반면, 베트남 전쟁 반대 인사를 대상으로 한 내사활동은 용인할 수 없다는 입장을 보임.

3. 휴즈-라이언법(Hughes-Ryan Act)

① 1974년 말 미국 하원에서 세계 최초로 정보기관에 대한 의회 감독을 규정하는 「휴즈-라이언 수정법」이 통과됨.

② 동 법은 정보기관의 감독 및 통제를 법적으로 공식화한 최초의 사례로 평가됨.

③ 이후 미국 의회는 정보기관 감시 강화를 위한 추가적인 법제화를 진행함.

4. 정보위원회 설치

① 1975년은 '정보의 해'로 불릴 정도로 정보기관 관련 이슈가 대중 미디어에서 집중 조명됨.

② 상·하원은 각각 특별조사위원회를 구성하여 정보기관의 활동을 광범위하게 조사함.

③ 청문회를 통해 정보활동 관련 비리와 의혹이 밝혀지면서 의회의 독립적인 감시 필요성이 대두됨.

④ 이에 따라 1976년 5월 상원, 1977년 7월 하원에 정보위원회가 설치됨.

Ⅲ 정보위원회의 구성

1. 의의

(1) 정보위원회의 성격

① 미국 의회의 정보위원회는 상원과 하원에 특별위원회 (select committee)로 설치됨.

② 특별위원회는 특정 안건을 다루기 위해 일시적으로 구성되나, 정보위원회는 명칭과 달리 상임위원회처럼 상시 운영됨.

③ '특별위원회'라는 명칭을 사용하는 이유는 양당 원내총무와 관련 상임위원회 대표 의원들을 선발하여 구성하기 때문임.

2. 상원 정보위원회

(1) 인원 배정

① 일반적으로 의회 위원회는 전체 의석수에 비례하여 배정됨.

② 그러나 상원 정보위원회는 다수당이 소수당보다 1명 더 많은 인원을 배정받으며, 다수당 선임자가 위원장, 소수당 선임자가 부위원장이 됨.

③ 1976년 설립 당시 위원회의 당파성 방지를 위해 이러한 규정을 마련함.

(2) 위원 선출 및 구성

① 위원은 각 당의 의원총회에서 선출되며, 위원장은 다수당 위원 중 상원의장이 임명함.

② 양당 원내총무는 당연직 위원이지만, 표결권이 없으며 의사정족수에도 산입되지 않음.

③ 각 정당별로 세출위원회, 군사위원회, 외교위원회, 법사위원회 소속 의원이 최소 1명 이상 포함되어야 함.

(3) 임기

정보위원회 위원의 임기는 2년이며, 연임은 가능하나 8년 이상 연속 재직할 수 없음.

(4) 전문위원 및 행정요원

총 30명의 전문위원(staff)과 행정요원이 배치되어 위원들의 활동을 지원함.

3. 하원 정보위원회

(1) 인원 배정

① 하원 정보위원회는 상원과 달리 양당 의석 분포에 비례하여 위원을 배정함.

② 위원은 각 당 원내총무의 추천을 받아 하원의장이 임명하며, 위원장 또한 하원의장이 지명함.

③ 양당 원내총무는 당연직 위원이지만, 표결권이 없으며 의사정족수에도 산입되지 않음.

(2) 구성

정보위원회에는 세출위원회, 군사위원회, 외교위원회, 법사위원회 소속 의원이 최소 1명 이상 포함되어야 함.

(3) 소위원회

상원과 달리 하원 정보위원회는 감독소위원회, 입법소위원회, 평가소위원회, 프로그램 및 예산수권 소위원회 등 4개의 소위원회를 운영하며, 전문분야별로 안건을 심의함.

(4) 임기

위원 임기는 2년이며, 연임은 가능하나 8년 이상 연속 재직할 수 없음.

(5) 전문위원 및 행정·지원 요원

총 19명의 전문위원(staff)과 7명의 행정·지원 요원이 배치되어 활동을 지원함.

Ⅳ 정보위원회의 위상과 의원들의 선호도

1. 의의

정보위원회는 구성, 임기, 활동 측면에서 일반 상임위원회와 다소 차이를 보임.

2. 의원들이 정보위원회 활동을 꺼리는 요인

(1) 전문성 부족

① 대부분의 의원들은 정보 업무에 대한 전문성이 부족함.

② 소관 업무 파악에 많은 시간과 노력이 필요함.

(2) 유권자의 관심 부족

① 지역구 유권자들은 환경, 위생, 복지 등에 관심이 많고 정보 분야에는 무관심한 경향을 보임.

② 정보기관이 위치한 워싱턴 D.C. 등의 일부 지역을 제외하면, 정보 분야는 지역구 유권자들의 경제적 이익이나 복지에 기여하지 않음.

(3) 비밀유지 의무 부담

① 정보위원회 활동은 엄격한 비밀유지를 요구함.

② 비밀 누설 시 고의든 실수든 처벌을 각오해야 함.

3. 정보위원회 소속 의원들의 특권

① 국가적으로 중요한 비밀정보를 취득할 수 있는 특권을 가짐.

② 국가안보에 직접 영향을 미치는 업무를 수행하므로 다른 위원회 소속 의원보다 상대적으로 높은 위상을 가짐.

③ 방송 및 언론 매체 출연 기회가 많아지며, 이를 통해 대중적 지명도를 높이고 선거에서 당선 가능성을 증가시킬 수 있음.

V 위원의 임기 제한

1. 의의

① 정보위원회 위원의 임기는 2년이며, 연임은 가능하나 최대 8년까지로 제한됨.

② 2004년 로버트(Pat Robert) 상원정보위원회 의장과 록펠러(John D. Rockefeller IV) 의원이 임기 제한 규정 변경을 제안했으나 상원에서 거부됨.

2. 임기 제한의 장·단점

(1) 장점

① 감독자와 피감독자 간 거리를 유지하여 정보위원회와 정보기관 간 유착 방지 가능.

② 짧은 임기로 인해 더 많은 의원이 정보위원회 경험을 가질 수 있음.

(2) 단점

① 정보 분야 이해에 많은 시간과 노력이 필요하나, 임기 제한으로 전문성 발휘 기회 제한됨.

② 장기 재직 후 위원장이 될 기회가 사라져 정보위원회 위원직의 선호도가 낮아질 가능성 존재.

VI 주요 역할과 운영실태

1. 의의

① 정보위원회는 정보기관과 정보활동이 합법적이고 효율적으로 수행되는지를 감독하는 역할 수행.

② 이를 위해 입법권, 예산심의권, 청문회 개최, 임명동의, 정보자료 요구, 조사·보고 권한을 가짐.

③ 정보기관의 권력 남용과 비윤리적 행위를 감시하고, 정보활동의 효율성 제고를 유도하는 역할을 함.

2. 정보위원회의 초당적 운영의 어려움

① 정보감독활동은 여야 당파를 초월하여 공정하고 객관적으로 이루어져야 함.

② 그러나 실제로는 여야 간 상반된 견해로 인해 당파적 충돌이 빈번하게 발생함.

③ 상원은 초당적 운영 경향이 있으나, 하원은 당파성이 강한 것으로 알려짐.

④ 특히 108대(2003~2005)와 109대(2005~2007) 하원에서 당파적 분열이 극심했음.

3. 정보공동체에 관한 정보의 엄격한 통제

(1) 의의

① 일반적인 의회 위원회는 필요한 정보를 자유롭게 공유 가능.

② 그러나 정보공동체 관련 정보는 정보위원회에만 배포되며 엄격히 통제됨.

(2) 행정부로부터 제공되는 정보

① 정보위원회는 행정부로부터 방대한 양의 정보를 제공받음.

② 1995년 한 해 동안 약 5,000건의 정보 출판물이 정보위원회에 배포됨.

(3) 극도의 비밀보안을 요하는 정보 배포 제한

① 일부 극비 정보는 정보위원회 소속 의원들에게도 배포되지 않음.

② 대통령은 비밀공작 시행 전 의회에 사전 통보해야 하나, 해당 정보는 '8인방(Gang of Eight)'에만 전달됨.

③ 부시 및 오바마 대통령은 '8인방' 제한을 폐지하는 법안에 거부권을 행사하겠다고 선언한 바 있음.

4. 정보위원회 소속 의원들의 비밀 엄수 의무

(1) 의의

정보위원회 회의는 비공개가 원칙이며, 위원들은 보고 및 논의 내용을 비밀로 유지해야 함.

(2) 대외 발표 절차

① 대외 발표 시 정보위원회 결의 후 해당 정보기관의 동의를 얻어 위원장이 발표함.

② 개별 위원의 독자적 발표는 금지됨.

③ 정보기관이 공개에 동의하지 않을 경우, 정보위원회는 대통령에게 공개 요청 가능.

④ 대통령이 거부하면 본회의 결의를 통해 공개 여부를 결정하나, 현재까지 사례 없음.

VII 결론

① 정보감독활동은 공정하고 객관적으로 이루어져야 하며, 당파적 영향에서 자유로워야 함.

② 이를 통해 정보기관의 정보활동이 효율적이고 합법적으로 수행되도록 유도 가능.

③ 정보위원회는 정보감독을 통해 국민의 정보기관에 대한 불신을 해소해야 함.

④ 효과적인 정보감독은 국민의 신뢰와 지지를 확보하는
데 기여할 것임.

Theme 143 정보기관에 대한 입법부 통제의 장점과 한계

I 정보기관에 대한 입법부 통제의 장점

1. 행정부의 정보기관 통제

(1) 의의

정보기관은 행정부의 산하기관이며, 행정부는 정보기관
을 효과적으로 통제할 능력을 가짐.

(2) 행정부 수반의 통제 수단

최고정책결정자는 인사권, 조직개편, 행정명령권 등을
통해 정보기관을 통제함.

(3) 행정부의 정보통제 기구

미국의 경우 NSC 정보기획실(OIP), 합동정보공동체위원
회(JICC), 대통령 정보자문위원회(PIAB), 정보감독위원
회(IOB), 감사관실(Office of the Inspector General)
등을 통해 정보기관을 통제함.

(4) 정보기관에 대한 행정부 통제의 한계

① 행정수반이 정보기관을 확고히 장악하면 일탈행위를
효과적으로 방지할 수 있음.
② 그러나 정보기관이 최고정책결정자와 밀착될 경우 정
권적 목적에 악용되거나 정보의 정치화가 발생할 위
험이 있음.
③ 이를 방지하기 위해 의회를 통한 견제와 감독이 필요함.

2. 정보기관에 대한 입법부 통제의 기능

(1) 의의

① 정보기관에 대한 의회의 통제는 삼권분립 원칙에 부
합함.
② 현대 국가에서 행정부는 권력의 양적 팽창과 함께 강
력한 영향력을 행사하고 있음.

(2) 국민의 기본권 보장

① 정보기관의 조직과 활동은 비밀성이 강해, 행정부 수반
이 이를 정권적 이익에 악용할 경우 은폐될 가능성이
높음.
② 적절한 감독이 없으면 민주주의 원리가 훼손되고 국민
의 기본권이 침해될 위험이 존재함.

(3) 국가자원의 낭비 방지와 예산의 효율적 사용

① 정보기관의 조직, 예산, 활동은 비밀성이 유지되므로
비효율적 운영이 감춰질 가능성이 있음.
② 이에 대한 의회의 감독은 국가자원의 낭비를 막고 예
산을 효율적으로 사용하도록 유도함.

(4) 결론

의회의 감독활동은 국민의 기본권 보호와 국가자원의 효
율적 사용에 기여함.

3. 의회의 정보기관 통제 권한

(1) 의의

의회는 입법권, 예산안 심의권, 청문회, 임명동의권 등을
통해 정보기관을 통제할 수 있음.

(2) 입법권

① 행정부의 행정명령은 법률보다 지속성이 낮고 강제력
이 부족함.
② 반면, 의회의 입법권은 법률이 폐지될 때까지 지속적
인 통제력을 행사할 수 있음.

(3) 입법부의 다양한 통제 권한

예산안 심의권, 청문회, 임명동의권 등은 행정부를 견제
하는 강력한 수단이 됨.

(4) 공정하고 객관적인 감독활동 수행

① 행정부는 정보기관과의 유착관계로 인해 객관적인 통
제가 어려울 수 있음.
② 반면, 의회는 정보기관과의 유대관계가 상대적으로 약
해 보다 공정하고 객관적인 감독이 가능함.

II 정보기관에 대한 입법부 통제의 한계

1. 의의

① 미국 의회는 세계 최초로 정보위원회를 설립하여 정
보기관과 정보활동을 감독함.
② 그러나 당파성, 의원들의 전문성 부족, 소극적인 태
도로 인해 의회의 정보감독 기능이 효과적으로 수행
되지 못함.
③ 이러한 문제는 미국뿐만 아니라 의회민주주의 체제를
유지하는 대부분의 국가에서 공통적으로 나타남.

2. 문제점

(1) 당파성 문제

① 정보감독활동은 공정하고 객관적으로 이루어져야 하
나, 의회는 당파성을 극복하지 못하고 여야 간 충돌
이 빈번하게 발생함.
② 상원은 비교적 초당적으로 정보위원회를 운영하는 반
면, 하원은 당파성이 강하게 나타남.

③ 당파성이 강할 경우 감독활동의 일관성이 떨어져 정보활동의 효율성이 저해됨.

④ 레이건 행정부 당시, 민주당이 장악한 하원은 정보공동체 예산 증액을 반대함.

⑤ 클린턴 행정부 당시(1995년), 공화당이 다수당이 되면서 행정부 요청보다 더 많은 정보공동체 예산을 지원하려 함.

⑥ 의회의 당파성으로 인해 정보감독의 일관성이 부족해지면 국가안보에 심각한 손실을 초래할 수 있음.

(2) 의원들의 전문성 부족

① 의회는 행정부에 비해 정보기관을 효과적으로 통제하는 데 필요한 전문성이 부족함.

② 행정부는 정보기관 감독 경험이 있는 관료, 전직 정보관, 정보 분야 전문가 등의 인력을 활용할 수 있음.

③ 반면, 의회는 정보 전문가를 영입할 예산과 인력이 부족하며, 의원들은 임기 제한으로 인해 전문성을 배양할 시간이 충분하지 않음.

④ 정보위원회 위원의 임기가 제한될 경우, 전문성 유지가 더욱 어려움.

⑤ 미국 의회의 정보위원회는 다른 위원회와 달리 위원들의 임기를 제한하고 있어, 습득한 전문성을 충분히 활용하지 못하는 문제가 발생함.

⑥ 행정부에 비해 의회의 전문성이 부족하여 독자적인 정보기관 감독 기능 수행에 한계가 있음.

(3) 의원들의 무관심과 소극적 감독활동

① 랜섬(Harry H. Ransom): 미국 의회의 정보감독활동은 "간헐적이고 일회적이며, 비판적인 성향이 미흡하다."고 지적함.

② 의원들은 유권자들의 표를 의식하는 경향이 강한데, 정보감독활동은 표를 얻는 데 도움이 되지 않음.

③ 의원들은 정보기관 감독보다 선거자금 모금에 더 많은 관심과 시간을 할애함.

④ 정보기관 및 정보활동 검토는 비공개로 수행되므로, 유권자들에게 공개되지 않아 선거에 도움이 되지 않음.

⑤ 이에 따라 의원들은 정보기관이나 정보활동에 대한 관심을 가질 이유가 부족함.

3. 의회 내 자성적 비판

(1) 맥케인(John McCain) 상원의원

공화당 소속(아리조나 주 상원의원)으로, "우리는 아직도 정보기관에 대해 효과적인 감독 기능을 수행하지 못하고 있다."고 지적함.

(2) 펠로시(Nancy Pelosi) 하원의장

NSA의 영장 없는 감청활동에 충격을 받고, 하원에 정보감독 기능을 개선하기 위한 초당적 기구 설립을 제안함.

4. 학설

(1) 의의

① 존슨(Loch K. Johnson)을 비롯한 많은 학자들이 의회의 정보감독활동이 효과적이지 못하다고 비판함.

② 2004년 9/11 위원회: "의회의 감독활동은 제대로 된 기능을 수행하지 못했으며, 이를 개선하는 것이 중요한 과제가 되었다."고 결론지음.

(2) 맥큐빈과 슈왈츠(M.D. McCubbins and T. Schwartz)

① 의회의 정보감독활동을 경찰의 '순찰활동(police patrolling)'과 소방관의 '화재진압(fire fighting)' 작업에 비유함.

② '순찰활동': 경찰이 거리를 순찰하며 범죄를 예방하는 것처럼, 의원들은 행정부의 활동을 점검함.

③ '화재진압': 소방관이 화재 발생 후 출동하듯이, 의원들은 불법 행위나 사회적으로 논란이 되는 사건이 발생했을 때만 적극적으로 행동함.

(3) 존슨(Loch K. Johnson)

① 1975~2006년 미국 의회의 정보감독활동을 분석한 결과, '순찰활동'과 '화재진압'이 반복되는 패턴을 보인다고 설명함.

② 정보실패나 정보기관의 비리 등 충격적 사건이 발생하면, 평소 소극적인 정보감독이 집중적인 '화재진압' 형태로 변화됨.

③ 이후 일정 기간 동안 강력한 '순찰활동'이 지속되나, 사건이 진정되고 개혁이 시행되면 다시 무관심한 태도로 회귀하는 경향을 보임.

Theme 144 정보기관에 대한 입법부 통제의 과제

I 의의

① 민주국가에서 의회는 입법권, 예산안 심의권, 청문회, 임명동의권 등을 활용하여 정보기관을 통제함.

② 그러나 의회는 당파성, 전문성 부족, 소극적 태도로 인해 효과적인 정보감독 기능을 수행하지 못함.

③ 이는 미국을 포함한 의회민주주의 국가 전반에서 공통적으로 나타나는 문제임.

Ⅱ 정보기관에 대한 입법부 통제의 문제점 및 개선 방안

1. 문제점

① 정보기관에 대한 의회의 감독활동은 민주주의 유지와 국가안보에 필수적이나 효과적으로 수행되지 못함.

② 의회의 당파성, 전문성 부족, 소극적 태도가 문제로 작용함.

2. 개선 방안

① 의회는 당파성을 배제하고 정보감독 기능 강화를 위해 전문성을 제고해야 함.

② 정보감독활동의 적극성을 높이기 위한 제도적 지원이 필요함.

Ⅲ 의원들의 전문성 제고 및 정보감독활동 수행 여건 조성

1. 의의

의원들은 정보 업무에 대한 전문성을 높이고 정보감독활동을 적극 수행할 여건을 마련해야 함.

2. 개선 방안

① 정보감독활동에 공로가 있는 의원에게 의회 의장이나 시민단체가 상을 수여하거나 특전을 부여하는 방안 고려.

② 지역 및 전국 신문에 정보감독활동을 성공적으로 수행한 의원들의 이름을 보도하는 방안 검토.

③ 정보감독활동이 선거에서 긍정적 영향을 미칠 수 있도록 유권자 인식 제고 필요.

Ⅳ 행정부의 협조

1. 의의

① 의원들의 전문성 제고와 정보감독활동 강화만으로는 한계가 있으며, 행정부의 협조가 필수적임.

② 그러나 미국을 포함한 여러 국가에서 행정부는 의회의 정보감독활동에 부정적이거나 소극적 태도를 보임.

2. 행정부 관계자들의 의회 정보감독활동에 대한 태도

(1) 의의

전문 정보요원 및 백악관 관료들은 의회의 정보감독활동을 지나친 개입으로 간주하며 부정적 태도를 보임.

(2) 의회의 정보감독활동에 대한 부정적 태도 사례

① 부시 대통령(George H. W. Bush)은 처치위원회(Church Committee) 및 파이크위원회(Pike Committees)

구성원을 "얼간이 바보들(untutored little jerks)"이라 비난함.

② 2006년 공화당 국가위원회(the Republican National Committee) 의장은 처치와 파이크위원회가 9/11 테러를 초래했다고 주장함.

③ 일부 관료들은 정보기관이 의회의 과도한 감독에서 벗어나 자유롭게 활동해야 한다고 주장하며, 9/11 테러 관련 의회의 진상조사 과정에서도 백악관과 정보기관이 의도적으로 비협조적인 태도를 취함.

(3) 문제점 및 과제

① 행정부가 의회의 정보감독활동을 방해하면 의원들은 정보 접근이 제한되어 감독활동을 효과적으로 수행할 수 없음.

② 정보공동체가 외부 견제 없이 활동하면 정보실책 및 스캔들 발생 가능성이 커짐.

③ 행정부는 의회의 정보감독활동에 대한 부정적 태도를 개선하고 협조 체계를 구축해야 함.

④ 의회의 정보감독활동을 효과적으로 수행할 수 있도록 제도적 지원과 여건 조성이 필요함.

Theme 145 언론의 정보통제

Ⅰ 언론

1. 의의

① 언론은 국내외 사건을 보도하여 국민의 알 권리를 충족하는 역할을 수행함.

② 표현의 자유에 기반하며, 민주주의 체제에서 헌법과 법률로 보장됨. 국가기관을 감시하고 국민에게 정보를 제공하는 기능을 가짐.

③ 민주주의 국가에서 행정부, 입법부, 사법부에 이어 '제4의 권부'로 불릴 만큼 강한 권한을 가짐.

2. 미국 수정헌법 제1조

① 미국 헌법 제정자들은 삼권분립 원리에 따라 연방정부와 입법·사법부 간 견제와 균형을 유지하도록 설계함.

② 수정헌법 제1조를 통해 행정부와 언론 간에도 긴장관계를 유지하도록 규정함.

③ 표현의 자유를 광범위하게 보장하며, 언론은 국가안보에 대한 질의를 제기하고 정부의 비밀활동을 감시할 의무를 가짐.

II 언론의 역할

1. 정보기관과 국민 통제권

① 국민은 정부 정책과 활동에 대해 통제력을 가져야 함.

② 그러나 정보기관의 활동은 비공개적이므로 국민의 통제가 어려움.

2. 국민의 알 권리 충족

(1) 의의

언론은 정부의 정책과 활동을 국민에게 전달하는 역할을 수행함.

(2) 정보기관의 특수성

① 정보기관은 보안을 중시하여 활동 내용을 무제한 공개할 수 없음.

② 보도 제한이 존재하나, 보안에 저촉되지 않는 범위에서 정보기관 및 비밀정보활동을 보도할 권한을 가짐.

(3) 언론의 감시·통제 권한의 헌법적 근거

① 정보기관에 대한 언론의 감시·통제 권한은 헌법이나 법률에 명시되지 않음.

② 그러나 민주주의 체제에서 표현의 자유가 헌법에 보장됨에 따라 간접적으로 인정됨.

III 언론과 정보기관의 속성

1. 의의

① 언론은 공개성을, 정보기관은 비밀보안을 중시하여 양립이 어려움.

② 언론은 정보기관의 책임성을 요구하는 반면, 정보기관은 활동을 은폐하려는 속성이 있음.

2. 상호 교환적 관계

① 정보기관의 비밀성과 책임회피는 언론의 공개성과 책임성 요구와 충돌함.

② 정보기관과 언론은 상호 교환적 관계를 가지며, 한쪽이 강화되면 다른 쪽은 약화됨.

③ 정보기관 보도가 지나치면 비밀정보활동이 위축되고, 감시가 소홀하면 정보기관의 재량권이 확대됨.

IV 정보기관에 대한 언론보도의 수준

1. 의의

① 국가정보활동의 궁극적 목표는 국가안보임.

② 안보위협이 증가하면 비밀정보활동이 강화됨.

③ 언론의 과도한 감시는 국가안보에 손실을 초래할 수 있음.

2. 언론 보도 수준의 결정 기준

(1) 의의

① 국가안보와 표현의 자유 중 어느 가치를 우선할지는 시대적 상황에 따라 결정됨.

② 시대적 상황에 따라 정보기관 보도의 수준이 달라질 수 있음.

(2) 국가가 처한 시대적 상황

① 국가안보가 위협받으면 표현의 자유가 제한될 가능성이 있음.

② 반대로 국가안보 위협이 크지 않을 경우, 정보기관에 대한 언론 감시가 최대한 허용됨.

V 국가안보와 민주주의

1. 의의

국가안보는 국가의 최우선 목표이지만, 민주주의도 포기할 수 없는 가치임.

2. 정보활동에 대한 언론 감시의 필요성

① 정보기관의 권력 남용을 방지하고 국민 기본권 침해를 감시하는 역할을 수행함.

② 비효율적인 정보활동을 감시하여 국가예산 낭비를 예방하는 긍정적 효과를 가짐.

3. 언론 보도의 국가안보 위험

① 언론 보도가 지나치면 비밀정보활동이 위축되고 국가안보에 손실을 초래할 가능성이 있음.

② 국가안보 손실을 최소화하면서 언론 감시를 효과적으로 수행할 방안이 필요함.

Theme 146 언론의 정보통제 수단

I 언론의 정보통제 역할

1. 의의

① 민주주의 국가에서 삼권분립 원칙에 따라 입법부와 사법부가 대통령과 행정부를 견제함. 그러나 국방 및 외교 정책 분야에서는 대통령의 권한이 강력하고 입법부와 사법부의 견제가 미약하여 언론의 역할이 중요하게 부각됨.

② 언론은 공식적인 견제 권한을 가지지 않으나, 사려 분별 있는 여론 형성을 통해 행정부의 정책결정 및 행동을 효과적으로 견제함.

2. 1971년 '뉴욕 타임즈 대 미국 정부 소송'

① 대법원은 닉슨 행정부가 베트남 개입 관련 국방부 문서 공개를 막으려 한 소청을 기각함.

② 스튜어트(Potter Stewart) 판사는 판결문에서 대통령이 국방과 국제관계에서 막대한 권한을 가지며, 입법부와 사법부의 견제를 거의 받지 않는다고 지적함.

③ 대통령의 권한을 제한하는 방안으로 시민들의 현명한 사리 판단이 강조되며, 언론이 정확한 정보를 제공하여 건전한 여론 형성을 유도하고 민주주의 정부의 가치를 보호하는 역할을 수행함.

Ⅱ 언론의 정보기관 감시활동

1. 의의

① 정보기관에 대한 공식적인 통제는 행정부와 의회가 수행하며, 법적 권한을 통해 다양한 수단으로 감독 기능을 행사함.

② 이러한 감독 및 통제 기능은 법률에 의해 합법적으로 부여된 권한을 행사하는 공식적이고 직접적인 활동임.

③ 반면, 언론의 감시활동은 법률에 명시되지 않았으며, 비공식적이고 간접적인 방식으로 이루어짐.

2. 언론의 비공식적·간접적 감시활동

① 정보기관의 비밀활동에 대한 정보가 다양한 출처를 통해 유출됨.

② 언론은 여러 채널을 통해 정보기관의 비밀정보활동을 파악하고, 보도 가치가 있는 내용을 공개하여 국민 여론 형성에 기여함.

③ 이를 통해 언론은 간접적으로 정보기관을 통제하는 역할을 수행함.

Ⅲ 언론과 정보기관의 관계

1. 의의

언론과 정보기관은 상반된 입장을 가지고 있으며, 갈등하면서도 협력하는 모순적 관계를 형성함.

2. 정보기관과 언론의 속성

① 정보기관은 비밀성을 추구하며, 비밀이 대중에게 공개되는 것을 극도로 꺼림.

② 언론은 공개성을 추구하며, 본능적으로 비밀을 밝히고자 하는 속성을 가짐.

③ 언론 역시 국가안보 등 불가피한 경우 비밀유지의 필요성을 인정함.

3. 정보기관과 언론의 갈등 관계

① 정보기관 요원들은 비밀정보활동을 숨기려 하고, 언론인은 이를 밝혀 대중에게 공개하려 함.

② 이러한 이유로 정보기관과 언론은 비밀 공개 여부를 두고 지속적으로 갈등함.

4. 정보기관과 언론의 협조 관계

① 언론과 정보기관은 상호 첩보의 출처로 활용하며 공생 관계를 유지함.

② 기자들은 정보기관의 내부 협조자를 통해 정보를 얻고자 하며, 정보기관 또한 기자들을 활용하여 자신들이 원하는 정보만 보도하도록 유도함.

③ 정보기관은 특정 보도를 유도하거나 원치 않는 보도를 막기 위해 기자를 포섭하려는 시도를 하기도 함.

Ⅳ 언론의 정보기관 견제 및 통제 방식

1. 의의

언론은 정보기관을 견제하거나 통제하는 두 가지 방식이 있음.

2. 비밀정보활동의 보도

(1) 의의

① 정보기관 및 그들의 비밀정보활동을 보도하는 방식임.

② 언론은 공식적인 감독 권한이 없으므로, 불법 정보활동에 대해 직접 조치를 취할 수 없음.

③ 언론이 할 수 있는 유일한 수단은 정보활동의 실책과 문제점을 지속적으로 보도하는 것임.

(2) 여론 형성을 통한 간접적 견제

① 불법적인 비밀공작이 보도되면 정보기관은 이를 중단할 가능성이 높음.

② 정보기관의 비밀정보활동이 보도되면 시민들의 이해가 증진됨.

③ 시민들의 건전한 여론 형성을 유도하여 정보기관의 비밀정보활동을 간접적으로 견제할 수 있음.

3. 의회 정보위원회를 활용한 정보기관 통제

(1) 의의

① 언론은 의회 정보위원회와 긴밀한 관계를 유지하며, 이를 활용하여 정보기관을 통제함.

② 스미스트(Frank J. Smist, Jr.)는 「뉴욕 타임즈」, 「워싱턴 포스트」 등 출판 미디어가 의회 정보위원회의 의제 설정에 결정적인 역할을 한다고 주장함.

③ 신문의 헤드라인 기사는 백악관 및 워싱턴 정가의 관심을 끌며, 의회의 의제 설정에 영향을 미침.

(2) 행정부 및 의회의 위원회 구성 유도

① 1974년 12월 22일 「뉴욕 타임즈」는 CIA의 불법 정보활동을 보도했으며, 이는 워싱턴 정가에 큰 영향을 미침.

② 기사 보도 후, 포드 대통령은 록펠러위원회를 구성하여 CIA의 국내 정보활동을 조사하도록 지시함.

③ 의회는 CIA의 불법적인 국내정보활동을 조사하기 위해 상원 처치위원회와 하원 파이크위원회를 설치함.

④ 이후 두 위원회는 상·하원 정보위원회의 모태가 됨.

Ⅴ 언론과 정보위원회의 관계

1. 의의

① 불법 정보활동에 대한 언론 보도가 의회 정보위원회 설치의 계기가 됨.

② 언론은 정보위원회와 긴밀한 관계를 유지하며, 정보기관 감시 및 견제 역할을 수행함.

2. 의회 정보위원회의 자료 요구권

① 정보위원회는 정보기관에 필요한 자료를 공식적으로 요구할 권한을 가짐.

② 정보위원회는 취득한 자료를 언론에 은밀히 제공하여 정보기관을 간접적으로 견제할 수 있음.

3. 언론매체가 입수한 자료의 정보위원회 제공

① 언론이 입수한 자료를 정보위원회에 제공하면, 의회 내 진상조사위원회가 구성되어 심층 조사가 이루어질 수 있음.

② CIA가 니카라과 콘트라 반군을 지원하기 위해 배포한 「게릴라전에서의 심리공작」 책자를 AP통신이 입수하여 하원 정보위원회에 제공함.

③ 해당 자료는 AP통신에 좋은 기사거리가 되었으며, 정보위원회는 진상조사의 계기를 마련할 수 있었음.

④ 이처럼 언론과 정보위원회는 상호 협력하여 정보기관을 견제하는 역할을 수행함.

Theme 147 정보기관에 대한 언론 통제의 한계와 과제

Ⅰ 정보기관 통제 권한

1. 행정부와 의회의 역할

① 행정부와 의회는 정보기관을 감독 및 통제할 공식적인 권한과 의무를 가짐.

② 다양한 수단을 활용하여 정보기관과 비밀정보활동을 통제할 수 있음.

2. 언론의 한계

① 언론은 정보기관을 통제할 공식적인 권한과 수단이 없음.

② 정보기관 감시에 있어 사실상 어려움이 존재함.

③ 행정부와 의회에 비해 언론은 정보기관 감시 및 통제에서 불리한 입장에 놓여 있음.

Ⅱ 언론 통제의 대표적 사례

1. 언론의 역할과 한계

① 언론매체는 정보기관을 감시하거나 견제할 직접적·공식적 권한이 없음.

② 정보기관 견제 수단은 정보기관의 잘못된 정보활동에 관한 사실 보도뿐임.

2. 1974년 「뉴욕 타임즈」 보도 사례

(1) 지속적 보도의 영향

① 정보기관의 스캔들이나 정보실책이 국가적 경각심을 불러일으키려면 주요 신문 헤드라인에 지속적으로 게재되어야 함.

② 1974년 「뉴욕 타임즈」는 CIA 관련 기사를 6월부터 12월까지 약 200일 동안 보도함.

③ 1974년 12월 「뉴욕 타임즈」는 CIA 관련 9건의 기사를 커버스토리로 보도하는 이례적 사례를 남김.

(2) 제도적 변화

① 지속적 보도의 결과로 정보기관 감독을 위한 공식 기구가 필요하다는 논의가 촉진됨.

② 이후 미 의회는 상·하원에 정보위원회를 설치함.

3. 1986년 「타임」 보도 사례

(1) CIA 비밀공작 비리 보도

① 「타임」은 1986년 10월과 11월, 니카라과에서 CIA가 수행한 비밀공작 과정에서 발생한 비리를 집중 보도함.

② 해당 기간 동안 11건의 주요 기사가 게재됨.

③ 1986년 12월에는 18건의 주요 기사를 추가 게재함.

(2) 의회 대응

언론 보도가 미 의회의 1987년 합동청문회 개최에 결정적 영향을 미침.

Ⅲ 언론 통제의 한계

1. 의의

정보기관의 정보활동 문제를 국가적 문제로 부각시키고 본격적인 조사를 유도하기 위해서는 언론매체의 단호한 의지와 지속적인 노력이 요구됨.

2. 언론매체의 지속적 감시 한계

(1) 이윤 추구의 우선성

① 언론매체가 단호한 의지를 갖고 정보기관을 지속적으로 감시하는 것은 현실적으로 어려움.

② 언론매체도 사기업으로서 이윤 추구가 최우선 목표이며, 비밀정보활동 보도가 상업적 이익을 창출하는 경우에만 감시활동 지속 가능함.

(2) 정부의 보도 압력

① 정부와 정보기관은 국가안보를 이유로 언론매체에 정보활동 관련 보도 자제를 압박할 수 있음.

② 언론매체의 강한 의지가 없다면 이러한 압력을 무시하고 지속적으로 보도하는 것이 어려움.

3. 언론 보도와 정치적 이해관계

(1) 의의

① 정파적 이익으로 인해 정보활동 실책에 대한 언론 보도가 무시될 가능성 존재함.

② 의회 여야 의석 분포, 정보위원장과 위원들의 정치적 성향에 따라 정보기관 감독활동이 강화 또는 약화될 수 있음.

(2) 2006년 부시 대통령의 FISA 위반 사례

① 2006년 초 부시 대통령의 FISA(Foreign Intelligence Surveillance Act) 위반 의혹이 언론에 보도됨.

② 과거 CIA 국내 스파이활동 사건(1974년)이나 이란-콘트라 사건(1987년)에 비해 논란이 약했으나, 공화당이 백악관과 하원을 장악하고 있어 민주당의 조사가 거부됨.

③ 정파적 이익으로 인해 국가적 파장을 초래할 사안에 대한 조사가 지연되거나 무산될 수 있음.

4. 예방적 감시의 어려움

(1) 의의

언론 보도는 문제 발생 후 이를 지적하는 데 집중되며, 사전 예방적 감시는 어려움.

(2) 사전 보도의 현실적 한계

① 정보기관의 비밀정보활동을 사전 보도하는 것은 실현 가능성이 불확실하여 현실적으로 어려움.

② 사전 보도가 정보기관의 잘못된 계획을 차단하는 효과가 있을 수 있으나, 보도 이후 정보기관이 계획을 중단하면 언론매체는 허위보도를 한 것으로 인식될 위험 존재.

③ 정보기관의 실책이 가시화되더라도 언론매체는 신중한 보도 태도를 유지할 수밖에 없음.

(3) 언론매체의 보도 동기 부족

① 가시화되지 않거나 가능성 단계에 있는 정보활동 문제는 대중의 관심을 끌기 어려움.

② 이로 인해 언론매체는 정보기관 감시에 대한 적극적인 동기를 가지기 어려우며, 궁극적으로 감시 기능 수행이 제한됨.

5. 기자들의 취재 한계

(1) 의의

① 언론 기자들의 취재는 공개적이고 합법적인 영역에 한정됨.

② 정보기관의 비밀정보활동이 외부에 공개될 경우 국가안보에 심각한 손실을 초래할 수 있어, 언론이 사전 정보를 알더라도 무단 공개가 어려움.

(2) 비밀 유지 기준의 부재

① 국가별로 비밀 분류 기준과 비밀등급 설정이 존재하지만, 개별 사안의 비밀 유지 필요성에 대한 객관적 기준은 부재함.

② 정부와 정보기관은 국가안보를 이유로 비밀 유지 필요성을 강조하는 반면, 언론은 이를 과소평가하며 보도를 시도하는 경향이 있음.

Ⅳ 결론

① 국가안보 필요에 따른 언론 보도 통제는 중요하지만, 지나친 통제는 정보기관의 실책을 개선할 기회를 차단하여 국민의 기본권 침해 및 정보활동 효율성 저하 등의 부작용을 초래할 수 있음.

② 반면, 언론매체의 무책임한 보도는 정보활동을 위축시키고 국가안보에 심각한 위협을 초래할 수 있으며, 정보요원의 신원 노출로 인한 위험을 증가시킬 가능성이 있음.

③ 정보활동 관련 비밀 유지와 공개 간 균형이 필요하지만, 기본적으로 정보활동의 비밀주의 속성으로 인해 언론매체의 감시 기능에는 한계가 존재함.

I 사법부의 정보통제

1. 미국 연방 판사의 역할

① 정보기관과 정보활동은 법과 사법부의 권위가 미치지 않는 영역으로 인식됨.

② 그러나 미국 연방 판사는 헌법과 법률에 따라 정보활동을 검토하고 조사하는 역할을 수행함.

③ 연방 판사는 비밀취급인가권자로서 비밀자료에 접근할 수 있으며, 정보 관련 소송에서 법적 판단을 내림.

④ 행정부의 정보 전문성을 존중하면서도 법률적 판단이 필요한 경우 엄중한 심판자로서 기능함.

2. 정보기관의 비밀주의와 민주주의 공개성

(1) 개념과 문제점

① 정보기관의 비밀주의와 민주주의의 공개성 간의 충돌이 주요 딜레마임.

② 정보활동의 효율성을 위해 비밀 유지가 필요하나, 과도한 비밀보안은 책임 회피와 시민 기본권 침해로 이어질 위험이 있음.

③ 민주적 정보통제는 정보기관의 비밀성을 보장하면서도 시민의 알 권리와 인권을 보호하는 방안으로 고려됨.

(2) 사법부의 정보 감독 역할

① 정부의 비밀보호와 신속한 행정 조치 필요성으로 인해 개인 기본권 침해 가능성이 존재함.

② 기본권 침해 사례: 공정한 재판을 받을 권리, 부당 체포 및 구금 방지, 사생활 보호, 언론·출판의 자유 등.

③ 시민이 비밀정보활동에 대한 사법적 검토를 요구하면 판사가 개입하여 정부의 과도한 비밀보호를 견제함.

④ 비밀보호와 인권 문제 충돌 시 판사는 중재자로서 역할 수행함.

3. 소결

사법부의 정보감독은 국가 안보와 질서 유지 및 개인 인권 보호 간의 균형을 유지하는 데 중점을 둠.

II 미국의 사례

1. 정보감독의 개념

① 정보감독은 입법부, 행정부, 사법부가 공동으로 수행하는 기능임.

② 1970년대 초까지 정보기관 통제는 행정부의 고유 권한으로 인식되었으며, 의회와 사법부는 개입을 꺼림.

③ 정보활동이 외교 문제와 연관되어 있어 정치적 민감성을 고려해 판사들은 개입을 피하는 태도를 보였음.

2. 정보기관과 법집행기관의 차이

① 정보기관과 법집행기관은 수행 기능이 다름.

② 정보기관은 정보활동을, 법집행기관은 경찰활동을 중점적으로 수행함.

③ 정보활동은 국가안보 차원의 문제로서 법원의 심리 대상에서 벗어난다고 인식됨.

④ 연방법원 판사들은 국가안보 영역에서 정보기관 활동을 초법적 임무로 간주하여 사법적 판단을 회피하는 경향이 있었음.

3. 사법부의 태도 변화

① 1970년대 이후 사법부의 정보기관 감독 태도에 변화 발생.

② 워터게이트 사건 및 CIA의 비윤리적 정보활동 폭로로 인해 의회와 사법부가 정보기관에 대한 관심을 높임.

③ 처치위원회(Church Committee)와 파이크위원회(Pike Committee)가 CIA 정보활동 진상조사 수행.

④ 사법적 행동주의 확산으로 인해 사법부가 행정부 활동을 감독할 여건이 성숙됨.

⑤ 정보기관이 법집행기관의 대테러, 마약퇴치, 비확산 등의 활동에 관여하면서 사법부의 개입이 확대됨.

III 정보기관 통제 법률 제정과 사법부 역할 강화

1. 의의

① 1970년대 이후 정보기관을 통제하는 법률이 제정됨.

② 해당 법률들을 근거로 정보기관의 정보활동 관련 소송이 증가함.

③ 사법부는 소송 심리를 통해 비밀정보활동에 대한 사법적 판단과 조사활동을 수행함.

④ 1980년 당시 검찰총장 시빌레티(Benjamin Civiletti)는 정보활동이 법률적 판단의 영역에 속한다고 언급함.

⑤ 사법부의 정보감독 기능은 헌법과 법률에 의해 제한적이지만, 정보활동에 대한 사법적 심리는 불가피하게 됨.

2. 정보기관 통제 법률

① 1974년: 휴즈-라이언법(Hughes-Ryan Act)

② 1978년: 해외정보감시법(Foreign Intelligence Surveillance Act, FISA)

③ 1980년: 정보감독법(Intelligence Oversight Act)

④ 1982년: 정보신원법(Intelligence Identities Act)

Ⅳ 주요 법률들과 사법부의 역할

1. 의의

① 정보활동 관련 소송은 일반 소송절차와 유사하나, 소송 과정에서 비밀보안을 유지해야 함.

② 비밀성이 문제가 되는 경우, 사법부가 개입하여 민주주의적 가치와의 충돌 여부를 심리함.

③ 판사는 공정한 재판을 위해 필요할 경우 정보기관에 비밀 자료 제출을 요구할 수 있음.

④ 공정한 재판과 비밀보호 간 균형을 유지하기 위해 비밀 자료의 공개 여부를 신중히 검토함.

2. 「비밀정보 처리절차법(CIPA)」

① 1980년 제정된 법으로, 형사소송에서 비밀정보 취급 절차를 체계화함.

② 피의자가 공정한 재판을 위해 비밀정보를 증거로 제출하는 것이 허용됨.

③ 정부는 민감한 문건 대신 요약본을 제공할 수 있도록 함으로써 정보 유출 위험을 최소화함.

④ 판사는 공정한 재판과 정부의 비밀보호를 고려하여 비밀 자료 검토 후 구형을 철회하거나 감소시킬 수 있음.

3. 사법부의 정보감독이 활발한 분야

(1) 국내 정보활동

① 국내정보활동은 해외정보활동과 구분이 모호하여 문제가 됨.

② 감청 및 인터넷 감시는 해외와 국내를 구분 없이 수행될 가능성이 있음.

③ 정보기관이 해외에서만 허용된 정보수집활동을 국내에서 수행하는 사례가 발생함.

(2) 국내 정보활동 금지 원칙

① 자국민을 대상으로 한 감청이나 인터넷 감시는 사생활 보호권을 침해할 수 있음.

② 미국은 외국 및 테러 관련 활동을 제외하고 자국민을 대상으로 한 정보활동을 금지함.

(3) 국내 정보활동 금지 원칙 위반 사례

① 닉슨 대통령의 워터게이트 사건(1970년대 초)

② FBI의 코인텔프로(Cointelpro, 1956~1971년)

③ CIA의 혼돈작전(Operation Chaos), NSA의 샴록작전(Operation Shamrock)(1970년대 중반)

4. 국내 정보활동 규제 법률

(1) 주요 법률

① 「범죄 단속 및 안전한 거리 조성을 위한 포괄적인 법」(1968년)

② 「해외정보감시법(FISA)」(1978년)

(2) 「범죄 단속 및 안전한 거리 조성을 위한 포괄적인 법」

심각한 범죄 연루 미국인을 대상으로 정보수집을 허용하되 의회 보고 의무화.

(3) 「해외정보감시법(FISA)」

① 외국 정보요원에 대한 전자감청을 수행하기 위한 법원 설립 목적.

② 감청 승인 신청 시 대상자와 방법을 상세 보고해야 함.

(4) 해외정보감시법원(FISC)

① 대법원장이 임명한 11명의 연방판사로 구성된 특별 법원으로 비공개 운영됨.

② FBI, NSA 등의 감청 및 미행감시 활동을 심의하고 승인 여부 결정.

5. 미국의 감청활동

(1) 감청활동 현황

① 1968년 연간 200회 수준에서 1992년 1,000회, 2006년 1,800회 이상 증가함.

② 1995~2006년 사이 32,702건 중 기각 사례는 단 5건뿐임.

③ 법원과 의회는 감청활동에 대해 긍정적 입장을 취함.

(2) 감청 규제 법률

① 「법 집행을 위한 통신지원법(CALEA)」(1994년) 통과, 통신사가 감청을 용이하게 하는 기술적 조치를 취하도록 요구함.

② 2007년 해외의심 대상과 관련된 감청을 사전 영장 없이 허용하는 법안 통과됨.

③ 해당 법안으로 FBI 및 정보기관의 감청활동이 강화되고, 해외정보감시법원은 사후 심사 역할만 수행함.

(3) 소결

① 여론조사에 따르면, 미국인은 영장 없는 감청을 반대하지만 테러 방지를 위한 감청은 용인하는 경향을 보임.

② 의회와 사법부는 정보기관의 감청을 긍정적으로 용인하고 지원하는 입장임.

③ 사법부는 감청이 국가안보에 필요하다는 점을 인정하면서도 시민의 기본권 보호를 위한 통제 역할을 수행함.

④ 궁극적으로 사법부의 정보감독은 정보기관의 합법적 감청을 허용하되, 수정헌법 제4조에 따른 시민의 기본권 침해를 방지하는 데 초점을 둠.

Theme 148-1 카오스 공작활동(Operation Chaos)

1. 개념 및 배경
① CIA의 정보수집 활동으로, 대통령 존슨(Johnson)의 지시에 따라 베트남전 반대 세력과 이들을 지원하는 외국 및 정치단체를 파악하기 위해 수행됨.
② 헬름(Helms) 국장의 지휘하에 실행되었으며, 필연적으로 국내정보 활동으로 확장됨.

2. 주요 공작활동

(1) 우편 및 서신 검열
① 미국과 소련 간 교류되는 우편물 무작위 개봉.
② CIA 요주의 명단에 오른 개인 및 단체의 서신 사전검열 무제한 시행.

(2) 프로젝트 레지스탕스(RESISTANCE)
① 전쟁 반대 시민들의 활동 중심지에 거점 사무실 확보.
② 도청 및 영상촬영을 통한 현장 정보수집.

(3) 프로젝트 Ⅱ
① CIA 요원들이 동조자나 응원세력으로 위장하여 시민단체에 조직적으로 침투.
② 내부에서 정보 수집을 수행.

3. 협력 및 감시 활동
① FBI와 정보 공유 및 합동작전 수행.
② 국가안보국(NSA)에 신호정보(SIGINT) 수집 의뢰.
③ 반전단체 요주의 인물들의 국제전화, 전신, 라디오 전송 감청을 포함한 국제통신 전자감시 활동 병행.

Theme 148-2 FBI의 불법활동: 코인텔프로(COINTELPRO)

Ⅰ 개요

1. 의의
코인텔프로(COINTELPRO, Counter Intelligence Program)는 FBI가 1956년부터 1971년까지 수행한 방첩공작 프로그램으로, 미국 내 반체제 단체를 조사하고 무력화하는 것이 목적이었음.

2. 주요 대상
① 급진 좌경세력(웨더맨)
② 남부기독교지도자회의(SCLC, 마틴 루터 킹 주도)
③ 백인 우월주의 단체(KKK단)
④ 미국 나치당(American Nazi Party)

Ⅱ 처치 위원회의 조사

1. 조사 경과
① FBI의 코인텔프로 활동은 상원의 처치 위원회와 하원의 파이크 위원회에 의해 조사됨.
② 해당 작전은 반공산주의 방첩공작에서 기원했으며, 공산주의 및 사회주의 집단을 주요 목표로 삼았음.
③ FBI의 주요 공격 대상은 블랙 팬서(Black Panthers)와 미국 인디언 운동(AIM)이었음.

2. 법적·윤리적 문제
① 처치 위원회 보고서는 코인텔프로가 불법적 요소를 포함하고 있다고 지적했으나, 유사한 방법이 다른 상황에서는 적법할 수도 있음을 언급함.
② FBI의 문제는 작전 방식이 아니라 목적 자체가 부적절했으며, 민주주의 국가에서도 국가 권력의 남용이 발생할 수 있음을 보여줌.

Ⅲ 코인텔프로의 주요 작전 방식

1. 감시활동
도청, 전화 감청, 우편물 검열, 사진 촬영, 주거·건조물·자동차 수색 등을 통해 정보 수집 수행.

2. 위장침입 및 내부 협조자 활용
조직원들의 약점을 이용하여 협조자를 확보하고 조직 내 침투를 유도함.

3. 불법 수색공작(Black bag jobs)
가택, 사무실, 자동차 등에 무단 침입하여 수색 및 증거 확보 수행.

4. 혐의조작 공작(Bad-jacket, Snitch-jacket)
① 조직 내 주요 인물을 범죄자로 몰아 내부 불신을 조장함.
② 경찰이 개입하여 특정 인물을 석방함으로써 조직 내부에서 배신자로 간주되도록 유도함.

5. 거짓 통신(False communications)
① 성적 추문, 살해 위협 등 허위 소문을 유포하여 조직 내부 분열 유도함.
② 익명으로 조작된 내용의 우편물·포스터 배포를 활용함.

6. 언론공작(Media disinformation)

① 협조적인 언론 매체를 이용하여 조직을 급진 · 비정상
적 테러집단으로 묘사함.

② 여론 조작을 통해 조직 내부 혼란 및 신규 조직원 영
입 차단 유도함.

7. 치명적 타격(Lethal force)

① 검거작전 중 조직 핵심 인물을 고의적으로 살해하는
방식의 암살 공작 수행.

② 처치 위원회 보고서에 따르면 1950년대에 60~70명
이 살해된 것으로 기록됨.

8. 준군사작전(Assisting Paramilitary Death Squads)

특정 지역의 치안 악화를 유도한 후 대규모 폭동 진압 명
목으로 특수부대를 투입하여 조직을 제압함.

Ⅳ 법적 문제점 및 비판

① FBI의 코인텔프로 작전은 헌법상의 기본권 침해에
해당하며, 1976년 시민들이 위헌 소송을 제기함.

② 법원은 적법한 조직을 분열 · 파괴하거나 조직원들을
이탈시키기 위한 공권력 행사는 헌법 위반이라고 판
결함.

Theme 149 정보통제의 과제

Ⅰ 정보통제의 의의

1. 민주주의 국가의 정보기관 통제

① 대부분의 민주주의 국가에서 정보기관에 대한 통제가
일반화됨.

② 정치체제와 안보상황에 따라 정보감독의 방식, 유형,
효율성이 다양하게 나타남.

2. 정보기관 통제의 어려움

① 대통령 중심제와 내각책임제의 차이에 따라 정보기관
통제 방식이 달라짐.

② 안보위협의 정도에 따라 정보기관 통제 수준에 차이
가 발생함.

③ 정보기관의 특성상 비밀보안이 강조되기 때문에 효과
적인 통제가 어려움.

Ⅱ 정부형태에 따른 정보감독의 유형

1. 정보감독의 의의

① 정보기관 및 정보활동에 대한 통제는 행정부, 입법부,
사법부가 공동으로 책임을 가짐.

② 국가별로 정보감독의 주도 기관과 방식이 상이함.

2. 미국과 영국의 정보감독

① 미국은 삼권분립 원칙에 따라 의회가 행정부 산하 정
보기관을 강도 높게 감독함.

② 영국과 같은 의원내각제 국가에서는 삼권분립이 모호
하여 정보기관에 대한 견제와 균형이 어려움.

③ 영국 의회 정보위원회 위원들은 장관이나 정보기관을
직접 비판하는 데 부담을 느낌.

3. 사법부의 정보기관 통제

① 대부분의 민주주의 국가에서 사법부가 행정부를 견제
하는 역할을 수행함.

② 삼권분립이 명확하지 않은 일부 국가에서는 사법부의
독립성이 약화되어 정보기관 감독이 어려움.

③ 법원은 정보활동 분야에서 행정부의 입장을 존중하는
태도를 보임.

Ⅲ 국가안보의 우선순위와 정보통제

1. 국가이익과 정보통제의 관계

① 국가안보의 우선순위 설정에 따라 정보활동 및 정보
통제의 방향이 달라짐.

② 국가안보 위협이 심각할 경우 정보기관에 대한 통제
가 완화되는 경향이 있음.

2. 「미국 애국법(USA PATRIOT Act)」

① 2001년 9/11 테러 이후, 의회의 과도한 정보감독이
정보활동을 저해했다는 지적에 따라 제정됨.

② 국내 전복세력에 대한 정보수집을 강화하고 감청 등
의 감시활동에 대한 영장심사 의무를 한시적으로 완
화함.

③ 국가안보의 우선순위가 높아질 경우 정보기관에 대한
의회의 통제가 완화되어 정보활동이 활발해질 수 있음.

3. 국가안보와 정보통제의 관계

(1) 정보기관 통제의 필요성

① 정보기관에 대한 통제가 약화되면 권력 남용과 기본
권 침해 우려가 발생함.

② 반대로 국가안보 위협이 크지 않을 경우, 정보기관에
대한 통제가 강화되어 인권, 언론자유, 법치주의, 견
제와 균형 등이 유지될 수 있음.

(2) 정보통제와 국가안보의 모순적 관계

① 과도한 정보감독은 정상적인 정보활동을 저해하여 국가안보에 부정적 영향을 미칠 수 있음.

② 국가안보를 우선하면 정보통제가 완화되어 기본권 침해가 발생하고, 정보통제를 우선하면 정보활동이 위축되어 국가안보가 약화될 수 있음.

③ 이상적으로는 국가안보와 정보통제 간의 균형이 필요하지만, 현실적으로 달성하기 어려움.

Ⅳ 정보기관에 대한 통제의 어려움

1. 미국의 사례

① 미국을 비롯한 민주주의 국가에서 정보기관에 대한 통제가 기대만큼 효과적으로 이루어지지 않음.

② 미국은 의회의 정보감독 시스템을 도입하여 모범적인 감독활동을 수행하는 국가로 인정받지만, 의회의 감독활동이 여러 한계로 인해 효과적이지 않다고 평가됨.

2. 행정부의 통제 한계

① 행정부는 정보기관에 대한 직접적인 관리감독 권한을 가짐에도 불구하고 현실적으로 통제력을 행사하는 데 어려움이 있음.

② 최고정책결정자는 정보활동이 문제를 일으킬 경우 책임을 지게 되므로 정보기관과 밀착을 원하지 않을 수 있음.

③ 이로 인해 최고정책결정자조차 정보기관 통제에 적극적이지 않은 태도를 보일 가능성이 있음.

Ⅴ 정보활동의 비밀성 보장과 정보통제의 조화

1. 정보기관 통제의 어려움

① 정보기관은 일반 행정부처와 달리 비밀리에 업무를 수행하기 때문에 통제가 어려움.

② 조직과 활동의 비밀성이 보장되지 않으면 정보활동 수행이 어렵고 국가안보 목표 달성이 어려움.

③ 따라서 정보활동의 비밀성을 유지하면서 효과적인 통제 방안을 마련해야 함.

2. 정보활동의 비밀성을 보장하면서 통제할 수 있는 방안

(1) 행정부의 역할

① 행정부는 정보기관에 대한 직접적인 관리감독 권한을 가지며, 고도의 전문성을 갖추고 있어 효과적인 통제력을 행사할 수 있음.

② 그러나 최고정책결정자가 정보기관과 지나치게 밀착하면 객관적인 정보통제가 어려워질 수 있음.

(2) 의회의 역할

① 행정부 통제의 문제점을 보완하기 위해 의회를 통한 정보감독제도가 도입됨.

② 민주주의 국가에서는 의회가 정보기관 감시·감독을 수행하도록 법적으로 제도화되어 있음.

③ 그러나 의회는 행정부보다 정보기관에 대한 전문성이 부족하여 효과적인 감독이 어려움.

(3) 사법부의 역할

① 사법부는 재판을 통해 비밀정보활동으로 인한 개인의 기본권 침해를 보호할 수 있음.

② 그러나 사법부의 정보통제는 정보활동과 관련한 소송에서 법리적 해석을 내리는 것으로 제한되어 역할이 협소함.

(4) 언론의 역할

① 언론은 비윤리적·불법적 정보활동을 공개하여 국민의 알 권리를 보장하고 정보기관 감시 기능을 수행함.

② 그러나 언론은 보도를 통한 문제 제기 외에 직접적이고 공식적인 통제 수단이 없어 한계가 있음.

3. 결론

(1) 정보통제의 종합적 접근

① 행정부, 입법부, 사법부, 언론 등은 각각 장단점이 있어 단일 기관이 가장 효과적인 통제 방식이라고 단정할 수 없음.

② 정보기관 통제는 국가체제 및 안보 상황에 따라 적절한 방식이 다를 수 있음.

③ 민주주의 국가에서는 의회가 법적으로 정보기관 감독기구로 인정되며, 행정부·사법부·언론과 협력하여 통제하는 방안이 고려됨.

(2) 협력적 정보통제 모델

① 의회는 강력한 권한을 활용해 정보감독활동을 주도하며, 행정부의 전문성, 사법부의 공정한 재판, 언론의 감시 기능이 결합될 때 효과적인 통제가 가능함.

② 정보기관 통제는 특정 기관에 맡기기보다 모든 관련 부처가 협력해야 보다 성공적인 결과를 얻을 수 있음.

Theme 150 정보환경의 변화

Ⅰ 정보환경 변화의 특징

① 탈냉전, 세계화, 정보화로 인해 세계는 급변하고 있음.
② 컴퓨터 및 통신 네트워크 발전으로 정보화 혁명이 진행됨.
③ 인터넷 및 위성통신 등의 등장으로 개인, 기업, 국가 등 다양한 행위자가 직접 연결됨.
④ 행위자 간 교류 양식이 변화하며 정치, 경제, 사회, 문화에 광범위한 영향 미침.

Ⅱ 새로운 안보 환경

1. 초국가 행위자들의 역할 강화

(1) 의의

① 정보통신 기술의 발전으로 국경을 초월한 가상세계(virtual community)에서 다양한 활동이 이루어짐.
② 국가의 전통적 영역인 영토와 주권이 약화되고, 개인, 다국적기업, NGO 등 초국가 행위자의 영향력이 증대됨.

(2) 다양한 유형의 정보전

① 가상공간은 국경이 없는 환경이므로 해킹 등에 취약하며, 국가 및 비국가 행위자 간 정보전이 심화됨.
② 정보화로 인해 전쟁 양상이 변화함.
③ 과거 산업화 시대의 전쟁은 무기 보유량이 승패를 결정하였으나, 미래 전쟁은 정보전 중심으로 전개될 전망임.
④ 정보력이 우세한 군대가 미래 전쟁에서 우위를 점할 가능성이 높음.

2. 국제테러리즘

(1) 의의

2001년 9/11 테러 발생 이후 국제테러리즘이 국제사회의 평화와 안정을 위협하는 주요 요인으로 부각됨.

(2) 전통적 군사력 중심의 안보질서 부활

① 미국은 9/11 이후 국제사회에서 팍스 아메리카나(Pax Americana)를 강화하려는 전략을 추진함.
② 9/11 이후 미국의 군사력이 더욱 증강됨.
③ 부시 행정부의 일방주의적 패권주의는 국제사회의 불안정을 초래하는 요인으로 작용함.
④ 세계화·정보화 시대에도 전통적인 군사력 중심의 안보질서가 재부활하는 경향이 나타남.

Ⅲ 안보환경의 변화가 국가정보환경에 미치는 영향

1. 의의

① 정보화·세계화의 확산으로 전통적인 군사력 기반의 안보 개념이 점차 약화될 전망임.
② 안보 환경과 개념이 변화하며 국가 간 갈등과 경쟁 이상의 복잡한 국제사회 구조가 형성됨.

2. 국가 간 상호 협력의 필요성 증대

① 무역과 교류의 증가로 국가 간 협력 필요성이 증대됨.
② 환경오염, 자원 고갈, 식량위기 등의 문제 해결을 위해 국제 협력이 필수적임.
③ 전통적 방식으로는 새로운 안보위협 대응이 어려워, 새로운 대응방안이 요구됨.

3. 국가정보체계에 영향을 미칠 환경변수

① 국가정보는 국가안보 목표 달성을 위한 수단임.
② 국가정보체계는 대내외 안보환경 변화에 신속하게 대응해야 함.
③ 21세기 국가정보체계에 영향을 미칠 주요 변수로 세계화, 정보화, 민주화 등이 있음.

Ⅳ 탈냉전기 민주화와 국가정보체계 변화

1. 탈냉전기 민주화의 의의

① 탈냉전 이후 민주화가 세계적으로 확산되며, 국가정보체계에도 영향을 미침.
② 소련과 동구권이 붕괴하고 자본주의적 시장경제 도입과 함께 민주화가 진행됨.
③ 러시아, 폴란드, 체코, 헝가리 등이 민주화되고 있으며, 한국, 대만, 중남미 국가에서도 권위주의 정권이 몰락하고 민주화가 진행됨.

2. 민주화와 정보기관의 변화

(1) 민주화에 따른 정보기관 기능 및 활동 변화

① 민주화는 정보기관의 기능과 활동에도 변화를 요구함.
② 과거 권위주의 정권하에서 정보기관은 정보를 독점하며 강한 권한을 행사했으나, 민주화가 진전되면서 정책의 공개성과 책임성이 요구됨.

(2) 정보기관에 대한 견제와 통제 강화

① 민주화의 확산으로 정보기관에 대한 견제와 통제가 강화됨.
② 미국 등 민주주의 국가에서는 정부의 비밀성에 대한 회의감으로 인해 의회의 정보기관 통제가 강화됨.
③ 의회, 대중매체, 국민의 감시활동 증가로 비밀정보활동의 여건이 악화됨.

④ 정보기관의 효율성이 저해될 수 있으나, 민주주의적 가치는 존중되어야 함.

⑤ 국가정보활동은 민주적 가치를 존중하는 방향에서 이루어져야 하며, 민주화에 따른 감독과 통제 속에서도 효과적인 비밀정보활동 방안을 모색해야 함.

Theme 150-1 초국가적 안보위협

I 초국가적 안보위협의 주체

1. 의의

① 세계화로 인해 대량살상무기, 사이버 범죄, 종족 분규, 테러리즘, 마약 밀매, 환경 파괴, 전염병 확산 등 초국가적 위협의 범위와 유형이 확대됨.

② 초국가적 안보위협은 개인, 국가 내 이익집단, 다국적 기업, 국제조직, 테러리스트 등 비국가행위자(non-state actors)에 의해 주도됨. 이들의 국경 초월적 활동이 증가하면서 국제사회에서 비중과 역할이 증대됨.

2. 주체의 확대

① 안보 개념이 국가 중심에서 벗어나 전 지구적 차원으로 확장됨.

② 국제기구, 인종·문화 기반 집단, 테러 조직, 범죄 조직 등 비국가행위자들이 강력한 무력을 보유하면서 국가 이상의 안보위협 요인으로 부각됨.

II 초국가적 안보위협의 양상

1. 의의

① 초국가적 안보위협은 주체, 대상과 범위, 대응방식 등에서 전통적 국가 중심 안보위협과 다른 특징을 가짐.

② 이에 따라 국가정보체계의 대응방식 변화가 요구됨.

2. 초국가적 안보위협의 주체와 정보활동의 대상

① 기존의 국가 중심 정보활동에서 개인, 국가 내 이익집단, 다국적 기업, 테러리스트 등 비국가행위자들을 포함하는 정보 수집·분석 임무가 추가됨.

② 정보 대상의 확대는 정보역량의 분산화를 초래할 수 있으며, 이에 따른 정보 생산 효율성 저하 가능성이 존재함.

3. 초국가적 안보위협 주체 확대에 따른 대응 방식 변화

(1) 의의

① 전통적 안보위협(전쟁, 군사적 위협)은 동맹, 세력균형, 집단안보 조치 등 현실주의적 접근으로 대응 가능함.

② 그러나 국제범죄, 마약, 테러리즘, 환경오염 등 초국가적 안보위협은 국제 행위자 간 상호 의존성 증가로 인해 현실주의적 접근만으로 해결하기 어려움. 협조 기반의 대응이 필요함.

(2) 전통적 안보위협 대응책의 특징

① 세력균형, 군비 증강, 동맹 등의 대응책은 '안보 딜레마'를 초래하여 협력이 어려움.

② 전통적 군사안보에서는 HUMINT(인간정보), TECHINT(기술정보) 등을 활용한 치열한 첩보전이 전개되며, 정보협력이 제한됨.

(3) 초국가적 안보위협 대응책의 특징

① 전염병 확산, 환경 파괴, 국제테러리즘, 마약 밀매 등은 행위자 간 이해의 공감대가 쉽게 형성되며, 필연적으로 안보 딜레마를 초래하지 않음.

② 공동안보 및 협력안보 접근을 통해 보다 효과적인 해결 가능성이 높음.

③ 초국가적 안보위협의 경우 국가 간 정보협력이 비교적 원활하게 이루어질 수 있음.

III 초국가적 안보위협의 범위 확대

1. 의의

세계화의 진전에 따라 안보위협이 군사적 영역을 넘어 비군사적 영역으로 확대됨.

2. 경제위기

① 세계화로 인해 전 세계적으로 심각한 경제 위기가 발생하며, 경제안보를 위협함.

② 1995년 멕시코 금융위기, 1997년 한국·태국·인도네시아 금융위기는 자본주의 경제의 세계화 확대와 관련됨.

3. 환경오염

환경오염으로 인한 오존층 파괴, 자원 고갈, 식량 위기 등은 국가 차원을 넘어 전 인류의 생존을 위협하는 문제로 대두됨.

4. 안보의 범위 확대

(1) 의의

① 안보 개념이 군사적 요소에서 경제, 자원, 환경·생태 등 비군사적 요소로 확대됨.

② 컴퓨터 해킹, 바이러스 유포 등 사이버 범죄가 새로운 안보위협으로 부각됨.

(2) 국가정보의 수집 목표 및 활동 확대

① 경제, 자원, 환경·생태 등 비군사적 요소로 안보위협의 영역이 확장되면서 국가정보의 수집 목표와 활동도 확대됨. 종합적 정보체계 확립이 요구됨.

② 국가정보는 국방, 경제, 환경, 외교 등 모든 분야를 포괄하는 종합적 시각에서 작성되어야 하며, 국가안전보장과 국가이익 차원에서 수행되어야 함.

Theme 150-2 정보혁명과 정보전

Ⅰ 정보혁명과 비밀 생산 및 정보소비자의 태도 변화

1. 정보혁명의 의의

① 정보혁명은 국가정보기관의 핵심 업무인 '비밀'의 생산과 정보소비자의 태도에 중대한 변화를 초래함.

② 국가정보기관은 비밀 자료의 수집·생산·배포를 수행하지만, 정보화의 진전으로 인터넷과 공개 자료에서도 유용한 정보를 획득할 수 있게 됨.

2. 비밀 첩보수집의 필요성 감소

① 공개출처 첩보자료의 증가로 비밀리에 첩보수집을 수행할 필요성이 감소함.

② 인터넷, 상업용 정보, 언론 보도, 학술논문, 연구보고서 등이 정보기관 자료보다 신빙성이 높고 유용할 수 있음.

③ 랜드셋(LANDSAT)·스팟(SPOT) 등 상업용 위성이 주요 첩보출처로 활용됨.

④ 중장기 경제정보의 경우 민간 경제연구소가 더 전문성을 갖추고 있으며, 이들의 판단이 신뢰받음.

⑤ 정보기관이 모든 분야에서 경쟁력을 갖출 필요는 없으며, 전문성이 부족한 분야는 공개첩보 활용이 경제적임.

3. 정보 생산 및 배포체계 변화

(1) 의의

① 정보혁명으로 정보 생산 및 배포체계가 변화하고 정보소비자의 태도도 변화함.

② 과거에는 정부 기관들이 정보를 독점하여 국민이 고급 정보를 접하기 어려웠음.

③ 인터넷과 컴퓨터 보급 확산으로 정보 독점체계가 무너지고 정보공유가 활성화됨.

(2) 정보공유 활성화와 정보소비자의 태도 변화

① 정보공유 활성화로 정보소비자의 태도가 변화함.

② 과거 민간 정보소비자는 정보 흐름에 수동적이었으나, 현재는 정보 흐름에 적극 개입 가능함.

③ 정부 배포 정보를 수용하는 데 그치지 않고, 신뢰성과 타당성을 판단하며 비판적 태도를 보이기도 함.

④ 타당성이 부족한 정보는 소비자의 관심을 끌지 못하며 비판받을 가능성이 높음.

⑤ 기존의 관행적인 정보수집·분석·배포만으로는 변화한 정보소비자를 만족시키기 어려우므로, 정보기관은 전문성과 신뢰성을 갖춘 정보 생산이 필요함.

Ⅱ '정보전(cyberwar 또는 information warfare)'의 부각

1. 정보전의 개념

① 정보화 시대의 새로운 안보 위협으로서 컴퓨터와 통신망을 활용한 가상공간에서 이루어지는 전쟁이 부각됨에 따라 국가정보체계의 적극적인 대응이 요구됨.

② 정보전은 해커, 범죄 조직, 적국의 물리적·논리적 공격으로부터 자국의 주요 정보통신 기반을 보호하고, 필요시 적국의 주요 기반구조를 공격하여 상대적 우위를 확보하기 위한 방어 및 공격 활동을 의미함.

③ 미국을 비롯한 각국에서 정보전 피해 사례가 증가하고 있으며, 이에 대응하기 위한 국가적 노력이 지속되고 있음.

2. 새로운 유형의 전쟁

(1) 의의

정보전은 선전포고, 총성, 전선이 존재하지 않는 새로운 형태의 전쟁으로, 재래식 전쟁과 달리 컴퓨터 통신망을 통해 이루어짐. 국가 주요 기반구조를 교란하거나 파괴하여 경제적 손실을 초래하는 활동을 포함함.

(2) 전투지역의 광역화와 사전예측 불가능성

정보전은 특정 전투지역이 없으며, 통신망이 있는 곳 어디서든 공격이 가능함. 또한, 컴퓨터 조작만으로 공격이 이루어지기 때문에 사전 예측이 어려운 특성을 가짐.

(3) 피해규모의 대형화

① 정보전은 적은 노력과 비용으로 테러 효과를 극대화할 수 있음.

② 전투지역의 광역화, 사전예측 불가, 피해규모의 대형화 등의 특성으로 인해 재래식 전쟁 방식으로는 효과적으로 대응하기 어려움.

(4) 국가적 차원의 대응 노력 필요성

① 정보전은 현실화되고 있으며, 대응을 소홀히 할 경우 국가 정보기간망 파괴로 인한 경제적 손실 및 국가 안전보장에 심각한 피해를 초래할 위험이 있음.

② 향후 국가 간 정보전이 심화될 것으로 예상되며, 이에 대한 국가적 대응 노력이 필수적임.

③ 해킹, 컴퓨터 바이러스 유포 등 사이버 범죄를 차단하는 노력도 함께 병행해야 함.

Theme 150-3 국제 환경 협약과 선언

1. 스톡홀름 선언(Stockholm Declaration)

(1) 배경 및 채택

① 1972년 UN 인간환경회의에서 스웨덴의 제안으로 채택됨.

② 113개국과 13개 국제기구가 참석하여 국제 환경법 질서 구축 및 전 세계적 협력을 약속함.

(2) 주요 내용

① 환경은 인류의 복지, 기본적 인권, 생존권과 직결됨.

② 인간환경 보호 및 개선이 국가의 의무이며, 경제 발전과 복지를 위해 필수적임.

③ 지속가능개발 개념이 공식적으로 UN 차원의 목표로 천명됨.

2. 리우 선언(Rio Declaration)

(1) 배경 및 채택

① 1992년 브라질 리우데자네이루에서 개최된 회의에서 채택됨.

② "지구를 건강하게, 미래를 풍요롭게"라는 슬로건 아래 환경과 개발에 관한 기본원칙을 포함함.

(2) 주요 내용

① 개발도상국의 반대로 헌장이 아닌 선언 형태로 조정됨.

② 국제법적 구속력은 없으나 국제 환경 협약 및 분쟁 해석의 기본 지침이 됨.

3. 바젤 협약(Basel Convention)

(1) 배경 및 채택

① 1989년 스위스 바젤에서 채택됨.

② 유해 폐기물의 국가 간 이동 및 처리를 규제하기 위한 협약임.

(2) 주요 내용

① 병원성 폐기물을 포함한 13가지 특성을 가진 47종 폐기물의 국가 간 이동을 금지함.

② 각국이 자국 영토에서 폐기물을 처리하도록 의무화함.

③ 국제무역과 거래에서 중요한 규제와 장벽으로 작용함.

4. 그린라운드(Green Round)

(1) 배경 및 개념

환경규제 기준을 마련하고, 기준 위반 제품의 수입 금지 및 무역 제재를 포함하는 국제협약임.

(2) 주요 내용

① 국제무역에서 비관세 무역장벽으로 작용할 가능성이 큼.

② 생산, 판매, 소비, 폐기 전 과정에서 오염물질 배출을 금지함.

③ 산업 전반에 미치는 영향이 큼.

5. 기타 주요 감시대상 국제 환경 협약

① 「람사르 협약」(1971년): 물새 서식지로서 국제적으로 중요한 습지에 관한 협약

② 「멸종위기에 처한 야생동식물종의 국제 거래에 관한 협약」(1973년)

③ 「사막화방지협약」(1994년)

④ 「런던 협약(London Dumping Convention)」(1972년): 해양오염 방지조약

⑤ 「비엔나 협약」(1985년): 오존층 보호를 위한 협약

⑥ 「유엔기후변화 협약」(1992년 5월 9일)

⑦ 「생물다양성보전협약」(1992년): 리우 선언에서 함께 채택됨

⑧ 「몬트리올 의정서(Montreal Protocol on Substances that Deplete the Ozone Layer)」(1987년 9월 채택, 1989년 1월 발효): 프레온가스($CFCs$) 및 할론 등 오존층 파괴물질 사용 금지 및 규제를 통해 인체 및 동식물 피해 최소화를 목적으로 함

I 글로벌 정보기구(Global Intelligence Agencies)

1. 의의

① 오늘날의 국제 정보환경에서 각국의 국가정보기구만으로는 정보에 대한 대응이 어려운 상황 발생. 이를 해결하기 위해 국가 간 합의로 글로벌 정보기구가 탄생함.

② 글로벌 정보기구는 특정 국가의 전속 정보기구가 아니라, 회원국이 협력하여 운영하는 세계적인 정보기구임. 주요 글로벌 정보기구에는 경제협력개발기구의 금융활동 태스크포스(FATF), 국제형사경찰기구(인터폴), 북대서양조약기구(NATO) 산하 정보기구가 있음. 또한, EU의 유로폴(European Police Office)도 주요 예시임.

2. 금융활동태스크포스(FATF)

① 1989년 창설된 금융활동태스크포스(FATF)는 국제 자금세탁 및 테러 조직 자금조달 문제에 대응하기 위한 OECD 산하의 국가 간 조직. 본부는 프랑스 파리에 위치.

② FATF의 정보수집 방법은 '피닌트(FININT)'라고 하며, 이는 금융정보를 의미하는 FINancial INTelligence의 약어임.

3. 인터폴(INTERPOL, ICPO)

(1) 의의

① 인터폴(국제형사경찰기구, ICPO)은 1923년에 설립된 국제정보기구로, 국제 범죄 해결과 각국 경찰의 협력을 목적으로 함. 전 세계 최대의 범죄 대응 정보조직임.

② 그러나 인터폴은 직접 수사나 강제 수사권을 행사하지 않으며, 범죄 관련 정보를 국가에 제공하여 협력을 유도하는 정보기구로 운영됨.

③ 인터폴의 데이터베이스에는 수백만 건의 용의자 기록, 범죄 수법, DNA 프로필, 지문자료, 분실 여권 등 다양한 정보가 포함됨.

④ 인터폴은 연중무휴로 활동하며, 기술 저개발국가에 대한 지원을 제공함.

(2) 기능

① 세계 의사소통 서비스 제공

② 데이터베이스 구축 및 정보 제공 서비스

③ 회원국 경찰 지원 서비스

(3) 임무 영역

인터폴은 정치적, 군사적, 종교적 또는 인종적 성격의 문제에는 개입하지 않으며, 특정 국가에 한정된 범죄에 대해서도 관여하지 않음. 주요 범죄 대상은 테러, 조직 범죄, 마약 밀매, 무기 밀반입, 인신매매, 자금세탁, 아동 성학대, 화이트칼라 범죄, 컴퓨터 범죄, 지적 재산권 관련 범죄 등임.

(4) 인터폴 지명수배

인터폴은 회원국의 요구에 따라 국제 지명수배를 실시하며, 적색 수배는 국제 체포 요청을, 청색 수배는 신원 및 소재 확인을, 황색 수배는 실종자 및 신원 미상자에 대한 신원 확인을 목표로 함. UN 안전보장이사회 요청에 의한 특별 수배도 있음.

II 국가 간 정보공유

1. 필요성

① 개별 국가가 국가안보를 위해 필요한 모든 정보를 자체적으로 확보하는 것은 불가능함. 정보의 과잉과 급변하는 신정보환경 속에서 국가 간 정보공유는 상호 부족한 정보를 보완하는 효과적인 방책이 됨.

② 국가 간 정보공유는 정보 생산물에 대한 공조국가의 객관적 평가와 이해를 보완하는 역할을 함. 미국 정보공동체도 상당한 정보를 정보공유를 통해 확보하고 있음.

③ 캐스퍼 와인버거(Caspar Weinberger) 전 미국 국방장관은 미국이 필요한 모든 정보를 자체적으로 조달할 수 없으며, 세계 여러 나라와의 정보공유를 통해 보완하고 있음을 강조함.

④ 특정국가에 대한 정보는 해당 국가와 인접하거나 교류가 활발한 국가를 통해 확보하는 것이 효과적이며, 일부 정보는 특정국가가 전문성을 보유하는 경우가 많음.

2. 정보공유의 유형

① 국가별 정보수집 역량에 따라 정보공유가 이루어짐. 예를 들어, 한 국가는 기술정보(TECHINT) 수집에 강하고, 다른 국가는 인간정보(HUMINT) 수집에 강한 경우 상호 보완적인 정보공유가 가능함.

② 국제테러, 국제마약, 국제조직범죄 등의 문제는 개별 국가의 안보를 넘어 세계 평화 및 인류 안전과 관련됨. 이에 따라 먼저 정보를 확보한 국가는 해당 정보를 위협 대상국에 통보할 필요성이 증가함.

Ⅲ 정보교류의 형태

1. 정보의 교환

① 수집한 첩보자료를 직접 교환하거나 분석된 최종 정보 생산물을 교환하는 방식으로, 첩보교환(Intelligence Exchange)이라고도 함.

② 교환할 정보가 없는 경우에도 정보 제공이 가능하나, 그 범위는 제한될 수 있음. 이후 제공국이 요구하는 정보를 제공하여 상호 신뢰관계를 유지함.

2. 수집활동의 분담

(1) 의의

① 개별 국가가 필요로 하는 모든 정보를 단독으로 수집하는 것은 불가능함. 이에 보완성이 있는 국가들이 수집활동을 역할 분담함.

② 수집활동 분담 방식에는 지역 분담과 목표 분담이 있음.

(2) 지역 분담

① 국가 간 지정학적 위치를 고려하여 정보활동 영역을 지역별로 나누어 운영하는 방식임.

② 대표적인 사례로, 미국과 영연방 5개국(미국, 영국, 캐나다, 호주, 뉴질랜드)이 전 세계 감청시스템 에셜론(ECHELON)을 운영하며 국가별로 정보수집 및 분석 책임을 분담함.

(3) 목표 분담

① 동일한 지역을 목표로 하되, 정보활동 목표물을 역할에 따라 분담하는 방식임.

② 예를 들어, 미국과 이스라엘은 정보공유 협약을 통해 미국은 중동 해역에서 이슬람 국가들의 동태를 감시하고, 이스라엘은 국경 접경 지역에서 이슬람 국가의 동정을 파악하는 방식으로 역할을 분담함.

3. 지역 수집기지의 활용

① 정보 연락사무소(Liaison)를 운영하여 정보를 공유하는 방식과, 상대국에 정보수집 기지를 제공하고 해당 시설에서 수집된 정보를 공유하는 방식이 있음.

② 대표적인 사례로, 러시아와 중국이 쿠바 로우르데스(Lourdes) 기지를 정보 전초기지로 활용하여 신호정보를 수집하고 있음.

4. 기타 정보공유 방식

① 국가 간 정보공유는 주로 양자 간 이루어지지만, 다수 국가가 참여하는 다자간 정보공유 사례도 존재함. 대표적으로 미국, 영국, 캐나다, 호주, 뉴질랜드가 운영하는 에셜론이 있음.

② 국가 간 정보공유 사례는 일반적으로 잘 알려지지 않으며, 특히 한국은 관련 자료가 거의 공개되지 않음.

③ 토머스 제퍼슨(Thomas Jefferson)은 "정보는 소유하는 것이 아니라 공유하는 것이다"라고 언급하며 정보공유의 가치를 강조함.

④ 한국의 군사적 · 외교적 · 경제적 위상이 높아질수록 정보공유의 필요성이 더욱 증대됨. 특정 정보자산을 절약하고 다른 분야에 자원을 집중할 수 있다는 점에서도 정보공유는 중요한 전략적 선택이 됨.

Theme 151-1 신냉전 체제의 국제협의체

1. 쿼드(QUAD)

(1) 개념

① 정식 명칭: 4자 안보 대화(Quadrilateral Security Dialogue)

② 미국, 일본, 호주, 인도로 구성된 국제 안보 협의체

③ 정기 정상 회담을 통해 운영됨

(2) 목적

① 미국의 '자유롭고 열린 인도－태평양(FOIP)' 전략의 일환

② 중국의 '일대일로(一帶一路)' 전략 견제

2. AUKUS(오커스)

(1) 개념

① 2021년 9월 15일 창설된 미국, 영국, 호주의 삼각 안보 동맹

② 핵잠수함 기술 이전 및 군사 협력을 포함

(2) 주요 내용

① 미국과 영국이 호주의 핵잠수함 건조 지원

② 호주는 핵추진 잠수함 8척을 자체 건조 계획

③ 고농축 우라늄을 핵잠수함 연료로 사용

3. 환태평양경제동반자협정(TPP)

(1) 개념

① 환태평양 지역 경제 통합을 위한 다자간 자유무역협정

② 공산품, 농업 제품의 관세 철폐 및 비관세 장벽 제거

(2) 주요 연혁

① 2005년 6월 뉴질랜드, 싱가포르, 칠레, 브루나이 4개국 출범

② 2015년 10월 미국, 일본 등 12개국 협정 타결

③ 미국 오바마 행정부가 적극 추진했으나 2017년 1월 트럼프 행정부 탈퇴

(3) 목적

① 아시아 · 태평양 지역 경제 통합 촉진

② 중국의 경제적 영향력 확대 견제

4. 역내포괄적경제동반자협정(RCEP)

(1) 개념

동남아시아 국가연합(ASEAN) 10개국과 한국, 중국, 일본, 호주, 뉴질랜드가 체결한 자유무역협정

(2) 특징

① 중국이 참여하여 미국 견제 목적 포함

② 환태평양경제동반자협정(TPP)의 대안

5. 인도 · 태평양 경제프레임워크(IPEF)

(1) 개념

2022년 바이든 행정부 주도로 출범한 경제 안보 플랫폼

(2) 특징

① 기존 FTA보다 폭넓은 경제 협력 지향

② 무역, 디지털 경제, 공급망 회복력, 청정 에너지, 인프라 구축, 노동 표준화 등 6개 분야 협력

(3) 목적

① 인도–태평양 지역 내 경제적 연대 강화

② 중국의 역내 영향력 확장 차단

6. 반도체 4국 동맹(CHIP4)

(1) 개념

미국 주도로 추진 중인 반도체 공급망 협력 동맹

(2) 주요 내용

① 한국(메모리 반도체), 미국(원천 기술), 대만(비메모리 반도체), 일본(장비 공급)으로 구성

② 반도체 생산 및 공급 안정성 확보 목적

Theme 152 한국 국가정보체계의 발전방향

I 의의

① 탈냉전기 정보화 · 세계화 추세와 함께 김영삼 정부 출범 이후 민주화 요구가 증가함.

② 국가정보체계에 대한 국민적 요구로 정보활동의 효율성 제고, 정보 공개, 정보 예산 및 인원 감축, 수사권 및 보안감사권 폐기 등이 제기됨.

③ 이에 대응하여 국가정보원은 국가정보체계의 문제점을 분석하고 개선을 추진함.

II 한국의 국가정보체계 개선 노력

1. 의의

① 김영삼 정부 시기 국가안전기획부는 탈냉전기 새로운 안보 개념 변화에 맞춰 국가정보목표우선순위(PNIO)를 재조정하고 영상 · 기술정보 수집 투자 확대를 추진함.

② 우수한 인재 유입이 증가하여 정보요원들의 전문성이 향상됨.

③ 「국가안전기획부법」 개정과 보안감사 기능 폐지를 통해 정보기관의 권력 남용 방지 조치를 도입함.

④ 정보수집 대상이 경제, 환경, 사회문화, 과학기술, 국제조직범죄, 마약, 테러리즘 등으로 확대되었으며, 외사방첩 관련 부서 신설을 통해 대응력을 강화함.

2. 남북분단이라는 특수한 여건

① 한국은 정보화 · 세계화에 따른 초국가적 · 비군사적 안보위협에 효과적으로 대응하기 어려운 구조임.

② 북한과의 지속적인 군사적 대치로 인해 정보수집 및 활동이 대북 방첩 · 첩보수집에 집중될 수밖에 없음.

③ 선진 정보기관이 산업기술, 경제, 환경, 국제범죄 등 비군사적 분야의 정보활동을 확대하는 반면, 한국은 제한된 인원과 예산으로 인해 대북 정보활동을 우선시해야 하는 상황임.

3. 국가정보의 공개화

① 국가정보 공개는 국민적 공감대 형성을 위한 장기 과제로 추진해야 하나, 남북 군사 대결 상황에서 실행이 어려움.

② 국민의 알 권리 보장을 위해 국가정보기관은 국가안보에 위배되지 않는 범위에서 정보공개 확대 및 대국민 정보서비스 강화를 추진할 필요가 있음.

III 국가정보체계의 향후 개선 방향

1. 의의

① 향후 국가정보체계는 '효율성'과 '민주화' 제고를 목표로 함.

② 이는 세계화 · 정보화 추세 및 국내 정치 민주화에 대한 대응방안이자 국가정보체계의 발전 방향임.

2. 국가정보체계의 효율성 제고 방안

① 국가정보기관은 복잡한 부문정보를 통합 · 조정하는 기능을 강화해야 함.

② PNIO를 재조정하여 국가안보에 긴요한 분야에 정보력을 집중하고, 예산 및 인력 관리를 효율화해야 함.

3. 국가정보체계의 민주화 실천 방안

① 정보의 비밀성을 보장하는 범위 내에서 의회 및 여론의 감시 기능을 유지해야 함.

② 대국민 정보서비스 확대를 통해 국민의 정보 욕구를 충족시켜야 함.

③ 민간의 정보연구활동을 장려하여 정보활동의 다원화를 추진해야 함.

Ⅳ 국가정보체계의 개선 시 기대 효과

1. 의의

① 국가정보체계의 효율성 향상을 통해 국가정보력이 증강되고, 국민의 신뢰가 증진될 수 있음.

② 국가정보의 민주화는 정보기관에 대한 국민적 지지와 존경을 획득하는 계기가 될 것임.

③ 국가정보력 증강은 국가 안보 능력을 강화하며, 국민의 신뢰 확보는 심리적 안정감을 제공하여 전반적인 국가안보 역량 향상을 기대할 수 있음.

2. 정보의 '민주화'와 '효율성'의 모순 관계

(1) 의의

① 정보의 민주화는 공개성과 책임성을 요구하는 반면, 정보활동은 비밀·보안을 통해 효율성을 극대화해야 하는 상반된 속성이 있음.

② 이는 선진 정보기관조차 해결하지 못한 문제로, 완전한 해결책이 부재함.

(2) 한국이 직면한 현실 여건

① 북한과의 군사 대치 상황에서 과도한 의회·여론 감시는 정보활동의 효율성을 저해할 위험이 있음.

② 반면, 정보기관에 대한 감시가 부족하면 정보기관이 정권의 이익을 위해 악용될 가능성이 있으며, 국민적 불신이 심화될 위험이 있음.

③ 현재 정보의 민주화와 효율성을 동시에 만족시킬 수 있는 명확한 해결책은 없으며, 지속적인 연구가 필요함.

Ⅴ 한국 국가정보의 현황과 과제

1. 국가정보의 어려운 여건

한국 국가정보는 탈냉전, 세계화, 정보화의 흐름 속에서 정보수집 대상과 범위가 확대되었으나, 정보기관의 인원과 예산 증가는 제한됨.

2. 제한된 예산과 인원의 효율적 관리

(1) 정보요원의 전문성 강화

콜비(William E. Colby) 전 CIA 국장은 정보요원의 수보다 소수 정예화가 중요하다고 주장하며, 이는 정보요원의 전문성 향상을 의미함.

(2) 정보활동 예산 확보 필요성

① 「손자병법」에서는 '지피(知彼)는 비용을 물 쓰듯 해도 좋다'고 하며, 정보활동에 충분한 예산 지원이 필요함을 강조함.

② 충분한 예산 없이 정보활동의 효과적인 수행이 어렵기에, 정부와 국회는 국가안보 차원에서 정보기관의 예산을 적극적으로 지원해야 함.

3. 국가정보목표우선순위(PNIO)의 재조정

(1) 개요

한정된 인원과 예산으로 국가정보 목표를 효과적으로 달성하기 위해 PNIO의 재조정이 요구됨.

(2) 셔먼 켄트(Sherman Kent)의 견해

셔먼 켄트는 국가적 현안문제와 그것이 다른 문제와 연결되는 정도를 기준으로 우선순위를 결정해야 한다고 주장함.

(3) 대북 군사정보의 우선순위

① 북한 정권이 존재하는 한 대북 군사정보가 최우선이며, 여기에 인원과 예산을 집중해야 함.

② 기타 국가안보 현안도 우선순위를 정해 인원과 예산을 배분함으로써 최적의 효과를 도출해야 함.

4. 국가정보의 종합적 분석 기능 강화

(1) 필요성

① 국가정보의 종합적 분석 기능 강화는 예산 절감과 국가안보 목표 달성에 효과적인 방안이 될 수 있음.

② 미국이 진주만 기습을 예상하지 못한 이유는 중앙 집중화된 분석부서의 부재 때문이며, 이는 현재도 해결되지 않은 문제임.

(2) 미국의 정보통합관리 실패

① 미 의회 9/11 진상조사위원회 보고서에 따르면, 미국은 정보통합관리 실패로 인해 9/11 테러를 막을 수 있었던 10번의 기회를 놓침.

② CIA, FBI, 국무부, 군, 국토안보 관련 부처 간 통합된 정보 공유체제의 부재가 9/11 테러를 막지 못한 주요 원인이었음.

(3) 국가정보원의 부문정보 통합·조정 기능

① 한국의 국가정보체계는 국가정보원, 국방정보본부, 정보사, 방첩사, 경찰, 외무부, 통일부 등으로 구성됨.

② 국가정보원이 법적으로 부문정보의 통합·조정 기능을 갖고 있으나, 기관 간 관료적 경합과 대립으로 인해 정보교류가 원활하지 않음.

③ 이로 인해 재원, 인력, 정보의 낭비가 발생하며, 국가정보원의 실질적 통합·조정 기능 강화를 위한 법적·제도적 보완이 필요함.

④ 한정된 예산과 인력으로 국가안보 목표를 효과적으로 수행하고 국민의 신뢰를 얻기 위해 효율적이고 신축성 있는 국가정보체계 운용이 절실히 요구됨.

5. 국가정보에 대한 민간 부문 연구 활성화

(1) 개요

① 국가정보체계 발전을 위한 방안으로 민간 부문 연구 활성화가 제안됨.

② 이는 효율성과 민주화를 동시에 달성할 수 있는 방안으로 의미가 있음.

③ 정보는 음모적 활동에서 벗어나 사회과학의 한 분야로 변화하고 있음.

(2) 셔먼 켄트(Sherman Kent)의 견해

정보는 정치, 경제, 사회, 군사문제를 이해하고 예측하는 일반사회과학이 되어야 한다고 주장함.

(3) 콜비(William E. Colby)의 견해

① 정보가 과학적이고 체계적인 사회과학적 접근을 기반으로 발전하면, 비밀 의존성이 줄어들고 공개성이 증대될 수 있음.

② 새로운 학문분야로서 정보분석을 연구할 필요성을 강조함.

(4) 미국의 민간 연구 활성화

① 미국은 민간 학계와 정보기관 간 연구·정보 교류가 활발하며, 정보체계 발전에 기여하고 있음.

② 1979년 설립된 국가정보연구회(CSI)는 80~90년대 정보 요구에 대한 연구를 수행함.

③ 미국 정보체계 개혁을 위한 '실무 연구팀(The Working Group for Intelligence Reform)'이 정보기관 개혁 방향을 제시함.

④ 약 100개 이상의 대학에서 국가정보 관련 과목을 개설하여 연구와 강의가 활발하게 진행됨.

(5) 국내 학계의 연구 동향

① 1995년 국가정보연구회 설립을 시작으로 국내 학계에서도 국가정보 연구가 진행됨.

② 2000년대 들어 국가정보학의 학문적 체계화 필요성이 제기되었으며, 2007년 한국국가정보학회가 창립됨.

③ 일부 대학에서도 국가정보학 강좌가 개설되는 등 학문적 연구가 활발히 이루어지고 있음.

④ 민간 학계의 연구 활성화는 정보의 민주화 요구 충족과 정보분석의 과학화를 촉진하여 효율성을 제고할 수 있음.

⑤ 정보기관이 민간 부문의 비판적 견해를 수용하여 국가정보체계 발전을 도모해야 하며, 정부 차원의 적극적인 지원이 필요함.

Theme 153 국가정보학의 향후 연구방향

Ⅰ 의의

① 국가정보학은 정치학, 행정학, 정책학, 역사학, 전쟁사, 군사학, 전략론, 협상론 등 다양한 학문과 연계됨. 특히 외교사 및 국제정치학과 밀접한 관계를 가짐.

② 국제정치학에서도 정보학에 대한 연구는 충분히 이루어지지 않음. 데리안(James Der Derian)은 국제정치학에서 정보학이 "최소로 이해되고 가장 이론화가 이루어지지 않은 분야"라고 지적함.

Ⅱ 국가정보학의 학문적 체계

1. 의의

국가정보학에 대한 학계의 관심이 미흡한 상황에서 연구자들은 인접 학문과의 연계성을 추적하여 공통점을 도출하고, 바람직한 연구방향을 모색하며, 이론체계를 구축하여 학문적 체계를 정립하는 데 기여할 수 있음.

2. 학설

(1) 프라이(Michael Fry)와 호크슈타인(Miles Hochstein)

국제정치학과 국가정보학 간의 학문적 공통점을 찾을 수 있으며, 이를 통해 바람직한 연구 성과를 얻을 수 있을 것으로 전망함.

(2) 버코위즈와 굿맨(Berkowitz and Goodman)

① 저서 The Best Truth에서 탈근대적(post-modern) 이론을 정보활동에 적용하여 국제정치와 국가정보의 접목을 시도함.

② 탈냉전기 미국 정보환경의 변화를 ① 안보환경 변화, ② 정보혁명, ③ 미국 국내정치 변화의 세 가지 요인으로 집약하고, 이에 대응하기 위해 정보기획 및 순환 과정, 인력관리체계, 조직구조 등의 혁신을 주장함.

③ 정보기관이 변화 요구를 거부할 경우 자체 붕괴하거나 국가적으로 치명적인 손실을 초래할 것이라고 경고함.

(3) 라트멜(Andrew Rathmell)

① 정보화시대의 도래로 인해 사회가 자본집약적 대량생산 시대에서 디지털 테크놀로지와 세계통신망(world-wide web)으로 대표되는 '지식집약적이고 분산화된 세계화체계(knowledge-intensive, dispersed globalized systems)'로 변화되었다고 설명함.

② 현대 안보위협의 특성을 '위협의 파편화(fragmentation of threat)'로 정의하고, 정보기관이 변화된 안보위협의 본질을 파악하고 대응해야 함을 강조함.

③ 버코위즈와 굿맨과 함께 정보화시대의 변화에 부응하기 위해 정보공동체의 관료주의적 특성인 '수직적 계층구조' 타파 및 공개출처 첩보의 중요성 확대를 주장함.

④ 탈근대 이론을 정보활동에 적용하여 정보활동의 방향을 새롭게 정립하고, 국가정보학이 학문적 분야로서 국제관계 연구 발전에 기여할 수 있음을 실증적으로 입증함.

Ⅲ 국가정보학에서 중점적으로 연구해야 할 주제

1. 국가정보학의 연구 확장

① 인접 학문 이론을 적용하여 연구할 필요가 있으며, 이를 통해 개념 및 연구 영역 확장 가능함.

② 중점 연구 주제: 정보의 정치화, 비밀공작, 정보활동의 윤리성, 정보기관 감독 및 통제, 정보기관의 국내 정치 영향력, 세계 정보기관 비교 연구, 탈냉전기 정보기관 역할 등.

2. 정보의 정치화

(1) 개념

① 정보가 정치권력에 이용되는 현상으로 학자들의 연구가 지속됨.

② 독재정권 및 권위주의 정부뿐만 아니라 민주주의 정부에서도 발생함.

(2) 이라크 전쟁 사례

① 영국 블레어 정부와 미국 부시 행정부가 이라크 대량살상무기 관련 정보를 의도적으로 왜곡했다는 의혹이 제기됨.

② 정보 왜곡이 사실일 경우 국가 위신 추락 및 불필요한 전쟁으로 인한 인명 피해 초래 가능성 존재함.

③ 정보의 정치화 연구를 통해 정보와 정치권력의 관계에 대한 이론적 논의 필요함.

3. 비밀공작

(1) 개념

① 스캇과 잭슨: 냉전 종식 후 연구 여건이 개선됨에 따라 비밀공작 연구가 활성화될 것이라고 전망함.

② CIA 등 서방 정보기관이 비밀공작 수행으로 비판받았으며, 관련 자료 공개를 제한해 왔음.

(2) 비밀정보 활동 자료의 비밀 유지

① 미국은 과거 비밀정보활동 자료를 많이 공개했지만 여전히 상당량의 자료를 비밀로 유지함.

② 오래된 자료라도 당사국의 국가적 위신과 명예 보호를 위해 비공개하는 경우 존재함.

③ 첩보자료의 출처 및 수단 보호가 주요한 비공개 이유로 작용함.

(3) 비밀공작의 정보활동 포함 여부

① 일부 학자들은 비밀공작을 정보활동으로 보지 않음.

② 켄트(Sherman Kent): 정보기관의 모든 활동이 정보활동이라는 입장.

③ 인간정보(HUMINT)에서 첩보수집과 비밀공작을 분리하는 것이 사실상 어려움.

(4) 냉전기 미국 비밀공작 자료 공개

① 냉전 시대 비밀공작 자료가 공개되면서 연구가 활성화됨.

② 연구를 통해 냉전의 기원과 변화에 대한 새로운 사실이 규명됨.

③ 국제관계사 연구에서 비밀공작 연구의 중요성이 부각됨.

4. 정보활동의 윤리성

(1) 개념

정보활동의 윤리성은 중요한 주제이지만 연구가 미흡함.

(2) 주요 연구자

① 슐스키: 기원전 6세기 손자가 정보활동에서 윤리성을 언급했다고 기술함.

② 갓프레이(E. Drexel Godfrey): 1978년 「Foreign Affairs」에 '윤리와 정보' 논문 발표함.

③ 골드먼(Jan Goldman): 2006년 「Ethics of Spying」 출간, 정보활동 윤리성 연구에 기여함.

④ 허만(Michael Herman): 정보정책 결정 시 윤리성을 고려해야 한다고 주장함.

(3) 정보기관 내부 윤리성 및 암살 논쟁

① 정보기관 내부 윤리성과 공작원 보호에 대한 연구가 미흡함.

② 미국에서는 암살행위의 필요성에 대한 논쟁이 존재함.

(4) 연구 필요성

① 정보활동의 윤리적 문제에 대한 연구 활성화 필요함.

② 정보 활용 목적 및 첩보활동 수단의 윤리적 문제에 대한 논의 요구됨.

5. 정보기관에 대한 감독 및 통제

(1) 개념

① 정보기관의 불법성과 윤리성 문제는 1970년대 워터게이트 사건 및 CIA 비밀공작 논란을 계기로 학계의 관심을 받음.

② 미 의회는 CIA 감독 및 통제를 위해 특별위원회를 설치하고 법률을 제정함.

(2) 미 의회의 법률 제정

　1974년 「휴즈－라이언법」, 1978년 「해외정보감시법
(FISA)」, 1980년 「정보감독법」 등이 제정됨.

(3) 해스테드(Glenn P. Hastedt)의 연구

① 1991년 저서 「Controlling Intelligence」에서 정보
　활동의 감독 및 통제에 대해 논의함.

② 정보분석, 비밀공작, 방첩 등 정보활동 단계별 감독·
　통제 방안을 다룸.

③ 미국의 정보통제 실태를 캐나다와 비교하여 분석함.

(4) 연구 필요성

① 효과적인 정보감독 및 통제는 정보기관의 윤리성과 책
　임성을 제고함.

② 각국의 정보통제 실태 비교 연구 활성화 필요함.

6. 정보기관의 국내정치적 역할

(1) 의의

① 정보기관의 국내정치적 역할과 영향력에 대한 학계의
　연구 필요성이 대두됨.

② 민주주의 체제에서 정보기관의 국내정치 개입은 엄격
　히 금지되나, '정보의 정치화' 사례에서 볼 수 있듯이
　일부 국가에서는 정보기관이 국내정치적 목적으로 이
　용됨.

(2) 앤드류의 견해

① 정보기관의 국내정치적 역할은 권위주의 독재체제에
　서 두드러지게 나타남.

② 권위주의 체제에서 정보기관은 독재자의 권위에 도전
　하는 사회집단을 억압 및 통제하는 핵심 권력기관 역
　할을 수행함.

③ 외부 세계에 대한 왜곡된 인식을 확대·재생산하는
　기능을 가짐.

④ 정보기관이 권위주의 체제 내에서 막강한 영향력을
　행사함에도 불구하고, 이에 대한 학계의 연구가 부족
　한 실정임.

⑤ 세계 각국의 정보기관의 국내정치적 역할 비교 연구를
　통해 흥미로운 결과를 도출할 수 있을 것으로 예상됨.

7. 세계 정보기관 비교연구

(1) 의의

① 세계 정보기관 비교연구는 중요한 학문적 주제이나,
　학계의 연구가 부족한 실정임.

② 정보기관의 내부 구조 및 운영 실태는 보안 유지로 인
　해 연구 자료 접근이 어려움.

③ 미국의 경우 CIA 및 정보공동체 관련 정보가 비교적
　많이 공개되었으며, 이에 대한 논문 및 저서가 다수
　존재함.

④ 일부 학자들이 영국, 소련, 이스라엘 정보기관에 대
　한 연구를 수행하였으나, 기타 국가의 정보기관에 대
　한 연구는 극히 미미함.

⑤ 세계 각국의 정보기관 조직 및 운영체계를 비교하는
　연구도 거의 수행되지 않고 있음.

(2) 갓슨의 연구

① 갓슨(Gotson)의 저서 Comparing Foreign Intelligence:
　The U.S., the USSR, the U.K. & the Third
　World는 미국, 영국, 독일, 오스트레일리아 등의 국
　가정보 분석체계를 소개함.

② 그러나 비교연구의 기준이 명확하지 않으며, 단순한
　국가별 정보 분석체계 소개에 불과하여 엄밀한 의미
　의 비교연구로 평가되기 어려움.

(3) 국가별 정보기관 비교연구의 필요성

① 학문적으로 인정되는 비교연구 방법론을 적용하여 세
　계 각국 정보기관의 조직, 운영체계, 활동기법 등에
　대한 연구 확대가 필요함.

② 이러한 연구를 통해 효과적인 정보활동 수행을 위한
　정보조직 모델이 구축될 수 있음.

③ 국가별 정보기관 비교연구는 정보기관 개혁 방향 설
　정 및 효과적인 정보활동 방안 마련에 중요한 역할을
　할 것으로 기대됨.

8. 탈냉전기 새로운 안보위협과 정보기관의 역할

(1) 의의

① 탈냉전 이후 기존 군사안보 위협과는 다른 새로운 안
　보위협이 부각됨에 따라, 정보활동의 역할과 방향에
　대한 연구가 필요함.

② 기존 국가정보학 연구는 주로 전략적 기습 및 정보실
　패 사례(예 진주만 기습, 욤 키푸르 전쟁, 포클랜드 전
　쟁, 이라크의 쿠웨이트 침공) 중심으로 이루어짐.

③ 탈냉전 이후 안보 개념이 확대되며 군사안보 외에도
　경제, 자원, 환경 등의 요소가 포함됨.

④ 안보위협의 주체가 국가에서 초국가적 집단(테러, 마
　약, 국제범죄 조직 등)으로 확대됨.

⑤ 9·11 테러 이후 미국은 국제테러리즘을 최대 안보
　위협으로 간주하고 정보역량을 집중함.

⑥ 변화된 안보환경에 따라 국가정보학 연구도 군사 중
　심에서 다양한 주제로 확대되는 경향을 보임.

(2) 마크라키스의 연구

① 마크라키스(Kirstie Macrakis)는 동독 정보기관(MfS,
　슈타지)의 산업스파이 활동을 연구하여 정보기관의
　경제 및 과학기술 발전 기여 가능성을 평가함.

② 슈타지의 산업스파이 활동은 '과학·기술국(HVA's
　Sector for Science and Technology)'에서 수행됨.

③ 연구 결과, 동독의 산업스파이 활동은 단기적으로 효과적이었으나, 국가의 과학기술 혁신을 저해하고 서방 기술 의존도를 증가시키는 결과를 초래함.

④ 본 연구는 경제정보활동이 경제안보에 미치는 영향을 평가하고, 새로운 안보위협(자원, 환경, 테러, 마약, 조직범죄 등)에 대한 정보활동 연구 필요성을 제기함.

Ⅳ 국가정보학 발전을 위한 정부의 역할

1. 정보활동과 학문적 연구의 관계

① 정보활동은 국가의 생존과 번영에 핵심적인 요인으로 작용함.

② 그러나 냉전시대까지 정보활동에 대한 학문적 연구는 미흡한 수준이었음.

③ 주요 요인은 국가들이 정보활동에 대한 엄격한 비밀을 유지하여 자료 접근성이 제한되었기 때문임.

2. 정부 공식기록문서 접근성 완화 필요성

① 냉전 종식 이후 과거 비밀로 분류된 자료가 공개되면서 국가정보학 연구가 활성화되는 추세를 보임.

② 학계의 지속적인 연구 활성화를 위해 정부 공식기록문서에 대한 자료 접근성을 완화할 필요가 있음.

③ 정부 차원에서 국가정보학 연구를 장려하고 지원하는 노력이 요구됨.

3. 정부와 학계의 관계

(1) 의의

① 국가정보학의 학문적 발전을 위해 정부의 역할이 중요함.

② 정부와 학계의 관계에 따라 연구가 활성화될 수도 있고, 학자들의 연구가 소극적으로 변할 수도 있음.

③ 대표적인 사례로 영국과 미국의 차이를 들 수 있음.

(2) 미국

① 미국에서는 정부와 학계의 관계가 밀접함.

② 제2차 세계대전 중 전략정보국(OSS) 설립 이후 학계가 미국 정보정책 형성과 발전에 중요한 역할을 수행함.

③ CIA는 학계의 연구를 장려하고 역사학자들을 정보기관에 채용하여 연구활동을 지원함.

(3) 영국

① 영국 및 유럽 국가들은 학계와 정보활동 간 거리를 두는 경향이 있었음.

② 최근 영국은 MI-5 관련 자료 공개 등 정보 공개성을 확대하고 있지만, 공식 문서는 여전히 엄격히 통제됨.

③ 영국과 미국의 정보 자료 공개 정책 차이가 국가정보학 연구 발전에 영향을 미치는 요인이 됨.

Ⅴ 한국의 국가정보학 연구와 교육

1. 의의

① 한국의 국가정보학 연구와 교육은 부진한 상태임.

② 주요 원인은 정보활동에 대한 자료 접근성 제한과 권위주의 정부하에서의 정보기관에 대한 부정적 인식 때문임.

③ 학술지 논문과 교과서 발간이 극히 제한적이며, 번역서 및 학술적 가치가 높은 연구서가 부족한 실정임.

2. 연구와 교육 여건

① 1995년 '국가정보연구회' 설립을 시작으로 연구가 이루어졌으며, 2007년 '한국국가정보학회' 창설 이후 연구가 활성화됨.

② 일부 대학에서 국가정보학 강좌가 개설되었으나, 전공 연구자는 극히 적음.

③ 강사 인력 부족 등으로 인해 국가정보학의 학문적 발전이 어려운 실정임.

3. 학문적 발전의 필요성

① 국가정보학 발전은 새로운 이론 및 기법 개발을 통해 정보업무의 효율성을 향상시키는 데 기여할 수 있음.

② 올바른 정보활동의 방향을 제시하고 국민들에게 국가정보의 중요성을 인식시키는 역할을 수행할 수 있음.

③ 학계의 연구 및 교육 활성화를 위해 정부의 적극적인 지원이 필요함.

Ⅵ 결론

① 21세기 국가정보는 국가의 생존과 번영의 핵심 요소로 부각됨.

② 그러나 학계의 관심 부족과 자료 접근성 제한으로 인해 국가정보학은 저발전 상태에 놓여 있음.

③ 국가정보학의 발전을 위해 학계의 연구가 활성화되고 정부 차원의 지원이 절대적으로 필요함.

④ 정보활동 관련 자료 공개와 학계 연구 활성화는 국가안보 및 정책 결정 과정에 대한 이해를 증진시키고, 올바른 정보활동과 정책 수행의 기반이 될 것임.